中国医疗装备及关键零部件技术发展报告（2021）

Annual Report on Technological Development of Medical Devices and Key Components in China（2021）

机械工业仪器仪表综合技术经济研究所　编著

机械工业出版社

本书深度分析了医疗装备产业链中不同装备及关键零部件的国内外发展现状与技术发展趋势，梳理了关键零部件技术信息，总结了医疗装备产业链上下游发展存在的问题，提出了研究发展建议。

在智能制造、工业强基的大背景下，工程技术行业发展采用新技术、新模式、新应用刻不容缓。医疗装备技术的提升将推动整个行业的发展，本书可为医疗装备产业链上下游协同、创新发展提供专业信息，也可为医疗装备研发、生产制造、采购使用、第三方服务、供应商等关心医疗装备行业发展的各界人士提供参考。

图书在版编目（CIP）数据

中国医疗装备及关键零部件技术发展报告. 2021/机械工业仪器仪表综合技术经济研究所编著. —北京：机械工业出版社，2022.5
ISBN 978-7-111-70551-2

Ⅰ.①中… Ⅱ.①机… Ⅲ.①医疗器械-技术发展-研究报告-中国-2021
Ⅳ.①F426.7

中国版本图书馆 CIP 数据核字（2022）第 061122 号

机械工业出版社（北京市百万庄大街 22 号　邮政编码 100037）
策划编辑：雷云辉　　　　　责任编辑：雷云辉　李含杨
责任校对：陈　越　张　薇　封面设计：马精明
责任印制：单爱军
北京虎彩文化传播有限公司印刷
2022 年 6 月第 1 版第 1 次印刷
184mm×260mm · 28.25 印张 · 8 插页 · 614 千字
标准书号：ISBN 978-7-111-70551-2
定价：148.00 元

电话服务　　　　　　　　　网络服务
客服电话：010-88361066　　机　工　官　网：www.cmpbook.com
　　　　　010-88379833　　机　工　官　博：weibo.com/cmp1952
　　　　　010-68326294　　金　书　网：www.golden-book.com
封底无防伪标均为盗版　　　机工教育服务网：www.cmpedu.com

《中国医疗装备及关键零部件技术发展报告（2021）》

编委会

指导委员会
  钱明华 齐贵新 佘伟珍 李军

编委会主任
  欧阳劲松 机械工业仪器仪表综合技术经济研究所 所长

编委会副主任
  石镇山 机械工业仪器仪表综合技术经济研究所 副所长
  梅 恪 机械工业仪器仪表综合技术经济研究所 副所长
  蔡 葵 北京医院器材处 处长
  彭明辰 国家卫健委医院管理研究所 教授
  张 强 联影医疗技术集团有限公司 联席总裁
  刘 达 北京柏惠维康科技有限公司 总裁

主　编
  李玉敏

副主编
  王　静 周学良 单　博 刘　鹏

编委会委员

马宗国	王建军	王桂成	王爱涛	王援柱	王瑶法 尹红霞
邓　勇	邓　捷	石　灵	申太华	史文勇	史学玲 冬雪川
吉营章	刘文锋	刘　涛	刘　浩	刘　瑶	江浩川 杜小琴
李大为	李　文	李春霞	李　楚	杨　光	杨　程 肖　明
肖育劲	肖　剑	吴拱安	邱学文	宋文昌	张玉兵 张保磊
张　禹	张晓玉	陈义胜	陈永健	陈　杰	陈　辉 陈　斌
苗兰芳	林盎春	周道民	孟邹清	项四平	洪草根 耿晓鸣
莫　磊	晋　梅	徐　凯	高　静	曹红光	梁　平 董　乐
曾海宁	曾德平	谢　菁	谢　强	褚　旭	霍文磊

序

医疗装备是服务临床诊疗和保健康复等医疗卫生工作的必要装备，关乎人民健康福祉，关乎健康中国建设，关乎科技强国、装备强国建设。

党中央、国务院高度重视医疗装备及关键零部件技术发展战略。2021年十三届全国人大四次会议表决通过《中华人民共和国国民经济和社会发展第十四个五年规划和2035年远景目标纲要》，专章部署全面推进健康中国建设，要求深化医药卫生体制改革，发展高端医疗设备。2021年12月，工业和信息化部正式印发《"十四五"医疗装备产业发展规划》，提出到2025年，医疗装备产业基础高级化、产业链现代化水平明显提升，主流医疗装备基本实现有效供给，高端医疗装备产品性能和质量水平明显提升，初步形成对公共卫生和医疗健康需求的全面支撑能力；到2035年，医疗装备的研发、制造、应用提升至世界先进水平，我国进入医疗装备创新型国家前列，为保障人民全方位、全生命期健康服务提供有力支撑。

新中国成立以来，特别是改革开放以来，我国医疗装备产业从无到有、从落后到追赶，现已进入"跟跑、并跑、领跑"并存的新阶段。"十三五"期间，我国医疗装备产业高速发展，市场规模年均份额增长率为13.6%，2019年市场规模达8000亿元人民币，国内企业产值的国际占比已超过10%，成为全球重要的医疗装备生产基地。特别是面对突如其来的新冠肺炎疫情，我国重点医疗装备企业克服重重困难，加快复工复产，累计向国内外供应呼吸机、移动床旁摄片机、核酸检测仪等重点防疫诊疗器械、装备上百万台套，为全国疫情防控取得重大战略性成果和全球抗疫发挥了重要作用。

随着现代制造、新一代信息、新材料、前沿生物等技术的融合运用，医疗装备产业新技术、新模式、新业态快速发展，全球竞争格局加快重塑，我国医疗装备产业迎来难得的"弯道超车"窗口期。但也要清醒地认识到，我国医疗装备发展与世界先进国家相比还有较大差距，特别是在体外膜肺氧合机等高端装备及关键零部件等方面还存在"缺门断档"、关键核心技术被"卡脖子"等情况。发展高端医疗装备及关键零部件，实现核心技术自主可控，必须对相关产业和关键技术发展现状有全面的跟踪掌握。2018年以来，作为工业和信息化部"医疗装备产业技术基础公共服务平台"的依托单位，机械工业仪器仪表综合技术经济研究所坚持组织力量编写《中国医疗装备及关键零部件技术发展报告》，对医疗装备典型产品产业链发展、新技术应用及发展趋势、政策法规等进行了系统的梳理解读，为国产医疗装备换代升级发挥了重要作用。

当前新冠肺炎疫情形势依然严峻复杂，时刻警醒我们加快医疗装备及关键零部件的研发，轻视不得、耽误不得。在这个重要的时间节点，《中国医疗装备及关键零部件技术发展报告（2021）》付梓出版，也必将为产需对接、医工协同创新、产业链上下游交流合作，提供新的契机和思路。

国产医疗装备及关键零部件技术发展，道阻且长，行则将至；行而不辍，未来可期！

是为序。

中国工程院院士
2021 年 12 月 30 日

前　言

　　医疗装备作为公共医疗卫生体系的重要支撑，其发展事关人民群众的身体健康和生命安全，事关中华民族健康素质的提升和健康中国远景目标的实现。医疗装备是"制造强国"和"健康中国"建设的重点领域，具有高度的战略性、带动性和成长性，发展医疗装备产业对优化医疗服务供给、引领医学模式转变具有重要作用，是一项"调结构、惠民生"的重大工程。

　　党中央、国务院高度重视我国医疗装备产业发展，在《中华人民共和国国民经济和社会发展第十四个五年规划和2035年远景目标纲要》中明确强调要突破高端医疗设备的核心技术和核心部件，并列出具体攻关专栏，包括突破腔镜手术机器人、体外膜肺氧合机等核心技术，研制高端影像、放射治疗等大型医疗设备及关键零部件，发展脑起搏器、全降解血管支架等植入介入产品，以及推动康复辅助器具提质升级。

　　医疗装备不同于其他仪器设备，其产品种类繁多，应用场景跨度大，属于多学科交叉融合的高精尖领域。目前，我国已成为全球重要的医疗装备生产基地，但规模和市值不能完全解决产业发展之忧。只要核心技术、关键零部件还受制于人，产业链的"命门"会依然掌握在别人手中，我国医疗装备产业的高质量健康发展将受到严重阻碍。关键核心技术是要不来、买不来、讨不来的，只有把医疗装备及关键零部件的核心技术牢牢掌握在自己手中，才能从根本上保障安全，甚至在越来越多的细分领域实现"弯道超车"。"工欲善其事，必先利其器"，大力发展医疗装备产业，实现关键核心部件、核心技术自主可控，积极抢占创新发展制高点，对于推进我国医疗装备产业高质量发展、进一步深化医药卫生体制改革、推动健康中国建设、培育经济发展新动能具有重要意义。

　　为贯彻落实党中央、国务院的决策部署，深化先进医疗装备发展，机械工业仪器仪表综合技术经济研究所、工业和信息化部医疗装备产业技术基础公共服务平台、全国医疗装备产业与应用标准化工作组充分发挥其优势、特点，以标准化技术为抓手，致力于服务政府、医疗卫生机构、医疗装备制造企业，长期开展医疗装备产业基础共性、关键零部件、医疗装备制造与服务、医疗装备信息化与应用标准化技术研究。在此基础上，于2018年组织力量对医疗装备产业链上下游进行调查研究，梳理行业发展有关问题，编写并出版了《中国医疗装备及关键零部件技术发展报告（2019）》。2020年是"十三五"规划收官之年，也是"十四五"规划开启之年，编委会再次调动产业资源，集结专家团队和众多优秀医疗装备企业通过数月调研、座谈及专家论证等多种方式收集信息，编写了《中国医疗装备及关键零部件技术发展报告（2021）》，致力于为医疗装备

前　言

产业链上下游协同及行业高质量发展提供参考。

本书共有七章，分别阐述了医疗装备行业及零部件产业发展现状、典型医疗装备产业技术发展趋势、新技术在医疗装备领域应用及技术发展趋势、医疗装备政策及解读、医疗装备典型产品目录、医疗装备关键零部件目录、医疗装备关键零部件技术现状专题内容。重点围绕医学影像诊断装备、放射治疗装备、手术治疗装备、生命支持与急救装备、临床检验装备、手术机器人、健康监测及康复装备、体外循环及血液处理装备、植介入医疗器械共9类医疗装备典型产品及关键零部件，梳理了临床应用及产业链技术发展趋势。相较2019版，本书新增了典型医疗装备整机介绍、分类、工作原理、临床应用及新一代信息技术赋能医疗装备发展的相关内容，力争以全面翔实的技术分析，提供医疗装备典型产品产业链制造相关新技术、新产品、新备件等信息，以及关键零部件新技术、新工艺、新应用等信息，展现其国内外现状和趋势，同时深度剖析医疗装备及零部件产业发展的相关新政策，为医疗装备的研发、生产制造、采购使用、第三方服务、供应商等人员提供参考。

在编写本书过程中，虽然编委会及相关专家做了大量的调研、论证工作，但难免存在缺陷及不足之处，欢迎广大读者批评指正，未来我们一定会做得更好。

编委会

目　录

序
前言

第一章　医疗装备行业及零部件产业发展现状 ···················· 1
　一、全球及中国医疗装备行业发展现状 ························· 1
　二、医疗装备产业发展体系步入新的发展阶段 ··················· 4
　三、我国医疗装备产业体系发展现状 ··························· 7

第二章　典型医疗装备产业技术发展趋势 ······················ 16
　第一节　医学影像诊断装备 ··································· 16
　　一、X射线类成像装备及关键零部件技术发展趋势 ············· 16
　　二、磁共振成像装备及关键零部件技术发展趋势 ··············· 44
　　三、超声成像装备及关键零部件技术发展趋势 ················· 56
　　四、核医学成像装备及关键零部件技术发展趋势 ··············· 74
　　五、内镜成像装备及关键零部件技术发展趋势 ················· 86
　　六、眼底成像装备及关键零部件技术发展趋势 ················· 94
　第二节　放射治疗装备 ······································· 97
　　一、医用直线加速器装备及关键零部件技术发展趋势 ··········· 97
　　二、质子、重离子放射治疗系统及关键零部件发展趋势 ········ 110
　　三、伽马射线立体定向放射治疗系统及关键零部件发展趋势 ···· 125
　第三节　手术治疗装备 ······································ 133
　　一、超声手术装备及关键零部件技术发展趋势 ················ 133
　　二、高频、射频手术装备及关键零部件技术发展趋势 ·········· 147
　　三、冷冻手术装备及关键零部件技术发展趋势 ················ 149
　第四节　生命支持与急救装备 ································ 154
　　一、呼吸机装备及关键零部件技术发展趋势 ·················· 154
　　二、麻醉机装备及关键零部件技术发展趋势 ·················· 160
　　三、监护仪装备及关键零部件技术发展趋势 ·················· 170
　第五节　临床检验装备 ······································ 175
　　一、血细胞分析装备及关键零部件技术发展趋势 ·············· 175

目 录

  二、生化分析装备及关键零部件技术发展趋势 ······ 182
  三、化学发光分析装备及关键零部件技术发展趋势 ······ 189
  四、凝血分析装备及关键零部件技术发展趋势 ······ 195
  五、即时检测装备及关键零部件技术发展趋势 ······ 199
 第六节 手术机器人 ······ 205
  一、放射介入手术机器人及关键零部件技术发展趋势 ······ 205
  二、神经外科手术机器人及关键零部件技术发展趋势 ······ 214
  三、单孔腔镜手术机器人技术发展趋势 ······ 219
  四、骨科手术机器人及关键零部件技术发展趋势 ······ 229
 第七节 健康监测及康复装备 ······ 253
  一、康复辅助器具及关键零部件技术发展趋势 ······ 253
  二、康复医疗装备及关键零部件技术发展趋势 ······ 268
 第八节 体外循环及血液处理装备 ······ 280
  一、体外膜肺氧合装备及关键零部件技术发展趋势 ······ 280
  二、自动腹膜透析装备及关键零部件技术发展趋势 ······ 307
  三、血液透析装备及关键零部件技术发展趋势 ······ 313
 第九节 植介入医疗器械 ······ 334
  一、心室辅助装置及关键零部件技术发展趋势 ······ 334
  二、神经电刺激植入体及关键零部件技术发展趋势 ······ 338

第三章 新技术在医疗装备领域应用及技术发展趋势 ······ **341**
  一、人工智能技术 ······ 341
  二、5G 技术 ······ 350

第四章 医疗装备政策及解读 ······ **361**
  一、《医疗器械科技产业"十二五"专项规划》 ······ 362
  二、制造强国建设国家规划 ······ 362
  三、《关于促进医药产业健康发展的指导意见》 ······ 364
  四、《"健康中国 2030"规划纲要》 ······ 364
  五、《全民健康保障工程建设规划》 ······ 365
  六、《"十三五"国家战略性新兴产业发展规划》 ······ 366
  七、《工业强基工程实施指南(2016—2020 年)》 ······ 368
  八、《"十三五"医疗器械科技创新专项规划》 ······ 371
  九、《关于深化审评审批制度改革鼓励药品医疗器械创新的意见》 ······ 371
  十、《增强制造业核心竞争力三年行动计划(2018—2020 年)》 ······ 373
  十一、《增材制造产业发展行动计划(2017—2020 年)》 ······ 374
  十二、《高端医疗器械和药品关键技术产业化实施方案(2018—2020 年)》 ······ 375

十三、《接受医疗器械境外临床试验数据技术指导原则》 …………………… 377

十四、《关于开展首台（套）重大技术装备保险补偿机制试点工作的通知》
和《关于促进首台（套）重大技术装备示范应用的意见》 ……… 377

十五、《关于加强中医医疗器械科技创新的指导意见》 …………………… 379

十六、《医疗器械唯一标识系统试点工作方案》 …………………………… 380

十七、《医疗装备产业发展规划（2021—2025年）》 ……………………… 381

十八、《加快培育新型消费实施方案》 ……………………………………… 383

十九、《"十四五"优质高效医疗卫生服务体系建设实施方案》 ………… 383

二十、2000年以来我国重点产业政策目录 ………………………………… 385

第五章 医疗装备典型产品目录 ……………………………………… **391**

第六章 医疗装备关键零部件目录 …………………………………… **405**

第七章 医疗装备关键零部件技术现状 ……………………………… **413**

第一章 医疗装备行业及零部件产业发展现状

医疗装备行业是一个多学科交叉、知识密集、资本密集的高技术产业，涉及医药、机械、光学、材料、电子等多个领域，具有多样化、创新快、多学科融合交叉的特点，也是全球发达国家竞相争夺的重点领域。该行业主要包含医学影像诊断装备、临床检验装备、生命支持与急救装备、治疗装备、妇幼健康装备、保健康复装备、植介入医疗器械等细分领域，并涉及以改善和提升人民健康为目的而开发的高技术装备，包括硬件、软件、集成系统及支持系统等。

医疗装备行业是卫生与健康的重要基础保障，涉及面广、产业链长、增长空间大，是新常态下"稳增长、调结构、惠民生"的重要着力点，在技术驱动和需求拉动的双重影响下发展前景广阔，是一个国家经济和技术综合实力的重要标志之一。近年来，随着我国医疗装备企业技术进步及配套产业链的成熟，以及医疗改革、分级诊疗、扶持国产设备等国家政策的推动，我国医疗装备行业高速发展，涌现出一批聚焦高端制造的创新企业，其在高端医疗设备领域不断研发创新，加快产品升级换代，积极探索研发新产品。

一、全球及中国医疗装备行业发展现状

（一）全球医疗装备市场有望保持稳定增长

近年来，随着全球人口自然增长、人口老龄化程度提高、发展中国家经济增长，以及全球居民生活水平的提高和医疗保健意识的增强，医疗装备产品需求也呈现持续增长的趋势。2020年，全球医疗装备行业市场规模为4774亿美元，同比增长5.63%，预计到2024年，全球医疗装备行业规模将接近6000亿美元，2017—2024年的复合增长率为5.6%，行业有望保持稳定增长。全球医疗装备行业市场规模如图1-1所示。

从全球医疗装备前10大细分领域看，体外诊断领域是当前全球医疗装备市场中占比最大的细分领域。2018年，全球体外诊断市场销售额达526亿美元，占比高达13%，其次是心血管、影像、骨科、眼科等。预计到2022年，体外诊断将以700亿美元的销售额继续位居各细分领域之首。2018年全球医疗装备细分领域市场占比情况如图1-2所示。

美国是医疗装备最主要的市场和制造国，占全球医疗装备市场约40%的份额，美国医疗装备行业拥有强大的研发实力和产业链配套体系，技术水平世界领先。欧洲是全球

图 1-1 全球医疗装备行业市场规模

来源：Evaluate MedTech 及公开资料整理，图中横坐标中的字母 E 表示估算

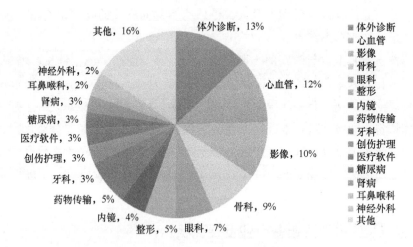

图 1-2 2018 年全球医疗装备细分领域市场占比情况

来源：Evaluate MedTech 及公开资料整理

第二大医疗装备市场和制造地区，占全球医疗装备市场约 30% 的份额，德国和法国是欧洲医疗装备的主要制造国，也是欧洲医疗装备的主要出口国。日本是全球重要的医疗装备制造国之一，基于其工业发展基础，日本在医疗装备行业的优势主要体现在医学影像、体外诊断等领域。新兴市场是全球最具潜力的医疗装备市场，产品普及需求与升级换代需求并存，近年来增长速度较快。中国已经成为全球医疗装备的重要生产基地，除美国和欧洲地区，中国是世界上最大的医疗装备市场，在多种中低端医疗装备产品领域，产量位居世界第一。

（二）中国医疗装备市场具有很大的成长潜力

中国医疗装备市场近年来表现突出，截至 2020 年，中国医疗装备市场规模约为 7341 亿元人民币，同比增长 18.3%，约为全球医疗装备增速的 4 倍，维持在较高的增长水平，已成为仅次于美国的全球第二大医疗装备市场。预计未来 5 年，医疗装备领域

第一章　医疗装备行业及零部件产业发展现状

市场规模年均复合增长率约为 14%，至 2023 年将突破万亿。从医疗装备市场规模与药品市场规模的对比来看，全球医疗装备市场规模大致为全球药品市场规模的 33%，我国的比例仅为 12%。中国医疗装备行业市场规模如图 1-3 所示。

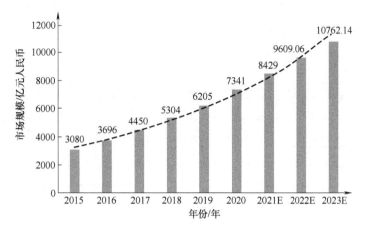

图 1-3　中国医疗装备行业市场规模

来源：国家药品监督管理局官网

我国医疗装备市场将保持年 20% 的增速发展，未来市场空间巨大。我国医疗装备和药品人均消费额的比例仅为 0.35∶1，远低于 0.7∶1 的全球平均水平，更低于欧美发达国家 0.98∶1 的水平。因为消费群体庞大、健康需求不断增加，我国医疗装备市场发展空间极为广阔。

据火石创造数据平台统计，截至 2020 年 12 月底，全国医疗装备生产企业数量达 30047 家，较 2019 年年底增长 66.24%。其中，可生产Ⅰ类产品的企业有 15924 家，可生产Ⅱ类产品的企业有 13813 家，可生产Ⅲ类产品的企业有 2310 家。2015—2019 年，中国医疗装备行业累计披露投资案例 1733 起，披露投资金额 1036 亿元人民币，并购重组是未来我国医疗装备发展的重要趋势，将推动提升市场集中度。中国医疗装备生产企业规模如图 1-4 所示。

图 1-4　中国医疗装备生产企业规模

来源：国家药品监督管理局官网及公开资料整理

从我国医疗装备市场的产品结构看，影像诊断设备占据最大的市场份额；其次是体外诊断，占据14%的市场份额；低值耗材占据13%的市场份额；剩余的市场份额被心血管、骨科及其他类装备所占据。从细分领域的市场占比来看，市场份额占比较高的细分领域基本是创新性较强、研发投入高、行业壁垒也相对较高的高端医疗装备领域，如体外诊断中的分子诊断、即时检验（Point of Care Testing，POCT）的子领域产品，心血管领域的支架、起搏器等植介入器械，影像领域的大型影像设备，以及骨科和眼科等领域的植入式高值耗材等。

医疗保险制度的完善、医疗服务体系的改革、群众医疗需求的不断提高，必将推动医疗装备消费的持续增加。随着新医疗改革政策的不断深化，以及分级诊疗制度的试点与推行，基层医疗卫生机构将成为巨大的医疗装备潜在市场。人口老龄化和生活水平的日益提高，将推动体外诊断、骨科、康复等医疗装备产业的快速发展。在市场需求的刺激和经济持续稳定增长的背景下，中国的医疗装备产业还将处于快速发展期。

二、医疗装备产业发展体系步入新的发展阶段

"十三五"以来，国家卫生健康委员会、工业和信息化部坚定不移地按照党中央、国务院关于推进健康中国、制造强国、网络强国的决策部署，建立两部委合作机制，共同推进医疗装备发展应用。在政策衔接、医工协同、项目联动、资源共享等方面开展了一系列卓有成效的工作，有力推动了我国医疗装备产业持续快速发展。医疗装备发展应用不断取得新进展，呈现新态势，实现新突破。行业增长迅速，产业规模逐年提升。我国医疗装备产业经历了从无到有，从落后到追赶，进入"跟跑、并跑、领跑"并存发展的新阶段。

（一）前沿技术的重大突破

近年来，我国已培育成长起一批国产制造业核心设备制造商，围绕创建高端价值链攻克一批关键技术，并打破国外企业的市场垄断局面，第五代移动通信技术（5G）、人工智能（Artificial Intelligence，AI）、物联网、云计算、区块链、数字孪生等智能技术群，可以提供高科学性、高经济性、高操作性、高可靠性的技术服务，"智能工厂""智能物流""智能网络"深刻改变着产业边界、制造方式、组织结构和管理模式，"数据+算力+算法"能够实现智能化决策、智能化生产、智能化运行，传统制造业将在智能机器人、智能化机床、智能传感器、智能仪器仪表、智能生产线、3D及4D打印等重点领域带动下不断创新发展，新技术的应用将极大助力医疗装备行业向着高端化和智能化的方向发展。

随着医疗装备与新型前沿技术融合发展的提速，3D打印、人工智能、5G等新技术将逐渐应用于医疗装备、远程医疗、精准医疗、安全医疗领域。超导磁体、射频谱仪技术取得突破，第三代心脏支架聚焦超声治疗系统达到国际先进水平。医疗装备的大部分核心部件和关键技术取得重大突破，现已成功研制的X射线探测器、超声探头、正电子发射断层成像（Positron Emission Tomography，PET）探测器等核心部件，解决了新型成

像、神经信号检测与分析等关键技术。

在一批高端装备生产企业迅速成长的基础上,具备完全自主知识产权的设备已逐步问世并进入市场。随着国内企业持续研发创新,大部分核心部件和关键技术取得突破,一些高端国产医疗装备的质量及性能甚至已超越进口设备,并且在高端市场占据了一席之地,满足医院临床需求的同时,可部分替代进口设备。

(二)重大医疗装备的进口替代

随着医药、机械、电子等学科的快速发展,我国涌现出一批研发能力强、技术含量高的代表性企业,如上海联影(上海联影医疗科技股份有限公司)、迈瑞医疗(深圳迈瑞生物医疗电子股份有限公司)、东软医疗(东软医疗系统股份有限公司)、新华医疗(山东新华医疗器械股份有限公司)、鱼跃医疗(江苏鱼跃医疗设备股份有限公司)、乐普医疗[乐普(北京)医疗器械股份有限公司]、威高集团(威高集团有限公司)、微创医疗[上海微创医疗器械(集团)有限公司]等,其产品逐步替代进口,迅速占领市场。国产磁共振成像(Magnetic Resonance Imaging,MRI)产品的国内市场占有率从2013年的14.5%提高至2017年的42.0%;国产计算机体层成像(Computed Tomography,CT)产品的市场占有率从2013年的7.5%提高至2017年的36.0%;2017年,国产数字X射线摄影(Digital Radiography,DR)产品的市场占有率达62%;迈瑞医疗的监护仪市场占有率达到全国第一、全球第三。上海联影全线产品的性能参数均达到国际先进水平,部分产品,如全球首创"时、空一体"超清TOF(飞行时间)PET/MR(正电子发射断层成像及磁共振成像系统)甚至达到国际领先水平,成为继西门子(Siemens)、通用电气(GE)后第三家具备研发生产能力的厂商,其一体化CT引导直线加速器、112环数字光导PET/CT、实时多维全息成像MRCT等高端产品,将精准医疗推向全新高度。迈瑞医疗的心电图机和监护仪等产品,目前已经进入国内11万家医疗机构、95%以上的三甲医院,迈瑞医疗在"一带一路"沿线的15个国家设立了21个分公司,产品遍布全球多个国家;东软医疗产品覆盖放射影像、常规检查、放疗与核医学三大领域,不断开拓国际市场,已经在全球110多个国家和地区累计实现装机4万余台;鱼跃医疗研制的制氧机、雾化器、血压计、听诊器、超轻微氧气阀的市场占有率达到全国第一,其中制氧机产品更是达到了全球销量第一;微创医疗已具备与美敦力、波士顿科学等国外一流公司抗衡的能力,其冠脉支架产品基本完成了国产化,国内冠脉支架市场国产比例已达到八成以上。

目前,国产医疗设备已逐步突破多项技术壁垒,已经基本实现进口替代(国产占比超过50%)的细分领域包括:①植入性耗材中的心血管支架、心脏封堵器、人工脑膜、骨科植入物中的创伤类及脊柱类产品等;②大中型医疗设备中的监护仪、DR等;③体外诊断领域的生化诊断;④家用医疗装备中的制氧机、血压计等。

据市场调研数据显示,以二级产品类别的国产化为例,2020年我国医疗装备国产化率达70%以上的产品类别超过700项,国产化率达50%~70%的产品类别达150余项,国产化率不足10%的产品类别仅为62项。同时,国产医疗装备在推进国内市场进口替代的进程中，也在积极走向海外市场。据海关及中国医药保健品进出口商会数据显示，从出口额来看，中国医疗装备出口额从2008年的111亿美元提升至2020年的1015亿美元，中国医疗装备在全球已占据一席之地。

医学影像诊断设备是医疗装备中最大的子行业之一。权威第三方平台数据显示，2019年全国公立机构DR采购量近9000台，同比增速超过20%，国产化率高，国产品牌市场份额合计超过3/4，国产化进程明显快于其他医学影像诊断设备，基本完成进口替代；2013—2020年，我国16排以上CT国产化比例从12%上升至50%，1.5T以上MR国产化比例从14%上升至41%，PET/CT国产化比例更是从0%攀升到44%，国产品牌DR市场份额合计已超过75%；2020年上海联影在磁共振、核医学设备等新增市场份额超越GE、Siemens和飞利浦（Philips）等跨国企业；在监护仪、超声成像等领域，国内产品已经覆盖了大部分市场，迈瑞医疗的监护设备在国内市场的占有率达到60%，远超排名第二的Philips（国内市场占有率为20%）；其他激光类设备、输注泵、生化检验以及耗材等，国内产品已经完全满足临床需求，基本实现了进口替代并占据主要市场。

（三）关键零部件的自主可控

国内高端医疗装备市场已进入高速发展期，但关键基础材料、核心基础零部件尚未国产化，仍是高端医疗装备进一步发展的痛点。坚持高端医疗装备的核心部件自主创新研发，将减轻中国高端医疗装备对稀有战略资源的依赖和需求，从而增强高端医疗装备产业的工业基础能力，形成从新材料到新部件再到新装备的创新闭环，最终实现高端医疗装备产业的跨越式发展。目前，在国家一系列政策支持下，核心部件和关键技术均取得重大突破，我国已经成功研制X射线探测器、超声探头、PET探测器、射频线圈、超导磁体、谱仪等核心部件；攻克了新型成像、神经信号检测与分析等关键技术。一批高端装备生产企业迅速成长起来，具备完全自主知识产权的设备已逐步问世并进入市场。2013年，清华大学与北京品驰（北京品驰医疗设备有限公司）联合攻关，突破了电磁耦合无线充电、远程程控、变频刺激、磁共振兼容等关键技术，成功研制出脑起搏器并获得注册证，是中国首个有源植入式神经调控器械，中国成为全球第二个能够研制生产并临床应用脑起搏器的国家（第一个为美国，公司为美敦力）。2014年，迈瑞医疗成功突破3T单晶探头技术、精细血流自动识别技术、回波增强技术等核心零部件技术，研制出具有国际先进水平的高端全数字化彩色多普勒超声诊断设备DC-8，打破了高端彩超设备被国外垄断的局面。2016年，北京天智航（北京天智航医疗科技股份有限公司）的第三代骨科手术机器人获得医疗器械注册证，成功突破了机器人控制、患者实时跟踪、多模图像配准、路径自动补偿等关键技术，实现了医疗机器人领域技术含量最高的手术机器人技术的重大突破，成功应用于临床精准手术辅助治疗。2018年，上海联影自主研发生产的PET/MR，突破了3.0T超导磁体、压缩感知技术、TOF技术、磁共振兼容PET探测器等核心零部件技术，实现了中国高端医疗设备行业PET/MR领域"零"的突破。

第一章　医疗装备行业及零部件产业发展现状

我国在核心零部件领域与全球领先国家相比仍然存在明显短板，一是国内企业技术研发投入不足，高端医疗装备的技术先进度和稳定性同国际巨头仍有距离，其次主要体现在原材料、元器件和部分高性能部件方面，部分核心关键零部件仍然高度依赖进口，一些电子元器件、芯片及基础原材料，甚至有的器件完全依赖进口，国内无可替代产品，在追赶发达国家高端医疗装备方面仍然有很长的路要走。

三、我国医疗装备产业体系发展现状

以中国为代表的新兴市场是全球最具潜力的医疗装备市场，产品普及需求与升级换代需求并存，近年来增长速度较快。产品体系越来越健全，22大类、1100多个品种产品广泛应用于医疗康复领域，技术水平稳步提升，总体可满足卫生健康发展需要。目前，我国拥有14000余家医疗设备制造企业和多家设计企业，分布在产业链的上、中、下游，这些企业共同构成了国内相对完善的高端医疗设备产业链，在上、中、下游均不乏具有较强国际竞争力的优秀企业，我国高端医疗设备行业在产业链的部分领域具备了全球竞争力。

（一）产业链实现上、下游生态整合

经过30年的持续高速发展，中国医疗装备产业已初步建成了专业门类齐全、产业链条完善、产业基础雄厚的产业体系，同时也成为我国国民经济的基础产业和先导产业。在整个制造业体系中，医疗装备行业是高科技、高附加值的产业，行业交叉程度高，具有高资本投入、高风险回报、高技术密集、高安全性等特点，产业链非常长，涉及的面非常广泛。高端医疗设备产业链主要包括材料、设计、元器件和部件制造、整机制造四个环节，每个环节均可延伸出若干个细分领域。日本等国家的少数跨国公司凭借着工业尖端技术长期占据产业链的制高点。中国高端医疗设备行业发展迅速，产业链日趋完善，但与全球领先国家相比仍然存在明显短板。中国高端医疗设备"走出去"是中国制造水平提升的表现，反过来也有利于国内产业链整体技术水平的提升。

医疗设备产业链上游是基础产业，包括医用原材料、零部件供应、加工商、设备供应等，上游行业技术更新换代和产品质量的升级有利于医疗装备制造企业产品质量等性能的提升。中游是医疗设备产业最主要的部分，包括医学影像诊断设备、高值耗材、放疗设备、医疗机器人、体外诊断（In Vitro Diagnosis，IVD）产品、家用医疗器械等的研发制造、销售和服务，涉及医疗设备及耗材的研究机构、高校、制造企业、经销商、第三方维修等。下游主要是各级医院、体检中心、家庭用户等。医疗器械产业全景图如图1-5所示。

不同于传统的成熟工业体系，医疗设备行业作为战略新兴产业，在产业链建设上并不像航空工业那么完善。作为支撑中游装备生产制造的上游基础工业，医疗设备的上游企业完全是分散的、不成体系的。医疗设备行业产业链条尚未形成，只能通过借助我国大工业体系产业链，进行横向交叉扩展，找到合适的元器件、原材料、部件、加工服务等供应商，一定程度上可以解决关键零部件受制于人的困境。

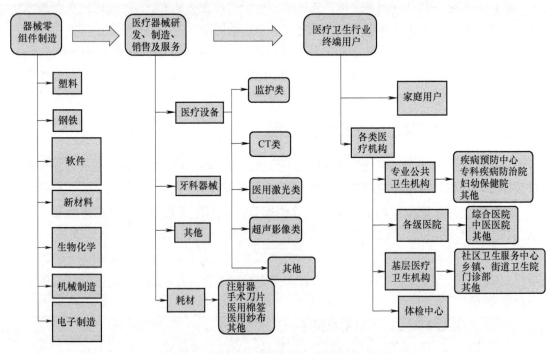

图 1-5　医疗器械产业全景图
来源：前瞻产业研究院

在整个制造业体系中，集成电路产业已经发展到了很成熟的阶段，产业链各环节分工明确，产业链包括原材料、设备、设计、制造和封装测试五大部分，每个部分又包括诸多细分领域，支撑着整个产业稳步前进。医疗设备的研发制造离不开集成电路产业的强大支撑，医疗设备是集光、机、电、磁等一体的复杂系统，大量使用控制电路板、功率器件和芯片，这些上游部件的供给都需要集成电路产业的支撑。

集成电路的半导体材料已经从第一代的 Si 发展到第二代的 GaAs、GaN 和第三代的 SiC。第一代的 Si 性能已经接近极限值，主要应用于集成电路的晶圆片和功率器件；第二代的 GaAs 主要应用于大功率发光电子器件和射频器件，GaN 主要应用于光电器件和微波通信器件；第三代的 SiC 实现了宽禁带、高临界击穿电场强度，高饱和漂移速率、高热导率的优点，主要应用于高压、高频、大功率器件。这些半导体材料及电子器件广泛应用于医疗设备的研发制造，完善的电子产业链为医疗设备产业的发展提供了基础器件和技术支持，医疗设备行业已与电子产业紧密地融合在一起了。

相比于医疗设备，生物医用材料及器械的上、下游产品的医学特性更加明显，在大工业体系中寻求合适的供应商，需要更高的技术要求和一些特殊需求，甚至是个性化的定制。生物医用材料涉及医用高分子、医用金属和合金、医用生物陶瓷、复合材料、生物衍生材料等，其制品既包括大量的基础医疗装备，如一次性使用的输液和注射器具、一般性外科手术器具及药棉、绷带、纱布等卫生用品，也包括技术含量高、附加值高的

第一章 医疗装备行业及零部件产业发展现状

直接植入人体或与生理系统结合使用的材料及其终端产品，如人造血管、人工心脏瓣膜、心脏起搏器、骨修复和替换材料及器械、人工器官、牙科材料、药物释放系统等，以及临床疾病诊断材料。这些医疗装备产品的上游供应链涉及许多生物相容性的特殊材料，在大工业体系中难以直接找到成品，但是借助于大工业体系的技术积累，在用户提出生物医学使用相关的具体设计和需求后，很快就能取得研发突破或是经过简单的处理找到替代品。在航空航天的特殊领域，由于其具有高真空、微重力、强辐射、极端温度、高可靠性等特点，相关部件和材料具有更高的技术指标和性能指标，甚至大大高出医疗设备所需，将航空航天的这些技术直接转化用于医疗设备及耗材的研发制造，能够实现很好的替代性，这为整个医疗设备行业与大工业体系横向的交叉融合提供了无限可能。医疗装备产业链如图1-6所示。

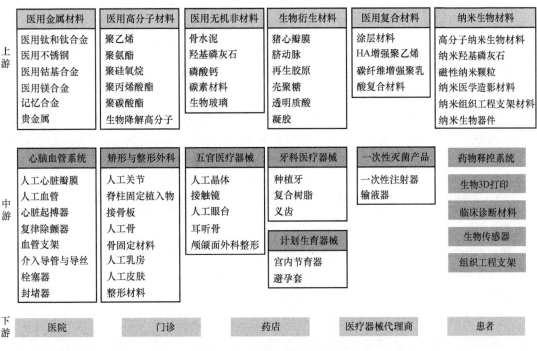

图1-6 医疗装备产业链

医疗设备行业需要产业链上、下游的协同支撑，但在以往，人们更多的关注是在医疗设备产业链的中游和下游，一方面抱怨国产医疗设备生产制造企业技术不行、可靠性稳定性差；另一方面责备医院用户不愿意采购和使用国产医疗设备，导致国产医疗设备长期被进口产品压制。近年来，随着国家对医疗设备产业不断重视，产业规划、支持政策不断出台，企业研发投入不断增加，用户示范应用不断深入，人们对国产医疗设备越来越重视，尤其是将提升医疗设备产品性能质量的焦点不断地往整个产业链的上、下游延伸，一个完善的产业链配套为战略新兴产业的崛起提供了必要的技术支撑和发展生态。

（二）空间链打造产业集群发展

随着中国医疗装备产业的发展，全国已形成了几个医疗装备产业聚集区和制造业发展带，粤港澳大湾区、京津环渤海地区及长三角地区三大区域成为国内的医疗装备产业聚集区。据不完全统计，三大区域医疗装备的总产值和总销售额占全国总量的80%以上。因为各区域的不同条件，这三大产业集聚区呈现出不同的地域特点。

1. 粤港澳大湾区：突显高科技特色

粤港澳大湾区包括深圳、珠海、广州等地。自20世纪90年代以来，一些富有冒险精神的创业者聚集于此，从事新产品的研发与生产；国家也在早期投巨资创办多个对后来发展有很大影响的企业，如深圳安科（深圳安科高技术股份有限公司）等；粤港澳大湾区的电子元器件、部件及相关产业较为发达，电子部件价格相对低廉；电子工程类人才聚集，观念超前，拆解、设计能力也较强；物流业发达，可借鉴的国外产品丰富。这些特点使医疗电子产品在这里具有配套加工的基础，得以迅速发展。

以深圳为中心的粤港澳大湾区在综合性高科技医疗装备的研发、生产上具有明显优势，产品主要涵盖监护仪、超声诊断仪、磁共振仪等医学影像设备，以及伽马刀、X刀等大型立体定向放疗设备、肿瘤热疗设备等。其中，深圳医疗装备产业区的总产值以每年超过30%的速度递增，出口贸易发展迅速。相比其他地区，深圳医疗装备产业的优势在于其电子、计算机、通信及机电一体化等领域多年积累的工业基础。深圳的现代医疗装备产业，正是综合了这些领域的高新技术成果，再加上当地政府的优惠政策、开放机制和市场等因素的激励，逐渐形成了集约化优势，得以蓬勃发展。

在过去的30年间，深圳医疗装备产业得到了迅速的发展。现已拥有600多家医疗装备生产企业，1500多家医疗装备经营企业，年产值超过240亿元人民币，产品外销比例超过60%，成为中国最重要的医疗装备产业集群之一。随着深圳经济特区的迅速崛起，深圳成功完成了第一次产业升级，高科技产业现已成为深圳的核心支柱。20世纪80年代末，深圳安科的成立，标志着以高科技为主的深圳医疗装备产业的起步。此后，一批创业者在深圳开始了艰难的创业历程，其中的佼佼者现已成长为产业的龙头企业。

2. 环渤海地区：诊断治疗产业群引人注目

环渤海地区主要以北京为中心，包括河北省、天津市等。21世纪以来，随着国内其他地区基础工业的快速发展，加之环渤海湾地区医疗装备产业发展势头较好，包括天津、辽宁、山东地区，一个涵盖DR设备、MRI仪、数字超声仪、医用加速器、导航定位设备、呼吸麻醉机、骨科器材、心血管器材等产品的企业群正在形成。

在环渤海地区，除了一些引进的大企业之外，地区内的企业大体可分为两类：

一类是有着国企背景的大企业，它们拥有一定的产业基础、技术积累、规模优势、大型生产设备和厂房等，中小企业曾经比较难与之竞争。但由于国企受到体制、机制上的制约，企业的创新动力不如中小型民营企业。

另一类是中小型创新企业，这类企业通常能够抓住技术更新换代所带来的契机，借助政府的政策支持及本身所具有的科技能力，在数字化医疗设备这一领域取得突出成绩。然而技术上的优势转换成产品优势或品牌优势并非易事，受多种因素影响，靠技术优势进入医疗装备领域的企业，如何实现可持续发展是其正面临的较为严峻的挑战。

以北京地区为核心的研发成果向外扩散是环渤海湾地区医疗装备产业的一个突出特点，由于北京地区的生产成本较高，导致许多技术成果向其他地区转移，其中向粤港澳大湾区和长三角地区转移较多。清华大学、北京大学、北京航空航天大学分别在深圳建立了分院，中国科学院也分别在深圳、苏州建立了医疗器械研究院等。

3. 长三角地区：中小型企业表现突出

长三角地区以上海为中心，包括浙江、江苏、安徽等省。众所周知，上海具备雄厚的工业基础。在计划经济时代，无论是在产品质量上还是技术研发上，上海医疗装备产业都被视为中国医疗装备产业的领头羊。

长三角地区医疗装备产业发展迅速，中小企业活跃，产业特色比较明显。长三角地区的一次性医疗装备和医用耗材在国内市场的占有率超过一半，代表性的产业有苏州的眼科设备、无锡的医用超声、南京的微波设备和射频肿瘤热疗设备、宁波的MRI产业等。加之以高科技为特征的上海医疗装备产业，长三角地区医疗装备产业聚集区已成为我国医疗装备创新、研发与生产的重要基地。

长三角地区，尤其是江、浙两省的医疗装备还有一个特点就是小而全。产品包括眼科、骨科、手术器械、一次性医疗器械等多个方面，基本涵盖了医院日常需要的常规医疗装备。目前，长三角地区的医疗装备规模与产值在国内所占比例最大，江苏省是全国最大的医疗装备生产区域。随着科技创新中心建设的不断推进，一批新兴的医疗装备前沿技术与创新产品陆续问世，发展前景广阔。

目前，我国的各类生物医药产业园区（药谷、科技园、产业基地等）有100多个，经过国家有关部门或地方政府批准的省级以上园区有50多个，其中，粤港澳大湾区产业带占比8%，环渤海地区产业带生物医药园区占比21%，长三角地区产业带占比31%，各地区园区情况见表1-1。

表1-1 生物医药产业园区情况

产业带	园区名称	特色产业	创建时间	级别
粤港澳大湾区产业带	广州国家生物医药产业基地	生态型健康产业、医疗装备	2006	国家级
	深圳医药产业园区	海洋生物、生物工程、医疗装备	2005	国家级
	顺德生物医药产业基地	生物制药、蛋白质工程、基因抗体工程	2007	省级
	广州海洋生物技术特色产业基地	海洋生物技术	2007	省级
环渤海地区产业带	中关村生命科技园	外包服务、创新药物、医疗装备、医疗服务	2000	市级
	北京经济技术开发区	基因与基因载体技术、生物制药技术、医疗装备	1991	国家级

(续)

产业带	园区名称	特色产业	创建时间	级别
环渤海地区产业带	北京大兴生物医药基地	中药和天然药物、生物工程、化学制药、医疗装备	2002	市级
	天津国家生物医药国际创新园	生物工程、医疗装备	2006	国家级
	石家庄中国药都	医药生产	2002	市级
	辽宁大连生物医药产业园	基因药物、海洋生物	2005	国家级
	济宁生物技术产业基地	—	2002	国家级
	禹城生物技术产业基地	低聚糖、低聚木糖、木糖醇、海洋药物	2003	国家级
	济南国家生物工程与新医药产业基地	医药研发、中药	2003	国家级
	淄博生物医药产业基地	生物制造、医疗装备	2005	国家级
长三角地区产业带	上海张江高科技园区	外包服务、创新药物、医疗装备	1992	国家级
	南京生物医药科技工业园	新药开发、医疗装备	2001	市级
	江苏无锡生命科学园	生物制药、现代中药、天然药物、医疗装备	2001	市级
	江苏连云港新医药产业基地	药品研发、中药基地	2001	国家级
	苏州高新区生物医药孵化器	环保产业、医疗装备	1990	国家级
	吴中生物药产业基地	生物医药产业、外包服务	2001	国家级
	常州市"三药"科技产业基地	农药、医药、兽药	2003	国家级
	浦口生物医药产业基地	医药研发、保健品	2004	国家级
	泰州医药高新技术产业园	—	2005	国家级
	南通启东生物医药产业基地	—	2004	市级
	杭州生物医药科技创业园	新产品、新技术开发、医疗装备	2000	国家级
	兰溪天然药物产业基地	天然药物	2004	国家级
	新昌医药产业基地	原料药生产	2002	国家级
	合肥生命科学产业园	生物防护、医疗装备	1991	国家级
	淮南生物医药工业园	药物研发	1999	省级

各个生物医药产业园区经过功能定位的不断摸索和完善，形成了产业链互补、全链条集群发展、公共平台服务等独具特色的医疗产业模式和理念。创新模式有以下几类：

（1）张江模式　上海张江高科技园东区包含张江现代医疗装备园和张江光电子产业园两大产业基地，以产业链带动园区产业发展，通过设计和制造整合产业链发展，形成设计+代工的产业整合发展模式。大力发展以医疗装备、光电子产业和生产性服务业为龙头的高技术产业，已经初步形成了以诊断试剂及IVD产品、生物医用材料及制品为主导的医疗装备产业体系和面向医疗装备的生产性服务业，聚集了一批医疗装备的高科技企业，形成了较为完善的生物医药创新链和集成电路链，通过两大产业链的互补，推进了医疗装备产业的创新发展。

（2）中关村模式　中关村高端医疗器械产业园按照传统产业高端化、高新产业规模化、集群产业基地化的思路，打造"大项目-产业链-产业群-产业基地"发展模式，聚集了一批医疗装备企业，构建了一个高端医疗装备产业生态集群，初步建成了北京健康科技产业基地。园区分为标准生产基地、小型研发中心、中小企业孵化器、园区服务中心及产业服务中心五大功能区。

（3）光谷模式　武汉国家生物产业基地（光谷生物城）是继国家光电子信息产业基地以来的第二个国家级产业基地，是集生物产业研发、孵化、生产、物流、行政、生活为一体的生物产业新城。武汉高科医疗装备园是其重要组成部分，着力打造以医疗装备为主的研发、制造产业集群，依托光电子产业基地重点发展光电子医疗装备及医用激光设备、医学影像诊断设备、生殖健康类产品及基层医疗机构服务装备四大领域，通过建设医疗装备产业孵化器、中小企业加速器，形成服务于企业的公共服务平台、信息资源共享平台、投融资平台、人才引进平台等综合平台，为园区企业快速健康发展提供了强有力的平台支撑。

这些创新模式的运用和产业园区的发展，都离不开传统加工工业、集成电路产业链、光电子产业链的衔接互补、横向穿插、融合发展。

（三）创新链促进产业高质量提升

为促进医疗装备产业创新发展，我国制定并实施了一系列科技投入计划，资助内容涵盖产品研发、科技成果转化、人才培养、高新技术产业化、科技服务机构建设等，为推进医疗装备产业技术创新提供了良好的平台与基础。

工业和信息化部和国家卫生健康委员会联合推进国产医疗设备应用发展和应用示范，搭建政、产、学、研、医合作平台，加快提升国产医疗设备研发制造水平，基本实现主要医疗设备和关键零部件的国产化，逐步提升了国产医疗设备市场占有率，推进开拓国际市场。

在医疗装备重点专项的推动下，国内医疗装备行业正在逐步形成以企业为主体，市场为导向，产、学、研、用相结合的技术创新体系。中国医疗装备领域的重大产品不断取得突破，创新成果密集涌现，取得了一系列"自主原创""从无到有""从低到高"的重要突破，一批数字化、智能化、便携式的创新医疗装备产品应用到基层医疗机构，中国医疗装备领域自主创新的内生动力、创新活力显著增强，医疗装备领域践行"创新驱动发展"率先突围，医疗装备国产化将进入大发展的崭新局面。

1. 人才创新，保障产业可持续性

医疗装备是多学科、高新技术综合的产物，涉及机械、光学、电子、信息、材料等学科，产品的验证还涉及生物学评价、动物实验、临床试验、实验设计、统计分析等一系列生物、医学研究，如果没有掌握多学科知识的高端人才，就不可能完成高端创新医疗装备的研发。国内医疗装备方面人才主要由医疗装备销售、维修、注册人才构成。中国医疗装备研发型人才和精密仪器制造人员的数量和素质与发达国家从业人员相比，均有差距，医疗装备设计师、结构工程师、医用电子工程师和高分子研发人员等高端人才匮乏，直接影响了医疗装备产业国际竞争力的有效提升。

医疗装备领域技术人才培养应当强化应用导向，在国家生物医学工程等学科基础上进行适用性更强的人才队伍建设，包括复合型管理人才、技术监督人员、临床医学工程人才等。在医疗装备创新发展进程中，注重人才国际化培养，鼓励科技领军人才、创业人才和管理人才，同时，要积极引进海外高层次人才，使人才队伍结构更为合理，以保障医疗装备产业发展的可持续性。

2. 监管创新，促进产业规范发展

近年来，相关部门相继出台了《关于深化审评审批制度改革鼓励药品医疗器械创新的意见》《关于改革药品医疗器械审评审批制度的意见》和《医疗器械监督管理条例》，不断完善创新产品审评审批制度，提升了医疗装备审评审批的质量和效率，促进了医疗装备产业的健康发展。

2014年，原国家食品药品监督管理总局印发《创新医疗器械特别审批程序（试行）》，截至发稿前，已批准具有国产自主知识产权的骨科手术导航定位系统和介入人工生物心脏瓣膜等38个创新医疗器械产品上市。

2016年，原国家食品药品监督管理总局发布《医疗器械优先审批程序》，对列入国家科技重大专项或者重点研发计划的医疗器械，诊断或者治疗罕见病、恶性肿瘤、老年人特有和多发疾病、专用于儿童的医疗器械，以及临床急需医疗器械优先审批，促进此类产品尽快上市。截至发稿前，已批准药物洗脱球囊导管等2个产品上市。

药品审评审批制度改革将逐步建立以审评为核心的技术支撑体系，优化审评审批程序，不断提高审评审批质量和效率，进一步提升医疗装备审评审批能力，保障公众用械安全有效，推动医疗装备产业健康发展。此外，医疗装备标准体系建设、医疗装备检验机构配套发展等，正在加速与国际接轨。医疗装备的监管重点将呈现从上市前审查向上市后监测转移、从产品质量检测向生产质量体系检查转移的趋势，这将进一步规范医疗装备企业的研发、生产、经营活动。

3. 金融创新，产业集中度不断提高

据统计，美国约40家大型医疗装备企业的产值占全球医疗装备市场的20%左右，而中国有约1.6万家医疗装备企业，产值却仅占全球医疗装备市场的10%左右。医疗装备产业具备多样化、创新快、跨界难的特性，通过企业自身力量形成规模化生产存在各种困难。此外，医疗装备每个细分市场容量较小，但是专业壁垒极高，在研发、推广、售后服务等方面突围有较大难度，在高值医用耗材、诊疗设备、诊断试剂等领域，单靠内生性增长，国内医疗装备企业无法实现快速成长。

并购是一种可获得规模经济和范围经济的比较快捷有效的方式。目前，掌控细分市场和并购扩张成为国内医疗装备企业战略布局的主流思想，率先进行积极整合扩张的企

第一章　医疗装备行业及零部件产业发展现状

业更有希望成为长期的赢家。迈瑞医疗、威高集团、鱼跃医疗、乐普医疗已经通过合资、并购走向多元化发展道路，成为整合的领跑者。微创医疗、新华医疗则成为细分领域的佼佼者。还有一部分企业拉开海外并购帷幕，力图走国际化、多元化道路。

医疗装备企业利用产业基金、上市融资、引进外资等多种方式加快兼并重组步伐，不断提高行业组织化水平，实现规模化、集约化经营，将是未来产业发展的重要趋势。

第二章 典型医疗装备产业技术发展趋势

第一节 医学影像诊断装备

随着医学科学的进步和医疗诊断技术的发展，现代医学影像主要出现了 X 射线类成像设备、磁共振成像设备、核医学成像设备、超声成像设备、热成像设备和医用光学成像设备等成像技术。医学影像诊断装备以直观的形式展示人体内部的结构形态、成分或脏器的功能，所获取的大量信息为临床诊断、治疗和医学研究提供了正确可靠的依据，促进了医学临床诊断水平的提升。

一、X 射线类成像装备及关键零部件技术发展趋势

（一）X 射线类成像装备技术发展趋势

1. X 射线类成像装备分类

X 射线类成像装备发展至今种类繁多，是医院使用最多的放射影像装备。按照不同的分类原则，X 射线类成像装备有多种分类方法。

根据影像形式不同可分为透视 X 射线装备、摄影（拍片）X 射线装备和透视与摄影 X 射线装备；根据成像方式分为传统 X 射线平面投影成像装备、数字 X 射线摄影（Digital Radiography，DR）成像系统、计算机 X 射线摄影（Computed Radiography，CR）系统、X 射线计算机体层成像（Computed Tomography，CT）系统；根据临床应用分为普通拍片 X 射线装备、胃肠 X 射线装备、乳腺 X 射线装备、齿科（口腔）X 射线装备、数字减影血管造影 X 射线装备等。

2. 典型的 X 射线类成像装备

（1）数字 X 射线摄影（Digital Radiography，DR） DR 是在数字荧光摄影（Digital Fluorography，DF）基础上发展起来的，它以影像增强管为信息载体，接受透过人体的 X 线信息，经视频摄像机采集后转换为数字信号。

1）DR 装备工作原理及系统结构。三相网电源进入装备后经过低通滤波器、三相硅桥整流后变为直流电，经过高频（30~400kHz）逆变成脉冲交流电后输入高压变压器升压、高压硅堆整流，输出 40~150kV 的 X 直流高压到球管。灯丝板通过逆变，对球管灯丝进行电流控制。然后旋转阳极控制电路启动，控制阳极盘的高速转动，当由灯丝发出的电子经过管电压加速后撞击旋转阳极靶面时，便产生 X 射线输出（见图 2-1）。同

时，在球管加高压前，旋转阳极控制电路启动，控制阳极盘的高速转动，起到冷却和散热的作用，最后热量被球管里的冷却油吸收，避免高速电子轰击靶面产生的高温损坏靶面。

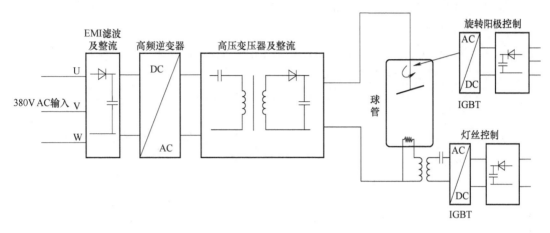

图 2-1　X 射线产生的工作原理

X 射线照射下数字探测器的闪烁体层将 X 射线光子转换为可见光，而后由光电二极管阵列变为图像电子信号，通过外围电路检出及 A/D 变换，从而获得 X 射线数字化图像。

探测器的电路由时序控制器、行驱动电路、读出电路、通信及控制电路组成。在时序控制器的统一命令下行驱动将像元的电荷逐行检出，读出电路由专用低功耗集成电路构成，将所有并行的列脉冲信号转换为串行脉冲信号，分别读出图像矩阵所有列的单元，采用柔性电路布置于光电二极管阵列板上并通过导电膜与背面的主电路板相连。主电路板上包含的 A/D 转换电路将脉冲信号转换为数字信号，并通过数字接口发送到图像处理器。

DR 系统的结构，主要由五部分组成，包括高压发生器、X 射线管组件、平板探测器、图像采集系统和机械装置。其中高压发生器主要决定了 DR 系统的曝光参数，包括管电压（kV）、管电流（mA）、电流时间积（mA·s）和时间（ms）；平板探测器决定了系统生成图像的质量；图像采集系统由电脑和相关控制软件组成，包括系统控制平台、图像处理平台和病患数据管理平台；机械装置主要用于安置患者。

2）DR 装备分类。DR 装备按转换方式可分为非直接数字摄影（Indirect Digital Radiography，IDR）装备和直接数字摄影（Direct Digital Radiography，DDR）装备；按结构和功能可分为移动 DR、悬吊 DR、U 臂 DR 和双立柱 DR 装备。

① 移动 DR 装备。移动 DR 装备把 X 射线所有部件集成在一起，大大缩小了体积，并且安装上轮子，成为一种放射技师能推着给患者拍摄的数字 X 射线摄影医疗诊断设备（见图 2-2）。同传统平板 DR 装备相比，移动 DR 装备具有机动性强、成像速度快、工作流程简便、床旁摄影操作方便等优势，在临床多适用于病房、急诊室、ICU 等环境。

减少了病患的移动，更加安全；也减少了多科室间的奔波，为抢救重症患者赢得了宝贵时间。近年来，随着我国医疗水平的不断提升，以及大中型医院对高端数字化X射线设备需求的增加，带动移动DR装备市场需求持续释放。

②悬吊DR装备。悬吊DR装备外观大气、临床应用灵活、智能化程度高，悬吊DR装备的零死角球管旋转，可以满足患者所有的拍片需求。极大地优化了工作流程，提高了工作效率，使放射科摄片检查图像的质量明显提高，确保了诊断的准确性和可靠性，是目前大医院放射科的主流装备（见图2-3）。

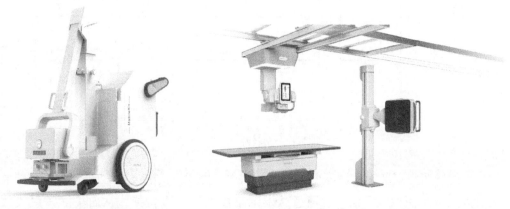

图2-2 移动DR装备　　　　　　　图2-3 悬吊DR装备

悬吊DR装备的主要特点如下：

- 悬吊运动范围大，吊筒可上下升降并沿天轨做横向、纵向移动，满足各种体位拍摄。
- 机头采用触摸屏控制，可轻松实现一键胸片位和一键床下位的摆位功能。
- 机头可实现多维度旋转，可完成胸片位和床下位的自由切换。
- 可实现立位垂直双向跟踪和卧位垂直水平双向跟踪。
- 电动升降胸片架，可实现片盒翻转，满足斜位拍摄。
- 采用简单可靠的手持控制盒控制方式；也可配备无线遥控装置，实现隔室遥控。
- 兼具手动、电动控制方式，可实现吊筒上下电动升降，电动、手动均可控制天轨的横向、纵向运动。

③U臂DR装备。U臂DR装备具有占地面积小、安装灵活、无需额外辅助固定装置即可独立放置于设备间任何区域。大范围的升降、旋转，可以满足站立和平卧多部位摄影要求。精密电控平衡结构，支持同时多轴向电动复合运动摆位（见图2-4）。

④双立柱DR装备。双立柱DR装备采用双立柱的结构设计，是医院放射科的主流装备，也可配备于体检中心和体检车。其结构包括X射线摄影床、X射线源组件支柱及立式摄影架。X射线源组件支柱由地轨、支柱滑车、联接器、控制盒、支臂、支臂滑车、支柱等部件组成，用于支撑X射线管组件和限束器，使X射线管组件可以完成各种所需的移动和转动。立式摄影架由立柱、内平衡和平板结构等部件组成，用于安装平

板探测器，使平板探测器组件可以完成各种所需的移动（见图2-5）。

双立柱DR装备的主要特点如下：

- 独立导轨设计，覆盖范围大，可满足各种体位的拍摄需求。
- 电动升降床有可移动和旋转的精巧摄影立柱，配合精密电控，摄影床床面四向浮动且可电磁锁定，便于医生操作，可缩短患者的诊断时间。
- 自动跟踪功能的球管和探测器垂直、水平位置双向随动。

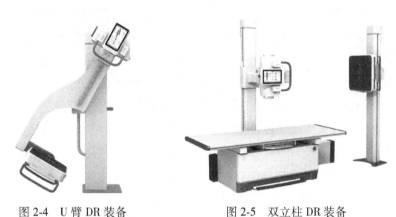

图2-4　U臂DR装备　　　　　图2-5　双立柱DR装备

3）DR装备行业发展现状。在我国DR产品市场，以GE、Philips、Siemens、日本岛津（Shimadzu）为代表的进口厂商占据了主要高端市场，国内生产厂商主要占据中低端市场。国内生产厂商主要有北京万东（北京万东医疗科技股份有限公司）、安健科技（深圳市安健科技股份有限公司）、南京普爱（南京普爱医疗设备股份有限公司）、上海联影、深圳深图（深圳市深图医学影像设备有限公司）、深圳迈瑞。

中国医疗器械行业协会数据表示，DR设备的国产化率已达80%，在影像设备众多细分领域中的国产化率是最高的。由于中低端市场竞争激烈，DR设备市场价格处于下滑阶段，长期处于价格战的漩涡；而且DR属于检查类耐用性医用设备，设备更换周期较长，一般有5~10年的使用寿命。由于我国政策因素加持且市场潜力巨大，DR产业是具备长期发展潜力的。

4）DR装备临床应用现状。在临床当中，DR成像技术在骨关节诊断中的应用是最为常见的，通过它可以看到关节的软骨、肌腱、韧带、关节囊和一些皮下组织等；DR技术对于心后肺纹理和肺部的细小纹理都可以进行比较准确和清晰的显示，并且不会影响其他部位的诊断效果，因此在临床诊断上的价值非常突出。在对软组织和病灶层次进行测量时，DR技术在系统化处理后，可以对病灶的放大率开展有效消除，从而使一些小病灶在测量之前得到准确放大，促进了精细程度的有效提升；医生可根据需要进行如数字减影等多种图像后处理、边缘增强、图像放大、黑白翻转、图像平滑等处理，从中得到丰富可靠的影像诊断信息，从而得到理想的诊断效果，这对早期病灶的发现尤为重要。

DR装备具有即时成像的特点。传统的CR装备在拍摄时，无法马上看到图像，一旦拍摄失误，在图像出来之后，医生还得将病人召回重新拍摄，增加了病人的麻烦。

DR 装备在使用中则省去了这一麻烦，由于它具有即时成像的优势，当拍错了片或因病人身体移动导致图片效果变差时，医生可以马上重新拍摄。成像时间快，现在大部分机组可以做到 5~8s 成像，也有部分机组可以做到 1s 瞬时成像。现代化摄影机架采用一键到位功能，可快速从平床位切换到立摄位或其他体位，同样也节约了患者及医生摆位的时间，提高了工作效率。

与传统的仪器相比，DR 设备只需要少量的 X 射线就可以完成成像过程，得到高清晰的图像，对病人的辐射变小，从而减少了对病人的危害。目前 DR 设备基本采用电动限束器技术，可以根据部位自动调节射线窗口的大小，从而减少散射线的产生。采集系统具备自动储存曝光条件，或者配置电离室，可以利用默认剂量进行直接拍摄，或者根据不同部位的穿透力定义好电压（kV）条件，通过自动曝光控制（Automatic Exposure Control，AEC），无需反复调试剂量大小，便可使图像剂量达到最优化。

由于 DR 技术改变了传统的胶片摄影方法，直接通过专业显示器进行阅片，无需再冲洗胶片，使医院省去了胶片库房及传统的胶片存储方法，图像信息可由磁盘或光盘储存，并进行传输，提供了安全可靠的病人数据管理功能和便捷的病人数据查询功能。此外，由于数字化 X 射线图像的出现，结束了 X 射线图像不能进入医院影像归档和通信系统（Picture Archiving and Communication System，PACS）的历史，为医院进行远程专家会诊和网上交流提供了极大的便利。另外，DR 设备还可进行多幅图像显示，进行图像比较，以利于医生准确判别、诊断。

（2）计算机体层成像（Computed Tomography，CT）设备　CT 技术是利用 X 射线的发射和接收装置（X 射线管和探测器）围绕物体进行旋转以获取足够的信息进行横断面图像重建。CT 系统是电子技术、计算机技术和 X 射线摄影技术相结合所形成的先进医学影像装备，其性能和技术革新近几年异常迅速，已成为医学诊断中不可或缺的医用诊断装备。

1）CT 装备的工作原理及系统结构。在 X 射线穿透物体的过程中，不同密度的人体组织对 X 射线的吸收不同，从而使透射过人体的 X 射线呈现不同的衰减，该射线被探测器接收后通过光电转换装置转换为电信号，再由数据采集系统（Data Acquisition System，DAS）进行采集。DAS 采集的数据称为原始数据或者生数据（Raw Data）。原始数据可以通过重建生成图像，这种图像以数字的形式存储和表达，也称为数字图像。CT 系统工作原理如图 2-6 所示。

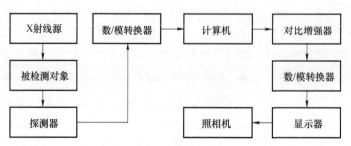

图 2-6　CT 系统工作原理

CT 主要由扫描架（机架）、扫描床、计算机工作站、控制台和其他部分，如配电装置（电源分配单元）等组成，其中扫描架内部包含 X 射线管组件（球管）、准直器、高压发生器和探测器。

2）CT 装备的分类。按照 CT 技术来划分，可分为普通型 CT、螺旋 CT、电子束 CT、能谱 CT 和 PET/CT 装备。

普通型 CT 装备：采用平移+旋转的扫描方式，多为头部专用机，由一个 X 射线管和 2~3 个晶体探测器组成，由于 X 射线束被准直成铅笔芯粗细的线束，故又称为笔形扫描束装置，1 幅图像的扫描时间大约为 5min，由于扫描时间过长，无法避免因为体部运动导致的伪影，很难完成体部器官的扫描，因此这类 CT 装备已被淘汰。

螺旋 CT 装备：对整个容积进行快速连续扫描，取代了 z 轴方向上不连续采样的传统扫描模式，即机架连续旋转的同时扫描物体在 z 轴方向上连续移动，如图 2-7 所示。与轴向扫描不同的是，螺旋扫描在 z 轴方向上是连续采样，在数据采集过程中 X 射线球管的焦点相对于扫描物体来说呈螺旋轨迹，在数据处理过程中增加了 z 轴内插法，可以对任意扫描的位置进行图像的重建。这对 CT 的发展产生新的推动力，不仅可以将扫描时间缩短到 1s 以内，而且还可以提供动态器官的检查及大范围的检查。

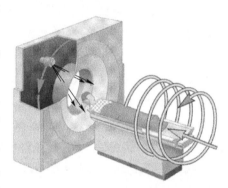

图 2-7　螺旋 CT 机扫描原理示意图

电子束 CT 装备：它的 X 射线管是一个大型特制扫描电子束 X 射线管，其产生高速旋转的扇形 X 线束，由一组固定的探测器阵列接收数据，如图 2-8 所示。可以使扫描速度大大加快，达到毫秒级，动态分辨率也明显提高。但由于各方面技术以及成本等原因，电子束 CT 装备目前尚未得到临床的广泛应用。

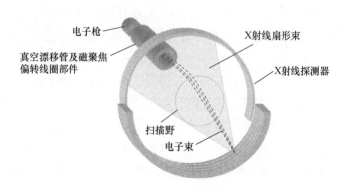

图 2-8　电子束 CT 机扫描原理示意图

3）CT 装备的行业发展趋势。由于 CT 设备投资大，研发及生产周期长，技术要求比较严格，对生产企业的综合能力要求高，市场主要集中在几家企业，集中度在 80% 左右。通用医疗、Siemens、Philips 三家的市场份额达到了 60%左右。我国的中高端 CT 装备市场主要由通用医疗、Siemens、Philips 和东芝（Toshiba）4 家占领。低端 CT 装备市场主要是通用医疗、Siemens、Philips、日立（Hitachi）、Toshiba、东软（东软医疗系统股份有限公司）等企业。

目前，国内厂商上海联影异军突起，成功打破国外企业的封锁，逐渐抢占了高端 CT 装备市场。迈瑞医疗、武汉高科（武汉高科机械设备制造有限公司）、深圳玛西普 [玛西普医学科技发展（深圳有限）公司]、天津松华（天津松华机电有限公司）等国内企业陆续加入 CT 机生产行列。目前，我国已经发展成为世界第三大 CT 机生产国。

受到新医疗改革的影响，以及全国各省市正进行基础医疗设施的更新，基层医疗机构对 CT 设备的需求呈现快速增长的趋势，而我国基层医疗市场广阔，以前对于 CT 机的装机量也处于一个很低的水平，因此拥有巨大的发展空间。随着基层医疗机构对 CT 设备的需求加大，我国企业的中低端 CT 机将会大规模取代国外产品。一大批数字医疗影像采集设备逐步走入基层，预计在未来几年将成为我国基层医疗机构的新宠，而 CT 设备也将得到一次放量发展。

4）CT 装备临床应用现状。多层螺旋 CT 已经从最初的 2 层、4 层、8 层、16 层迅速演变到了 32 层、64 层、128 层、256 层、512 层，宽体探测器 CT 已经发展到了 256 排、320 排的 16cm 宽，扫描速度也朝着越来越快的方向发展，目前，已经实现了单周期亚秒级的扫描速度，再配合上越来越宽的探测器及扫描床的同步位移，数据的采集速度和时间分辨率均实现了前所未有的突破，这让临床上实现大范围连续的快速扫描成为可能，对于心血管疾病的检查及诊断意义重大。

与此同时，扫描的层面也越来越薄，z 轴分辨率的提高，可以快速获取大量的薄层图像使三维重建的图像质量更好，尤其是对于 CT 血管造影的三维血管图像，以及结肠或支气管的仿真内窥镜三维成像等。不间断大量采集数据的同时还可以使用造影剂追踪法准确捕获不同时像下病灶的变化。选择合适的监测层面，根据监测层及监测区域的强化情况，可自动触发进行扫描，进而准确抓住不同时像病灶的进药情况。造影剂追踪法可减少造影剂用量，且达到了 CT 血管造影的最佳增强效果，更适用于小儿及多部位联合扫描的检查。

CT 成像技术发展时至今日，已经步入了百花齐放的后 64 排时代，出现了横向和纵向两个发展方向，横向主要针对扫描速度和临床应用的开发，体现在时间分辨率的不断提升和覆盖范围的增宽，这里面包括追求"快"的双球管技术、追求全器官覆盖和灌注能谱成像的"宽"探测器设计；纵向主要体现在提高图像空间分辨率、密度分辨率，可以更充分地挖掘病灶的性质，主要是以能谱成像为代表的精准多模态影像诊断技术的突破，把 CT 技术的发展又推向了一个新的高度。而时下，我们又迎来了人工智能应用在医学成像领域的热潮，从扫描前个性化扫描方案的制定，到扫描中成像数据的处理及优化，再到扫描后图像的后处理及影像诊断的环节，人工智能正向全影像链的各个环节全面渗透，成为医生的有力助手。

（3）数字减影血管造影（Digital Subtraction Angiography，DSA） DSA 是继普通 X 射线成像、螺旋 CT 成像技术之后，在 20 世纪 80 年代兴起的一种医疗影像学新技术，是计算机与常规 X 射线血管造影相结合的一种新的检查方法，在此项技术确立和发展的前提下，医学影像学正逐渐向数字化方向发展。

1）DSA 的工作原理及系统结构。DSA 的基本原理是将注入造影剂前后拍摄的两帧 X 射线图像数字化后输入图像计算机，通过减影、增强和再成像等过程把影像上的骨骼与软组织等背景消除，以获得清晰的含有造影剂的纯血管影像，如图 2-9 所示。不含造影剂的影像称为蒙片或掩模像，注入造影剂后得到的影像称为充盈像或造影像。简单来说，掩模像减去造影像等于减影像。较通俗来说就是将造影剂注入需要检查的血管中，X 射线造影，使血管显露原形，然后通过系统后处理，使血管显示更加清晰，便于医生诊断或辅助进行手术。

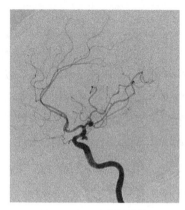

图 2-9　DSA 减影图像

根据不同的使用目的，数字减影有各种不同的方法，如时间、能量减影等，区别主要在于相减的两影像，即掩模和造影剂充盈像的获取方法不同。在此基础上，根据临床的需求，DSA 系统后续还发展了二维路途（2D Roadmap）、三维路途（3D Roadmap）、旋转三维成像等更先进的成像技术，以及多模态图像融合后处理等，基于这些 2D、3D 甚至融合图像，可以进行测量、规划和手术导航。

DSA 装备主要由 X 射线发生装置（球管）、数字成像系统（主要是探测器）、机电系统、计算机控制系统、图像处理系统、图像显示系统及相关辅助系统等组成。

2）DSA 装备的分类。目前主流的 DSA 装备，按照机架类型主要分为以下几种：

固定落地式 DSA 装备：机架固定于地面，C 臂由可水平旋转的 L 形臂支撑。落地的机架又分对中心机架和偏中心机架，不过两种机架都要保证 C 臂的中心（球心）在 L 形臂的垂直旋转轴线上，这两种不同的落地机架对于病床移动范围、头侧设备及操作空间的占用是不一样的。在此基础上，部分厂家开发了更低成本的机型，将可旋转 L 形臂简化成固定的立柱臂，去掉了沿过 C 臂中心的垂直轴线水平旋转的功能。

有轨悬吊式 DSA：机架悬挂在两根天吊导轨上，并且可以沿着导轨平移；悬吊设计拥有更大的运动范围和更高的灵活度，尤其是机架在空中，地面没有固定结构，脚底操作空间充分。因为悬吊导轨需要在天花板铺设，意味着比落地机型需要更高的基建成本、更高的房间层高要求，层流设计也会受到一定的影响。普通的悬吊 DSA 只有一层，例如 x 方向的长轨道，为了增加移动范围，也有采用双层 x-y 轨道的 DSA，不过成本和对房间的要求更高。

双板双向式 DSA 装备：由一套落地 C 臂和一套悬吊大 C 臂组成，可同时进行两个方向尤其是正交方向的成像，更全面观察病变的同时减少了造影剂的使用。双向双板多应用于神经介入和儿童介入，心脏、外周血管等领域应用相对较少。这种DSA装备综合成本高，目前国内装机数量不多。

多轴机器人化的DSA装备：近十年随着"复合手术"的发展，涉及开放外科部分，且手术难度通常很大，对DSA系统提出了更高的要求。普通落地式无法提供外科手术所需的床周围空间；有轨悬吊式的天吊安装会导致手术野正上方的层流罩被遮挡，导致手术感染风险增高。多轴机器人化的DSA装备采用工业7轴机器人（如KUKA）、移动AGV机器人或者悬吊多轴机器人，他们都可以灵活伸缩或摆位，充分空置出外科所需要的空间，对层流干扰少，可以更好地满足介入+外科等的复合手术的需求。

随着诊疗一体化的临床需求日益增多，尤其是脑卒中、心梗等快速急救诊疗需求以及肿瘤介入诊疗需求，DSA设备作为诊断和辅助治疗设备，越来越多地和其他设备融合，例如与CT设备相结合组成Angio-CT的复合一体化诊疗系统，这其中不仅是设备的融合，更包含了相关临床工作流及图像的深度融合。

3）DSA装备行业发展现状。DSA装备自1980年问世以来就受到医疗行业青睐，通用医疗、Siemens、Philips等厂商纷纷投入大量人力物力进行研发。但因为较高的技术壁垒、可靠性壁垒和临床应用壁垒，DSA装备面市三十多年来，鲜少有国产厂商涉足。近年来随着国家对高端医疗装备的重视，国产厂商纷纷起步，如东软医疗、北京万东、唯迈医疗（北京唯迈医疗设备有限公司）等少数公司已拥有自主研发的DSA装备。随着新一代国产DSA装备的代表东软医疗的产品线越来越丰富，上海联影也参与到DSA赛道，未来几年极有可能打破以往几乎由跨国厂商垄断的国内高端DSA装备市场。

同时，随着《大型医用设备配置许可管理目录（2018年）》的出台，X射线数字减影血管造影（DSA）系统被调整出乙类大型医疗管理目录，这也意味着医院需求DSA设备将不再需要配置证。国家对大型医疗设备管控上的放权，对国产DSA设备制造商来说，是一个新的发展契机。

4）DSA装备主要技术进展及发展趋势。经过20多年的发展，DSA技术得到了进一步研究和升级，在机器性能、成像方式、方法和成像速度，图像的存取、处理与显示，组织器官的形态和功能的定性分析，自动化和智能化程度等方面都取得了明显的进展。目前，DSA设备已经普遍采用了动态平板探测器（Dynamic Flat Panel Detector, DF-PD），有别于过去的影像增强器型DSA，动态平板探测器型的DSA装备具备空间分辨率高；成像动态范围大；余辉小，可作快速采集；射线剂量低等优势。

DSA当前主要的发展趋势是低剂量、智能化、多轴高速化、多模态融合和复合化一体化。主要表面在以下方面的发展：

图像空间分辨率：有效地提高DSA图像的空间分辨率，图像质量将获得大幅提升，这样就可以进一步减少X射线剂量，增强系统的检查效率，提高图像的定量分析能力。154μm以下互补金属氧化物半导体（Complementary Metal Oxide Semiconductor, CMOS）、铟镓锌氧化物（Indium Gallium Zinc Oxide, IGZO）技术的探测器正在逐渐投入使用。

X射线源：作为X射线发生端的源头，球管的灯丝结构、大小对于X射线的纯度、图像质量都有很大的影响。更小的焦点意味着更好的图像质量，球管热容量在 3MHU 或以上对 DSA 的应用都是足够的，但同时也需要提供相对较大的焦点功率。

低剂量：通过新型低剂量探测器，高压栅控技术，结合深度学习的低剂量算法及剂量管理等综合手段，大大降低了 DSA 设备对病人与医师的辐射剂量。

灰阶：目前市场上的 DSA 设备正在完成图像灰阶从 14bit 到 16bit 的进阶，在灰度分辨率上，16bit 是 14bit 的 4 倍，因此清晰度会有大幅提升。

多轴高速机架：更深入地采用机器人的部件和技术，7 轴或者 7 轴以上的结构，旋转速度更快（例如≥60°/s），移动或者收缩范围更大，综合成本相比最初的工业机器人要低。

更丰富的临床功能：如支架精显、高清 CT，多模态融合术中导航等。

多设备复合应用：DSA 设备可以与 CT、MR、超声（Ultrasound，US）、血管内超声（Intravenous Ultrasound，IVUS），光学相干层析成像（Optical Coherence Tomography，OCT）以及最新的介入机器人等设备复合应用，提供更高效的诊疗一体化手段。

3. 存在问题及建议

目前，在 X 射线类装备领域，主流技术的 DR、射频（Radio Frequency，RF）、乳腺 X 射线摄影（Mammography）机、C 臂 X 射线机等装备的临床应用和核心技术发展到达一个瓶颈，装备无法满足临床研究的需要，仅用于常规的筛查，而不能达到确诊的目的。虽然 X 射线装备临床应用广泛，但技术上仍无重大突破。未来，只有在新技术的推动下，X 射线装备才能实现更高的空间分辨率、组织分辨率、动态范围，从而在诊断领域形成新的临床应用，且不断发展。

国家集中招标采购可为地方提供先进的医疗装备及资金支持，但部分偏远地区的乡镇医院人员思维固化老旧，接受新鲜事物的能力不强。政府集中招标采购的装备即便到位，如果未及时进行相应的培训和监督，也会造成先进设备处在闲置状态，造成资源浪费，未达到先进装备下沉地方，医院无法享受分级诊疗带来的政策红利，因此要加强高端医疗装备的宣传推广及人员的操作培训。

当前国内厂商在 DR、CT 装备生产制造方面已经取得了一定的成果，但是在产业链的上游，如原材料（如靶盘、灯丝）及核心组件（如高功率 X 射线管等）的自主率还不够高，性能与国际品牌尚有一定差距，需要头部企业牵引，带动整个供应链创新能力提升，从研发端进行持续投入形成上、中、下游大、中、小企业的融通创新。

（二）X 射线装备关键零部件技术发展趋势

1. X 射线球管

（1）X 射线球管行业发展现状　数字化 X 射线摄影技术作为目前全球最为广泛应用的医疗影像检查手段，覆盖了数十亿人口的健康与疾病筛查。在 X 射线诸多技术和装备当中，医用 DR 装备凭借着便利性、低成本、低剂量和高效率，在临床检测中获得了最为广泛的应用。X 射线球管作为产生 X 射线的关键装置，是 DR 装备中的核心部件。

（2）X射线球管原理及结构　X射线球管由管芯、管套组成，管芯分为阴极、阳极和玻璃壳三部分，腔体内部为真空状态。阴极通过低压加热灯丝产生电子云，电子云在阴极和阳极间千伏级的高压下被加速为高能电子束，轰击阳极靶面，与原子核作用发生韧致辐射，产生X射线。X射线透过人体，经过不同组织的吸收获得不同程度的衰减，透射X射线在接收端被X射线检测器转化成电信号，经过处理用于成像。

X射线球管阴极多采用螺旋状结构灯丝，用于发射电子。阳极分为固定阳极和旋转阳极两种结构。随着图像质量要求的不断提高，旋转阳极X射线管因其在小焦点、高功率方面的优势被更广泛地使用。旋转阳极由靶盘、转子、轴承、定子组成，靶盘在高速旋转下接收电子束，形成环形接收面，减少单位上的热量，从而提高X射线球管功率。

（3）X射线球管国内外现状　X射线球管作为广泛使用的DR装备中的关键耗材，每年在DR装备存量和增量需求上都很大。以2019年为例，根据医疗招标采购统计发布的数据，仅国内新增DR装备就达到11426台，国内装备保有量超过8万台，且每年以高速增长。虽然国产DR装备在市场上的占有率逐年增加，目前已超过70%，但作为关键部件的X射线球管国产化率还较低。国外X射线球管生产厂商起步较早，在X射线球管领域有着丰富的技术和临床数据积累，以佳能电子（Canon）、Siemens、瓦里安（Varian）等为代表的大型国外厂商，在国内市场占据了近70%的份额。国内一些厂家如杭州凯龙（杭州凯龙医疗器械有限公司）、杭州万东（杭州万东电子有限公司）、苏州明威（苏州明威医疗科技有限公司）、温州康源（温州市康源电子有限公司）等，经过数十年的发展，在DR用低速、小热容量球管方面取得了不错的成绩，产品性能基本能够满足中低端X射线产品的使用要求。

（4）主要技术进展及趋势　X射线球管结构相对简单，对发射特性、靶盘转速、散热效率等方面的性能要求不高，相关技术比较成熟。

在轴承方面，现在大多采用一体化轴承替代原有的分立轴承，在噪声、转动平稳性、冷态和热态的惯性时间等方面已经有了质的进步。目前，在低转速轴承方面，上海天安（上海天安轴承有限公司）、洛阳轴承研究所等公司已经取得了一定进展，能够实现国产化替代。

在靶盘方面，钼基铼钨靶相比于传统的钨靶在散热性和抗热膨胀性上有了更大的提高，且钼基质量更轻，一定程度上提高了X射线球管的使用功率和散热效率。西安爱克斯（西安爱克斯射线靶材有限公司）、株洲佳邦难熔金属股份有限公司等已经实现了低热容量铼钨靶的生产。

DR用X射线球管技术比较成熟，目前还没有突破性的新技术，主要技术发展趋势侧重于工艺水平，更多关注产品性能。

1）提高图像质量。DR装备的近几次技术革新主要围绕图像方面的技术突破，未来DR装备将朝着动态化、功能化及三维化的方向发展。为适应DR装备的发展，X射线球管目前需要提高靶盘转速（突破9800r/min），在更长的曝光时间内保持稳定的剂量率以保证图像的清晰。

第二章 典型医疗装备产业技术发展趋势

2）提高散热效率。对于不同的人体组织，因其面积和组织密度不同，扫描方式也有所不同。以消化道、胆道系统造影的 X 射线摄影为例，通常需要使用点片方式进行扫描，需要的曝光时间更长。为保证长曝光时间下的功率稳定，需要提高散热效率，目前国内厂商致力于突破 600kHU 阳极热容量。

3）延长使用寿命。低速旋转阳极 X 射线球管技术已经较为成熟，国内的多家厂商也积累了多年的经验，部分产品能够达到国际水平。在相关技术基础上，通过提高灯丝发射效率，能够减缓老化，有效提高 X 射线球管寿命。

（5）存在的问题与建议　国内的 DR 用 X 射线球管生产厂商经过数十年的发展，形成了各自的品牌，但产品在国内市场一直没有占据主导，主要是因为在产品性能上与进口产品差异较大。

一方面，国内 X 射线球管性能依靠上游零部件的质量。以轴承为例，国产轴承因为润滑问题，在 X 射线球管高速旋转的工作状态下，使用寿命远低于进口轴承，在涂层材料和加工工艺上还有待改进。在高纯钨等材料方面，国产材料一致性较差，导致阴极灯丝的发射特性存在个体差异。建议下游零部件企业能与上游企业联合成立专项，开发更高质量的零部件，将有助于产品性能的整体提升。

另一方面，国内各大厂商有各自擅长的技术，在轴承润滑、耐压性能、管套密封性等方面各有所长。如果各大厂商依托各自的技术优势，取长补短，合作开发，将引领国产 X 射线球管达到一个新的高度。

2. 平板探测器

（1）平板探测器行业发展现状　平板探测器早期出现在 1990 年美国施乐公司 Robertstreet 等人的文献中，文献首次提出 PIN 结构的非晶硅光电二极管阵列结合二维非晶硅薄膜晶体管（Thin Film Transistor，TFT）阵列寻址的探测器实现方式。在 20 世纪 90 年代，世界各大放射影像公司对该技术进行了广泛的前期研发。20 世纪 90 年代末期，代表产品有 GE 和珀金埃尔默（PerkinElmer）公司合作开发的非晶硅探测器，Siemens 和 Philips 投资的法国公司 TriXell 开发的非晶硅平板探测器，以及美国 Varian 公司的产品。2010 年前后，平板探测器技术逐渐扩散，传统胶片巨头爱克发（AGFA）、富士胶片（Fujifilm）、柯尼卡（Konica）、锐科都纷纷开发自己的卡片式平板探测器产品。中、日、韩的一些创业公司也开始研发此项技术。

目前，平板探测器厂商，国际上主要有美国万睿视（Varex）、日本 Toshiba、Fujifilm、法国 Thales（TriXell 的控股公司）、韩国 Viewworks、Vatech、Rayence 等。国内有奕瑞科技（上海奕瑞光电子科技股份有限公司）、康众医疗（江苏康众数字医疗科技股份有限公司）等供应商。整机厂家除少数厂家外基本没有自主生产能力。经过近十年发展，国产的 DR 平板探测器和进口品牌性能和稳定性基本接近，传统非晶硅动态平板探测器和进口品牌差异也逐步缩小，非常接近。而在新技术的应用，如基于氧化物半导体及柔性基板的探测器方面，国内厂商则领先于国外厂商。目前，X 射线产品的平板探测器主要供应商见表 2-1。

表 2-1 平板探测器主要供应商

	国外厂商	国内厂商
非晶硅平板探测器	Varex、Thales、Toshiba	奕瑞科技、康众医疗
CMOS 平板探测器	Varex、Dalsa、MX imaging、Rayence	奕瑞科技
柔性基板探测器	Fujifilm	奕瑞科技
IGZO 氧化物半导体探测器	Varex	奕瑞科技

(2) 主要技术进展及趋势 平板探测器可以将不可见的 X 射线转化为可见光，通过感应穿过物体 X 射线的强度，赋予图像不同的灰度等级，使人眼可以观察到图像。平板探测器的基本原理为：使用闪烁体材料将 X 射线转换为可见光，再使用光电二极管将可见光转换为光电子，经电荷收集、前置放大、模数转换、图像处理等诸多步骤，提供被拍摄物的透视影像。

平板探测器的核心技术分为三个领域，分别是光电转化（荧光材料及光电置换）、寻址及 AD 转换电路、外围电路和交互，所有探测器的技术进展都围绕这三个领域展开。图 2-10 所示是平板探测器的结构和工作原理。

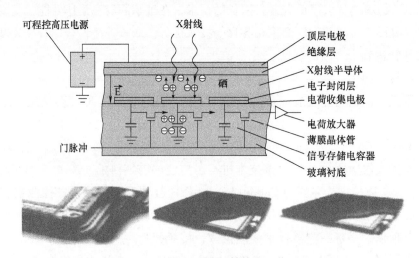

图 2-10 平板探测器的结构和工作原理

1) 光电转化技术。平板探测器的光电转化技术，包含两部分，第一部分是将 X 射线转换可见光的闪烁体材料，第二部分是将可见光转换为电信号的光电二极管阵列，即非晶硅面板。

第一部分：X 射线转换为可见光的闪烁体材料。闪烁体材料的类型非常多，常用的有碘化铯 CsI 和硫氧化钆 GOS 两种。碘化铯可以在 TFT 上直接进行蒸镀，形成具有光导特性的柱状晶体，减少了光的发散，由于这种特性，可以提高材料的厚度以提高 X 射线的吸收率，同步提高了调制传输函数（Modulation Transfer Function，MTF）（MTF 越高图像越清晰）和量子探测效率（Detective Quantum Efficiency，DQE）（DQE 越高，成像剂量越低）。而硫氧化钆是将硫氧化钆粉末与透明胶体结合，形成片状材料，贴附到光电二极管阵列。硫氧化钆由于其粉末状以及需要贴附的特性，导致光发散等不利因素，DQE 远低于碘化铯。但硫氧化钆的低余辉特性，使其在某些领域有更大优势，比如超高速成像。

奕瑞科技是中国最早开发出 GOS 光学耦合技术的公司，在低成本的 GOS 闪烁体解决方案上具有生产工艺简单、产品稳定可靠的优点。通过自主研发，成功开发碘化铯真空镀膜、封装工艺，将碘化铯加工成柱状结构，有效降低了光的散射，从而改善了探测器的 MTF 和 DQE 特性，解决了碘化铯容易潮解的问题，达到全球先进水平。

第二部分：将可见光转换为电信号的非晶硅面板。非晶硅面板的功能是将可见光转为电子。面板的基本原理是，在玻璃基板上光电二极管和薄膜晶体管形成二维像素阵列，当光闪烁体产生的光照射到像素阵列上产生光电子，光电子暂时存储到像素电容里。TFT 作为逐行寻址开关，逐行读出电信号。由于 X 射线经闪烁转换后产出的可见光非常微弱，给非晶硅面板提出了严格的技术要求。

2）寻址及 AD 转换技术。

① 高速非晶硅面板和读出电路。非晶硅探测器技术方面，奕瑞科技采用了创新性的 Dual gate 专利技术，采用读出时间换芯片数量的策略开发了第一代低成本探测器产品。采用 Gate on glass 驱动芯片的平板探测器，具有体积小巧、结构可靠性高的优点。

② CMOS 芯片。基于 CMOS 工艺在一块晶元上面集成光电二极管阵列和寻址电路，AD 转换的高集成度探测器方案，具有明显优于非晶硅探测器的低剂量信噪比，以及更高的采集速度。其缺点在于大面积制造的工艺复杂，成本较高，所以是目前小面积动态探测器的最优解。

③ IGZO 面板。IGZO 是下一代探测器面板的核心技术，该技术制造的 TFT 面板具有介于非晶硅和 CMOS 之间的载流子迁移率，具备介于非晶硅和 CMOS 之间的图像性能，由于采用显示工艺，易于大面积制造，成本可控，是目前大面积动态探测器的解决方案。国内已有企业在 IGZO 探测器技术领域，走在了世界前列。

3）外围电路和交互技术。

① 自动采集触发控制。该技术实现了低噪声的图像逐行扫描功能，实现了大面阵的驱动与数据读取，采用跨导积分电路对 pA 级微弱电流信号进行放大处理，板载高性能现场可编程门阵列（Field Programmable Gate Array，FPGA）芯片实现了高速数据采集，并采用千兆网技术实现了大数据量的传输，有效提高和保证了影像传输速度和质量。

自动曝光控制技术把感知 X 射线的传感器和电路进行了嵌入式设计，能够显著降低模拟 X 射线摄影系统改造为 DR 的技术难度，从而改变了行业生态。嵌入式自动曝光控制功能把电离室集成到平板的内部，不造成任何伪影；同时，自动曝光检测（Automatic Exposure Detection，AED）技术具有低剂量灵敏度和剂量率触发、广误触发限度等特点。在 AED 的应用中，创新的内触发式应用能确保平板和高压发生器在没有任何电气连接的情况下快速安装并进行使用，推动了数字平板在 DR 升级市场的快速应用。

② 自动曝光剂量控制。DR 在使用过程中有一项用于降低操作技师工作量的功能叫作自动曝光控制（Automatic Exposure Control，AEC）功能。采用气体电离室来探测探测器表面的入射剂量，并在达到诊断所需剂量要求的时候控制射线发生装置，关断射线，从而达到类似傻瓜相机的自动设定射线剂量的目的。

③ 无线平板探测器及超级电容技术。无线平板探测器从 2015 年左右开始逐渐在世界范围内成为主流的 DR 探测器方案，无论在固定拍片还是移动拍片上，无线探测器都具有提升医院工作效率、简化工作流程的显著优势。2016 年，奕瑞科技和上海联影联合研发了一款平板探测器，采用超级电容技术，成为世界少数几家掌握了超级电容的配置和电源管理优化的平板探测器厂家。该技术的应用可显著提高无线探测器电源的使用寿命，大大缩短了充电时间，为探测器整机带来差异化的竞争优势。

4）柔性化和轻量化。临床应用一直在呼唤对于平板探测器的需求向着传统胶片片盒式使用方式回归。人们需要更加轻便和结实耐用的系统，便于护士单手操作，以及防止跌落损坏。而基于传统的玻璃基 TFT 面板技术的平板探测器，在结构设计上趋于极限，能够将 35cm×42cm 尺寸的平板探测器重量控制在 2.8kg 左右，抗击 1m 左右的若干次跌落。为了进一步降低重量且提升抗摔打能力，需要全新的面板技术从底层改变探测器的结构设计思路。开发基于柔性面板的平板探测器技术，将有望打破行业传统设计思维的局限，开创移动式平板探测器的新格局。该产品的实现需要在光电转化、寻址和 AD 转换、外围电路和交互三个核心技术领域分别有所突破。

5）超高清成像。目前，全世界主流的用于普通放射探测器的像素尺寸在 139μm 以上，极限分辨率在 3.7lp/mm。传统非晶硅技术的图像质量最优解分布在这个像素尺寸附近，当临床应用向更高分辨率提出要求时，传统技术会带来剂量加大、噪声增加等副作用，限制了产业技术向超高清（100μm 以内）的发展。国外目前有 Konika、Varex 两家竞争对手在技术上有所突破，推出了超高清的普放平板探测器。

6）单光子计数面阵。目前，商业化的主流平板探测器和 CT 探测器技术在 AD 转换方式上属于积分式。单光子计数探测器在世界范围内主要被一些欧美的行业巨头（GE、Philips、Siemens 等）和领先的创业公司（瑞典 XCounter 等）应用在一些实验性的高端 CT 设备上。相比积分式探测器的单色成像，单光子计数探测器能够实现多能谱采样点的多色成像，从而具备物质分辨能力，使原本只具备结构成像能力的 CT 设备获得功能成像能力，并且能够在图像算法的配合下显著提高图像质量。

7）面阵式光子计数探测器。近年来，随着光子计数探测器技术的快速发展，X 射线多能谱成像技术成为研究热点。目前瑞典 XCounter 公司生产的双能光子计数探测器可以应用于牙科、乳腺机等分支领域，双能成像时，被探测的光子能量被两个独立的能量阈值比较并分别读出，一次曝光下即可产生剪影，进而实现组织剥离区分。但 6mm 的传感器宽度限制了扫描效率的提升和临床的进一步应用。

8）基于平板探测器的 3D 重建技术。基于平板探测器的 3D 重建技术被越来越多的应用于医疗产品当中，其原理是 X 射线球管与探测器保持相对位置固定，围绕被照射目标旋转并采集二维投影数据，然后对多次投照得到的投影数据进行重建进而得到三维图像。目前在牙科等专门领域有应用，但如果想推广到更广泛的临床应用，需要解决散射线干扰、图像采集和传输速度等问题。

9) 低剂量平板探测器技术。近年来，随着技术的发展，人们对于平板探测器性能的要求已经从最初的得到好的图像转变为以较低的剂量水平得到好的图像，让病人受到的辐射最低。基于这个目的，一系列新的方法、技术被开发了出来，例如，为了降低散射线的影响，传统方法是加抗散射滤线栅进行拍摄，这个方法虽然一定程度上降低了散射线，但是因为固体栅对拍摄剂量提出了更高的要求，所以虚拟滤线栅或者叫作智能滤线栅技术被开发了出来，该技术通过对 X 射线成分的分析，将散射线从原射线中分离了出来，从而在不增加拍摄剂量的条件下得到了同实体栅去散射线相比拟的效果；再比如，平板探测器是通过闪烁体将 X 射线转变为可见光，然后被 TFT/PD 传感器转化为电信号并收集起来，但是传统的碘化铯闪烁体具有很多不利于成像的特性，例如余辉时间长，针状结构分布不均匀等，对最终成像的清晰程度、对比度等图像性能影响很大，经过精心设计的闪烁体，有更好的针状分布均匀性，针状碘化铯角度、厚度、短的余辉时间等特性，使最终图像有更好的调制传递函数以及更好的响应特性，在保证高 DQE 同时，大大降低了病人的受照剂量。

10) 双能、多能平板探测器技术。一直以来，平板探测器都是单能探测器，即每次拍摄得到一个能量的图像，只能显示某些特定密度的病灶，在一些特殊的应用中，例如 DSA 应用中，需要对平板探测器进行高低两次不同能量的曝光，得到两张不同能量的图像，通过数字减影得到血管图像，所以一次拍片得到两个能量图像的需求，无论从对病人的辐射防护上，还是工作流程上都有了更现实的意义，当前，一些平板探测器领域的头部企业，例如奕瑞科技均已布局了双能、多能探测器技术，该技术通过对闪烁体、TFT 的不同组合，甚至是从探测器的探测原理着手，例如光子计数技术，一次拍片得到两个，甚至是多个能量的影像，从而实现诸如彩色 X 光片、骨密度检测等功能。

11) 基于新材料的平板探测器技术。近年来，特别是 2015 年以后，各种新材料、新技术层出不穷，例如福州大学陈秋水团队和新加坡国立大学团队合作开发了应用于平板探测器的钙钛矿闪烁体，另外，国内西北大学、华中科技大学等相关团队也开发出了直接型钙钛矿探测器、钙钛矿闪烁体等。陈秋水团队的钙钛矿闪烁体方案，可以在室温下，直接涂布于 TFT/PD 传感器上，该团队数据显示该探测器实现了在相同入射剂量下，其钙钛矿闪烁体的灵敏度是传统碘化铯闪烁体的 2 倍，MTF 几乎是传统平板探测器的 2 倍，相关成果发表在《Nature》上，受到了业界广泛的关注。

(3) 存在的问题　数字化射线探测器是医疗及工业、安防数字影像设备的核心部件，是高科技产品的典型代表，属于《中国制造 2025》重点发展的高端装备制造行业，因此在 2018 年 7 月被美国列为第一批加征 25% 关税的商品行列。中美贸易摩擦给国内平板探测器厂家带来一定的利润及业绩压力，不利于与国外同类型企业进行竞争，也不利于全球市场战略性布局的实现。

3. 高压发生器

（1）高压发生器行业发展现状　医用 X 射线高压发生器狭义上特指除 XCT 高压发生器及组合式一体化 X 射线源之外的诊断 X 射线高压发生装置，是用于控制 X 射线管组件按照临床应用需要的参数和时序曝光的特种高压电源系统，典型构成包括主高压电源、灯丝驱动电源、系统接口与控制单元及嵌入式软件；根据配套使用的 X 射线管的规格构成，高压发生器子系统可能还需配置阳极旋转驱动电源、栅极控制高压电源；根据配套使用的其他 X 射线影像子系统的规格构成可能还需要配置探测器、限束器、AEC、DAP、Bucky 等设备的同步接口电路。

早期的高压发生器都需要 X 射线系统厂商自产，历史悠久或规模较大的 X 射线影像设备商，如跨国企业 GE、Siemens、Philips，国内先行企业北京万东、东软医疗（东软医疗系统股份有限公司）、上海联影都有自己的高压发生器设计和制造团队。从 20 世纪 90 年代开始，独立的高压发生器制造商快速成长以适应新兴 X 射线影像系统厂商对核心部件的需求，代表企业包括北美的斯派曼（Spellman）、CPI、EMD，欧洲的赛德科（Sedecal）、IMD，日本的 Origin，韩国的迪尔杰（Drgem）、Poskom；国内的奕瑞科技、苏州博思得（苏州博思德电气有限公司）、珠海睿影（珠海市睿影科技有限公司）、沈阳道特（沈阳道特科技有限公司）等独立核心部件制造商。同时，传统自制高压发生器的系统大厂，包括 GE、Siemens、Philips 也开始将部分系统整机的高压发生器子系统交给独立的高压发生器厂商研发设计制造，以借助上游部件厂商的资源实现更专业的技术创新、更高效的产品交付速度和更经济的产品成本。

在目前的行业发展趋势下，中小规模及新兴的 X 射线系统制造商会继续采用独立高压发生器厂家的标准或定制产品与其系统集成，大型 X 射线系统制造商会采用自产与外购高压发生器并行发展的方式，既保持对高压发生器新技术的敏感性和临床应用创新的引领作用，又可通过与独立的高压发生器厂家合作，实现更高效合理的专业分工资源配置和更经济的投资回报，大幅度降低产品成本，提高新产品的开发速度。

（2）主要技术进展及趋势　随着现代电力电子技术和半导体功率器件技术的发展，X 射线高压发生器子系统从 20 世纪 90 年代开始到 21 世纪前十年约 20 年的时间，已经全面完成了从工频整流滤波技术到高频逆变技术的转变。当前主流的高压发生器技术按逆变电源拓扑架构分类有定频脉宽调制、移相脉宽调制、变频串联谐振等；按采用的功率开关器件分类有绝缘栅双极晶体管（Insulate Gate Bipolar Transistor，IGBT）型、金属-氧化物半导体场效应晶体管（Metal Oxide Semiconductor Field Effect Transistor，MOSFET）型、SiC 型等；按高压绝缘工艺分类有油绝缘型、固态绝缘型等。

在大功率医疗影像应用领域，以 IGBT 作为开关器件的脉宽调制和变频串联谐振拓扑加油绝缘型高压箱架构在连续加载曝光及脉冲加载曝光的控制精度、纹波、时间响应、产品可靠性各方面的综合优点较多，除 CPI 之外的国际厂商采用较普遍；国内高频高压发生器行业大都仿制进入中国市场较早的 CPI 产品设计，因此采用 MOSFET 变频串联谐振架构较多。MOSFET 器件可以在谐振功率点工作至最高 250kHz 逆变开关频率（相当于高压变压器次级可输出最高 500kHz 高频纹波），其超高频指标在国内受到较多关注。但由于实际的 CPI 高压并未在精度、纹波等实际应用指标上超出采用其他拓扑技术的产品，且最高频率只在谐振功率点才能达到，高压变压器体积在 30kHz 以上也并不能继续随着频率的增加而减小，因此并未被行业内认为是比其他架构更先进的技术。IGBT 与 MOSFET、脉宽调制与变频调制，不同的技术路线各有特点。

新的临床应用需求、探测器和球管技术的创新、新型电力电子功率器件的实用化都将持续推动高压发生器技术的发展。在临床应用方面，双能或能谱成像的应用范围逐渐扩展到更多细分的应用场景，对高压发生器的电压快速切换及管电流快速稳定提出了更高的要求；探测器的光子检测灵敏度和图像数据采集速度的提高将推动高压发生器连续脉冲曝光帧频将从 30f/s 提高到 60f/s 甚至更高，以达到 3D CBCT 图像重建的需求；在球管方面，高端介入诊断 DSA 栅控球管的采用，冷阴极碳纳米管的发展对高压发生器的栅控电源提出新的技术需求；在电力电子技术领域，随着高耐压、低损耗、高效率的碳化硅材料功率开关器件 SiC IGBT 或 SiC MOSFET 在电动汽车等行业进入实用量产阶段，制造成本的下降将推动碳化硅器件应用到新型 X 射线高压发生器的研发设计，在大幅提高开关频率的同时大幅降低开关损耗，全面提升高压发生器的性能和可靠性。

（3）存在的问题　当前国内高压发生器行业存在的主要问题是企业自主创新能力尚需时间持续积累，大型系统整机企业对高压发生器技术专注程度低，新产品开发投资回报和效率低，高压发生器的进口替代及创新发展将越来越依赖于专业的上游核心部件企业。但国内相关产业规划与扶植力度也比较弱，造成多家国内高压发生器新创企业缺乏清晰的长远战略，当前主要以仿制国外甚至国内同行的同类产品，同时互相打价格战的方式非良性竞争。

4. CT 球管

（1）CT 球管行业发展现状　CT 球管是 CT 系统中最关键的部件之一，为成像提供所需的 X 射线，同时也是 CT 系统中的高值耗材，属于二类医疗器械。随着 CT 系统性能的不断提升，为了匹配系统，CT 球管的性能技术参数，包括使用寿命、散热速率、功率等也不断攀升，其结构经历了从固定靶到旋转靶、从玻璃管芯到金属管芯、纯金属靶到石墨金属复合靶、固体润滑轴承到液态金属轴承的变化，现阶段主流的 CT 球管均采用旋转阳极、金属管芯、热阴极的结构。

（2）CT 球管原理和结构　CT 用 X 射线管组件由 X 射线管（简称管芯）和管套及附属部件组成（见图 2-11）。管芯是核心零部件，其本质是一个高能量、高真空的能产生 X 射线的二极管。它的工作过程可以简单描述为：阴极灯丝通电加热到 2200~2500℃ 发射电子，电子在电磁聚焦系统作用下进行汇聚，高速打向阳极靶，阳极靶在电子的轰击下产生 X 射线。球管 X 射线能量只占 1%，其余 99% 能量转化为热能散出。在电子轰击靶面时，焦斑温度可达 2400℃，焦点轨迹可达 1400℃。在 CT 机对病人进行扫描时，

CT球管将根据扫描参数要求（电压、电流、时间）产生高质量的X射线。X射线穿透人体后由探测器接收，再经过后端图像重建模块和图像处理模块最终形成高质量诊断图像。

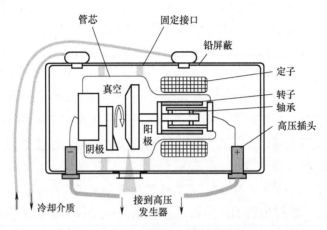

图2-11 CT球管结构和主要部件

为满足CT设备各项性能的要求，CT球管必须具有较高的热容量（16排以下CT设备使用的CT球管热容量通常在2~5MHU，16~64排CT设备使用的CT球管热容量在5~8MHU，64排及以上CT设备使用的CT球管达到8MHU甚至更高等效热容量）和较高的阳极转速（接近9000r/min）。

CT球管的工作原理决定了产品有高电压、高真空、高功率、高机械强度的特点，其物理设计涉及束流光学、机械力学、真空技术、特种材料、运动力学、热交换等多个技术领域，并且对工艺、基础配套、流程装备要求苛刻，属于高技术、高投入、长周期的产品，设计和生产的壁垒很高，需要长时间的技术积累，这就是国内CT球管行业起步已有16年但一直未能打破垄断的原因所在，市场上高端产品现阶段还是以进口为主。

（3）国内外现状 作为CT整机中的核心高值易耗部件，CT球管具有非常重要的地位和巨大的市场价值，国外的CT球管制造商可以大致分为两类：拥有CT球管研发制造能力的CT整机厂商和独立制造商。拥有CT球管研发制造能力的CT整机厂商通常指的是GE、Siemens、Philips、Canon，独立制造商通常指的是当立（Dunlee）、Varex和理查德森（Richardson）、IAE、Chronos等品牌。高热容量CT球管国际发展现状如图2-12所示。

除此之外，CT球管整机厂商的市场战略也在根据客户的需求逐渐调整，一些以往只用于高端CT球管中的先进技术，如液态金属轴承技术、束流控制技术等已经开始"下沉"到中低端CT球管中。这主要是基于中低端CT整机在功率、机架转速方面的要求低，用户端对CT球管的关注点主要聚焦于图像、扫描通量、稳定性和寿命。另外值得一提的是，在引入液态金属轴承之后，长寿命球管也对CT整机的维护保养模式产生了影响。

第二章 典型医疗装备产业技术发展趋势

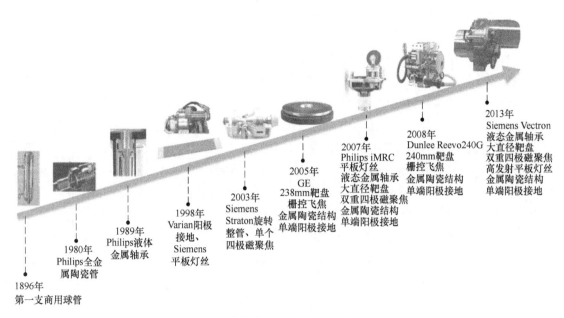

图 2-12 高热容量 CT 球管国际发展现状

国际上主要的独立球管制造厂商同样拥有强大的研发制造能力，能够向不具备球管研制生产能力的 CT 整机厂商提供配套和服务市场的更新替代球管产品以及代工（Original Equipment Manufacturer，OEM）。

Dunlee 在 2001 年被 Philips 公司收购，并在 2017 年将工厂迁往德国汉堡，客户服务中心也与 Philips 的零部件供应商 Allparts Medical 合并。由于与 Philips 公司共享技术，CT8000 系列的性能基本能够与 Philips 公司的 iMRC 球管等同，保持着该领域领先地位。Dunlee 在中国的业务集中于其 OEM 产品，包括 1700 系列、2100 系列、2200 系列，以及最近推出的 CT4000、CT6000、CT8000 系列，2020 年在中国的销售额达到了约 10 亿元人民币。

Varex 前身是 Varian 影像部件事业部，于 2017 年从 Varian 公司拆分，单独上市，其医疗业务主要是替换球管、OEM 球管、探测器、高压连接器等。Varex 在中国的 CT 球管产品线十分广，从 2.0MHU 到 8MHU 球管都有较大的发货量。Varex 的高端产品是 MCS-7 系列（OEM）和 MCS-8 系列（替换），都采用单极性架构，能支持 90kW 的功率和 0.3s 左右的机架转速。Varex 的 CT 球管现阶段的瓶颈在于液态金属轴承的研发较为滞后，不过现在也已推出了液态金属轴承球管。

IAE 是欧洲老牌的单一医用球管专业生产商，产品线覆盖移动 X 射线机、C 臂、DR、CT 等多种医用 X 射线装备，其生产的 CT 球管以玻璃结构为主。

Richardson 于 2014 年宣布进军 X 射线管制造领域，在收购 IMES 公司后，不断扩大医疗业务，包括 CT 服务培训和技术支持、CT 和 MRI 的各类替换部件等。其 CT 球管产品以 ALTA750 为代表，多款产品能够替代 Toshiba、Siemens 以及 Philips 等原厂部件。

Chronos 在 Dunlee 转移到德国后收购了其在奥罗拉的工厂，并为 Philips 代工部分球管。现阶段的产品以第三方替换球管为主，能够替换 GE、Philips、Siemens 的多数原厂球管。

与海外 CT 球管市场的喧闹形成鲜明对比，在 2010 年以前国内具备 CT 球管研发能力的企业非常有限，直到 2012 年珠海瑞能（珠海瑞能医疗设备有限公司）推出 RX 球管并通过国家药品监督管理局（National Medical Products Administration，NMPA）审批。随着国家"十二五""十三五"以及制造强国战略布局的展开，多家企业开始布局国产 CT 球管领域，其中有 CT 整机厂商，也有独立制造商。目前，国内已经开展 CT 球管研制的企业主要有珠海瑞能、十二所（中国电子科技集团公司第十二研究所）、昆山医源（昆山医源医疗技术有限公司）、上海联影、无锡麦默（麦默真空技术无锡有限公司）、思柯拉特［思柯拉特医疗科技（苏州）有限公司］等。

珠海瑞能是国内最早进行 CT 球管研发生产和市场应用的公司，成立于 2005 年，现已成为集研发、生产、营运于一体国产化 CT 球管的"火炬计划"产业化示范基地。珠海瑞能在 2013 年成为国内首家完成 3.5MHU 金属陶瓷管和 4.0MHU 玻璃 CT 管注册和应用的企业。8 年间推进了 6 个产品注册，产品替代覆盖 2.5~5.3MHU 热容量进口球管，能适配 GE、Siemens、Philips、东软医疗等 CT 机型。2018 年珠海瑞能 CT 球管列入国家医疗器械产品创新目录，与此同时也在向高端球管领域进军。

十二所是国家真空电子器件研制生产的国家骨干单位，在"十二五""十三五"期间进行了大热容量 CT 球管的研制，2019 年成立电科睿视［电科睿视技术（北京）有限公司］，作为承载十二所高端医疗装备核心部件科技成果转化和产业化主体，专业从事大热容量 X 射线管的研发、生产和销售业务。

昆山医源成立于 2018 年 5 月，是昆山国力电子科技股份有限公司的子公司。其母公司——昆山国力电子科技股份有限公司早在 2000 年 10 月就已经创立，主要产品包括陶瓷高压真空继电器、陶瓷高压真空电容器、触发管、CT 球管、交流接触器和高压直流接触器等电真空器件，应用于通信、电力、医疗、光伏、新能源汽车等诸多行业。依托母公司的技术基础，昆山医源从 2013 年开始 5MHU 国产高能医用 CT 球管的研制工作，2019 年 1 月，产品获得 NMPA 注册证。到目前为止，昆山医源已经开发出 3.5MHU、4MHU、5.3MHU、5.3MHU 双飞焦、8MHU 产品系列，其中高热容量 CT 球管年产能达 2000 只，2025 年预计实现 5000~7000 只的年产能规模。

上海联影成立于 2011 年，主营业务是医疗影像整机。CT 整机是上海联影的核心业务之一，而随着上海联影在国内 CT 市场中份额的逐步扩大和高端产品战略的需求，上海联影开始着手核心部件 CT 球管的布局，并于 2016 年开始 CT 球管的研发。从 2018 年开始，上海联影已有多个型号的 CT 球管产品单独注册或随整机进行注册，现阶段主要的发货产品是 5.3MHU 的 CT 球管，适用于上海联影生产的 16 排 CT 整机。

思柯拉特位于江苏太仓，成立于 2017 年 8 月，是一家 CT 球管独立制造商，产品线还包括真空功率器件及高能射线探测器。思柯拉特公司的核心团队具有十余年 CT 球管等真空元件的研发设计、工艺打磨和市场运营经验，并了解国内外供应链情况。截至

第二章 典型医疗装备产业技术发展趋势

2021年，思柯拉特已取得3.5MHU和5.0MHU热容CT球管的注册证，两个型号的CT球管均已实现规模量产和批量发货，并已应用到国内外医院的多个型号CT机中。

无锡麦默成立于2017年9月，主营业务包括CT球管组件、X光机球组件、静态CT射线源等。无锡麦默成立后发展迅速，已完成了多轮数千万元人民币的融资，并已取得多款产品的注册证，包括3.5MHU球管的管芯和管组件、5.0MHU球管组件。值得一提的是，无锡麦默自主研发、掌握全面知识产权的静态CT射线源产品，实现了新一代CT的突破。

科罗诺司［科罗诺司医疗器械（上海）有限公司］与美国Chronos Imaging师出同源，产品线也非常类似。目前科罗诺司的产品线正在铺开，现已取得一项产品的注册证书，预计在2022年之前会有不少于6项产品注册并推向市场。

北京智束（北京智束科技有限公司）成立于2019年，主营业务是CT球管的研发、生产和销售。北京智束的产品战略较为特殊，立足于以液态金属轴承为核心的CT球管的研发。目前有两款产品正在注册，热容量分别为5.0MHU和7.0MHU，预计将于2021年取得注册证并进入批量生产。

由于CT球管高值耗材的属性以及国家的政策扶持，近年来成为关注热点，吸引了很多投资进入。除自主研发的企业外，科纳森［科纳森（广东）医学影像科技有限公司］、无锡麦默等企业也进行了产品注册，但其主要开展管组件封装和X射线管研发相关的活动。虽然国内自研厂商的CT球管已经通过了注册，但是对于球管这类生产流程特殊的产品来说，通过注册的质量标准与可靠运行、批量生产制造和临床应用的质量标准相比相差甚远。

在国内CT球管起步的十多年中，国外的CT球管产品面貌已经发生了非常大的变化，应用了多项新技术和新工艺，极大地提升了球管的性能。无论在设计、工艺，还是供应链的成熟度方面，国内与国外仍有很大差距。

（4）主要技术进展及趋势 球管技术分为两大类应用产品：双极高压的辐射散热式CT球管和单极高压阳极接地的直冷散热式CT球管。由于CT球管组件的生产具有设备专业性强、生产工艺技术要求高、配套条件多等特点，目前国内X射线球管生产厂家的CT球管开发与生产工作尚处于起步阶段。

1）更高的球管热容量。目前，国外多层螺旋CT球管标准配置已达到8MHU以上，Siemens最大热容量CT球管STRATON-MXP的等效热容量为9.0MHU，Philips的iMRC型球管的热容量为8.0MHU，物理热容量的极限均未突破10.0MHU。

2）更高的散热效率。传统X射线管转子轴承采用镀银或镀铅轴承，耐热性较差，当轴承温度达到460℃时，镀层存在脱落现象，致使轴承出现损伤，导致卡转，球管报废。这将使X射线管阳极输入功率和阳极热容量受到限制。

目前，提高散热速率的主要措施是采用液态金属轴承，如Philips生产的iMRC球管。它摒弃了传统的滚珠或滚轴的轴承结构，采用全新螺旋槽轴承，独特的液态金属润滑剂和导热媒质，使阳极冷却效率达到1500kHU/min，等效热容量大于30MHU。液态金属轴承技术采用镓基金属合金〔galinstan 的专利合金质量分数：68.5%（质量分数）的镓，21.5%（质量分数）的铟和10%（质量分数）的锡〕，在低温和高温状态下，均呈液态，不存在损伤现象，从而能够提高阳极输入功率和热容量。

3）动态飞焦点技术。所谓飞焦点技术是指采用磁偏转线圈精确控制电子束运动，轰击不同的阳极靶面位置（焦点），从不同角度对目标点进行重叠数据采集，获得双倍或多倍的采样，提高成像的清晰度。目前高端 CT 球管都具有飞焦点功能。

4）耐受更高的 CT 机架转速产生的离心力。为满足活动组织（如跳动的心脏）的高清晰成像要求，CT 机必须具有高速扫描能力。目前，高端 CT 整机机架转速已达到 200r/min 以上，离心加速度超过 10g，要求球管的结构能耐受更强的离心力。

5）小型化 CT 球管。为了充分和多样化利用 CT 机架空间，支持更好的机加转速，发展小型化 CT 球管非常必要，发展小型化 CT 球管涉及单极性（阳极接地）技术、电子收集器技术、过盈配合工艺等。Siemens 通过小型化球管实现了双能 CT 的设计方案。但球管的管芯是一个高温部件，小型化方案会相应带来能量密度的提升，对球管的散热能力、结构设计都有极大的挑战。

6）更高的扫描通量。扫描通量会极大地影响用户的使用体验，是 CT 整机可用性的核心要求之一，主要包括两方面：更大的热容，更快的散热速度。CT 球管主要通过优化热性能设计来提高扫描通量，包括液态金属轴承技术、旋转管套技术、单极性（阳极接地）技术、增大靶盘及优化靶盘散热结构等。由于采用了各种散热结构的设计优化，CT 球管的散热速度越来越快，单纯的热容量已经难以衡量 CT 球管的热量管理能力，因此使用等效热容和 CTSPI 等概念来考察 CT 球管的热性能。表 2-2 为国外高端 CT 球管的参数。

表 2-2 高端球管参数和结构

厂商	型号	等效热容/MHU	轴承	冷却方式
Siemens	Vectron	30	液态金属	对流散热
	Straton	50	油轴承	对流换热，阳极直冷
Philips	iMRC	30	液态金属	对流散热
GE	Quantix	30	液态金属	对流散热

（5）存在的问题与建议　随着我国经济的高速发展，近几年医用 CT 设备的普及率逐年增长。据数据显示，2019 年国内 CT 设备保有量已达到 25660 台，年复合增长率在 15% 以上。根据医疗招标采购数据，2020 年国内新增采购设备为 4104 台，国内 CT 设备保有量达 29764 台，2021 年突破 3 万台。

CT 球管属于高值耗材产品，通常 CT 球管的使用寿命为 1~2 年，对病人量较少的医院，球管的使用寿命有所延长。保守估计，我国目前维修市场所需的 CT 球管用量至少为 1 万只/年。新机及维修市场对球管的总需求或超过 2 万只/年。目前，我国 CT 球管的获取主要依赖进口，总体市场长期被国外公司垄断，成为限制国产 CT 等高端医疗

第二章 典型医疗装备产业技术发展趋势

装备发展的瓶颈，制约了国内企业整机国产化进程，使国产设备难以形成核心竞争力，只能进入低端市场。中高端设备市场、售后服务被跨国企业垄断，大大提高了设备使用成本，导致老百姓看病难、看病贵，国民健康信息安全指数亟待提高。

近年来，在国家科技创新及产业政策支持下，国产 CT 球管等高端医疗装备核心部件的研发取得了长足的进步，实现了从无到有的突破。国内相关公司生产的球管已经推向市场，性能表现与国外产品无显著差异，但鉴于多年国内球管研发都处于空白，面对国产球管应用市场还处于怀疑、观望状态，因此需要国家进行资金、政策上的支持。在高端产品如液态金属轴承球管方面，国内相关单位也仅仅是进行了初步探索，也需要国家产业政策持续大力扶持。

另外，虽然 CT 球管制造初步实现了自主研发，但上游关键材料的供应链依然受限，目前 CT 球管的核心部件高热容量靶盘和高速旋转轴承全部依赖进口，急需国产化替代。建议加大 CT 球管的关键材料和核心零部件的国产化布局和政策扶持，构建国产 CT 球管核心材料、零部件、组件、整机、集成应用的产业链和生态圈，提高 CT 球管关键材料［如弥散无氧铜、高密度钛锆钼（TZM）合金等］和核心零部件（如铼钨石墨靶、固体润滑和液态金属轴承）国产率。加大 CT 球管关键材料和核心零部件的国产化提前布局和政策扶持，如与粉末冶金、轴承行业企业针对靶盘和轴承成立专项，与 CT 球管协同开发，带动相关工业基础领域的能力提升，实现高端医疗装备核心部件 CT 球管的全面自主可控。

CT 球管作为 CT 整机的核心部件，同时具有耗材特性，在技术水平和产业能力上对下游及临床应用有着深刻影响，同时因其高技术、跨学科的行业特性，也受到上游关键材料的发展制约。要想把 CT 球管真正掌握在自己手里，不仅要加快产业链升级，补齐短板，集中优势力量科研攻关，在产业基础薄弱领域和关键环节实现突破，还要深化产业链上、下游协同合作，打造多方参与的平台，促进项目、人才、专利等要素的流动，增强产业协同创新能力，共同提高产业链的稳定性和产业门类的齐全性。只有高质量的产业上、下游协同发展，才能发挥各方所长，实现 CT 球管国产化的目标。

5. CT 探测器

（1）行业发展现状　探测器是 CT 中极为复杂和昂贵的关键部件，其技术和工艺难度已经成为 CT 技术发展中难以突破的瓶颈之一。

CT 技术由于具有扫描速度快、图像清晰度高等优点而被广泛应用于临床和生物医学影像等领域。现有的第三代 CT 机在覆盖面积、旋转速度和空间分辨率这三个主要性能上已经取得了长足的发展，但由于现有 CT 探测器的局限，X 射线所携带的能量信息还没有被充分利用起来。

探测器目前按照使用场景分为经济型、中档型、高端型。经济型探测器主要注重成本控制，以 16 排及以下为主。中档型探测器可用于常规心脏扫描和灌注扫描，以 4~8cm 探测器为主，包括 32 排和 64 排探测器。高端型探测器关注大扫描范围、能谱应用、高旋转速度、高采样率，扫描长度可以达到 16cm，以 256 排和 320 排为主。国内多数厂家以部件级设计和系统集成为主。

（2）主要技术进展及趋势

1）光子计数探测器技术。近几年发展起来的光子计数探测器技术，可以很好地克服传统能量积分探测器应用于CT所存在的不足。与传统CT相比，基于光子计数探测器的能谱CT具有可实现材料成分分析，降低病人辐射剂量，提高CT定量分析准确性和实现超高空间分辨率等优点。因此，光子计数能谱CT已成为备受学术界和工业界关注的下一代CT的主要发展方向。

目前，开发此项技术的主流国外厂商有德国Siemens、荷兰Philips和美国GE，近几年成立的德国Advanced BreastCT和新西兰MARs Bioimaging两家公司更是专注于光子计数能谱CT的研发，并取得了一定的成果。

2）二维可拼接CT探测器模块技术。二维可拼接CT探测器模块是中高端医用CT产品（如64排、128排、256排等产品）中宽体探测器子系统不可缺少的关键部件。当前，中高端产品中使用的该类模块主要由稀土陶瓷闪烁体阵列、背照式二维可拼接光敏阵列以多通道20~24bit高精度模拟数字转换器（Analog to Digital Converter，ADC）芯片经过精密集成整合而成。

二维可拼接模块技术的产品化需要应对几个方面的高难度挑战：①整合工艺的机械对准精度要求非常高，其中闪烁体和光敏阵列的对准误差不能超过10μm，在阵列的拼接中每个模块的定位误差不能超过15μm；②由于背照式光敏阵列不能承受传统贴片工艺的高温，其与模块基板之间的焊接需要开发非标准的低温焊接工艺；③模块整合工艺需要实现高可靠性，实际使用中，模块产品需要在高速旋转的环境中无故障工作10年；④需要设计成本合理的整合工艺并实现不低于95%的模块量产成品率，以控制模块以及整个探测器子系统的成本。

目前，国外著名医用CT厂商的中高端产品基本都使用自行研发的二维可拼接探测器模块，相关模块技术被认为是产品核心竞争力的重要组成部分，不会对外销售。市场上可外协的二维可拼接CT探测器模块厂商包括日本滨松公司和芬兰地太科特公司，美国ADI公司和奥地利Austria Microsystem公司也开始进入该领域。目前国产中高端医用CT产品均使用这几家外协公司生产的二维可拼接探测器模块产品，该关键部件领域产品和技术的国产化目前仍是空白。

随着经济水平的不断提高及临床需求的不断增长，CT产品要拥有更快的扫描速度、更高的时间分辨率、更低的扫描剂量以及更高的组织对比度，探测器的覆盖范围越来越宽，从最初的10mm，发展到20mm、40mm、80mm，直到现在的160mm。160mm的覆盖范围能把器官的扫描速度提升到200ms以内，满足各种临床应用。

现阶段医用CT产品使用的二维可拼接探测器模块主要有以下几种不同的设计：①在单晶硅晶圆上整合光敏阵列和ADC电路，光敏阵列和ADC电路分别构造在晶圆的两面，中间由穿过硅片通道（Through Silicon Vias，TSV）完成信号连接。该方案由Austria Microsystem公司实现量产，其优点为集成度高，受外界干扰小，外围电路不包含模拟信号，相对简单；其不足之处为二维阵列最小拼接单元尺寸较小，以此来保证合理的成品率，控制成本不至于太高；另外散热的 ADC 电路和光敏阵列无热隔离，温控设计要求高；②背照式光敏阵列和 ADC 芯片分别贴装在模块基板的两边，靠基板中的连线实现信号连接。其优点是模块设计紧凑、体积小，光敏阵列和 ADC 芯片相对独立，易于控制成本；不足之处为模块基板的设计难度较高，另外同样存在光敏阵列和 ADC 电路的热隔离不够，温控设计要求高的问题；③背照式光敏阵列贴装在模块基板上，而 ADC 芯片贴装在与基板相连的刚挠板上，该方案的优点为元器件布局空间较为灵活，设计难度小，光敏阵列和 ADC 芯片的热隔离较好，模块的温控设计相对容易；不足之处为模块的体积较大，模拟信号连线较长，易受外界干扰，电子噪声也要稍大一些。

医用 CT 应用中对能谱 CT 不断增长的需求也在持续推动具备能谱信息采集功能的 CT 探测器的开发。具备能谱功能的设计分为两类：一类是双层结构的信号积分型探测器模块，独立读出的各层信号代表不同 X 射线能量的信号响应，由此提供能谱分析所需的双能信息。该设计以 Philips 的双层双能二维可拼接模块为代表，在提供一个可行的能谱 CT 探测器解决方案的同时，存在成本高、双能分辨能力有限的先天不足。另一类是光子能谱计数型的探测器模块，该探测器技术不同于传统采用的闪烁体探测材料的积分型 CT 探测器技术，目前多采用高灵敏度的室温半导体探测材料，利用其快速信号响应来分辨每个 X 光子产生的信号，并在快速计数电路的不同能窗中记录下来。该技术在采集的数据中保留了基本完整的能谱信息，为系统层面的能谱应用提供了最大的灵活性，因此该技术的开发已成为能谱 CT 探测器开发的主要方向。多个跨国公司已开发基于该技术的医用能谱 CT 样机用于临床研究，但其投入量产应用还需要解决探测器材料成本高、信号响应稳定性存在差异等问题。

（3）存在的问题　探测器关键部件包括闪烁体、光电二极管、抗散射准直器、特殊应用集成电路（Application Specific Integrated Circuit，ASIC）芯片、数据控制采集板及控制程序等，国内整机企业主要依靠自己设计探测器，然后借助外部厂商工艺进行制作贴装。

闪烁体属于探测器核心技术，涉及材料组分设计、性能优化、粉体高精度制备、陶瓷烧结工艺、闪烁体阵列制备技术，是探测器研制最难的部分，同时，大范围扫描探测器的温控、机械可维护性、可制造性和成本也是探测器设计的难题。探测器部件和准直器部件中的精密机械加工，包括探测器的导轨、准直器的电机和驱动丝杠导轨技术仍未达到国际一流水平，大多需要从日本和欧洲购买。另外，探测器中 FPGA 芯片需要较高集成度，国内仍然没有可替代产品，半导体贴装工艺国内虽然开始进行但仍未达到成熟和领先的地位。

6. CT 高压发生器

（1）行业发展趋势　CT 高压发生器是 CT 系统的核心部件之一。它直接控制 CT 设备 X 射线球管产生能级、剂量、时间和波形可控的 X 射线进行成像，对 CT 系统的图像质量有决定性的影响。全身多排螺旋 CT 高压发生器与诊断 X 射线高压发生器（参见前文 X 射线高压发生器的介绍）都是由主高压电源、若干辅助电源及系统控制与通信单元组成的特种高压电源子系统，但二者在曝光加载工况、机械结构、辅助电源的功能和复杂程度方面还是有较大差异。

CT 高压发生器工作在大功率长时间加载状态，而 X 射线高压发生器工作在大功率短时间加载或小功率长时间加载状态；CT 高压发生器运行在高速旋转的 CT 机架中，转速最高可达到 240r/min，机械结构和器件选型需要承受高达几十个重力加速度的离心力；辅助电源方面，CT 高压发生器全部需要配置高速阳极旋转驱动电源，中高端产品还需要配置栅极高压电源控制 x 方向飞焦点位置，动态磁场电源控制 z 方向飞焦点位置。

与 X 射线高压发生器的情况相似，大型跨国企业 GE、Siemens、Philips 都有自己的 CT 高压发生器设计和制造团队，他们同时也在积极寻找独立部件制造商合作。国际上独立的 CT 高压发生器制造商有 Spellman 和 Analogic。由于 Analogic 的 CT 高压发生器只能匹配 Analogic 独家开发的非接触式滑环，极大限制了其适用范围，也导致国际上 CT 高压发生器独立制造商实际上只有 Spellman 一家，Spellman 是 Philips 三分之二 CT 高压发生器的供应商以及 Canon 100% CT 高压发生器和中国国内整机厂商 90% CT 高压发生器子系统的供应商。国内为数不多的独立高压发生器制造商尚处于产品研发或应用阶段。

（2）主要技术进展及趋势　与 X 射线高压发生器同步，随着现代电力电子技术和半导体功率器件技术的发展，CT 高压发生器子系统从 20 世纪末已全部发展为高频逆变技术，但其逆变开关频率通常显著低于 X 射线高压发生器，以适应 CT 高压发生器运行在大功率高电流的加载工况条件。在主高压电源方面，CT 高压发生器近 20 年来，连续加载功率从 20kW 左右提高到了 100kW 以上。同时从器件选型到结构布局设计均有很大的改进以适应 CT 机架转速从数秒一圈提高到最高 0.25s/圈的需求；辅助电源方面，CT 高压发生器全部配置数字调制型高速阳极旋转驱动，通过嵌入式软件参数设置来适应不同球管转速，无需像常规 X 射线高压发生器那样通过更换不同的移相电容器件来匹配不同型号的球管。

在高压发生器的控制方面，近 20 年主流产品开始大量采用 DSP、ARM、FPGA、CPLD 芯片以及光纤通信、多路 SPI 通信、CAN 总线通信等数字电路和嵌入式软件新技术，大幅提高了高压发生器子系统控制工作流实时运行速度和复杂电磁工况条件下的运行可靠性。

CT 高压发生器的创新驱动来自三个方面：

一是底层技术方面，电力电子行业新技术和新器件的发展，包括宽禁带碳化硅 IGBT 或 MOSFET 器件逐步在其他行业大批量使用，成本降低、可靠性提高的趋势使其可能成为未来大功率 CT 高压发生器的首选功率开关器件，可以更方便灵活地应用于多种新型逆变电源拓扑电路设计中，在大幅提高开关频率的同时可以大幅降低开关损耗，全面提升 CT 高压发生器的性能和可靠性。

系统临床应用创新方面，对双能或能谱成像的需求将推动CT高压发生器的电压快速切换，速度从毫秒级向亚毫秒级发展；锥形束CT、静态CT、电子束CT等前沿技术如果未来几年能突破系统应用上的一些关键难点，将会带动非传统架构的新型CT高压发生器的研发和应用，栅控技术将会加速扩展应用范围，以实现微秒级的各种特殊曝光工作流时序控制。

射线源负载方面，大功率和中功率CT球管都在向阳极接地技术发展，CT高压发生器将更多采用阳极接地架构，提高CT球管散热能力和连续工作加载能力，抑制焦点外散射；冷阴极技术开始在小功率球管中被多个球管厂家采用，如果在多源CT或静态CT应用上取得进展，将对配套的高压发生器提出新的设计需求。

(3) 存在的问题与建议　CT系统的高压发生器产品长期被国外跨国公司垄断，国外的CT高压发生器产品由于性能所限，难以完全满足国产高端CT系统的技术要求，这限制了国产高端CT系统的性能，且该部件的高成本和低可靠性，导致了厂商和医院较高的使用与维护成本，最终提高了广大群众的医疗成本。

总体来说，研发出国产的超高性能CT高压发生器迫在眉睫，但CT高压发生器的研制需要较大资金投入和较长周期的持续努力，同时也需要国内CT整机系统厂商的协作支持，建议政府行业主管部门在制定产业规划政策时应鼓励国内CT整机厂商优先采用国产自主品牌的CT高压发生器，对自主品牌CT高压发生器研发生产企业以及采用国产CT高压发生器的整机系统厂商给予专项资助和政策支持。

7. 电源柜及控制盒

(1) 行业发展现状　目前，国产和进口CT常用的主要是带大功率隔离变压器的电源柜，电源柜具有一组输入接口和多组不同规格的输出接口，输入和输出接口都带有热磁保护器件，隔离变压器本身带有多个电压等级跳线，可以满足各地区的不同电压等级需求。CT控制盒可以帮助操作者远距离操作CT，可以实现对床和机架的运动控制，完成对病人的扫描和诊断。CT厂商基本都能自主研制控制盒，它的安全性和便捷性越来越受到CT制造商和操作者的关注。

(2) 主要技术进展及趋势　CT产品致力于在保证设备安全性能和基本性能的基础上最大限度地降低设备成本。通过对CT高压系统的电源需求进行分析可以发现，高压系统的电源需求范围大大超出电网电源的波动范围（±10%）；并且高压系统的电磁兼容性和安规性能都必须满足IEC60601的最新要求。因此，可以对电源柜功能进行拆分，将电源分配和辅助回路的隔离变压器集成到CT机架和病床各个分系统处，并去除高压系统前端的隔离变压器，简化系统，同时大幅降低设备成本。这种技术会导致单体CT设备无法满足多地区的电压等级，可以通过产品策划阶段确定产品市场，并针对该市场的电源要求进行产品开发，也可以在卖向其他地区时单独增加前端隔离变压器来解决此问题。

高端CT产品更倾向于智能化、节能化的设计，通过引入电源控制芯片和外围电路，达到以下的应用效果：电源系统会实时监测、记录网电源情况，并在网电源质量糟糕的时候反馈信号，提醒医护人员停止使用设备，维护电网；通过电子式断路器对输入的电源进行更精细的保护，最大限度地减少设备短路、过载产生的损害；可选智能休眠模式，在待机时间最大限度减少功耗；智能设定设备开关机时间。

控制盒逐渐向小型化、智能化转化；使用尽可能少的按键来实现更多的功能，从而简化 CT 的操作。而控制盒的智能化设计又依靠主机的智能化，当前不少 CT 控制盒是依靠特定的按键来完成特定的动作，少数先进的制造商可使用一个按键来完成多功能，这也是行业的发展趋势。为实现智能化，CT 控制盒需实时了解系统的状态，在不同的状态用同一按键执行不同的动作。

8. 扫描架

（1）行业发展现状　目前，国内外 CT 装置扫描架结构基本类似。扫描架一般分为底座、定子和转子三部分。底座用于支撑整个转子与定子单元，通过两侧的倾斜轴承，实现定子与转子单元的倾斜动作（部分装置不具备倾斜需求）。转子上安装 X 射线管、高压发生器及探测器等，主要负责数据采集和传输。转子通过旋转轴承与定子连接，轴承实现转子单元的旋转，主要驱动方式为电机皮带。轴承后侧连接滑环进行电力传输，并传输旋转动作信号、数据信号和其他控制信号。

（2）主要技术进展及趋势　扫描架目前结构向简洁方向发展，将复杂的高精度尺寸要求的部分从定转子上单独分离出来加工，并通过可调节的方式来实现整体的高精度要求。目前，扫描架上的定转子连接轴承以及定子倾斜轴承一般为国外进口，支撑定转子做倾斜运动的气弹簧一般也为国外进口，严重受国外技术限制，且成本较高。

提高 CT 球管支持的机架旋转速度可以提高 CT 的时间分辨率，并降低扫描剂量。在冠脉成像过程中，高于 0.25s 的机架旋转速度往往可以实现对冠脉进行"冻结"成像。提高 CT 球管支持的机架旋转速度的主要技术方向是液态金属轴承技术、球管的小型化技术等。

二、磁共振成像装备及关键零部件技术发展趋势

（一）磁共振装备概况

磁共振成像（Magnetic Resonance Imaging，MRI）是利用射频（Radio Frequency，RF）电磁波对置于磁场中的含有自旋不为零的原子核物质进行激发，发生核磁共振（Nuclear Magnetic Resonance，NMR），并用感应线圈采集磁共振信号，按一定数学方法进行处理而建立的一种数字图像。

1946 年，美国加州斯坦福大学的 Bloch 和哈佛大学的 Purcell 教授同时发现了核磁共振现象，这一发现在物理、化学、生物化学、医学上具有重大意义。1946—1972 年 NMR 主要用于有机化合物的结构分析，即磁共振波谱分析（Magnetic Resonance Spectroscopy，MRS）。1971 年，美国纽约州立大学的 Daraadian 教授在《Science》杂志上发表了题为"NMR 信号可检测疾病"和"癌组织中氢的 H、T2 时间延长"等论文。1973 年，美国人 Lauterbur 用反投影法完成了 MRI 的实验室的模拟成像工作。1978 年，英国

第二章 典型医疗装备产业技术发展趋势

第一台头部 MRI 设备投入临床使用，1980 年全身 MRI 设备研制成功。

医用磁共振成像检查技术，是在 20 世纪 70 年代物理学领域发现磁共振现象的基础上，借助电子计算机技术和图像重建数学的进展与成果发展起来的一种新兴医学影像检查技术。其利用核磁共振原理，依据所释放的能量在物质内部不同结构环境中的不同衰减，通过外加梯度磁场，检测所发射出的电磁波，即得知构成这一物体原子核的位置和种类，据此可以绘制成物体内部的结构图像。MRI 系统设备按房间布局如图 2-13 所示。

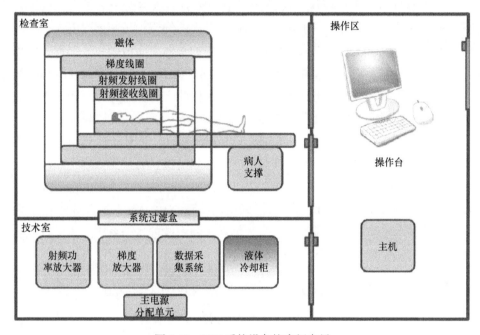

图 2-13　MRI 系统设备按房间布局

1. 磁共振装备分类

磁共振装备按照不同的分类方法具有不同的类型。

按照场强大小分为高场、中场、低场磁共振装备。高场一般为场强高于 1.0T 的磁共振；中场为场强高于 0.5T 而低于 1.0T 的磁共振；低场一般为低于 0.5T 的磁共振。

按照磁体类型一般分为永磁型磁共振、常导型磁共振和超导型磁共振三类。永磁型磁共振维护费用小；逸散磁场小，对周围环境影响小；造价低；安装费用也较少；一般只能产生垂直磁场；场强范围一般在 0.15~0.35T；磁场随温度漂移严重，磁体需要很好的恒温；磁场不能关断，对安装检修带来困难；磁体沉重；且随着场强增大，磁体厚度增大，更加沉重。常导型磁共振生产制造较简单，造价低；可产生水平或垂直磁场；重量轻；检修方便，磁场均匀度也很高；场强一般在 0.1~0.4T；运行耗费较大，通电线圈耗电达 60kW 以上；还需配用专门的供电设备和水冷系统。超导型磁共振场强范围 0.3~9T；磁场均匀性高；稳定性好；图像质量好；运行耗费很高，制冷剂液氦的费用很高；运输、安装、维护费用也很高。

目前，磁共振装备市场上主要以高场和低场为主，高场一般为超导型，低场一般为永磁型。低场永磁型磁共振往往做成开放式，有 C 形式或立柱式。高场超导型磁共振往往做成圆形孔腔式或站立式。常导型磁共振一般也做成圆形孔腔式。还有些公司推出了某些部位如头颅、四肢或关节专用检查的磁共振设备，其形态变化较灵活。一般来讲，低场永磁型以给出诊断图像为主要目的，图像质量已经能够满足诊断要求。高场超导型主要以功能磁共振为主，图像质量只是其基础。

2. 磁共振装备的工作原理及系统结构

（1）磁共振装备的工作原理　磁共振装备是医学影像学的一场革命，核子自旋运动是磁共振成像的基础，而氢原子是人体内数量最多的物质；正常情况下人体内的氢原子核处于无规律的运动状态，当人体进入强大均匀的磁体空间内，在外部静磁场作用下原来杂乱无章的氢原子核共同按外磁场方向排列并继续进动，当立即停止外部磁场磁力后，人体内的氢原子将在相同组织相同时间下回到原状态，称为弛豫。而病理状态下的人体组织弛豫时间不同，通过计算机系统采集这些信号并经数字重建技术转换成图像，为临床和研究提供科学的诊断结果。在医学影像学手段中，MRI 的软组织对比分辨率最高，它可以清楚地分辨肌肉、肌腱、筋膜、脂肪等软组织；而且无创伤、对组织无放射性损害，也无生物学损害。

（2）磁共振装备的系统结构　磁共振系统的典型结构如图 2-14 所示，主要包括磁体子系统、梯度场子系统、射频子系统、数据采集和图像重建子系统、主计算机和图像显示子系统、射频屏蔽与磁屏蔽、MRI 软件等。

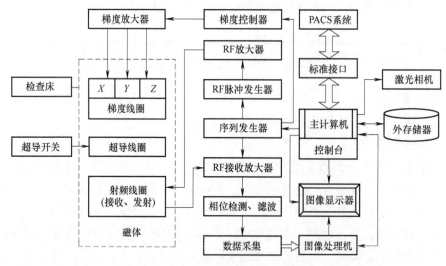

图 2-14　磁共振系统典型结构框图

3. 磁共振装备的重要技术指标

目前，临床使用的磁共振型号非常多，其基本技术参数主要包括以下几个部分：

磁体系统：磁体类型、磁场方向、场强、液氦蒸发速率、稳定性、磁场均匀性、逸散磁场（5高斯线）、磁体形状。

梯度系统：梯度线圈形状、场强度、上升率、非线性及冷却方式等。

射频系统：功率、带宽、信号检测方式、接收与发射线圈、前置放大器增益。

谱仪图像取样功能：预采样、图像种类、扫描视野、采集矩阵、显示矩阵、空间分辨率、断面视角、层厚、层间距、序列、门控技术。

计算机系统：计算机性能、网络性能、测试与诊断功能。

其他：图像显示、处理和分析技术。

4. 磁共振装备的行业发展现状

随着医学科学的进步和医疗诊断技术的发展，医学影像技术得到了国家和一些公司的极大重视，磁共振成像具有无辐射、对比度丰富、分辨率高等优势，逐渐成为医学影像技术中极为重要的组成部分。随着基础科学研究的进步和计算机科学、材料科学、制造工艺的发展，MRI技术快速发展。

目前国内MRI设备市场保有量每年增量较为稳定，在1000台左右。截至2018年年底，我国MRI设备保有量达9357台。MRI设备市场需求主要由病人数量、临床技师水平和经济发展水平等因素所决定。近年来，随着医疗卫生事业和医疗技术的不断发展、高新技术的不断采用以及MRI设备本身技术的发展，一大批老产品退役，促使中高端MRI设备市场需求快速增长，近五年来年复合增长率超17%。

从人均拥有量来看，目前我国MRI设备拥有量与发达国家相比仍相对较低。截至2017年年底，美国和德国每百万人口MRI设备拥有量分别为37.7和34.5台，其他主要发达国家每百万人口MRI设备拥有量也多在10台以上，而同年我国每百万人口MRI拥有量不足美国的五分之一。与德、美、日等发达国家比较，我国MRI设备的普及程度处于较低水平，无法满足国内市场需求。考虑到我国人口数量位居世界第一，人口老龄化速度加快，且临床检查需求持续增长，未来我国将是全球MRI设备最大的市场之一。

国产品牌虽已完成永磁型MRI设备的国产化替代，但永磁型MRI设备成像质量不高，市场成长性较低。1.5T设备是目前市场的主流产品，其性能可基本满足医院临床需求，国产替代空间大，是国产品牌与国际巨头竞争的主要领域。目前我国MRI设备制造企业均已推出1.5T产品，虽然国际巨头仍占据超过50%的市场份额，但国产化率正在不断提升。在3.0T高端磁共振成像设备领域，国内市场目前主要被国际巨头垄断。随着1.5T设备的普及，3.0T设备的装机量将会呈现增长态势。

5. 磁共振装备技术发展趋势

随着介入MR的发展，开放式MRI仪也取得很大进步，其场强已从原来的0.2T左右上升到0.5T以上，目前开放式MRI仪的最高场强已达1.0T。图像质量明显提高，扫描速度更快，几乎可以做到实时成像，使MR"透视"成为现实。开放式MR扫描仪与DSA的一体化设备使介入放射学迈进一个崭新的时代。

目前，随着超短腔磁体技术、液氦零挥发技术、真空浸漆技术等超导磁体技术的发展,高端的超导 MRI 设备的成本及维护费用越来越低。再加上在成像速度和成像质量上与超导 MRI 设备的显著差距,永磁 MRI 设备的市场竞争力逐渐减弱。不管是国内或国际市场,永磁设备的市场占有率都在持续走低。1.5T 及 3.0T 超导磁体以及无液氦技术的应用与发展必然成为今后磁共振技术发展的主流趋势。

(二)磁共振装备关键零部件技术发展趋势

1. 磁体

(1)行业发展现状　主磁体是 MRI 仪最基本的构件,是产生磁场的装置。根据磁场产生的方式可将主磁体分为永磁型和电磁型。永磁型主磁体实际上就是大块磁铁,磁场持续存在不能被关闭,目前绝大多数低场强开放式 MRI 仪采用永磁型主磁体。电磁型主磁体是利用导线绕成的线圈,通电后即产生磁场,根据导线材料不同又可将电磁型主磁体分为常导磁体和超导磁体。常导磁体的线圈导线采用普通导电性材料,需要持续通电,目前已经逐渐淘汰;超导磁体的线圈导线用超导材料制成,置于液氦的超低温(-270℃)环境中,导线内的电阻几乎为零,因此可以使用很强的电流产生高强度的磁场,而不会产生明显的热量。为了达到低温,必须使用制冷剂(如液氦)。主磁体最重要的技术指标包括场强、磁场均匀度及主磁体的长度。

主磁场的场强可以高斯(G)或特斯拉(T)为单位来表示,特斯拉是目前磁场强度的法定单位。距离 5A 电流通过的直导线 1cm 处检测到的磁场强度被定义为 1G。特斯拉与高斯的换算关系为 1T=10000G。(地球磁场仅为 0.5G)。目前一般把 0.5T 以下的 MRI 仪称为低场机,0.5~1.4T 之间的称为中场机,1.5~3.0T 之间的称为高场机,大于 4.0T 的称为超高场机(主要用于研究)。

MRI 对主磁场均匀度的要求很高,原因在于:①高均匀度的场强有助于提高图像信噪比;②场强均匀是保证 MR 信号空间定位准确性的前提;③场强均匀可减少伪影(特别是磁化率伪影);④高均匀度磁场有利于进行大视野扫描,尤其肩关节等偏中心部位的 MRI 检查;⑤只有高均匀度磁场才能充分利用脂肪饱和技术进行脂肪抑制扫描;⑥高均匀度磁场才能有效区分磁共振波谱(Magentic Resonance Spectroscopy,MRS)的不同代谢产物。现代 MRI 仪的主动及被动匀场技术进步很快,使磁场均匀度有了很大提高。

(2)主要技术进展及趋势　零液氦磁体技术。"零液氦"磁共振指的是"零液氦挥发"磁共振。20 年前,超导磁共振使用的是 10K(-273.15℃=0K)冷头。然而,氦气的沸点是 4.3K,显然 10K 冷头无法将氦气液化,因此 10K 冷头磁共振必须要定期补充液氦。液氦很贵,为解决这个问题,超导磁共振开始使用 4K 冷头,4K 冷头保证了磁共振液氦零挥发。在当时,这是一项重大进步。

目前主流的 1.5T 及 3.0T 超导磁体都采用了液氦零挥发技术,理论上一台超导磁体可以永久不添加液氦。液氦属于战略资源,不仅用于医疗行业,在军事、通信上也有大量运用,中国是氦资源严重匮乏的国家,主要从美国和中东国家进口,液氦价格一般为 300 元/L,充 1000~2000L 液氦约为 30 万~60 万元,且受国际政治变化影响严重。

无液氦磁体技术极大地简化了磁体结构,与传统磁体的 2000L 液氦相比,液氦用量极少，磁体腔体里只需约 7L 液氦，因此称之为"无液氦"磁共振，零液氦泄漏、零失超风险，提高了超导磁体的安全性和可靠性。与传统有液氦超导磁体相比，无液氦超导磁体能降低 30%以上的研发、生产成本以及 30%以上的维护成本，直接降低了医院的采购费用及运营成本，间接减少了老百姓的磁共振检测费用，为磁共振检查的推广普及做出了巨大的贡献。

随着超短腔磁体技术、液氦零挥发技术、真空浸漆技术等超导磁体技术的发展，高端的超导 MRI 装备的成本及维护费用越来越低。1.5T 及 3.0T 超导磁体以及无液氦磁体技术的应用与发展必然成为今后磁共振技术发展的主流趋势。

2. 梯度线圈

（1）行业发展现状　梯度线圈是指与梯度磁场有关的一切单元电路，提供给系统线性度满足要求的、可快速开关的梯度场，以便动态地修改主磁场，实现成像体素的空间定位，是 MRI 仪最重要的硬件之一，主要作用有：①进行 MRI 信号的空间定位编码；②产生 MR 回波（梯度回波）；③施加扩散加权梯度场；④进行流动补偿；⑤进行流动液体的流速相位编码。梯度线圈由 X、Y、Z 轴三个线圈构成（在 MR 成像技术中，把主磁场方向定义为 Z 轴方向，与 Z 轴方向垂直的平面为 XY 平面）。梯度线圈是特殊绕制的线圈，以 Z 轴线圈为例，通电后线圈头侧部分产生的磁场与主磁场方向一致，因此磁场相互叠加，而线圈足侧部分产生的磁场与主磁场方向相反，因此磁场相减，从而形成沿着主磁场长轴（或称人体长轴），头侧高足侧低的梯度场，梯度线圈的中心磁场强度保持不变。X、Y 轴梯度场的产生机理与 Z 轴方向相同，只是方向不同而已。梯度线圈的主要性能指标包括梯度场强和切换率（slew rate）。图 2-15 所示为超导型或常导型磁共振的三个梯度线圈的形状及其组合结构。

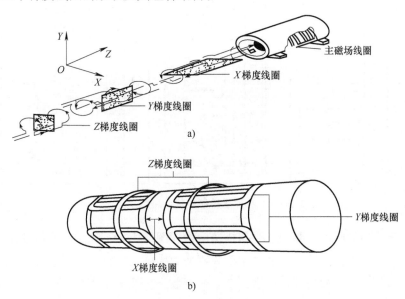

图 2-15　圆孔腔磁体的梯度线圈组成示意图

a）各线圈中的电流　b）线圈的套叠

梯度场强是指单位长度内磁场强度的差别，通常用每米长度内磁场强度差别的毫特斯拉量（mT/m）来表示。切换率是指单位时间及单位长度内的梯度磁场强度变化量，常用每秒每米长度内磁场强度变化的毫特斯拉量（mT/m·s）来表示，切换率越高表明梯度磁场变化越快，即梯度线圈通电后梯度磁场达到预设值所需要时间（爬升时间）越短。

梯度线圈性能的提高对于 MR 超快速成像至关重要，可以说没有梯度线圈的进步就不可能有超快速序列。SS-RARE、Turbo-GRE 及 EPI 等超快速序列以及水分子扩散加权成像对梯度场的场强及切换率都有很高的要求，高梯度场及高切换率不仅可以缩短回波间隙，加快信号采集速度，还有利于提高图像的信噪比（Signal Noise Ratio，SNR），因而近几年快速或超快速成像技术的发展可以说是直接得益于梯度线圈性能的改进。现代新型 1.5T MRI 仪的常规梯度线圈场强已达 25mT/m 以上，切换率达 120mT/m·s 以上。1.5T MRI 仪最高配置的梯度线圈场强已达 60mT/m，切换率超过 200mT/m·s。

MRI 系统中的梯度实际上就是为了给 MR 接收信号叠加编码，用于解码后区分位置信息，从而进行成像的。而梯度场是依靠梯度放大器输出特定电流给梯度线圈从而生成带梯度的磁场实现的。同时，空间中有 3 个方向，分别是 X、Y、Z，因此为了进行空间编码，梯度系统设计的时候也是按照这三个方向进行设计，X、Y、Z 方向独立控制，所以传统的梯度线圈共有 3 组，分别由 3 个梯度放大器提供电流。梯度场控制传输回路示意图如图 2-16 所示。

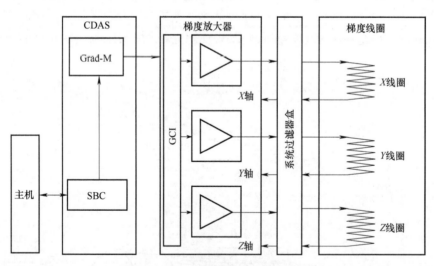

图 2-16　梯度场控制传输回路示意图

MRI 临床应用面临的主要问题是扫描速度慢、图像质量不稳定以及缺乏定量化的诊断信息。为了解决以上问题，行业内主要采用两大措施：一是提高系统磁场强度，这种方法可以提高信噪比，加快扫描速度；二是使用数字化技术，用数字化器件代替模拟器件，可以将模拟噪声干扰降至最低，提高信噪比。这都需要提升梯度线圈的设计与制造能力。

第二章 典型医疗装备产业技术发展趋势

（2）主要技术进展及趋势 目标场优化梯度线圈设计。磁共振的高分辨和快速扫描能力取决于梯度线圈的设计和制造能力。目前，国内主要整机厂家的梯度线圈设计都基于实现多目标的优化。目前，此技术可以使得其线性度、涡流特性、热特性、力平衡等技术指标达到甚至超过国际先进标准。结合先进的闭口灌胶、直接水冷等制造工艺，该类部件的稳定性和可靠性基本处于业内高水平。梯度功放是梯度线圈的驱动部件，实现了对梯度线圈波形的精确控制，其控制部分使用状态空间等算法，能够有效抵制高负载下梯度线圈阻抗特性的漂移，实现高鲁棒性控制。

3. 射频发射、接收线圈

（1）行业发展现状 射频子系统是 MRI 系统中实施射频激励并接收和处理射频信号的功能单元，不仅要根据扫描序列的要求发射各种翻转角的射频脉冲，还要接收成像区域内氢质子的共振信号，其结构如图 2-17 所示。射频子系统包括射频发射单元和信号接收单元：射频发射单元是在时序控制器的作用下，产生各种符合序列要求的射频脉冲系统；信号接收单元是在时序控制器的作用下，接收人体产生的磁共振信号的系统。主要参数有射频场均匀性、灵敏度、线圈填充容积等。

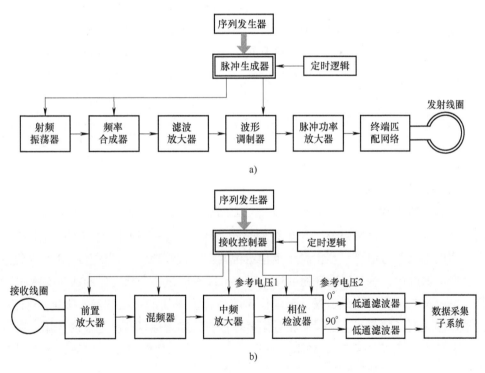

图 2-17 射频发射单元和信号接收单元框图
a）射频发射单元框图 b）信号接收单元框图

（2）主要技术进展及趋势

1）超高场射频线圈。超高场（如 7.0T 或者以上）射频线圈是新的技术发展趋势。在超高场上，需要用到数学算法和软件来计算和优化磁场均匀性和电磁波吸收比值

（Specific Absorption Rate，SAR）。目前国内超高场射频线圈技术与国外先进水平差距很大，因为国内基本没有能力涉足相关算法和软件。但由于临床需求、技术壁垒等各种瓶颈，从实用性角度来说，该技术也不一定很容易普及开来。

2）可穿戴式的射频线圈。可穿戴式的射频线圈跟材料和工艺的关联度很高，本身就是国内上游供应商的弱点。另外，研发试错的成本比较高，国内线圈行业的规模相比国外，差距还很大，基本上还是处于国外先突破、国内再跟进的阶段。国外专利封锁是制约射频线圈发展的重要因素，如果没有专利封锁，国内公司跟进会比较快，一般在3年内可以跟进，因为上游供应商会愿意扩展客户来源，主动分享材料和工艺方面的新技术和新产品。

3）数字化、无线式的射频线圈。数字化和无线技术本身对磁共振的整体性能是没有改进效果的，但对医院客户来说，它可能会大幅度优化操作流程，因而存在一定的临床需求。从市场角度来说，数字化和无线技术都要求更长的研发链条，试错成本也高很多，不是目前的国内公司可以承受和尝试的。但这两方面，特别是无线技术难度非常大，即使是国外公司也不会很容易推出新产品。

射频线圈技术发展为从低频到高频，从单通道到多通道，最后到智能控制。

射频接收线圈和发射线圈目前从原理上来说，已经比较成熟，从磁共振系统的性能贡献上来说，常规的1.5T和3.0T线圈从理论上来说，可深入的空间已经不大，所以这方面国内外的产品水平差距是非常小的，甚至可以说几乎没有差距。线圈控制技术、低噪声放大、高Q值巴伦及其密集通道技术等都已普遍得到应用。但是，国内智能切换技术、数字采集技术、无线采集技术等都与国外存在较大差距，这些技术可以有效提高线圈使用的灵活性及其SNR。首先，国内公司涉足该领域在时间上落后了好多年；其次，行业内有几个新的发展方向，在新技术上国内还是落后于欧美。

4. 梯度功率放大器

（1）行业发展现状　梯度功率放大器（Gradient Power Amplifier，GPA）是MRI系统的核心部件之一。它可以驱动梯度线圈使电流准确、快速地跟踪实时控制系统（谱仪）产生的电流参考信号，产生用于重建定位的空间线性磁场。即磁场从0上升到一定的高度产生梯度场，然后回到0的过程，因此可以看成是一个梯度的形状。GPA的输出电压、电流及其精度，决定了磁共振成像系统中梯度磁场的切换速度、强度和准确度，从而对成像速度、分辨率、信噪比和对比度等核心性能指标具有决定性的作用，而其成本在中高端MRI系统中仅次于磁体。因此，梯度系统的性能仅次于磁体，是衡量产品技术水平的标志性关键指标。

GPA技术与产品长期被跨国公司垄断。目前，世界上排名前三的MRI厂商Siemens、GE和Philips中，只有Siemens和GE有自己的GPA技术和产品。除了系统厂商，主流的GPA供应商主要有两家美国企业，Analogic和PCI，但其产品的性能和上述的系统厂商相比仍有较大差距。近年来，国内个别高校和厂家开展低功率等级国产化工作，但技术、产品性能和跨国公司相比仍有很大差距，在高功率等级方面还是一片空白。

（2）主要技术进展及趋势　大功率IGBT高频并联运行技术。基于以IGBT为核心开关器件的H桥级联技术、模拟或数字控制技术等，梯度功率放大器已经跨越了2MW功率等级，向更高等级的输出功率发展。

梯度功率放大器技术从低功率到高功率的发展是一个趋势。尤其是高电压、大电流、高线性度梯度功放一定是未来发展的趋势。目前，国际上Siemens、GE等磁共振厂商的梯度功放研发技术已经相当成熟，它们都相继推出了自己的3.0T梯度功率放大器。相比之下，国内的梯度功率放大器技术比较落后，3.0T梯度功率放大器还没有被大规模研发成功。

梯度功率放大器涉及电压源逆变技术、高功率下IGBT驱动技术、高速比例积分微分控制（Proportional Integral Derivative Control，PIDC）跟随技术、多级耦合电感设计等技术，这些技术都属于前沿技术。国内的MRI系统厂商目前绝大部分仍使用进口的GPA产品，不仅价格居高不下，而且难以与系统进行整体优化，严重影响了国产产品的市场竞争力，妨碍了其进一步升级为中高端产品。

5. 射频功率放大器

（1）行业发展现状　射频功率放大器是磁共振系统中的关键核心部件。它的主要功能是信号发生器生成的0dBm的信号通过射频放大器进行功率（约20kW）放大，驱动射频发射线圈产生特定中心频率、带宽、幅度和相位的电流，在成像空间内产生圆极化或椭圆极化的射频发射磁场，从而激励共振频率范围内的原子核产生核磁共振信号。

射频功率放大器的性能直接影响了磁共振系统的扫描速度和成像质量，是高性能磁共振系统的基础。磁共振系统所用的射频功率放大器设计难度和生产工艺的复杂程度都很高，长期被几家跨国企业垄断。

（2）主要技术进展及趋势　射频功率放大器作为磁共振系统的关键核心部件，负责激励磁共振射频线圈，产生B1场。目前该技术主要被Siemens、GE、Philips及Analogic、万机（MKS）等厂家垄断，国内仅有个别厂家掌握了该技术。

目前，国内除上海联影外，有个别企业在研发1.5T磁共振系统射频功率放大器，主要突破和采用了基于固态器件的甚高频（Very High Frequency，VHF）频段高脉冲功率产生与合成技术、高稳定度全数字射频信号生成与控制技术等关键技术，并已实现量产，广泛用于上海联影全线3.0T磁共振产品和高清TOFPET/MR产品中。上海联影所研发的3.0T射频功率放大器产品的输出线性度、保真度和功率达到世界先进水平，但上海联影研发的射频功放产品类别较少，目前尚不能满足从低场到超高场磁共振系统的所有需求。鑫高益（鑫高益医疗设备股份有限公司）目前研究掌握了从超导1.5T射频功率放大器到9.4T射频功率放大器技术，攻破了线性化技术，功率合成分配、相位控制及其幅度智能控制技术等关键技术，这些技术的实现，无疑大大提高了国产产品的性能，但这些技术主要还是用于超导1.5T射频功率放大器和3.0T射频功率放大器的生产上。国内目前还没有形成这一产业群。

（3）技术发展趋势　从未来发展看，射频功放技术主要向宽带、高频率、高线性度、多通道及智能化方向发展。目前，所有的射频功放主流厂商都已经由真空放大技术过渡到以高功率金属-氧化物半导体场效晶体管（Metal-Oxide Semiconductor Field-Effect Transistor，MOSFET）和大规模功率合成技术为基础的固态放大技术，其近年来技术和产品的主要发展方向如下。

1）采用定制型的放大器件和水冷技术，大幅度提高功率密度以实现机箱、机柜的小型化。

2）采用新型功率合成技术和大量的数字化监控技术，简化生产工艺，提高可靠性。

3）采用数字控制技术，以提高射频发射链的线性度和稳定性。

在此领域，未来的主要发展趋势包括：采用无磁化设计，把射频功放安装在磁体旁边以进一步简化系统；采用多通道分布式射频激励方式以实现并行发射；采用高于3.0T的高场或超高场射频功放等。

（4）存在的问题　磁共振系统的射频功率放大器产品长期被国外跨国公司垄断，国外的射频功率放大器产品无法根据国产磁共振系统的性能进行深度优化，限制了国产磁共振系统的性能，且由于该部件的高失效率和昂贵的售后成本，医院的使用成本也非常昂贵，最终提高了广大群众的医疗成本。总体来说，研发出国产的高性能射频大功率放大器迫在眉睫，如果成功，将极大提升国产超高场磁共振系统的市场竞争力。

6. 多通道谱仪

（1）行业发展现状　磁共振成像系统是一套复杂的机电联合系统，其基本框架与相控阵雷达相近，运行过程又涉及人员安全管理等，因此，其控制系统复杂、对实时性和鲁棒性要求高。国外对MRI谱仪的研究比较多，技术水平较高，MRI厂商的核心竞争越来越体现在谱仪上，MRI市场占有率较高的行业巨头GE、Siemens、Philips不仅拥有自主研发的谱仪，而且可以通过自己的谱仪对磁共振系统进行优化，使其系统性能更强。除此之外，有几家国外公司生产商用的MRI谱仪，如MR Solutions、布鲁克（Bruker），但是，这些公司生产的谱仪价格昂贵，研究资料高度保密，另外，其部分产品存在一定不足。国际上的几家主要磁共振生产商都是自行研制谱仪作为控制系统，但由于谱仪研制复杂，国内仅有上海联影、东软医疗、苏州朗润（苏州朗润医疗系统有限公司）等少数几家厂商有自主研发能力。

（2）主要技术进展及趋势　谱仪是磁共振系统的灵魂和中枢神经，是磁共振扫描序列和成像算法执行的载体，谱仪的性能限制成为国产品牌与国外大牌展开竞争的最大制约。较长一段时间内，国内MRI谱仪自主研发能力有限，国内厂家大多采购国外谱仪，或者与国外公司进行合作。

近年来随着电子信息技术的快速发展，国内高校与厂家在谱仪的研发上有较大的进展。

1）谱仪采用全数字化方案。全数字化谱仪，具备高集成度的信号处理单元，以及良好的接口设计。全数字化谱仪基于FPGA、数字信号处理（Digital Signal Processing，DSP）、模数转换（Analog Digital Converter，ADC）、数模转换（Digital Analog Converter，DAC）等高精度、高性能处理器搭建的硬件平台，形成具有体积小、结构简单、稳定性好、精度高、成本低等优势的一体化数字谱仪系统，可以在不改动硬件的情况下，同时兼容低场永磁型与超导型MRI系统，也很容易通过简单升级兼容到高场强甚至9.4T的超高场磁共振系统。全数字化光纤谱仪可以实现完全数字化，可以节省信号连线与磁体扫描间的强磁干扰，极大地提高了采集信号的质量，达成更优的信噪比。

2）谱仪采用高效、合理的架构设计。最新技术的谱仪须具有高效的架构，在多个核心指标上有更优表现，在系统的压脂、弥散、水成像等高端应用中，临床影像可获得更好的质量。因此，新型谱仪采用高效、合理的架构设计，使用主流且先进的集成电路（Integrated Circuit，IC）芯片，促使技术指标达到较高的水平。

3）兼容更高场强的系统设计。针对更高场的应用需求进行系统设计，为了将谱仪应用到更高场的MRI系统中，可以对磁共振信号进行物理分析，在不改变硬件的条件下，理论上可以通过改变采样方式和对信号预处理达到采集更高频率的目标。

4）扩展谱仪的应用功能及领域。谱仪不仅可以用在磁共振系统的成像，随着技术的进步与应用领域的不断扩展，还可以用于磁共振系统下的引导介入治疗，实时测温等。

（3）存在的问题　目前，国内磁共振厂家所采用的进口谱仪都存在一定的不足，Resonance Instruments（RI）的DRX系列谱仪集成度较低，提供给用户的功能较少，不能实现信号的实时采集。MRS谱仪的散热性能不佳，应用程序接口复杂，时钟不稳定，发射射频噪声干扰大。主流的磁共振谱仪都是基于主流的磁共振机型，比如1.5T及3T超导型磁共振，未来将会出现大于1000MHz的MRI谱仪，这将使大分子的研究有重大突破。另外，多通道谱仪将会更好地用在加速成像以及更高端的成像需求上。国产磁共振产品的发展，诸多受制于谱仪的研究和制造水平，其对国产磁共振行业发展起着关键的作用，因此，国产谱仪急需技术上的突破。

7. 数据采集系统

数据采集和图像重建子系统。信号采集的核心是AD转换器，转换精度和速度是其重要的指标。在MRI系统中，一般用16位的AD转换器进行MR信号的数字化，经一定的数据接口送往接收缓冲器等待进一步处理，其结构如图2-18所示。射频子系统和数据采集子系统被合称为谱仪系统。AD转换所得数据不能直接用来进行图像重建，需要进行数据处理，即拼接带有控制信息的数据。然后通过专用图像处理计算机进行图像处理。图像重建的运算主要是采用快速傅立叶变换，重建速度也是MRI系统的重要指标之一。

8. 主计算机和图像显示子系统

在MRI系统中，计算机的应用是非常广泛的，各种规模的计算机、单片机、微处

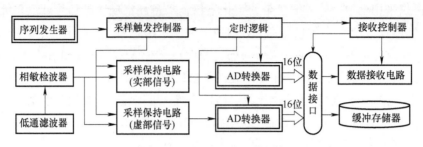

图 2-18　信号采集子系统框图

理器构成了 MRI 系统的控制网络。主计算机介于用户与 MRI 系统的测量系统之间，其功能主要是控制用户与磁共振子系统之间的通信，并通过运行扫描软件来满足用户的所有应用要求。具体包括扫描控制、患者数据管理、归档图像、评价图像及机器检测等功能。同时，随着医学影像标准化的发展，还必须提供标准的网络通信接口。

射频屏蔽与磁屏蔽是用于将外界和磁共振扫描系统之间进行严格屏蔽的系统，防止彼此之间的信号干扰和危害。磁共振的屏蔽一般会采用铜片或铜板来完成。

MRI 软件包括系统软件、磁共振操作系统、磁共振图像处理系统。系统软件指主计算机进行自身管理、维护、控制运行的软件，即计算机操作系统。目前磁共振可使用 Windows 2000、Windows XP、Windows NT、UNIX 等操作系统。磁共振操作系统包括患者信息管理系统、图像管理系统、扫描控制系统、系统维护、报告打印、图片输出等。磁共振图像处理系统指图像重建软件以及具有对图像进行一系列后处理，包括柔和、平滑、锐化、滤波、局部放大等处理功能的软件。

三、超声成像装备及关键零部件技术发展趋势

（一）超声成像装备技术发展趋势

声音频率高于 20kHz 的声波为超声波，由于超声波频率高、波长短，仪器可以向某个已确定方向发射超声波，声波是纵波，可以顺利地在人体组织里传播，超声波遇到不同的介质界面时会产生反射和透射。利用超声波可以对人体软组织的形态结构、物理特性、功能状态进行判断。

1. 超声成像装备分类

（1）A 型超声　A 型超声诊断仪因其回声显示采用幅度调制而得名。A 型显示是超声波诊断最基本的一种显示方式，即在显示屏上，横坐标代表被探测物体的深度，纵坐标代表回波脉冲的幅度，故由探头（换能器）定点发射获得回波所在的位置可测得人体脏器的厚度、病灶在人体组织中的深度以及病灶的大小。可根据回波的波幅、波密度等特征在一定程度上对病灶进行定性分析。

由于 A 型显示的回波图，只能反映局部组织的回波信息，不能获得在临床诊断上需要的解剖图形，且诊断的准确性与操作医师的识图经验关系很大，因此其应用价值已渐渐低落，目前已经很少生产和使用了。

（2）M型超声　M型超声成像适用于对运动脏器，如心脏的探查。由于其显示的影像是由运动回波信号对显示器扫描线实行辉度调制，并按时间顺序展开而获得一维空间多点运动时序（motion-time）图，故称之为M型超声成像，其所得的图像也叫作超声心动图。M型超声诊断仪原理图及影像图如图2-19所示。

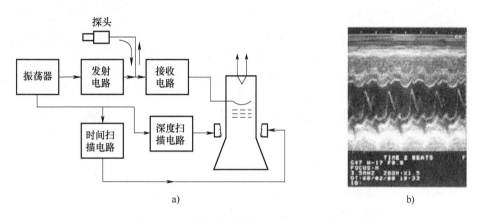

图2-19　M型超声诊断仪原理框图及影像图
a）M型超声诊断仪原理框图　b）心搏的M型超声影像

M型超声成像发射和接收工作原理与A型有些相似，不同的是其显示方式。对于运动脏器，由于各界面反射回波的位置及信号大小是随时间而变化的，如果仍用幅度调制的A型显示方式进行显示，显示波形会随时间而改变，无法获得稳定的波形图。因此，M型超声成像采用辉度调制方法，使深度方向所有界面的反射回波以亮点形式在显示器垂直扫描线上显示出来，随着脏器的运动，垂直扫描线上的各点将发生位置的变动，定时地采样回波并使之按时间先后逐行显示在屏上，但M型显示仍不能获得解剖图像，所以它对多种心功能参数的检查测量有优势，但不适用于静态脏器的检查。

（3）B型超声　B型超声实现了对人体组织和脏器的断层显示，通常将这类仪器称为超声断层扫描诊断仪。B型超声成像诊断因其成像方式采用辉度调制（Brightness Modulation）而得名，其影像显示的是人体组织或脏器的二维超声断层图（或称剖面图），对于运动脏器，还可以实现实时动态显示。B型超声诊断仪原理图如图2-20所示。

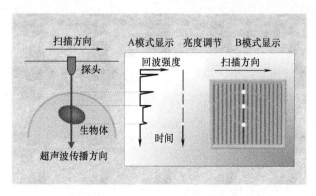

图2-20　B型超声诊断仪原理图

（4）C型超声　C型扫查，又称C型显示，即特定深度扫查（Constant Depth Mode）。其与B型扫查一样都是辉度调制的二维切面像显示方式，所不同的是B型扫查获得的是超声波束扫查平面本身的切面像，即纵向切面像，而C型扫查所获得的是距离探头某一特定深度与扫查声束轴向相垂直的切面图像，即横向切面像。由于C型扫查的灵敏度较低，显像速度不易提高，使C型扫查技术的发展受到限制。C型超声诊断仪原理图如图2-21所示。

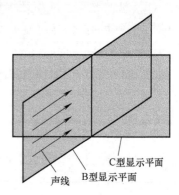

图2-21　C型超声诊断仪原理图

（5）多普勒超声　多普勒超声成像是利用多普勒效应原理，对运动的脏器和血流进行检测，通过检测回声的多普勒信号来获取人体运动目标的速度信息，本质上是运动速度成像。

将检测到的多普勒频移信号（速度信息）以频谱的方式显示，称为频谱多普勒技术。按照声源在时域的工作状态，可以分为脉冲波多普勒（Pulsed Wave，PW）、连续波多普勒（Continuous Wave，CW）和高脉冲重复频率多普勒（High Pulsed Repetition Frequency，HPRF）。

彩色多普勒技术是将检测到的多普勒频移信号（速度信息）进行彩色编码，红色表示朝向探头的运动，蓝色表示背离探头的运动，绿色表示运动速度的表异性（方差），然后叠加到B超图像上，获得彩色血流图，因此通称为"彩超"。

传统的多普勒血流成像检测的是血液（红细胞）运动信息，后来出现的组织多普勒成像则是检测心肌、血管壁等组织的运动。

（6）F型超声　F型扫查与C型扫查原理相似，区别仅在于，在扫查一幅图像的过程中，C型扫查平面距探头的深度是不变的，而F型扫查面距探头的深度是一个变量，不是一个常量，根据成像需要可相应变动，从而可获得斜面、曲面的F型图像。

（7）P型超声　P型成像可视为一种特殊的B型显示，超声换能器置于圆周的中心，径向旋转扫查线与显示器上的径向扫描线作同步旋转。主要适用于对肛门、直肠内肿瘤、食道癌及子宫颈癌的检查，也可用于对尿道、膀胱的检查。

P型超声成像诊断所使用的探头称之为径向扫描探头，如尿道探头，直肠探头。扫描时探头置于体腔内，如食道、胃或直肠等。

2. 超声成像装备的工作原理及重要指标

（1）超声成像装备的工作原理　超声成像的基本原理就是向人体发射一组超声波，按一定的方向进行扫描，根据其回声的延迟时间、强弱就可以判断脏器的距离及性质，信号经过电子电路和计算机的处理，形成超声图像。超声成像装置的工作原理图如图2-22所示。

（2）超声成像装备的重要指标　表征超声成像诊断性能的参数，主要有声系统参数、图像特性参数、电气特性参数。

1) 声系统参数：考虑声的输出强度、总功率等；超声场的时频特性，如波型、持续时间、脉冲重复频率、脉冲形状、频率、脉冲带宽等；声场分布特性，如换能器类型、波束形状、聚焦特性、景深等。

2) 图像特性参数：分辨力、位置记录精度、深度测量精度、帧频、存贮器的容量、图像处理能力等。

3) 电气特性参数：灵敏度、增益及时间增益补偿（Time Gain Compensate，TGC）指标、压缩特性及动态范围、显示器动态范围以及系统带宽等。

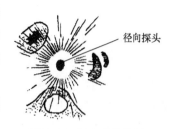

图2-22 超声成像装置的工作原理图

3. 超声成像装备的行业发展趋势

医学超声成像和X射线成像、CT成像、MRI成像一起统称为现代医学四大成像技术，相应的成像设备在临床中得到广泛应用。超声因其具有无损伤、非介入、实时性、成本低、可移动等突出特点，装机量位居四大影像技术之首，约30万台。其中医用超声影像诊断仪由于其较高的性价比，又具有无创伤和实时获得人体内组织图像的特点，是现代医院临床诊断中不可缺少的医疗设备。经过半个多世纪的临床应用与开发投入，医学超声成像技术得到了长足的发展，从最初的A型超声，演变为现在B、C、D、E各种类型的超声成像模式。另一方面，临床对超声也提出了更高层次的需求，例如分辨率更高、穿透力更好的图像质量；体积更小、功耗更低的硬件设计；定量化、功能化的参数特征；操作更流畅、交互更智能的系统设计；以及更多维度、更大区域的使用场景。

市场方面，2020年全球医用超声诊断设备市场规模达到70亿美元。其中，中国医用超声诊断市场规模约15亿美元，占全球市场的21%。从细分领域来看，超高端及高端市场规模约9亿美元，占整个中国市场的60%。该领域大部分被进口厂商所覆盖。

4. 超声成像装备的主要技术趋势

近年来，基于软件实现的自适应波束合成成像算法在学术界和产业界备受关注，被认为有望突破现有超声成像质量的瓶颈。随着超声系统计算力的不断提升，相关技术的集成和应用是当前超声领域的重要发展方向。

（1）域成像技术　二维实时超声成像最核心的技术包括：扫描方式、发射聚焦和接收聚焦。早期的二维实时超声成像使用的探头是单阵元探头，只能实现物理上的聚焦，无法发射、接收电子聚焦，而多阵元探头实现了超声波发射的固定聚焦以及分段的接收聚焦。随着数字超声成像的出现，在接收方面实现了波束控制的连续接收聚焦，也称之为波束合成。然而，传统数字波束合成技术的空间分辨率、组织均匀性和时间分辨率三个重要成像要素，是相互制约、相互限制的。域成像技术用域扫描即区域扫描代替了传统的线扫描，并且实现了连续发射聚焦，提高了图像的组织均一性。

域成像技术的核心技术包括域扫描、全域动态聚焦、智能声速匹配。域扫描技术解决了超声波发射效率的问题。传统的超声扫描是"一线一线"的扫描，对于一幅高质量的图像而言，发射效率很低。相对于线扫描，域扫描采用的是区域发射，每一次发射采用更宽的覆盖区域,发射效率大大提升,如图 2-23 所示。

全域动态聚焦技术解决了连续发射聚焦和组织均一性问题。传统的波束合成采用的是多点发射聚焦,如传统波束合成使用三个发射焦点提高图像均一性,意味着要在同一根线上连续发射多次,所带来的问题是帧率显著下降。全域动态聚焦是基于原始数据,通过一次发射将整场数据进行相干空间合成,等效于从近场到远场的逐点聚焦,使全场的均一性明显提升。传统单焦点发射、三焦点发射、全域动态聚焦声场对比,如图 2-24 所示。

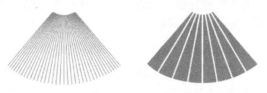

图 2-23　线扫描和域扫描

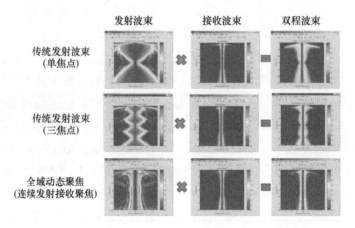

图 2-24　传统单焦点发射、三焦点发射、全域动态聚焦声场对比

智能声速匹配技术能够对原始数据以不同声速值进行多次成像处理,由系统通过算法来判定,选出一个最优的声速来进行图像成像,最终达到图像优化的目的,效果比较如图 2-25 所示。

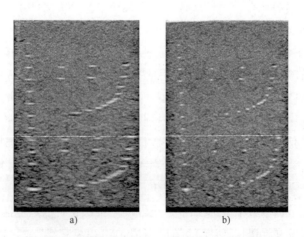

图 2-25　传统声速成像效果和智能声速匹配优化成像效果对比
　　a) 传统声速成像效果　b) 智能声速匹配优化成像效果

（2）HD Scope 技术　HD Scope 是一种全新的二维图像处理技术，通过优化算法将系统资源集中分配到具有诊断价值的局部感兴趣区域中，通过大幅提升局部感兴趣区域内的前端信号和后端计算资源，从而明显增强局部感兴趣区域内小病灶的结构显示，最终给临床提供更多的诊断信息。

传统医学超声二维成像是将系统资源集合分成相等的资源小块，均衡地分配到各个图像区域，使得整体图像一致，并使二维图像在整体上达到最优。HD Scope 图像将系统资源向局部感兴趣区域倾斜，并有效利用闲散的资源，通过资源在局部感兴趣区域的集中，使局部感兴趣区域内的图像质量达到最优的效果，如图 2-26 所示。

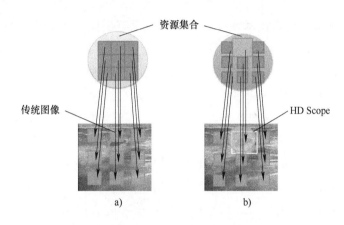

图 2-26　传统图像和 HD Scope 图像资源分配示意图
a）传统图像　b）HD Scope 图像

HD Scope 对成像资源在局部感兴趣区域的集中主要通过两种方式来实现。一是根据局部感兴趣区域的大小和位置信息，通过资源优化算法来集中优化感兴趣区域内的系统前端发射和接收模块。二是在后端数据处理模块，根据局部感兴趣区域内接收到的图像信号，通过多种优化算法集中分析感兴趣区域内的图像信号特征，并根据这些特征针对性地进行图像对比分辨率的优化和斑点噪声的抑制。

（3）超宽带非线性造影成像技术　超宽带非线性造影成像技术充分利用了造影剂微泡的特异性，提取超声造影剂产生的非线性基波、二次谐波以及更高阶的非线性信号进行处理，可以提高造影剂的检测灵敏度，并已成功应用于迈瑞 Resona 系列超高端台式彩超。

超宽带非线性造影成像技术，通过检测造影剂产生的非线性基波信号和二次谐波信号并综合处理，可以显著提高造影成像的组织造影信号比、灵敏度、特异性，进而提高造影剂图像的对比分辨率和空间分辨率。超宽带非线性造影成像技术，使用的发射序列中包括多个具有不同相位和幅度的脉冲波形，发射端对发射脉冲幅度和相位的精确控制以及接收端对接收回波的处理，使系统能够把组织反射的线性基波信号与造影剂受到激励产生的非线性信号分离开，如图 2-27 所示。

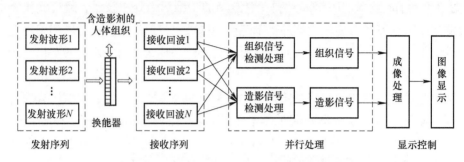

图 2-27　超宽带非线性造影成像技术原理框图

（4）动态向量血流成像技术　在人体内不仅只有层流，在某些血管分叉处或弯曲的血管内存在更为复杂的血流形态，例如颈动脉分叉处即颈动脉窦。相关研究表明，动脉斑块的形成和生长特别倾向于发生在某些复杂形状的血管，在那里可以发现涡流的存在。传统彩色多普勒超声无法正常显示涡流，因为它只能测量一个维度上的速度。而且，即使在长而直的血管，当血流被斑块阻挡时，层流也会发生完全的改变。因此，对于血流动力学的研究，特别在病变或弯曲的血管需要比传统彩色多普勒超声更高级的血流测量方法，既能获得血流速度的绝对值又可以得到各点的速度方向。

动态向量血流探测技术克服了传统多普勒角度依赖的技术瓶颈，可以捕获各个方向上的血流信息。在复杂的流场下，动态向量血流技术能获得精准的血流速度大小和方向。同时，动态向量血流技术有极佳的时间分辨率，是传统彩色多普勒超声的40倍以上，达到毫秒级，这对深入分析血流动力学变化与时相之间的关系是至关重要的。

（5）融合成像技术　超声引导下的肝脏造影诊断和介入治疗，是近几十年迅速发展的重要临床技术。与CT/MR相比，超声引导下的造影和介入实时性好，费用低，无辐射。但是对于某些病灶体积小、位置深或受气体干扰的情况，普通超声难以清晰成像，同时也难以有效地进行介入引导。

融合成像这一突破性技术可以将CT/MR和超声的优势结合起来，如图2-28所示。与汽车的GPS导航系统类似，提前采集好的并且已经导入超声系统中的三维的CT/MR图像数据，相当于GPS系统中的地图。而实时的超声图像则相当于人的眼睛。融合成像系统能够实时地在CT/MR的三维数据中提取出与当前超声扫查切面一致的二维CT/MR图像，并与超声实时图像精确匹配后进行对比及融合叠加显示。借助CT/MR的高分辨率影像信息和超声的实时优势，融合成像实时导航可以帮助医生准确地定位病灶的位置。在融合成像的帮助下进行诊断和治疗，不仅可以提高医生诊断肝脏疑难病症的信心，还可以有效地提高肝脏超声介入治疗定位的准确性，并帮助医生及时准确地评估介入治疗的效果。

一般来说，由于CT/MR数据是在某一固定的呼吸相位采集静态数据，而实时超声图像是随着病人呼吸相位周期变化而实时变化的。因此，即使在进行配准的时刻也可以做到两种图像的精确配准，由于病人的呼吸不可避免，实时融合导航过程中就不可避免

第二章 典型医疗装备产业技术发展趋势

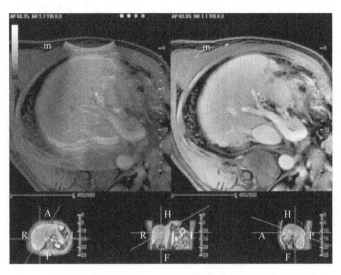

图 2-28 融合成像

地存在由于病人呼吸运动而造成的融合误差。在毫米级精确度的运动传感器的基础上，呼吸补偿专利技术可以很大程度上弥补由于病人呼吸而引起的融合匹配误差，极大地提升了融合成像的精准度，以及医生诊断、介入、治疗的信心。

（6）光声成像技术　近年来，光声成像（Photoacoustic Imaging，PAI）展现出独特而强大的能力，从而成为国际上最受瞩目、大力发展的临床影像新方向。其成像的原理即当生物组织受到短脉冲（纳秒量级）激光照射时，组织中具有强光学吸收特性的物质（如血液）吸收光能量之后引起局部升温和热膨胀，从而产生超声波并向外传播，并被超声探头检测到。再利用相应的重建算法就可以高分辨地重建吸收体在组织内的位置和形态，如图 2-29 所示。

与光学成像不同，PAI 系统检测的是光声效应产生的超声波，通过重建光声效应的初始声压场从而反映出生物组织的光学吸收特性。同时，PAI 可以有效避免光学成像中光子在生物组织中的散射带来的各种问题。此外，由于超声波的频率较高，因此可获得高空间分辨率的生物组织结构信息。同时，光声成像具有更深的成像深度，

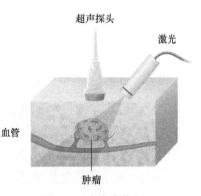

图 2-29 光声成像原理

突破了活体光学高分辨成像的深度壁垒。光声成像结合了光学成像的高对比度特性和超声成像的高空间分辨率和较深的穿透深度特性。同时，采用多光谱技术可以对组织成分进行定量分析，例如实时获得血液中氧合血红蛋白和脱氧血红蛋白的相对含量，从而获得可以反映组织新陈代谢状态的血氧饱和度这一重要生理参数，实现真正意义上人体组织实时、无创的功能成像。

基于光声成像的上述优点和特点，近年来，光声成像在生命科学和基础医学上取得了巨大的成果。前期的临床研究领域涵盖了皮肤病（如黑色素瘤）、关节炎、乳腺癌、妇科、眼科、消化系统疾病和血管内窥等。很多研究成果都显示了光声成像能够提供非常有价值的信息，有着巨大的临床研究和应用前景。

5. 存在问题及建议

经过多年发展和积累，国产厂家在超声成像技术方面已取得巨大进步，在许多日常临床应用可实现进口替代，但在超高端应用、系统设计等方面仍与国外巨头存在一定差距。作为超高端多普勒彩超的核心技术——高性能超声成像系统平台技术，存在如下问题需要解决：

1）利用高性能图形处理器（Graphics Processing Unit，GPU）取代传统 FPGA 芯片来实现软件波束合成技术，突破超声成像质量，攻克高性能超声成像系统平台技术。

2）通过大幅增强系统前端和后端的处理能力，实现快速非聚焦波成像，为各种复杂的图像后处理算法和智能化应用的部署提供必要的计算力支持。

3）在超声功能成像方面，建议开发更具有临床意义的超声黏弹性成像技术。研究合适的脉冲发射和接收策略，以适应于黏弹性成像，特别是聚焦波束的波形、发射位置与次数，对剪切波传播检测的起止时间等。研究回波信号处理算法，即对模型中的弹性参数和黏性参数求解的算法，同时兼顾计算复杂度与硬件性能限制。

4）在光声成像方面，需要攻克多光谱组织成分分析技术，实现对除血红蛋白外的水、脂类和胶原的物质成分的定量分析，并在探头灵敏度和带宽方面提升探头的性能。虽然国外 Fujifilm Visual Sonics 已有成熟的商用小动物超声光声多模式成像系统，但光声成像系统应用于人体还有待时日。

5）人工智能技术在超声领域虽然应用需求大，但目前临床上落地的案例相对较少，往往难以解决医生的痛点。特别是对于智能超声来说，存在数据标准化、数据合格性、图像质量、信息局部化、标注规范化、样本均衡性等关键问题，建议在智能化成像、智能化工作流、智能化定量分析及智能化辅助诊断方面进行技术攻克。

（二）超声成像装备关键零部件技术发展趋势

1. 单晶容积超声探头

（1）行业发展现状　探头是超声诊断仪的重要组成部分，其作用是发射和接收超声波：发射时将电信号转换为超声波进入人体，接收时将人体反射的超声波转换为电信号，经过一系列的处理后成像。

传统的 B 超图像为二维图像，其图像显示的是组织某一个截面的图像信息。将多幅不同位置上的二维超声图像按照一定的方式排列，可以重构出一幅三维图像，若加上时间这个维度，连续播放 3D 图像，就构成了 4D 图像。

容积超声探头是在传统二维超声探头的基础上，通过电机及系列传动机构，带动声头对组织进行容积式扫描，其内部一般有作为驱动动力源的步进电机，步进电机驱动声头在一定角度内摆动。在每一个摆动角度，容积探头可以像传统探头一样发射超声波并

第二章 典型医疗装备产业技术发展趋势

接收带有人体组织信息的回波，获取每个角度的成像信息后，利用计算机进行三维重建，获得三维图像，四维超声是在三维超声基础上加上时间参数，形成三维立体电影回放图像。系统需要对探头每个角度内获取的图像进行接收、储存，以获得准确、清楚的三维图像。

当前，市场上容积探头的换能器以锆钛酸铅（PZT）换能材料为主。采用单晶材料制作换能器，可以有效提高探头的灵敏度，提升图像的穿透力，针对中高端彩超产科，可满足临床一把探头覆盖整个孕期检查的需求，国内关于这方面的研究较少。而且，由于涉及声头开发、容积探头等专业方向，技术门槛较高，国内大部分厂家均以外购专业厂家探头作为产品技术的解决方案。

行业内国外知名的超声设备公司都具有自己的容积探头，如 GE、三星、Siemens、Philips 等，其价格昂贵，目前在产科应用领域，主要的行业领导者是 GE，三星和 Philips 在该领域也具备较强的竞争力，目前三星的高端机型配置的腹部 4D 探头型号为 CV1-8A，Philips 近期也推出了单晶容积探头。国内医疗器械行业经过多年的发展，多数公司都具备一定的容积探头开发能力，比如迈瑞医疗、深圳开立（深圳开立生物医疗科技股份有限公司）、汕头超声（汕头市超声仪器研究所股份有限公司）等，但在性能方面，其产品与国外大公司还有一定的差距，很多国内公司在中高端机型配置容积探头方面，还主要依赖于外购。

（2）主要技术进展及优势　单晶容积探头的开发，可大幅提升产品穿透力及图像性能，可有效满足产科检查中的临床实际应用，提供更加优质的解决方案，并且可以加速推动我国中高端彩超市场发展，大大削减购买进口设备的支出，大幅降低我国老百姓的医疗费用，为老百姓提供生命关怀。

目前，单晶容积探头的主要技术包括以下几种。

1）声学设计及仿真技术。十多年来，医学超声领域涌现出许多新的技术，换能器单晶技术是其中的一个重要研究领域。单晶材料有更好的电声转换效率，具有更高的灵敏度和带宽，能够显著提高探头图像的分辨率和穿透力。单晶容积探头是基于凸阵的单晶换能器，阵元数更多，基元间距更小，声学设计难度会更大。

国内企业在单晶容积探头开发方面，迈瑞医疗、深圳开立、汕头超声等公司通过 3T 匹配技术、声学仿真技术，实现了较好的声学设计，在成功开发单晶相控阵探头的基础之上，继续开发了单晶大凸阵探头，灵敏度、带宽、声场等性能参数将达到或超过国外 GE、Philips 等厂商类似产品的水平，填补了国内空白。

2）单晶声头材料及工艺技术。由于凸阵的换能器面积大，形状弯曲。因此，基于单晶材料的换能器，其材料、工艺等难度要增加。声头工艺包括黏接技术、切割技术、曲面成型技术、夹具设计等，同时，声头采用 3T 匹配技术，能够更好地提高声头的灵敏度和带宽，具备良好的声学性能是获得高质量 2D 和 3D 图像的前提。目前，国内部分超声探头厂家具备了一定的单晶探头开发能力，在单晶声头材料及工艺技术等方面有了一定积累。

① 单晶切割技术。单晶材料本身特点是加工难度大、易损。同时，随着超声技术的发展，探头阵元数增加，单晶容积探头阵元数也随之增加，探头阵元的基元间距更小，导致切割工艺难度进一步加大，需要保持多阵元切割工艺的一致性，因此需要通过不断优化切割工艺，降低切割对单晶材料的损伤，提高切割一致性、声学灵敏度和带宽，进一步突破单晶材料的加工能力极限。

② 单晶黏接技术。单晶容积探头为凸阵探头，黏接工艺难度也进一步加大，需要克服黏接过程中出现气泡、压力不一致、胶层厚度难控制等技术难题，需要通过合理设计结构、工艺、夹具等，降低换能器的制作难度，保证声学设计的实现。

③ 材料表面技术。单晶容积探头的声头制作过程涉及很多黏接环节，黏接对材料表面的要求极高，需要对材料表面进行清洗、处理，同时需要保证材料的平面度和一致性，因此，需要具备较高的材料表面处理技术水平。

④ 材料制作技术。单晶容积探头的声头对材料的要求更高，需要降低声头质量，提升声学性能，因此需要更好的声学匹配、机械强度、黏接性能、加工性能等。

3) 4D 技术。单晶容积探头是单晶技术与容积技术的结合。4D 技术通过电机驱动和传动机构，将传动传递给声头，驱动声头高速摆动，在声头高速摆动的过程中，采集数据，构建出 3D 图像。由于声头高速摆动，企业需要对阵元互联技术、传动技术、耦合液技术、密封技术进行研究，满足声头摆动过程的角度、速度、精度、可靠性等方面的要求。国内部分厂家具备一定的 4D 技术，比如迈瑞医疗、深圳开立、汕头超声等。

① 阵元互联技术。单晶容积探头由于声头高速摆动，声头需要采用柔性线缆进行电连接，同时线缆需要与基座进行密封。单晶容积探头阵元数很多，要求重量轻、尺寸小，阵元互联密度大。

② 传动技术。单晶容积探头需要将电机的运动传递给声头，要求机械传递过程平稳、顺畅，能够满足探头对机械扫描的速度、角度及精度要求。因此，需要合理设计传动方案及结构，合理选择电机及驱动方案，并且确保零件的加工精度。

③ 耦合液技术。单晶容积探头的声头需要高速摆动，为了达到良好的声波传播，得到较好的图像质量，声头与外壳之间需要填充耦合液，耦合液需要有良好的阻抗匹配，以减少声波在各界面之间的反射，以及反射引起的声波能量损失。耦合液需要有较低的衰减，以减少声波传播过程中的衰减能量损失。

④ 密封技术。单晶容积探头密封分为静密封和动密封，静密封需要能够有效保证声窗与基座的密封效果。单晶容积探头形状复杂，密封难度较大。由于声头高速摆动，4D 探头需要用动密封，密封传动机构的间隙，防止耦合液泄漏。

4) 可靠性技术。单晶容积探头的复杂程度高，可靠性要求高，因此需要进行合理的可靠性规划、可靠性设计、可靠性测试等。可靠性技术涉及关键原材料的选择、结构设计及强度仿真、设计失效模式与影响分析（Design Failure Mode and Effects Analysis, DFMEA）和制程失效模式及影响分析（Process Failure Mode and Effects Analysis, PFMEA）、关键加工及组装工艺、可靠性测试相关技术等。

(3) 技术发展趋势

1) 单晶声头技术。单晶材料有更好的电声转换效率,单晶探头具有更高的灵敏度和带宽,能够显著提高探头图像的分辨率和穿透力。毫无疑问,单晶声头技术是超声探头发展的趋势,需要继续对单晶材料、单晶声学设计及仿真技术、单晶加工、单晶声头的相关工艺做进一步研究,进一步发挥单晶声头的优势,进一步提升图像质量。

2) 4D技术。随着超声技术的发展,声头阵元的发射帧率增加,对机械4D探头扫描率也会有更高的要求,以获得更加实时和顺畅的4D图像。目前,探头为手持设备,体积小、电机小,无法完全克服力矩与体积之间的矛盾,因此,为提升声头的摆动效率,需要进一步研究驱动技术、传动技术、耦合液技术、密封技术等,进一步将4D技术与单晶技术结合,发挥4D与单晶的优势,进一步提升单晶容积探头的图像质量。

3) 人机工程相关技术。单晶4D探头为手持设备,质量过重、尺寸过大都会给操作者带来疲劳感。因此需要从材料、结构、工艺等方面进一步提升相关技术能力,进一步降低探头的重量,减小探头的尺寸,使探头便于握持,减少医疗工作者的疲劳和损伤。

(4) 存在的问题与建议

1) 探头技术能力需进一步提升。单晶容积探头的开发,需要在技术上进行进一步提升,包括声学设计及仿真技术、单晶探头材料及工艺技术、4D技术、可靠性技术等。进行各项技术研究,需要各种原材料测试及实验,需要大量的原材料及实验设备,如切割机、等离子清洗机等,需要企业大量的科研投入。

2) 工程转化能力需进一步提升。建议企业加强产品研发流程建设。产品工程化过程需要一系列开发流程,实现对研发质量、研发进度、研发成本等的有效控制。从需求到交付,通过对概念、计划、开发、确认、上市阶段进行平台化建设,可以缩短研发周期,提升产品质量。

建议企业搭建产品技术平台。产品研发过程中,需要通过一系列平台建设去保证研发效率与质量,包括各种材料工艺设计验证平台、声学设计仿真验证平台、4D技术设计测试平台等。同时,需要一系列工作平台,比如故障库管理平台、项目管理平台、研发样机管理平台等。

2. 掌上超声探头

(1) 行业发展现状　掌上超声产品由应用终端(平板电脑或手机)、超声探头、应用软件等组成,终端与探头之间主要有无线、通用串行总线(Universal Serial Bus, USB)两种连接方式,掌上超声探头是产品的核心部件。掌上超声设备的出现,为临床医师提供了一种快速的可视化工具。

Siemens公司于2009年推出了ACUSONP10,重量仅700g,无彩色血流成像功能。2011年,GE推出Vscan,终端显示设备是一款手机,已具备彩色血流成像功能。接下来的很长一段时间,掌上超声领域并没有特别大的突破,直到美国掌上超声设备厂商Butterfly的出现。Butterfly现已完成D轮融资,成为数字医疗健康领域的独角兽企业,其推出的 Butterfly IQ 超声产品是全球首款单一探头全身通用的超声成像仪。Butterfly 致力于通过对"掌上超声+AI"的研发和应用，引领医学影像的去中心化变革，使超声成像技术更普及、便捷。

在国内，掌上超声探头于 2016 年被中华人民共和国科学技术部列为重点研发项目，多家企业开始投入掌上超声产品的研发中。目前国内成都优途（成都优途科技有限公司）、苏州朗昇［朗昇科技（苏州）有限公司］、成都汇声（成都汇声科技有限公司）、广州索诺星（广州索诺星信息科技有限公司）、苏州斯科特（苏州斯科特医学影像科技有限公司）、武汉启佑（武汉启佑生物医疗电子有限公司）、北京智影（北京智影技术有限公司）、成都思多科（成都思多科医疗科技有限公司）等公司推出了掌上超声产品。这无疑证明了掌上超声具有巨大的市场潜力和发展空间。

（2）主要技术进展及趋势

1）掌上超声探头发展历程。从全球来看，掌上超声设备经历过两个阶段。

第一阶段：以 GPS 为首的巨头企业先起跑。2009—2011 年，产品包括 GE 公司的 Vscan 一代机，Siemens 公司的 Acuson P10 和 Mobisante 公司的 MobiUs。由于设计理念和技术水平问题，其在易用性和成像质量上存在不少缺陷。

第二阶段：海内外初创企业同时起步。2016—2017 年，中国企业与外国企业基本同步，在这两年间，首个掌上超声产品获证，国内苏州朗昇为第一家，广州索诺星和苏州斯科特紧随其后；国外有澳大利亚的 Signostics、加拿大的 Clarius 以及复星投资的美国 Butterfly。新一代的产品在设计理念和技术手段上相比于第一代产品有了很大改进，在易用性和成像质量上有了显著提升，基本淘汰了第一代产品。

2）掌上超声探头关键技术。全球的大部分掌上超声产品厂商都以初创企业为主，且多采用"FPGA+前端专用芯片"方案，探头以 24 通道、80 基元为主，其中国内厂家集中在 8 通道，聚焦在基层医院的疾病筛查，随着集成电路、通信技术的发展，有向高性能发展的趋势。2017 年哈尔滨工业大学航天学院基于 ZYNQ 开发了 32 通道的掌上彩超，具备 B 模式、B/M 模式、彩色血流模式和 PW 模式，无线数据传输最高 20MB/s，现已集成基于深度学习的智能诊断模型，具有基于多尺度注意力机制的像素级图像分割以及基于相似形积分的甲状腺体积估算与诊断，同时能够开展 5G 实时远程诊断。2021 年，GE 医疗发布了无线手持式超声仪 Vscan Air，具有全身扫描功能，可实现患者随时随地超声检查。运用无线设计，手机 APP 支持掌上无线系统，安卓系统和 iOS 系统均可使用，尺寸为 131mm×64mm×31mm，重量仅 205g 左右。它采用单探头设计，内置两个压电式传感器，通过简单地翻转高频线性和凸形换能器两侧探头的设计，即可轻松完成浅层和深层检查，无需在两次之间或在临床检查过程中切换探头。

2021 年，广州索诺星发布了多款手持超声，包括单探头、双探头，已取得注册证；Wi-Fi、Wi-Fi 和 USB 双模连接；专用于浅表、腹部、妇产应用及全身扫描；可实现患者随时随地超声检查。免费 APP 可安装在多种手机和平板设备上，支持本地存储，简单易用。高集成度双探头手持超声 D3CL，尺寸仅为 121mm×53mm×19mm，重量仅 120g。集成了凸阵和线阵双探头，三合一扫查，可实现腹部、妇产、浅表、心脏等全身检查，可广泛应用于初步检查、应急检查和可视引导。

近年来，掌上超声设备的主要关键技术发展方向为硬件电路的高度集成和微型化、低功耗设计、超声数据的高速实时传输和软件系统的多样化设计。

（3）存在的问题与建议　掌上超声探头产业发展集中在低端，图像帧频不高，市场上价格竞争白热化。AI 与高性能掌上超声探头的结合可解决当前基层医生不会用、看不懂超声而限制超声检查普及的问题，可以实现检查部位、病灶良恶性判断等自动提示，大大减轻了基层医生的压力，助推分级诊疗。

3. TEE 面阵探头

（1）行业发展现状　动态三维心脏超声是超高端和高端医学超声影像诊断设备的代表性产品，2019 年全球心脏超声设备市场共计 14.3 亿美元。心脏超声主要包括常规的经胸心脏超声（Transthoracic Echocardiography，TTE）和经食道心脏超声（Transesophageal Echocardiography，TEE），已成为心脏病诊断的重要手段。经食道超声是将专用的经食道超声探头，经口置入被检者的食道内，从被检者心脏的后方向前扫描，近距离探查被检者的心脏结构。经食道超声与普通的经胸心脏超声相比，避免了胸壁和肺气等因素的干扰，还可清晰地显示出心脏的三维图像，大大提高了经胸超声诊断的敏感性和可靠性。经食道超声还可用于心脏介入手术中的监测与评估。如果心脏超声是超声医学影像诊断设备的"皇冠"，那经食道三维超声则是皇冠上的"明珠"。

（2）主要技术进展及优势　目前，我们已经实现经胸面阵探头的国产化。而经食道面阵探头（TEE 面阵探头）尚未实现国产化。已有的商用仪器只有 GE、Philips、Cannon 等外国公司能研制，价格极其昂贵，可达数百万元，该探头结构极其复杂，工艺难度大，应用场景要求高，目前探头制备技术被 Philips、GE、Siemens 等少数国外厂商垄断，在当前国际背景下，采购困难且限制使用，是阻挡我国进军超高端超声设备市场的"卡脖子"环节。

（3）技术发展趋势　TEE 面阵探头，是开发超高端心脏超声成像系统必须攻克的关键零部件技术，有助于形成具有自主知识产权的特色关键技术，占领医学超声影像诊断设备的制高点，促进产业技术的更新换代，提高我国医学超高端超声影像诊断设备产业的研究开发能力和国际竞争力。

（4）存在问题与建议　TEE 面阵探头作为医用超声换能器中的高端探头，其技术涉及物理学、电子学、材料、化学、机械等多个领域。TEE 面阵探头阵元数目多（大于 2000），单阵元尺寸小（小于 0.2mm×0.2mm），TEE 面阵的开发上存在着很多技术难题，主要面临问题有原材料的可采购性问题，以及影响生产良率所必须解决的一系列技术问题，如下：

1）单晶材料、高密度柔性电路板（Flexible Printed Circuit Board，FPC）、线缆，均是 TEE 面阵探头的关键原材料。其中单晶材料是能量转换器件，可通过压电效应实现电信号与超声波信号之间的转换。由于单晶生长工艺复杂，成品率较低，目前仅国外的一些单晶材料厂商具有量产能力。国内研究所与部分厂家具备一定的单晶材料研发能力，但性能稳定性有待提升。高密度FPC、线缆同样面临进口依赖问题。

2）声学设计及仿真技术、可靠性技术、探头热设计、控制技术，是决定探头图像质量及可靠性的关键，需要结合临床与系统的应用，通过合理的材料选择、声学模型建立、进行声学设计、计算与仿真。

3）面阵探头由于阵元数目多、阵元尺寸小，阵元互联技术、切割技术、材料表面处理及黏接技术均是行业目前的难题。目前，国内超声设备制造厂商虽然已经取得了一定突破，但互联连通率、切割一致性、材料表面处理及黏接技术尚不稳定，影响探头良率，离大规模量产还有一定距离。

鉴于以上问题及现状，建议尽早启动技术攻关立项，鼓励国产超声设备厂家与国产材料供应商进行合作研究，打破国际技术垄断局面。进而降低国家和老百姓的医疗负担，解决TEE面阵探头"卡脖子"问题，并有力拉通探头上、下游产业链，促进上游零部件厂商及研究机构的发展，为促进我国先进医疗设备产业和核心零部件产业链的良性发展奠定基础。

4. 超声换能器

（1）行业发展现状　超声换能器作为超声系统核心元件，可实现电声、声电转换功能。当前，有多家国内企业具备超声换能器的制作能力，但国内水平较国际领先水平差距较大，具体情况见表2-3。

表2-3　超声换能器研究现状

大类	小类	国外最高水平	国内水平
特色技术	二维面阵	Philips的xMatrix探头采用2D单晶工艺制作；Philips的TEE支持2D矩阵	国内尚未掌握二维面阵的制作工艺
	异型	Toshiba穿刺专用探头、超薄探头等	国内欠缺相关研究和应用
材料技术	CMUT	Fujifilm 4G CMUT：2~22M超高带宽	Kolo［珂纳医疗科技（苏州）有限公司］推出的15MHz、30MHz换能器已经商品化
	单晶	GE xdclear：单晶+探头内置LNA（低噪声放大器）电路	国内虽有一定单晶技术，但与国际水平差距较大
	复合材料	Canon：线阵最高频率33MHz（皮肤科应用）。Fujifilm：Mx700线阵最高频率71MHz（仅用于鼠、兔、斑马鱼等小动物的血管、胚胎学、浅表组织、眼科）	国内虽有一定复合材料技术，但与国际先进水平差距较大

（2）主要技术进展及优势

1）压电复合材料超声换能器。复合材料是将压电陶瓷和高分子材料按一定的连通方式、一定的体积比例和一定的空间几何分布复合而成，目前研究和应用最广泛的为1-3型压电复合材料,其具有高灵敏度、低声阻抗、较低的机械品质因数和容易加工成型等特性。复合材料超声换能器中高分子材料的使用会影响陶瓷的有效面积、声阻抗等,且复合材料制作工艺复杂,如何进一步提升复合材料性能及解决工艺问题是复合材料超声换能器的研发重点。

复合材料超声换能器可实现多频率成像、谐波成像和其他非线性成像,其性能明显优于压电陶瓷材料制作的换能器。

2) 压电单晶超声换能器。以铌锌钛酸铅 (PZNT) 和铌镁钛酸铅 (PMNT) 为代表的新型弛豫铁电单晶换能器,其压电系数和机电耦合系数等指标远远高于目前普遍使用的 PZT 压电陶瓷材料,可达到更高的探头灵敏度和带宽。

压电单晶超声换能器的发展得益于单晶材料的发展,压电单晶材料近些年的发展趋势并不在于提高其压电性能,而是克服其体系本身的一些缺陷。未来,如何进一步改善单晶成分的均匀性和温度稳定性,探索新的单晶探头加工工艺,开发新的单晶探头种类,完善高密度单晶探头的引线难题、能耗散热问题,如何减轻探头的质量等,都值得所有探头研究工作者思考。

3) 二维面阵。二维面阵探头在水平方向和垂直方向上都有阵元,通过控制面阵探头中各个阵元激励脉冲的时间延迟可以实现超声波束在三维空间里的偏转和聚焦,进而获取三维空间数据。二维面阵探头的制备难点主要体现在阵列的切割加工和阵元电极的引线两个方面。二维面阵探头的阵元数量多,引线数量大,易相互串扰,对切割加工的精度和引线都提出了很大的挑战。如何更好地利用二维面阵性能、解决二维面阵探头工艺问题及降低整体加工成本是当前的研发重点。

4) 电容式微加工超声换能器。应用大规模集成电路的制作技术,可获得具有振动薄膜的电容式微加工超声换能器 (Capacitive Micro-machined Ultrasonic Transducer, CMUT)。CMUT 具有灵敏度高、带宽宽、易于制造、尺寸小、工作温度范围宽以及易于实现电子集成等优点,适用于制造大规模的二维面阵探头及高频探头,穿透力可媲美常规压电陶瓷换能器。

CMUT 技术的领导者——Kolo 公司推出的 15MHz、30MHz 换能器已经商品化,其产品能为包括小鼠和大鼠在内的临床前成像以及其他浅表成像应用提供无与伦比的成像性能,在科研超声上应用几年可靠性得到验证,其新技术为极宽带宽和高频成像应用提供了 PZT 换能器的实用替代方案。Verasonics 称很荣幸与 Kolo 合作,为全球超声研究界提供这些传感器。

换能器只是探头组成的一部分,电缆加转接器等占总成本比例大。在常规频率探头上 CMUT 没有成本优势,而在超高频领域,有明显的成本优势。

(3) 技术发展趋势 今后,探头换能器将向以下几个方向发展:以 1.5D、2D 为代表的矩阵换能器,从根本上改变了超声图像质量和成像方式;以复合材料、压电单晶、CMUT 等为代表的高性能换能器,可提升换能器带宽和灵敏度,使超声图像更加清晰;支持特殊应用的异型换能器,可提升特定应用场合的应用有效性。

5. 超声成像模拟芯片

（1）行业发展现状　模拟前端（Analog Front End，AFE）芯片是超声检测关键核心部件之一。它主要完成超声信号的发射、接收，回波信号的放大、滤波，以及 AD 转换，是超声成像系统最前端的环节，决定了超声成像系统的图像质量。AFE 芯片包括低噪声放大器、可变增益放大器、抗混叠滤波器、ADC 和解调器，其动态范围、分辨率、采样率、保真度均是影响超声图像的关键指标。

以 AFE 芯片为代表的模拟芯片，可实现超声回波模拟信号的数字化采集及处理功能，AFE 芯片内部包括多路（至少 8 路）低噪声放大器（Low Noise Amplifier，LNA）、可编程增益放大器（Programmable Gain Amplifier，PGA）、ADC 等模拟电路，以及低电压差分信号（Low Voltage Differential Signaling，LVDS）、解调、数字滤波等数字电路。当前，国内企业具备单独 ADC 芯片的设计制造能力，但不具备 LNA、PGA、ADC 等集成能力，水平与国际领先水平差距较大，具体情况见表 2-4。

表 2-4　AFE 研究现状

大类	小类	国外最高水平	国内最高水平
AFE	模拟集成度	TI 的 AFE5832 可集成 32 路 12 位、80MSPS 或 10 位、100MSPS 的 ADC，含输入衰减器、LNA、低通滤波器（Low Pass Filter，LPF）、ADC、连续波（Continuous Wave，CW）混频器等	4 通道 14bit 分辨率 80MHz ADC，无 LNA、PGA 集成
	数字集成度	TI 的 AFE58JD18 支持 5GB/s JESD（双速型电机综合保护器）、含 LNA、VCA、PGA、LPF、ADC 和 CW 混频器等功能	无

未来，临床场景越来越需要小型化的医用超声诊断技术和设备，以覆盖急救、ICU、全科诊所等传统超声科以外的环节。国际医疗影像设备巨头 GE、Philips、Siemens 等都在研究超声影像设备小型化技术，不断推出各种形态的小型化超声影像设备。小型化超声设备对 AFE 芯片性能指标提出了更高要求。

（2）主要技术进展及优势

1）低噪声设计的发展。2008 年美国 TI 已为医疗电子应用推出了模拟前端 AFE58XX 系列，其中 AFE5804 为 8 通道模拟前端，内置 LNA、VCA、PGA、LPF 等，支持 $0.89\text{nV}/\sqrt{\text{Hz}}$ 低噪声优化、12-Bit、40MSPS 模数转换。2010 年，AFE5807 芯片支持 $1.05\text{nV}/\sqrt{\text{Hz}}$ 低噪声优化、12-Bit、80MSPS 模数转换，后续会朝着更高采样率、更高采样精度的方向发展。

2）高集成度设计的发展。自 2012 年后，AFE 芯片内置模拟采样通路由 8 路提升到 16 路甚至 32 路，数字接口由简单的 LVDS 接口提升到 JESD 接口，数字功能由简单的 I/Q 解调功能提升到复杂的 I/Q 解调及数字滤波器功能。随着集成度不断提高，企业可以用更小的印制电路板（Printed Circuit Board，PCB）面积、更低的功耗打造具有更高性能的产品。

当前所有核心 AFE 芯片全部依赖进口,并且大部分从美国进口,导致芯片成本占主机成本的 50%以上。目前美国 TI 公司是超声 AFE 芯片最大、最先进的供应商,全球市场占有率约 70%,我国面临 AFE 芯片被"卡脖子"的严峻形势。

(3)技术发展趋势　AFE 性能决定了超声检测系统的原始图像性能,其技术的提升与发展对系统方案及后续图像处理技术影响重大。超声 AFE 芯片设计要求低噪声、高频率、广带宽和多通道,而且随着超声设备小型化、手持化,对功耗的要求也日益提高。随着技术的发展,逐渐还提出了需要在模拟芯片基础上实现数字逻辑超声算法,研发数模混合芯片的需求,需要解决数字电路对模拟点数的干扰,极具挑战。

(4)存在问题及建议　近年来美国逐步收紧对中国集成电路芯片的出口,一旦限制出口,国产超声设备的研发和制造将难以为继。而当下最突出的问题便是国产集成电路芯片无法满足超声设备厂家的要求。因此,建议在国家政策、资金支持下,由国产芯片厂家牵头,联合国内超声设备厂家,开展攻关科研项目,推广临床应用,实现超声 AFE 芯片国产化,突破"卡脖子"的核心技术桎梏。

6. 超声成像计算密集型芯片

(1)行业发展现状　以 FPGA、GPU 为代表的计算密集型芯片,在超声整机中广泛应用。其中,FPGA 为复杂可编程逻辑器件,在超声整机中多用于实现信号波束合成、处理等核心功能;GPU 为图形处理器,在超声整机中多用于实现 3D 及 4D 建模渲染、人工智能计算等功能。

当前,有多家国内企业具备中小容量 FPGA 及 GPU 芯片的设计能力,但当前国产芯片的水平与国际领先水平差距较大,具体情况见表 2-5。

表 2-5　FPGA 及 GPU 芯片研究现状

大类	小类	国外最高水平	国内最高水平
FPGA	工艺制程	英特尔(Intel)的 Agilex 系列 FPGA 采用 10nm 工艺	28nm 工艺
	逻辑单元数量	赛灵思(Xilinx)的 XCVU19P 已量产,逻辑为 8,938K,采用 16nm 工艺	约 200K
GPU	工艺制程	英伟达(NVIDIA)的 RTX2060 采用 12nm 工艺	28nm 工艺
	像素填充能力	NVIDIA 的 TITAN>200G pixels/s	6G pixels/s

(2)主要技术进展及优势

1)片上系统(System On Chip,SOC)的发展。基于 FPGA 的 SOC 设计理念将 FPGA 可编程的优点带到了 SOC 领域,可综合实现 FPGA 的高性能与 SOC 的灵活性。

SOC 系统由嵌入式处理器内核、DSP 单元、大容量处理器、吉比特收发器、混合逻辑、IP 以及原有的设计部分组成。系统设计方法是 SOC 常用的方法,其优势在于可进行反复修改并对系统架构实现情况进行验证。

Xilinx 的 SOC,当前有三代产品:第一代 ZYNQ7000,28nm 的芯片,FPGA 中集成双核 CORTEX-A9；第二代 MPSOC，16nm 的芯片，集成 4 核 A53 加 2 核 R5，也集成有 GPU 以及 H265 的编解码的硬核心；第三代是 versal，除了集成 A72 和 R5F 的核外，还集成了 AI 引擎，及高带宽存储器（High Bandwidth Memory，HBM），侧重于边缘计算等应用。

2）动态可重构技术的发展。基于硬件的实现方案和基于软件的方案相比，往往存在不能迅速适应输入或环境改变的问题，此问题可通过动态可重构技术解决。

动态可重构 FPGA 是指在一定条件下，芯片不仅具有在系统中重新配置电路功能的特性，而且具有在系统中动态重构电路逻辑的能力。对于数字时序逻辑系统，动态可重构 FPGA 的意义在于其时序逻辑的发生不是通过调用芯片内不同区域、不同逻辑资源组合而成，而是通过对 FPGA 进行局部或全局的芯片逻辑动态重构而成，以此获得更高的处理能力。

3）高层次综合设计的发展。虽然 FPGA 具有较高的性能，但是采用 RTL 语言设计 FPGA 代码需要较长的开发时间。通过采用高级语言逻辑综合技术，可支持在 FPGA 上利用 C/C++进行设计，为极大地提高设计效率和减少设计-验证-生产周期提供了可能。使用高层次综合设计工具进行编译，可产生 VHDL 语言或者 Verilog 代码，也可以以 IP 的形式供使用。有研究表明，相比传统的基于 RTL 的人工编码，高层次综合设计能够将原来需要几周完成的工作缩短到几天，并且逻辑资源消耗比人工编码节省 10%以上。

Xilinx 软件快速发展，现在 VITIS 集成了之前 Xilinx 所有软件开发工具，包含高层次综合 HLS 工具，以及 AI 的 DPU 开发工具等。

（3）技术发展趋势　今后，FPGA 将向以下几个方向发展：高密度、高速度、宽频带、高保密，低电压、低功耗、低成本、低价格，IP 软硬核复用、系统集成，动态可重构及单片集群，紧密结合应用需求，多元化。

今后，GPU 将向以下几个方向发展：计算能力持续提升、复杂图像算法支持（如实时光线跟踪）、并行处理架构、软件开发平台提升、人工智能方向深度优化等。

从技术上来看，相对于传统中央处理器（Central Processing Unit，CPU）架构，GPU、FPGA 都具有较大的发展优势。

四、核医学成像装备及关键零部件技术发展趋势

（一）核医学成像装备技术发展趋势

1. 核医学成像装备分类

核医学成像技术包括伽马相机（γ相机）、单光子发射计算机断层成像（Singlephoton Emission Computed Tomography，SPECT）和正电子发射断层成像（PET）等。随着多模态影像装备的兴起，又衍生出了单光子发射计算机断层成像及 X 射线计算机体层成像系统（SPECT/CT）、正电子发射断层成像及 X 射线计算机体层成像系统（PET/CT），以及正电子发射断层成像及磁共振成像系统（PET/MR）等。

进入 21 世纪以后，核医学进入了分子影像学时代。分子影像学（Molecular

Imaging)是医学影像技术与分子生物学相结合的产物,它涉及核医学、影像学、物理、化学、计算机等多门学科。核医学成像装备在分子影像学中占有重要的地位,特别是以PET/CT、PET/MR为杰出代表,PET/CT扩大了核医学的内涵,同时也拉近了病人和广大医生与核医学的距离。

2. 典型的核医学成像装备

(1)伽马相机(γ相机) 1957年,Anger采用整块的NaI(Tl)晶体耦合7根光电倍增管阵列,并利用质心法定位读出,研制出高性能的γ相机,为了纪念他,这种γ相机又称为Anger相机。

1)γ相机工作原理及系统结构。γ相机由准直器、闪烁晶体、光导、光电倍增管矩阵、位置和能量电路等部分组成。准直器选择性地让γ光子透过,到达闪烁晶体。γ光子射入闪烁晶体,产生闪烁光。每一次闪烁光经过光导,被光电倍增管接收。由于闪烁光的数目随其距闪烁中心的距离增加而减少,光电倍增管输出的电脉冲幅度也因此而不同。位置和能量电路根据电脉冲信号还原出γ光子的入射位置和能量,并进行能量甄别,如果γ光子的能量落在能量窗内,则记录下来作为一个计数,反之则不记录。

2)γ相机重要指标及范围。衡量γ相机性能的主要指标有空间分辨率和灵敏度等,空间分辨率性能由本征分辨率以及准直器分辨率共同决定,不同装备之间差异比较大。由于多数γ光子被准直器阻挡,基于γ相机的单光子探测设备如SPECT的系统灵敏度很低,通常只有0.1%~0.8%。

目前,随着技术的不断发展,核医学成像装备从低级进入高级,从平面显像进入断层显像,从单模式显像进入多模式显像,在此趋势下,γ相机已退出舞台,单SPECT和单PET则分别呈现被SPECT/CT和PET/CT取代的趋势。

(2)单光子发射计算机断层成像 SPECT是将短半衰期的放射性药物经口服或注射引入人体,经代谢后在脏器内外或病变部位和正常组织之间形成放射性浓度差异,由探测器探测在人体组织之间的差异,通过计算机处理再形成图像。SPECT除能显示结构外,可着重提供脏器与病变组织的功能信息,为肿瘤的诊治提供多方位信息。

1) SPECT的工作原理和系统结构。SPECT通常使用γ相机作为探头,在安装平行孔准直器后,增加运动控制使γ相机围绕病人进行旋转运动,从而获得多个视角下的放射性活度分布投影图像,将投影信息数字化以后送入计算机,再进行图像重建,可以求解出各个断层的图像,再将它们顺次组织在一起,就得到了三维图像。

SPECT记录下来的计数值越高,图像信噪比越好。为了提高探测效率,可以围绕人体放置多个探头,同时采集多个视角的投影图像,从而改善图像质量,或者缩短扫描时间。临床上通用的SPECT系统通常都由双探头构成,单探头和三探头比较少见。双探头SPECT系统有许多优点:全身扫描可以同时得到前位、后位两幅全身图像;探头互相垂直放置时,可以专门用于心、脑、甲状腺的显像,实现低成本应用;探头配上厚晶体和符合电路可以实现511keV双光子符合探测,得到简易的PET图像。

近年来,也有将多个γ相机探头摆放形成一个全环结构的SPECT问世,这种

SPECT不需要旋转探头，只需要根据目标物体尺寸调整环直径和形状即可，此类系统中的探头尺寸明显小于传统SPECT探头，但数量会达到十数个以上。

2）SPECT分类。SPECT通常会集成同机CT，即SPECT/CT，SPECT/CT和SPECT常统称为SPECT（/CT）。

依据探测器、临床应用范围等特征，可将SPECT进一步细分。依据SPECT（/CT）机器上的γ相机探头的数量可以分为单探头、双探头和三探头SPECT（/CT）；依据所集成的CT排数，可以分为16排SPECT（/CT）和64排及以上SPECT（/CT）；依据探测器晶体材料是否使用碲锌镉（CZT）晶体可以分为CZT SPECT（/CT）和非CZT SPECT（/CT），后者以碘化钠晶体最为常见，即NaI SPECT（/CT）；依据临床应用范围可以分为通用型SPECT（/CT）、脑专用SPECT、心脏专用SPECT等。

3）SPECT重要指标及范围。衡量SPECT的性能指标包括针对其机械系统的旋转中心偏移和探头倾斜等，这两种参数要求越低越好，旋转中心偏移和探头倾斜都将导致SPECT图像出现伪影。由于SPECT的变体较多，目前尚无国际公认、被广泛应用的检测标准。

4）SPECT行业发展现状。SPECT在集成CT后，以CT的高分辨率解剖图像弥补SPECT功能图像分辨率的不足，形成了1+1>2的优势。SPECT/CT问世后，迅速在中国、美国、日本等诸多市场形成取代SPECT的趋势。然而，单SPECT由于成本低廉，在心脏SPECT等特殊应用场景下依然存在成本优势，得以保留了少数市场份额。

同时，得益于碲锌镉晶体在能量分辨率、灵敏度以及最终图像质量上的优势，CZT SPECT（/CT）也得到了市场和临床科室的欢迎，然而由于CZT晶体成本高于传统的NaI晶体，导致此类设备售价较高，因此限制了其推广和应用。

SPECT（/CT）的主要生产商以国际巨头为主，包括美国GE、德国Siemens和荷兰Philips等。近年来随着CZT等新技术的普及，又有新公司如加拿大的Spectrum Dynamics等涌现。我国SPECT/CT的装机量逐年增长，从2011年的140台迅速增长到了2019年的495台，而单SPECT的装机量逐年萎缩，2011年有358台，至2019年已经减少为315台，这些设备的生产商大多为上述国际巨头。

5）SPECT临床应用现状。目前我国的SPECT（/CT）最常见的应用为骨扫描，常用于骨肿瘤疾病的诊断和良恶性鉴别，具有成本低廉、医保覆盖易推广的优势，但是扫描时间相对较长，图像质量比PET低，显像剂性能也不如PET显像剂NaF，因此其诊断效能低于PET。2019年度全国累计进行158万例SPECT骨扫描，占全年SPECT检查总数251万例的63%左右。其次依次为内分泌系统、泌尿系统、循环系统以及消化系统疾病，分别检查了约40万、30万、10万和5万例。

(3) 正电子发射断层成像　PET是核医学领域中十分优等的影像装备，被视为核医学史上划时代的里程碑，是高水平核医学的标志。

PET的工作原理和系统结构如下。

① 正电子湮灭辐射。PET成像原理是基于正电子的物理特性。正电子为电子的反

粒子，除带正电荷以外，其他性质与电子相同。正电子核素经过 β^+ 衰变使原子核中的一个质子 P 转变为中子 n，同时释放出一个正电子 β^+ 及一个中微子 ν，$P \rightarrow n+\beta^++\nu$。正电子的寿命很短，很快与组织中的负电子结合而消失。由质能转换公式 $E = mc^2$ 可知，正负电子消失会转化为能量并以光子的形式放出。由能量和动量守恒定律可知，放出的是能量相等方向相反的两个 511keV 的 γ 光子，上述过程称湮灭辐射。

② 符合探测。PET 通过相对的两个探测器探测由电子对湮灭辐射所产生的两个 511keV 的 γ 光子来反推正电子湮灭时的位置，这种探测方式则称为符合探测，两个探测器之间的连线称为符合响应线（Line Of Response，LOR），代表相反方向飞行的两个光子对所在的直线，湮灭事件的位置必定在这条直线上。符合探测的两个 γ 光子以光速向前传播，几乎同时到达在这条直线上的两个探测器，被 PET 系统记录为一个符合事件。

符合事件有三种类型：真符合，探测到的两个光子来源于同一湮灭事件，且未被散射；散射符合，探测到的两个光子虽来源于同一湮灭事件，但被散射而偏离了原来的飞行方向；随机符合，探测到的两个光子分别来源于不同的湮灭事件。真符合是 PET 成像需要的有用信息，散射和随机符合是需要扣除的错误信息。

③ 系统结构。PET 的系统结构通常为一系列相同的探测器组成一个圆环，称为探测器环，探测过程中没有运动部件，通过探测器环上各个探测器之间的灵活组合实现对于目标物体的全面探测。

（4）正电子发射断层成像及 X 射线计算机体层成像系统（PET/CT） 依据所集成的 CT 排数，可以分为 16 排 PET/CT 和 64 排及以上 PET/CT；依据探测器晶体材料可以分为硅酸镥/硅酸钇镥（LSO/LYSO）PET/CT 和锗酸铋（BGO）PET/CT，其中 LSO/LYSO PET/CT 也可写作 L（Y）SO PET/CT；依据是否具有飞行时间技术（TOF）分为 TOF PET/CT 和 Non TOF PET/CT；PET/CT 通常为全身通用型，而专门针对特定临床应用的还有乳腺 PET/CT、脑 PET/CT 和小动物 PET/CT 等。

1）PET/CT 的重要指标及范围。衡量 PET 系统的标准以美国电器制造商协会的 NEMA 标准及国际电工委员会的 IEC 标准为主。以上 2 种标准的检测项目大同小异。PET/CT 的主要评价指标有：空间分辨率、灵敏度、计数率特性、衰减、散射、随机等校正以及图像质量等。其中，计数率特性、各项物理校正以及图像质量等实际上依赖于更底层的 PET/CT 系统的死时间性能、时间分辨率、能量分辨率以及 CT 性能等指标。目前，国内外主要厂家 PET/CT 主打型号及技术参数对比见表 2-6。

表 2-6 国内外主要厂家 PET/CT 主打型号及技术参数对比

厂家	GE	Siemens	Philips	联影
型号	Discovery IQ	Biograph64/TrueV	Vereos	uMI780
探测器环数	—	52	—	39
探测器单元尺寸/mm	6.3×6.3×30	4×4×20	探测器数 23040	2.76×2.59×18

（续）

探测器材料	BGO	LSO	Digital Photon Counting（DPC）	LYSO
孔径/mm	70	70	70	—
采集时间/min	7	10	3（体部采集）	6
系统灵敏度 CPS/kBq	22.80	6.95	22	15
3D 散射分数/%	38.9	32	31	38
CT 层数	32	128	微平板 CT	64

注：该表为现场询查数据，仅供参考，具体数据以厂家提供的正式文件为准。

2）PET/CT 行业发展现状。PET/CT 第一台原型机在 1998 年 8 月安装于美国匹兹堡大学医院，2001 年在瑞士苏黎世大学医院用于临床，我国则于 2002 年在西安和山东用于临床。PET/CT 双模态成像不仅仅是核医学 PET 成像和影像医学 CT 技术的简单相加，其功能成像与解剖成像相结合的方式，可以进一步提高诊断的特异性和正确度，达到 1+1>2 的效果。

在 PET/CT 领域，目前已经基本打破了国际巨头的垄断，根据 2021 年国家药品监督管理局国产医疗器械产品检索，获得我国 PET/CT、PET、PET/MR 产品注册证 23 个，生产企业 8 家，上海联影、东软医疗、明峰医疗、赛诺联合［赛诺联合医疗科技（北京）有限公司］、锐视康（北京锐视康科技发展有限公司）、大基（北京大基医疗设备有限公司）、锐世数字（湖北锐世数字医学影像科技有限公司）、杭州高能（杭州高能医疗设备有限公司）（仅有 PET）。除上海联影拥有 PET/MR 以外，其余企业产品均为 PET/CT 或者 PET。以上海联影为代表的国产厂商占据了可观的市场份额，自 2016 年以来，上海联影一直占据了每年新装机 PET/CT 的市场份额第一，超过了 GPS，且成功打开了国际市场并获得了数十台国际订单。与此同时，我国每年 PET/CT 的装机量增长颇为可观，从 2011 年的 162 台（含单 PET）增长到了 2019 年的 404 台 PET/CT 和 23 台 PET/MR，装机量前五名的省份分别为广东、江苏、北京、上海、山东。

在正电子显像设备领域，PET/CT 已经完成了对单 PET 的全面取代，在此基础之上，诞生了诸多基于 CT 应用和 PET 应用相结合的一站式检查临床解决方案。

同样与 SPECT 类似，在 PET 领域，也存在以 L（Y）SO 晶体为基础的中高端机型与以 BGO 等传统晶体为基础的普通机型。基于 L（Y）SO 晶体的快速发光特性，飞行时间（TOF）这一 20 世纪七八十年代的技术得以再次复兴。TOF 计数可以提升 LOR 上湮灭事件的定位精度，从而提升图像质量。对于 TOF 分辨率的提升，是各大厂商目前努力的一个方向，通过晶体性能、探测器组装、电子学优化等多管齐下，目前 TOF 分辨率主流已经从原本的 500~600ps 提升到了 200~400ps，其中，以上海联影 uMI Panoama 的 190ps 级和 Siemens Biograph Vision 的 214ps 为目前业界最高水平。

近年来，超长轴向视野 PET/CT 系统是业界发展的一个重要方向。以 2018 年上海联影轴向视野为 2m 的 uEXPLORER 的问世为代表，各大厂商近年来纷纷在轴向视野的提升上投入重金,如 Siemens 于 2020 年推出了轴向视野为 1m 的 Biograph Vision Quadra 机型。随着轴向视野的提升,PET 的系统灵敏度也得到了显著的提升,Vision Quadra 声称相较于传统机型,灵敏度提升 10 倍,而 uEXPLORER 则声称实现了 40 倍的灵敏度提升。灵敏度提升意味着大量新型临床应用如屏息扫描、低剂量扫描、短时间扫描等纷纷得以实现。近年来已经有大量的基于 uEXPLORER 相关研究成果在国际期刊上发表。

空间分辨率的提升也是 PET 技术发展的一个重要方向,相较于上一代设备,GE 和 Siemens 的新型 PET/CT 均在空间分辨率上有了明显提升,将原来 4~5mm 的空间分辨率提升到了 3.7~4.1mm 的水平。临床系统空间分辨率目前最高水平为上海联影,其全线产品均达到了 2.8~2.9mm 的空间分辨率。

3) PET/CT 临床应用现状。目前我国 PET/CT 最常见的应用为肿瘤相关显像,2019 年度进行 82 万例,占全国总数 85 万例的 96%,PET/MR 情况类似,2019 年度,肿瘤相关显像 1.2 万例,占年检查总数 1.4 万例的 82% 左右。得益于 FDG 的高灵敏度和高特异性,PET/CT 在肿瘤的分期、分级和分型,治疗计划制定、预后判断、疗效跟踪、再分期和治疗计划调整等方面具有突出优势,然而受限于显像成本较高、药物生产依赖回旋加速器及医保未覆盖(目前仅浙江省医保覆盖了示踪剂和检查全部费用,部分省市覆盖了示踪剂费用,大多数省市处于无覆盖的状态)等因素,目前 PET 技术大多停留在大型三甲医院中,未能普及到基层医院。

(5) 正电子发射断层及磁共振成像系统(PET/MR) PET/MR 是医疗影像领域中最高端的装备,一直是影像技术领域的前沿研究热点,并且在过去几年间,随着技术的成熟,逐渐的走入了常规临床应用,为疾病诊疗提供了全新的视角。

1) PET/MR 的工作原理和系统结构。PET/MR 是将 PET 与 MRI 在硬件上进行一体化融合,两种模态等中心同时成像的新型装备,同时具有 PET 和 MR 的检查功能。典型的 PET/MR 硬件架构如图 2-30 所示,其中整环 PET 探测器被嵌入到传统 MRI 系统中梯度线圈和射频发射体线圈之间。因此,在射频线圈和梯度线圈进行发射射频脉冲和梯度脉冲时,PET 探测器同时接收正电子衰变事件,从而实现完全等视野、等中心的"同步成像"。

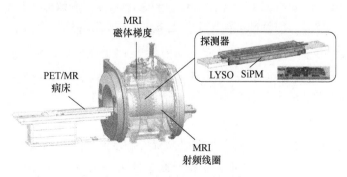

图 2-30 典型的 PET/MR 硬件架构图

然而，将PET探测器嵌入已经成型的MRI系统通常是极其困难的，面临多重挑战。第一，传统磁共振设计紧凑，患者孔径小，梯度线圈和射频发射线圈几乎没有空间容纳额外的硬件设备。因此PET/MR中，射频发射线圈和梯度线圈通常需要大幅的改进和优化设计，在保证磁共振性能的前提下降低器件厚度，为PET探测器留出安装空间。即使如此，由于增加了大量的PET探测器晶体，PET/MR整机的重量将有0.5t左右的增加，而患者孔径通常将会被压缩到60cm。第二，由于传统磁共振的病床厚度大，质量大且电子密度高，对PET成像造成了严重的衰减效应，因此PET/MR的病床通常需要采用更加轻便的材料，用以提高PET成像的灵敏度。第三，考虑到PET/MR的科研潜力，目前市面上主流的PET/MR均采用3T主磁体，这为脑部科研应用和肿瘤成像中软组织对比度的提高有着重要意义，但这也让PET/MR继承了3T磁共振所面对的众多技术挑战，例如磁敏感效应，射频发射驻波效应等。

PET/MR系统集成同样也是挑战重重，其核心难点是要解决MRI和PET之间的相互干扰，实现MRI和PET硬件的兼容性。

2）PET/MR的分类。目前市场上PET/MR产品主要有3种形式：异室布置PET/MR系统、同室布置PET/MR系统和同机融合一体化PET/MR系统：

① 异室布置PET/MR系统：可以看作是两套独立的、布置在两个不同扫描室内的PET（或PET/CT系统）和MR系统组合在一起使用。早期GE和美国部分研究机构曾经研发出此类型的产品，但是由于该技术成像时间长，占地大，融合精度低，其临床效果并不好。

② 同室布置PET/MR系统：布置在同一扫描室内，但PET和MRI是两套独立的系统，其扫描室需要同时具有MRI扫描室的射频屏蔽性能、磁屏蔽性能和PET扫描室的放射防护屏蔽性能等，置于其内的PET系统需要与MRI系统完全兼容，实验对象或扫描患者需要通过特别设计的检查床在两套系统之间转移。

③ 同机融合一体化PET/MR系统：是MRI系统与PET系统的同机和同中心复合设计，实现了同步扫描，是最先进的PET/MR架构。如上海联影推出的uPMR790、Siemens推出的全身扫描型Biograph mMR及GE推出的Signa PET/MR都属于此系统。

3）PET/MR的行业发展现状。PET/MR在单一系统内融合了PET和MR两种成像模态，作为唯一在时间和空间上一体化多模态的影像设备，能够提供其他影像技术无法比拟的丰富信息。目前，国际医疗巨头GE和Siemens公司都开发了PET/MR成像系统并投入市场，并对市场形成了垄断局面。国内关于PET/MR的研究起步较晚，上海联影作为国内高端医疗影像装备的领军企业，已完成对PET/MR机器的研发，填补了国内该区域空白。

4）PET/MR临床应用现状。国际上PET/MR的临床实践已经证明了其在头颈部肿瘤、腹部肿瘤、神经退行性病变、全身淋巴瘤等疾病诊断中，相比其他成像方式的显著优势。通过PET/MR可以完成低剂量低风险的早期大病筛查，可以有效提高恶性肿瘤诊断准确率，高效评估治疗效果，从而降低肿瘤患者全生命周期的治疗费用，提高病人生存质量。然而，国内对 PET/MR 相关应用的研究整体上较为落后，对于 PET/MR 大规模临床应用方面积累的经验还不足，随着近两年 PET/MR 国内装机量的增加，PET/MR 临床应用的相关工作在有条不紊地推进。作为最新的医疗影像技术，PET/MR 在临床应用上仍有巨大潜力尚待开发探索。

5）PET/MR 技术发展趋势。PET/MR 系统目前主流的架构为一体化设计，其中 PET 和 MRI 两种模态同时同步等中心采集。但是目前除衰减矫正和图像融合，绝大部分 MRI 信息和 PET 信息均没有实现有机整合。PET/MR 在系统层面的发展趋势是进一步发掘时空一体数据采集的优势，将 PET 和 MRI 数据有机结合，产生出 MRI 引导 PET 高清重建，PET/MR 联合多模态影像组学，MRI 引导 PET 运动矫正等一系列具有 PET/MR 特色的跨模态应用。

PET 与 MRI 设备性能更加有机地匹配也将成为一体化 PET/MR 的发展方向。MRI 具有轴向视野大、图像分辨率高等特点，而 PET 具有单床成像时间短、图像特异性好等特点。进一步对 MRI 和 PET 子系统和将其结合的控制系统的创新，将推进 PET/MR 整体性能的提升。

人工智能技术的发展也将为 PET/MR 未来的发展注入持续动力。其中人工智能主要用于基于磁共振的 PET 衰减矫正，可大幅提高 PET 图像定量准确性，有助于实现 PET/CT 和 PET/MR 跨模态多时间点随访，促进 PET/MR 的临床应用。除此之外，基于人工智能的全自动扫描工作流、全智能设备质控、以及全智能扫描协议推荐等功能，将大幅提高 PET/MR 操作的便捷性、一致性，为提升 PET/MR 临床患者扫描效率，图像稳定性提供重要支撑。

6）存在的问题与建议。由于技术门槛高，行业垄断性强，当前国内配置 PET/MR 的高水平研究型医院和科研院所极少，无法大面积有效开展 PET/MR 的临床研究。

通过中华医学会核医学分会《2020 年全国核医学现状普查》获悉，截至 2019 年，全国共有影像医学与核医学专业博士生导师 128 人，硕士生导师 376 人，在读博士生 302 人、硕士生 961 人，其中以影像医学方向为主，核医学为辅，高学历人才的匮乏无疑将直接影响科研活动的开展，并对医院科室发展乃至全国的核医学发展产生不利影响，需要国家有关部门加大投入和支持。

（二）核医学装备关键零部件技术发展趋势

1. PET 探测器

（1）行业发展现状　目前，PET/CT 临床应用需要进一步提高 PET 的整机探测灵敏度和飞行时间（Time Of Flight，TOF）定时精度，以降低扫描需要的打药剂量，减少病人受到的辐射伤害，以及加快扫描时间，提高病人流通量。因此，开发更高性能的光电传感器以及配套的前端多通道集成电路芯片，掌握其相关的设计制造技术能力，才是决定下一代 PET 整机产品是否能处于世界领先地位的关键。

PET/MR 的 PET 探测器目前已经解决与 MRI 同时工作状态下的电磁干扰难题，但是其由于空间限制，工作环境恶劣，环境温湿度变化大，发展速度不及行业前沿的

PET/CT 探测器。后续随着新型电路基材、新型专用信号处理 ASIC 芯片、新型光电转化器件硅光电倍增管（Silicon Photomultiplier, SiPM）、新型屏蔽和机械支撑材料，以及新型高效冷却技术的持续发展，PET/MR 的探测器将逐步与最新型 PET/CT 探测器实现性能上的统一甚至超越。

（2）主要技术进展及优势　PET 探测器是 PET/CT 最为核心、最昂贵的部件。其结构与技术将直接决定着 PET 数据采集系统的工作方式、整机关键性能指标等重要因素。一个典型的 PET 探测器包括：闪烁晶体、光电转换器件和前端电子学部分。目前，国内外还没有能独立提供该部件的供应商，各核医学设备企业均采用自主研发的 PET 探测器。图 2-31 所示为 PET 探测器模块示意图。

图 2-31　PET 探测器模块示意图

零部件：PET 探测器。

研究进展：现阶段，PET 探测器采用基于闪烁晶体与 SiPM 一对一的整体化设计。

关键技术：信号提取技术、探测器工艺封装技术。

技术优势：该技术提高探测器模块的探测效率，降低了光损失，从而获取更优质的图像质量。

（3）技术发展趋势　目前，现在主流 PET 探测器里采用的半导体光电传感器 SiPM 主要来自日本滨松和美国安森美公司，SiPM 技术也是近年来 PET 探测器技术发展的趋势。

零部件：PET 探测器。

技术发展趋势：在 PET 领域，PET 探测器将从 SiPM 与晶体间一对一读取，趋于更高分辨的一对多读取。

现阶段采用的技术：PET 探测器的自主研发，晶体与 SiPM 间采用一对一读取。

新技术应用：国内，基于 SiPM 与晶体一对多高集成读取技术的 PET 亟待研发。

2. 闪烁晶体

（1）行业发展现状　闪烁晶体是 PET 探测器中最关键的部件之一，也是决定 PET 质量档次的最主要零部件。目前，用于 PET 设备的闪烁晶体主要包括：①慢闪烁晶体：锗酸铋（BGO）；②快速闪烁晶体：硅酸镥（LSO）和硅酸钇镥（LYSO）。然而，随着 PET 技术的不断发展，对快速闪烁晶体（LSO 和 LYSO）的需求也越来越强烈。然而，国内外能实现稳定量产的 LYSO 晶体供应商只有美国的 CPI 公司，国内的 LYSO 闪烁晶体供应商由于受配方技术、长晶技术及控制技术的影响，生产的晶体还不能完全满足高端 PET 的性能需求和量产需求，因此，还处于不断提升优化阶段。

LYSO 晶体和 BGO 对比起来，有一优势是，支持 TOF 飞行时间算法，未来的医疗行业，LYSO 晶体和 LSO 晶体将是主导。LSO 晶体和 LYSO 晶体一样，支持 TOF 飞行时间算法，但 LSO 晶体之前的专利一直在西门子手里，直到最近才过期，LYSO 晶体相对 LSO 晶体来说，多一种元素，长成的过程也更复杂。LYSO 晶体国内主要生产厂家：四川天乐信达（四川天乐信达光电有限公司）、上海西卡思（上海西卡思新技术有限公司）、苏州晶特晶体（苏州晶特晶体科技有限公司）、上海烁杰（上海烁杰晶体材料有限公司）。

（2）主要技术进展及优势　LYSO 是一种稀土正硅酸盐类晶体，单斜晶系，以其高光输出、快发光衰减、有效原子序数多、密度大等特性引起国际闪烁晶体界极大关注，并且物化性质稳定、不潮解、对 γ 射线探测效率高，被认为是综合性能最好的无机闪烁晶体材料，是代替 NaI（Tl）、BGO 的理想 PET 用闪烁晶体，如图 2-32 所示。LYSO 晶体可与光电倍增管（Photomultiplier Tube，PMT）、硅光电倍增管（SiPM）和硅光电二极管（SiPD）较好匹配。LYSO 晶体在 400~800nm 范围内透过率达到 83%，可以保证产生的闪烁光被自身吸收最小。LYSO 晶体的光输出与组分中 Lu 含量有关，为 BGO 的 4~5 倍，能量分辨率为 8%~14% 不等。由于 LYSO 晶体能够提供优良的时间分辨率和能量分辨率，是新一代全数字 PET 普遍采用的晶体材料。

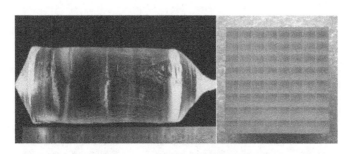

图 2-32　LYSO 闪烁晶体示意图

研究进展：现阶段用于 PET 设备的快速闪烁晶体为 LYSO，其具有发光效率高，衰减时间短（40~45ns）等优点，其他新型材料还未出现。

关键技术：长晶技术；控制技术。

技术优势：该闪烁晶体用于 PET 设备中，能保证 PET 设备的时间分辨率小于 500ps，从而提高信噪比且减小扫描时间。

（3）技术发展趋势　目前，LYSO 晶体主要在晶体质量和生长方法两个方面进行技术改进。一方面，晶体在生长过程中包括坩埚材料在内的杂质会造成晶体质量下降，甚至产生余辉问题；另一方面，镥基闪烁晶体的熔点比较高，基本上都在 2000℃ 以上，因此对生产设备要求很高。以上两个方面说明镥基闪烁晶体的生长是困扰其开发和应用的关键因素。现阶段镥基闪烁晶体的生长主要方法是提拉法、改进的穆萨托夫方法和溶胶-凝胶法。

技术发展趋势：在 PET 领域中，闪烁晶体材料会趋于向衰减时间更短，光输出更高的新型材料发展。

现阶段采用技术：采用 LYSO 闪烁晶体实现 TOF-PET 技术。

3. 硅光电倍增管

（1）技术发展趋势　SiPM 作为 PET 探测器中的光电转换器件，其主要功能是将光信号转换成电信号。目前，用于 PET 探测器的 SiPM 主要依赖于进口。北京师范大学等研究机构开始研究 SiPM 器件，由于受到封装工艺、性能等约束，现阶段还处于实验室研发阶段。因此，在医疗领域的核医学设备上，目前还没有国产化的 SiPM 可供使用。随着国家对芯片的大力扶持，会加速 SiPM 国产化的进程。

SiPM 经过多年发展，技术已经成熟，其快速的时间响应特性能够满足 TOF 的要求，同时具备紧凑的结构和较高的信噪比，大大提高了 PET 的空间分辨率。目前 SiPM 主要供应商有滨松、Sensl、博通（BroadCom）、Ketek 等，均为国外厂商。

（2）主要技术进展与优势　SiPM 是一种新型的半导体光子计数探测器件，由数百至数千个硅雪崩光电二极管微元（Si-APD microcell）分别串联淬灭电阻集成。工作于盖革模式下的 SiPM 具有快速的光子响应速率、卓越的光子数分辨能力、较高的光子探测效率、宽的光谱响应范围、低的工作电压、较强的抗磁场干扰能力及抗冲击等性能优点，在微弱荧光探测、核医学成像、DNA 排序、高能物理、天体物理等领域有着极其广泛的应用前景。

当前，PET/CT 关键零部件光电倍增管，已经由传统 PET 所用的 PMT 向新一代全数字 PET 探测器所用的 SiPM 进行过渡。SiPM 阵列结构示意图如图 2-33 所示。

图 2-33　SiPM 阵列结构示意图

研究进展：现阶段，用于 PET 设备的 SiPM 主要依赖于进口，国内的 SiPM 还处于研发阶段。

关键技术：CMOS 工艺技术、TSV 工艺技术。

技术优势：该技术可以使 PET 设备具有更高的探测效率，更高的空间分辨率。

（3）技术发展趋势　近些年，随着 SiPM 技术的日臻成熟以及价格的不断下降，SiPM 正推动着 PET 设备的革命性发展。SiPM 作为一种新型的半导体探测器，相比传统 PMT 有很多优点，比如量子效率高、工作电压低、对磁场不敏感、结构紧凑等。同时，SiPM 具备更好的可定制特性，供应商能够根据用户需求，定制相应的通道数量。结合具有飞行时间算法的 LYSO 晶体，传统的 PET 探测器向新一代全数字 PET 探测器升级，相较于传统 PET，新一代全数字 PET 探测器具备体积小、功耗低、时间分辨率高以及对磁场不敏感等优势。传统 PET 探测器结构与新一代全数字 PET 探测器结构对比如图 2-34 所示。

技术发展趋势：在 PET 领域，对 SiPM 的需求将从以下方面考虑：光子探测效率高、增益大、噪声低、填充系数大、尺寸小等。

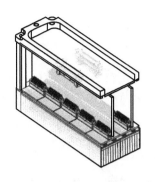 

图 2-34　传统 PET 探测器结构与新一代全数字 PET 探测器结构对比

现阶段采用的技术：采用基于 CMOS 的 SiPM。

新技术的应用：国内，基于具有 TSV 封装技术的 SiPM/PET 正在研发中。

（4）存在的问题　LYSO 和 SiPM 这两个关键部件中，LYSO 晶体已经实现了国产化，并且国内厂商已经能够满足产业链需要，但是像 SiPM 这类半导体关键部件，国外厂商具备较高的性能优势，PET/CT 厂商都需要采购进口产品，所以国产 PET/CT 依然受制于国外厂商。

4. 探测器信号处理芯片

（1）行业发展现状　PET 探测器信号处理芯片可以实现对事件的位置、能量和时间的处理，是 PET 探测器的关键零部件之一。目前，行业内用于 PET 设备的探测器信号处理芯片由 FPGA、时间数字转换器（Time to Digital Converter，TDC）等分离元器件，多通道复合的方式逐渐发展为由专用型集成电路 ASIC 芯片，采用通道一对一的方式。基于 ASIC 芯片，可以实现将 ASIC、FPGA、TDC 等集成在同一个电路处理板上，可以减小电路板的面积、提高产品的可靠性、降低功耗等。国内外对用于 PET 系统的专用型集成 ASIC 芯片技术还不是很成熟，且价格昂贵。图 2-35 所示为 FPGA 芯片，图 2-36 所示为 PET 用 ASIC 芯片。

图 2-35　FPGA 芯片　　　　　图 2-36　PET 用 ASIC 芯片

(2) 主要技术进展与优势

研究进展：现阶段，各 PET 产商主要采用 FPGA、TDC、ADC 等分离器件实现探测器的信号处理，还没有实现规模化的采用 ASIC 芯片实现。

关键技术：全通道信号读取技术；信号全数字化技术。

技术优势：该技术能实现 PET 探测器中各信号单元的一对一通道读取，同时提高了信号的能量和时间提取精度。

(3) 技术发展趋势

零部件：探测器信号处理芯片。

技术发展趋势：在 PET 领域，探测器信号处理芯片趋于专用集成化 ASIC 芯片设计。

现阶段采用的技术：采用基于 FPGA、TDC 等分离元器件进行搭建。

新技术的应用：国内，基于 ASIC 芯片的高性能 TOF-PET 尚待研发。

五、内镜成像装备及关键零部件技术发展趋势

(一) 内镜成像装备技术发展趋势

1. 内镜成像装备简介

内窥镜成像装备是一种由镜体、光源和处理器组成的常用医疗器械，经人体的自然腔道，或者微创小切口进入人体内，导入到即将检查或手术的器官，进行光学成像，从而为医生提供疾病诊断的图像信息，并可在器械配合下进行手术治疗。相较于传统医学，微创和无创的医学方式提高了诊治效率，减轻了患者痛苦，是医学技术发展的革命性进步，也预示着未来医学的发展方向。内镜成像装备常搭配在内镜检查或手术中起到活检、止血、扩张、切除等作用，作为内镜诊疗手术耗材使用。

2. 内镜成像装备的分类

内窥镜按成像原理分：光学镜（柱状透镜）、纤维镜和电子镜。

按照镜体的软硬程度和应用场景划分，可将内镜分为硬式镜和软式镜，如图 2-37 所示。硬式镜和软式镜在外观形态、内部结构、应用领域、清洗消毒流程、干燥流程、储存方式等方面均有差异。硬式镜主体不可弯曲或扭转，由物镜和棒透镜组合传导光线，主要进入人体无菌组织、器官或者经外科切口进入人体无菌腔室，如腹腔镜、胸腔镜、宫腔镜、关节镜和椎间盘镜等；软式镜通过前端传感器将光信号转化为电信号，通过管内视频线传至主机，或通过柔性导像束进行传像。软式镜的镜身柔软、通过人体的自然腔道完成诊断和治疗，如胃镜、肠镜、支气管镜等主要通过人体的消化道或呼吸道进入人体。相比于硬式镜，软式镜较舒适，但成本和技术壁垒高。

按照治疗领域划分，可以将内镜分为腹腔镜、关节内镜、呼吸内镜和消化内镜等，如图 2-38 所示。根据相关研究数据显示，目前内镜应用最多的是普外科的胸腔镜和腹腔镜，主要为硬镜，占比超过 30%；消化内镜同样是内镜的重要应用领域，主要为软镜，占比 14.6%，排名第三。消化内镜又分为胃镜、肠镜、十二指肠镜等。

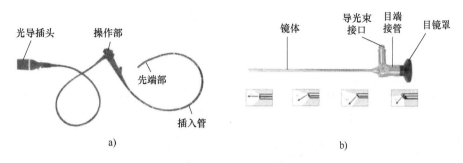

图 2-37 软式镜和硬式镜对比

a）软性内窥镜 b）硬管内窥镜

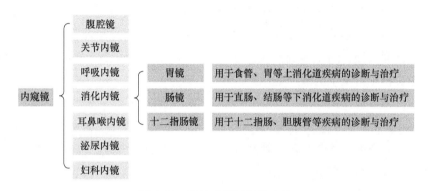

图 2-38 按治疗领域划分内镜

3. 内镜成像装备的工作原理及系统结构

（1）工作原理 纤维内镜成像原理：将冷光源的光传入导光束，导光束传入的光通过凹透镜，照射于脏器内腔的黏膜上，照射到脏器内腔黏膜面上的光即被反射，反射光（即成像光线）再反射回观察系统，先后经过直角屋脊棱镜、成像物镜、玻璃纤维导像束、目镜等的光学反应，便能观察到被检查脏器内腔黏膜的图像。

电子内镜的成像原理：主要依赖于镜身前端装备的微型图像传感器（电荷耦合元件 Charge Coupled Device，CCD），如图 2-39 所示。利用电视信息中心装备的光源所发出的光，经内镜里的导光纤维将光导入受检体腔内，CCD 图像传感器接收到体腔内黏膜面反射来的光，将此光转换成电信号，再通过导线将信号输送到电视信息中心，电视信息中心将这些电信号经过贮存和处理，最后传输到电视监视器的屏幕上，显示出受检脏器的彩色黏膜图像。

（2）系统结构 医用内镜成像系统包括 5 部分：光学视镜、医用摄像机、医用监视器、冷光源、刻录系统。其中医用摄像机采用单晶片和三晶片，高端内窥镜多是 3 个 CCD 摄像器。

医用硬式镜一般由前端部、插入部、导光部组成。其中，前端部包含物镜与导光窗。前端不配备治疗装置，治疗装置从另外的穿刺切口伸入患者体内，硬镜只起到观察

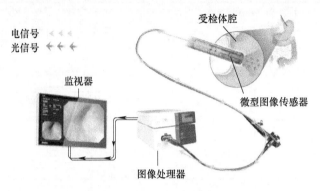

图 2-39　电子内镜的成像原理

手术部位的作用。部分硬镜如喉镜或支气管镜会配置器械通道口，具备治疗功能。插入部主要为一根由不锈钢外鞘、光纤及管中多面棒透镜组成的光学视管。被观察物经物镜所成的倒像，通过柱状透镜将倒像转为正像，并传递到目镜；接目部由摄像头和适配器组成，摄像头拍摄目镜中的画面显示在屏幕上。

医用软式镜一般由前端部、弯曲部、插入部、操纵部、接目部与显示部组成。其中前端部包含多个腔道和创面，分别为送水送气孔、器械通道孔、物镜及导光窗。送水送气孔用于术中腔道的扩张与清洁；器械通道孔供术中活检、切除、穿刺所需器械诊治所用。弯曲部位于前端部与插入部中间，由多个环状零件组成蛇管，在操纵部的控制下实现上下、左右不同角度的弯曲。插入部由特殊材料制成，可自由弯曲，内部为光纤和电信号线。操纵部位于体外，供医生操纵控制弯曲部角度、送水送气、器械伸入等。

电子内窥镜主要由镜体、电视信息系统和电视监视器三个主要部分组成。此外，还配备一些辅助装置，如录像机、照相机、吸引器以及用来输入各种信息的键盘和诊断治疗所用的各种处置器具等。

4. 内镜成像装备的行业发展现状

内窥镜的发展经历 4 次大的技术革新，从最初的硬管式内窥镜（1806—1932 年）、半曲式内窥镜（1932—1957 年）、纤维式内窥镜（1957 年以后），到了如今的电子内窥镜（1983 年以后）。纤维式内窥镜比半曲式内窥镜有更好的照明效果，但产品寿命较短且图像传输过程中容易出现黑点。电子内窥镜使用高性能微型图像传感器替代了光导纤维导像术，具有图像更清晰、色彩更逼真、分辨率更高等诸多优势，可供多人同时观察，目前已逐步取代纤维式内窥镜，成为市场主流。电子内窥镜技术发展迅速，目前已经衍生出胶囊内窥镜、超声内窥镜等多种新型电子内窥镜，以满足各类临床需求。小型化、多功能、高画质是内镜技术未来的发展趋势。

全球内窥镜厂商集中度较高，尤其是在软性内窥镜行业，少数企业把持了基于 CCD 图像传感器技术的内窥镜技术从而形成了长年的市场垄断。其中，奥林巴斯（Olympus）、宾得（Pentax）、富士胶片（Fujifilm）等国际知名内窥镜企业凭借其先进的技术和加工能力、领先的工艺水平垄断了市场。但随着科技的进步，尤其是在 CMOS

替代 CCD 图像传感器技术的趋势下，国际知名内窥镜企业的技术垄断将被打破，给其他国家的内窥镜企业带来机遇。近几年，随着中国精密机械加工技术、光学技术、生命科学技术的不断发展，企业的自主创新能力不断提升，我国内窥镜技术的自主研发也在不断进步。普通标清内窥镜的产品性能正逐渐与日本产品缩小差距。近年来以深圳开立、沈阳沈大（沈阳沈大内窥镜有限公司）为代表的国产内窥镜企业通过立足自主创新取得了非常迅速的发展，在高清内窥镜、超声内窥镜、多光谱复合早癌诊断技术等多项关键核心技术领域接连取得重大突破，医用内窥镜技术和市场长期被国外企业垄断的格局正被逐渐改变。国内企业将凭借不断提升的技术和高性价比优势加入到全球竞争的队伍中，在抢占中低端市场的同时，逐渐向高端市场发展，并逐渐打破市场垄断。

5. 内镜成像装备临床应用现状

内窥镜在临床中被广泛应用于不同科室治疗不同疾病。临床上常用的腹腔镜属于硬式内窥镜，最大的优点是成像清晰，可配多个工作通道，选取多个视角。软式内窥镜现已应用在消化内科、呼吸内科、耳鼻喉科、泌尿外科、肛肠科、胸腔外科、妇科等多科室，如胃镜、肠镜、喉镜、纤维支气管镜等。从简单的疾病筛查到复杂的贲门失弛缓症的治疗，给患者带来了诊治及时准确、风险性低、手术创伤小和术后恢复快等益处。

近几年内镜技术正从检查向治疗扩展。随着适应症的扩大，消化内镜已经逐渐成为内外科联合手术的治疗工具，其应用领域也从消化科延伸至肝胆外科，成为多学科治疗的微创治疗设备。大型医院对高清内镜设备的需求保持稳定增长。在社会医疗保险费用控制的压力以及设备国产化趋势下，技术领先、品质有保证的国产设备也将逐步走向高端，替代进口产品。尤其是 CMOS 高清技术带来的技术突破，给本土内镜厂商带来重大机遇，有望从根本的技术上打破外资品牌的垄断。

6. 内镜成像装备主要技术进展及趋势

内镜的发展与工业制造技术和医疗临床使用需求密不可分。从工业技术看，20 世纪 50 年代之前，也就是内镜技术发展的早期，瓶颈主要是拍照与光源问题，因此当时创立的狼牌（Wolf）和卡尔史托斯（Storz）品牌至今也是以生产硬镜为主。在 20 世纪 60 年代光纤发明后，可弯曲的肠道镜才真正做到了实用的水平。此后在 20 世纪 80 年代又经历了制造工艺的发展，出现了带有钳道、可以用于手术的内镜。在 2000 年后又出现了以强调高清成像、窄波成像等其他技术点的新型产品。从应用看，内镜从早期单纯的拍照，发展到了后来的实时观察，甚至是辅助诊断和辅助手术。随着 20 世纪 90 年代以来微创手术的普及，内镜得到了越来越广泛的应用。目前在各类科室，针对人体的各种主要器官，内镜都有普遍的诊断和治疗应用。

随着影像质量不断提升、临床应用的普及，内镜朝着微型化、多功能、高像质不断发展。

（1）内镜的微型化　内镜微型化发展可分为两个方面。第一是用于上消化道常规检查内镜的微型化，目的是减少患者检查的痛苦，现在外径 6mm 的产品已经进入商品化阶段。第二是开发超细内镜，使内镜的应用领域扩展到以往只能用光镜观察的胰腺和胆道等细小器官。实现微型化的关键技术包括：①开发超小型 CCD、CMOS；②光学镜头的微型化设计；③在内镜前部装载高度集成化的电子元器件。

（2）多功能集成与诊疗智能化

1）多光谱复合内窥镜早癌诊断技术。通过光束合束方式实现多光谱复合成像，实现包括蓝光成像技术（Blue Light Imaging，BLI）、联动成像技术（Linked Color Imaging，LCI）等在内的多种成像模式，解决了传统基于氙灯照明光谱形状不可调、早癌诊断模式下远景观察图像亮度低的问题。

2）超声内窥镜技术。超声电子内镜结合了内窥镜技术与超声成像技术的优势，既可通过内窥镜观察黏膜表面的病变形态，又可进行超声扫描，获取器官各个断层的组织学特征，大幅扩展了内窥镜的应用范围。

3）光动力荧光诊断（Photodynamic Disgnosis，PDD）技术。目前该技术在内镜领域最重要的应用是膀胱镜检查。PDD 技术有助于发现肉眼难以识别的隐藏病灶。

4）腔镜下吲哚菁绿（ICG）荧光成像技术。静脉注射一定剂量和浓度的吲哚菁绿（ICG）溶液，ICG 分子易于与血浆蛋白结合，在 815nm 附近波段的近红外光照射下产生峰值波长约为 835nm 的荧光。可用于辅助引导腔镜手术，帮助外科医生更好地识别病灶边界，提高手术效率和治疗效果。

5）3D 内镜、人工智能诊疗及机器人融合技术。随着计算机、大数据、精密仪器等产业的不断发展以及医疗技术的不断进步，内镜技术正在与其他新兴技术相互融合，衍生出具有更加强大附加功能的内镜产品，如 3D 软性内镜，可以提高临床医生对体内组织和器官的细节感知；借助计算机辅助识别的 AI 诊断系统，可在医生经验的基础上提高诊断的敏感性和特异性，保障诊断的正确率；借助机器人动作精确、稳定的特性，可使内窥镜手术更具安全性、准确性和便利性，大大减轻了医务人员的劳动强度。

（3）图像高清化

1）高清成像技术。高清视频图像解析度更高，能够分辨更多细节，在医学诊断上更易识别微小病灶，是后续图像处理和信息提取的基础和来源。CCD 图像传感芯片具有感光度高、暗噪声小等优点，是目前国际内窥镜厂商采用的主流图像传感器芯片。但医用微型 CCD 价格高，且受索尼（Sony）等日本厂商垄断，是国内厂商研发高端内窥镜的关键技术壁垒。随着背光照明技术的发展，硬件电路更为简单的 CMOS 图像传感器的性能指标得到极大提升，性能上已经可与 CCD 媲美，且功耗更低、成本更低，更利于小尺寸封装，是电子内窥镜研发的理想选择。

2）光学变焦放大内镜技术。内窥镜光学放大倍率的提升，能够为医务人员提供更清晰的观察对象细节轮廓信息，对于识别和判断病灶边界、在体内实施基于黏膜微血管及微结构形态学分析的癌症分型具有重要意义。光学变焦放大内镜技术涉及微小光学模组设计封装和装配工艺，对内窥镜镜体的可靠性和操控性设计要求较高，国产内镜企业在该领域尚处于研发阶段。

3）3D、4K 显示技术。在硬镜领域，Storz、Olympus、Wolf 等国际顶级厂商均致力于提升手术过程中的图像显示效果,已将 3D 显示技术及支持 BT2020 广色域的 4K 超高清显示技术应用于硬性内窥镜系统,从而帮助医生提高手术效率,减少手术失误风险。4K 超高清内窥镜系统和荧光内窥镜系统需要更复杂的光学设计,国内内镜企业在这方面还刚起步,可考虑跟进相关技术,投入相关产品研发。

7. 内镜成像装备存在问题及建议

日本和德国等发达国家及地区内镜行业发展历史较长,相关企业已经在行业内积累了技术、品牌、资金等方面的巨大优势,并借此占据了内镜领域的高端市场。国内生产企业的技术水平、品牌影响力、资金实力等方面距发达国家同类企业尚存在差距,需从国家政策、科研攻关及市场推广等多个层面增加对国产厂商的扶持力度。

其次,内镜成像装备的使用监管非常薄弱。相对其他器械,内镜装备具备较高的临床风险,医疗机构现阶段主要依赖生产企业的服务,国家监管要求难以触及这些医疗服务的末端。对于内镜成像装备来说,在使用、维护、保养、检测校准、感控、临床效果评价等各个方面的监管都亟待加强。

(二)内镜成像装备关键零部件技术发展趋势

1. 小型高清 CDD

(1)行业发展现状　目前,我国还未掌握小型高清 CCD 制造技术,医疗行业完全依赖来自日本、美国等国家的进口产品;我国部分掌握高精度微小透镜技术,但是稳定性及成品率较低,并且不能加工小型非球面透镜,德国、日本掌握该技术。

我们进口国外的 CCD,然后针对此芯片进行后期的开发;小型透镜需要引进高精度加工设备及工艺才能够保证产品合格率和稳定性。国内企业大部分可以进行电子内窥镜后端的设计开发,但是硬件及设备需要进口。

(2)主要技术进展及趋势　CCD 的发展趋势是小型化和高清化,并且越来越受到医疗器械制造商的欢迎,可使病人减轻痛苦,极大缩短手术恢复时间;高精度微小透镜的加工,国内企业经过几十年的摸索,目前已经初具规模,需要结合先进制造设备及工艺,将精度和稳定性再度提高。

目前 CCD 的购买渠道不稳定,一旦出现购买受阻,将不能形成产品,国产设备将受制于人。而国内企业也只能生产中低端高精度透镜产品,产品竞争力略逊于进口产品。若上述关键技术能够解决,将极大推进我国医疗设备制造的发展和核心竞争力。

Olympus、Storz 和史赛克(Stryker),代表了日本、德国、美国三个工业强国的内窥镜发展水平,他们走在内窥镜发展的前端,拥有成系列的各个科室的内窥镜系统解决方案,从 HD 高清内窥镜系统到 4K 超高清内窥镜系统、荧光内窥镜系统、3D 内窥镜系统,产品品类齐全,产品质量优秀,一致性好,耐用性好。根据 2018 年国内市场的份额占比数据分析,国内厂家的占比在 5%~6%,远远落后于国际厂家。

2. 微型 CMOS 图像传感

微型 CMOS 传感器目前主要应用于移动设备、照相机等领域,医疗方面的占比较小。但最近几年呈快速增长的趋势。Sony（日本）、三星（韩国）和安森美（美国）三家企业共占据约73%的市场份额，豪威（Omnivision，OV 美国）市占率约12%。目前国产CMOS集中在民用领域，无成熟的医疗产品。国产内窥镜品牌如深圳开立和上海澳华（上海澳华内镜股份有限公司）所采用的CMOS均为外购。在国内液晶显示器（Liquid Crystal Display，LCD）驱动芯片及CMOS图像传感器芯片的领域，国内企业格科微电子[格科微电子（上海）有限公司]出货量排名第一，但均为手机、数码和安防领域使用，暂未进入医疗领域。

自20世纪80年代电子内镜诞生并逐渐得到普及以来，中国内镜市场一直被进口品牌垄断，光学技术即光电传感器的落后是主要原因。光学成像技术对于图像亮度与清晰度至关重要，是内镜产品最基本的准入壁垒。传统CCD传感器货源一直被日本厂家严格把控，核心技术至今仍未突破，直到CMOS传感器兴起，越来越多的国产高端内镜转而采用CMOS传感器，日企在内镜市场的垄断格局才逐渐被打破。CMOS的快速崛起使得中国自主研发高端软镜与硬镜取得"从无到有"的突破，迈过最高的技术门槛后产业寒冬已过，国产替代不再是一纸空谈，而是发展提速的内在动力与价值导向。

3. 插入管

（1）行业发展现状　国际上公认的消化内镜的两大技术瓶颈，除光学图像外，另一个则是镜体的操作性与插入性能，而内窥镜的蛇骨和插入管则是影响镜体插入性能的核心部件。内窥镜插入管、弯曲蛇骨已严重制约国产内窥镜性能的提升，如果能够实现技术突破，将大大提升国产电子内窥镜系统的市场竞争力。

（2）主要技术进展及趋势　组成插入管的主要零部件有弹簧钢管、编织软管、高分子外皮，其各自的性能和作用如下：

弹簧钢管：为编织软管提供支撑，保证插入管的弯曲半径，具备耐弯曲疲劳特性，为插入管提供长期稳定的弯曲性能。弹簧管原材料金属钢材采用特殊的配方，通过先进而复杂的锻轧工艺，不断调整钢片的组织和相结构，最终得到韧性和刚度满足插入管要求的钢片。钢片通过冷轧成型后，经过特殊的热处理和化学处理，最终得到弹簧管成品。优质的弹簧管保证了插入管长期使用后的回弹性和刚度，防止短期使用后的插入不良。

编织软管：编织软管为弹簧钢管提供披覆，为外皮提供表面附着基础，保证外径一致及与外皮的结合。编织软管需要保证较高的软管密度、压缩回弹性和外径一致性，以及较低的拉伸伸长率和压迫变形率。高密度保证了高分子外皮不会在成型时进入编织层，从而避免了插入管的"假刚性"（开始使用时比较硬，用过一段时间后插入管变软，医生无法将管子插入狭长的腔道），保证了插入管长期使用时的可靠性。

高分子外皮：为插入管提供适中的、长期稳定的硬度，保证镜体不会使用一段时间后硬度下降。外皮成型后在表面丝印刻度并附着保护涂层。涂层要求与患者消化道的接触顺滑，摩擦力小，耐受消化内镜常用的消毒方式（戊二醛、邻苯二甲醛、过氧乙酸、电解酸化水等），与此同时需要满足生物相容性测试。

国内厂家在高分子成型这个工序全部采用单个成型，依靠人工作业，因此每一根管子上外皮的厚度都有较大差异，同时，在材料成型过程中，落后的工艺也损失了材料20%~30%的模量。

采用优化的成型生产线和成型工艺，将传统的人工间歇作业升级成设备连续作业，不仅可以大大提高生产效率，保留高分子材料的性能不被损耗，同时也保证了每根管子的一致性。

4. 蛇骨

（1）行业发展现状　目前，电子内窥镜的主要厂家Olympus、Fujifilm、宾得（Pentax），其使用的内窥镜插入管、弯曲蛇骨都是在自有工厂制造，且不对外销售，其研发团队和技术对外严格保密，他们长期进行插入管的研发，在材料、工艺、设备、结构设计方面有着深厚的积累。

其他厂家及维修市场使用的插入管、弯曲蛇骨均为国内厂家生产，加工工艺落后，结构设计不符合临床需求、所用材料的抗疲劳性能较差，可靠性及寿命远低于三大家自制的部件，临床使用出现了插入性能不良、短期使用后插入困难、材料老化、表面脱胶、僵硬、短期使用后弯曲角度变化等现象，无法达到良好内窥镜产品的质量标准。

（2）主要技术进展及趋势　为提升内窥镜使用性能，内窥镜逐步向小型化发展，为缩小整机尺寸，内窥镜弯曲蛇骨和插入管都需要将整体尺寸和壁厚进一步减小，同时还需要保留用于转动和连接驱动钢丝的凹凸结构，传统的钣金和钎焊工艺已不能满足需求。采用3D打印技术或非晶材料成型技术，可以加入复杂微孔结构，改变蛇骨结构形式的同时提高整体物料强度。

针对弯曲蛇骨，采用"激光切割—模具冲压成型—粗抛—冲孔—激光焊接—研磨—热处理"的工艺流程，可提升部件精度和可靠性。某蛇骨的冠状面结构如图2-40所示。

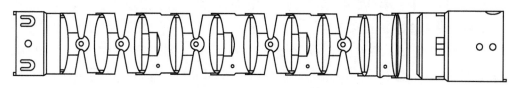

图2-40　蛇骨冠状面结构

（3）存在的问题与建议　国产软式电子内窥镜在整个内镜市场的占比较小，整个产业链不成熟，配套零部件及材料生产厂家也难以形成规模。国内的插入管和弯曲蛇骨厂家均为作坊式家族企业，其质量和性能难以得到保障，对于新技术的应用也没有太多研发资金和动力。在这些关键零部件生产制造方面给予政策扶持和资金支持，将对产业发展有非常大的推动作用。

六、眼底成像装备及关键零部件技术发展趋势

（一）眼底成像装备技术发展趋势

眼底成像装备是一种主要用来观察眼底视网膜病变的眼科诊断仪器，具有直观、准确、易用等优势，是医生诊断眼科疾病的可靠助手。

1. 眼底成像装备的分类

眼底成像装备目前主要分两大类。第一类是使用宽光谱的光源，主要是由红绿蓝或者白光来形成图像，该技术的优势是光源技术相对简单，对相机的帧频要求较低，图像处理的复杂度较低，但缺点是对不同病灶的细节区分不够。第二类是使用多个窄光谱的光源，1次拍摄产生多幅图像，主要通过眼底不同光谱的吸收反射特性来分辨病灶，该技术的优势是眼底对不同光谱的吸收反射特性不一样，可以更细地分辨不同的病灶，但缺点是光源技术相对复杂，对相机帧频要求较高，图像处理的复杂度较高。

2. 眼底成像装备的工作原理及系统结构

（1）工作原理　其基本原理是将光通过人眼瞳孔投射到眼底，然后将人眼的反射光收集到图像传感器，通过图像传感器成像后判断眼底的病灶。

（2）系统结构　眼底成像装备系统包括光学系统、控制系统、图像采集系统和成像显示系统。

3. 眼底成像装备行业发展现状

目前，市场上主要的眼底照相机多为台式机，价格从十几万元到上百万元不等，部分手持眼底照相机也有不错的市场反馈，国外眼底成像装备厂家起步早，技术较为成熟先进，产品稳定性高，但价格偏高，主要厂家包括拓普康（Topcon）、Canon、蔡司（Zeiss）、欧堡（Optos）、眼镜蛇（CSO Cobra）等，国内部分厂家也有不错的技术能力，包括重庆康华（重庆康华瑞明科技股份有限公司）、锐视福达（福州锐视福达光电科技有限公司）、六六视觉（苏州六六视觉科技股份有限公司）、微清医疗（苏州微清医疗器械有限公司）等。临床应用方面主要还是外资品牌占据市场主导地位。

4. 技术发展趋势

眼底成像装备技术发展主要向大视场角、高分辨率、人工智能识别病灶、快速响应报告等方向发展。通过一次闪光拍摄，能够快速识别出整个眼底的视网膜状况，由视网膜的病灶，合理推断影响全身相关器官的病变，实现依据眼底图像的筛查，预判全身的健康状况。

5. 存在问题及建议

目前多光谱眼底相机发展的问题主要有以下几个方面：

1）宽光谱的图像传感器成本相对较高，且可选产品太少，限制了该设备的普及。

2）大功率的理想光谱光源较少，一般需要定制，成本较高。

3）光学系统的部分镜片，加工难度较大，价格偏高。

（二）眼底成像装备关键零部件技术发展趋势

1. 宽光谱图像传感器

（1）行业发展现状　目前国内基本没有高分辨率宽光谱图像传感器或相机的供应商，产品均被国外厂商垄断。图像传感器的供应厂商主要是日本 Sony、美国安森美等，而这些图像传感器是高分辨率成像系统的关键组件，成本价很高，不利于国内眼科成像医疗设备的普及。

（2）主要技术进展及趋势　MSI 2000 采用的相机是特利丹（Teledyne）公司制造的 TEL-G3-GM32-M4095BB，其主要参数如下。

像素：4096×4096。

采集帧频：30f/s（Burst Mode）。

数据传输：千兆以太网（1000Mbit/s）。

像素尺寸：4.5μm×4.5μm。

不同波长的感光效率如图 2-41 所示。

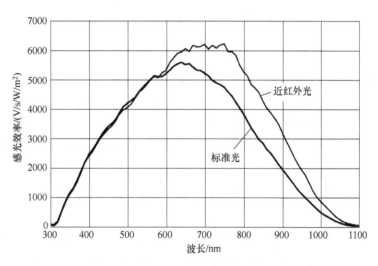

图 2-41　产品不同波长的感光效率

该波长响应范围刚好覆盖了 MSI C2000 的期望范围 488～940nm，不过在 700nm 左右的量子效率最高，在短波长和长波长端的转化效率较低。TEL-G3-GM32-M4095BB 的核心传感器芯片是美国安森美的 N0IP1FN016KA，这是一款数字图像传感器，传感器输出的已经是数字信号，所以 Teledyne 公司主要基于该传感器的数字输出，进行诸如坏点抑制等数字图像处理，将数据通过 FPGA 转接板，转成千兆以太网通信协议（GigE）接口传输出来。同时，该相机提供了丰富的软件应用接口。

当前 MSI C2000 的产品是将图像数据从 N0IP1FN016KA 到 TEL-G3-GM32-M4095BB，然后从相机到 MSI C2000 的主板，再传输到阅片电脑。多光谱图像数据量极大，这种反复传输的方式影响了图像传输的速率，同时造成了数据传输硬件资源的浪费。今后技术发展的趋势是开发 N0IP1FN016KA 芯片直接到 MSI C2000 主板的硬件平台。

（3）技术发展趋势　眼底相机的光通过人的瞳孔进入眼底并反射到图像传感器，所以人眼瞳孔的大小会影响到系统的照明光路和成像光路，同时影响到图像传感器的选择。由于分辨率的要求，需要眼底相机的图像传感器的靶面尽量大，加上高分辨率、高帧频，导致了其成本也较高。如何在临床要求和设备成本之间平衡非常关键。

（4）建议　为了能够推动国产眼底成像装备的发展及临床应用，建议首先对国内宽光谱图像传感器公司的研发及生产进行支持，使其有能力参与国际竞争，迫使国外的公司降低大靶面的图像传感器的成本，降低眼底相机的采购成本，推动眼底相机筛查的普及。

2. 眼科光学系统

（1）行业发展现状　目前，国内市场上主流的成熟的眼底照相机在设计过程中，可以大量参考国外进口眼底照相机。针对多光谱眼底照相机的光学系统，可以在以下方面做突破：光学系统需要在更宽光谱范围内保持很好的光学性能，诸如分辨率和几何畸变。国内有企业做了基于发光二极管（Light Emitting Diode，LED）面光源的63°大视场角，超过了市面上存在的主流的45°视场角。这给杂散光的抑制带来了很大的挑战，其在拍摄屈光介质不良的病人时，仍然有很大的改进空间。

光学系统大部分由瑞士公司制作，国内企业在自主生产调研过程中指出，一大挑战来自非球面镜片加工，其加工工艺基本掌握在国外公司手中，国内加工产业还有待进一步提升。

使用高光谱已实现对特殊人群的脉络膜成像，正向一般人群的适用方向努力。通过改进光学系统和光源，优化传感器配置，扩大拍照视场角，设备最终有望实现脉络膜清晰成像。

（2）主要技术进展及趋势　据悉，国外知名的眼底照相机研发制造企业已经在超广角和高分辨率成像光学系统方面取得进展，英国 Optos 能做到 200°眼底拍照，图像分辨率 14μm。德国 Zeiss 可以做到 133°眼底照相，虽然范围较 Optos 小，但图像分辨率已达到 7μm，在控制视网膜周边图像畸变方面做得更好。

在追求超广角、高分辨率的基础上，解决屈光介质不良对眼底成像的影响，是众多研发、制造企业需面对的挑战，也是光学系统的发展方向。

（3）技术发展趋势　大视场角、高成像质量、调焦能力强始终是眼底成像光学系统的发展方向。可以有效提高视网膜成像质量的眼底相机光学结构，包括自由曲面式眼底相机、自适应光学眼底相机、折反式眼底相机光学系统等也会在眼底照相机上逐步应用。

现阶段绝大多数的眼底相机设备只能简单地对眼底表面成像，无法获取眼底的三维信息。而医疗领域对医学影像数据的三维可视化需求日益迫切，因此具有视网膜三维重建功能的新型眼底相机将会成为新的研究方向，这需要光学系统、光源、图像传感器、图像处理等各方面的整体进步。

（4）存在问题及建议　当前，眼底相机的光学系统设计和制造工艺在国外已经日趋成熟，国内制造企业在镜片加工制作方面与进口产品差距不大，但整体设计、制造水平与国外相比仍存在一定的差距。眼底成像涉及几大系统融合，需要重点培育核心企业，实现医、工、研三者结合，从而推动整体式跨越。

3. 大功率多光谱光源

（1）行业发展现状　传统眼底照相机的光源技术是采用卤素灯或者激光光源，但近年来，国内外开始逐步应用 LED 光源技术。LED 阵列多光谱光源技术是将多个不同波长的 LED 密集布置在一个基板上，然后用片选的方式来驱动各个 LED。

（2）主要技术进展及趋势　目前国内阵列光源的封装工艺已经比较成熟。不过多光谱光源的核心是各种不同波长的大功率 LED 晶粒，目前主要是由晶元光电（Epistar）、光宏科技（Epileds）、欧司朗（OSRAM）和普瑞光电（Bridgelux）提供。以下几种大功率 LED 晶粒，甚至在国际上都比较少见。

1）560nm、580nm 和 590nm 大功率 LED 晶粒。

2）宽带单色 LED 晶粒，诸如 430~500nm、500~585nm、585~660nm。

3）大功率红外 LED 晶粒，940~1100nm。

（3）存在的问题与建议

1）行业资源整合不足。比如光学系统设计虽有国外团队的参与，但是沟通不便、效率低，从业者期望在国内能够有更多的光学设计合作团队，尤其是理解眼睛光学特性的人才。

2）从业者期望能够在国内找到性能与 N0IP1FN016KA 接近或更优的图像传感器芯片，能够接收覆盖 450~1000nm 的光谱。

3）目前 TEL-G3-GM32-M4095BB 约占多光谱眼底照相机 MSI C2000 物料成本的 30%，从业者期望能够通过企业之间的合作降低成本。Applied Vision 等公司虽也提供基于 N0IP1FN016KA 核心芯片的产品，但是价格也居高不下。

第二节　放射治疗装备

自 1895 年伦琴发现了 X 射线，到 1953 年世界上首台医用直线加速器在英国投入临床使用，放射治疗伴随着计算机技术与物理生物技术的进步取得了突飞猛进的发展。放疗治疗经历了常规放疗→精确放疗→快速放疗→自适应放疗的演化。

一、医用直线加速器装备及关键零部件技术发展趋势

（一）医用直线加速器装备发展趋势

1. 医用直线加速器装备简介

医用加速器是生物医学上的一种用来对肿瘤进行放射治疗的粒子加速器装置，是现代放射治疗领域的主流装备，而其中绝大多数又是医用电子直线加速器，通常我们谈到医用直线加速器就是指医用电子直线加速器。医用电子直线加速器是利用微波电场对电

子进行加速，产生高能射线作用于各种肿瘤的远距离外照射放射治疗。

医用电子直线加速器之所以能够成为现代放射治疗装备的主流产品，首先是其基本功能可以满足多数肿瘤患者的临床放射治疗需求，应用广泛；其次，相比较手术、化疗等其他肿瘤治疗手段，医用电子直线加速器的治疗成本相对较低。医用电子直线加速器的多功能和高性价比是其迅速发展的根本原因。

2. 医用直线加速器装备的分类

医用直线加速器按粒子类型分，可分为电子加速器、质子加速器、重离子加速器和中子加速器。按加速路径分，可分为直线加速器和回旋加速器。按加速能量分，可分为低能加速器、中能加速和高能加速器三种类型。

3. 医用直线加速器装备的工作原理及系统结构

（1）工作原理　在"高压脉冲调制系统"的统一协调控制下，一方面，"微波源"向加速管内注入微波功率，建立起动态加速电场；另一方面，"电子枪"向加速管内适时发射电子。一旦注入的电子与动态加速电场的相位和前进速度（行波）或交变速度（驻波）保持一致，那么，就可以得到所需要的电子能量。如果被加速后的电子直接从辐射系统的"窗口"输出，就是高能电子射线。若为打靶之后输出，就是高能 X 射线。这就是高能医用电子直线加速器的基本工作原理。

（2）系统结构　从工作原理可知，高压脉冲调制系统、微波源、加速管、电子枪是医用电子直线加速器的核心部分。为了能让电子束能按照预定目标加速并得到所需的能量，还必须配置众多附加系统进行协调配合，如微波系统、电子发射系统、真空系统、束流控制系统、辐射系统、温度控制系统等。其中，微波系统是为了传输微波的功率并将微波频率控制在允许的范围之内；电子发射系统是为了控制电子的发射数量、发射角度、发射速度和发射时机等；真空系统用于保持电子运动区域和加速管内的高度真空状态，一方面避免了电子发射系统的灯丝因氧化而烧断，另一方面避免电子与空气分子的碰撞而损失能量，此外，防止极间打火也是设置真空系统的主要目的之一；束流控制系统用于让被加速的电子束聚焦、对中和偏转输出；辐射系统为了按照需要对电子束进行 X 射线转换和均整输出，或直接均整后输出电子射线，并对输出的 X 射线或电子线进行实时监测和限束照射；温度自动控制系统的作用是让加速管、微波源（磁控管或速调管）、聚焦线圈、导向线圈盒 X 射线靶等产热部件保持恒温以达到稳定工作的基本条件。除此之外，机械系统、电气控制与安全保护系统和计算机网络系统等也都是医用电子直线加速器持续稳定工作的必备条件。行波加速器系统结构如图 2-42 所示，驻波加速器系统结构如图 2-43 所示。

（3）重要指标及范围　医用电子直线加速器的主要性能指标可以分为射线质量指标、机械精度指标和临床功能三部分。

射线质量指标除了规定光子或电子射线各档能量之外，还包括射野（照射区域）内的射线平坦度和对称性指标。一般来说，光子的射线平坦度和对称性都不能超过 ±3%；电子射线平坦度不能超过 ±5%，对称性不能超过 ±2%。

第二章 典型医疗装备产业技术发展趋势

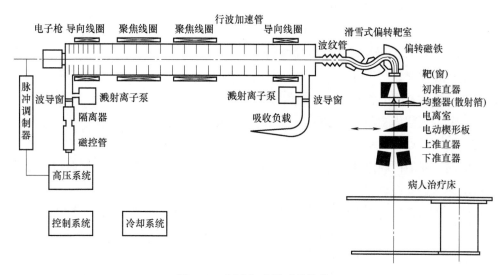

图 2-42 行波加速器系统结构

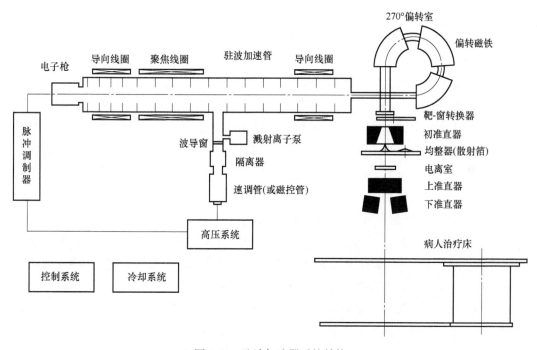

图 2-43 驻波加速器系统结构

机械精度指标主要规定了等中心精度和射野精度。通常规定等中心精度不能大于 ±1mm。光子的射野半影不能大于 8mm, 适用于立体定向放射（Stereotatic Radiosurgery, SRS）治疗的小野半影不大于 6.0mm。

临床功能主要包括图像引导放射治疗（Image Guided Radiation Therapy, IGRT）、三维适形放射治疗（Three-Diemensional Conformal Radiotherapy, 3DCRT）、调强适形放射

治疗（Intensity Modulated Radiation Therapy，IMRT）、容积调强放射治疗（Volumetric Modulated Arc Therapy，VMAT）。

4. 医用直线加速器装备的行业发展现状

医用直线加速器利用自身所产生的电子线、光子线，对病患体内肿瘤予以照射，借助放射线对各类肿瘤细胞群、正常细胞群所产生的不同损伤、影响，加之细胞群恢复能力差异，可实现减小或消除肿瘤的目的，使放疗诊治成为肿瘤的主要诊治手段之一。随着近几年国内肿瘤死亡率、发病率逐年升高，恶性肿瘤现已逐渐成为导致我国人口死亡的主要原因。伴随市场需求量不断上升，推动了放疗技术的快速发展，同时也推动了医用直线加速器的发展。

目前，医用直线加速器领域进口装备市场占有率高达90%以上，主要有瓦里安（Varian）、医科达（Elekta）、Siemens等。虽然Siemens于2011年退出放疗市场，但在2020年收购了Varian，随着Siemens影像装备与Varian放疗设备的结合，未来可能会有更多全新的火花碰撞。Varian和Elekta的产品线，从常规放疗到快速放疗覆盖了从低端到高端的绝大部分需求。不仅如此，Varian的低端机型Unique、Halcyon不仅能满足常规放疗，还可以做调强治疗，也可以做容积调强放射治疗（Volumetric Modulated Arc Therapy，VMAT），也可以配120片的多叶光栅（Multi-Leave Collimators，MLC）。Varian高端机型Truebeam、Edge，Elekta高端机型Infinity、Versa HD等基本都是中高能多光子多电子且配置各种高级功能的装备，目前也是市场上销量最高的装备。

在国产装备研发方面，1974年北京和上海同时成立了医用直线加速器会战组，开启了中国本土医用直线加速器的研制进程。近些年，国内的医用直线加速器技术水平也取得了较大进步，在技术的先进性、质量的可靠性，产品的一致性和稳定性方面都得到了不同维度的提升，并且，国产放疗装备已经形成了一个完整的体系，具备了提供整套放疗解决方案以服务于患者治疗的能力。但是，国内电子直线加速器的高端市场仍被Elekta、Varian等进口企业所占领。国产厂商较为典型的企业，包括新华医疗、东软医疗、江苏海明、利尼科（成都利尼科医学技术发展有限公司）、广东中能（广东中能加速器科技有限公司）、大基康明（北京大基康明医疗设备有限公司）、海博科技（深圳市海博科技有限公司）等主要还是以中低端产品为主。

十三五期间，国家科技部通过"数字诊疗装备研发"重点专项对医用直线加速器领域进行了重点布局，取得了一系列创新突破。上海联影在2018年推出了世界首创的CT一体化直线加速器；新华医疗2019年研发成功国内首台高能全数字化双光子医用电子直线加速器，填补了国内领域空白；西安大医（西安大医集团股份有限公司）2020年推出了一体化实时影像引导的、可连续旋转的环形直线加速器，成为46年来首个获得美国食品药品监督管理局（Food and Drug Administration，FDA）认证的国产医用直线加速器，在高端领域占据了一席之地。

长远来看，国产医用直线加速器应着力于中高端产品的研发，开发出更多先进的功能。同时，提升整机和部件的稳定性及可靠性，实现核心部件国产化，与进口厂商进行同台竞技。

5. 医用直线加速器装备临床应用现状

目前，虽然国内开展放疗技术的单位数量正在呈现缓慢增长，但2019年全国每百万人口放疗装备（加速器+钴60）仅1.6，仍低于世界卫生组织（World Health Organization，WHO）的要求。放疗资源分配严重不平衡是目前制约我国放疗整体发展水平的重要因素之一，据悉仅在北京、上海、山东3个直辖市和省份能够满足每百万人口放疗设备数量高于2台的要求，其余地区尚未达标，尤其是中西部地区，其中宁夏、贵州、云南的每百万人口放疗设备数量不到1台，西藏自治区还未开展放疗治疗。

随着现代放疗技术的发展，国内有能力开展国际主流放疗技术如三维适形放疗技术、静态调强放疗技术的单位分别达到86.9%和76.6%，能完成先进放疗技术如旋转调强放疗技术、螺旋断层放射治疗系统（Tomotherapy，TOMO）技术以及立体定向放疗技术的单位占29.0%、2.6%和20.3%，较2015年调查，相关比例已有很大的提高，然而先进放疗技术与发达国家仍存在较大差距。

6. 医用直线加速器装备主要技术进展及趋势

目前放疗装备已从以加速器为主的相对单一的体系发展成为以加速器+高精度治疗头+高精度定位系统+影像系统+计划软件和管理软件+各种辅助设备的综合性治疗平台。主要技术进展及趋势如下：

（1）动态调强　治疗出束过程中直线加速器机架旋转的同时，MLC连续运动，剂量率也在连续变化。机架旋转一定角度为一个照射野，通过多个照射野使剂量叠加于治疗靶区来精确打击肿瘤细胞。动态调强大大缩短了患者的治疗时间，患者治疗时的舒适度明显提高，并有效减少了治疗过程中因患者体位变化及器官移动造成的治疗误差。

（2）图像引导治疗　在患者治疗前、治疗中利用各种先进的影像装备对肿瘤及正常器官进行引导摆位和实时监控，目前应用在立体定向放射治疗、螺旋断层调强、普通调强等技术。

（3）立体定向放射治疗　随着立体定向放疗技术的广泛应用，越来越多的放疗设备厂家开始探索在医用直线加速器上实施立体定向放疗，部分新一代医用直线加速器（如Edge、Truebeam等）在适形调强功能的基础上增加了立体定向放疗功能。

（4）运动靶区追踪治疗　对于运动的靶区治疗，目前一般会采用设置移动靶体积（Internal Target Volume，ITV）、门控等方式，而利用实时的图像引导驱动装备实时追踪治疗是运动靶区治疗的未来趋势，具有精准化、高效率、智能化等特点。

7. 存在的问题及建议

医用加速器技术复杂且是多学科的综合体，装备的进步和提升离不开关键核心部件和关键技术的突破，而这又得益于大量基础研究的突破，如加速管、磁控管、电子枪等。受到产业规模限制，基础研究推进相当缓慢，建议政策加大鼓励基础研究，奖励采用国产器件，提高设备注册效率，营造良好的研究氛围。

（二）医用直线加速器装备关键零部件技术发展趋势

1. 加速管

（1）行业发展现状　加速管之于放疗加速器，犹如发动机之于汽车。采用什么类型的加速管，基本决定了该类型加速器的产品特性及功能，Varian 采用高效边耦合结构驻波加速管技术方案，Elekta 公司采用行波加速管技术方案，近些年来，Elekta 在其新产品核磁引导加速器 Unity 上也采用驻波加速管技术方案。相比行波加速管，驻波加速管的工艺更加复杂，效率更高，物理尺寸更小。

目前，已知的国内外具备医疗设备类加速管供应实力的第三方有清华大学、中国电子科技集团公司第十二研究所、美国 Altair 公司等，其中清华大学的加速管品类较丰富，实现了批量化生产，在全球处于领先地位。其他厂家均存在品类功能较为单一、价格昂贵、非批量化生产、供货不及时、质量不稳定等问题。因此，基于现阶段加速管行业内采购成本高、核心部件供应受限制、高端加速器需求大的情况，国内外医用直线加速器主流厂商，如 Varian、Elekta、安科锐［安科锐加速器（成都）有限公司］、上海联影、新华医疗等，都自主研发生产加速管，且都只是对内部供应，不对外部医疗装备类生产厂家销售。

（2）主要技术进展及优势　加速管是加速器的核心器件，其加速方式有行波加速和驻波加速两种方式，与之对应的加速管分为行波加速管和驻波加速管两种。加速器通过由磁控管或速调管产生的大功率微波能量将电子枪发射的 keV 级能量的电子束在加速管中加速为 MeV 级能量的电子束，高能量的电子束在轰击靶产生 X 射线，对肿瘤病灶区进行高能 X 射线辐照治疗，杀死病灶细胞组织，从而达到治疗的目的。图 2-44 所示为 6MeV 耦合驻波加速管结构。目前，加速管主要技术进展及优势如下。

1) 连续可调能量开关技术。Varian 借助其高能加速器 Truebeam 新机型，完成了能量开关技术的全新升级，发展出了连续可调型能量开关技术，在实现 6MV 能量分档的同时，发展出了 2.5MV 成像用低能射线。

2) X 波段加速管技术。安科锐公司的 Cyber knife 机器采用了小型化的 X 波段加速管，结构紧凑、小巧，安装在一台机器手臂上。整体重量较传统的 S 波段加速器轻了近 3/4。

（3）技术发展趋势

1) 高稳定性、高可靠性。医疗用加速器要求加速管具有较高的剂量稳定性、能量稳定性、频率稳定性，且具有较高的使用寿命。同时要求束流可控（栅控枪）能够快速出光。

图 2-44　6MeV 耦合驻波加速管结构

2) 高剂量率。随着立体定向放射外科（Stereotactic Radiosurgery，SRT）、体部立体定向放射治疗（Stereotactic Body Radiation Therapy，SBRT）等新技术的普及，放疗的剂量率在均整后达到 600MU 以上。立体定向放疗需要高剂量率，无均整器（Flattening

Filter Free,FFF)模式下,剂量率达到 1400MU 以上已成为 Varian 和 Elekta 所有高端加速器的标配。国内西安大医的 TaiChi 系列也具备 6MeV FFF 1400MU/min 的配置。

3)同源双能。同时具备治疗和成像两种射线,成像射线能量越低,可得到的兆伏级 CT 图像越清晰。Varian 借 Truebeam 新机型完成加速管和能量开关的全新升级,成像射线低至 2.5MV,TOMO 以及 Onrad 产品实现了低至 3MV 的成像。

4)小型化。随着 X 波段功率源技术的成熟,研发生产采用 X 波段驻波加速技术的小型化高剂量率加速管成为可能。

2. 电子枪

(1)行业发展现状　电子枪是加速器束流的生成部件,特别是计算机控制栅控电子枪基本是进口产品。电子枪的研究在国外较为活跃。2000 年,美国在实验室中研究出会切磁电子枪,该电子枪导流系数好,电子波动小于 10%。在 2002 年其改进了会切磁电子枪,使电子枪在 70kV 电压下产生了 8A 的电流,为增强会切磁电子枪的性能,在阴极的表面增加一磁环,以减小横向速度零散。2003 年后,出现了冷阴极替代热阴极的电子枪。除此之外,乌克兰于 2002 年利用 O 形三极管绝热枪形成平滑且可以调节的直流电子束,通过翻转磁场形成大回旋电子注;英国利用热离子磁会切电子枪,用 120kV 的阳极引起热离子发射,产生绕轴的环形空心电子注;国内中国科学院电子研究所等科研机构也在积极研发新型电子枪技术。近些年来,国外厂家如美国 L3 公司研制了一款医用栅控阴极组件,大幅简化了阴极电压和电流的控制难度。国内主要有中国科学院电子研究所、中国电子科技集团第十二研究所、安徽华东光电研究所等单位在研制相关的关键技术。

(2)主要技术进展及趋势　电子枪是加速管的心脏,由阴极组件、安装在真空室内的高压陶瓷组件、高压引出线陶瓷组件构成(见图 2-45)。电子枪为加速管提供轰击靶所需的电子束,在几万伏的脉冲高压下电子枪向靶方向发射电子束。广东中能公司设计研发的一款全新的真空室高压绝缘电子枪,具有束流斑点小、束流控制精准可调和响应快速的优点,与加速管的一体化设计实现了加速器整机性能指标的最优化,达到

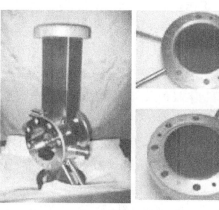

图 2-45　电子枪

国际先进水平。近几年发展的栅控电子枪,由于其控制简易被放疗行业大幅采用。栅控电子枪主要由阴极组件、栅极和聚焦极、高压绝缘陶瓷组件等几部分组成。只需要控制栅极的小幅度的脉冲电压即可控制阴极电流的发射。但栅极和聚焦极的增加,使电子枪的研制难度大大增加,其精密的装配和焊接工艺等相关技术是研制成功的关键。目前,国内中国科学院电子研究所和中国电子科技集团第十二研究所在进行相关技术的攻关,

基本上可以达到国际水平。

3. 磁控管

（1）行业发展现状　磁控管是微波电子管中的一种大功率器件，在民用和军用领域的应用都比较广泛，在医疗领域主要用于医用电子直线加速器。目前在医疗领域主要被英国、俄罗斯和美国等国家的产品占据，应用比较广泛的型号是 E2V 的 MG5193 和 MG7095。国内也有些厂家在生产，较典型的是昆山国力（昆山国力电子科技股份有限公司），其 MG5193 替代型号的性能、寿命与 MG5193 具有可比性，但 MG7095 替代型号的性能及使用寿命与进口产品相比还有一定差距。

磁控管是医用直线加速器主要的供能部件，属于耗材。国内在 E2V MG5193 的替代型号上较为成熟，在医疗、工业领域均有较广泛的应用。但是，目前我国没有一家供应商可以提供替代 E2V MG7095 的大功率、稳定、长寿命的磁控管。在我国医用直线加速器装备不断增加的前提下，整机制造厂家的磁控管单一部件基本依赖进口，并以 E2V 公司为主。而 E2V 已于 2016 年被美国航天与国防电子及工程系统公司 Teledyne 收购。

（2）主要技术进展及趋势　磁控管是一种用来产生微波能的电真空器件，管内电子在相互垂直的恒定磁场和恒定电场的控制下，与高频电磁场发生相互作用，把从恒定电场中获得的能量转变成微波能量，从而达到产生微波能的目的，如图 2-46 所示。

图 2-46　磁控管

由于工作状态的不同，磁控管可分为脉冲磁控管和连续波磁控管两类。医用电子直线加速器主要用的是脉冲磁控管。作为加速器的微波功率源，磁控管相对于速调管的一大优势就是本身可以产生大功率的微波，而速调管需要一个微波激励源才能产生大功率微波。

（3）技术发展趋势　磁控管经历了几十年的发展，在提高功率输出、效率、频率稳定性和延长使用寿命等方面都取得了显著的进展。未来其在医用领域的技术发展重点是在提高动态调强工作条件下提高工作稳定性、频率稳定性和延长使用寿命。

（4）存在的问题与建议　磁控管在工作中可能出现的问题有打火、跳模、噪声输出、功率从阴极腿泄漏、频率牵引、频率推移、热漂移等。

鉴于上述存在的问题，今后建议发展方向如下：

1）磁控管的理论研究，主要是大信号分析、计算机模拟分析等。

2）磁控管新材料、新工艺应用的研究，提高可靠性，降低成本。

3）磁控管新结构的研究，以满足不同场合的需求，尤其是动态调强工作条件下的寿命。

4. 动态多叶光栅

（1）行业发展现状　为适应人们对生存质量、医疗保健和安全性提出更高要求的国际化趋势，三维调强适形治疗已成为21世纪放射治疗技术的主流。从某种意义上讲，调强适形放射治疗通过限束装置实现了将射线束流的空间剂量分布调制成与肿瘤的外轮廓形状相同，同时周围正常组织的剂量也可以人为调整的功能。

适形放射治疗已广泛应用于临床领域。目前主要有铅模准直器、手动多叶准直器、动态多叶光栅三种实现形式。铅模准直器是最早用于临床的适形放射治疗，由于它有诸多缺点，很快被手动多叶准直器取代。手动多叶准直器仍然存在切割模型、半影及安装方面的缺点，所以动态多叶光栅目前已经成为主流。

在多叶光栅发展历程中，它最早出现于1966年，与直线加速器相匹配，20世纪90年代后它普遍用于美国Varian公司和瑞典Elekta公司生产的直线加速器中，目前与加速器高度系统整合的"内置"多叶光栅已成为国际加速器厂家的标准配置。国内部分企业近十余年也逐步研发出多叶光栅，一定程度填补了国内市场空白，但除上海联影、西安大医，其普遍停留于"外置"状态，无法为目前主流的动态调强和容积调强等高端治疗方式提供支撑。

临床放射治疗中使用动态多叶光栅有三个主要原因。第一，常规放疗中使用射野挡块有许多缺点：①射野挡块的制作费时费力，且在熔铅和挡铅加工过程中产生的蒸发气体和铅粉尘对工作人员健康有影响；②射野挡块都比较重，治疗摆位不仅效率低，而且操作不方便。多叶光栅的设计初衷主要是代替射野挡块，形成不规则射野，提高治疗摆位的效率。第二，采用计算机技术后，旋转照射过程中，可用多叶光栅系统调节射野形状跟踪靶区的投影形状。第三，照射过程中，可利用由计算机控制的叶片运动，实现静态多叶光栅和动态多叶光栅调强。由于上述三个原因，多叶光栅已逐渐成为直线加速器的标准配置。

（2）主要技术进展及优势　多叶光栅（见图2-47）是现代放疗技术的重要组成部分，临床放疗应用对于光栅有较高的要求，比如支持与设备机型和束流控制系统一体化控制，可以高精度地实现调强适形、动态旋转调强等高难度放疗技术等。目前，进口产品采用市场细分的方法，在调强设备中采用5～10mm的叶片、开野较大、具备叶片位置二次反馈的多叶光栅；而在放射外科产品中采用2.5～5mm的叶片、开野较小的多叶光栅。这种方法的缺点是医院采购单台直线加速器在临床放射治疗中无法通用，影响设备使用效率。

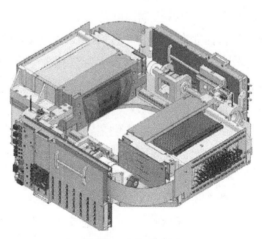

图2-47　多叶光栅

在放射治疗中，多叶光栅的作用是利用重金属材料制作的光栅叶片形成各种特殊的射野形状，以屏蔽照射到正常组织的射束，使射线穿过光栅叶片开孔照射到病灶的形状与靶区形状相匹配，在对靶区进行照射的同时达到保护靶区周围正常组织的目的。目前，国内已有厂家自主研制出了"全自动多叶准直器"，即动态多叶光栅，它是一个独立的射线束流成形设备，可以与任何具有等中心治疗功能的医用电子直线加速器配合，进行三维适形放射治疗，适用于常规放射治疗，还适用于三维适形立体定向放射治疗等高难度放射治疗技术。

多叶光栅既可以依赖于放射治疗计划系统（Treatment Planning System，TPS），也可以不依赖于TPS。具有TPS系统的医院，可通过两种使用多叶光栅的方式来实现其治疗计划：其一是把TPS输出的射束方向视图（Beam's Eye View，BEV）下的不规则野图形报告转换成多叶光栅叶片位置文件，其二是TPS直接把计划结果的不规则野图形转换成多叶光栅位置文件，多叶光栅控制系统用载入的多叶光栅位置文件来控制叶片成形。无TPS系统的医院，可以在多叶光栅系统中手工设置射野的大小、形状，这对常规放射治疗非常有用。多叶光栅作为直接面向治疗的装置，对系统可靠性与稳定性提出了很高的要求。因此，多叶光栅控制软件系统作为整个调强放疗加速器控制系统的重要组成部分，除满足软件系统的各项功能要求，能够长期可靠稳定运行是系统研制的重要指标。

江苏海明的全自动多叶准直器在等中心平面叶片投影的最大运动速度不低于30mm/s，叶片在等中心平面的重复定位精度误差小于1mm，自动多叶准直器各个叶片运动灵活自如，使用时能在任意位置定位，自动多叶准直器照射野的半影宽度小于10mm，照射时，透过自动多叶准直器叶片间的泄漏射线空气比释动能率未超过标称固定源皮距（Source Skin Distance，SSD）处照射束轴上最大空气比释动能率的2%。

广州中能加速器配备一体化内置120叶5mm精细多叶准直器，其最大射野范围为30cm×40cm，叶片运动速度达到30mm/s，叶片可通过自由移动来形成任意子野形状组合，配合独立准直器的动态追踪技术，依据患者的靶区和解剖结构，可实现最优的调强剂量分布。稳定精准的内置多叶光栅安装于可快速旋转至任意角度的高精度环形机架内，可使医技人员轻松实现"一键式"快速全自动多野调强照射。广州中能加速器一体化内置光栅双层屏蔽钨门可自动跟随光栅运动，显著减少射线漏射至0.1%的水平，为动态调强和容积调强提供坚实保障。

西安大医的直线加速器内置自主研发的120叶精密双层多叶光栅，采用5~10mm的叶片，叶片运动速度达到40mm/s，具备完善的二次反馈系统，叶片运动精度±0.25mm，叶片运动重复定位精度±0.2mm。

（3）技术发展趋势　从动态多叶光栅问世直到现在，为适应各种不同的功能和用途，多叶光栅的结构设计一直在改进、完善，其改进主要是围绕着提高适形度、减小透射半影、降低漏射、适应动态与动态楔形板等高级功能展开的。例如：叶片对数由少到多、叶片宽度由大到小；最大照射野按需要向大和小两端发展；聚焦方式由无聚焦到单聚焦或双聚焦；相邻叶片之间由平面接触到凹凸插合；对侧叶片由不过中线到过中线且行程由小到大等。独立驱动机构硬件的快速开发，使多叶光栅系统功能大增，逐渐向满足临床应用要求、降低造价、便于加工、操作简便、高可靠性、低故障率的方向发展。

（4）存在的问题与建议　多叶光栅属于精密机电一体化产品，产品研发和产品注册周期长，企业需要投入大量的人力和物力，承担了较大的风险。国内的多叶光栅行业起步晚，基础薄弱，人才紧缺。随着多叶光栅叶片宽度越来越小，由于叶片加工精度的限制，多个叶片需要反复打磨，不利于大规模产业化；且在多叶光栅运行过程容易出现叶片卡住等情况，整机故障率较高。对于调强快速治疗，高速多叶光栅也是以后的发展趋势，但是能满足需求的可靠性微型电机基本被 Maxon 垄断，国产的替代产品还没有问世。针对目前动态多叶光栅行业发展存在的问题，希望政府能出台政策鼓励更多人才进入这一行业，减轻企业的负担，扶持和帮助企业在这一行业继续发展。

5. 速调管

（1）行业发展现状　国外速调管以 CPI 公司、泰雷斯（Thales）、东芝（Toshiba）为主要代表，三家公司在医用速调管领域技术成熟，均可以为现在的高能医用电子直线加速器提供配套的脉冲速调管产品及聚焦线圈、聚焦电源、离子电源等部件。

国内的十二所主要从事电真空器件的研制生产，产品包括行波管、磁控管、速调管、闸流管、加速管、X 射线管、电力开关管等，广泛用于通信、医疗、集装箱在线检测、工业无损探伤、电力开关柜等行业和产品中。该所的速调管产品参数与进口的 CPI 公司的 VKS-8262G 相差较大，需要开发与 VKS-8262G 参数相近的速调管，才能保证国产医用电子直线加速器整机性能。因此，医疗用的速调管亟待实现国产化。

（2）主要技术进展及优势　核心微波器件速调管市场基本被 CPI、Thales、Toshiba 三家公司垄断，其中以美国 CPI 公司技术最为成熟。

CPI 公司可以生产用于医疗用途的 2.856GHz 和 2.9985GHz 的两大类 VKS-8262 系列速调管，峰值输出功率最高可达 7.5MW。峰值输出功率为 5.5MW 的 VKS-8262S（2.856GHz）速调管已被广泛应用于美国 Varian 的医用电子直线加速器几十年，其可靠性和稳定性得到了很好的验证。

Thales 电子设备公司主要为 Siemens 公司的医用电子直线加速器提供 TH2157 速调管微波源，累计供应数量大于 1000 只，可以配套提供电磁铁、射频（Radio Frequency，RF）连接器、离子泵电源灯附件。该公司同时能生产医用粒子治疗系统使用的四极管高功率射频源。

Toshiba 可生产用于医用加速器的速调管（E3779，A7.5MW），并提供与速调管配套的聚焦线圈、聚焦线圈电源、离子电源等附件。

三家公司的速调管的性能参数和工作参数略有差异。

（3）技术发展趋势　传统的用于医用电子直线加速器的微波功率源以磁控管为主，

其输出功率较低，一般应用于低能的 6MV 医用加速器或 6~10MV 的中能加速器。高能医用电子直线加速器的微波功率源一般使用大功率脉冲速调管。从提供最先进放疗设备的供应商来看，Varian 使用速调管为功率源，Elekta 使用磁控管为功率源。两种技术均被广泛使用，不同之处是磁控管本身就是震荡放大器，能产生微波功率；速调管需要配以 RF 激励源，对激励源产生的小功率微波信号进行放大。

（4）存在的问题与建议 国内针对医疗领域的速调管开发的投入和研究较少，没有现成的可供医用电子直线加速器使用的速调管产品。为解决在微波功率源方面存在的"卡脖子"问题，国家需要立项支持医用电子直线加速器的速调管开发。同时，建议立项进行 RF 激励源的研发，目前该核心技术被美国公司掌握。

6. 闸流管

（1）行业发展现状 目前，国外的闸流管生产商主要以英国的 Teledyne e2v 公司为代表，其闸流管整体处于领先地位，闸流管品种齐全，新材料应用成熟。其闸流管主要有玻璃密封闸流管、陶瓷密封闸流管、金属和陶瓷密封闸流管三大类。从使用情况看，其 CX1159、CX1174、8503C 等产品在医用电子加速器上被广泛使用，其闸流管质量较好，性能非常稳定。

国内闸流管行业发展总体不均衡，规模比较小且设计能力有限。目前主要以南京卡尔（南京卡尔电子科技有限公司）、中国电子科技集团第十二研究所、昆山国力三家为主。南京卡尔主要生产 207 系列玻璃密封闸流管，以 CX1551、CX1159 为主，产品比较单一，设计能力有限，无能力开发应用于高能医用电子加速器的大功率闸流管。中国电子科技集团第十二研究所具有开发大功率闸流管的能力，能满足高能医用电子加速器的闸流管使用要求。昆山国力生产陶瓷闸流管和 GLM5193 磁控管，其陶瓷闸流管能够满足中低能医用电子加速器的使用要求。

（2）主要技术进展及趋势 目前闸流管主要应用于线性脉冲调制器。近几年，固态调制器逐步应用于医用电子直线加速器整机，但因其成本较高，并未被大面积推广。闸流管仍是现在医用电子加速器中的关键零部件。

英国 Teledyne e2v 公司的闸流管品种全，技术成熟，在同行业具有较强的技术优势。国内闸流管企业应加大技术研发投入，开发可替代进口产品的大功率闸流管产品。

7. 电子射野影像系统

近年来，电子射野影像系统（Electronic Portal Imaging Device，EPID）已成为放射治疗中监测照射野、体位重复性的主要工具，有逐渐取代照射野胶片的趋势。随着 EPID 的临床应用，人们逐渐意识到，利用 EPID 进行照射野、体位验证的关键是改进处理照射野影像中体位变化信息的方法并研究效率更高的分析工具。

EPID 系统由射线探测和射线信号的计算机处理两部分组成，是重要的加速器成像组件，目前主要用于射野的验证和锥形束 CT（Cone Beam CT，CBCT）成像等功能。随着放疗设备的发展，EPID 的性能需求也在不断上升。目前国际上最大的第三方供应商是PE和Varex公司,但随着PE被Varex收购,目前几乎已经处于被单家国外公司垄断的状态。我国虽然有个别厂商已经开始设计生产EPID,但放疗用兆伏级别的产品与进口厂商产品相比,性能还有差距,因而销量极低。我国需研发技术参数与进口产品相似,具有替代价值的产品。

8. 控制系统

(1) 行业发展现状　自20世纪30年代以来,控制系统经历几十年的发展,演变出全面整合、全数字化的先进控制系统解决方案。分布式控制系统（Distributed Control System，DCS）是当代主流的控制系统架构之一。起初发展DCS的主要目标是降低大规模控制系统的复杂性,解决多点数据复制问题,最终成熟的DCS形成了完整的以分层设计、接口标准化、client/server（客户/服务器模式）结构等为特点的成熟的软硬件系列产品。成熟的技术和完整的产品线让越来越多的控制系统采用DCS方案,也使得医用电子加速器控制系统设计的实现有了一个很好的可选方案。

当前国内外新型加速器控制系统已普遍采用分布式控制系统的标准模型：两层或三层体系结构。其中,管理层位于系统最上层。它通过操作员接口计算机来监控系统状态、发送命令或设置值、提供报警信息。前端控制层（Front-End Controls）通过网络接受管理层的控制,前端控制计算机又叫输入输出控制机（Input Output Controller，IOC）。IOC通常运行实时操作系统,保存动态数据、负责过程控制并实现控制算法,是控制任务的主要执行者。根据被控设备的种类,设备控制层结构灵活多样。可采用嵌入式设备控制器并通过现场总线或串行通信与设备相连,也可采用可编程控制器（Programmable Logic Controller，PLC）实现对加速器各个子系统的过程控制和监测。分布式控制系统可以全面实现远程诊断和监控功能,其优点为安全、稳定、故障少等。

(2) 主要技术进展及趋势　中央控制系统是医用电子直线加速器的又一核心系统,用于实现整个装置的运行,协调控制装置的各子系统与部件,按照设定的要求,准确安全地将规定能量、规定剂量、规定分布形状的X射线,在规定时间内投照到患者的肿瘤组织,完成快速放射治疗精准、安全的目标。

加速器的中央控制系统涉及多个子系统协调、多种功能的可靠实现。分布式控制方式可以实现对机器所有部件设备全面运行的控制。加速器的中央控制系统提供各种灵活易用的设备监控以及数据获取手段,可满足加速器的治疗运行、维护、数据存取等不同类型的需求,并且提供基本的扩展支持能力和灵活性,可满足多种机型的系统开发和未来扩展的需求。它可通过控制台随时掌握机器的各种运行信息,调整各种相关参数,保证机器达到最佳运行状态,提供高品质的治疗束。在此基础之上,它可提供各种附加的扩展能力,包括提供治疗计划接口、统一的加速器数据库存取接口和各类分析程序接口,控制系统远程访问能力等,以满足不同用户的多种需求。

9. 三维、四维非接触式光学体表检测系统

非接触式光学体表检测系统是放疗加速器的重要配套设备,主要应用于患者治疗前的摆位、治疗中门控信号采集和体位监测等，可以在一定程度上提高治疗的准确性和安全性。目前，仅有国外厂商生产该系统，其价格非常昂贵，并且主要用于国外中高端的直线加速器产品的配套，因而仅大型放疗中心有能力购买。我国中高端加速器产品也逐渐上市，但尚无可以匹配的国产非接触式光学体表检测系统，需要突破国外产品的垄断。国际上主要是 Vision RT、C-RAD 和 humediQ（Varian 新收购）三家公司有此产品，由于其涉及光学硬件、算法等，同时临床要求达到亚毫米的精度，对实时性及监控的视野大小也提出了严格的要求，技术复杂、门槛高。而国内目前只有通过在体表安装反光体从而间接反映个别点位置的系统，技术相对落后很多。

10. 放射治疗计划系统

（1）行业发展现状　放射治疗计划系统是医用直线加速器系统组成中的关键部分，每个患者的治疗计划（包括辐照靶区、辐照剂量、辐照坐标、辐照靶点数、辐照时间、敏感组织照射剂量等）都需要治疗计划系统软件经过精密计算给出，直接关系到放射治疗的最终疗效。临床医生在治疗实施前，均需要通过治疗计划系统软件进行治疗计划方案的制定和评估。当前国内的放射治疗计划系统软件供应商较多，代表性的如北京航空航天大学、成都奇林（成都奇林科技有限责任公司）、中科院核能安全技术所 FDS 团队等，其产品可以基本满足使用要求，但从工作效率、剂量计算的准确性、软件操作体验、可用性等方面来看还有很多不足。

（2）主要技术进展及趋势　随着计算机技术的发展，计算机的处理能力大大加强，很多新的图像处理算法（如蒙特卡洛算法）逐步投入临床应用，放射治疗计划系统软件的计算精度在稳步提高，计算速度也发生了很大的变化。

影像引导、大数据和人工智能技术的发展也推动了放射治疗计划系统软件的发展。近年来，多模式图像融合、多治疗计划融合对比、自动靶区勾画、自动计划、逆向计划、自适应治疗计划等技术功能相继出现并被应用在放射治疗计划系统软件中。

（3）存在的问题　当前，国内放射治疗计划系统软件存在最突出的问题不在技术和功能上，而是软件的可用性差、可靠性低。从技术指标和功能实现来看，与进口产品差距不大，但实际临床应用指标较差，导致市场认可度不高。这一点需要在后续的发展中重点关注。

二、质子、重离子放射治疗系统及关键零部件发展趋势

（一）质子、重离子放射治疗系统技术发展趋势

1. 医用质子、重离子放射治疗系统简介

放射治疗是不同病期恶性肿瘤患者的主要治疗方式之一。目前，大多数癌症最常用的放射治疗方法是基于光子（X 射线）的调强外照射。1946 年，哈佛大学物理学家 Robert R. Wilson 博士首次提出带电质子和重离子有应用于癌症治疗的潜力。美国劳伦斯伯克利国家实验室的研究团队分别于 1954 年、1957 年和 1975 年将质子、氦离子和氖离子等重离子放射治疗应用于癌症患者。此后，美国、德国、日本等国相继开始了质子、

重离子在医学领域的研究。1973年,哈佛回旋加速器实验室开展了使用质子治疗不同部位肿瘤的项目。1975年,美国劳伦斯伯克利国家实验室利用高能重离子同步回旋加速器开始进行重离子治疗癌症临床试验。1988年,质子治疗获得美国FDA的批准。1993年日本政府在千叶县日本国立放射科学研究所建成世界上首台医用重离子加速器。据离子治疗协作组织(Particle Therapy Co-Operative Group,PTCOG)官网统计,截至2021年5月,全球共有101家已运营的质子、重离子治疗中心,其中质子治疗中心89家[美国佛罗里达质子治疗中心(UFHPTI)拥有2家],重离子治疗中心6家,质子、重离子治疗中心6家。按地域划分,亚洲31家(中国5家),欧洲30家,北美洲40家。

质子和重离子治疗癌症的原理有所不同,质子治疗主要破坏癌细胞的DNA单链,细胞有修复的可能性;重离子治疗主要破坏DNA的双链,使癌细胞完全没有修复的可能性,达到彻底"杀死"癌细胞的目的。

质子即氢原子剥去电子后的带有正电荷的粒子;重离子即碳、氖、硅等原子量较大的原子核或离子,粒子种类如图2-48所示。质子、重离子技术是放疗中的一种,是国际公认的放疗尖端技术。质子和重离子同属于离子线,质子或重离子经加速器加速至约70%的光速后形成的离子射束被引出并射入人体。与传统的光子线不同,离子射线在穿越物质损失能量的过程中,能量沉积会在其射程末端形成一个峰,称为布拉格峰(Bragg Peak)。布拉格峰在人体中的位置可以通过调节离子射束进入人体前的初始能量而改变,将拥有大多能量的布拉格峰递送到肿瘤中,形成对肿瘤的定向"爆破",且在射程终点后肿瘤外的剂量几乎等于零。因此使用质子与重离子能够对肿瘤病灶进行强有力照射的同时又避开正常组织,实现疗效最大化。

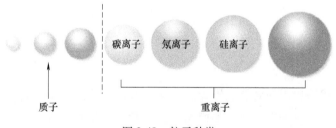

图2-48 粒子种类

2. 医用质子、重离子放射治疗系统的工作原理及系统结构

(1) 工作原理 由加速器产生的单一能量的质子和重离子束流在人体中的射程(深度)终止处传递最大剂量值(见图2-49),不同深度的肿瘤可用不同能量质子或重离子束流来照射治疗,但单一能量的离子束流能够照射的肿瘤厚度受限于布拉格峰的宽度,一般约为3~5mm,远小于现实中常见肿瘤的厚度。因此,质子和重离子束流用于临床治疗时的能量分布需要经过修正,使束流中不同能量的布拉格峰深度曲线之和形成一个具有平坦高剂量区的深度曲线,并覆盖肿瘤的纵向深度,这样的能量分布曲线就是扩展布拉格峰(Spread-Out Bragg Peak,SOBP),如图2-50所示。

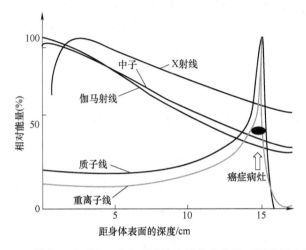

图 2-49　X 射线、质子线、重离子线等能量分布曲线（图片源自网络）

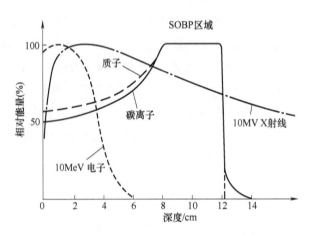

图 2-50　质子、碳离子扩展布拉格峰能量分布曲线（图片源自网络）

通过加速器将治疗用的高能质子或重离子加速，通过能量选择系统对质子能量进行调节（如果选用同步加速器，则无需能量选择系统），选择治疗所需的能量，然后通过束流传输系统引至治疗室，并通过旋转机架调整束流照射角度，治疗头控制束流照射肿瘤靶区。对于运动肿瘤的治疗，还需呼吸门控系统对肿瘤进行监测和控制。

（2）系统结构　质子、重离子治疗系统是一个既庞大又复杂的软硬件系统。目前临床应用的质子、重离子治疗设备根据加速器产生离子的种类分为：质子治疗系统、重离子治疗系统、质子重离子一体机。

基于回旋加速器配置的质子治疗系统，主机系统包括回旋加速器、能量选择系统、束流传输系统、旋转机架、治疗头、治疗床等部件及对其实现集成控制的束流产生及控制系统、剂量监测及控制系统、系统运行状况监测及报警系统等，辅助系统包括影像引导系统、治疗计划系统和肿瘤信息系统等。

（3）重要指标及范围　质子、重离子治疗系统的重要技术指标有：加速器能量、入射能量、引出流强、射程范围(射程是指束流在体内入射的距离,射程随人体器官密度及束流能量的不同而变化,在质子治疗中都以质子在水中射程的等效厚度表示)、脉冲长度、能量精确度、能量稳定度等,具体要求见表2-7。

表 2-7 质子和重离子治疗对加速器技术参数的常规要求

物 理 量	技 术 参 数
最高能量	质子:对应体内最大射程为30cm时,为250MeV 碳离子:对应体内最大射程为30cm时,为425MeV;对应体内最大射程为20cm时,为320MeV(已考虑到从加速器引出到等中心治疗点之间的降能值)
能量精确度	对应体内治疗量程的精度是±0.2mm/20min;1~2MeV/射程1mm时,能量精确度为±(0.2~0.4)MeV/20min
引出流强	质子:在20cm×20cm×20cm照射容积内剂量率为2Gy/min,对应流强为1×10^{10}质子/s,考虑流强损失后,引出流强为1×10^{11}质子/s 碳离子:在20cm×20cm×20cm照射容积内剂量率为2Gy/min,对应流强为1×10^{8}离子/s,考虑流强损失后,引出流强为1×10^{9}离子/s
系统能量调节分辨率	在量程范围内,系统能量调节分辨率优于±0.1MeV
能谱宽度	当后沿下降小于1mm,等中心处束流的能谱宽度<0.1MeV
引出束流横向发射度	在规定的束流能量和强度稳定性时,为0.2~0.5πcm·mrad
引出束流偏角	在规定的引出束流截面时,其偏角<1mrad

3. 医用质子、重离子放射治疗系统的行业发展现状

(1)医用质子设备研发机构和厂商 目前,国内医用质子设备研发机构和厂商主要有:中广核技(中广核核技术发展股份有限公司)、中国科学院上海应用物理研究所、中科离子(合肥中科离子医学技术装备有限公司)、迈胜医疗(迈胜医疗设备有限公司)。

1)中广核技。2020年8月26日,IBA与中广核技及其全资子公司中广核达胜电子加速器技术有限公司签署《多室质子治疗系统技术许可协议》和《战略合作协议》。根据协议,中广核技将完整引入Proteus PLUS质子治疗系统技术,并获得该技术及产品在中国大陆地区独家开发、制造、销售、安装、运营、维修的权利。

据中广核技介绍,质子治疗系统国产化的供应链主要有以下几家公司:沈阳慧宇真空技术有限公司(加速器、能量选择和束流传输),中信重工机械股份有限公司(加速器),合肥聚能电物理高技术开发有限公司(能量选择、束流传输),合肥科烨电物理设备制造有限公司(能量选择、束流传输),上海克林技术开发有限公司(加速器、能量选择和束流传输),兰州科近泰基新技术有限责任公司(加速器、能量选择和束流传输),上海辰光医疗科技股份有限公司(加速器、能量选择),北京高能锐新科技有限责任公司(加速器、能量选择),常州宝菱重工机械有限公司(旋转机架),上海庆强实业有限公司(旋转机架),上海锅炉厂有限公司(旋转机架)。

Proteus PLUS 质子治疗系统为多室质子治疗系统,使用固定能量等时性回旋加速器,包含能量选择系统、束流传输系统、治疗安全系统、患者定位系统、图像引导,可提供旋转机架治疗室和固定束治疗室,并提供笔形束扫描技术,如图 2-51 所示。

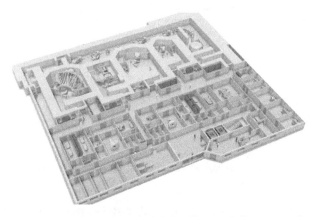

图 2-51 Proteus PLUS 多室质子治疗系统(图片来源:IBA 官网)

2)中国科学院上海应用物理研究所。中国科学院上海应用物理研究所的质子治疗系统由自主研发质子注入器、同步加速器、固定束治疗室、180°旋转束治疗室、360°旋转束治疗室、眼束治疗室、高能传输线、实验束、治疗计划系统、治疗控制系统、治疗定位系统、质控系统等组成。

主要技术指标:质子能量范围:70~235MeV,最高能量 250MeV,SOBP 为 1~14cm,治疗剂量率为>2Gy/min/liter,最大治疗射野 30cm×40cm,束流配送方式:点扫描,最大扫描速度:2cm/ms,束斑尺寸 5~14mm,平坦度 5%,计量重复性 0.5%,剂量相对精度±2%。

项目进展:2013 年装置研制启动,2014 年开始设备制造,装置由上海应用物理所研发,上海艾普强粒子设备有限公司负责运行和维护,首台质子治疗系统安装于上海交通大学医学院附属瑞金医院。2016 年年底基本完成加速器关键系统设备的研制,并开始安装。2017 年 4 月底完成治疗系统关键部件研制,包括点扫描治疗头、高精度 6 维机器人治疗床、治疗控制系统和眼束治疗室专用设备。2017 年 6 月底基本完成治疗软件系统的研制与集成,包括放疗信息系统、治疗计划系统、治疗控制软件。2017 年 9 月,完成加速器 70~235MeV 初步调试,完成旋转机架测试。2017 年 11 月旋转机架安装(旋转机架从设计制造到装备检测历时四年,上海应用物理研究所和上海电器机床设备公司联合设计,上海锅炉厂有限公司制造)。2018 年加速器达到设计指标。2019 年 2 月开始治疗系统联调。2019 年 8 月开始 180°旋转束流调试。2020 年 6 月 28 日,上海交通大学医学院附属瑞金医院肿瘤(质子)中心举行试运营启动仪式。

3)中科离子。合肥研究院和合肥市政府密切合作,依托合肥综合性国家科学中心创新平台,成立合肥中科离子医学技术装备有限公司,开展国产超导回旋质子治疗系统的自主研发(见图 2-52),推动质子高端医疗装备的产业化。

第二章 典型医疗装备产业技术发展趋势

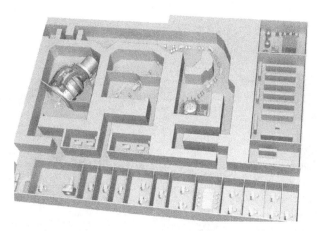

图 2-52　超导质子治疗设备（双终端）（图片来源：中科离子官网）

2021 年 3 月 22 日，由中国科学院等离子体物理研究所研发的超导回旋质子治疗系统加速器束流经过能量选择系统和二四极铁、治疗头等传输系统到达系统治疗头，成功实现 200MeV（兆电子伏）稳定质子束流从治疗室引出，标志着国产紧凑型超导回旋质子治疗系统研制成功，实现了紧凑型超导加速器技术的自主可控（见图 2-53）。

图 2-53　超导回旋紧凑型加速器（图片来源：中科离子官网）

加速器超导磁体电流密度达到 140A/mm^2，是国内外同类装置磁体水平的 3 倍；静电电场达到 170kV/cm 的国际最高应用水平；加速器实现 3.0T 最高场强；直径缩小 25%，仅 2.2m，总重不超过 50t。

4）迈胜医疗。迈胜医疗设备有限公司的质子治疗系统为集成化单室质子治疗系统，产品为 MEVION S250i，将加速器置于旋转机架上，结构见图 2-54。2004 年公司成立。2006 年公司与麻省理工学院共同开发高场强磁体用于减小加速器尺寸。2010 年公司成功开发出世界最小的用于治疗的质子加速器。2012 年世界首台小型单室质子治疗系统获得 FDA 上市批准。2013 年安装首台质子治疗系统。2018 年新一代笔形束扫描质子治疗系统获得 FDA 上市批准。其机器人治疗床为 6 轴机器人治疗床，重复精度≤0.1mm，承载重量 340kg，实现路径坐标自动化记忆运动，床面离地面最小高度 680mm，手动远程控制，运动速度和角度按需设定。

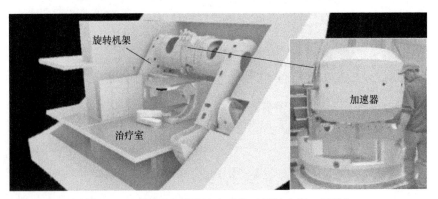

图 2-54　迈胜医疗质子治疗系统（图片来源：迈胜）

（2）医用重离子设备研发机构和厂商

中国科学院近代物理研究所。目前，我国重离子设备研发机构为近物所（中国科学院近代物理研究所）。近物所 20 世纪 90 年代开始基础研究（设备研发、放射生物研究、放射物理研究、治疗计划系统研发），后进行循证医学研究（临床实践现状研究、临床方案制定），2010 年开始临床研究（临床实践、重离子适应证、禁忌证），目前处于设备转化（提供设备、进一步推动辐射生物、物理、临床等研究）阶段。近物所自主研发的重离子治疗系统（见图 2-55），配备主动式点扫描与均匀扫描束流配送系统，照射野均整度及对称性达到规定的性能指标；自主研发放射治疗计划系统 ciPlan［能进行三维勾画，多模式计划（2D/2D-LS/3D-SS）设计］、治疗控制系统 ciTreat、患者摆位验证系统 ciGPS、治疗计划剂量验证系统 ciDose，可实现的治疗模式有 2D 适形治疗、2D 分层适形治疗和 3D 点扫描适形治疗。

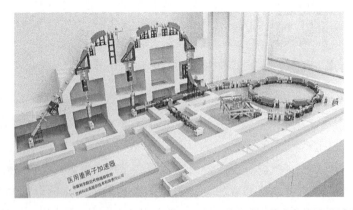

图 2-55　医用重离子加速器（图片来源：中国科学院近代物理研究所官网）

重离子治疗系统主要技术指标：能量范围为 80~400MeV/u，射程可达 27cm，最大照射野为 20cm×20cm。

相比进口重离子治疗系统的优势：结构紧凑，占地面积小，约 1500m²；拥有完全自主知识产权，成本远低于国际同类产品；低成本的本土运维；项目周期短；配置许可优势。

4. 医用质子、重离子放射治疗系统临床应用现状

截至 2020 年 10 月 14 日，通过互联网搜索"质子""质子中心""质子治疗""重离子"四个关键词以及网络公开信息，并对检索结果进行汇总整理统计得到目前我国质子重离子治疗项目 70 个，其中已运营项目 5 个，在建项目 25 个，拟建项目 40 个。目前中国大陆共有三家已运营质子重离子中心，分别为山东淄博岜山万杰医院、上海市质子重离子医院和甘肃武威重离子中心。

5. 存在的问题及建议

2020 年，中国的质子治疗逐步发展，多个质子放射治疗系统处于安装或建设阶段，多项质子放射治疗系统合同已经签署，多家机构渴望启动自己的质子或重离子治疗项目。人们对这种先进的放射治疗技术兴趣巨大，与质子放射治疗系统配置许可形成了鲜明的对比。2019 年，质子放射治疗系统准予许可首次颁发给 5 家公立医院，2020 年又增加 1 家私立医院。此后，国家卫健委对《2018—2020 年大型医用设备配置规划》进行调整，将质子放射治疗系统配置规划总数从 10 个扩大到 16 个，努力满足迅速扩大的需求。2021 年，质子放射治疗系统准予许可颁发给 10 家医院，包括 9 家公立医院和 1 家私立医院。

中国的质子放射治疗系统配置许可程序与美国纽约州类似，要求申请人在申报配置许可时必须满足若干特定条件，另外，《质子和重离子加速器放射治疗技术管理规范（2017 年版）》规定了医疗机构及其医务人员开展质子或重离子放射治疗技术的最低要求，包括医疗机构需有 10 年以上的调强放射治疗技术（Intensity Modulated Radio Therapy，IMRT）肿瘤治疗的经验，年收治肿瘤患者不少于 10000 例；拟开展质子或重离子放射治疗技术的医师培训要求应当接受至少 6 个月的系统培训等。这些条件旨在确保安全、准确地使用质子治疗。众所周知，质子治疗系统是有史以来销售的最复杂、最昂贵的医疗设备，需要非常具体和深入的专业知识，以实现设备的最佳运行和应用。随着在质子治疗中心的许可和运营中获得更多的经验，也许可以在多个方面改善获批条件。

（二）质子、重离子放射治疗系统关键零部件技术发展趋势

1. 加速器

加速器是一种用控制电场的方法有效地对带电粒子加速使之具有一定能量的装置。按照目前临床使用情况，可分为同步加速器、回旋加速器、同步回旋加速器、直线加速器等，按是否应用超导技术又分为常温加速器和超导加速器两种。

（1）行业发展现状

1) 回旋加速器（见图 2-56）。回旋加速器可以简单地理解为垂直方向分离的两个半圆的圆盒（D 盒），两个半圆盒的间隙中加上一个电场，此外，两个 D 形盒上都加上一个二极磁场，质子束流先入射到中心，然后束流每次穿过电场就加速一次，固定不变的磁场控制着被加速的束流在半径随束流能量增大而增加的横平面内运动。当束流在回旋加速器的边缘达到最高能量时，束流从回旋加速器的边缘向治疗室的方向引出。

图 2-56　IBA 回旋加速器（图片来源：IBA 官网）

2）等时性回旋加速器（见图 2-57）。提供连续固定能量束流，提供较大流强，可分为常温加速器和超导加速器，常温加速器技术较简单，体积与重量较大，耗电量较高。超导加速器技术较为复杂，体积与重量较小，耗电量较低。

图 2-57　Varian AC250

3）超导同步回旋加速器（见图 2-58）。提供高频脉冲固定能量束流，束流频率为 500～1000Hz，临床上等价于连续束流。提供的流强略低，耗电率低（可低至常温加速器一半以下），稳定性可优于等时性回旋加速器。

4）同步加速器（见图 2-59）。是一个带磁铁的狭窄真空管道组成的环。束流从同步加速器外的一个直线加速器入射，束流连续在环内循环，反复通过置于环上的加速装置而获得加速，磁铁的磁场强度随束流能量增加而同步增强，因此当束流能量增加时，束流在环内的轨道保持不变。

图 2-58 IBA S2C2 超导同步回旋加速器（图片来源：IBA 官网）

图 2-59 日立同步加速器

（2）发展趋势

1）缩小加速器体积。目前质子治疗系统中常用的加速器大多数采用回旋加速器和同步加速器，制造商力图通过减小加速器体积来降低质子治疗成本。

回旋加速器研发的主要进展是设备体积减小、超导回旋加速器已应用于临床。这些技术进展迄今为止尚未对设备成本带来显著减少，但设备的小型化减少了设备占地面积及辐射屏蔽的建筑成本，因而有望降低初期投资成本，该成本的降低对单次治疗的成本影响尚未见分析。未来 5~10 年间回旋加速器的技术还将持续升级，尽管在技术成果和时间成本上这些进展的潜在优势尚不明确，但降低设备生产、运营和建筑设计成本是必然的趋势。

通过改进磁铁、RF 系统、束流注入和提取过程，提高注入速度以及更快更精确的束流参数控制必然可以降低同步加速器的成本。但这也将是一个漫长的过程，需要一步一步实现。成本有望在技术持续进展的过程中逐渐降低。

2）新型加速器。

① 质子直线加速器。质子直线加速器具有潜在的优势，如能在几毫秒内改变质子能量、减少横向发射度从而使束流磁铁更轻更便宜且降低能量损失从而降低辐射防护要求及运营困难等，这些优势也推动了质子直线加速器的进一步发展。目前，第一台系统完整的230MeV质子直线加速器正在欧洲进行检测，由此质子直线加速器也从实验室阶段进入到了商用阶段。但由于生产商对设备技术参数的保密，迄今尚未有证据证明此类加速器的体积及制造成本价格比现有加速器设计明显降低。

② 固定磁场交变梯度加速器。在过去的10年间，加速器研发人员一直在探讨固定磁场交变梯度加速器（Fixed Field Alternating Gradient，FFAG）能否用于质子（或氦离子、碳离子）治疗。目前FFAG仍处于实验室阶段并且成本较高，在短期内并不会应用于临床质子治疗。但FFAG加速器的研发，尤其在氦离子或碳离子治疗中的应用仍具有很大意义。

③ 激光加速器。激光加速器的理念最初于1979年被提出，原理为气体中或等离子体中设置激光脉冲，激光和等离子体的相互作用能够产生大加速梯度并加速质子和重离子（如碳离子）。如何将激光激发的具有宽能谱并异向等量分布的质子束流改造为临床适用的近单能同向质子束流或是激光加速器是成功前必须解决的问题。

2020年6月，国家重点研发计划"重大科学仪器设备开发"专项"拍瓦激光质子加速器装置研究与应用示范"项目启动会在北京大学召开，项目将针对肿瘤治疗需求，基于重频拍瓦激光器的激光质子加速器，开发具有自主知识产权、质量稳定可靠、核心部件国产化的激光质子治疗系统。研发者介绍说：相比大型的传统质子加速器，激光加速器在设备需求空间、安装难度、运行和维护成本、辐射防护难度、系统复杂程度等方面具有独特优势。但可支持该说法的样机或详尽分析数据尚不存在。研发者称该系统一旦研制成功，将可以安装在各大医院现场，能够大幅降低癌症患者的治疗费用，推动质子治疗在我国的普及。

2. 能量选择系统

目前治疗用的加速器主要是回旋加速器和同步加速器。同步加速器可以引出不同能量的质子，不需要另外的能量选择系统（见图2-60），而回旋加速器只能输出固定能量的粒子，因此需要独立的能量选择系统。就质子回旋加速器而言，能量选择系统的功能是将加速器引出的235MeV的质子能量转变成70~235MeV的不同能量，供治疗所需。能量选择系统由降能器、数个偏转磁铁等组成。对能量选择系统的研发或应包括其小型化，探索使用超导磁铁的可行性；同时高速的能量选择及切换对提高治疗效率及减少患者体内器官的运动对笔形束扫描治疗进度的干扰仍有改进余地。

3. 束流传输系统

束流传输系统按照各治疗室的需求高速精准的切换束流功能，由双极弯曲磁铁、四极聚焦磁铁、转向磁铁和束流监测器等构成。束流传输系统在照射时束流的实时监测及对多室离子放疗系统治疗室之间束流的切换速度仍有改进余地。

第二章 典型医疗装备产业技术发展趋势

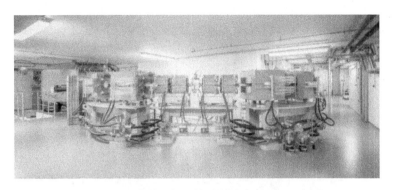

图 2-60 IBA 能量选择系统（图片来源：IBA 官网）

4. 旋转机架

（1）行业发展现状　旋转机架（见图 2-61）的主要功能是使束流可从不同的角度对患者实施照射。目前国际及国内无公认的标准型旋转机架，因此各个生产厂商都有自己本厂的旋转机架产品。旋转机架分为等中心旋转机架和非等中心旋转机架。等中心旋转机架是旋转机架随束流轴旋转，肿瘤放在治疗头的中心轴和束流轴的交点，也就是等中心点；非等中心旋转机架是旋转机架随束流轴旋转，患者治疗台则固定在机架的偏心圆某处，旋转机架旋转，患者治疗台也随之转动，直到束流以某个角度照射患者。

图 2-61 IBA 旋转机架（图片来源：IBA 官网）

（2）发展趋势　立式放疗时患者以立位接受治疗，并在静态治疗束的前方旋转（见图 2-62）。立式治疗系统具有较低的安装成本和空间要求。目前可进行立式质子治疗的三家国际领先的质子中心，包括：德国海德堡重离子与质子治疗中心，中心最初建造了两间旋转机架室，但最终只有一间安装了旋转机架，另一间改造为两间水平固定束治疗室，患者治疗时的摆位包括仰卧位和立位；美国费米国家加速器实验室（Fermilab）采用立式 CT 进行立式治疗，患者的摆位包括站立位与坐立位；芝加哥西北质子治疗中心采用 P-Cure 立式质子治疗系统，扫描仪在一个固定的倾斜角度，患者需要由机器人运送到扫描仪处，然后返回。立式治疗是较好的治疗方式并具有以下优势：

患者在身体和心理上均较为舒适；患者更易进行吞咽活动；胃部反流较少；肺部运动减轻（患者立位有助于缓解呼吸困难）；无系统性肝脏位移；膀胱充盈时组织较少。

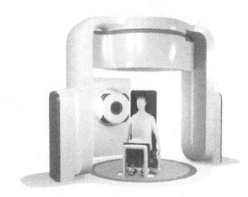

图 2-62　立式治疗（图片来源：Leo Cancer Care 官网）

5. 治疗床

现代质子治疗系统均采用具有 6 维平移及旋转功能的治疗床，多由具有类似结构的工业机器人改装后使用（见图 2-63）。此类设备在离子治疗室中的安装使用需保证设备平移和转动精度，尤其是等中心转动精度的长期可持续性。设备安装有压力传感器或类似设备，以保证在承载不同体重病人时的可比移动精度。此外此类设备均须安装有碰撞监测及传感系统，以保证治疗时旋转机架、成像设备及治疗床可能同时运动时的病人安全。

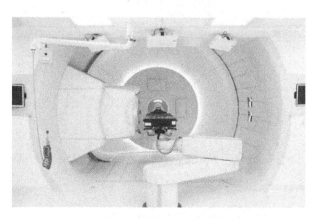

图 2-63　治疗床（图片来源：IBA 官网）

6. 束流输运技术

（1）行业发展现状　目前应用于临床治疗的束流扩展方式主要有两种：双散射技术和笔形束扫描技术，目前笔形束扫描技术为趋势（见图 2-64）。根据 PTCOG 数据显示，自 2014 年，笔形束扫描治疗室数量开始超过散射束治疗室数量，并且散射束治疗室数量呈逐渐下降的趋势。

双散射技术：是一种被动束流扩展方式，输入的束流先后打在两个散射板上，质子束流穿过散射板介质，质子在介质内受到多次小角度弹性库仑散射，从而偏转扩展成二维类高斯分布，达到横向扩展束流的目的。束流还需通过射程调节器、准直器和射程补偿器才能用于患者治疗。

笔形束扫描技术：是一种主动束流扩展方法，通过加速器调节质子束能量（对应不同肿瘤深度），磁铁调节质子束位置。

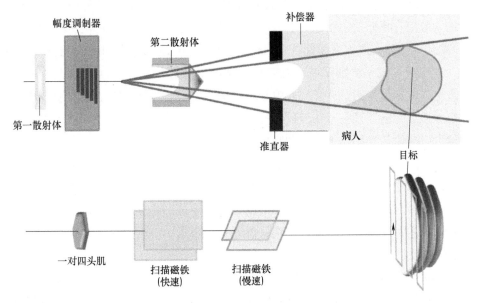

图 2-64　双散射技术与笔形束扫描原理图

（2）发展趋势

1）弧形质子治疗（Scanned Proton Arc therapy，SPArc）。SPArc 是一种新颖且先进的质子调强放疗（Intensity Modulated Proton Therapy，IMPT）技术，并且相对传统 IMPT 在计划质量、剂量学、鲁棒性等方面具有潜在优势。弧形质子治疗的优势在于提高靶区处方剂量的适形性；针对摆位误差、束流水等效深度变化和器官运动提高治疗计划的鲁棒性；不显著增加开束（beam-on）时间。但弧形质子治疗的低剂量率和累积剂量更高。尽管目前对于弧形质子治疗的可行性和必要性仍存在争议，但多角度质子照射可以减少射程不确定度，同时剂量分布更加均匀，减少毒性反应，因此仍有必要发展弧形质子治疗。美国博蒙特（Beaumont）医院的 Dr. Xiaoqiang Li 团队与 IBA 开展科研合作，共同研发新一代质子治疗递送技术 SPArc。已建立第一个 prototype SPArc 系统的模型，与 IMPT 相比，照射时间减少，SPArc 能减少 388s（58%）递送时间；总治疗时间减少，SPArc 能减少 1.3~2.56h（约 15%~25%）治疗时间。

2）FLASH 治疗。FLASH 治疗是指采用超高剂量率（≥40Gy/s）对肿瘤靶区进行照射的放疗方式，可在微秒（μs）到数百毫秒（ms）内完成照射，在保证肿瘤治疗疗效的同时可极大减少对正常组织的损伤。

2019 年 10 月，辛辛那提儿童医院医疗中心/辛辛那提大学医学中心质子治疗中心与 Varian 共同宣布，联合研究小组成功完成了对模体靶区的 FLASH 照射。该试验是世界上首次使用质子治疗系统进行的肺部立体定向 FLASH 照射。

2020 年初，*International Journal of Radiation Oncology* 杂志公布了美国宾夕法尼亚大学设计的一种新型治疗系统，利用在 CT 引导下的双散射质子进行 FLASH 质子治疗。在对小鼠的动物研究中，研究人员还首次报道了 FLASH 质子治疗对正常组织更好的保护效果。

尽管 FLASH 治疗已被证明可显著改善肿瘤与正常组织之间的差异效应，但仍需要对其生物学效应有更好的了解，并且在大规模应用于临床前仍需要解决诸多技术挑战。

3）迷你束放疗。迷你束放疗（Minibeam Radiation Therapy，MBRT）是使用一系列非常窄（亚毫米）的平行微型束形成剂量分布的空间分次放疗方法，该方法产生了由峰谷模式组成的剂量剖面。MBRT 采用 500~700μm 宽的束流，使较低的设备成本成为可能。微型束放疗的原理是，束流的尺寸越小，健康组织的剂量耐受性就越高，这使该方法仍然可以达到治疗的目的。这种现象被称作剂量体积效应（dose-volume effect）。已有研究报道，MBRT 的神经毒性小于标准放疗。pMBRT 是一种新的放疗方法，可以增加正常组织的耐受剂量，目前研究人员正致力于开展 I 期临床试验，pMBRT 具有以下优势：对儿童肿瘤有潜在益处；降低并发症的风险；允许剂量递增；有效治疗放射抵抗性肿瘤；降低成本；支持大分割放疗方案；降低定位要求。

7. 放疗计划系统

（1）行业发展现状　放疗计划系统（一个专用的计算机系统）通过对束流和患者建模，来模拟计划实施的放射治疗。系统采用一个或多个算法对患者体内吸收剂量分布进行计算，计算结果供放射治疗计划制定者使用。

（2）发展趋势

质子治疗自动计划。质子治疗计划的复杂性高、工作量大、计算所需时间长、不同物理师或剂量师制定计划的方法不同，并且目前缺乏针对鲁棒性优化方式或评估的共识，因此可通过实施质子治疗自动计划获得更高质量的 PBS 治疗计划。

质子治疗自动计划分为基于经验（experience-based）的自动计划、基于知识（knowledge-based）的自动计划以及两者的联合。基于经验的自动计划依赖于以往"经验"的质量，如基于 AI 的自动计划，但首先需要有"训练"的过程。基于知识的自动计划依赖于已有的"知识"模型。目前尚没有成熟的质子治疗自动计划。

8. 图像引导系统

（1）行业发展现状　室内的容积成像技术（In room CT 和 CBCT）：治疗室内的兆伏级成像多年来用于修正患者摆位，立体千伏级成像系统在临床中也有较多应用。然而，触发图像引导放疗革命的是直线加速器的容积 CT 成像技术。治疗室内的 CT 设备或锥形束 CT 可以实现与高能 X 射线放疗可比的治疗室内容积成像技术。

（2）发展趋势

1）双能、多能 CT。双能 CT 利用高低两种能量的 X 射线进行 CT 检测，得到不同能量下的 CT 图像，并能够根据 X 射线与物体的相互作用计算出电子密度和等效原子序数等特性，更有利于计算质子束的射程，减少不确定性。目前德国国家肿瘤放射治疗研究中心（OncoRay）已开始在临床上应用双能CT进行质子治疗计划。

2）质子成像。质子成像应用质子束对患者进行成像，所得图像上的每一点均表示质子的水等效路径长度（Water Equivalent Path Length，WEPL），通过从不同方向照射及重建，可得到类似CT的三维图像。质子成像能够得到质子束的WEPL图像，将得到的WEPL图像与计算的WEPL图像进行比较，通过优化CT-RSP（Relative Stopping Power，相对阻止本领）转换图使二者的差异降至最小。

3）质子CT。质子CT应用的质子束能量高于通常照射肿瘤的能量，这样质子束可以穿过需要成像的部位。第一台临床用质子CT可能用来改进治疗前CT成像中的质子阻止本领，将来质子CT可能用于治疗计划阶段的最初成像并且最终可在治疗室内常规提供质子的相对阻止本领的3D成像，这可能是自适应质子治疗的理想成像技术。

4）瞬发伽马射线成像。瞬发伽马射线成像技术（Prompt-Gamma Imaging，PGI）是一种体内射程验证技术，应用的是照相机原理，当有束流时，会发生波谱改变，从而根据波谱位置实时监测束斑在体内的位置。目前只有一种商业化并且经临床测试的瞬发伽马信号测量系统。还需要进行大量的硬件开发来研制出完整的、便于临床应用的测量系统。

5）正电子发射成像。质子进入体内后可产生同位素，同位素发生β衰变并放出一个正电子，因此可以通过检测正电子湮灭位置和密度来验证质子束的位置。但麻省总医院既往的研究显示，体内的血液流动会使经照射产生的同位素发生再分布，在某些情况下，成像效果并不理想。

6）MR成像。实现图像引导质子治疗的途径之一是借鉴X射线放疗的方法，在治疗过程中利用MRI实时监测肿瘤靶区。德国OncoRay中心目前正在研发MR集成（MR-integrated）质子治疗系统，2021年4月已发布其实时MR图像引导质子治疗系统设计。OncoRay中心已搭建一台集成MR系统的质子治疗设备原型机，并应用这套系统在质子束照射的同时对美国放射学会（American College of Radiology，ACR）小型MRI膝盖模体进行了成像。OncoRay中心下一步会将MR扫描装置与笔形束扫描质子治疗系统集成，更加贴近临床治疗情形。新的技术挑战包括笔形束扫描磁铁对MR成像质量的影响，以及MR弥散场对束流导向系统的影响等。

三、伽马射线立体定向放射治疗系统及关键零部件发展趋势

（一）伽马射线立体定向放射治疗系统技术发展趋势

1. 伽马射线立体定向放射治疗系统简介

伽马射线立体定向放射治疗系统是一种融合立体定向技术、现代放疗技术和计算机技术于一体的放射治疗设备，其利用立体定向聚焦原理，将经过剂量计算的多束伽马射线聚焦于预选靶点，一次性大剂量摧毁靶点内的病灶组织。因其剂量梯度大，靶区边缘锐利如

同刀割,可达到类似于外科手术切除病灶的治疗效果,因此被形象地称为伽马刀。

伽马刀治疗技术的特点是在给予病灶组织大剂量照射的同时,使周围组织仅受到少量或瞬间照射,受放射线的损害很小,对正常组织及重要结构具有很好的保护作用。

凭借精度高、可靠性高、副作用小、操作简单等特点,伽马刀在脑部疾患和人体小肿瘤的立体定向放射手术和立体定向放射治疗中具有不可替代的临床优势。

按照治疗范围的不同,伽马刀可分为头部伽马刀(见图 2-65)、体部伽马刀(见图 2-66)和全身伽马刀。目前,头部伽马刀在国内和国外均有生产和应用,体部伽马刀和全身伽马刀是国内特有的放疗设备。

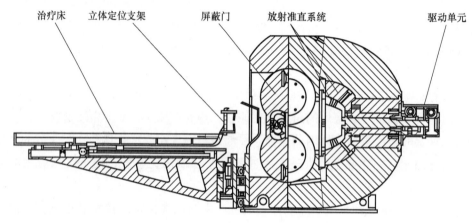

图 2-65 头部伽马刀系统结构

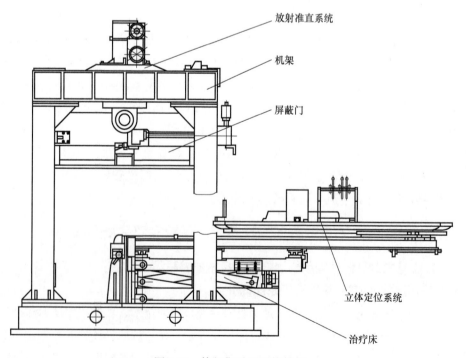

图 2-66 体部伽马刀系统结构

2. 伽马射线立体定向放射治疗系统的工作原理及系统结构

（1）工作原理　通过几何聚焦原理，将众多钴60放射源发射的能量较低的窄束伽马射线，通过引导、准直、限束、聚焦，形成具有足够治疗剂量强度的剂量焦点，通过立体定位系统将病变组织置于该焦点处。每一束射线通过正常组织的剂量都是安全剂量，而若干束射线聚焦到焦点的是致死剂量，以此来达到摧毁病灶和保护正常组织的双重效果。

（2）系统结构　伽马刀的主要结构包括放射准直系统、治疗床、立体定位系统、电气控制系统等。

放射准直系统是伽马刀的核心模块，是放射源的载体，也是用来进行射线准直聚焦照射的模块，主要包括放射源、源匣、准直系统、屏蔽系统、驱动单元等。钴60放射源封装在圆柱形不锈钢包壳内，再安装在半球壳形的源体中。准直系统由两部分组成，即装设在源体上的预准直器和装设在准直体上的终准直器。屏蔽系统由铸铁制成，为半球形包围着源体、准直系统以及其中的治疗空腔。

治疗床在治疗时供患者躺卧，由固定床身和移动床面组成。通过伺服电动机驱动控制移动床面的进床、退床和定位，从而将患者送到合适的治疗位置。

立体定位系统主要包括立体定位框架、CT/MRI图框与适配架等。

电气控制系统主要包括电源系统、控制台、操作台等。

此外，控制系统、放射治疗记录与验证系统、放射治疗计划系统等软件也是伽马刀正常工作的必备配置。

（3）重要指标及范围　伽马刀的主要指标可以分为技术性能参数和临床功能两部分。

技术性能参数中重要指标包括焦点标称吸收剂量率、吸收系数、定位参考点偏差、剂量计算综合误差、治疗计划参考点位置误差等。行业标准要求，头部伽马刀焦点标称吸收剂量率应不小于3.0Gy/min、吸收系数应不小于0.7；体部伽马刀焦点标称吸收剂量率应不小于2.0Gy/min、吸收系数应不小于0.6；定位参考点偏差应不大于0.5mm，剂量计算综合误差应不大于5%，治疗计划参考点位置误差应不大于1.5mm。

临床功能主要包括立体定向放射外科（SRS）、立体定向放射治疗（SRT）、体部立体定向放射治疗（SBRT）和图像引导放射治疗（IGRT）。

3. 伽马射线立体定向放射治疗系统的行业发展现状

（1）国际情况　1968年瑞典神经外科医生Leksell发明了世界上第一台静态聚焦伽马刀并用于临床，标志着伽马刀行业的形成。Leksell后来创立的Elekta公司发展成为现在放疗行业的大型跨国医疗企业。

国际伽马刀市场上，作为伽马刀行业开创者的Elekta一家独大。从最早期Leksell发明第一台头部伽马刀至今，Elekta产品历经多次升级换代，目前在售的有两款，其中2015年推出的Icon是一款影像引导头部伽马刀，通过外置的锥形束CT成像进行治疗前影像引导摆位验证，通过外挂红外光学相机进行实时体表位移监测。

近年来美国伽马刀新秀 Akesis 公司发展势头迅猛。2019 年 9 月至今，Akesis 已有 3 款头部伽马刀获得 FDA 上市许可，其中 2021 年 3 月刚刚获批的 Galaxy RTi 配备有目前最先进的实时影像引导系统，可实现基于内置一体化的锥形束 CT 成像和千伏级 X 射线正交成像的治疗前摆位验证，也可实现基于连续千伏级在线成像治疗中实时影像的引导。

（2）国内情况　1995 年深圳奥沃（深圳市奥沃医学新技术发展有限公司）发明了世界第一台旋转聚焦伽马刀，1998 年深圳奥沃研发出世界第一台体部伽马刀，2002 年深圳海博（深圳市海博科技有限公司）研发出了第一台头部和体部都可以治疗的全身伽马刀。中国伽马刀行业持续蓬勃发展，目前中国拥有世界上最多的伽马刀企业和最大的伽马刀装机量，是名副其实的伽马刀生产和应用第一大国。

国内伽马刀市场国产率较高，以深圳奥沃为代表的国产伽马刀品牌（还包括玛西普［玛西普医学科技发展（深圳）有限公司］、深圳海博、一体医疗（深圳市一体医疗科技有限公司）、伽玛星（上海伽玛星科技发展有限公司）、圣爱医学（深圳市圣爱医学科技发展有限公司）、尊瑞科技（深圳市尊瑞科技有限公司）、新奥沃（武汉新奥沃医疗新技术有限公司）等）长期占据国内市场 90% 左右份额，进口品牌只有 Elekta 一家。

近年来影像引导已经成为新一代伽马刀的必需配置，国内伽马刀企业也纷纷投入影像引导技术研发，并取得巨大进展。深圳奥沃在 2015 年率先研发成功影像引导体部伽马刀，随后 2017 年又推出国内首台影像引导头部伽马刀，两款产品均采用 X 射线球管和双平板构成影像系统，通过千伏级 X 射线正交成像实现治疗前影像引导摆位验证。西安大医目前有两款实时影像引导全身伽马刀在研产品，其中一款 CyberRay 于 2019 年 1 月通过《创新医疗器械特别审批程序》，另一款 TaiChiC 于 2021 年 2 月取得 FDA 上市许可，目前两款产品均在进行国家药品监督管理局（National Medical Products Administration，NMPA）注册中，两款产品均使用内置 X 射线球管和单平板构成影像系统，可通过千伏级 X 射线正交成像和锥形束 CT 成像两种方式实现治疗前影像引导摆位验证和治疗中实时影像引导，该技术处于国际领先水平。其他厂家如玛西普、深圳海博也开始研发可配套影像引导系统使用的伽马刀。

4. 伽马射线立体定向放射治疗系统临床应用现状

（1）头部伽马刀　头部伽马刀的临床适应证包括：脑部小体积原发肿瘤（听神经瘤、垂体瘤、脑膜瘤、松果体区肿瘤、淋巴瘤等），脑转移瘤，功能性疾病（三叉神经痛等），血管性疾病（颅内动静脉畸形等）。

临床病例统计分析显示，头部伽马刀治疗后，近期肿瘤客观缓解率为 72.1%，患者中位生存期为 14 个月。单因素分析显示，性别、病灶最大直径、脑转移瘤的原发肿瘤种类和转移病灶数目是影响疗效和患者生存的有意义因素。

影像引导头部伽马刀治疗开启了无创分次模式，不仅减轻了患者的痛苦，提升了患者的体验感，而且使治疗方案选择与实施不受限制，可以完整实现分次立体定向放射外科治疗，在控制治疗副作用和提高治疗效果方面取得了显著效果。已发表文献统计分析显示,加入影像引导功能后,头部伽马刀平均治疗有效率提升2.4%。

(2)体部伽马刀 体部伽马刀的临床适应证主要是体部小体积实体肿瘤,如原发性肺癌和肺转移癌、原发性肝癌和肝转移癌、胰腺癌、腹腔淋巴结转移癌、原发性骨肿瘤及骨转移癌、各种肉瘤等。

临床病例统计分析显示,体部伽马刀治疗后,近期肿瘤客观缓解率为69.6%,中位生存期为14.9月。单因素分析显示,肿瘤种类、肺癌中病理类型、肝癌中肿瘤最大直径、AFP值、Child-Pugh分级是影响疗效和患者生存的有意义因素。

临床数据分析还显示,体部伽马刀治疗胰腺癌使患者五年生存率由0%上升到12%,高于美国的6%,有了突破性提升。因为体部伽马刀为中国特有,在美国没有应用,或可认为体部伽马刀对中国胰腺癌五年生存率的提升做出主要贡献。

影像引导体部伽马刀治疗实现了更高精度,成为实施体部立体定向放射治疗(SBRT)的首选设备,具有不可替代的临床优势。已发表文献统计分析显示,加入影像引导功能后,体部伽马刀平均治疗有效率提升1.7%。

5. 伽马射线立体定向放射治疗系统主要技术进展及趋势

(1)影像引导伽马刀技术 影像引导伽马刀技术在过去几年取得了长足发展,引导方式和功能呈现多样化发展趋势。

1)千伏级X射线正交成像。千伏级X射线正交成像是放疗设备中常用的成像技术之一,目前多数影像引导伽马刀都采用了这种技术方式。其利用千伏级X射线正交成像得到两张正交二维影像,重建后可获得靶区三维影像,与治疗计划进行影像配准后,可得到需要治疗床调整的参数,实现影像引导摆位验证。

2)锥形束CT。锥形束CT技术采用宽束成像,不需移动治疗床或旋转机架就可以实现较大范围的扫描,探测器接收信号包括原射线及通过其他组织的散射线,射线的利用率较高,患者检查时接受的剂量较小。锥形束CT的空间分辨率更高,可以更清晰地分辨软组织结构。

3)红外光学监测。使用红外光学相机进行实时体表位移监测,可以判断治疗中的靶区位移情况,从而决定是否需要暂停治疗重新摆位验证。

4)实时影像引导。将影像系统内置于治疗舱中,与治疗中心同轴共面,使影像中心与治疗中心重合,可以在治疗中连续采集影像,实时重建后与计划影像配准,可实现实时影像引导。

5)多模式影像一体化引导。核磁影像具有更优软组织分辨率,对肿瘤靶区定位及边界区分具有更多优势。PET/CT或PET/MR对肿瘤代谢极为敏感,在伽马刀的靶区确定和剂量方案制定方面有较大的指导意义。目前,核磁一体化、诊断级CT一体化、PET一体化的影像引导医用直线加速器产品均已上市,但伽马刀领域发展相对较慢,预计不同模式影像引导与伽马刀的一体化集成会成为未来几年热点。

(2)人工智能技术融合应用 人工智能在放疗领域的应用已经大大改变了放疗工作流程。大数据与机器学习结合,可以大大简化靶区勾画、治疗计划制定等过程中技术含量较低但繁琐耗时的部分，不但能解决低年资医生经验不足、水平参差不齐的问题，还能让高年资医生有更多精力投入到更重要环节的把控中。同时，人工智能技术在治疗计划评估、放疗毒性与预后预测、机器误差预测等方面也有更多的应用。基于人工智能技术应用的智能伽马刀将成为新的发展方向。

（3）不同治疗手段融合。伽马刀在立体定向放疗中有其独特性，影像系统的加入提高了精准度和适用性，但在大型肿瘤的常规分次治疗上仍然有局限性。和医用直线加速器的结合能充分发挥二者的优势，提供更好的治疗效果。目前西安大医首创的多模式一体化放疗设备 TaiChiB 已经在 NMPA 和 FDA 注册中。

6. 存在的问题及建议

伽马刀行业的发展历史约 60 年，是一个技术含量高、发展速度快但尚未完全成熟的行业，发展过程中还存在一些问题需要解决。

从研究层面看，伽马刀相关的基础研究无论在数量还是水平方面均远远落后于临床实践，导致临床实践缺乏足够的理论指引，也导致了一定的推广应用障碍。对此，建议由政府及行业相关学会、协会牵头组织，伽马刀研发企业、应用医疗机构和行业专家共同参与，通过布局基础研究项目、应用示范项目、制定标准规范与专家共识等方式，促成全行业共同积极参与基础研究，推进伽马刀行业基础研究水平。

从企业层面看，伽马刀作为大型高端医疗设备，研发投入大，资本回收周期长，体量小的企业难以支撑。对此，伽马刀企业一方面应该积极寻求"产学研医用"合作，整合利用多方资源，另一方面应积极布局下游肿瘤服务市场，伽马刀企业的服务型转型是未来必然的发展趋势。

从政府层面看，伽马刀具有安全要求严格、使用技术复杂、资金投入量大、运行成本高、对医疗费用影响大等特点，因此政府的监管不能放松，但监管方式需要优化。对此，政府应针对伽马刀行业供给侧和需求侧的实际情况，制定更加科学合理的监管政策和便捷高效的监管流程，促进伽马刀行业健康快速发展，为人类健康事业做出更大的贡献。

（二）伽马射线立体定向放射治疗系统关键零部件技术发展趋势

1. 放射源

（1）行业发展现状　中国是伽马刀产品的使用大国。据不完全统计，我国大陆地区的伽马刀数量在 300 台左右，不管是从商业角度还是战略角度来说，伽马刀放射源的国产化刻不容缓。

目前，国内伽马刀设备使用的医用钴 60 放射源比活度要求在 200Ci/g 以上，几乎全部依赖进口，由加拿大、阿根廷、俄罗斯的放射源厂家提供原料或者半成品，国内公司完成封装和测试并交付设备生产厂家使用。每个伽马刀厂家的放射源规格存在一定的差异，不仅放射源活度不同，源包壳的尺寸也不同，导致放射源生产效率低下，互换性差。

自 2011 年日本福岛核电站辐射事故发生以来，国际上医用钴 60 放射源供应紧张，加拿大和阿根廷都缩小了放射源生产规模，导致国内的伽马刀设备"一源难求"，严重限制了国内伽马刀产业的发展。钴60放射源国产化是大势所趋。

（2）主要技术进展及趋势　自2000年以来，在国家核安全局、国家国防科技工业局等大力支持下，中核集团将钴60放射源国产化列入"龙腾2020"计划。中核集团、中国同辐股份有限公司联合秦山核电站、上海核工程研究设计院有限公司、中国原子能科学研究院、中国核电工程有限公司、中核北方核燃料元件有限公司等国内放射源研究单位联合攻关，大力开展国产放射源的研制工作，于2010年实现工业钴60放射源国产化。

2016年，中核集团在龙腾计划中正式批复了"医用钴60放射源研制"项目，并于2019年4月在秦山核电站实现第一批国产医用钴60原料的自主生产，填补国内技术空白，为医用钴60放射源国产化、批量化生产奠定了基础。

另外，在国家十三五"数字诊疗装备研发"重点专项支持下，深圳奥沃、西安大医与中国原子能科学研究院合作进行了γ放射源国产化研制工作，目前即将结项验收。

中国伽马刀产品一直以来依赖进口放射源的困境即将摆脱。

（3）存在的问题与建议　当前国内伽马刀放射源主要存在以下问题：供应量不足；规格差异大；受国际大环境的影响大；国产化速度缓慢。

解决上述问题的关键路径就是医用钴60放射源的国产化。只有国产化够快、够彻底，我们才能统一产业标准，才能不受制于外部的环境，才能不受产能的限制，伽马刀产业才能获得更大更快发展。

2. 准直器

（1）行业发展现状　伽马刀用准直器（见图2-67）一般都是使用钨合金材料，经过精密机加工设备加工而成。钨合金材料对伽马射线有很好的屏蔽功能，其半值层厚度为9mm左右，相对铅屏蔽材料12mm的半值层厚度，屏蔽体的体积可以做得比较小，所以被大量用来制作伽马刀的准直器，但其缺点是价格较高。钨合金材料生产工艺相对复杂，需要前期根据准直器的形状制作相应的毛坯模型，再将钨粉装入模型进行高温烧结，形成钨合金毛坯件，最后按照图样要求进行精密加工。目前国内可自主生产钨合金材料的厂家主要集中在西安、北京和株洲等地。

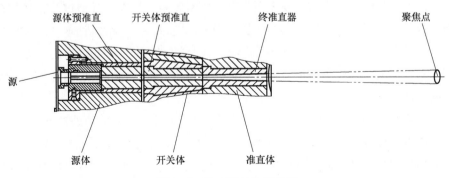

图2-67　准直器结构示意图

准直器除了对材料有特殊要求外，其加工精度也会直接影响最终的焦点质量和剂量分布。旋转聚焦式头部伽马刀，是将多个钴 60 放射源产生的多束伽马射线，通过准直器聚焦到设备的旋转焦点上，在设备焦点处形成需要的聚焦野尺寸。准直器的加工出现偏差导致射线准直路径和设计存在偏差，将直接影响设备焦点处的剂量和剂量场分布。由于准直器的准直孔相对很小，且有角度要求，一直以来都要通过制作专用的定位工业装置或者专用的加工设备进行加工。由于加工设备数量有限，精度也不稳定，准直器的加工精度很难保持一致。

（2）主要技术进展及趋势　国内的生产厂家现在可以按需定制准直器使用的钨合金材料，对于大尺寸的钨合金毛坯，也可完成烧结成型工作，从材料来源的角度来说已经基本解决了供应问题，但材料供应的周期还比较长，存在质量不稳定的情况。相信随着生产工艺的进一步完善，在市场需求的大力推动下，准直器钨合金材料的问题会很快得到解决。

十多年来，中国的数控机床获得了长足进步，以沈阳机床［沈阳机床（集团）有限责任公司］、华中数控（武汉华中数控股份有限公司）为代表的国产机床研发单位逐步解决了数控机床的核心模块问题，推出了多款高精尖的五轴加工中心类产品；同时，随着中国市场的日益壮大，国际贸易壁垒的逐步解除，很多欧美国家限制出口的机加工设备也陆续进入了中国市场。之前限制准直器加工精度的设备问题已经逐步得到解决，准直器加工的一致性也得到了保证。

（3）存在的问题与建议　当前伽马刀准直器存在的问题主要体现在准直器的加工精度和产品的重复性上。相信随着数控加工设备的升级和加工工艺的进一步完善，伽马刀准直器的问题应该能够很快得到解决。

采购满足准直器尺寸要求的钨合金材料毛坯件，通过数控加工中心一次性完成准直器加工，通过数控加工设备的精度来保证准直器的精度，这应该是产品工业化的发展道路。

3. 治疗计划系统软件

（1）行业发展现状　治疗计划系统软件是伽马刀系统组成中的关键部件，每个患者的治疗计划（包括辐照靶区、辐照剂量、辐照坐标、辐照靶点数、辐照时间、敏感组织照射剂量等）都需要治疗计划系统软件经过精密计算给出，其直接关系到患者使用伽马刀进行放射治疗的最终疗效。临床医生在治疗实施前，基本也是通过治疗计划系统软件给出的数据来进行治疗计划方案评估的。当前国内伽马刀的治疗计划系统软件基本都是国内高等学府（如东南大学、北京航空航天大学）的教师开发出来的，可以满足基本使用要求，但从工作效率、剂量计算的准确性、软件操作体验、可用性等方面来看还有很多的不足。

（2）主要技术进展及趋势　随着计算机技术的发展，计算机的处理能力大大加强，很多新的图像处理算法（如蒙特卡洛算法）逐步投入临床应用，治疗计划系统软件的计算精度稳步提高，计算速度也发生了很大的变化，很多治疗计划系统软件都推出了逆向计划功能，方便操作人员快速制订患者的治疗计划。

除此之外，PET/CT、MRI、数字减影血管造影（Digital Subtraction Anglography，DSA）等新的影像设备投入临床使用，治疗计划系统软件也逐步增加了图像融合功能，方便医生和物理师更清楚地识别肿瘤靶区和敏感组织，以及进行靶区勾画，制订出适形度更高、定位更准确的治疗计划。

图像引导放射治疗技术的发展，对治疗计划系统软件也提出了新的要求。新的治疗计划系统软件也考虑了图像引导系统对第三方软件（Third Party Software，TPS）软件的要求，推出了可匹配正交 X 射线图像引导系统、CBCT 图像引导系统的治疗计划系统软件。

多模式图像融合、多个治疗计划融合、自动治疗计划以及自适应治疗计划是未来治疗计划系统软件发展的方向。

（3）存在的问题与建议　当前，伽马刀治疗计划系统软件在自动计划（如逆向计划）、自适应计划功能方面还有待完善。参照美国食品药品监督管理局（FDA）对医疗器械产品注册的要求，软件的可用性差、网络安全无法保证也是治疗计划系统软件目前比较突出的问题，都需要在后续的工作中重点关注。

第三节　手术治疗装备

一、超声手术装备及关键零部件技术发展趋势

（一）超声手术装备发展趋势

1. 超声手术装备简介

超声外科手术是近年来在临床应用并迅速发展起来的新技术，它实现了无损伤剂量，改善组织生理或病理状态的治疗模式，进而采用破坏组织、消除病灶、恢复组织及机体健康的外科治疗方式。超声外科利用超声技术进行外科治疗，超声外科手术装备是超声治疗装备的重要形式，超声手术刀作为外科手术装备的主要组成部分，具有切割精度高、出血量少、极少产生烟雾，以及术后恢复快等特点，已成为国内外相关领领域的研究热点。

2. 超声手术装备的分类

典型的超声手术装备可分为超声切割止血刀（Ultrasonic Harmonic Scalpel，UHS）、高强度聚焦超声治疗装备（Hight Intensity Focused Ultrasound，HIFU）、超声穿刺装备、白内障超声乳化刀和超声吸引器。

3. 超声手术装备工作原理及系统结构

（1）工作原理　超声刀工作原理是超声刀系统主机电流传导至手柄，手柄内压电陶瓷片激活工作，压电陶瓷片将电能转换成机械能，产生纵向机械振动并在传导轴节点处扩大，传导至刀头咬口达到高频振动，刀头与组织蛋白接触，蛋白氢键断裂，蛋白结构重组，蛋白凝固闭合小管腔，蛋白受振动产生二级热能，深度凝固闭合较大的管腔，

从而达到切割、凝闭组织和止血的目的。在与机械手术刀、电刀、激光刀等器械比较后发现，超声刀有着独特的优势（见表 2-8）。

（2）系统结构　超声手术刀主要由两部分组成，即高频功率源及超声振动系统。超声振动系统又包含三个组成部分：超声换能器、聚能器和刀头。

4. 典型超声手术设备

（1）超声切割止血刀（UHS）　超声切割止血刀（UHS）是临床外科的新型手术装备，超声刀可用于除骨组织和输卵管之外的所有人体组织的切割，已较广泛应用于各种外科手术。

表 2-8　超声刀与其他切割器械对比

项目	机械手术刀	电刀	激光刀	超声刀
原理	刀具对活体物理组织的切割	高频高压电流与肌体接触时对组织进行加热，实现对肌体组织的分离和凝固，从而起到切割和止血的目的	激光有单一方向性，能量密度高，可利用其热效应、光效应和电磁效应等切割身体组织	刀头在超高的振动频率（如 55500 次/s）下接触组织蛋白，产生空化作用，迅速令组织水分汽化，蛋白氢键断裂，蛋白质变性成黏性凝结物，从而达到切割、凝闭组织和止血的作用
优点	不明显	切割速度快、止血效果好、操作简单、安全方便；适应手术范围广	切口平滑，出血少，不易感染	腔镜手术中有优势，损伤范围小，低温状态
缺点	创伤大，出血多，手术时间长	重要的脏器和大血管旁进行分离切割；手术中有烟及焦痂	手术中有烟及焦痂	价格相对昂贵，对操作医师要求水平高

UHS 出现于 20 世纪 50 年代，20 世纪 80 年代开始应用于临床，并在国际范围异军突起，开始了全新的蓬勃发展的时代。1995 年，Robbins 和 Ferland 首次采用超声能量行腹腔镜子宫切除术。近年来在欧美发达国家、日本等已广泛应用于外科手术之中，市场饱和度较高，中国仅为欧美国家的一半。

UHS 的原理是超声波使刀头振动，使与其接触的组织细胞内的水分汽化，蛋白质氢链断裂，细胞崩解重新融合，组织被凝固后切开，与组织蛋白接触的刀头，通过机械振动破坏胶原蛋白结构，导致蛋白凝固，进而实现封闭血管、止血的目的。该刀由压电陶瓷片、变幅杆、刀头组成。压电陶瓷片由预紧螺钉固定，将电源的电能转换成机械能；变幅杆的作用是将超声能量聚集到较小面积上来放大机械振动的位移或速度，其外形有复合型、指数型、悬链型以及阶梯型等不同形状；刀头的主要作用是辐射声能，切断组织。

1）超声切割止血刀的行业发展现状。目前，超声刀仅有极少数厂商可以生产，如美国的强生（Johnson & Johnson）、日本的 Olympus 等，其中美国的 Johnson & Johnson 占据了绝对优势,主要市场占比均在90%以上。国内市场中美国Johnson & Johnson市场占比93%左右,呈绝对优势,剩余市场大部分被Olympus等国外品牌占领。

2)超声切割止血刀的临床应用现状。目前,外科手术技术的发展趋势越来越倾向于微创化,而腔镜手术正是微创外科的重要组成之一。腔镜外科手术的主要优势有:手术创伤小、术后恢复快、住院时间明显缩短;术后疼痛轻微;手术失血机会少(90%腹腔镜手术基本没有出血);术后治疗简单、费用降低,患者病休时间缩短、提前恢复工作、减轻家庭照顾负担等。

尽管腔镜手术有如此巨大的优势,但同时其对解剖精确度要求高、有效处理血管的能力要强,对手术器械要求高。传统的电刀(单极电刀或双极电凝)不可解决的热传导范围太广(容易带来重要脏器的副损伤)、不能有效处理血管、烟雾大影响视野等缺陷,严重制约了腔镜手术范围的拓展。直到1996年超声切割止血刀的诞生,使腔镜技术得到突飞猛进的发展,使以腔镜手术为主的微创外科技术能够广泛应用在各外科领域。超声刀主要应用于五官科手术、头颈外科手术、乳腺外科手术、胸外科手术、肝胆外科手术、腹部外科手术、泌尿外科微创手术及微创妇科手术。其中微创妇科手术包括子宫肌瘤切除术、附件切除术、子宫全切除术、盆腔淋巴结清扫术等。在妇科手术中超声刀能够安全地关闭淋巴管;其较小的侧向热损伤可以减少输尿管、膀胱或其他粘连脏器的损伤,使处理盆腔粘连更加安全,能够有效地保护卵巢的机能并减少正常卵泡的功能损伤;空洞化效应方便阔韧带前后叶和膀胱腹膜返折的打开;5mm血管关闭能力可以安全处理子宫动脉和卵巢固有韧带及其他韧带。

目前,外科手术技术的发展趋势越来越倾向于微创化,其优点可概括为:疼痛轻,恢复快,创伤小,住院短。由于这些特点,微创手术不但在医疗行业中迅速推广并广泛应用,而且也得到了越来越多的患者的认同和肯定。腔镜手术是微创外科的重要组成之一,超声高频能量系统的超声切割止血刀原理是将电能转化为机械能,具有精确的同步切割和止血功能,与传统的电刀,激光刀和氩气刀相比较,超声切割止血刀具备以下显著的优势。

① 无电流通过病人躯体。
② 最小的组织焦痂和干燥。
③ 最小热损伤下的精确切割。
④ 极少的烟雾。
⑤ 多功能可减少器械的更换。

3)存在的问题及建议。当前国内外超声刀外科手术上存在的主要技术问题是:
① 电声转换效率低,导致切割速度较慢以及手柄长时间使用后发热。
② 需要解决手术刀具及加工工艺问题,延长刀具的使用寿命。
③ 超声手术机理研究不足。

因此在超声外科手术关键技术的攻关上首先要深入研究超声刀具的选材、加工及处理问题,延长刀具寿命;其次,探索新型超磁致伸缩材料的设计与应用,在超磁致伸缩材料应用上获得突破，研制出超轻小、大功率的超声振动系统；最后进行超声手术设备的微创、无创研究治疗。

（2）高强度超声治疗装备　高强度聚焦超声治疗（HIFU 治疗）装备采用聚焦超声能量，作用人体病变组织，使组织产生热消融不可逆损伤生物效应，达到治疗疾患的目的。

超声聚焦刀 20 世纪 90 年代以后在临床上逐步开始应用，称之为 HIFU（海扶刀），又称之为"21 世纪肿瘤治疗新技术"。目前，美国、日本、英国、法国、德国、挪威、芬兰等国家都在开展该技术的研究和应用。超声聚焦刀在人体内聚焦，导致聚焦区域高声强，机械能转化成热能，使此处温度迅速升高，达到 65℃ 以上，杀死聚焦区域组织的肿瘤细胞。这主要是利用了超声波的热效应和空化效应。

1）高强度超声治疗装备的行业发展现状。近年来，高强度聚焦超声适应证在不断扩展。美国聚焦超声基金会在 2018 年夏季报告中提到聚焦超声领域持续进步并快速成熟，正从研究活动迅速过渡到商业化阶段。数据表明：在短短的 10 年时间里，聚焦超声治疗机理从 3 种发展为 18 种，适应证从 3 个增加到上百个，装备制造商从 5 个增长到 60 多个；全球范围内，聚焦超声治疗临床研究和临床前研究机构已超过 300 家，并获得了超过 20 种适应证的批准。

2）高强度超声治疗装备临床应用现状。经过近二十年的研究和临床推广应用，高强度聚焦超声的适应证分为三大类型：第一类是肿瘤类疾病，如子宫肌瘤、前列腺肿瘤、乳腺肿瘤、肝肿瘤等，采用声强大于 $10000W/cm^2$ 的高强度聚焦超声换能器和驱动源；第二类是妇科疾病，如宫颈和外阴白色病变等疾病，采用中低强度的聚焦超声，声强小于 $10000W/cm^2$；第三类是骨关节炎等，采用理疗剂量、低功率换能器和驱动源进行治疗。这些均需要系列化的超声换能器和驱动源作为技术支撑和保障。

目前，高强度聚焦超声装备虽有行业标准，但在关键参数的检测上，由于传感器耐受范围和空化的限制，聚焦超声换能器的声场只能检测低功率的情况，而临床使用的功率是检测条件下的功率的几倍甚至几十倍。这是全球范围内没有解决的难题。

（3）超声穿刺装备　La Crange 等于 1978 年首次报道了超声引导下的臂丛神经阻滞。这些早期报道并未用于临床。随着技术的发展，超声成像质量有了明显提升，超声引导穿刺技术有望让经验不足的穿刺医生尽快告别不敢定位的被动局面。国际上超声穿刺装备技术发展现状见表 2-9。

表 2-9　国际上超声穿刺设备技术发展现状

公司名称	产品技术发展情况
索诺声（SonoSite）公司	S-Series 产品有穿刺针显像技术，辅助穿刺针显影的同时，保证靶目标及其周围结构高清显示
美国 Ascension Technology 公司	生产的组件 3D Guidance driveBAY 具有导航功能，国际上优胜（Ultrasonix）、GE、Siemens、Philips 等公司在使用该组件，需要专门设计导航软件，并与超声设备对接

第二章　典型医疗装备产业技术发展趋势

（续）

公 司 名 称	产品技术发展情况
美国 GE 公司	通过 VNav，可导入超声、CT 等容积数据集，向 3D 容积图像注册实时超声图像的位置，然后使用位置传感系统，同时并列显示实时超声图像与 3D 容积数据集中的相应切片，主机尺寸 141cm×58.5cm×83cm，重量 135kg
加拿大 Ultrasonix 公司	SonixTouch 可加配 3D Guidance driveBAY 实现穿刺导航功能，主机尺寸为 45cm×17cm×41cm，重量为 15kg
无锡祥生（无锡祥生医疗科技股份有限公司）	电池续航长达 2.5h，采用专用探头，探头上有快捷键（冻结键、深度调节和定制），配导针器选择最佳穿刺角度

1）超声穿刺装备主要技术进展及优势。磁场导航智能定位技术相对于传统穿刺引导有一定的进步，但系统设计复杂，设备比较庞大，不适合在狭小的手术室或床旁使用，而且在使用定制的穿刺针时，为了达到较好的效果，需要维持较强的、稳定的电磁场，其精度易受周围磁场及金属器件等影响。

2）超声穿刺装备技术发展趋势。临床科室对超声产品的需求不断增加，各厂家纷纷研究细分市场，并加大力度研制针对泌尿、麻醉、床旁等应用的产品，这些产品功能具有针对性，图像质量满足诊断即可，操作简单，价格较低。超声引导穿刺是其中的一个细分市场。

超声引导穿刺在临床的应用日益广泛。目前，常用的有徒手穿刺和导架引导穿刺两种方法：前者角度灵活多变，但准确性难以保证；后者借助穿刺架，角度固定，灵活性较差。常规超声引导下的穿刺操作受超声探头的角度、操作者的经验等诸多因素影响，有经验的超声医生掌握该技术需要经过 3~5 年的培训，并需配以高档的超声设备，这在一定程度上限制了该技术的临床普及。医生操作时手部的抖动或者用力不均匀，均会造成穿刺路径的偏移，从而造成多次穿刺和操作时间较长等问题，并发症的发生率也将增加。

磁场导航智能定位系统是一种新兴的辅助穿刺技术，通过磁场定位与虚拟成像丰富了操作者的观察视角，有望提高穿刺准确性。其磁场定位装置主要由磁发射器、磁接收器和控制电路箱三部分组成。美国 Ascension Technology 公司生产的产品 3D Guidance driveBAY 就是这样的组件，目前，加拿大 Ultrasonix、GE、Siemens、Philips 等公司在使用该组件。

（4）白内障超声乳化刀　白内障是眼科常见疾病。传统手术治疗恢复期长、切口大，且等到白内障时机成熟后才能手术，带给患者很多不便。超声白内障乳化刀通过微小切口深入眼睛内，利用超声波对人体组织的空化效应和碎裂效应，将白内障乳化并吸出。这种方法比传统方法迅速、出血少、恢复快。换能器作用的区域仅需升温 1℃，就能把白内障乳化后吸出。超声白内障乳化刀形状如图 2-68 所示。

20 世纪中期，受到牙科洁牙用的超声探头的启发，美国医生 Kelman 成功研制了世

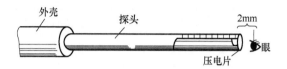

图 2-68 超声白内障乳化刀形状

界上第一个超声乳化刀头。1970年超声白内障乳化仪在市场上销售。据统计,美国眼科医师每年通过超声乳化刀完成150万~180万例白内障摘除手术。超声乳化刀由换能器、变幅杆、乳化针头等部分组成。由钛合金制成的乳化刀头一般前端有15°、30°、45°的倾角,倾角越小,乳化时越不容易形成"堵塞"和产生负压;而实现对硬核的粉碎,则要求倾角越大越好。

(5) 超声吸引器 超声吸引器是超声白内障乳化刀的演变。它利用圆管状刀头,在临床手术时,通过管道向手术切口喷注液体,使刀头振动剥落并乳化组织微粒,在负压下沿管道吸引排出。超声吸引器易作用于高含水量的功能组织,因为它可以少出血或者不出血,一层一层地把病变组织剥落、乳化和吸除。

(二)超声手术装备关键零部件技术发展趋势

1. 压电陶瓷

(1) 行业发展现状 压电陶瓷是指把氧化物(氧化锆、氧化铅、氧化钛等)混合高温烧结、固相反应后形成的多晶体,并通过直流高压极化处理使其具有压电效应的铁电陶瓷的统称,是一种能将机械能和电能互相转换的功能陶瓷材料。换能器就是利用压电陶瓷的压电效应实现电能到声能的转化。在压电陶瓷片上施加一个交变电场,陶瓷片就会时而变薄时而变厚,同时产生振动,发射声波。压电材料是夹心式压电换能器的研制、应用和发展的关键。早期应用的压电材料是压电单晶体,其中首先是石英晶体,随后是一系列的人造水溶性晶体,如罗谢尔盐、磷酸二氢铵等。在早期应用的压电材料中,除石英晶体现在仍得到广泛应用外,其他已不常用。

压电陶瓷的出现,开辟了压电材料的广阔前景,也使压电换能器的理论发展和实际应用提升到一个新的高度。1945年前后,英国、美国、日本等国各自独立地发现了钛酸钡陶瓷的高介电常数和铁电性;1945—1949年人们发现了钛酸钡的压电性并逐步解决了极化过程;1948年提出了第一套压电常数数值;1950年肯定了锆钛酸铅的铁电性质;1954年又发现它具有非常强和非常稳定的压电性。锆钛酸铅的发现使得压电陶瓷得到广泛的应用;1961年公布了测量压电陶瓷的IRE标准,将压电单晶的测量方法扩展为压电陶瓷的测量方法。我国于20世纪50年代开始研制压电陶瓷,1967年钛酸钡陶瓷正式鉴定、生产,其后锆钛酸铅(PZT)压电陶瓷也试制成功并投入生产,实现了压电陶瓷的完全自给,并在多方面形成了我国自己的特色。

(2) 主要技术进展及优势 目前,使用的压电陶瓷主要以PZT为基材料。近十年来,以钛酸铅(PT)、PZT为基础,各种新型的功能陶瓷得到了快速的发展。对压电陶瓷进行性能改进的主要手段是在其化学组成上添加含Bi^{2+}、W^{6+}、Nb^{3+}、La^{3+}等高价离子

第二章 典型医疗装备产业技术发展趋势

氧化物或者 K^{1+}、Mg^{2+}、Fe^{3+} 等低价离子氧化物，将 PZT 材料变成相应的"软性材料"或"硬性材料"，可获得压电性能更好、应用范围更广的材料。在此基础上，发展了 $Pb(Mg1/3Sb2/3)O3$、$Pb(Co1/3Nb2/3)O3$ 等复合钙钛矿型化合物的三元系、四元系压电材料，多元系压电陶瓷能够弥补低元系压电陶瓷性能单一的缺陷，改进压电、介电、机械性能等参数，应用领域更加广阔。

在国外，其研究主要集中在美国、日本、德国、韩国等发达国家，其中日本的研究工作比较突出。压电陶瓷的研究主要集中在烧结工艺上，Ananta 等采用煅烧法、加入钙钛矿添加剂等，通过低温条件（800℃和830℃）成功制备出了高致密度、高压电性能、低介质损耗的铌镁酸铅（PMN）、铌铁酸铅（PFN）压电陶瓷。这种方法既减少了氧化铅的挥发又不会引起第二相产生，且节约能源。现代压电陶瓷材料正在向着无铅化、复合化及纳米化方向发展，应用前景广阔，是一种极有发展潜力的材料。

1）无铅压电陶瓷。无铅压电陶瓷，也被称为环境协调性压电陶瓷，它要求陶瓷材料在制备、使用、废弃处理的过程中不产生对环境有害的物质，避免对人体健康造成危害，从而减少环境污染。然而，目前使用的压电陶瓷材料主要以 PZT 为基材料，其压电性能远远优于最有应用前景的无铅压电材料。虽然无铅压电陶瓷的开发和研究已经取得了较大的进步，但要让无铅压电陶瓷完全取代含铅压电陶瓷目前还无可能，无铅系压电陶瓷的研究与开发任重而道远。

2）压电复合材料。压电复合材料是由压电陶瓷相和聚合物相按照一定的连接方式构成的一种具有压电效应的功能复合材料。对压电复合材料进行的研究主要分为三种：串联-并联模式、使用压电方程来研究压电复合材料和有限元法。由于柔性聚合物相的加入，压电复合材料的密度、阻抗、介电常数降低，而复合材料的优选和机电耦合系数的提高，克服了单纯的压电陶瓷的脆性和压电聚合物高成本的弊端。但存在以下问题：极化处理工艺、复合材料在较高压力下的退极化问题、压电复合材料除外的其他耦合模式开发与应用问题、压电陶瓷相压电性能的提高问题、压电复合材料理论模型的进一步完善和应用研究问题。随着新技术的出现和发展，压电复合材料的应用领域逐渐变广。

3）纳米压电陶瓷。之前的压电陶瓷晶粒通常为微米级，这种粒径在能量超声系统方面已经非常优越，传统的晶粒较大的陶瓷材料已经满足不了应用方面的需求，材料晶粒甚至开始由微米级向纳米级方向发展。

近年来，随着纳米技术的飞速发展，纳米陶瓷逐步受到关注。纳米粉体经成型和烧结，形成致密、均匀的块体纳米陶瓷。材料的韧性、强度和超塑性大幅提高，克服了工程陶瓷的许多不足，并对材料的力学、电学、热学、磁学、光学等性能产生重要影响，通过精选材料组成体系和添加纳米级颗粒、晶须、晶片纤维等加以改性，可以获得高性能和低温烧结兼优的纳米压电陶瓷材料。通过控制纳米晶粒的生长可获得量子限域效应，以及性能奇异的铁电体，可提高压电热解材料机电转换和热释性能。

纳米粉料可弥补工程陶瓷材料的诸多不足，但减小粒径带来诸多好处的同时影响了压电陶瓷材料的压电效应。相关研究者在促进畴壁移动方面对传统工艺进行了改进，使纳米晶粒的压电效应达到与粗晶粒陶瓷较为一致的水平。

（3）存在的问题与建议　我国对压电材料的研究起步较晚，但经过较长时间的努力，对压电材料的研究取得很大的进展。压电陶瓷的应用范围从 20 世纪 80 年代开始不断扩展。人们开发出各种具有综合性能的器件，比如结合了电学和声学的声表面波滤波器。之后压电材料便有了突飞猛进的发展，出现了薄膜技术，该技术制作的 PZT 为小型化元器件的发展起到了进一步的推动作用，两者的结合意味着技术的进步。

传统的压电陶瓷，包括以 PZT 为基的二元系、三元系陶瓷材料，虽然具有一系列优异性能，但均含有大量的铅，其中 PbO（或 Pb_3O_4）的含量约占原料总质量的 60% 以上，这类陶瓷在制备、使用及废弃处理过程中会散发有毒物质，有悖人类发展和环境保护要求。但无铅压电陶瓷、压电复合材料及纳米压电陶瓷在性能、工艺方面还存在种种不足，还需做大量的研究和开发，故有以下几点建议：

第一，利用纳米掺杂，改良传统加工工艺的方法，改善铌酸盐基无铅压电陶瓷压电常数偏低、居里温度范围不合适等缺点。

第二，寻找合适的元素和配比，改良压电陶瓷的压电常数，提高其居里温度，减小其与 PZT 的性能差距，细化钛酸铋钠（BNT）基无铅压电陶瓷，提高电导率，从而减小极化难度。

第三，积极开展压电、铁电的基础知识研究，提高并完善压电理论，发明不同于传统的压电陶瓷材料，取而代之。

2. 钛合金

（1）行业发展现状　钛及钛合金以其优良的生物相容性、力学适应性、可加工性以及在生物环境下的抗腐蚀性，在生物医用金属材料中具有其他材料所无法比拟的优势。

钛及其合金的发展可分为三个时代：第一个时代以纯钛和 Ti-6Al-4V 为代表；第二个时代是以 Ti-5Al-2.5Fe 和 Ti-6Al-7Nb 为代表的新型 α+β 型合金；第三个时代则是一个开发与研制具有更好生物相容性和更低弹性模量钛合金的时代，其中对 β 型钛合金的研究最为广泛。

最初应用于临床的钛合金主要以纯钛和 Ti-6Al-4V 为代表。纯钛在生理环境中具有良好的抗腐蚀性能，但其强度较低，耐磨损性能较差，限制了其在承载人体较大部位方面的应用，目前主要用于口腔修复及承载较小部分的骨替换。相比之下，Ti-6Al-4V 具有较高的强度和较好的加工性能，这种合金最初是为航天应用设计的，20 世纪 70 年代后期被广泛用作外科修复材料，如髋关节、膝关节修复材料等。为了避免 V 元素的潜在毒性，20 世纪 80 年代中期两种新型 α+β 型医用钛合金 Ti-5Al-2.5Fe 和 Ti-6Al-4V 在欧洲得到了发展。这类合金的力学性能与 Ti-6Al-4V 相近。虽然这两种合金及 Ti-6Al-4V 与组织弹性模量最为接近，但仍为组织弹性模量的 4~10 倍。这种材料与组织之间弹性模量的不匹配，会使载荷不能由器械很好地传递到生物组织，出现"应力屏蔽"现象，从而导致器械传输能量的减弱甚至失效。20 世纪 90 年代，施乐辉（Smith & Nephew Richards）公司研制的 Ti-13Nb-13Zr 合金中加入了生物相容性元素铌（Nb）和锆（Zr），此合金不仅弹性模量（79GPa）低于纯钛和 Ti-6Al-4V，而且完全生物相容，但此合金的强度相对较低。

因此，开发研究强度较高、生物相容性更好、弹性模量更低的新型特种钛合金，以适应临床对能量超声器械材料的需求，成为能量超声领域的主要研究热点之一。

（2）主要技术进展及优势　根据合金设计理论设计的 α+β 型特种钛合金，其经 800℃固溶处理后，可得到单一的 β 等轴晶组织，弹性模量较低（66GPa），但强度仍低于 TC4。冷变形即金属或合金在再结晶温度以下所进行的变形或加工，通常情况下，经冷变形后金属或合金的强度有所提高，而弹性模量有所下降。因此众多研究者力图探索对特种钛合金进行冷轧变形来提高该合金的综合力学性能。

研究冷轧变形对特种钛合金组织、微观结构、冷轧织构和力学性能的影响，也是获得合金的最佳处理工艺的一条捷径。

（3）存在的问题与建议　我国对能量超声钛合金材料的应用和开发研究起步较晚，整体水平不高，跟踪研究多，源头创新少，相关产业基础薄弱，产品技术结构和水平处于初级阶段，技术含量高的产品主要依赖进口。一方面，这说明人们对钛合金在医学上应用的优点还了解不多；另一方面，国内医疗器械产品中的中高端产品市场被国际品牌大公司占据，即使国内公司能够生产，其钛合金原材料也大部分依靠进口。

另外，我国的医疗器械管理制度、标准体系等都不太健全，如医用钛合金材料纳入国际标准 ISO 的有 7 种之多，包括纯 Ti 系列、Ti-6Al-4V、Ti-6Al-7Nb、Ti-5Al-2.5Fe、Ti-13Nb-13Zr、Ti-12Mo-6Zr-2Fe、Ti-15Mo，涉及 α、α+β 和 β 型各类钛合金，而我国只有纯 Ti 系列、Ti-6Al-4V 两种合金，Ti-6Al-7Nb 合金于 2009 年才正式列入国家外科植入物材料标准 GB/T 13810。

因此，巨大的医疗需求与我国生物医用钛合金材料及器械的薄弱基础之间形成了巨大的矛盾，说明我国生物钛合金研究和医疗器械类产业还很弱，远不能满足社会发展的需求，需要加大投入，快速发展。

3. 超声刀刀杆

（1）行业发展现状　超声刀领域的竞争关键在于刀具材料，而刀具材料的技术关键在于刀杆，其质量直接影响到超声刀设备的输出效率，进而影响临床切割效果。

刀杆材料。超声刀刀杆的材料是钛合金棒料。钛是 20 世纪 50 年代发展起来的一种重要的结构金属，钛合金具有密度小、强度高、耐蚀性好等特点。目前超声刀刀杆原材料一般采用国外成品钛合金棒料，加工成成品刀杆以后根据刀杆性能的差异采取不同的热处理方法，满足产品对刀杆的需求。

刀杆加工工艺。超声刀刀杆主要由钛合金棒料加工而成，刀杆属于细长杆，加工难度极大。而钛合金加工有如下特点：变形系数小，切屑在前刀面上滑动摩擦的路程大大增加，加速了刀具磨损；由于钛合金的导热系数很小，切屑与前刀面的接触长度极短，切削时产生的热不易传出,集中在切削区和切削刃附近的较小范围内,切削温度极高;切屑与前刀面的接触长度极短,单位接触面积的切削力大大增加,容易造成刀具崩刃,还容易造成加工零件弯曲变形,引起振动,加快刀具磨损并影响零件的精度;冷硬现象严重,不仅会降低零件的疲劳强度,而且能加剧刀具磨损;钛合金对刀具材料的化学亲和性强,在切削温度高和单位面积切削力大的条件下,刀具很容易产生黏结磨损。车削钛合金时,有时前刀面的磨损甚至比后刀面更为严重。

刀杆包胶工艺。刀杆包胶是指在超声刀刀杆节点上包一层硅胶,起到支撑刀杆与防水的双重作用,因此,刀杆硅胶圈需要满足尺寸精度高、耐磨、不脱漏等要求。

(2) 主要技术进展及优势

1) 刀杆材料研究。目前超声刀刀杆常用的热处理方法有退火、固溶和时效处理。退火是为了消除内应力、提高塑性和组织稳定性,以获得较好的综合性能。通常 α 合金和 α+β 合金退火温度选在 (α+β)→β 相转变点以下 120~200℃;固溶和时效处理是从高温区快冷,以得到马氏体 α′相和亚稳定的 β 相,然后在中温区保温使这些亚稳定相分解,得到 α 相或化合物等细小弥散的第二相质点,达到合金强化的目的。通常 α+β 合金的淬火在 (α+β)→β 相转变点以下 40~100℃进行,亚稳定 β 合金淬火在 (α+β)→β 相转变点以上 40~80℃进行。时效处理温度一般为 450~550℃。

2) 刀杆加工工艺研究。目前,超声刀刀杆使用走心机加工。走心机全称为走心式数控车床,也叫主轴箱移动型数控自动车床、经济型车铣复合机床或者纵切车床,属于精密加工设备,可一次同时完成车、铣、钻等复合加工,在精密轴类异型非标件的批量加工时,有非常明显的优势。

走心机采用双轴排布刀具,极大地减少了加工循环时间,通过缩短排刀与对向刀具台的刀具交换时间,多重刀具台重叠功能;螺纹切削有效轴移动重叠功能;二次加工时的直接主轴分度功能;以实现空走时间的缩短。切削刀具一直在主轴与工件夹紧部位加工,保证了加工的精度恒定不变。机床配备自动送料装置,可实现单台机床的全自动化生产,减少人工成本和产品不良率,提高了加工精度。非常适合加工精度要求高、难度大的刀杆零件的大批量生产。

4. 换能器

(1) 行业发展现状　聚焦超声换能器和驱动源是聚焦超声治疗装备的关键零部件,其可产生超声波,并有效聚焦在病灶,从而达到治疗疾病的目的。换能器由具备压电效应的压电陶瓷阵元构成,这种压电材料在选定的工作频率下发生机械振动,于是换能器把电能转换成动能(机械波)传递到需要治疗的人体组织。有各种不同的聚焦超声换能器以满足临床使用需求,换能器的参数由临床适应证确定。

压电材料、换能器设计(包括结构设计、仿真等)、检测和工艺是聚焦超声换能器的基础。目前,超声换能器聚焦方式主要有透镜聚焦、壳式聚焦和相控聚焦。其中,相控聚焦的技术难度、工艺难度和成本是最高的,但它可以用于脑部疾病的治疗,如打开血脑屏障,治疗特发性震颤、阿尔茨海默病、抑郁症、肌张力障碍、癫痫等疾病,以及拓展新的适应证和解决临床问题，是未来重点发展方向。

国外三种类型的聚焦超声换能器均有使用，且有专业的换能器和驱动源生产厂家，如法国 Imasonic 和美国 Sonic Concepts 公司。

国内换能器主要采用前两种聚焦方式。相控聚焦换能器在国内处于研究或者临床试验中，尚未进行商业化。同时，聚焦超声适应证的选择由装备制造商主导，不同适应证需要的换能器参数是不同的，因此，聚焦超声换能器基本由装备厂家或公司自主研发、自主制造、自主配套，高校和研究所仅对感兴趣的技术点开展研究。高强度聚焦超声换能器的工作频率一般在 0.8~2MHz、声功率≥400W，水声或工业超声驱动源频率通常不高于 200kHz；而射频或微波功率放大器太昂贵，因为其由线性放大和功率合成，结构十分复杂，故障率较高，故障时维修时间太长且维修费用高。现在基本没有商用的高强度聚焦超声驱动源，国内的驱动源基本也是装备厂家或公司自主研发、自主配套的。

（2）主要技术进展及优势　国内聚焦超声换能器的主要进步表现在设计能力的进步上，这几年有更多的人投入换能器设计研究中，使用 comsol 和 PZFLex 等换能器设计软件进行仿真设计和研究，产出很多的科研论文和专利，推动了聚焦超声换能器的进步，尤其是相控聚焦换能器技术，研究进展喜人，缩短了与国外的科研差距。

换能器材料的进展主要体现在两方面：一是大功率压电材料的研究和质量稳定性的研究有较大的进步；二是 1-3 压电复合材料的研究，它可提高换能器的电声转化效率和带宽，是相控聚焦换能器主要采用的材料。换能器材料的进步将提高换能器性能，为国产相控聚焦换能器走向应用奠定一定的基础。一些先进装备的引进，也使换能器的加工工艺得到提升。

在大功率超声驱动源方面的技术进步：一体式超声驱动源技术，引入了开关模式电源技术（Switch Mode Power Supplies），可以明显提高电源效率；采用分时-功率合成技术，可满足大功率和高频率的需求。

5. 压力传感器

（1）行业发展现状　压力传感器是一种将受力的物理信号转变为可测量的电信号的输出装置。目前主要有两种压力传感器，一种是压阻式柔性薄膜式压力传感器，另一种是应变片式拉压传感器。目前，市面上国内外产品种类基本相同，国内产品主要模仿国外产品或采用国外技术。由于制作压敏材料的不同，产品性能上存在较大差距，产品的价格相差较大。

（2）主要技术进展及趋势

1）柔性薄膜式压力传感器。柔性薄膜式压力传感器采用精密印刷工艺制作，受压时电阻发生变化，工艺较新，主要应用在运动、健康和机器人感知领域。该传感器封装为开放式，不适合在水中使用。但该传感器制作简单，价格较低。

2）应变片式拉压传感器。应变片式拉压传感器采用惠斯通电桥原理制作，工艺较为成熟，大多应用在称重领域，其受力感知变化与受力变化呈线性关系。该传感器部分产品可进行密封,可以在水中使用。由于该传感器制作工艺复杂,其价格相对较高。

目前,压力传感器的研究向光纤压力传感器方向发展。这是一类研究成果较多的传感器,但投入实际应用的并不是太多。它的工作原理是利用敏感元件受压力作用时的形变与反射光强度相关的特性,在由硅框和金铬薄膜组成的膜片结构中间夹了一个硅光纤挡板,在有压力的情况下,光线通过挡板的过程中会发生强度的改变,通过检测这个微小的改变量,人们就能测得压力的大小。这种敏感元件已被应用于临床医学,同时在加工与健康保健方面的应用也在快速发展。

与传统压力传感器相比,光纤压力传感器体积小、重量轻,具有电绝缘性,不受电磁干扰,测量范围广。

(3) 存在的问题　目前,在压力传感器选择方面存在以下问题。

一方面,小型化、微型化仍是一大难题。医疗装备设计比较紧凑,需要一些体积较小的传感器来进行传感,但市面上存在的传感器体积相对较大,可选范围很小;同时产品形式比较单一,适用场合狭窄,设计选型比较困难。另一方面,压力传感器过载能力较差,目前市面上的产品在标准量程上使用,性能尚可,一旦出现较大量程的过载,就会发生永久性损坏,无法修复。

6. 硅橡胶水囊膜

(1) 行业发展现状　高抗撕裂强度硅橡胶是硅橡胶品类中的高强度类型,耐高温、高抗撕裂、高透明度、生物相容性好。我国高抗撕硅胶大部分还依赖于进口,进口硅胶相比于国产硅胶价格高昂,当然产品质量过硬也是国内广大厂家依赖进口硅胶的原因。国内橡胶制品公司采购进口硅橡胶原料,通过硫化工艺制成产品,但由于硫化工艺的影响,产品性能和透明度还不能满足使用需要。

(2) 主要技术进展及趋势　提高硅橡胶的强度和抗撕裂性能是目前行业的主要发展方向,其方法有:在硅橡胶中加入高补强白炭黑、表面处理白炭黑及某些特殊配合剂;使硅橡胶与其他有机聚合物并用,提高抗撕裂性能;改变硅橡胶分子链接结构,合成具有高抗撕裂性能的新型硅橡胶。

在硅橡胶中加入适量的补强剂和耐热添加剂,可制成耐 300~350℃ 的高温硅橡胶。混入相应的添加剂,可以提高硅橡胶的抗撕裂性能和耐热性能,有利于制成较薄的水囊膜承受较大的重量,同时经受高温而不降低性能。硅橡胶业制品公司通过吸收国外先进技术,自主开发国产高抗撕裂硅胶,产品可以达到 FDA 食品级标准,在同等质量下价格相比国外进口硅胶要低 10%。

随着纳米技术的进步,硅橡胶材料的性能改良方法朝着硅橡胶纳米复合材料的方向发展。新型的纳米材料一般都具有独特的结构,如层状或准一维。作为橡胶的补强材料,其在理论上具有明显优势,会成为硅橡胶补强材料的新方向。加入适量的层状硅酸盐蒙脱土,可有效提高硅橡胶的阻燃性能、阻隔性能和耐热性能;混入高模量纳米材料碳纳米管可有效提高其抗撕裂强度等。新型的纳米材料在硅橡胶的补强中的应用,使硅橡胶在性能上展现出诱人的前景。

（3）存在的问题与建议　目前，行业内使用的产品多采用美国道康宁公司（Dow Corning）的高强度抗撕裂硅橡胶，价格高，不易采购。国内的类似产品，其抗撕裂性能和耐热性能一般。

新型碳纳米管硅橡胶性能较优，目前仍处于研发阶段，如能应用，可很大程度上缓解现状。

7. 无创测温装置

（1）行业发展现状　高强度聚焦超声治疗（HIFU）装备在临床治疗过程中，需要在引导装备的引导下工作，引导装备是 HIFU 的关键部件，应该具备以下特点：对人体无危害；成像质量高，能准确分辨肿瘤组织范围并实现准确定位；能实时监控声传播区域组织温度的变化及治疗靶区凝固性坏死发生的情况；系统价格便宜，易于实现等。目前，HIFU 治疗装备应用于临床的引导装备主要为 B 型超声诊断仪和 MRI。B 型超声诊断仪除不具备无创测温功能，满足其他功能要求。MRI 除图像实时性差些、价格昂贵，具备无创测温及其他功能。

（2）主要技术进展及优势　HIFU 装备中 HIFU 关键部件引导装备的技术对比如下。

1）MRI 无创测温技术。基于弛豫时间方法。MRI 是一种无损无电离的方法，可以生成在任何方向的解剖图像。MRI 参数中，氢质子共振频率对温度比较敏感，并且与温度变化呈线性关系，在 1.5T 的磁场中，温度每升高 1℃，氢质子共振频率就增加 0.52Hz；自旋-晶格弛豫时间（T1）对温度变化也比较敏感，组织温度升高将引起弛豫时间延长，导致图像中 T1 信号减弱，因此可以使用这两个参数估计组织温度。该方法的检测灵敏度比 X-CT 法要高，然而，环境温度的灵敏性和 T1 与其他参数的多相关性，决定了 T1 的准确测量是很困难的，所以测量的精度受到了限制。

基于分子扩散方法。一种新的无损测温技术，基于分子扩散的核磁共振成像技术正在形成。分子扩散和温度是直接相关的。用这种方法计算得到的温度，与用传统的热电偶测温结果相比误差小于 0.5℃。

MRI 温度测量的精确度很高，MRI 能监测到静止组织中低于 1℃ 的温度变化，即使受到呼吸、心跳和血管搏动的影响，也能监测到 2~3℃ 的温度改变。目前，MRI 温度成像引导 HIFU 治疗时，温度的分辨率可达 1℃，成像时间可达秒级，虽不能实现"实时监控"，但已可满足对术中监控和疗效评价的需求。采用高速成像技术，有利于消除此弊端，但会带来仪器造价增加、复杂性提高、对控制系统提出了更高的要求等问题。

2）B 超无创测温技术。超声无创测温的方法有很多种，如超声透射声速法、超声波衰减系数法、超声非线性参数法、有限元法、超声图像法、分层介质声速模型下的时频分割法、生物组织离散随机介质散射模型下的时移、频移和能量法等。每种超声测温方法各有其优缺点，目前都处于实验研究阶段，离临床应用有较大距离。

超声波在生物体内传播时，其声速会随组织温度的变化而变化。超声透射法就是利用声速测温，声速的测量基于超声波经过一段路径的渡越时间。只要测量加热前后同一声路上固定两点之间的超声渡越时间，就可求得声速。

软组织中声衰减系数的温度系数比声速的温度系数大十多倍，因此利用声衰减系数的温度相关性可获得更高的温度分辨率。生物的声衰减系数的测定一般采用反射法，因为透射法受生物体积大小的制约，在体积较小时测定较困难。由于反射波受组织散射和折射的影响，用其测得的组织衰减系数精度普遍不高。有研究者采用双脉冲超声法测量组织的声衰减系数，可以有效克服组织散射和折射的影响。

因为超声非线性参数 B/A 的温度系数相对较大，因此利用 B/A 来测量组织温度也可获得很高的温度分辨率。采用双脉冲法测量介质的非线性参数 B/A，需要给介质中传播的探测超声波一个大的声压扰动，以增强其传播的非线性畸变。使用该方法测温必须知道待测生物组织 B/A 的温度系数，因此需要事先建立各种生物组织 B/A 的温度特性数据库。

有限元解热传导边值问题法，是利用适应性较强的有限元法，解生物热传导方程，并根据超声源强度和组织外表面温度值求出组织表层和体内的温度分布。该方法可以获得较好的测量精度且无须另外附加超声收发换能器。上海交通大学王鸿樟、丁璎等人于 1993 年、1998 年先后发表了有关这方面的研究成果。他们使用该方法得到了超声热疗中人体内的瞬态温度分布，并讨论了超声聚焦、血流扩散和表皮温度等对超声加热的影响，提出了一种超声热疗无创控温的方案。

自 1989 年以来，由于计算机应用技术和成像技术的发展，利用 B 超成像技术进行无创测温的研究受到了广泛的重视。该方法利用超声探头向皮下组织发射超声波，然后接收这些组织的反射回波，将反射回波以 B 超图像的形式显示出来，通过不同的数学算法描述体内各个点的温度变化情况，进一步推测体内的温度场。在这个方面美国、日本、英国等国家研究比较深入。近期俄罗斯在这方面的研究也取得了长足进步。相关研究人员使用多种数学方法对组织内的热辐射的声学特性进行了研究并重建了组织内的温度分布场，组织内的热量是组织表面向组织内发射的超声波引起的，重建后的温度场分布与实验结果基本一致。我国在这一领域的研究基本达到国际先进水平。哈尔滨工业大学的侯珍秀、徐祯祥以及西安交通大学的钟徽、万习明等人于 2002 年、2005 年也先后发表了有关研究成果。

生物组织在温度发生变化时，其 B 超图像像素的灰度值、小波系数、分维数等图像参数会随着温度的变化而变化。在不同温度下的组织界面内超声散射回波信号强弱不同，造成超声图像的各种图像参数按照一定规律变化。只要分析图像参数与组织温度变化的对应关系，就可以利用这种关系获取组织温度的变化规律。

（3）存在的问题与建议　高强度聚焦超声作为一种新的局部治疗手段，其临床应用及研究方兴未艾。由于其具有无放射性、安全、有效、治疗后患者康复快等特点，在肿瘤治疗方面得到广泛的应用。随着 HIFU 技术的进步和对 HIFU 生物学效应的认识，其应用范围将不断拓展。为了确保 HIFU 治疗过程的安全和有效，对组织温度以及组织是否发生蛋白质凝固的监控成为治疗中的关键。超声监控设备成本较低，且易与 HIFU 设备配合，因此利用超声进行无创测温及损伤评价已成为当前研究的一个热点。

第二章 典型医疗装备产业技术发展趋势

利用超声进行无创测温以及损伤评价是一个集超声学、生物医学、热学、电子学、计算机科学、图像图形学、数学等众多领域于一体的多学科交叉的前沿课题。利用超声进行无创测温以及损伤评价技术要求理论和工程实践完美结合，是当前极具临床医学意义和极富挑战性的课题之一。

随着计算机应用技术和成像技术的发展，利用B超成像技术进行无创测温的研究是目前B超无创测温的发展方向。通过超声探头向皮下组织发射超声波，接收这些组织的反射回波，提取目标组织声衰减系数，或超声非线性参数B/A等与温度相关的物理参数，采用不同的数学算法描述体内各个点的温度变化情况，与正常二维B超图像融合，以B超图像的形式显示体内的温度场分布，并直接与HIFU治疗规划结合，修正治疗参数及治疗规划，能有效地提高HIFU治疗效率及安全性。

目前，HIFU采用B超引导的引导设备尚无B超无创测温功能的主要原因是B超无创测温方法还停留在实验室阶段，离临床应用有着较大距离，存在资金、人力及时间投入问题，最终产品还需要通过长期临床试验及病例累积等进行研制改进。

二、高频、射频手术装备及关键零部件技术发展趋势

（一）高频、射频手术装备技术发展趋势

1. 高频、射频手术装备简介

高频电刀（高频手术器）是取代机械手术刀进行组织切割的电外科器械。它通过有效电极尖端产生的高频高压电流与肌体接触时对组织进行加热，实现对肌体组织的分离和凝固，从而起到切割和止血的目的。

近年来，随着我国电子技术的进步和发展，高频电刀应运而生。高频电刀因突出的优越性被广泛应用在普外科、五官科、妇产科、脑外科、胸外科的手术治疗中，还可以被应用于各类内窥镜手术中。

2. 高频、射频手术装备的工作原理及系统结构

（1）工作原理　高频电刀其实是一个变频变压器，通过电磁波干扰射频原理，经过变频变压和功率放大将输入的AC 220V，50Hz的低压低频电流转换成300~4000V，频率为400~1000kHz的高压高频电流。高频电刀工作时，在经主电源电路缓冲整流滤波稳压作用下，外部输入的电源电压变成直流电压，从而负责整个电源模块供电。在开关驱动电路和主动电路的共同作用下，开关电源产生直流高压电流，负责整个高频功放所需电源。在主动电路、开关电路以及高频功率的协同作用下，高频功放电路将电磁波干扰高频振荡器产生的高频振荡信号，经过输出电路的调谐和平衡抑制，生成输出功率、电压幅值、波形、脉冲振幅等重要参数，最终将上述参数传输至负极板、手控刀、脚控刀、双极镊子。在高频功放的作用下，高频电刀的工作电流、电压、高频信号的采样信号同设定模式、功率参数对比，实现控制实际输出电流、电压、功率的目的，从而保证工作的安全性和稳定性。在经隔离变化后，极板阻抗会产生极板信号，并将其反馈到主控电路上，以便判断其工作状态、是否允许启动电刀。而负极板只能在单级电刀模

式下使用，其功能是将输出高频电路组成回路，以免电流返回电刀中，影响高频电刀的正常输出从而引发安全事故。

（2）系统结构　高频电刀通常由能量主机和电刀刀柄、病人极板、双极镊、脚踏开关等附件组成。高频电刀主要由主件和联用附件两部分组成。其中，联用附件包含各种刀头、脚踏开关、电源线、镊子、保护接地线等，主件则包含主机、双极电极、中性电极和手术电极。

1）主机。主机主要是由电源、微处理器、大功率振荡器、传感器、调制器、耦合电路等构成。

2）双极电极。这类电极是指在同一个支架上存在两个手术电极，受激时高频电流在两个手术电极间流动。

3）中性电极。这类电极同患者身体接触面积较大，主要提供低电流密度的高频回流回路。中性电极常被称为接地电极、负极板、板电极等。

4）手术电极。手术电极的功能是形成手术所达到的物理效应，如凝结或切割等，手术电极又被称为阳级、刀笔、激励电极等。

3. 高频或射频手术装备的分类

高频电刀产品的分类主要包括：单极高频电刀，双极高频电刀和血管密封高频电刀。其中，双极高频电刀的市场份额最大，在2018年达到了52.4%，并且2014—2019年，其市场份额在不断增加。

根据高频手术器的功能及用途，大致可分为以下类型：

1）多功能高频电刀：具有纯切、混切、单极电凝、电灼、双极电凝；

2）单极高频电刀：具有纯切、混切、单极电凝、电灼；

3）双极电凝器：双极电凝；

4）电灼器：单极电灼；

5）内窥镜专用高频发生器：具有纯切、混切、单极电凝；

6）高频氩气刀：具有氩气保护切割、氩弧喷射凝血；

7）多功能高频美容仪：具有点凝、点灼、超高频电灼。

4. 高频或射频手术装备行业现状

在最近几年中，全球高频电刀发展比较平稳，2014—2019年销量的复合增长率是5.43%左右，在2018年全球高频电刀的销量是24万台，而销售额达到16.3亿美元。在全球范围内，未来的几年中，预计医疗保健实践中的技术进步以及微创手术的增多将是高频电刀的主要增长动力。

2017年，全球高频电刀市场规模达到了23亿美元，预计2025年将达到46亿美元，年复合增长率为9.16%。

目前，以美敦力（Medtronic）、强生（Johnson & Johnson）、贝朗（B. Braun）、康美（ConMed）等为代表的行业国际巨头的产品在市场占据主流位置，占全球市场的大部分份额。中国企业，如北京贝林（北京贝林电子有限公司）、上海沪通（上海沪通电子有限公司)、苏州康迪(苏州康迪电子有限公司)电子等在国内占据比较大的市场份额,相对国际厂商产品技术仍然存在差距。

高频电刀主要应用于开放手术和微创手术中,其中,主要的应用还是开放手术,在2018年占比大概是67.4%,但是随着微创手术的增加,未来越来越多的高频电刀也将应用到微创手术中。

(二)高频或射频手术装备关键零部件主要技术进展趋势

高频电刀自1920年应用于临床至今,已有90多年的历史。其经历了火花塞放电—大功率电子管—大功率晶体管—大功率MOS管四代的更变。随着计算机技术的普及、应用和发展,其实现了对各种功能下功率波形、电压、电流的自动调节,各种安全指标的检测,以及程序化控制和故障的检测及指示,因而大大提高了设备本身的安全性和可靠性,简化了医生的操作过程。

同时,随着医疗技术的发展和临床提出的要求,以高频手术器为主的复合型电外科设备也有了相应的发展:高频氩气刀、高频超声手术系统、高频电切内窥镜治疗系统、高频旋切去脂机等设备,在临床中都取得了显著的效果。而随之派生出来的各种高频手术器专用附件(如:双极电切剪、双极电切镜、电切镜汽化滚轮电极等)也为临床手术开拓了更广泛的使用范围。

高频电刀装置本身的技术发展特点包括:已采用响应速度快、稳压效果佳的大功率晶体管或MOS开关电源取代可控硅高压电源;采用高频率高可靠性MOS全桥或半桥开关式功放电路,取代大功率晶体管推挽式高频功放电路;用多道隔离、调谐、平衡输出回路,取代简单的高频高压输出回路;用CPU取代一般数字模拟集成电路作控制,并向模块化方向发展。

尽量在功率不提高的前提下提高峰值电压,降低电流,更高的峰值电压可以保证更好的切割和止血效果,更低的电流和功率对患者的损伤更小,同时也保证了手术的安全性。此外,高频电刀的技术对安全性的要求越来越高,新的技术如极板监测、系统自检、漏电控制、瞬间放电、自适用闭环控制反馈等系统的研制可以确保设备长时间稳定运行,也将进一步提升高频电刀在组织融合和消融的应用拓展。

三、冷冻手术装备及关键零部件技术发展趋势

(一)冷冻手术装备技术发展趋势

冷冻治疗是一种利用冷冻引起局部组织的烧蚀反应,而可控地破坏活组织的物理治疗方法,目前主要应用于皮肤病和肿瘤的治疗。手持液氮喷雾设备主要用于皮肤疾病的治疗。氩氦刀和康博刀是自动化多探针的冷冻设备,用于全身各种实体肿瘤的治疗。目前,对冷冻治疗技术、冷冻治疗机制以及皮肤病和恶性肿瘤冷冻治疗的临床治疗效果研究已取得丰富成果。

1. 冷冻治疗装备简介

早在1961年,美国神经外科医生、现代低温手术的奠基人Irving S. Cooper与工程

师合作研制了一种可调节温度的液氮冷冻治疗装备。该装备利用带有真空外层保护的同心套管，将液氮输送至探针尖端，使其温度保持在-196℃左右，从而对治疗部位的组织进行冷冻治疗。1984 年，美国医生 Gary Onik 率先把超声影像监测技术融合到冷冻治疗的临床应用中。影像引导冷冻消融治疗技术在冷冻治疗过程可对冰球的位置和大小进行监测，可有效减少对正常组织的损伤，促进了冷冻消融技术的快速发展。第二代冷冻治疗技术随着超声成像等影像技术的成熟发展迅速，开启了微创冷冻消融的新时代。20世纪 90 年代，美国 Endocare 公司利用焦耳-汤姆逊节流制冷原理研制了一种新型冷冻治疗设备，该设备采用氩气节流制冷和氦气节流加热复温，实现快速冷冻治疗和复温拔针，用于肺癌、肝癌等多种实体肿瘤的消融治疗。中国是目前国际上冷冻消融肿瘤临床研究最活跃的国家。

由于冷冻治疗设备采用的冷媒和热媒均为高压气体，运输、储存和临床使用存在极大的安全隐患。氩氦气价格昂贵，且氦气为战略物资，不易获得，限制了其在县级医院的推广使用。发展至此，冷冻治疗设备仍仅具备单一的低温冷冻消融功能，存在不可克服的缺点，即消融针道出血和种植性转移风险。20 世纪 90 年代，清华大学及中国科学院理化技术研究所在国内外首次提出和实现超低温冷冻和高强度复温的复合式治疗模式和技术解决方案，最终完成创新产品康博刀的开发。

第四代冷冻治疗技术目前已大量用于肺癌、肝癌、肾癌、胰腺癌、前列腺癌、骨肿瘤、软组织肿瘤、乳腺癌等多种实体肿瘤的治疗，展现出明显的临床疗效和优势，为失去手术、放化疗等传统治疗机会的年老体弱患者提供了一个新的选择和希望。该技术创新性地集成了超低温冷冻消融和高温热疗的优点，显著地提高了冷冻消融肿瘤的治疗效果，扩大了冷冻治疗的杀伤范围，还解决了以往冷冻消融产品治疗不够彻底、术后针道易出血、存在针道种植转移风险等问题，不但发挥了冷冻消融的长处，吸收了高温热疗的优势，还弥补了单纯冷冻治疗的不足，具有显著的临床优势。

康博刀与氩氦刀都是通过高强度冷热快速切换的方法，达到杀死癌细胞的目的，但康博刀的整体工作性能显著优于氩氦刀，且探针与液氮的成本均较低。目前，各种不同类型的冷冻治疗设备均可用于临床治疗。

2. 冷冻治疗装备的工作原理

通过将一根直径约 2mm 的复合式冷热消融探针，经皮穿刺进入肿瘤靶向部位，消融针换能区给予病变组织深度冷冻（低温-196℃）和加热（80℃以上）的物理刺激，使肿瘤细胞肿胀、破裂、肿瘤组织病理学呈现不可逆的充血、水肿、变性和凝固性坏死过程；同时，深度冷冻可在细胞内外、微静脉及微动脉内迅速形成冰晶，导致小血管破坏，造成局部缺氧的联合作用；从而把病变组织细胞杀死。

康博刀作为一项高低温复式肿瘤微创治疗技术，实现了冷热交替杀伤，大范围地摧毁肿瘤，它可以在 20min 内实现冰火两重天的低温和高温切换、冷热交替循环治疗、微创消融肿瘤，同时还能克服传统的单一冷冻消融易出血、存在针道种植风险及热消融病人疼痛明显、耐受差等问题。

第二章 典型医疗装备产业技术发展趋势

康博刀治疗特点：

1) 在影像引导下实时监测治疗，消融边界清晰，且无需全身麻醉，治疗过程痛苦少。
2) 治疗的方式是经皮穿刺，靶向消融，创口"超"微创，患者术后恢复迅速。
3) 该方法是物理治疗，对人体无毒害，副作用率低，并可以激发人体的自身免疫。
4) 治疗过程无痛感，患者体验感良好。

3. 康博刀的临床应用情况

自上市以来，康博刀已在60余家医院开展了临床应用，包括中国医学科学院肿瘤医院、北京大学肿瘤医院、复旦大学附属肿瘤医院、中山大学附属肿瘤医院、天津肿瘤医院等，实现了全国五大肿瘤中心全覆盖。截至目前，康博刀临床治疗病例已累计数千例。术者对康博刀的疗效和安全性给予了充分肯定。在"癌中之王"胰腺癌100余例康博刀手术病例中，患者术后症状缓解率达100%，约70%的患者不再需要镇痛药物治疗，使不同病期的胰腺癌患者都能得到有效的治疗。

在长期应用康博刀进行临床治疗的基础上，临床专家不断总结经验，发布了《冷热多模态消融治疗肝脏恶性肿瘤操作规范专家共识》和《经皮穿刺冷热多模态消融治疗肺部恶性肿瘤操作规范专家共识》，为广大医生群体应用康博刀实施肿瘤消融提供了指导，提升了我国肿瘤治疗水平，普惠了广大肿瘤患者。

（二）冷冻手术装备及关键零部件技术发展趋势

1. 工控机

（1）行业发展现状　在互联网不断发展、智能制造不断推进的背景下，工控机市场将呈现出以下发展趋势：传统的自动化产品从单一化走向智能化，标准化的工业协议和数据平台的运用发展，使得控制系统与外界的交互更加便捷，而工控产品的操作也会更加简单，模块化程度更高，使用更加方便。未来的工控机不仅仅只是扮演原本自动化机台的角色，可能还会根据需求来调整软件与固件，承上启下，串联起服务端需求的生态链。

当前，嵌入式工控机在应用数量上远远超过了各种传统的工控机。根据数据分析，未来嵌入式系统复合增长率还会不断增加，嵌入式工控机能够获得较大的市场份额，这是因为嵌入式工控机主要以应用为中心，以计算机技术为基础，可以应用于对功能、可靠性、成本、体积、功耗有严格要求的专用计算机系统。

（2）主要技术进展及趋势　随着嵌入式技术不断发展、不断进步，基于嵌入式系统的工控机产品也成了近年来工控行业的一大发展趋势，小型化工控机、低功耗工控机、无风扇工控机等具有适应恶劣工作环境等优势，在市场上受到人们的欢迎。如今客户已经不仅仅只满足于单一的产品，而是更加倾向于厂商能够提供以工控机为核心的整体解决方案，这种需求改变了整个工控机产业的服务模式。

随着标准化数据通信线路和通信网络的发展，将各种单（多）回路调节器、PLC等工控设备构成大系统，以满足工厂自动化要求，并适应开放化。

以前工控机厂商只是简单地提供硬件设备，后来，为了使应用更加智能化，厂商逐渐增加各种软件层面的产品，为客户提供"购买即用"的整体解决方案。

工控机的应用越来越普遍，工控机厂家需要根据行业的使用习惯和标准，加强对应用需求的关注，增强系统的扩展性、开放性。工控机不断地向着数字化、微型化、分散化、个性化、专用化方向发展。

（3）存在的问题与建议　目前，国内外企业站在了同一起跑线上，我国企业可以抓住机遇缩小与国外先进水平的差距，走向世界。此外，随着工控技术不断发展，我国企业可以提高工控机的产业化水平，打造民族品牌，将工控机产业做大做强。

目前我国产业面临的挑战如下：掌握核心技术，实现工控机主板的国产化；自主创新，解决 Compact PCI 总线主机板的冗余设计问题；提高系统 I/O 设计和配套能力，提供系统级解决方案。

2. 低温阀门

（1）行业发展现状　阀门是流体输送系统中的控制部件，具有截止、调节、导流、稳压及泄压等功能。低温阀门是一种在低温流体中工作的阀门。随着现代科技的发展，液氢、液氧、液氮以及液化天然气等得到了广泛的应用，低温阀门的需求也越来越大。

全球工业阀门的市场需求中，石油天然气领域占比最高，达到 37.40%，其次是能源电力和化工领域，分别占比 21.30% 和 11.50%。而在国内，化工、能源电力和石油天然气行业也是阀门销售的主要市场，分别占比 25.70%、20.10% 和 14.70%。低温阀门则主要应用在液化天然气领域，在低温医疗器械、生物样品保存、低温工程等领域亦有一定的应用。

（2）主要技术进展及优势　低温阀门技术、低温流体或液体阀门技术具有一致性，低温与高压是该技术领域关注的焦点。低温阀门主要技术进展及优势如下。

1）阀体材料越来越成熟。低温下，一般材料强度和硬度升高，塑性和韧性大幅下降，严重影响了阀门的安全性。通过材料研究发现，奥氏体不锈钢材料低温变形小，没有明显的低温冷脆临界温度，在 -200℃ 以下，仍能保持较高的韧性，是目前低温阀门选用最多的阀体材料。

2）新型密封材料研究。低温下，橡胶材料进行玻璃化转变，大多数非金属材料存在着冷脆和严重冷流现象。目前，低温密封材料主要有聚四氟乙烯、石棉和柔性石墨等，其中，石棉无法避免渗透性泄露，聚四氟乙烯线膨胀系数很大、冷流现象严重，所以使用较少，而柔性石墨是一种良好的密封聚合物，是目前使用较多的密封材料。

3）低温处理技术。奥氏体不锈钢在较低温度下发生马氏体转变，宏观上尺寸发生改变，为确保马氏体的充分转变，在精加工阀门材料前，宜对材料进行两次深冷处理，尽量减少阀门在低温条件下使用时的尺寸改变。对奥氏体不锈钢进行深冷处理，能有效解决材料在超低温条件下的形变问题，从而保证低温阀门密封性能。

4）结构设计。阀门结构设计需要保证阀门在低温工况下安全、密封可靠、开关灵活等。目前，低温阀门多采用长颈阀盖，使填料部位远离阀体中流过的低温介质，避免温度过低影响阀杆的动作；另一种设计是采用焊接波纹管的方式进行隔热。

（3）存在的问题

1）行业整体市场集中度较低。以全球视角来看，国际领先的阀门企业大多已经登陆资本市场，经历了利用资本市场推动和实现行业整合的过程。相比之下，国内阀门企业整体规模偏小，即便排名前列的企业大多也没有登陆资本市场，缺少资金长期支持。

2）我国大部分阀门企业仍处于行业的低端市场。面向低端市场的阀门产品需求量大、技术含量低、门槛不高，因此充斥了大量的家庭式、作坊式的小阀门生产企业，市场竞争激烈且无序，利润水平较低。

3）国内外差距明显。当前国内低温阀门产品与知名品牌进口产品相比还存在不小的差距，主要表现在密封性、外观设计、使用寿命、电动和气动装置技术等方面。

3. 冷热罐

（1）行业发展现状　冷热罐作为贮存工作介质的容器，具有良好的绝热性能、尽可能满足工质储存条件是最基本要求，也是很重要的技术指标。由于液氮常压下的饱和温度极低（-196℃），因此相比热罐，贮存液氮的冷罐的绝热性能要求会更严格。

国外一直比较重视低温容器的绝热性能研究，在绝热材料的多层复合选择、导热系数、放气率、材料发射率等方面做了大量工作，同时，对绝热方式和绝热材料的具体应用进行了长期研究，开发的产品与具体应用相结合，型号较多，综合性能较为稳定。近年来，随着低温技术的广泛应用，国内针对低温容器的绝热研究也呈现出蓬勃发展的态势，许多学者对绝热材料、绝热结构进行了大量的实验研究，但系统性、长期性的产品技术开发相对缺少，产品型号相对较少，性能稳定性不高，仍有长足的发展空间。

（2）主要技术进展及优势　冷热罐的常用绝热形式包括堆积绝热、真空粉末绝热、高真空绝热和高真空多层绝热。考虑到绝热性能及经济性等指标，不同的绝热形式均有应用。堆积绝热、真空粉末绝热主要用于大中型低温装置中，如天然气液化装置、空气分离装置等。高真空绝热和高真空多层绝热主要用于小型低温系统和设备中，而在移动式低温容器以及对绝热性能要求较高的各类低温设备中，高真空多层绝热应用更为广泛。

随着技术进步及应用要求的提高，具有"超级绝热"之称的高真空多层绝热形式越来越得到重视，其凭借卓越的绝热性能以及重量轻、预冷损失小、稳定性好的优势，在低温容器市场上占据了较大的份额，是未来低温绝热形式的主要发展方向。

真空绝热空间的大部分热量通过辐射传递，小部分通过材料和残余气体导热传递。反射屏主要采用低发射率的金属材料，用于削弱绝热空间的辐射传热，金、铜片和铝等都可作为反射屏，在工业应用中，考虑到造价和实际情况，一般选用铝箔或镀铝薄膜作为反射屏；间隔物主要用于辐射的吸收和散射，一般选用低热导率的材料，如玻璃纤维纸、尼龙、涤纶等。

（3）存在的问题与建议　影响高真空多层绝热性能的因素有很多，包括材料性质、多层中的真空度、多层结构（如层密度、松紧度、总层数或总厚度）、多层绝热承受的机械载荷等。例如，高真空多层绝热材料在大气环境下和生产过程中会吸附气体，当材料置于真空环境时，材料会因解吸而出气，从而导致夹层真空度恶化，如果容器夹层真空度无法保持，其绝热性能会严重降低。国内针对上述影响因素的研究还不完善，针对不同具体应用的产品性能指标还缺少系统性数据支持，相应的多层绝热材料的分类应用、性能检验方法及标准等还有待建立和完善。

总之，高真空多层绝热的应用集成了材料、真空、低温、机械、工艺等方面的技术，复杂程度较高，需要行业长期、稳定的发展才能获得理想的标准化产品。

第四节　生命支持与急救装备

一、呼吸机装备及关键零部件技术发展趋势

（一）呼吸机装备简介

呼吸机是用来给患者提供通气支持的设备。临床上，呼吸机可以代替或部分代替患者的自主呼吸，是帮助患者实现有效气体交换的重要手段。目前呼吸机广泛应用于各种原因导致的呼吸衰竭，大手术期间的麻醉呼吸管理，呼吸支持治疗和急救复苏等临床场景。在现代医学领域，特别是重症医学领域占有十分重要的地位。呼吸机通过给病人提供设定压力或容积的气体，改善患者氧合，排出CO_2，减少呼吸做功。在院内，呼吸机广泛应用于重症医学科、呼吸科、急诊科等科室。特别是在2003年SARS和2019年至今的新冠肺炎疫情中，呼吸机作为"救命神机"在抗疫中发挥了举足轻重的作用。

呼吸机细分种类繁多，如按照临床应用场景划分，有重症呼吸机、新生儿呼吸机、高频呼吸机、急救转运呼吸机和家用呼吸机等。按呼吸机按接入人体的方式不同划分为有无创呼吸机和有创呼吸机。

其中重症呼吸机具有系统复杂度高、技术难度大、临床功能多、技术指标要求高的特点，是呼吸机装备中要求最高的设备，因此本文重点介绍重症呼吸机装备。

呼吸机厂商方面，迈瑞医疗作为国际领先，国内最大的呼吸机产品研发和制造商，经历了十几年的发展，产品覆盖从成人重症到新生儿多个领域。如高端重症呼吸机SV600/800系列（见图2-69），重症或亚重症电动电控呼吸机SV300系列，新生儿专用无创呼

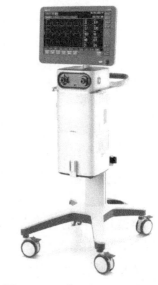

图2-69　迈瑞医疗SV800高端重症呼吸机

吸机NB300/350系列等。SV600/800系列高端重症呼吸机凭一己之力打破了进口品牌对国内高端呼吸机市场的垄断，SV300系列在新冠肺炎疫情中以其轻便易用，实现了氧疗、无创和有创通气等功能的全覆盖，被一线临床医生称为"抗疫神机"。

国际呼吸机厂商有德尔格（Dräger）、迈柯唯（Maquet）、哈美顿（Hamilton）、康尔福盛（Care Fusion）、Philips、GE等。国内厂商还有北京谊安（北京谊安医疗系统股份有限公司）、深圳普博（深圳普博医疗科技股份有限公司）等。

（二）呼吸机装备的工作原理及系统结构

1. 系统结构

呼吸机主要组成模块有吸气模块、呼气模块、显示模块等。其中呼吸机工作的核心是吸气和呼气模块等组成的气路系统。

呼吸机按照气源类型主要划分为气动电控和电动电控两类。其中气动电控呼吸机系统结构如图2-70所示。吸气模块包括空气支路和氧气支路，分别连接高压空气和高压氧气作为输入气源。分别通过空气和氧气比例阀控制空气和氧气的流量输出，流量大小通过各自支路的空气和氧气流量传感器进行实时监测。空气和氧气经过混合腔进行混合，形成用户所设置氧浓度的混合气体，同时该混合气体的氧浓度可以通过氧传感器进行实时监测。混合气体流过安全阀通过吸气支路送气口输出，经吸气管路进入病人肺内实现通气。同时吸气支路设有压力传感器用于测量支路气道压力。患者呼出气体经呼气管路呼出，到达呼气模块，呼气模块通过呼气流量传感器测量呼气流速大小，通过呼气阀控制封阀压力，产生呼气末正压。

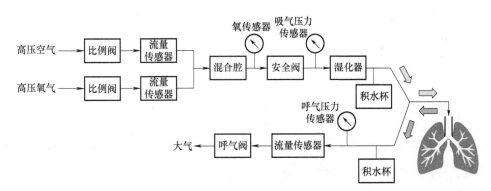

图2-70 气动电控呼吸机系统结构

电动电控呼吸机与气动电控呼吸机的最大区别在于空气气源，结构如图2-71所示，电动呼吸机不需要高压空气作为气源输入，它通过涡轮抽取大气中的空气作为空气气源。空气与氧气混合产生混合气体，混合气体通过吸气阀控制，以实现特定流速或压力的气体。后端结构与气动呼吸机基本相同。

2. 工作原理

呼吸机是一个电子、气路、机械、软件等多个学科的集合体，可以部分或者完全替代病人的通气功能。以气动呼吸机为例，在吸气阶段，吸气阀打开，高压的空气和氧气

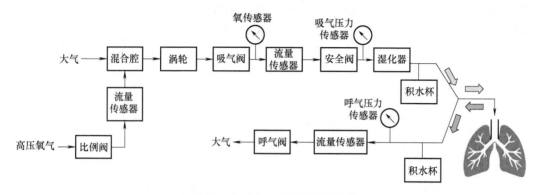

图 2-71 电动电控呼吸机系统结构

气源输入到呼吸机内部后,经过一个空气和氧气混合器,形成特定氧气浓度、特定流速或压力的新鲜气体,这个气体经过管路输送到病人的肺内。在呼气阶段,吸气阀关闭,呼气阀打开,利用病人自身的力量完成气体呼出。

吸气控制:机械通气吸气阶段,通过电流按照设定氧浓度和流量控制空气和氧气比例阀输出空气和氧气,空气和氧气流量分别通过流量传感器进行实时闭环反馈控制,以精确输出目标流速,形成设定氧浓度的特定流速气体。空氧混合后通过吸气管路进入病人肺内,吸气支路安全阀的作用是在气道压力过高等异常情况时开放气道以进行压力释放从而实现安全保护。在吸气阶段呼气阀需要以一定的电流进行控制封阀,以保证新鲜气不会从呼气阀溢出。

呼气控制:机械通气呼气一般是被动呼气,呼气阀以用户设置的呼气末正压为目标进行封阀,肺内气体经呼气阀排出。此时吸气阀一般以动态或静态基础流的形式输出一定流速的气体以满足吸气触发的需求。

吸呼气切换:机械通气的吸呼气切换是呼吸机的核心性能之一。总体来说吸呼气之间切换有时间触发和病人触发两个途径。时间触发是指按照用户设置的吸气时间或呼气时间进行吸呼气的控制,吸气时间到了转呼气,呼气时间到了转吸气。病人触发是指吸呼气切换由病人控制,比如呼吸机检测到病人吸气努力时转吸气阶段,当病人吸气流速降低到吸气峰值流速的一定百分比时(该百分比一般由医生手动设置)转为呼气阶段。

3. 重要指标及范围

呼吸机控制参数和监测参数见表 2-10、表 2-11。

表 2-10 呼吸机控制参数

名称	单位	范围
氧浓度	—	21%~100%
潮气量	mL	2~4000
呼吸率	次/min	1~150

第二章 典型医疗装备产业技术发展趋势

（续）

名　称	单　位	范　围
吸气流速	L/min	2~180
吸气压力	cmH_2O	1~100
呼气末正压	cmH_2O	0~50
吸气触发灵敏度	L/min 流速触发	0.5~20
	cmH_2O 压力触发	-20~-0.5
呼气触发灵敏度	—	1%~85%

注：$1cmH_2O = 0.98kPa$。

表 2-11　呼吸机监测参数

名　称	单　位	范　围
气道峰压	cmH_2O	-20~120
平台压		
平均压		
呼气末正压	cmH_2O	0~120
吸入潮气量	mL	0~6000
呼出潮气量		
分钟通气量	L/min	0~100
呼吸率	次/min	0~200
阻力	$cmH_2O/(L/s)$	0~600
顺应性	mL/cmH_2O	0~300

（三）呼吸机装备的分类

呼吸机按用途可以分院内使用和院外使用两大类型。

院外分：家用无创呼吸机、家用睡眠呼吸机。

院内分：重症或亚重症呼吸机（主要应用于有创通气，兼顾无创通气功能）、新生儿呼吸机、转运呼吸机、院内无创呼吸机。

其中新生儿又可以分为新生儿高频呼吸机、新生儿常频呼吸机和新生儿无创呼吸机。

按照呼吸机动力源主要分为气动电控和电动电控两大类型：

气动电控呼吸机：外接氧气、压缩空气及电力。采用电子或计算机技术，以及高精度的流量、压力传感器和耐用的控制阀组成，拥有多种通气模式，多种呼吸参数的监测，呼吸力学的曲线波形以及趋势分析等。可用于呼吸衰竭治疗，急救复苏、麻醉、术后恢复等。目前临床上高端重症呼吸机多以气动电控呼吸机为主。如迈瑞的 SV600/800

系列呼吸机（为了保证持续安全通气，在没有高压空气时，配置涡轮模块的 SV600/800 呼吸机可以以电动模式工作）。

电动电控呼吸机：通过内置的电动器件（比如涡轮）提供通气压力，不需要压缩空气进行驱动，实现和气动电控类似的通气效果。这类机器空气可以由电动器件提供，但一般还需要额外的氧气气源，以支持通气时不同氧浓度的输出。功能上电动电控呼吸机与气动电控呼吸机相差无几。如迈瑞医疗的 SV300 系列电动呼吸机（见图 2-72）。

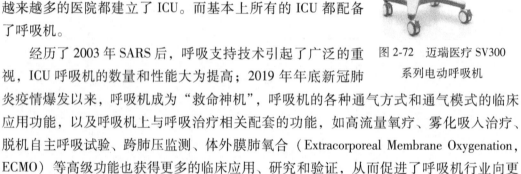

图 2-72　迈瑞医疗 SV300 系列电动呼吸机

（四）呼吸机装备的行业发展现状

近十几年来，随着我国对危重病诊疗技术的日益重视，越来越多的医院都建立了 ICU。而基本上所有的 ICU 都配备了呼吸机。

经历了 2003 年 SARS 后，呼吸支持技术引起了广泛的重视，ICU 呼吸机的数量和性能大为提高；2019 年年底新冠肺炎疫情爆发以来，呼吸机成为"救命神机"，呼吸机的各种通气方式和通气模式的临床应用功能，以及呼吸机上与呼吸治疗相关配套的功能，如高流量氧疗、雾化吸入治疗、脱机自主呼吸试验、跨肺压监测、体外膜肺氧合（Extracorporeal Membrane Oxygenation，ECMO）等高级功能也获得更多的临床应用、研究和验证，从而促进了呼吸机行业向更加精细化和智能化方向发展。

2020 年在全国人民共同努力下，中国成为全世界首个成功控制新冠肺炎疫情蔓延的国家，成功实现了全面复工复产。国内也迎来了呼吸机出口和国内需求的狂潮，为中国和世界人民抗击新冠肺炎疫情做出了杰出贡献。

根据数据显示，2020 年，我国院内呼吸机行业的市场规模约为 45 亿人民币，较 2019 年同比增长 60%；2021 年，我国院内呼吸机行业的市场规模与上一年基本持平。

目前，我国呼吸机行业主要参与者包括 Dräger、Hamilton、Maquet、GE、Care Fusion、柯惠（Covidien）等国外品牌，以及迈瑞医疗、北京谊安等国产品牌，没有垄断型企业。今年以来国产呼吸机品牌发展迅速，竞争力不断提升。2019 年，国内呼吸机市场销售前三的是 Dräger、迈瑞、Maquet，其中迈瑞医疗作为国产呼吸机的代表，已经达到了与进口产品相当的水平（见图 2-73）。

随着迈瑞医疗等国内呼吸机企业的发展和崛起，国产呼吸机提供了从基层医疗到高端呼吸治疗管理应用的临床解决方案，进一步丰富了国内呼吸机市场产品，并且降低了进口呼吸机的采购成本。

1. 呼吸机装备临床应用现状

呼吸机在临床上主要用于代替、控制或改变人的生理呼吸，增加肺通气量、改善通气功能、减少呼吸做功消耗。

第二章　典型医疗装备产业技术发展趋势

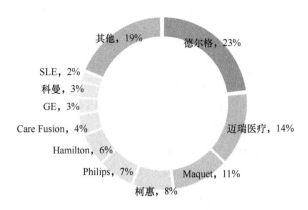

图 2-73　2019 年中国医用呼吸机市场格局占比情况

（图片来源：华经产业研究院）

在机械通气临床应用的发展过程中，趋于关注通气的有效性、通气管理的精细化和基于网络的临床数据融合应用。2020—2021 年呼吸机在危重症医疗应用的进展中，随着呼吸机在临床中的广泛使用，医生也逐渐从关注通气控制的精准、小潮气量通气、防止气压伤，到关注更全面的肺保护通气、鼓励尽早脱机、更加智能的机械通气过程管理等。比如，利用食道压实现跨肺压的监测；利用自动人机同步调节，减少人机对抗；通过机械能等参数，全面评估肺损伤的可能性；通过自适应支持通气，根据患者的呼吸力学特点自动调整通气参数实现肺保护通气等。另外，智能化应用在临床上越来越广泛，比如新生儿机械通气中的氧浓度自动反馈调节，支持根据患儿需要，更加及时的调节氧浓度，避免氧不足或氧中毒；呼吸机信息的互联互通，实现集中的呼吸监测和管理；程序化的脱机管理流程等。

在临床应用进展方面，不得不提及呼吸机对新冠肺炎患者治疗的重大意义。国家卫健委印发的《新型冠状病毒肺炎诊疗方案（试行第八版+修订版）》中提到，针对重型、危重型病例，采取高流量氧疗、无创或有创机械通气方式对患者进行呼吸支持，是重要的诊疗方式之一。研究表明，新冠病毒对感染者肺部具有极强的攻击性，可能引发肺炎或急性呼吸窘迫综合征（Acute Respiratory Distress Syndrome，ARDS），唯有用呼吸机辅助或替代呼吸，才能保证患者的血氧含量，避免呼吸系统和重要脏器发生器官衰竭，为其他的临床治疗实施争取时间。

在呼吸机设备配置方面，《重症医学科建设与管理指南（2020 版）》建议每床配置 1 台常规呼吸机，每个 ICU 病区应另外配置至少一台常规呼吸机备用。为便于安全转运患者，每个 ICU 病区应至少配置便携式呼吸机 1 台。根据需要配置适当数量的高流量氧疗仪和无创呼吸机。

综上，从呼吸机诊疗技术的诊疗个性化、精细化、智能化，到新冠肺炎诊疗过程中的呼吸支持重要性，及临床科室呼吸机设备配置建议中可以看出，呼吸机临床应用在重症监护病房中将起到更加重要作用，呼吸机相关技术也需要进一步的提高和发展。

2. 呼吸机装备主要技术进展及趋势

呼吸机装备的技术发展主要集中在重症呼吸机领域。近年来该领域的技术发展主要集中在人机同步和肺保护两大领域。

人机同步是其关键性能之一。在人机同步方面，迈瑞医疗公司的 IntelliCycle Pro 技术在性能和易用性等方面均达到国际领先水平。该技术不需要额外的附件，不增加任何医疗成本，依靠呼吸机本身就有的压力和流量波形进行智能识别，进而实现自适应的人机同步。从要求病人适应呼吸机，转变为呼吸机自动适应病人。

机械通气为正压通气，其较正常的自主呼吸具有反生理性，而这个反生理性在临床上会导致肺损伤等一系列并发症。因此重症呼吸机领域肺保护策略是临床研究和应用的热点。近年来在肺保护方面陆续推出各种技术手段，如迈瑞医疗 SV600/800 呼吸机推出的自适应通气模式（Adaptive Ventilation Mode，AMV），它能够根据患者呼吸力学特征和自主呼吸情况，以最小呼吸功为目标，自动进行呼吸率和潮气量的调控，从而达到自适应通气和自适应肺保护的目的。该模式能够适应机控和自主呼吸等全病程。研究表明 AMV 模式能够减少临床医生操作，降低工作负担，显著减少报警，并能够降低机械通气时的机械能。食道压是肺保护策略的重要手段之一，通过食道压监测可以滴定通气参数，以实现肺保护的目的。迈瑞医疗高端重症呼吸机作为国内首家集成食道压功能的呼吸机，通过研发自制食道压附件解决以国内食道压附件的瓶颈，满足临床应用。对病人有效监测是肺保护的重要前提，迈瑞医疗呼吸机全球首家实现驱动压和机械能的实时监测，为肺保护策略的临床实施提供全面的数据支撑。

随着人工智能技术的成熟以及在医疗行业的逐渐深入应用，未来人工智能在机械通气领域将发挥越来越大的作用，也是呼吸机产业发展的大趋势。在具体技术层面，肺保护依然是机械通气的重要方向。

3. 存在的问题及建议

机械通气的"反生理"特性依然是临床上呼吸机使用的最大问题。因此如何高效进行通气的同时又尽可能地降低机械通气对患者的副作用是呼吸机研发面临的最大问题。同时呼吸机的操作对临床医生的要求极高，如何用好呼吸机也是临床面临的问题。

人工智能技术作为未来发展的大趋势，其技术应用于医疗产品所面临的最大障碍是注册问题。从数据库的建立，到验证，甚至临床实验都对呼吸机研发厂家提出了极高的要求。因此建议在人工智能技术应用于呼吸机装备的注册方面给予厂家更多的支持。

二、麻醉机装备及关键零部件技术发展趋势

（一）麻醉机装备简介

麻醉机是临床麻醉的重要设备，向患者提供氧气、吸入麻醉药物，并进行呼吸管理，使其吸入麻醉药浓度精确、稳定、易控制。现代麻醉机通常还配备了生命体征监

测、患者意识监测、痛觉水平监测、肌肉松弛水平监测等模块，如气道内压监测、呼气末 CO_2 监测、吸入麻醉药浓度监测、氧浓度监测、脑电信号监测、肌松监测等，组成临床麻醉工作站。

（二）麻醉机装备的工作原理及系统结构

1. 工作原理

麻醉机的工作原理是向病人输送指定流速和浓度的氧气和麻醉气体，通过肺部的气体交换实现氧气和麻醉输送，再通过循环系统输送至器官和脑部，维持病人氧合和麻醉效果。

2. 麻醉机的系统结构

包括气体输送系统、呼吸机、呼吸回路，如图 2-74 所示。

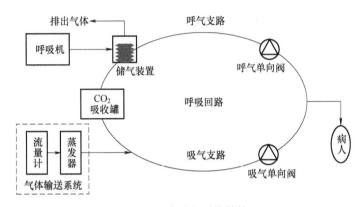

图 2-74 麻醉机系统结构

气体输送系统由流量计和蒸发器成，用来产生向病人回路传输的新鲜气体。流量计主要负责产生载气，将高压的氧气与空气调压后按照设定流速和氧浓度输出。蒸发器主要负责产生一定浓度的吸入麻醉药物气体，载气流经蒸发器后，携带出设定浓度的吸入麻醉药物，形成进入回路的新鲜气体。

呼吸机用来产生周期性的驱动力以产生呼吸流速和压力，将气体送入病人肺中。麻醉中常用的通气模式有容量控制通气（Volume Control Ventilation，VCV）、压力控制通气（Pressure Control Ventilation，PCV）、压力支持通气（Pressure Support Ventilation，PSV），以及这三种模式互相组合的复合通气模式，如间歇同步指令通气模式、容量保证压力控制通气（PCV-VG）。

呼吸回路用来建立气体输送系统、呼吸机与病人之间的气体通路，通常采用半紧闭式结构的重复呼吸回路。由于麻醉药物价格较贵，并且是较强的温室气体，重复呼吸回路可以将呼出的麻醉气体重复利用，减少麻醉费用和对环境的污染。呼吸回路通常包含储气装置、CO_2 吸收罐、吸气支路、呼气支路以及位于各支路上的单向阀。吸气支路连接储气装置和病人，将呼吸机驱动的吸入气体送入病人肺中；气体在进入病人肺之前需要先流经 CO_2 吸收罐，以去除呼出气体中的 CO_2。呼气支路连接病人和储气装置，将病人呼出气体传入储气装置。储气装置负责在呼气阶段储存病人呼出的气体，并在吸气阶段将气体以驱动的流速和压力传输到病人肺中。传统储气装置一般采用风箱折叠囊的形式,但由于折叠囊的自重导致呼气末正压不能为零。新一代麻醉机也采用容量交换器作为储气装置,避免了系统自带呼气末正压的问题,进一步提高了控制通气的精准度。回路中的吸气单向阀和呼气单向阀负责在呼气阶段和吸气阶段阻断反方向的流速,保证吸入气体的流向,并防止 CO_2 重复吸入。

3. 重要指标及范围

麻醉机最重要的作用是向病人提供呼吸支持、氧支持与麻醉药物浓度控制,因此其最重要的指标包括呼吸控制指标、流速与氧浓度控制指标、麻醉药物控制指标。市面主流产品的重要指标及范围见表 2-12~表 2-14。

表 2-12 呼吸控制及监测指标设定范围

参数	设定范围
潮气量	5~1500mL
吸气压力	3~80cmH₂O
呼气末正压	OFF,3~50cmH₂O
呼吸频率	2~100bpm
吸呼比	4:1~1:10
吸气暂停	OFF,5%~60%
吸气时间	0.2~10.0s
压力上升时间	0,0.1~2.0s
呼吸监测范围	—
潮气量	0~3000mL
分钟通气量	0~100L/min
呼吸频率	0~120 次/min
呼吸比	50:1~1:50
气道压力	−20~120cmH₂O
呼气末正压	0~70cmH₂O
阻力	0~600cmH₂O/(L/s)
顺应性	0~300mL/cmH₂O
氧浓度	18%~100%

表 2-13 流速与氧浓度控制指标设定范围

参数	设定范围
氧气调节范围	0~15L/min
笑气调节范围	0~12L/min
空气调节范围	0~15L/min
总流量调节范围	0~20L/min
辅助供氧	0~15L/min

第二章 典型医疗装备产业技术发展趋势

(续)

参数	设定范围
高流量给氧	2~80L/min
呼吸机吸气峰值流速	≥180L/min
氧气、笑气混合气中的氧浓度范围	≥25%
氧浓度控制精度	±5%的体积百分比

表 2-14 麻醉药物浓度控制指标设定范围

参数	设定范围(体积分数,%)
地氟醚	0~18
异氟醚	0~6
七氟醚	0~8

(三)麻醉机装备的分类

现代麻醉机有空气麻醉机、直流式麻醉机和循环紧闭式麻醉机三种。

空气麻醉机属于半开放式麻醉装置,轻便适用,可直接利用空气和氧气作为载气,能进行辅助呼吸和控制呼吸,满足各种手术要求。其工作原理是:病人在完成麻醉诱导后,将空气麻醉机与密闭式面罩或气管导管连接。吸气时,麻醉混合气体经开启的吸气单向阀进入病人体内;呼气时呼气单向阀开启,同时吸气单向阀关闭,排出呼出的气体。当使用辅助或控制呼吸时,可利用折叠式风箱。吸气时压下,呼气时拉起,保证病人有足够的通气量。同时根据实际需要,调整麻醉剂开关以维持稳定的麻醉水平。

直流式麻醉机由高压氧气、减压器、流量计、麻醉药液蒸发器组成。该装备仅能提供氧气和调节吸入气体的麻醉剂浓度,必须有其他装置与输出部位串联才能进行麻醉。

循环紧闭式麻醉机以低流量的麻醉混合气体,经逸气单向阀单向流动供给病人。呼出的气体经呼气单向阀进入 CO_2 吸收罐重复使用。其结构主要由供氧和氧化亚氮装置、气体流量计、蒸发器、CO_2 吸收罐、单向阀、呼吸管路、逸气单向阀、储气囊等组成,现代的麻醉机还配备通气机气道内压、呼气流量、呼气末 CO_2 浓度、吸入麻醉药浓度、氧浓度监视仪、低氧报警及低氧-氧化亚氮自动保护装置。

按麻醉呼吸机原理,现代麻醉机还可以分为气动电控型麻醉机和电动电控型麻醉机。气动电控麻醉机是气体驱动、电子控制的麻醉机,由回路外部的驱动气体驱动储气囊、风箱,产生病人通气的流速与压力。电动电控麻醉机是电力驱动、电子控制的麻醉机,由回路内部的器件产生驱动力驱使回路内气体流动。电动电控麻醉机常用的内部驱动器件为内部涡轮或金属气缸。

气动电控麻醉机与电动电控麻醉机的主要区别是驱动气体的作用在呼吸回路内还是在呼吸回路外,不仅仅依据驱动气体是否由活塞和涡轮提供而判断。由图 2-75 所示麻醉机原理图也可判断出为气动电控麻醉机,该麻醉机虽然采用了涡轮作为驱动器件,但涡轮的主要作用还是产生较高压力的驱动气体,驱使储气囊、风箱运动,与传统气动电控麻醉机并无差别。

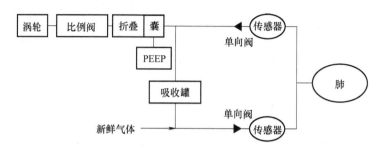

图 2-75 气动电控麻醉机原理图

另外麻醉机还可以按功能结构分为全能型、普及型和轻便型；按流量分高流量麻醉机和低流量麻醉机（也可施行高流量麻醉）；按年龄分成人用麻醉机、小儿用麻醉机、新生儿用麻醉机和兼用麻醉机；按使用对象分为人用麻醉机和兽用麻醉机。

（四）麻醉机装备的行业发展现状

现代麻醉学经过 150 余年的发展，目前已成为临床医学的重要组成部分。麻醉机也已成为麻醉医师实施麻醉的必备工具。麻醉机作为实施麻醉的重要器械，对保障病人术中生命安全有着举足轻重的作用。

我国的麻醉机行业近年来取得了快速发展。从需求角度来看，受医保体系覆盖范围扩大、消费者支付能力提升以及政府基层医疗体系建设的投入三大因素影响，我国对麻醉机的市场需求正在快速增长。目前国内医疗器械消费在整个医药行业消费的比例只占 13%，而国际上平均水平为 42%。随着新医疗改革的不断深入，基层医疗机构建设仍在持续，但建设重点将由量转向质。

根据数据显示，2018 年，我国麻醉机行业市场规模为 10.4 亿元人民币，较上年同比增长 7.2%；2019 年，我国麻醉机行业市场规模为 10.6 亿元人民币，较上年同比增长 1.9%。目前我国麻醉机行业主要参与者包括 Dräger、GE、Maquet 等国外品牌和迈瑞医疗、北京谊安等国产品牌。近年来国产麻醉机品牌发展迅速，竞争力不断提升，2019 年迈瑞医疗麻醉机市场份额已超过 GE 位居第二，达到 29%。国内麻醉机企业的发展和崛起，生产出了更多符合国情、符合基层医疗的产品，使国内麻醉机市场的产品更加多样化，并且使进口医疗器械产品的价格大幅度下降。从进出口情况来看我国麻醉机国产品牌已经成功打入海外市场。根据数据显示，2020 年 1~11 月，我国麻醉机出口数量远远高于进口数量，达到 1579.25 万台。

（五）麻醉机装备临床应用现状

麻醉机在临床中的主要作用是为手术病人提供吸入麻醉和呼吸支持，麻醉医生在手术过程中还需要使用镇痛、镇静、肌松等药物维持患者合适的麻醉深度，密切关注患者的一系列生理指标，确保患者状况平稳。所以现代麻醉机除了提供基本的吸入麻醉气体和机械通气功能，还集成了呼吸监测、麻醉气体监测、麻醉深度监测、肌松监测等功能。集成众多功能的麻醉机（如 Dräger Zeus，迈瑞医疗 A 系列）也逐渐以麻醉工作站或麻醉系统的概念出现在手术室。在实际临床使用场景中，麻醉机工作站也是监护仪、麻醉信息系统、输注泵等手术期设备的载体，更加体现了其作为手术室中的集成化工作站的特性。

麻醉机的临床应用可以贯穿全麻手术的三个阶段：诱导、维持、复苏。在进行麻醉诱导和气管导管插管通气前，医生可以使用麻醉机提供的辅助供氧为患者吸氧，提升患者氧储备。近年来，高流量鼻导管（High Flow Nasal Cannula，HFNC）给氧功能已经开始走向手术室，越来越多的文献和指南都表明 HFNC 可以提高困难气道的病人和肥胖病人安全插管的时间窗，提高麻醉的安全性。目前手术中使用 HFNC 主要是通过单独的高流量氧疗仪（如 Fisher&Paykel AIRVO 2）来实现，2021 年首台集成高流量鼻导管（HFNC）的麻醉机（Mindray A8/A9）也已经出现在手术室，给氧流量能达到 80L/min。在成功的诱导、插管，开始手术进入麻醉维持阶段后，麻醉机为病人提供机械通气，现代麻醉机具备了和 ICU 呼吸机相媲美的多样化机械通气模式，除了传统的容量控制通气（VCV），压力控制通气（PVC），同步间歇指令通气（Synchronized Intermittent Mandatory Ventilation，SIMV），压力支持通气（PSV）通气模式，一些高端的麻醉机还可以配置气道压力释放通气（Airway Pressure Release Ventilation，APRV），自适应分钟通气（Adaptive Minute Ventilation，AMV）等高级通气模式，可以满足不同手术患者的通气需求和麻醉医生的使用需求；同时麻醉机还可以在麻醉维持过程中监测病人麻醉深度、气道压力、潮气量、吸入/呼出气体浓度等指标，并及时给出各项生理报警，提醒医生对患者情况做出干预和调整；闭环控制麻醉（ACA）功能可以在手术过程中自动调节新鲜气体和麻药浓度来维持病人的麻醉深度，有效减轻医生的工作负担，而且更加节省麻药，Dräger 和 GE 最高端的麻醉机（Dräger Zeus，GE Aisys）有闭环控制麻醉功能，但只是在 CE 认证地区上市，2021 年带首个有闭环控制麻醉（ACA）功能的麻醉机（迈瑞医疗 A9）也已经在国内上市；麻醉复苏阶段，麻醉医生可以利用麻醉机众多的机械通气模式或者手动通气为病人复苏期间的通气进行支持，同时监测各项生理指标，确保病人安全拔管。

除了在临床中为患者提供麻醉维持、机械通气、各种监测功能，得益于计算机科学和互联网技术的发展，现代化的麻醉工作站不仅可以作为各类设备在手术室中的物理安装载体，同时也具备了强大的信息化功能。信息化体现在麻醉机可以和医院信息系统、监护仪、手麻系统等设备建立数据传输通路，传递手术期患者监测指标和通气、麻醉相关参数，以及麻醉机设备的各类信息，信息化的赋能一定程度上减少了医护、医工人员工作量。

（六）麻醉机装备主要技术进展及趋势

1. 主要技术进展

（1）低流量麻醉技术　在气体监测手段越来越普及的今天，低流量麻醉因经济节约、污染少的优点越来越受到重视。当实施低流量麻醉时（新鲜气体流量，FGF≤1L/min），被排出的气体流量也被降低到很低的水平，大部分麻醉气体都被重复利用，减少了麻醉药物的使用，大大节约了麻醉的实施成本。麻醉药物用量减少的同时也降低了对手术室内环境的污染，降低了医护人员长期接触麻醉气体造成的潜在损害。另外，现在常用的氟烷类麻醉气体也是温室气体的一种，减少麻醉气体用量也会减少对大气的污染。除此之外，低流量麻醉会使更多的 CO_2 被吸收，向回路气体释放更多的水汽和热量，有助于保护病人的气道。

尽管低流量麻醉具有很多优点，但在临床上仍没有推广开。其主要原因是低流量麻醉时医生控制病人的麻醉深度更困难。如前所述，当使用较低新鲜气体流量时，病人获得的吸入麻药浓度与医生设置的蒸发器浓度差别较大，病人对麻药吸收的个体差异也会显著影响肺内的麻药浓度。有研究表明，即使对麻醉医生培训了如何实施低流量麻醉，在一段时间后，医生仍倾向于使用接近 2L/min 的新鲜气体流量。医生在使用低流量麻醉时，蒸发器设置值与病人端监测值的巨大差异，会让医生感觉到"失去控制"。

市场上现有的麻醉机仍然沿袭了传统麻醉机的操作方式，医生观测病人的麻醉效果，根据经验不断调节麻醉机各组件，从而获得所需要的输出。这种不直观、依赖经验的调节方式给麻醉医生在关注病人之外增加了额外负担，同时也阻碍了更好的麻醉方式—低流量麻醉的推广。因此，为了改变这种不直观的操作方式，将医生从"操作机器"的模式中解放出来，能够投入更多的精力到看护病人上，目标控制麻醉技术、麻醉预测技术等也应运而生。

（2）目标控制麻醉技术　目标控制麻醉是一种自动的新鲜气体控制模式，由医生直接设定期望病人的吸入或呼出浓度，机器监测病人端气体浓度与医生设定目标之间的差值，自动地闭环调节新鲜气体流量和气体浓度，以达到并维持设定目标。在目标控制麻醉模式下，医生不需要关注机器如何调节，只需要关注在当前手术进程、病人状态下所需要的麻醉浓度，并且自动实施低流量麻醉。研究表明，目标控制麻醉技术可以实现更好的吸入或呼出麻药浓度控制，可以更快更精准的达到目标麻醉深度，而在血压、麻醉深度监测（Bispectral Index，BIS）等方面的表现与医生手动控制的麻醉相比并无明显差异。

在当前监测手段越来越成熟、控制手段越来越完善的情况下，研究者们更加关注目标控制麻醉功能在经济性、环保性、易用性等方面的表现。通过与传统医生手动控制对比，目标麻醉控制功能在经济性和环保性方面显示出了较大的优势。研究结果表明，使用自动的目标控制麻醉，可以降低27%的麻醉费用，降低47%的温室气体排放。在易用性方面，目标控制麻醉功能也显示出了巨大的优势，大大降低了医生介入的调节次数。大量的临床试验已经证明了目标控制麻醉功能在临床应用中的巨大潜力。

目标控制麻醉技术的基础是电子化控制的流量计和蒸发器，而目前只有少量国外高端品牌拥有电子蒸发器。虽然国外高端品牌的麻醉机早已推出目标控制麻醉功能，但都尚未在国内注册。迈瑞医疗推出的A9系列高端麻醉机，是首个在国内获得注册证的拥有电子蒸发器和目标控制麻醉的麻醉机，国产品牌首次在麻醉领域赶超了国外品牌。

（3）麻醉预测技术　对于没有配备电子蒸发器的中低端麻醉机来说，无法实施自动的目标控制麻醉，麻醉预测技术可以帮助医生更好的手动控制麻醉，特别是低流量麻醉。麻醉预测技术以基于人群的药物代谢动力学模型为基础，根据病人信息和医生设置的麻醉机参数，包括新鲜气体流量、麻醉药物浓度、通气量等，计算未来一段时间内病人吸入呼出气体浓度的变化趋势。通过麻醉预测技术，医生可以了解到自己的麻醉机设置在病人端会产生何种变化，氧浓度能否保证，麻醉药物浓度是否符合预期，从而更好地实施低流量麻醉。

（4）全自动自检技术　麻醉机自检是医生每天都要使用的重要功能，医生需要在每天首台麻醉开始前做好麻醉准备，包括麻醉机的状态检查、药物准备、器械准备等。麻醉机自检是确保麻醉机状态的重要功能，是医生工作流程中的重要组成部分。自检效率和全面性是麻醉机自检技术最重要的性能。

随着电子技术的发展，麻醉机中器件的电子化也越来越多，能够支持麻醉机进行更全面的自检。全自动自检技术能够允许医生按要求连接好管路后，一键完成对所有关键组件的自检，不需要医生在中途介入。全自动自检技术能够提升医生麻醉准备的工作效率，减轻医生工作负担，将精力更多的投入在医疗过程而非机器操作。

2. 关键技术发展趋势

（1）麻醉呼吸机　麻醉呼吸机负责向病人输送指定压力或容量的呼吸气体，以维持病人的通气与氧合。随着麻醉质量需求的提高、肺保护理念的推广、手术室外麻醉的发展，麻醉呼吸机需要提供更高品质、更灵活多样的通气模式，更丰富的肺保护工具，更多形式的通气方式。

1）ICU 品质的通气。在最初的麻醉机通气过程中，由于病人处于麻醉状态，虽然呼吸肌不再动作，但肺气体交换功能仍然正常，传统的恒压通气 PCV、恒流通气 VCV 可以满足最基本的通气需求。随着对肺保护的重视，压力调节容量控制（Pressure Regulated Volume Control，PRVC）在麻醉中应用越来越多，既能保证通气量，又不会产生过高的气道压力。随着手术技术的发展，术中需要保留自主呼吸的场景也逐渐增多，支持自主呼吸的通气模式也被引入麻醉呼吸机，如连续气道正压通气（Continuous Positive Airway Pressure，CPAP）、气道压力释放通气（Airway Pressure Release Ventilation，APRV）等。一些智能化通气模式也在麻醉中崭露头角。如迈瑞公司推出的 A9 系列麻醉机提供了自适应分钟通气 AMV 功能，它以最小呼吸功为原则，根据病人肺部阻力和顺应性自动调节潮气量和呼吸率，使病人始终处在最优化的通气状态。它还可以自动切换机控通气与自主通气，实现病人从诱导到复苏的全流程通气。对于术中病人肺部阻力和顺应性发生变化的情形，例如内窥镜手术，AMV 模式能够自适应调节通气并有效防止吸气压力过高。

2）肺保护工具的应用。机械通气导致的肺损伤（Ventilation Induced Lung Injury，VILI）是麻醉通气中不可忽视的问题。由于机械通气是正压通气，不同于生理性呼吸，使用不当可能引发机械通气相关性肺损伤和呼吸机相关性肺炎并发症等。在临床麻醉实施过程中，进行机械通气的患者数量远远高于其他医学专科。如何在麻醉过程中实施肺保护通气，防止机械通气导致肺损伤，近年来也越来越受到重视。肺状态监测是实施肺保护性通气的基础。只有通过肺状态的准确监测，进一步通过机械通气进行干预才能有的放矢，实施个性化肺保护通气策略。跨肺压是作用在病人肺上的压力，是肺内压和胸腔内压的差值。过高的跨肺压是造成肺泡气压伤的直接原因。可以通过监测食道压来预估胸腔内压，进而实现跨肺压的监测。医生可以通过调节呼气末正压（Positive End-Expir-atory Pressure，PEEP）和吸气压力，将跨肺压限制在安全范围，降低肺损伤发生的概率。跨肺压也可以用来指导PEEP滴定，保证呼气末跨肺压为正，防止肺泡塌陷。

3）高流量给氧技术的集成。高流量给氧（High flow nasal cannula），也称经鼻湿化快速喷射通气交换（Transnasalhumidified rapid insufflation ventilatory exchange），是指将一定氧浓度，经过湿化的高流量持续气体（一般流速大于15L/min）传输给患者的一种氧疗方式。

对于进行全麻插管手术的病人，在麻醉诱导和气管插管前要对患者进行预充氧，增加患者氧储备，来延缓呼吸暂停引起的缺氧，为医生预留更多的插管时间。传统的预充氧方式是采用面罩进行给氧（给氧流量小于15L/min），但对于肥胖患者、产科患者、儿科患者，即使预给氧充分，患者血氧饱和度下降到80%只需1.5~4min。对麻醉医生来说，在如此短的时间内完成插管是一种挑战，尤其是对于插管风险高、难度大的困难气道患者。临床研究证明，利用高流速给氧，病人的安全窒息时间可以大幅提升（对于成年人可以提升至14~30min），安全窒息时间的大幅提升允许麻醉医生更加从容的应对困难气道插管，减少麻醉医生的负担。

除了可以提高麻醉诱导和气管插管操作的安全性，临床研究也证明高流量给氧可以直接作为一些手术的术中通气方式，为手术患者提供充分的氧合，避免患者承受插管的痛苦，提高手术舒适性。已有临床研究报道高流量给氧安全应用于全麻下保留自主呼吸的胸腔镜手术，全麻下进行胃镜手术、支气管镜检，及全麻下进行的短时喉气道手术等。

（2）呼吸回路　麻醉机中病人呼吸的气体会被重复利用，传统麻醉机通常采用风箱结构实现驱动气体与病人呼吸气体的隔离，以减少病人呼出麻醉药物的损失。呼气时，新鲜气体及病人呼出气体一并进入风箱内的折叠囊；而吸气时，驱动气体进入风箱中，驱动折叠囊内的气体再次进入病人的肺中。病人肺内的气体压力和流量均通过控制驱动气体于折叠囊实现。但由于折叠囊材料柔软具有一定的弹性，在通气量较小时很难精确控制，并且无法避免呼气末正压，尤其对新生儿的通气有着严重的影响，可能导致通气不足。

随着高端麻醉机对通气控制的更高要求，以迈瑞医疗和Maquet为代表的麻醉机厂商，相继推出了有别于传统麻醉机的新型驱动气体隔离技术。其原理如图2-76所示：

在呼吸系统的比例阀（提供驱动气体）和病人回路（呼吸气体）之间连接细长的管路，由于管路的截面积较小，驱动气体和病人呼吸气体只在两股气体交汇处有局部区

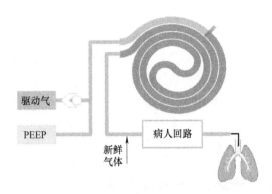

图 2-76　新型驱动气体隔离技术原理图

域的混合，管路两头的气体并没有发生混合，从而实现驱动气体与病人呼吸气体的隔离。如果病人端有新鲜气体补充，混合段会往麻醉废气排放系统（Anesthesia Gas Scavenging System，AGSS）端移动，病人端的呼吸气体不会受到驱动气体的影响。

通过上述技术，采用固定管路替代传统麻醉机的折叠囊运动部件，减小了漏气的风险，提高了产品的可靠性。同时，不会受到折叠囊的体积和弹性的影响，能够实现更大的潮气量、更小的基础 PEEP、更快的麻药浓度上升速度。此外，如果手术过程中呼吸系统突然出现严重泄露，麻醉机也能够增大驱动气体进行补偿，不会出现传统麻醉机因风箱塌陷导致病人窒息的风险。

（3）蒸发器　蒸发器是麻醉机实施吸入麻醉的关键组件。蒸发器将挥发性麻醉药物汽化，并通过新鲜气体携带麻药输送至回路呼吸系统，使患者达到预期的麻醉状态。

传统机械蒸发器的原理是旁路式，通过将新鲜气体分流后流经蒸发器内，携带出饱和麻药蒸汽的方式向回路中输入吸入的麻醉药物。这种旁路式的蒸发器输出设定浓度的前提是药池内药物挥发为饱和状态，但随着麻醉药物被持续带走，饱和状态难以一直维持。因此机械蒸发器输出麻药时调节过程慢，输出浓度不稳定，难以持续大浓度输出。另外，机械式的调节方式也使医生难以精确控制输出的麻药浓度，难以实施精准麻醉。

电子可控的蒸发器是未来技术的发展趋势。电子化控制技术的引入能够使调节更加精准，同时可为未来自动控制的闭环麻醉、智能麻醉提供基础。GE 最早推出了旁路式的电子蒸发器，将医生手动转动调节的刻度盘改成了电子控制，允许医生精确定量的设置麻药浓度。但旁路式的原理决定了其输出浓度受环境影响大、调节过程慢、难以持续大浓度输出的问题。最新型的电子蒸发器采用直接喷射技术，向新鲜气体中直接喷射定量的麻醉药物，并辅以加热保证药物全部汽化。这种方式可以通过调节单次喷射时长快速调节新鲜气体中的麻药浓度，高精度的喷射器件可以保证每次都精准输出所需要的麻药量，并能长时间持续输出。Dräger、Maquet 和迈瑞医疗的最高端麻醉机都采用了喷射式的电子蒸发器。

（七）存在的问题及建议

麻醉临床技术发展到现在已比较成熟，单纯因麻醉而导致的死亡率已降低为

1/250000，麻醉机设备的功能已经能够基本满足临床安全性和有效性的需求。目前我国麻醉临床面临的主要问题是日益提高的麻醉质量与麻醉医生极其短缺之间的矛盾、地区医疗水平差异大的问题。未来麻醉机设备可以从以下几个方面应对这些临床问题：智能化临床应用以提高医生工作效率，例如麻醉临床决策系统、可视化的病人生理状态显示等；自动化操作以减轻医生工作负担，例如闭环控制功能可以减少医生重复性的给药调节；通过规范化流程和远程控制等方式，使高水平专家的经验和知识应用于医疗水平较落后的地区医院，提高基层麻醉水平质量。

三、监护仪装备及关键零部件技术发展趋势

（一）监护仪装备简介

监护仪对患者进行心电（Electrocardiogram，ECG）、呼吸（Respiratory，RESP）、体温（Temperature，TEMP）、脉搏血氧饱和度（Pulse Qximeter Oxygen Saturation，SpO_2）、脉率（Pulse Rate，PR）、无创血压（Non-Invasive Blood Pressure，NIBP）、有创血压（Invasive Blood Pressure，IBP）、成人心排量（Cardiac Output，CO）、二氧化碳（CO_2）、氧气（O_2）、麻醉气体（Anesthetic Gas，AG）、成人电阻抗心动描记（Impedance Cardiography，ICG）、成人和小儿双频指数（Bispectral Index，BIS）、呼吸力学（Respiratory Mechanics，RM）、成人和小儿连续心排量（Continuous Cardiac Output，CCO）、成人中心静脉氧饱和度（Central Venous Oxygen Saturation，$ScvO_2$）、成人和小儿肌松（Neuromuscular Transmission，NMT）、脑部与区域血氧饱和度（Regional Cerebral Oxygen Saturation，rSO_2）监护，并通过脑电（Electroencephalography，EEG）模块进行测量和分析，监护信息可以显示、回顾、存储和打印。

监护仪主要在医疗机构使用，其应用领域包括：手术室内、麻醉诱导及术后复苏、重症监护病房、急诊护理、呼吸护理、心脏护理、神经护理、透析护理、新生儿护理、老年人护理、产科护理、内科及外科护理。监护仪必须由经过专业培训的临床医护人员使用。

（二）监护仪装备的工作原理及系统结构

（1）工作原理　病人监护仪产品由主控系统、附件以及参数测量模块组成。主控系统可实现如下功能：

系统的总体控制功能；

系统供电功能；

集成显示和外接显示处理功能；

用户输入功能；

声光报警功能；

对外接口及通信功能；

数据存储功能；

参数测量模块实现参数测量和分析功能。

如下是一些常规参数的测量原理：

1) ECG 测量原理：

① ECG 电极：连接病人。

② ECG 电缆：连接电极和 ECG 模块。

③ ECG 模块：对采集数据进行信号处理，并分析出 ARR、ST、PR，基本原理如图 2-77 所示。

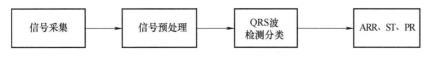

图 2-77　ECG 工作原理框图

2) 血氧饱和度测量原理（见图 2-78）：

① SpO_2 探头：连接病人，发射红光和红外光，并采集病人组织吸收后的信号。

② SpO_2 探头延长线：连接 SpO_2 探头和含 SpO_2 测量的模块。

③ 测量的模块：对 SpO_2 信号进行处理和计算，将 SpO_2 值传给监护仪主机。

3) 算法原理：

利用特定波长的红光和红外光照射测量部位，光经由测量组织吸收后在探测器端即可获得包含血液搏动信息的采样数据（红光和红外光）。采样数据经过算法预处理后，传递给时域计算模块和频域计算模块进行并行计算，并基于时域和频域结果进行状态分析，获得血氧相关参数结果予以输出。

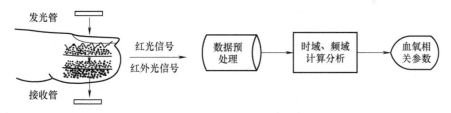

图 2-78　血氧饱和度测量原理

脉搏血氧饱和度计算：根据红光与红外光交流量和直流量计算 R 值：

$$R=(ACRed/DCRed)/(ACIred/DCIred)$$

式中，ACRed 为检测到红光的交流量；DCRed 为检测到红光的直流量；ACIred 为检测到红外光的交流量；DCIred 为检测到红外光直流量。

将 R 值输入 R 值曲线（R 值曲线反映 R 值与 SpO_2 值的映射关系，经由血气实验研究实证得出），查表即获得 SpO_2 值。

脉率（PR）计算：根据波形识别算法，通过分析单次脉搏波周期，以获得脉率值。

灌注指数（Perfusion Index，PI）计算：根据波形识别算法，通过分析脉搏波脉动成分与非脉搏动成分的比值，以获得灌注指数值。

4) 无创血压测量原理（见图 2-79、图 2-80）：

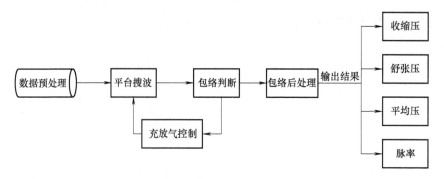

图 2-79　血压测量原理

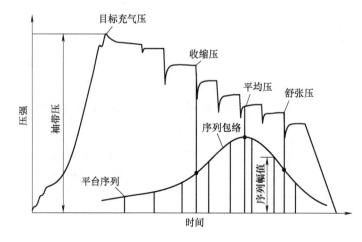

图 2-80　血压指标分析过程图

示波法是自动化血压测量装置中使用最广泛的无创血压测量技术，该技术的基本原理是外界压力使动脉血流发生变化从而产生振荡波。NIBP 模块对袖带进行充放气来阻断和释放动脉血流，并通过传感器检测袖带压中微弱的振荡波。通过测量和分析不同袖带压下振荡波的幅度（取决于袖带压）和频率（取决于患者的脉率），NIBP 模块可以无创地测量出血压和脉率值。

测量过程：先给袖带充气到足够压力，阻断脉搏波，然后逐步放气，测量不同压力下，脉搏波的强度，直到可分析出所需参数为止，全部放气。

脉搏分析：通过波形幅度变化、斜率分析，进行各压力台阶下的脉搏波识别，根据脉搏波的间距，计算脉率。

血压分析：通过上面识别到的不同压力台阶下的脉搏波，构造出"压力-脉搏波强度"曲线，依据该曲线，将脉搏强度最大位置作为平均压，然后根据临床经验参数，采用比例法，取不同比例幅度的脉搏强度对应的袖带压分别作为收缩压和舒张压。

其他参数的测量原理与上述几个参数类似，需要传感器和参数测量模块，进行信号采集和分析，将测量分析结果及波形（有的参数不需要波形比，如无创血压和体温）上传给主控系统显示、存储或打印。

（2）系统结构　血压测量系统如图 2-81 所示。

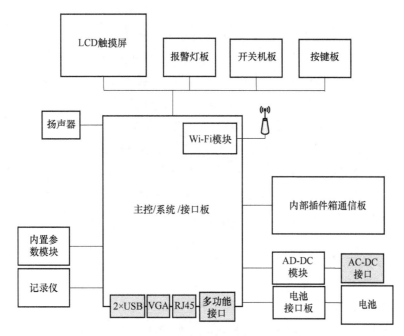

图 2-81　血压测量系统结构图

（三）重要指标及范围

功能性指标的制定均依据了国内外相关的专业标准，如心电专用标准 GB 9706.25—2005《医用电气设备第 2-27 部分：心电监护设备安全专用要求》、YY 1079—2008《心电监护仪》、YY 1139—2013《心电诊断设备》、YY 0782—2010《医用电气设备第 2-51 部分：记录和分析型单道和多道心电图机安全和基本性能专用要求》，无创血压专用标准 YY 0667—2008《医用电气设备第 2-30 部分：自动循环无创血压监护设备的安全和基本性能专用要求》、YY 0670—2008《无创自动测量血压计》，二氧化碳和麻醉气体专用标准 YY 0601—2009《医用电气设备呼吸气体监护仪的基本安全和主要性能专用要求》，脉搏血氧饱和度专用标准 YY 0784—2010《医用电气设备医用脉搏血氧仪设备基本安全和主要性能专用要求》，体温专用标准 YY 0785—2010《临床体温计连续测量的电子体温计性能要求》，有创血压专用标准 YY 0783—2010《医用电气设备第 2-34 部分：有创血压监测设备的安全和基本性能专用要求》，及脑电专业标准 GB 9706.26—2005《医用电气设备第 2-26 部分：脑电图机安全专用要求》；并结合临床应用情况确定各个参数的指标范围，同时也借鉴了国外业界同行对监护设备参数指标的通用要求。

（四）监护仪装备的分类

根据使用科室的不同，可分为床边监护仪、生命体征监护仪、遥测监护仪等。床边监护仪主要用于手术室、ICU 以及普护病房。生命体征监护仪主要用于急诊、诊所和社康。遥测监护仪用于患者可自行移动场景下的监护。

（五）行业发展现状

随着我国医疗器械市场的稳步增长，医疗监护仪也从过去主要用于危重病人的监护，发展到目前普通病房的监护，甚至基层医疗单位和社区医疗单位也提出了应用的需求。随着生命体征监测技术的发展，监护仪从最初的心电、呼吸、无创血压、血氧饱和度、脉搏、体温标准六参监测，发展出有创血压、呼吸末二氧化碳、呼吸力学、麻醉气体、心输出量（有创和无创）、脑电双频指数、组织氧监测等更丰富的参数。

监护仪形态，也从最初的单参数监护仪，逐渐发展为多参数监护仪。按照结构划分，监护仪可以分为三类：一体式监护仪（便携式监护仪）、插件式监护仪、遥测监护仪。按照功能划分，监护仪可以分为：床旁监护仪、MRI 监护仪、转运监护仪。另外，伴随宠物市场的繁荣，兽用监护仪也逐渐蓬勃。受到网络互联技术发展的影响，监护仪的发展已经逐渐趋于网络化，以中央监护系统为基础，可实现远程查看及病人数据的保存和记录。

（六）监护仪发展趋势

从监护仪发展趋势来说，有以下几个方面的特点：

1）监护仪成为数据汇集器，不仅仅可以提供自身监测参数的显示，还能够集成床旁其他设备数据和信息，如呼吸机、输液泵、ECMO、透析机等床旁治疗、支持设备，为临床医护人员床旁获取病人多维度的信息，提供便利和可能。这些集成的数据通过互联网，可以共享到中央监护系统和第三方医疗系统，从而实现病人临床数据的汇集。

2）基于监护仪的监护系统和网络蓬勃发展。全球 COVID-19 新冠肺炎疫情加速了医疗互联的发展进程，尤其是监护网络互联的发展。隔离病房监护、远程监护、远程会诊等需求层出不穷。临床人员开始寻求，将更多的病人数据类型，如影像、实验室指标、视频、声音等多形态的信息汇总到一起，借助网络实现随时、随地查看。

3）新的商用技术逐步用于监护仪，一方面使监护仪更加易用；另一方面，可以进一步扩展监护仪的监测内容。例如，电容屏的使用，使多点触摸、手势操作成为可能。语音和手势识别，也逐渐用于特定的临床场景，从而提高产品易用性。视频、声音的识别技术，则有可能进一步准确识别病人的临床风险。

4）穿戴式传感器技术的发展。穿戴式监测技术和传感器的使用，能够提高病人的舒适度、活动能力的同时，降低护士的工作量。

（七）监护仪装备主要技术进展及趋势

监护仪装备的主要技术进展表现为依托电子信息产业的提升，设备小型化、无线化、信息化和智能化的设计。发展趋势将传统的患者监护工作流设计、信息化设计立足于能够基于患者的数据提供全面的临床辅助决策工具（智能化工具），同时简化患者数据的管理工作，比如存储、浏览、打印等，从而提升医护人员的工作效率并降低人为错误的概率。

通过信息化手段全面提升设备协同管理和提升设备使用效率，让繁杂的工作变得有序，可助力临床使用人员应对各种挑战，并以患者为中心全面提升医疗服务质量和效率。比如对于手术科室，以病人为中心，通过物联方案可汇聚床旁设备及信息系统数据于监护仪屏幕上集中呈现，助力麻醉医生全面掌握病人病情，通过监护仪上的辅助决策，提供关键信息给医生，从而有效保障病人安全。医院也可通过完整的信息化解决方案进行设备的管理，降低医院的运营成本。设备小型化和无线化，使得移动监护成为可能，便于患者更好地进行术后康复。

（八）存在的问题及建议

监护仪内部使用的一些核心部件依赖进口。监护仪本质上就是一种医用电子设备，对可靠性要求不同于常规的消费电子，在临床使用时间往往可达10年甚至更长。目前，监护仪使用的关键零部件是专用芯片和传感器件，还不能国产化。建议发展国内芯片产业，实现核心芯片的国产化。

第五节 临床检验装备

一、血细胞分析装备及关键零部件技术发展趋势

（一）血细胞分析装备技术发展趋势

1. 行业发展现状

血细胞分析仪又称血细胞分析仪、血球仪、血球计数仪等，是医院临床检验应用非常广泛的仪器之一，随着近几年计算机技术发展的日新月异，血细胞分析技术也从三分群转向五分类，从二维空间转向三维空间，分析的灵敏度和准确性不断提升；同时分析的参数也不断完善，从最早的血细胞计数，发展到血细胞计数+白细胞五分类，再到近年的血细胞计数+白细胞五分类+网织红细胞+有核红细胞+幼稚细胞检测，最近几年C反应蛋白（C-Reactive Protein，CRP）检测也被整合进血液分析仪中一体化报告。

血细胞分析仪产品市场相对较为成熟，在整个中国IVD行业市场中是国产替代进口较为深入的一个细分领域。在品牌占有率方面，迈瑞医疗和日本希森美康加起来占据中国市场80%左右的市场份额，占据其余份额的血细胞分析仪企业在这几年也经历了大浪淘沙，很多品牌由于多种原因已不复当年的辉煌，市场萎缩严重，比如日本光电、美国贝克曼库尔特、德国Siemens、美国雅培等，同时近些年也有一批国产品牌如深圳帝迈（深圳市帝迈生物技术有限公司）、桂林优利特（桂林优利特电子集团有限公司）、迈克医疗（迈克医疗电子有限公司）等正在成为后起之秀，在低端市场占有率加大，下面开始逐一了解具体市场情况。

（1）中国血细胞分析市场

1）血细胞分析市场规模。如图2-82所示，从国内市场来看，2016—2019年血细胞分析市场平稳发展，市场容量从39亿元人民币增长到54亿元人民币，2020年受疫情影响，增速减缓，增长率在5%左右，五年复合增长率10%左右。

2）血细胞分析仪各品牌市场占有率。如图2-83所示2019年血细胞分析仪国产品

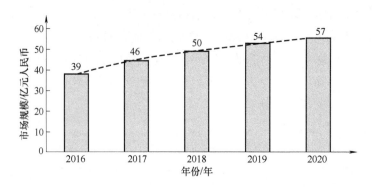

图 2-82 2016—2020 血细胞分析市场规模

牌占有率达到 51%，血细胞分析仪市场国产化率自 2016 年起逐年递增，是医院检验科常规检测中产品成熟度及国产化率最高的子产品领域。其中，国产品牌以迈瑞医疗为首，后起之秀有深圳帝迈、桂林优利特、迪瑞医疗（迪瑞医疗科技股份有限公司）、迈克、深圳开立、理邦仪器（深圳市理邦精密仪器股份有限公司）等，进口品牌以希森美康为主，贝克曼库尔特、ABX、Siemens、雅培等进口品牌厂家市场份额逐年降低。

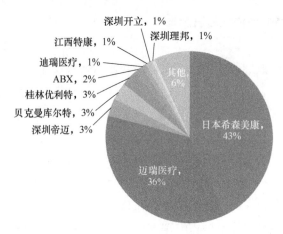

图 2-83 2019 年各血细胞分析仪品牌市场占有率

（2）行业发展趋势

1）分析能力多参数化。更加细致的细胞分类和细胞的物理、化学特性不断被发现和挖掘，利用计算机技术加以识别、统计和分析，经过与临床共同研究，血细胞分析仪能够提供给临床的参数和信息量越来越多，从最早的已在各种贫血的诊断和治疗中发挥重要作用的红细胞体积分布宽度（Red blood cell volume Distribution Width，RDW），到与网织红细胞相关的网织红细胞数量（Reticulocyte Number，RET#）、网织红细胞百分比（RET%）、网织红细胞血红蛋白含量（Cell Hemoglobin content of reticulocytes，CHr）、血红蛋白浓度均值（Mean Corpuscular Hemoglobin Contentration，MCHC）、血红蛋白分布宽度（Hemoglobin Distribution Width，HDW）、血红蛋白含量（Hemoglobin Content，CH）、高荧光（Hyper Fluorescence，HF）、中荧光（Moderate Fluorescence，MF）和低荧光（Low Fluorescence，LF）网织红细胞百分比（HFR%、MFR%、LFR%），未成熟网织红细胞荧光比例（Immature Reticulocyte Fluorescence，IRF%），再到幼稚粒细胞（Immature Granulocyte，IG）百分比（IG%）、幼稚粒细胞数量（IG#）和未成熟血小板（Immature Platelet Fraction，IPF）比率（IPF%）等，在临床疾病诊断、鉴别诊断、治疗监测、预后判断和随访等方面发挥着日益重要的作用。除了传统的血细胞参数外，由于临床上血常规同时联合 CRP/SAA 开单检查，为满足用户一体化检测的需求，CRP/SAA 也逐渐成为血细胞分析系统的一个检测参数。

2）检体种类多样化。随着微量检测技术和信号处理能力的突破，一方面新推出的一些血细胞分析仪所能检测的样本种类不再局限于血液，而是扩展至体液，比如脑脊液、胸腔积液、腹腔积液和关节腔滑液等，可以对这些体液中的细胞数目，包括红细胞、白细胞、有核细胞、单个核细胞和多个核细胞进行快速和高精度的检测。另一方面，血细胞和血浆检测项目的分界正在被模糊化，随着全血样本免疫反应技术的突破，一些传统的免疫项目被整合到血细胞分析仪中，如 BC-5390 CRP、BC-7500 CRP、BC-7500CS 等血细胞分析仪不仅可以在短时间内完成血常规的检测，还可以完成 CRP 及血清淀粉样蛋白 A（Serumamyloid A，SAA）的检测。未来如降钙素原（Procalcitonin，PCT）等参数整合到血细胞分析仪中也极为可能。此外，可利用单克隆抗体和免疫荧光标记技术，在细胞计数的同时，利用针对白细胞分化抗原（Cluster of Differentiation，CD）的抗体对血细胞进行免疫表型分析，从而更准确地得到细胞亚群的信息和计数。CELL-DYN Sapphire 产品已经尝试检测 CD4 淋巴细胞计数，对于艾滋病，特别是在非洲地区的诊断、监测中发挥了不可替代的作用。

3）仪器的高度自动化。血细胞分析仪的自动化步伐从未停止，经过半个多世纪的发展，血细胞分析仪已经从手动、半自动、全自动发展到自动进样、自动推染片甚至自动细胞形态统计分析的由轨道连接的流水线。目前单机的测试速度，最高可达到每小时200 个样本以上，采用自动进样器，仪器自动闭管穿刺、吸样，操作技术人员打开样本管盖和手动上样的历史即将结束，在节省人力的同时，更提高了操作的安全性。轨道连接的流水线系统，可以串联 4~6 台仪器同时工作，当和推片染色机、数字细胞形态分析系统等连接在一起时，根据设定的规则，由控制系统统一进行样本的调度、分配、复测、推片、染色及阅片，更是大幅度提高了工作效率、减少了操作误差和工作人员的劳动强度、有效缩短了样本检测周转时间（Test Turnaround Time，TAT），也因此改善了患者的就诊体验，节约了社会资源。检验人员可以将更多的时间和精力投入检验结果审核、检验质量提高和为临床服务中。未来随着检测项目的多样化，更多的相关产品，如流式细胞分析仪、血沉仪、糖化血红蛋白分析仪、血型分析仪等产品也将可以接入血细胞分析流水线中。

4）信息化与网络化。随着计算机技术的飞速发展，血细胞分析仪的信息化程度也越来越高。仪器内置的条形码扫描仪可以自动扫描样本管条形码，读取检测申请信息并据此灵活调配样本。目前，高端血细胞分析仪还实现了内置复检规则，自动筛选需要复测、推片和染片的样本，通过与医院信息系统（Hospital Information System，HIS）连接获取患者的历史数据，还可以对样本结果进行趋势分析，或者获取其他检测项目的结果以便对不同项目的结果综合分析判断。通过对临床诊断路径、样本审核要求等信息的分析和整理，智能的信息管理和审核系统可以快速地筛选异常样本，并可以按照设定的规则对样本进行后续处理，如重新测量、制作涂片、更换模式确认等操作。随着移动互联网技术和远程医疗业务的发展，未来结果的移动和远程接收、分享与审核及云终端等也将在血细胞分析设备上实现。

2. 主要技术进展及优势

我国在20世纪60年代中期也曾进行过电阻抗原理技术的血细胞分析仪的开发和生产。1965年在上海生产了简单的血细胞计数仪，1975年北京医疗仪器厂也模仿设计出了简单的红、白细胞计数仪。但受限于国内当时科技和生产力的规模与水平，这些细胞计数仪并未能成为商业化的产品。直至20世纪90年代末期，三分群血细胞分析仪在国内陆续研制和开发，一系列商业化的产品陆续推出，如迈瑞医疗的BC-2000、BC-3000，江西特康（江西特康科技有限公司）的TEK2000、TEK-Ⅱ型等。经过十几年的发展，国内厂家在三分群市场上已经占据了绝对优势，部分厂家年生产量在5000台以上，装备了国内的基层医院。

随着三分群技术的成熟，国内厂家也开始投入力量进行五分类产品的研究、开发和生产。近十余年，随着样本处理量日益增大，处理速度要求提高，国际厂家产品的开发重点转入实验室自动化和智能化。这一研究领域也列入了我国体外诊断产业的重点方向，在国家高度重视、重点投入的形势下，2014年我国首套由全自动血细胞分析仪、全自动推片染色机和轨道系统组成的血细胞分析流水线CAL 8000上市，经过多家医院试用和专家评估，该系统被认为达到了当前国际先进水平。历经15年，我国血细胞分析仪的发展，终于达到了与国际同行相同的高度和水平。

（1）血细胞分析仪分类及构成

1）血细胞分析仪分类。

按自动化程度分：半自动血细胞分析仪、全自动血细胞分析仪、血细胞分析工作站和血细胞分析流水线。

按检测原理分：电容型、电阻抗型、激光型、光电型、联合检测型、干式离心分层型和无创型。

按仪器分类白细胞的水平分：二分群、三分群、五分类、五分类+网织红细胞分析仪、五分类+网织红细胞+CRP分析仪。

2）血细胞分析仪构成。各类型血细胞分析仪结构各不相同，但大都由机械系统、电学系统、血细胞检测系统、血红蛋白测定系统、计算机和键盘控制系统等以不同的形式组成。

血细胞分析仪机械系统：各类型的血细胞分析仪虽结构各有差异，但均有机械装置（如全自动进样针、分血器、稀释器、混匀器、定量装置等）和真空泵，以完成样品的吸取、稀释、传送、混匀,以及将样品移入各种参数的检测区。此外,机械系统还发挥着清洗管道和排除废液的功能。

血细胞分析仪电学系统:包括电路中主电源、电压元器件、控温装置、自动真空泵电子控制系统,以及仪器的自动监控、故障报警和排除系统等。

血细胞分析仪血细胞检测系统:包括电阻抗检测、光散射检测、激光源监测区域装置和检测器。①电阻抗检测器:由信号发生器、放大器、甄别器、阈值调节器、检测计数系统和自动补偿装置组成,主要用于二分类或三分类仪器中;②光散射检测器:主要由激光光源、检测区域装置和检测器组成;③激光源:多采用氩离子激光器,以提供单色光;④监测区域装置:主要由鞘流形式的装置构成,以保证细胞混悬液在检测液流中形成单个排列的细胞流;⑤检测器:散射光检测器系光电二极管,用以收集激光照射细胞后产生的散射光信号;荧光检测器系光电倍增管,用以接收激光照射荧光染色后细胞产生的荧光信号。

血细胞分析仪血红蛋白测定系统:由光源(一般波长为540nm)、透镜、滤光片、流动比色池和光电传感器组成。

血细胞分析仪计算机和键盘控制系统:使检测过程更加快捷、方便。

(2) 血细胞分析仪国内外主流厂家技术特点　目前国际市场上主流的血细胞分析仪厂家包括日本希森美康、美国贝克曼库尔特、德国Siemens、美国雅培、日本堀场(收购了法国ABX)及中国迈瑞医疗。但在我国国内市场,日本希森美康和我国迈瑞医疗两家独大,两者合占的市场份额为总的血细胞分析市场容量的80%,其他厂家的市场份额都在3%以内。从这些厂家的技术特点上看,主流的血细胞分析技术包括:①流式细胞术结合核酸染色血细胞分析技术;②激光散射结合荧光染色多维分析(SF Cube)技术;③VCS分析技术;④激光过氧化物酶染色分析技术;⑤双鞘流结合细胞化学染色技术;⑥多角度偏振光散射分析技术(Multi-Angle Polatised Scatter Separation, MAPSS)。下面简单介绍一下前三种技术的原理:

1) 流式细胞术结合核酸染色血细胞分析技术,代表厂家为日本希森美康。

血细胞分析仪通过分析前向散射光(Forward Scatter, FSC)和侧向散射光(Side Scatter, SSC)信号识别细胞的体积和内部结构,可将正常外周血中白细胞分为淋巴细胞、单核细胞、中性粒细胞、嗜酸性粒细胞和嗜碱性粒细胞,血细胞分析仪中还设定了滤光片和侧向荧光(Side Fluorescence, SFL)探测器,用于检测细胞内被标记的核酸(DNA和RNA)荧光染料的量。

2) 激光散射结合荧光染色多维分析(SF Cube)技术,代表厂家为中国迈瑞医疗。

这是迈瑞公司BC-6系列和BC-7系列血细胞分析仪所采用的分析方法,其中S代表散射光(Scatter),包括前向和侧向散射光,分别检测细胞大小及细胞内颗粒复杂度;F为荧光信号(Fluorescence),用于检测细胞内核酸物质含量;Cube是由散射光和荧光信号组成的多维分析。该方法实现了主要白细胞亚群(淋巴细胞、单核细胞、中性粒细胞、嗜酸性粒细胞）的区分，并就幼稚粒细胞、异常淋巴细胞、原始细胞等异常细胞进行识别和报警，并可排除脂质颗粒、聚集血小板等对白细胞计数的影响。

此外，光学法检测血小板技术，能够准确捕捉血小板内部核酸物质，准确定位血小板，从而避免血小板聚集、小红细胞、红细胞碎片、大网织红细胞、白细胞碎片对血小板的干扰。在遇到低值血小板样本时，自动增加粒子统计量分析，提高低值血小板检测精度。同时血小板聚集自处理技术能够避免 EDTA 依赖性（EDTA-Pseudothrombocytopenia，EDTA-PTCP）的假性血小板减少（血小板聚集）的干扰，保证血小板检测的准确性。

3）血细胞分析仪体积（Volume）、电导（Conductivity）、激光散射（Scatter）法（VCS），代表厂家为美国贝克曼库尔特。

VCS 技术集三种物理学检测技术于一体，在细胞处于自然原始的状态下对其进行多参数分析。该方法也称为体积、电导、激光散射血细胞分析法。此技术采用在标本中首先加入红细胞溶血剂溶解红细胞，然后加入稳定剂来中和红细胞溶解剂的作用，使白细胞表面、胞浆和细胞体积保持稳定不变。然后应用鞘流技术将细胞推进到流动细胞计数池（Flowcell）中，接受仪器 VCS 三种技术的检测。

3. 存在问题及建议

虽然在体外诊断的血细胞分析这个细分市场中，国产产品在 2019 年的市场占有率已经超过了 50%。但也应看到其中存在诸多问题：

（1）研发与生产　总的来讲，国内血细胞分析厂家的研发实力弱于国际的几个主要厂家。除迈瑞医疗外，其他厂家尚不具备系统的、高质量的用户需求调研、差异化产品需求定位、新产品立项、规划性产品的研发能力。多数厂家是跟着龙头企业的节奏，省去耗时而费力的用户需求调研，龙头做什么产品就跟着做什么产品；或者在资本的驱动下，盲目追求利润高、速度快的连带产品的研发而踏错节奏，没有耐心花在夯实血细胞分析这一基本功上。

（2）销售渠道　体外诊断领域的厂家绝大部分采用分销模式，产品通过渠道商销售给终端用户。销售渠道的先发优势非常显著，国际厂家如日本希森美康、美国贝克曼库尔特通过近 30 年的耕耘，已经形成了厂家-渠道商-终端用户紧密的关系网络。在体量上，国内的体外诊断生产企业甚至要远少于国际厂家在国内的渠道商。随着国内体外诊断厂家的成长与发展，这些情况正在慢慢改变。

（3）售后服务　体外诊断行业的产品销售不是一锤子买卖，以血细胞分析产品为例，仪器的销售完成后，试剂的销售还会贯穿整个仪器的使用生命周期。所以厂家和渠道商对终端用户的服务一直贯穿于售前、售中、售后，其中售后服务通常长达 5 年以上，而且直接关系着下一代仪器的销售。售后服务的内容包括维修、校准、学术、培训等，建立一套流畅的售后服务体系需要多年的沉淀。国际厂家及其渠道商通过几十年的耕耘，建立起了非常完善的、系统的售后服务体系。相比之下，除了深圳迈瑞外，国内厂家及渠道商在售后服务方面，显得有些相形见绌。

第二章 典型医疗装备产业技术发展趋势

虽然国内目前的血细胞分析领域还存在着一些问题与不足，但是血细胞分析仪的发展归因于多因素的推动和促进。一方面是临床诊疗工作对血液分析更准确、快速和更多参数等的要求，另一方面是科学技术的发展，尤其是电子科技、计算机技术、激光等光源开发和生物化学及染色标记技术的进步奠定了检测仪器发展的基础。同时，随着人们生活水平的提高、健康意识的增强，对疾病的预测、预防、治疗和监控有了更全面深入的认识和提升，临床检验的工作强度也快速增加，为顺应这一发展，一代接一代更加高速、便捷、智能的产品将不断推陈出新。

（二）血细胞分析装备关键零部件技术发展趋势

（1）分血阀行业发展现状　分血阀是目前国外医疗仪器中采用的一种新型流体计量装置，是中、高档三分类及五分类血细胞分析仪实现快速、准确、稳定、可靠等性能不可缺少的体积计量部件，是开发高档血细胞分析仪的前提条件。

分血阀是五分类血细胞分析仪的心脏部件，目前国内在开发和制造方面还处于空白，国外血细胞分析仪生产厂商大都根据其产品性能需求来设计、制造适合自己的分血阀，因此在国外也买不到成品。

要想得到满足血细胞分析仪需求的分血阀，一个选择是将设计好的图纸发给国外的陶瓷制造商进行外协加工，费用相当昂贵（据美国 Mindrum Precision 公司、美国 Morgon 公司、瑞士 Ceramaret SA 等公司的报价，每个版本首批 10 套样品的价格均达到 60 万元人民币左右），并且某些精度指标并不能完全达到要求，每一个版本的交货期至少需要 3 个月，而且对他们来说，分血阀高精度的要求也只是一种技术尝试，还不能确保样品的进度和质量，这会对产品性能带来极大的风险。

目前国内陶瓷行业的加工技术分散，而且有些单项制作技术还远远不能满足分血阀的技术要求，正因为像分血阀这些关键技术的限制，国内中高档五分类血细胞分析仪产品市场完全被几家知名的国外制造商所垄断，无论是仪器的售价和日常使用试剂的价格都很高。

（2）分血阀主要技术进展及优势　与仪器中采用的一些传统的流体计量装置，如注射器、泵类产品等相比，分血阀只依靠本身结构尺寸的大小对流体进行计量和取样，即采用组合式流道，以定长定截面（即定容积）的管道来准确截取和计量流体，以机械动作改变流道的组合来完成取样及清洗过程，基本上排除了外界因素的影响，计量结果准确可靠，而且分血阀根据需要，可在同一时间截取多段液体，相当于多个注射器或多个泵同时工作，这将简化仪器的结构。分血阀由三个陶瓷片组成，片与片之间依靠加工质量良好的平面来保证密封，其耐磨性和使用寿命等机械性能以及流体体积的计量重复性是注射器等计量器件所远不能相比的。

陶瓷分血阀的批量加工问题是大规模应用此项技术的一大障碍，国内的陶瓷加工工艺水平与要求有很大的差距。陶瓷材料具有脆而硬的特性，其硬度远远高于普通的刀具硬度，普通刀具和通用设备根本无法满足陶瓷批量加工的需求。目前国内在结构陶瓷件上最小只能加工直径为 3mm、深度小于 10mm 的孔，且孔的位置精度低，而血细胞分析仪所需要的最小孔径不到1mm，且小孔的表面粗糙度、尺寸精度和位置精度都有苛刻的要求；甚至密封面的平面度指标是难以想象的，并且其表面粗糙度只有很小一个范围适合使用，表面粗糙度值太高会导致流体从密封面泄漏，所能承受的液路压力变小；而表面粗糙度值太低则容易使得各组成片相互抱合、咬死，导致分血阀功能失效，所以分血阀的设计要求需要特殊的工艺才能达到。

（3）分血阀存在的问题与建议　目前国内较少企业掌握了血细胞分析仪分血阀自制的技术，国内的陶瓷加工工艺水平与医疗设备的性能需求还有很大的差距，需要进一步提升陶瓷的加工工艺水平。在用血量上和流体通道优化方面可以进一步探索和改善。可以采用数控加工等自动化设备进一步增加产量和提高质量。

二、生化分析装备及关键零部件技术发展趋势

（一）生化分析装备技术发展趋势

1. 行业发展现状

生化分析仪是根据光电比色原理来测量体液中某种特定化学成分的仪器，是将生化分析中的取样、加试剂、去干扰物、混合、恒温反应、自动监测、数据处理以及实验后清洗等步骤的部分或全部由模仿手工操作的仪器来完成的检测设备。生化分析仪是临床检验中最常使用的重要分析仪器之一，主要用于测定血清、血浆或其他体液的各种生化指标，如葡萄糖、白蛋白、总蛋白、胆固醇、转氨酶等，在辅助诊断、疗效检测、健康检查、药物滥用等方面具有重要意义，是各级医疗、疾病控制单位必不可少的临床检测设备，也是防疫、检疫及生物学研究的常用仪器，其临床应用范围越来越广，是当今世界医疗器械产业发展最快的领域之一。

生化分析仪按自动化程度分为半自动及全自动生化分析仪；按反应装置结构分为管道连续流动式、分立式、离心式生化自动分析仪；按反应方式分为液体和干式生化自动分析仪；按反应速度分为低速、中高速、高速，低速：800速以下，包括100速、200速、300速、400速、600速等，中高速：800速、1000速、1200速等，高速：1600速、1800速、2000速。经过十多年的发展，国内在全自动生化分析仪行业已经取得了显著的进步。继2003年迈瑞医疗推出中国第一台全自动生化分析仪BS-300以来，国内相继涌现出多家初步具备研发和生产全自动生化分析仪能力的厂家，比如上海科华（上海科华生物工程股份有限公司）、迪瑞医疗、桂林优利特等，国产设备与国际的差距在逐步缩小。不仅如此，国内公司在中高端产品上也取得了突破，迈瑞医疗、迪瑞医疗等厂家已研制出模块化流水线产品。

（1）生化分析市场规模　生化分析整体规模：2016年临床生化分析市场容量超过100亿元人民币，2012—2016年复合增速为13%，早期检测市场的快速发展与国内生化分析厂家的推动有密切的关系。2019年生化分析市场容量135亿元人民币，增长率8%。行业普遍认为生化分析领域增速放缓。2020年受新冠肺炎疫情的影响，生化分析市场容量整体出现了负增长，同比增长约为-6.5%。

第二章 典型医疗装备产业技术发展趋势

2019年生化分析产品国产品牌占有率达到68%，生化分析市场国产化率自2015年起逐年递增，是医院检验科常规检测中产品成熟度及国产化率最高的子产品领域。其中国产生化检测系统品牌以迈瑞医疗为首，上海科华和迪瑞医疗主要在中低端及以下市场；国内以生化试剂为主要业务的厂家有北京九强（北京九强生物技术股份有限公司）、北京利德曼（北京利德曼生化股份有限公司）、美康生物（美康生物科技股份有限公司）、迈克医疗、中元（中元汇吉生物技术股份有限公司），进口品牌生化分析仪以日立、贝克曼库尔特、罗氏、Siemens、雅培等为主，近年来进口品牌厂家市场份额逐年降低。

（2）国产化情况　生化诊断具有技术成熟、操作简便、分析时间短、检验成本低等特点，经过二十余年的发展，生化分析产品的质量和品牌都得到了质的飞跃，在国内外都得到了专家的认可。生化分析产品由生化分析仪、生化试剂、校准品共同组成检测系统来使用，仪器、试剂、校准品来源于同一家的系统，称为溯源配套系统，是在国际上被主流认可的系统，但是在中国，这并不是唯一的系统。不同厂家的仪器、试剂、校准品（试剂、校准品一般来源于同一厂家）组成的系统，通过标准化传递进行量值溯源，保证其结果准确互认，这种方式目前也被国内检验科认可。生化分析系统国产化率为68%，生化试剂已成为我国体外诊断产业中发展最为成熟的细分领域，生化试剂类产品主要以国产品牌为主，在整个中国IVD行业市场中是国产替代进口较为深入的细分领域。整体技术水平已基本达到国际同期水平，而在技术要求相对较高的生化分析仪上，国产产品已具备一定的竞争能力。随着迈瑞医疗技术实力、客户口碑的不断上升，未来有望继续抢占更多市场份额，成为进口替代的主力军。

参考国际上对封闭配套系统的认可，未来生化诊断会向着仪器和试剂封闭化的方向发展，国内厂家应不断完善生化诊断仪器的整体设计、生产工艺及轨道功能等，仪器与试剂协同发展。

随着医疗机构对质量控制的要求越来越高，系统化将成为未来的趋势，国内各厂家也纷纷意识到了该产业方向，试剂厂家逐步进入仪器领域，仪器厂家也开始关注与试剂的系统集成。具有试剂或仪器先发优势的厂家，由于技术的多年传承，已经在该领域具有一定的口碑和品牌效应，如果能尽快补足产品的短板，强化专业溯源系统的系统集成，未来无论是招标还是直接采购，都具有一定的优势。国内代表性生产企业包括迈瑞医疗、迪瑞医疗、上海科华、北京九强等；国外代表性生产企业包括贝克曼库尔特、罗氏、Siemens、日立、强生等。

（3）发展趋势　大型自动化：为满足大型公立三甲医院的需求，未来中国诊断产品将朝高集成及自动化流水线方向发展。实验室自动化是检验医学的发展趋势之一，由于国内病人过度集中于大型三级医院，高速、高通量仪器是高端医院的刚需，因此研发此类仪器的能力也是未来进入大型医院的前提要求。

检测系统化：随着体外诊断对精度的要求逐步提升，仪器和试剂配套使用专业性的加强，以及企业获取更大利润空间的驱动，体外诊断仪器与试剂形成封闭式系统将成为未来发展的重要趋势，生化诊断将向封闭化趋势发展，生化检测系统产品将成为市场主流。随着人们生活水平的提高、健康意识的增强，对疾病的预防、治疗和监控有了更全面深入的认识和提升，临床检验的工作强度也快速增加，高速化带来了更高的单机测试速度，提高了测试样本量，开展项目日益增多，大大改善了实验室的测试效率。微量化减少了测试所需样本量及试剂量，从而降低了检验的成本，降低了患者的负担。系统化促进了厂家从提供单纯的仪器向提供包括仪器、试剂、校准品构成的检测系统转化，把临床结果的准确度和精密度又向前推进了一大步，检测系统产品在市场应用上占据着越来越大的份额。

质量标准化：随着国家医保控费等政策的逐渐推进和技术的不断更新，IVD行业迎来快速发展的机遇。目前由于不同检验机构之间还没有建立完善的检验流程和相应标准，加上操作人员技术水平参差不齐，导致检验结果在不同医疗机构之间无法得到相互认可，重复检测现象比较严重。随着国家医疗改革的不断深入，建立完善的检验一致性评价标准是未来体外诊断行业的重要趋势。

信息智能化：检验过程和结果的应用实现信息化。根据我国医疗改革的要求和医疗发展的规划，实验室单台仪器的检验结果将要求联网，不仅是实验室数据的集成，而且还要进入各临床科室，还要实现远程化，特别是"云健康""大数据"等概念，已经在技术上、经济上完全可行，将推动体外诊断产业信息化进入一个新阶段。

2. 主要技术进展及优势

生化分析仪主要是通过从硬件和软件两个方面来不断改进、充实和扩大仪器的使用范围和改善各种功能。硬件的发展主要表现在对各种尖端技术和材料的应用，比如光学系统的光栅、二极管；软件的发展主要是适应高速自动控制的要求和更贴近客户应用习惯的要求等。从近几年的发展来看，硬件和软件两者的发展使得仪器在应用的灵活性、多功能性、准确性、精密度、工作效率和成本效益等方面提升效果显著。

提高临床实验室管理水平：系统的临床应用，有利于加强检验质量管理，减少操作环节，降低差错率，充分发挥条形码技术及实验室信息系统的优势。通过实验室自动化系统（Laboratory Automation System，LAS）可避免或减少操作环节人为出错的机会，提高检验结果的准确性，为临床提供高效优质的检验结果；简化检验标本的传送手续：LAS系统标本检测速度快，极大地减轻了劳动强度，具有快速样品前处理系统，可大幅度提高工作效率与样本的检测速度，降低人力成本；节约人力资源：LAS系统应用后所节省的人员可充实到临床实验室资源重组和利用，在某种程度上减少了检验仪器的重复购置，节约了成本。对富余出来的检验技术人员可充实和加强血、尿、便、体液、骨髓、微生物等形态学检验诊断，加强检验科与临床的沟通与交流，增强分析前质量保证等薄弱环节的建设，真正发挥临床检验在疾病诊断、鉴别诊断、疗效评价、预后判断、治疗监测中的作用，并可参与健康体检或疾病监测以及更多地从事科研活动。

3. 存在问题及建议

从近几年国内企业的发展来看,硬件和软件两者的发展使得仪器在应用的灵活性、多功能性、准确性、精密度、工作效率和成本效益等方面提升效果显著。特别是 2015 年以来,中高速国产的全自动生化分析仪在稳定性及降低故障率方面都有很大的提升;国产中低速生化分析仪(即 ≤800 测试/h)及部分国产中速生化仪检测精密度、性能稳定性及厂家的售后维修能力都有了很大提高。

主要的差距:高速生化分析仪与进口仪器相比,进口仪器性能相对更加稳定,仪器寿命相对更长。在三级医院,客户还是倾向于采购进口品牌仪器。因此,国产大型仪器(2000 速高速生化分析仪)进入高端市场,还需要不断努力,提升产品性能和品牌影响力。

另外,在体外诊断试剂原材料方面,国内目前已有一些本土化的原料供应商,但还需要进一步提升自身的创新能力与产品质量,不断增强自己的核心竞争力,并且要更加系统且严谨地进行有效的质量控制,从原材料到最后的生产纯化及工艺都必须严格把关,做好体外诊断试剂、仪器生产的坚实后盾,共同推动我国体外诊断行业走上更加健康的发展道路。

(二)生化分析装备关键零部件技术发展趋势

1. 生化分析仪玻璃反应杯

(1) 行业发展现状　全自动生化分析仪反应杯在生化分析仪中是反应试剂的盛装容器,试剂和样本都要注入反应杯中进行混匀、孵育,并由光度计测量反应杯中反应液在反应过程的吸光度变化,从而实现对被测对象浓度的测量。生化分析仪反应杯一般有塑料杯和玻璃杯两种,塑料杯有使用寿命,而且需要经常浸泡维护,使用起来非常不方便,但塑料杯国内即可开模制作,成本便宜;而玻璃反应杯则具有免维护和永久使用性能不衰退的优点,但全依赖进口,价格高昂。作为需要反复使用的关键零部件,反应杯必须具备以下特征:

1)化学兼容性方面需要兼容所有生化试剂及清洗剂。
2)尺寸精度要求高,以满足高精密度测量要求。
3)携带污染小,要求内腔侧棱和底部有圆角过渡特征。
4)透光率足够高,保证光学测量有足够的信噪比。

为了满足上述内腔侧棱和底部有圆角过渡的特征要求,通常需要一体成型的工艺。

目前能制作满足以上特征或性能要求的反应杯的制造商主要在美国和日本,价格高昂,一台高速生化仪通常有几百个反应杯,反应杯总成本很高,严重制约了玻璃反应杯在全自动生化分析仪中的使用。

如果没有完全自主知识产权的玻璃反应杯,国产高性能全自动生化分析仪将长期受制于人,开展高性能全自动生化分析仪用玻璃反应杯的研制已经迫在眉睫。如果自主研制,可以打破国外技术壁垒,减轻对进口核心零部件的依赖,降低整个社会的医疗成本。

（2）主要技术进展及优势　全自动玻璃反应杯（见图 2-84）的制作工艺复杂，国内厂商的反应杯制作仍只能采用玻璃片粘接或玻璃粉熔接工艺，侧棱和底部无法实现圆角过渡，使用过程中残留水和携带污染较大。

玻璃反应杯目前比较成熟的工艺过程为先成型一条长方管→截成短条→烧结封底成型→磨抛外形尺寸。

图 2-84　全自动玻璃反应杯

1）玻璃方管成型技术。精密玻璃方管拉制成型，是保证反应杯精度和性能的最关键工序，需要满足内腔尺寸精度和均一性、内表面平面度、玻璃内部均匀性和去应力、内表面的表面粗糙度、侧棱倒角的精度和均匀性。需要解决以下关键技术：

① 通过大量试验摸索出的关键工艺参数：

a）熔融区拉制方向上的温度梯度分布参数。

b）冷却区温度梯度分布。

c）与温度梯度配套的玻璃方管运行速度。

d）初始原材料的结构参数。

e）内芯模具的材料和尺寸精度要求。

f）内芯模具表面粗糙度。

② 以上参数的一致性控制。

③ 玻璃方管运行方向与内芯模具方向一致性控制。

④ 玻璃方管运行稳定性控制。

2）封底技术。在玻璃方管的基础上采用熔融封底技术成型反应杯，需要满足底部倒角、平面度、表面粗糙度等方面要求。需要解决以下关键技术：

通过试验摸索出的关键工艺参数：

a）内芯模具的材料和结构参数。

b）熔融区位置。

c）熔融区温度。

d）烧结时间。

3）磨抛技术。批量反应杯磨抛，可保证外形尺寸、壁厚差、杯底厚度满足要求，其中壁厚差的控制是关键。

4）尺寸检测。内腔尺寸高精度测量，需要三坐标仪或高精度气动测量仪。

（3）技术发展趋势　目前国内有宜兴晶科（宜兴市晶科光学仪器有限公司）、福建华科（福建华科光电有限公司）、上海互棱（上海互棱光电有限公司）等厂家开展了相关的工艺研究，逐渐地从原来的融熔粘接技术走向了方管拉伸和底部熔接技术，把玻璃反应杯的制作推进了一大步，逐渐接近了日、美等国的技术水平。

（4）存在问题　目前国内的玻璃反应杯拉管和封底技术的参数满足度和成品率较低，大大制约了产品量产化和进口替代的步伐。

2. 平场全息凹面衍射光栅

（1）行业发展现状　平场全息凹面衍射光栅与平面衍射光栅不同，它具有不使用凹面镜等成像元件就可构成分光光学系统的优点。因此，广泛应用于各种分析仪器、光通信、生物、医疗器械，尤其是全自动生化分析仪等领域（见图 2-85）。平场全息凹面衍射光栅有以下特点：

图 2-85　凹面衍射光栅的形状

1）光栅自身就具有校正像差的功能，因此，与传统的机刻衍射光栅相比，具有更高的分辨率，并可构成紧凑的分光光学系统。

2）平场多色仪用和定偏角单色器用的凹面衍射光栅，采用包括非球面波曝光法在内的特别适合的曝光法进行像差校正，具有出色的成像性能。

3）光栅刻线是采用全息曝光法，利用双光束激光干涉，按光精度进行制造。因此，与机刻衍射光栅相比，避免了由刻线的周期误差造成的杂散光，是杂散光极少的衍射光栅。

4）采用离子束刻蚀法进行闪耀加工，因此，可容易地制造出具有各种闪耀角（闪耀波长）的闪耀全息光栅。

5）可低价格、容易地制造每单位长度刻线根数多的高分辨率衍射光栅。

高精度、低噪声的生化分析仪使用的平场全息凹面衍射光栅基本上被进口厂家，如岛津等垄断，国内的一些科研院也在进行研究，包括中国科学院长春光学精密机械与物理研究所等，但均没有形成量产化产品。

（2）主要技术进展及优势　衍射光栅的设计制造历史至今已有一百多年，在这期间衍射光栅的制造技术经历了几次大的改进，而每次改进都依赖于理论上的突破和先进技术的发展。

1）刻划光栅。随着电子技术和自动控制理论的发展，衍射光栅刻划技术实现了从纯机械控制向光电控制的飞跃。衍射光栅的刻划在采用了干涉控制后，提高了衍射光栅的刻划精度，以及衍射光栅的刻划密度（由原来的每毫米几百条到现在的每毫米一万多条），消除或减小了各种周期误差，改善了衍射光栅的各项技术指标。光栅刻划密度及刻划面积的增大使得光栅的色散率和分辨率增加了数倍。光栅集光效率也得到了提高，而鬼线和杂散光则减小了两个数量级。

2）全息光栅。全息光栅的制备原理为：在基坯的表面上先涂光敏材料，然后将它置于单色激光双光束干涉场内进行曝光，经过显像与处理，再放入真空系统中镀反射膜和保护膜即得光栅。这种方法完全消除了在刻划光栅中经常遇到的由于刻划机的周期误差和刻痕的不平整所引起的鬼线和杂散光,而且光栅的生产效率也获得了极大的提高。随着精细加工技术的迅猛发展,提出了全息闪耀化技术,也就是制造非对称锯齿槽形全息光栅的方法。它是利用大面积离子束以一定的角度刻蚀光栅,从而使全息光栅的正弦槽形变成具有定向闪耀角度的锯齿槽形,这样就解决了全息光栅对某一波长闪耀效率低的缺陷,大大提高了全息光栅的闪耀效率。

(3) 技术发展趋势　提高短波段的衍射效率:由于全自动生化分析仪使用的光源在短波处的能量相对较弱、检测器在短波处的灵敏度也相对较小,因此要求光栅在短波处有高的衍射效率以提高信噪比。

更小的杂散光:杂散光是影响测量线性误差的重要因素,杂散光越小,线性误差越小。

衍射效率的一致性:大批量生产对光栅衍射效率的一致性提出了更高的要求。

稳定性:在仪器使用寿命内,光栅的性能应保持一致。

平场全息凹面光栅是全自动生化分析仪的核心关键性能部件,其制作的关键技术难点是工艺复杂。平场全息凹面光栅的制作主要包括基片处理、匀胶、前烘、全息曝光、显影、后烘、热熔、离子束刻蚀、清洁处理、镀膜等过程(见图2-86)。对每一个工艺环节都应高标准、严要求,每一步工艺中的任何细微纰漏都会造成光栅质量的下降,甚至导致制作的失败。

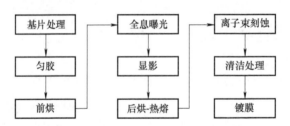

图2-86　平场全息凹面光栅制作工艺

尤其是平场全息凹面光栅基底上涂敷光刻胶时的胶厚控制及均匀化。平场全息凹面光栅要求光栅面具有相同标准的光栅槽形,凹面基底上的光刻胶厚度均匀性具有很高的要求,涂敷方法在工艺中加以具体化时,还需要根据设备情况探索出更为简易、实用、有效的手段,要归纳出监测胶厚及均匀性的通用方法。

基片处理是平场全息凹面光栅制作的第一步,也是很重要的一步,会直接影响最终光栅的表面质量。在匀胶前必须对光栅基底进行彻底的清洁处理,基底处理的质量决定了光刻胶与基底之间附着力的大小。

匀胶工艺最关键是要控制好光刻胶层厚度及其均匀性,光刻胶的厚度会直接影响最终制得光栅的衍射效率。在光栅基底上涂敷光刻胶主要有三种方法:提拉法、喷涂法和离心式涂敷法(旋涂法)。制作平场全息凹面光栅所使用的光栅基底一般是口径较小的凹球面基底,涂胶时一般采用旋涂法更加方便实用。

前烘是指将刚刚涂好光刻胶的基底置于一定的温度下进行一段时间的烘焙。其目的是除去光刻胶中的残余溶剂，增强胶层与基底之间的粘附性。前烘时较为合适的温度为90℃，时间为30min。

曝光过程是光刻胶分子吸收激光光子能量后发生光化学分解反应的过程。一般情况下，光刻胶分子只对波长短于绿光的光子产生吸收效应，对波长较长的红光、黄光几乎不吸收。不同空间位置的光刻胶按照光强的空间分布吸收了不同曝光量后的折射率和吸收系数将产生程度不等的微小周期性变化，形成潜像光栅。

显影是指将曝光后带有潜像光栅的光栅基底浸入显影液中，潜像光栅演变成浮雕图形的过程。制作平场全息凹面光栅所使用的显影液一般是弱碱性溶液，光刻胶分为正型光刻胶和负型光刻胶，其显影机理也有所不同。若使用的是正型光刻胶，则显影时被溶解的是曝光量大的也就是明条纹处的光刻胶；若使用的是负型光刻胶，被溶解掉的是暗条纹处的光刻胶。

显影结束后的平场全息凹面光栅需要在高温下烘焙一段时间，即为后烘。后烘的目的是除去光栅表面的水分，增强光刻胶与基底的粘附力。一般可以选择在120℃下烘焙30min。

离子束刻蚀是为了将平场全息凹面光栅的正弦、梯形或矩形槽形转化为三角槽形，是平场全息凹面光栅的闪耀过程，目的是使光栅达到更高的衍射效率。

经过离子束刻蚀后，光栅表面会残留一些碎屑，必须进行清洁处理，否则会大大增加光栅的杂散光水平。清洁的方法是将光栅放入去离子水中，利用超声波进行清洗，之后烘干即可。

镀膜是在处理完毕的离子束刻蚀光栅表面蒸镀一层铝膜以提高光栅衍射效率。

（4）存在问题 目前国内已有很多厂商可以批量制作平场全息凹面光栅，性能参数也已接近国外先进水平，主要差距在于衍射效率的一致性比国外厂家要稍差一些。

三、化学发光分析装备及关键零部件技术发展趋势

（一）化学发光分析装备技术发展趋势

1. 行业发展现状

化学发光免疫分析，是将具有高灵敏度的化学发光测定技术与高特异性的免疫反应相结合，用于各种抗原、半抗原、抗体、激素、酶、脂肪酸、维生素和药物等的检测分析技术，是继放射免疫分析、酶联免疫分析和时间分辨荧光免疫分析之后发展起来的一项最新免疫测定技术，主要覆盖传染病、肿瘤标志物、甲状腺功能、激素、感染、高血压、肝纤维化等检测。

化学发光免疫诊断为目前国内体外诊断领域最大的细分市场，年复合增长率接近17%，发展迅猛。从国际市场上来看，化学发光免疫诊断已经基本实现了对酶联免疫方法的替代，占到了免疫诊断市场90%左右的市场份额。从国内统计来看，2011年之后，化学发光免疫诊断发展速度加快，市场占比从50%提升至73%。统计数据显示，2019

年中国化学发光免疫诊断行业市场规模达到 289 亿元人民币,同比 2018 年增长 14.1%。2020 年受疫情影响,各化学发光分析装备厂家多为负增长,但目前主流观点都认为化学发光免疫诊断市场未来 3—5 年仍能保持 20% 以上增速,有分析数据预计,国内化学发光免疫诊断市场 2018—2023 年复合增速为 21%,其中国内企业整体增速(24.1%)高于外资企业(19.3%)。

从目前国内竞争格局来看,化学发光分析由于其较高的技术壁垒以及国产品牌介入的时间相对较晚,总体而言还是国外巨头相对垄断的阶段。但国产品牌发展迅速,逐步实现了技术升级与更迭,检测速度、检测菜单丰富性等方面已基本追赶上了国外巨头,且价格整体而言低于进口产品,显示出一定的替代趋势。随着我国化学发光免疫诊断行业产品的不断增加以及技术的不断提高,我国化学发光分析装备品牌发展也突出重围。例如迈瑞医疗自主研发的首台全自动化学发光仪自 2013 年上市后,经过 8 年时间的技术更新,不断推出适合各层级医院使用的型号,检测项目也越来越丰富,满足了临床检测的基本需求,由于性价比的优势,不断推动进口替代。深圳新产业(深圳市新产业生物医学工程股份有限公司)研发出国内首台全自动管式化学发光仪,并以繁多的检测项目、巨大的价格优势以及完备的营销策略,迅速抢占国内市场。安图生物(郑州安图生物工程股份有限公司)在 2013 年推出自主研发的磁微粒式化学发光试剂,与传统的板式化学发光产品相比检测速度更快、更灵敏,为公司带来了巨大的利润增长。

未来行业进口替代将成为主流趋势。主要原因如下:①国产产品目前在项目检测数和化学发光仪器的检测速度上均已经与进口仪器没有太大的差异,例如目前迈瑞医疗、安图生物、迈克医疗的检测项目分别在 80、90、100 个以上;检测速度方面,迈瑞医疗的 CL-6000i 已经达到了 480 测试/h,可以双模块连接达到 960 测试/h,安图生物的 A2000Plus 化学发光仪可以四模块提高检测速度。②检测质量方面,部分项目,特别是传染病项目,各级医院认可度已经比较高,准确性、检出率、稳定性已经没有太大问题,进口替代情况已经比较好,特别是在二级医院已经普及。③在价格方面,进口各项目目前普遍比国产企业平均水平贵 30% 左右,在医保控费和诊断相关分类(Diagnosis Related Groups, DRGs)推行的大趋势下,检验科由原来的利润端变成成本端,二级医院和部分三级医院成本控制压力明显加大,更倾向于使用性价比更高的国产产品。进口产品虽有一定的降价空间,但由于其在全球有系统的价格体系,短期内降价意愿很低,长期看即使降价,其空间也小于国产企业,医院为了符合切实的自身利益,会优先考虑优质国产产品。

2. 主要技术进展及优势

免疫诊断已经衍生出了各种不同的技术方法,主要包括放射免疫、胶体金、酶联免疫、时间分辨荧光免疫和化学发光免疫诊断技术。化学发光免疫诊断技术作为最新的技术,具有灵敏度高、线性范围宽、光信号持续时间长、分析方法迅速、结果稳定、误差小等优势,已成为免疫诊断主流技术。不同免疫诊断技术对比见表 2-15。

第二章 典型医疗装备产业技术发展趋势

表 2-15 不同免疫诊断技术对比

技术名称	发展历程	原 理	特 点
放射免疫	20世纪60年代	利用同位素标记的与未标记的抗原同抗体发生竞争性抑制反应的放射性同位素体外微量分析方法	由于存在放射线辐射和污染的问题,目前临床已经很少应用
胶体金	20世纪70年代	以胶体金作为示踪标志物应用于抗原抗体的一种新型的免疫标记技术	检测速度快、成本低,但是较少用于定量检测,灵敏度存在问题,目前临床主要用于即时检测(Point Of Care Testing, POCT)的妊娠、毒品等检测
酶联免疫	20世纪70年代	酶标记抗体与抗原进行反应形成酶标记抗体的复合物,再与酶的底物反应生成有色产物,借助分光光度计定量计算	成本低、检测速度快,但检测灵敏度不够,且大多需要手工操作,目前临床已逐渐被化学发光替代
时间分辨荧光免疫	20世纪80年代	以具有独特荧光特性的镧系元素及其螯合剂作为示踪物,建立的一种新型的非放射性微量分析技术	灵敏度大幅提高,但在检测某些指标时可能找不到对应的检测试剂(稀有元素标记),临床上应用不多
化学发光免疫	20世纪90年代	将具有高灵敏度的化学发光测定技术与高特异性的免疫反应相结合,用于各种抗原、半抗原、抗体、激素、酶、脂肪酸、维生素和药物等的检测分析技术	灵敏度高,线性范围宽,光信号持续时间长,分析方法迅速,结果稳定误差小,已成为免疫主流技术

化学发光免疫诊断技术根据检测原理、标记物类型不同而分别有不同的检测方法(见表 2-16)。电化学发光、直接化学发光及酶促化学发光均是主流的化学发光免疫诊断技术,三者目前暂不存在替代。电化学发光分析装备以罗氏、普门科技(深圳普门科技股份有限公司)为代表,电信号稳定,低值区背景信号低;直接化学发光分析装备代表企业有迈克生物、基蛋生物(基蛋生物科技股份有限公司)、亚辉龙(深圳市亚辉龙生物科技股份有限公司)等,吖啶酯作为小分子标记物,相对于酶不容易形成大分子聚合体,在低值区灵敏度更高一些;酶促化学发光分析装备根据酶底物的不同,分别有辣根过氧化物酶、碱性磷酸酶底物的酶促发光分析装备,其中前者以安图生物等企业为代表,成本优势较为明显,后者以迈瑞医疗、贝克曼库尔特等企业为代表,成本高但灵敏度较好。由于各种发光检测方法均已满足临床上大部分需求,三者暂不存在替代关系。

表 2-16 不同化学发光免疫诊断技术特点总结

项 目	电化学发光	直接化学发光	酶促化学发光
原理	电化学发光是电场参与化学发光所产生的结果,是指通过施加一定的电压进行电化学反应,通过对发光强度的检测来进行定量检测	用化学发光剂直接标记抗原或抗体,与待测标本中相应的抗体或抗原结合后,加入发光促进剂进行发光反应,通过对发光强度的检测来进行定量检测	用特定酶作为标记物,通过标记酶所催化生成的产物作用于发光物质,以产生化学发光,通过对发光强度的检测来进行定量检测

(续)

项　　目	电化学发光	直接化学发光	酶促化学发光
分离方法	常用磁颗粒分离技术	常用磁颗粒分离技术	常用磁颗粒分离法、微离子捕获法、包被珠分离法等
标记物类型	三联吡啶钌	吖啶酯、鲁米诺、异鲁米诺等	碱性磷酸酶（Alkaline Phosphatase，ALP）或辣根过氧化物酶（Horseradish Peroxidase，HRP）等
发光底物	三丙胺	氢氧化钠-过氧化氢	金刚烷-鲁米诺等
代表企业	罗氏、普门科技	迈克生物、亚辉龙	安图生物、迈瑞医疗、贝克曼库尔特

各品牌产品的技术竞争力主要有仪器和试剂两方面：①单台仪器的分析速度、仪器性能；②优势检测项目，常规检测项目检测实力强才是真的强，尤其是肿瘤标志物、传染病、甲状腺功能和激素等常规项目。目前国内厂家技术更新迭代，不断推出性能更优的产品。

3. 存在问题及建议

化学发光免疫诊断是IVD巨头的必争之地，跨国巨头的化学发光分析产品从21世纪初进入中国，2003年西门子最早进入中国市场，随后生物梅里埃、贝克曼库尔特、强生、雅培纷至沓来，2006年罗氏的电化学发光分析产品进入中国，进口品牌迅速扩张领土。之后索灵、希森美康、东曹等跨国企业也加紧在中国市场攻城略地。

自2011年新产业和迈克生物首批推出国产全自动化学发光分析仪以来，国产品牌加入竞争。目前国内发光市场基本形成"4+4"的竞争格局，罗氏、雅培、西门子、贝克曼库尔特4家外资巨头占有超过70%的市场份额，三甲医院是其主要客户，国内企业新产业、安图生物、迈克生物（迈克生物股份有限公司）、迈瑞医疗4家占有近10%的市场份额。

对于整体化学发光分析产品市场趋势的问题如下：

1）国内品牌技术创新体系尚未形成，研发投入不足。

客观来讲，目前国产品牌的化学发光分析产品在准确度、稳定性、试剂质量和仪器检测速度等指标上与进口品牌有一定差距，且由于化学发光检测多种技术路线并存，厂家难以通过量值溯源等方式证明产品质量，短期内国产品牌对进口品牌大面积替代的可能性较低。长期来看，化学发光免疫诊断毕竟是一项相对成熟的检测方法，随着国产产品的质量逐步被三甲医院认可和接受，检验科室的低值检测项目将逐渐被替代，在国产化学发光分析产品占化学发光总检测量30%以上的传染病和肿瘤标志物领域有望率先实现进口替代，国内迈瑞医疗、安图生物等企业的检测结果已和罗氏的"金标准"相差无几，五年后化学发光分析产品的整体国产占有率有望达到30%以上。

国内很多专家学者在临床诊疗中也做了很多相关的研究，针对其疾病领域诊断的需求发现了一些新型标志物，在此学术氛围下，国产厂家可以通过与专家学者合作开发更

第二章 典型医疗装备产业技术发展趋势

多新型标志物用于临床诊断，此项研发需要评估临床需求量和产出，匹配相应的研发资源投入。

2) 医院对化学发光分析仪质量的要求会越来越高，而国内品牌技术参差不齐。

对于三级医院，精确、稳定的检测结果是其关注重点，也是进口品牌的"基本盘"。国内顶尖三甲医院中心检验室大约拥有几十台化学发光分析仪器，仪器厂商较为分散，进口品牌占据检测量的90%；普通三级医院拥有约10台化学发光分析仪器，专机专用，检测该厂家的拳头项目，例如罗氏的肿瘤标志物、雅培的传染病等，进口仪器与国产仪器的比例约为7∶3；对于二级医院，平均拥有4台化学发光分析仪器，由于其关注检验的性价比，平均拥有3台国产仪器，这也是国产品牌的主战场；对于一级医院，更为关注是否可以开展化学发光检测项目及性价比，平均拥有1台仪器，多为国产。

随着医院发展和国家医疗水平的提高，对检测结果的要求会越来越高，国内品牌要立足中国IVD市场，必须在产品性能上更加用心，提高结果准确性和稳定性，并且降低仪器的故障率。

3) 原材料的限制。化学发光检测结果的准确性和稳定性除了与仪器性能相关，同时也离不开原材料，如抗原抗体的性能。进口原材料由于技术优势和时间沉淀，能提供较好的稳定性和稳定批次，但价格较高，因此会限制试剂成本。国产品牌因为进入医院的竞争点在于价格的因素更大，因此会选择国内一些批次不太稳定的原材料供应商，从而导致检测结果的准确性稳定性有所局限。

目前由于国家的大力扶持，国产化学发光分析产品厂家正在逐步摆脱酶、抗原抗体等核心原料严重依赖国外进口的现状，如迈瑞医疗并购海肽生物，进一步加强体外诊断产品及原材料的核心研发能力，优化上、下游产业链的全球化布局；安图生物已经实现70%以上原材料自产。近两年来，菲鹏生物（菲鹏生物股份有限公司）与瀚海新酶（武汉瀚海新酶生物科技有限公司）等国内公司已完成了对于诊断试剂原料的初始布局，攻克了部分原料酶的研发与生产难题。随着研发的持续进行，国内IVD诊断原材料领域的空白将被逐步填补。

4) 酶联免疫替代进程。从国际市场上来看，化学发光免疫诊断已经基本实现了对酶联免疫方法的替代，占到了免疫诊断市场90%左右的市场份额。对于我国来讲，由于酶联免疫诊断具有较高的灵敏度、成本低等特点，二级以下医院往往面临的成本问题较为严重，因此酶联免疫在二级以下医院仍占据着相当大的市场份额。

酶联免疫诊断同时存在灵敏度低、线性范围窄、突变株检测能力受限等问题，从而高端医院不会选择其进行临床样本检测。随着医疗意识水平的提高和化学发光免疫诊断推广的普及和学术推动，酶联免疫替代将会占比越来越高。

5) 进口替代进程。化学发光免疫诊断是典型的技术驱动型产业，研发壁垒较高。国产品牌的可靠性和稳定性暂时难以满足大型三甲医院的要求，但与二级及以下的基层医院的刚性需求相契合。国产品牌在三甲医院虽投放了少量特色检验项目，但难以获得肿瘤标志物等核心项目，市场有限；而二级及以下的基层医院存在传染病（肝炎检测）、性腺、甲状腺功能等大容量项目的刚性方法学替代需求，且较低的试剂价格（一般为进口试剂的 30%~50%）也满足了医院对经费预算的限制。

因此，目前国产替代进口比例提升的主要动力来自医保控费和国家政策支持采购国产器械，同时新冠病毒检测需求带来的国产仪器装机量提升也是未来加速国产替代的推动力之一。在集中采购推行难度较大的情况下，医保局对 IVD 试剂的控费可能会从收费目录着手，也就是逐渐统一各省的收费标准，在收费标准被限定后，试剂采购成本对医院的重要性提升，国产低价试剂的空间增大。国家及各省份都已经陆续出台了增加采购国产器械的政策，甚至在部分省份采购某些领域比较成熟的国产产品时，做出了只能采购国产设备的要求。

除了以上政策层面的因素，化学发光分析产品生产厂家本身技术的提升才是最基本的因素。在做到"技术追赶+项目完善+性价比高"的情况下，控费环境下国产化学发光分析产品将加速替代进口产品。

（二）化学发光分析装备关键零部件技术发展趋势

（1）单光子计数模块行业发展现状　化学发光免疫分析通常用来测量人体体液内的极微量物质，其微弱发光信号甚至低到几万个光子量级，因此需要采用光子计数光度计来进行发光信号的测量。

高精度、低噪声、宽线性范围的化学发光分析仪用的单光子计数模块基本上被进口厂家，如日本滨松等厂家垄断，国内厂家及科研院所鲜有研究。

（2）单光子计数模块主要技术进展及优势　单光子计数光度计（见图 2-87）是利用工作在光子计数模式下的光电倍增管（PMT）实现的，具有高灵敏度、低噪声的特点，能够实现单光子探测。其工作过程为：光子照射到光电倍增管的阴极，在阴极面上激发产生光电子，光电子在各倍增极间实现数目的倍增，最后在阳极形成较强的电信号，再经过后续的高速放大和比较电路，形成脉冲信号，为实现测量范围的拓展及信号的抗扰能力，通常加入分频电路，最后通过脉冲计数器，得到相对发光强度（Relative Light Units，RLU）信号或每秒计数值（Counts Per Second，CPS）。

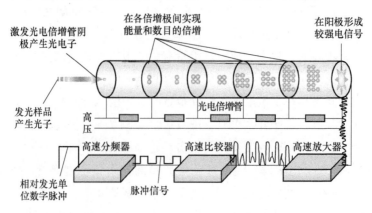

图 2-87　单光子计数光度计技术示意图

(3) 技术发展趋势　用于化学发光免疫分析的光子计数光度计除了需要具有低噪声、高灵敏度的特征，还需要满足宽线性范围的要求。对于某些技术路线（如碱性磷酸酶标记，AMPPD 作为发光底物），测量信号的计数值可能从几千 CPS 到几千万 CPS，跨越 5 个数量级，因此，单光子计数器在此范围内有良好的线性是未来免疫检测发展的趋势。

(4) 存在问题与建议　能够满足较高线性范围的市售光子计数光度计模块是非常少见的，这不仅要求光电倍增管器件的高性能，同时对于后端处理电路的响应速度及带宽也有极高的要求，只有个别进口高端产品能够满足要求。然而，模块的尺寸限制了它们在分析仪上的应用。进口化学发光免疫分析仪的制造商通常采用定制光子计数光度计模块，但这会增加仪器的物料成本。因此，同时具有尺寸小、低噪声、高灵敏度和宽线性范围，并且成本可接受的光子计数光度计是一个比较大的挑战。

另外，作为光子计数光度计核心器件的 PMT，其测量结果受到环境温度的影响，对于同一信号源，环境温度越高，测量得到的发光值越小。同时，随着使用时间的增加，PMT 的阴极和倍增管会出现老化，直接导致计数值的漂移和衰减，从而导致测量结果的偏差。因此，需要设计光度计的自校准器件和测试过程中的自校准流程，以保障测量结果的准确性。

四、凝血分析装备及关键零部件技术发展趋势

（一）凝血分析装备技术发展趋势

1. 行业发展现状

凝血分析市场是近几年发展非常快的 IVD 细分领域，近几年的复合增长率在 20% 左右。近五年，凝血分析在高速发展的国内 IVD 领域的市场占比从约 5%，逐渐上升到约 10%。年复合增长率 6.4%。

目前，中国的凝血分析市场容量为 50 亿元人民币左右，外资企业在该领域具有绝对优势，分别为美国国家仪器实验室（IL，Werfen 集团）、日本希森美康（Sysmex 集团）、法国思塔高（Stago 集团）。国内厂家以迈瑞医疗为代表，围绕高端客户需求，通过产品创新和技术突破，加速扩大了市场份额。

随着近几年分级诊疗政策的不断深入，社区医院等相关概念的不断推广，中、低端凝血仪市场将显著普及凝血项目检测；另一方面，随着自动化凝血检测的日臻完善，高端市场将逐渐整合升级以满足高通量要求，产品向自动化和智能化方向不断迈进。

2. 主要技术进展及优势

近年来，随着医疗水平的不断提高和医疗需求的持续增长，患者对于医疗服务的需求不断提升，临床对于检测质量与效率提出了更高的要求，凝血检测技术正在经历一场自动化与智能化的变革。

凝血检测技术自动化的发展是为了通过改善质量和安全性，提高处理能力和简化工作流程，以提高检测效率，降低劳动力成本，并能够及时准确地发送报告，实现全面网

络化管理，为科研工作和患者提供更好的医疗服务。另外操作人员不接触样本，降低了生物感染的风险。同时，凝血检测技术自动化还为临床实验室标准化和质量认证打下了良好的基础。

1）凝血分析仪检测处理能力不断提升，急诊样本出报告时间更短，检测速度从单项测试速度提升转向综合多项测试速度的提升；从独立单机测试转向多机联机测试发展；凝血分析仪与标本前处理系统和全实验室自动化（Total Laboratory Automation，TLA）设备的组合成为大趋势。

凝血自动化不是简单地把凝血检测单机和样本前处理系统用轨道连接起来，而是真正从客户的实际情况和真实需求出发，提供一套高效的凝血自动化整体解决方案，减少检测环节，从而缩短 TAT 时间，满足临床需求。

2）试剂及相关耗材自动实时加卸载功能不断提升，工作流程简化，检测效率提高，劳动力成本降低。

在全自动凝血分析仪中，不同检测项目需要添加不同种类的混合试剂（或稀释液）和触发试剂，不同种类的凝血试剂需要采用不同规格的玻璃瓶或者塑料瓶进行包装。这种设计初衷主要是便于固态试剂进行复溶，然后上机检测。如何进行高效试剂管理，保证检测性能的准确性，降低用户的测试成本成为凝血分析仪自动化发展的一个重要方向。

随着全液态试剂的推出，用户不再需要在测试前费时费力地进行试剂复溶。将凝血检测中某一项目所需的全部类型试剂进行整合，利用联杯试剂盒的形式集成到一个试剂盒上，可以一次性完成该测试项目全部试剂的加载或更换。通过上述试剂管理综合系统的设计，可以实现试剂不停机实时加卸载，必将使凝血检测系统的自动化程度迈上一个全新台阶。

在全自动凝血分析仪中，试剂多采用固态试剂复溶后上机进行检测，自动化程度较低。以迈瑞医疗为代表的国内厂家逐步推进的全液体试剂消除了操作人员对试剂的复溶稳定过程，极大地减少了因不同人员之间的操作差异而产生的分析误差。针对全液态试剂，试剂有效期的提升对企业生产、物流周转、客户使用都会带来显著的优势，因此，全液态试剂的有效期从当前的 12 个月延长到 18 或者 24 个月成为重要需求点。

（二）凝血分析装备关键零部件技术发展趋势

1. 具有加热功能的试剂针

（1）行业发展现状　凝血分析过程对反应温度的控制要求很高，要求在试剂转移过程中能够对试剂进行快速精确温控，使得样本与试剂混合后能够在要求的温度环境下进行凝血反应，从而保证测试结果的准确性。

目前所有的凝血分析仪都配备了加热试剂针，试剂使用加热试剂针进行预热已经是行业内较为统一的设计标准。

（2）主要技术进展及优势　试剂针的加热时间是目前限制凝血分析设备复杂程度和仪器速度的关键因素，同时，试剂针加热的准确度是影响凝血分析设备性能的关键因

第二章　典型医疗装备产业技术发展趋势

素,因此,当前凝血加热试剂针的技术改善重点都是围绕提升加热时间和温控准确度两个点展开。

加热试剂针包含针管、加热装置、温度传感器、液面信号传感器等零件,通过上述零件建立一套温度控制的负反馈系统,然后根据仪器自身的流程特点,设计一套匹配当前仪器的温度控制方法来实现加热针的温控效果。当前高端凝血分析仪的加热时间一般是在 3~5s 之间,温控的准确度在 (37±1)℃ 范围内,目前迈瑞医疗的试剂针能够很好地满足该指标,处在行业的头部位置。

(3) 技术发展趋势　加热试剂针未来的发展方向是在安全性、稳定性、可制造性、尺寸控制等方面进行技术突破。

加热装置的可制造性是亟须突破的重点,高速加热试剂针需要提升加热功率,当前比较先进的聚酰亚胺 (Polyimide, PI) 加热膜受制于热流密度不能过大的限制,导致其最大功率受限,无法在加热试剂针上使用。

加热试剂针零件的小型化、微型化也是趋势之一,以温度传感器为例,准确的温度控制需要在加热试剂针内部布置超微型、小体积、高灵敏温度传感器来准确及时地获取试剂针内液体的温度,以便快速准确地进行温度调节与控制,确保加热试剂针内的温度不会超温以影响试剂性能。与此同时,传感器的体积是限制加热试剂针外针直径的核心因素,传感器的微型化会减少对安装空间的需求从而减少加热试剂针的整体尺寸,该尺寸的减小会降低加热试剂针对定位精度、安装精度等方面的需求。

目前传统的温度传感器在制造、封装和校准方面都有了很大的突破。制造方面的突破主要体现在小型化、高分辨率、高准确度、低响应时间、低热容量等方面。以响应时间为例,目前迈瑞医疗供应链能拿到的温控制传感器最低响应时间能够低于 1s,该类型传感器的出现,极大地缩短了温控系统的迟滞时间,对精准温控有很大的帮助。在体积方面,迈瑞医疗供应链能拿到的温度传感器直径可小于 0.5mm,极大减少了对安装空间的需求。

在封装方面,目前有树脂、玻璃等封装方式,不同的封装方式拓宽了传感器的测温场景,酸碱等腐蚀性的环境均有对应的传感器供选型。

在校准方面,温度传感器也取得了一些进展,行业内目前可自动在全量程范围内对传感器温度进行校准,相对于仅在单一温度下进行校准的方法,新技术能够保证温度传感器在工作量程内的准确性。

(4) 存在问题与建议　由于超微型、小体积、高灵敏温度传感器的加工工艺复杂,工艺技术要求高,目前国内厂商存在着性能不符合宣称、批次一致性差和品控不严的问题,其生产过程中的质量控制,不能够完全满足迈瑞医疗的标准,无法认证为迈瑞医疗的合格供应商。

目前该器件主要由国外厂家供货,成本、供货周期等对产品影响巨大。在目前复杂的国际贸易环境条件下,积极开展这些关键凝血分析仪器零部件的国产化对于凝血分析仪行业健康持续发展有着重要作用。

2. 微量高精度加样系统

（1）行业发展现状　微量加样是现代全自动分析系统的显著特征和主要发展趋势。由于临床测试中，试剂的消耗量与最小加样量基本成正比，更小的样本量意味着更低的试剂成本；同时，加样系统的精度也直接决定着仪器测试结果的准确性和一致性。加样量越小，加样的精度越难保证，微量和精密加样是系统设计时的一对矛盾，同时加样过程的速度提高也给微量和精度带来了巨大挑战。因此，在保证加样精度的同时，追求更小的加样量和更高的加样速度是行业内永恒的主题。通常，衡量微量加样技术水平的关键技术指标包括小加样量，以及最小加样量下的准确度、精度、交叉污染水平等。

当前在凝血分析设备中，高精度、高速度注射器泵和低粗糙度样本针（或试剂针）成为微量加样系统质量的关键，是行业设备中的热点和关键，也是国产设备中受限较多的关键零部件。

（2）主要技术进展及优势　微量加样系统的基本构成包括一根样本针、试剂针，其内壁通过加样管路与注射器泵相连。注射器泵根据加样量的大小产生定量运动，驱动液体流入或流出采样针从而实现定量加样。通常为了实现在不同病人标准之间的连续加样，采样针被安装在一个驱动机构上，可以实现两维的运动以驱动采样针在采样本位、反应杯、清洗池等多个工作位置之间的转换。其主要技术挑战在于微量、精密和高速的结合。首先要解决注射器驱动组件的机械精度，通过理论分析和试验研究，优化高速加样的动态过程参数，通过合理的步进电机细分方式以及控制算法，提升注射器组件的运动精度和优化高速动态运动过程，以保证微量样本的准确吸入和排出。其次，样本针、试剂针是实现加样精度的另一个关键因素，设计上要解决针管内外壁结构设计、表面粗糙度控制、内外壁钝化处理等方面的问题，以得到可满足高精度加样的样本针，保证尽量小的内外壁挂液量。上述设计构成了加样系统的基础，在液面检测、随量跟踪、堵针检测等技术的共同配合下，实现精确、可靠的加样。

（3）技术发展趋势　微量精密加样未来的要求是更小的体积、更高的准确度和重复性，该点需求需要我们在注射器、管路系统、试剂针、样本针等方面进行相应的技术突破。

注射器的研究集中在更高的精度、更高的准确度和可靠性等方面；管路系统方面的控制则体现在整机设计选型中，目前选型的主要倾向是低形变率、低尺寸公差的硬质管；试剂针、样本针则对内外径尺寸公差控制、内外壁抛光控制、标准管材多段变径等方面提出了更高的要求，目前来看，标准管材变径技术只有极少数头部厂家掌握，是未来技术攻关的关键点和难点。

（4）存在问题与建议　目前注射器部分国内厂家逐步掌握，逐渐可以实现国外替代。标准管材变径技术仍然需要重点攻关突破，是避免"卡脖子"现象的关键技术点，在零部件成本、供货周期等方面对产品影响巨大。在目前复杂的国际贸易环境条件下，积极开展这些关键凝血分析仪器部件的国产化对于凝血分析仪行业健康持续发展有着重要作用。

五、即时检测装备及关键零部件技术发展趋势

(一)即时检测装备技术发展趋势

1. 行业发展现状

(1) 即时检测检验品类

1) 根据检测项目区分。POCT 主要可以分成血糖类、心脏标志物类、血气电解质类、感染因子类、妊娠类、肿瘤标记物类、毒品(药物滥用)与酒精检测类等细分领域。其中血糖类发展最成熟,心脏标志物类发展最为迅猛,血气电解质类技术门槛最高。POCT 各大细分领域市场占比如图 2-88 所示。

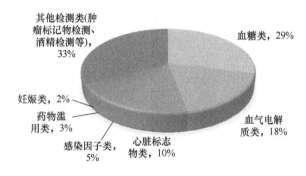

图 2-88 POCT 各大细分领域市场占比

2) 根据应用领域区分。POCT 可以广泛应用于临床检验、临床诊断、重大疫情检测、食品安全监控、毒品检测和酒精检测等公共卫生领域,也可用于个体健康管理。

3) 根据应用场景区分。POCT 产品可出现在大型医院的病房、门诊、急诊、检验科、手术室、监护室;基层医院、社区门诊和私人诊所;体检中心;卫生服务中心、疾病预防控制中心、灾害医学救援现场、食品安全检测现场、环境保护现场;海关检疫、违禁药品快速筛查;法医学现场;生物反恐现场等。POCT 设备可放置于规范的实验室内,也可出现在大型医院和基层医疗机构等。

(2) 市场容量 一方面,POCT 检测时间短、对环境和使用者要求低,可满足急诊、ICU、基层医院等多种应用场景,受益于国家分级诊疗工作不断推进和落实,五大中心建设工作逐年落地,POCT 市场前景更是不断向好;另一方面,科技水平不断提高,技术的进步、交叉学科的发展,为 POCT 产品的技术迭代提供了基石。新技术的出现,提供了更多快速、准确的检测手段,扩大了 POCT 的临床应用场景,丰富了 POCT 的检测参数。尤其是新冠肺炎疫情的到来,催生了 POCT 分子诊断的快速成熟。我国 POCT 市场有望维持 20% 左右的年复合增长率。

(3) POCT 血气电解质设备的发展历程

1) 血气生化分析仪常见品类。血气生化分析对精确度要求极高,往往涉及危重症患者。血气生化分析仪分为干式和湿式,主要检测技术是电极法。由于此前国内厂家技术所限,目前市场份额 80% 以上为外企占据,以理邦仪器为代表的国产血气,成功打破

进口垄断，市场占有率不断提高。由于技术壁垒较高、仪器价格较高，国内 POCT 血气生化分析仪渗透率较低，国内厂家有理邦仪器、万孚生物（广州万孚生物技术股份有限公司）（101 型号由于与理邦仪器存在知识产权纠纷，已停止销售）、南京普朗（南京普朗医疗设备有限公司）、梅州康立（梅州康立高科技有限公司）、武汉明德（武汉明德生物科技股份有限公司）等。

2）市场规模。2020 年国内血气生化分析装备约有 18 亿元人民币市场，随着中国分级诊疗、医保建设、国家政策趋向国产化等形式，血气生化分析装备市场未来一片光明，未来年增长率将持续超过 15%。中国血气生化分析装备市场规模如图 2-89 所示，各厂家市场占有率如图 2-90 所示。

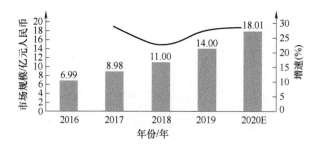

图 2-89　中国血气生化分析装备市场规模

资料来源：产业信息网、智研咨询网、华安证券研究所

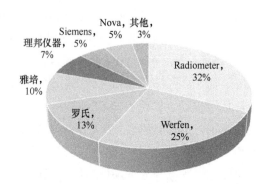

图 2-90　中国血气生化分析装备各厂家市场占有率

（4）发展趋势　血气生化分析装备市场增长主要归因于对自动化 POCT 血气电解质分析仪需求的增长以及医疗环境发展的改变，越来越多的医院要求精准医疗、快速检测。在新冠肺炎疫情影响下，2020 年我国血气生化分析装备市场需求增长超过 35%，随着国内疫情得到控制，企业复工复产速度加快，部分厂家血气生化分析产品的业绩也直线上升。从临床使用情况来看，重症监护病房、麻醉科、新生儿科、急诊科、产科等临床科室对血气生化分析产品的需求越来越多，也进一步驱动该市场的增长。在国家政策的扶持下，床旁血气分析生化业务的增速加快，血气生化分析装备国产替代空间日渐变大。

2. 主要技术进展及优势

从技术角度看，POCT 经历了从定性、半自动定量，到半定量产品，再到全自动定量产品四个发展时代，精度与自动化程度逐渐提升。

第一代试条试纸产品属于定性检测，主要以干化学试纸检测血糖及尿糖为主。

第二代色板卡比色或半定量仪器阅读产品属于半定量产品。

第三代是全定量系统的手工操作，其中免疫层析和斑点金免疫渗滤等免疫测定技术推动了传染性疾病、心脏标志物等 POCT 检测领域的发展。

第四代的技术平台实现了自动化、信息化和智能化。

（1）免疫层析技术　该技术一般以条状纤维层析材料为反应固相，通过毛细作用使液体流过被包被在固相材料上的抗原或抗体，与待测物中的抗体或抗原发生高特异性的免疫反应，通过标记物的光信号放大效应得到待测物浓度。标记物一般为胶体金、荧光素或荧光微球、量子点或稀土元素等。

免疫层析技术操作简单，尤其是胶体金法肉眼即可看到结果变化，判读十分方便，且成本低廉，非常适合大规模筛查操作；但该技术灵敏度较差，线性范围也不能够满足临床需求，因材料所限，受环境温湿度影响非常严重，结果易产生较大偏差。

（2）干化学技术　干化学技术是将多种反应试剂干燥在纸片上，用被测样本中所存在的液体作为反应介质，被测成分直接与固化于载体上的干试剂进行反应。加上检验标本后产生颜色反应，用眼观定性或仪器检测（半定量）。适用于全血、血清、血浆、尿液等各类样本。

该技术无须定标，操作方便，试剂稳定时间长，可应用全血检测。

（3）化学发光免疫分析技术　化学发光免疫分析系统可拆分为化学发光分析系统及免疫反应系统两部分，利用化学反应中的能量转化，通过发光物质的标记，结合高特异性的抗原抗体反应，最终可得到精确的反应结果。

化学发光免疫分析技术灵敏度高，线性范围宽，特异性强，且因是液相反应体系，试剂的稳定性和精度都较层析法优异，目前已经是临床检测中主流的技术手段。

（4）微流控技术　依托微机电系统加工技术，将反应全流程，包括采样、样本前处理、分析、分离等实验室功能微缩在芯片上进行分析，具有在微米尺度级别实现微量流体的操控能力。

该技术 20 世纪 90 年代问世以来，已经趋于成熟，基于微流控技术基础，使得 POCT 设备得以进一步微型化，且不会对反应结果产生很大的影响，能够做到快速、准确、高通量的检测。如理邦仪器的 m16 磁敏免疫分析仪，9min 内即可获得 NT-proBNP、cTnI、Myo、CK-MB、D-Dimer 等多项标志物的检测结果。

近年来，基于微流控技术的 POCT 分子诊断产品也不断涌现，微流控技术的应用使核酸检测的样本前处理、核酸提取、扩增及检测集于一体，实现了分子诊断的小型化、集成化、自动化、快速化，大大丰富了分子诊断产品的应用场景。

（5）生物芯片技术　生物芯片又称微阵列，是利用 20 世纪末提出的以微机电系统

(Micro Electro Mechanical System，MEMS）加工技术为基础的微全分析系统（micro-Total Analysis System，mTAS）的概念，将所有试样处理及测定步骤合并于一体，分析人员可在很短的时间和空间间隔内获取以电信号形式表达的化学信息，常与微流控技术结合应用。在面积很小的支持物表面，有序点阵分布一定数量的可寻址分子，这些分子与待测物结合，以荧光、发光或显色反应等显示结果，从而实现对核酸、蛋白质、细胞、组织等的快速分析。

该技术在疾病筛查和早期诊断中具有相当大的优势，因芯片阵列的特点，可实现同时对多个项目进行检测，通量高、速度快，极大地提高了分析效率，已成为检验医学的热点技术之一。

（6）磁敏免疫技术　磁敏又称巨磁阻技术，该技术于 2007 年获得了诺贝尔物理学奖，最开始应用于固态磁盘存储。巨磁阻原理为微小的磁信号改变即可引起电阻的巨大变化。对磁颗粒包被进行标记，通过对磁信号的识别及转化，结合高特异性的抗原抗体反应，可实现对待测物单分子级别的检测。目前唯一应用磁敏免疫技术的就是理邦仪器公司的磁敏免疫分析仪，该产品结合磁敏免疫、生物芯片、微流控等多个技术基础，可实现高通量、快速、准确的心肌标志物和炎症标志物检测，属于 POCT 检测产品中的创新产品。

未来，微流控芯片技术、微阵列蛋白质生物芯片、磁敏免疫技术等高新技术的发展将带动 POCT 产品与传统医学检验技术、互联网技术相互融合，实现集精准、智能、云端为一体的智慧 POCT 平台，使 POCT 向小型化、智能化、高通量、多八项发展，在精准医疗、分级医疗、远程医疗、移动医疗中发挥巨大作用，实现未来互联网时代医学诊断的新模式。

3. 存在问题

POCT 产品虽然小巧便携，但在现阶段的应用中仍有不足，主要表现在操作人员水平参差不齐、方法学多样、参考值不统一、科室设备不统一、设备质控管理难等诸多实际问题；尤其牺牲敏感度、特异性而追求速度等问题日渐突出。为此，如何保障 POCT 的管理质量，越来越受到医疗机构及医务人员的重视。

（二）POCT 血气、电解质分析仪装备关键零部件技术发展趋势

1. 生物芯片技术

（1）行业发展现状　微流控芯片（Microfluidic Chip）是 uTAS 中当前最活跃的领域和发展前沿，它集中体现了将分析实验室功能转移到芯片上的理想，即芯片实验室（Lab-On-a-Chip，LOC），它是系统集成微刻技术的结晶，是可以完成生物化学分析的微型芯片。可实现对原有检验仪器的微型化，制成便携式仪器，用于床边检验。如血细胞分析、酶联免疫吸附试验（Enzyme Linked Immunosorbent Assay，ELISA）、血液气体和电解质分析等都可进行即时检测。

（2）主要技术进展及优势　目前生物芯片可分为基因芯片（Genechip 或 DNA Chip）、蛋白质芯片（Protein Chip）、细胞芯片（Cell Chip）和芯片实验室（Lab-On-a-

Chip，LOC），它们具有高灵敏度、分析时间短、同时分析项目多等优点，它是将生命科学研究中所涉及的许多分析步骤，利用微电子、微机械、物理技术、传感器技术、计算机技术，使样品检测、分析过程连续化、集成化、微型化，而且它还可促进缩微实验室的构建。

（3）技术发展趋势　随着科学技术的发展，生物芯片将更多应用于应急救援、军事医学等领域中。其次，蛋白质芯片、基因芯片等也将应用于更多领域，比如生物标志物的检测，生物分子间相互作用的研究与质谱分析，以及药物靶标及精准医疗等研究领域。

（4）存在问题与建议　质量是关键，质量就是生命，生物芯片技术虽有如上许多特点、许多优势，但其能否按预期的设想发展，关键还在于质量。其质量的难点在于不同于以往均质的液相试剂，一批试剂可做成千上万个标本，质量是一致的；而生物芯片的每一个测试单元都是独立的，如何保证每批产品及每批产品中每个测试单元质量都是一样的？十分困难，质量怎么控制至今还没有完全成熟的经验或法规。质量涉及病人的生命，长路漫漫，其修远兮。

2. 微流控技术

（1）行业发展现状　微流控研究起始于20世纪90年代，至今已经有20余年的发展历史，此期间经历了基础理论奠定、单元操作技术发展、小规模集成和大规模集成几个历史发展阶段。至今，微流控技术发展臻于成熟，已经在多个领域得到认可并被广为利用，其产业化趋势也是愈发明显。

微流控芯片技术的特点来自两个方面：一是微流体的特性，即微尺度下流体的一系列特殊效应，包括层流效应、表面张力及毛细效应、快速热传导效应和扩散效应等，这些效应有利于精确流体控制和实现快速反应；二是微加工工艺带来的结构复杂性，微加工工艺具有加工小尺寸、高密度、微结构的能力，便于实现各种操作单元的灵活组合与规模集成。因此，样品前处理、分离与分析、检测等实验流程得以在同一芯片上集成化和并行化，从而达到微型化、自动化、低消耗和高效率的目的。微流控芯片作为当代极为重要的新型科学技术平台，非常符合国家层面的产业转型规划。目前，微流控芯片研究的主流已从平台构建和方法发展转为不同领域的广泛应用，理邦仪器生产的血气生化分析仪、磁敏免疫分析仪也采用了微流控技术，由此控制标本流速、标本类型、检测时间、检测试剂等因素的干扰。

（2）主要技术进展及优势　微流控技术在体外诊断行业中目前广泛应用于分子诊断、免疫检测、病原微生物检测等相关领域。我国正处于巨大的社会变革过程当中，一方面国力的增强和科技的进步促进了新技术的发展和推广，另一方面新形势对于体外诊断行业提出了新的要求。体外诊断作为一个高附加值行业，将会在未来相当长的阶段中快速发展。随着医疗改革的推进，三级医疗体系将逐渐完善，随之而来的是医疗资源由集中模式转变为分散模式，第三方检验机构的兴起，以及共享经济模式的冲击，势必会对体外诊断技术提出更高的要求。在这种形势下，微流控技术将会对体外诊断行业的发展提供一个有利的契机。

目前，承担体外诊断的单位主要是医院的检验科和第三方检验机构。体外诊断是典型的流体操控过程，追求操作便利性和分析结果的准确性，因而微流控芯片是实现体外诊断的有利技术平台，这表现在以下几个方面：

1）应用场景拓展：传统的检验设备多为大型仪器，虽然在测试通量和稳定性上具有优势，但其使用局限于专业实验室。微流控芯片系统体积小巧、操作简单，完全可以在门急诊、基层医疗单位甚至床边进行检测，这极大地拓展了体外诊断的应用空间。

2）分析效率提高：集成化和并行化设计的微流控芯片系统，有能力在短时间内提供更为丰富的诊断信息，因而显著提升了分析效率。

3）测试成本下降：微流控芯片使用微小反应体积，有利于减少试剂样品消耗，从而降低测试成本。概括来讲，微流控体外诊断技术的优势可以归结为多、快、好、省四个字，这种分析技术无疑是对现有体外诊断技术的巨大提升。

（3）存在问题 虽然微流控体外诊断技术得到了学术界和产业界的普遍认可，现实中的微流控体外诊断产业进程仍然是步履艰难。相比较研究领域取得的巨大进展，微流控体外诊断技术的产业化进程要缓慢得多。

从技术角度来看，微流控体外诊断产品开发涉及多个学科领域，包括医学、生物、化学和工程等。任何一个企业，想要建立这样一个规模的研发队伍都绝非易事。以微流控芯片为载体的微分析体系并非只是对应的宏观体系的简单微缩，其在很多方面都有别于传统产品。例如，微分析体系的表面效应特征非常突出，这是由于其比表面积的显著增加。相应地，各种表面效应变得非常显著，无论是表面张力、表面吸附还是热传导效应都与宏观体系有很大差别。因此，与表面效应相关的各种因素，包括材料性质、通道尺寸、试剂成分、表面处理工艺都会对分析功能造成显著影响。还有，微流控芯片制造涉及的 MEMS 技术，也并非传统的加工工艺。由于传统体外诊断制造业对上述问题了解有限，导致了微流控产品的研发难度远高于传统体外诊断产品。

从产业环境角度看，研究、生产和应用单位的脱节，高端加工技术的欠缺也增加了微流控产品开发的难度。

从临床应用角度看，现阶段的微流控产品仅在某些临床应用中的检测性能或效率可以达到甚至超越传统技术方法平台，但尚未形成全面超越的优势，特别是微流控技术存在的一些局限，包括难以快速处理大体积中的低丰度样品、高比表面积带来的样品吸附损失加剧等问题，也给其临床应用造成了不利影响。

从质量控制体系角度看，作为新入场者的微流控诊断产品尚未建立或健全与之相适应的质量控制体系，在一定程度上也限制了其在包括基层医疗单位及家庭等更广泛场合的推广应用。令人欣慰的是，目前已经有部分微流控诊断产品开始步入临床应用，其相比于传统平台方法的一些优势已初露端倪。

在国产设备器械领域，深圳理邦公司已深耕 26 年，对于科技的发展创新与产业化建设有着独到的成就。目前已在微流控及生物芯片领域创造出年 500 万片的生产基地，为中国高科技市场的研发转生产贡献了自己的一份力量。

第六节 手术机器人

一、放射介入手术机器人及关键零部件技术发展趋势

（一）放射介入手术机器人技术发展趋势

1. 行业发展现状

放射介入手术是以影像诊断学为基础，并在影像设备的导向下，利用经皮穿刺等技术，对一些疾病进行非手术治疗或者获取组织学、细菌学、生理生化材料，以明确病变性质。放射介入手术包括穿刺活检、消融、粒子植入，其中穿刺活检是肿瘤诊断的金标准，在肿瘤治疗中消融和粒子植入相比传统临床术式的射线辐射、穿刺不精准、反复扫描确认等临床痛点具有微创、预后效果好等优势。

随着机器人技术的发展，手术机器人越来越多地用于辅助医生进行手术以解决上述临床痛点。目前已上市且进入临床应用的多为辅助导航定位类手术机器人，如 Perfint 公司的 MAXIO 导航机器人、奥地利 Interventional Systems 公司的 iSYS 导航机器人等。导航定位类手术机器人提升了放射介入术式的穿刺精度，但仍无法解决反复扫描确认、患者受辐射等问题，且手术过程中无法获知穿刺器械与病灶及周围组织的相对位置，这种"盲穿"造成穿刺精度低、难度大、风险高。此外，放射介入手术机器人的应用也引入了新的临床操作流程，增加了手术的复杂性。

总体而言，放射介入手术机器人临床意义重大，但目前能够提升临床应用效率且较好解决临床痛点的产品在国内外均为空白。

2. 主要技术进展及优势

放射介入手术机器人目前尚处于发展阶段，面市产品较少，且尚未形成统一技术路线，从产品形式上主要分为两类：一类是固定于 CT 扫描床或与患者固定的小型自动化穿刺设备上，如奥地利 Interventional Systems 公司的 iSYS 机器人、以色列 XACT 公司的 XACT 机器人；另一类是独立推车式床旁手术机器人设备，主要代表为印度 Perfint 公司的 MAXIO 导航机器人。

上述两类产品形式不同，但均需进行机器人与 CT 影像的注册配准。目前主流方案为基于 CT 影像进行配准，学术研究在 1970 年已开展并在 1979 年提出了 BRW 框架，如图 2-91 所示，由 3 面 Z 型连杆结构组成，技术较为成熟，其中 XACT 即采用了此种方案，而 iSYS 采用了与 BRW 框架原理类似的一种标记方案。

基于 CT 影像的 BRW 注册配准原理如图 2-92 所示，利用 CT 影像提取出 BRW 框架特征点，根据几何关系计算特征点在 BRW 框架坐标系下的位置，利用特征点在影像坐标系与 BRW 框架坐标系下的一一对应关系，进而完成配准计算。

放射介入手术机器人主要面市产品功能及性能如下：

图 2-91 注册配准 BRW 框架实物图

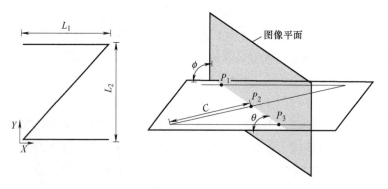

图 2-92 BRW 注册配准原理

（1）iSYS 穿刺机器人　Interventional Systems 为一家奥地利公司，成立于 2004 年，第一代产品 iSYS 1 于 2014 年面市，可用于 CT 及 CBCT 引导下的胸腹部介入穿刺。

iSYS 穿刺机器人产品形态如图 2-93 所示，使用时需对 CT 扫描床进行改装并将机器人固定于 CT 扫描床旁，由医护人员将穿刺机器人拖动至穿刺区域并锁定被动关节，通过术前扫描完成注册配准，在手术规划完成后使用操作杆调节穿刺角度并同步在主控显示器上显示穿刺针与靶点之间的位置关系，确定好穿刺角度后由医生完成最终的穿刺操作。

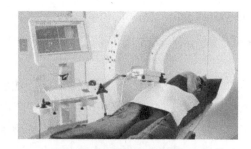

图 2-93 iSYS 穿刺机器人产品形态

iSYS 经过 3 次产品迭代，目前最新型号 Micromate 穿刺机器人产品形态如图 2-94 所示，主要性能参数如下：

1）被动关节为 7DOF，运动范围达 40cm。

2）主动关节可实现末端器械的平移与角度调整，运动范围分别达±40mm、±30°。

3）机械重复精度优于 0.03mm，绝对精度优于 0.2mm。

4）穿刺定向位置偏差均值为（0.43±0.5）mm，穿刺定向角度偏差均值为（0.79±0.41）°。

5）适配影像模态包括 Fluoroscopy、CBCT、Fluoro-CT。

6）穿刺导航方式为离线引导，无动态参考。

7）穿刺针适配 10~21G。

8）机器人重量为 2kg，整机系统总重 18kg。

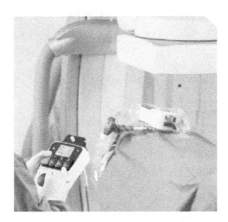

图 2-94　Micromate 穿刺机器人产品形态

（2）MAXIO 穿刺机器人　Perfint 为一家印度公司，成立于 2005 年，其主要产品有 ROBIO、ROBIO Ex 及 MAXIO，其中 MAXIO 是 2012 年面市并通过欧洲 CE 认证的最新产品，主要用于胸腹部介入穿刺术式，包括穿刺活检、消融、引流等。

MAXIO 穿刺机器人产品形态如图 2-95 所示，使用时需将穿刺机器人固定于 CT 扫描床旁，并通过机械与光学系统进行配准，医护人员可在工作站上完成手术规划，由机器人自主定位至穿刺入针点并确定好穿刺角度，由医生完成最终穿刺操作。

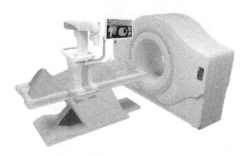

图 2-95　MAXIO 穿刺机器人产品形态

MAXIO 主要性能参数如下：

1）机器人为 5DOF 主动关节。

2）机械精度优于亚毫米与亚角度。

3）多模态影像融合，血管、脏器分割。

4）手术计划支持多针规划，最多为6针。

5）支持术式包括穿刺活检、消融、粒子植入、置管引流。

6）适配穿刺针11~24G。

7）穿刺精度最大为7mm。

8）支持术后报告生成。

(3) XACT 穿刺机器人 XACT为一家以色列公司，成立于2013年，并在2019年完成3600万美元的D轮融资，其主要产品为XACT ACE，可用于胸腹部的介入穿刺，于2019年10月完成美国FDA认证。

图 2-96 XACT ACE 穿刺机器人产品形态

XACT ACE 穿刺机器人产品形态如图2-96所示，使用时需将机器人固定于患者体表，术前扫描时自动完成注册配准，医护人员可在工作站上完成手术规划，由机器人自主定位入针点并完成自动穿刺进针。

XACT ACE 主要性能参数如下：

1）机器人为5DOF主动关节。

2）机器人穿刺角度最大为45°。

3）安装方式为固定于患者体表。

4）脚踏控制自动进针。

5）穿刺精度均值为（1.41±0.94）mm。

上述放射介入穿刺手术机器人主要性能参数对比见表2-17。

表 2-17 放射介入穿刺手术机器人主要性能参数对比

机器人		MAXIO	iSYS	XACT
操作方式	安置方式	安置在CT扫描床旁	安置在CT扫描床旁	安置在患者身上
	引导方式	定位定向	定位定向	实时影像引导
	穿刺方式	孔径外、手动穿刺	孔径外、手动穿刺	孔径内、自动穿刺
	注册配准方式	机械配准	影像配准	影像配准
	远程方式	不支持	不支持	不支持
支持术式	单针穿刺类	活检、导丝植入、置管引流	活检、导丝植入、置管引流	活检、导丝植入、置管引流
	消融穿刺类	射频、微波、冷冻（≤3针）	射频、微波、冷冻（≤3针）	射频、微波、冷冻（≤2针）
	植入穿刺类	金标植入、粒子植入（≤3针）	金标植入、粒子植入（≤3针）	金标植入、粒子植入（≤2针）

（续）

机器人		MAXIO	iSYS	XACT
手术计划	影像处理	多模态影像融合血管、脏器分割	—	—
	计划方式	手动计划	手动计划	自动计划
	计划校验	√	×	√
	TPS计划	×	×	×
	运动仿真	×	—	—
术中执行	机械臂运动模式	自主运动	位置被动调节，姿态主从调节	—
	呼吸补偿	×	×	—
	穿刺操作	手动穿刺	手动穿刺	自动穿刺
	手术精度	7mm	3mm	2mm（动物实验）
术后评估	治疗效果评估	×	×	×
	并发症评估	×	×	×
	自动报告生成	√	√	×

3. 存在问题及建议

如上调研，目前国内尚无放射介入手术机器人相关产品面市，国外产品仅解决了穿刺精度问题，辐射剂量、"盲穿"操作等临床痛点问题仍需重点攻克，此外简化工作流也是需要解决的关键问题。针对放射介入手术机器人存在的问题及建议详细描述如下。

（1）简化工作流　目前已面市的介入穿刺手术机器人工作流相比传统临床术式较为复杂，iSYS穿刺机器人在术前需将设备固定于CT扫描床，且需手动将末端拖动至预穿刺区域，增加了介入手术的复杂性；XACT穿刺机器人术前需将设备固定于患者体表，一方面操作复杂，另一方面也增加了对患者的压迫感和操作过程中的风险；MAXIO穿刺机器人在术前需通过一套光学系统进行配准，操作复杂。此外iSYS与MAXIO在穿刺术中均需反复扫描确认是否到达靶点。

因此放射介入手术机器人新项目的研发应充分简化工作流，手术机器人的准备工作应尽可能简单，患者的术前准备工作尽可能与传统术式一致，不增加操作风险。此外术中穿刺时应尽可能实现所见即所得的一步到位式操作，避免反复扫描确认。

在传统临床介入术式或导航类介入机器人辅助术式中，医生需多次进出扫描间，工作流复杂、手术时间长，因此放射介入手术机器人新项目应尽可能实现自动穿刺或遥控主从式操控穿刺，简化穿刺工作流。

（2）降低辐射剂量　在放射介入术式中，患者受辐射主要包括术前扫描及术中确认扫描阶段，辐射剂量的增加主要体现在术中确认扫描阶段，术中医生多采用步进式进针，进针与影像校验交替进行，也增加了患者的受辐射剂量。

因此放射介入手术机器人新项目的研发应在术中穿刺时实现所见即所得的一步到位

式操作,避免反复扫描确认而带来的辐射剂量增加。此外对于手术机器人注册配准,应实现无患者扫描或扫描区域与患者术前扫描重合。

(3) 术中实时影像引导 如(1)与(2)所述,术中所见即所得的实时影像引导可以极大地简化工作流并降低患者受辐射剂量。

目前已面市的穿刺机器人仅有 iSYS 及 XACT 支持实时影像引导,其中 iSYS 穿刺机器人需要医生手动完成穿刺操作,在实时影像下增加了医生的受辐射风险,医生操作时需进行辐射防护。XACT 实现了实时影像下的自动进针穿刺,但无法实现穿刺角度调整。

因此放射介入手术机器人新项目的研发应实现实时影像引导,且应采用主从式操控减少对医生的射线辐射。

(4) 穿刺力感知 如(3)所述,术中实时影像穿刺时采用主从式操控降低了医生受辐射剂量,但对于操作者就失去了穿刺手感,无法实时感受穿刺过程中的精细变化。因此在实施主从式介入穿刺时,应实现穿刺力同步反馈,给医生真实的穿刺临场感,实现穿刺过程中对三维器官和软组织等产生的接触力感知。

(5) 核心部件国产化 目前国内尚无自主知识产权的放射介入手术机器人产品面市,此外在手术机器人领域,诸如高精度机械臂系统、力感知主手等核心部件上存在严重的进口依赖现象,一定程度上制约了系统的特异性功能开发,提高了产品的成本,带来了不可控的技术、市场、供给等多方面潜在隐患,因此核心部件应早日实现自主化、国产化,避免将来被"卡脖子"。

(二)放射介入手术机器人关键零部件技术发展趋势

(1) 力反馈主操作器行业发展现状 在传统开放手术中,医生可以轻松地感知手术操作过程中的力觉和触觉,从而能够进行精确的手术操作;然而在普通微创手术(Minimally Invasive Spine,MIS)和机器人辅助微创外科手术(Robot-assisted Minimally Invasive,RMIS)中,医生需要通过主操作手来控制从端的手术器械完成外科手术。目前投入临床使用的微创手术机器人大部分只能提供运动控制,而无法帮助医生感知力觉和触觉,对于医生来说就必须在失去触觉反馈的情况下进行手术操作,这无疑增加了医生的难度。

目前商业化比较成功的是 Intuitive Surgical 公司的达芬奇系统的主手,该主手运动灵活、活动空间大,但是没有力反馈,医生无法感知器械接触的组织的物理特性,也无法感知末端器械夹持的力度。

国内力反馈技术的研究开展比较晚,目前还没有商业化特别成功的力反馈设备公司。但是一些高校和研究所做了一些研究,取得了不少成果。

相比而言,国外在力反馈主手的研究上相对成熟,商业化也比较成功,并逐步在微创手术机器人中使用,但是其价格普遍昂贵,系统软件也不开放。国内在力反馈主手方面也有较多的研究,研发出了多款与国外产品对标的样品,但是在商业化和腹腔微创手术机器人中使用较少,在关键技术上还需要进一步突破,以达到良好的力反馈效果。

(2) 力反馈主操作器主要技术进展及优势 1993 年,Sensable Technologies 公司研

第二章 典型医疗装备产业技术发展趋势

发了 Phantom 系列力反馈设备并很好地完成了商业化。按照力反馈维数和工作空间，Phantom 系列可以分为五类：Phantom Omini、Phantom Desktop、Phantom Premium、Phantom Premium 6DOF 和 Phantom Premium 1.5HF/6+1DOF，如图 2-97 所示。其中，Phantom Omini 和 Phantom Desktop 为 6 自由度、3 维力反馈。两者只在力反馈值、工作空间大小、质量属性、刚度及封装方面有所区别。Phantom Premium 系列包括 Phantom Premium 1.0、1.5（1.5High Force）和 3.0 三种产品，三者的工作空间依次增大，均具有三维力反馈，与 Phantom Omini 和 Phantom Desktop 相比，反馈力更大、工作空间更广。Phantom Premium 6DOF 系列包括 Phantom Premium 1.5/6DOF（1.5High Force/6DOF）和 3.0/6DOF，这一系列除了具有三维力反馈外，还具有三维力矩反馈，能够为操作者提供全方位的力和力矩感知。Phantom Premium 1.5HF/6+1DOF 是 Sensable Technologies 公司最新推出的一款力反馈设备，该设备是在 Phantom Premium 1.5/6DOF 基础上在操作手末端加上了一个可拆卸的末端操纵装置，可以实现从手器械末端的夹持操作，但是只有 6 个方向的力反馈，没有夹持力反馈。

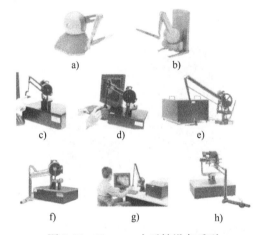

图 2-97 Phantom 力反馈设备系列

a) Phantom Omini b) Phantom Desktop c) Phantom Premium 1.0 d) Phantom Premium 1.5
e) Phantom Premium 3.0 f) Phantom Premium 1.5/6DOF g) Phantom Premium 3.0/6DOF
h) Phantom Premium 1.5HF/6+1DOF

Phantom 系列力反馈设备在技术方面已经相对成熟，能够非常真实地对许多外部环境信息进行模拟，被认为是目前虚拟现实领域最为理想的力反馈设备之一。但其软件系统不对用户开放，用户不能针对自身需求对设备进行调节。另外，Phantom 系列力反馈设备价格昂贵，目前只在少数领域中有所应用。

瑞士的 Force Dimension 公司基于独特的并联 Delta 机构研发了 Omega 和 Sigma 系列的力反馈设备，系统刚度大，操作灵活方便，符合人机工程学设计，能够输出较大的反馈力，可用于搭建各种应用场合的力触觉反馈远程控制系统。

图 2-98 所示为 Force Dimension 公司生产的 Omega.3 力反馈设备，采用具有空间三维运动的 Delta 并联机构，该机构精度高，各向同性且动态响应性好，可实现对虚拟现

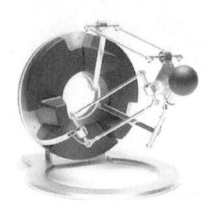

图 2-98 Force Dimension 公司生产的 Omega.3 力反馈设备

实环境中的物体进行三维空间平移操作，或对空间点的位置进行控制。

图 2-99 所示为 Force Dimension 公司生产的 Omega.7 力反馈设备，除了具有三维力反馈外，还具有夹持力反馈，可用于控制物体三维运动，同时执行一定的操作，通用性强，应用范围广。

图 2-99 Force Dimension 公司生产的 Omega.7 力反馈设备

图 2-100 所示为 Force Dimension 公司生产的 Sigma.7 力反馈设备，引入了 7 个主动自由度，包括高精度主动抓取能力，经过对重力精确补偿，末端执行器拥有了优质的力和扭矩反馈性能，具有三维力和力矩反馈，还具有夹持力反馈，能够与复杂的触觉场景进行交互。Sigma.7 为先进的航空航天和医疗行业而设计，能够对机器人进行精确控制，它的高度人体工程学设计，使其成为关键性应用的参考设备。

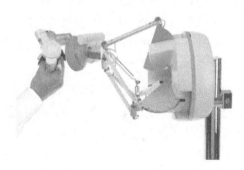

图 2-100 Force Dimension 公司生产的 Sigma.7 力反馈设备

第二章 典型医疗装备产业技术发展趋势

Force Dimension 力反馈设备性能参数见表 2-18。

表 2-18 Force Dimension 力反馈设备性能参数对比

	工作空间	反馈力	反馈力矩	夹持力
Omega.3	移动 φ160mm×110mm	12.0N	—	—
Omega.6	移动 φ160mm×110mm 转动 240°×140°×320°	12.0N	—	—
Omega.7	移动 φ160mm×110mm 转动 240°×140°×180° 夹持 25mm	12.0N	—	8.0N
Sigma.7	移动 φ190mm×130mm 转动 235°×140°×200° 夹持 25mm	20.0N	400mN·m	8.0N

Force Dimesion 力反馈设备目前主要应用于三维建模和虚拟现实技术中，其并联 Delta 机构决定了其相对于串联型主手具有更大的刚度和更好的工作性能，在虚拟现实技术中，Force Dimesion 是一款理想的力反馈设备。其缺陷在于操作空间有限，且价格昂贵。

（3）力反馈主操作器技术发展趋势 主操作器作为医生的操作端，同时也可以作为力信号的反馈端。从技术的发展趋势来看，一方面需要进一步提升主操作器的灵巧性，给医生提供良好的交互体验感；另一方面，需要提升力反馈的透明性，使得力反馈的效果更加真实。同时，作为医疗产品，其安全性也需要设计得更加周全。

（4）力反馈主操作器存在问题与建议

1）核心元器件国产化。主操作器作为医生的操作端，其工作性能会直接影响手术质量，尤其对于长耗时的大型手术，性能优良的主操作器有助于医生节省体力并集中精力关注手术操作。为了达到优良的性能，在硬件上，主操作手需要满足高刚性、低摩擦、低惯量和有重力补偿等特性。为了达到低摩擦、低惯量，各关节的驱动器通常放置在对应关节。通用的小型驱动器采用实时总线并有底层控制功能，目前大部分都是国外进口，价格非常昂贵，而且目前还没有合适的尺寸满足应用，所以核心元器件国产化显得尤为重要。

2）主操作器的动力学补偿。由于主操作器的复杂性，无法利用机械配重或者弹簧补偿策略完全配平，对于剩余重力通常采用动力学进行补偿，同时，为了减小反驱力，各关节的摩擦力、惯性力也需要实时补偿。

3）主操作器的力反馈控制策略。主操作器的力反馈能够真实地反映从端手术器械的工作状态，对主刀医生的操作有很大提升。主操作器在手术中有不同的模式，需要研究基于力反馈的附加补偿控制策略，准确地实现全维力反馈功能。主操作器控制策略如图 2-101 所示。

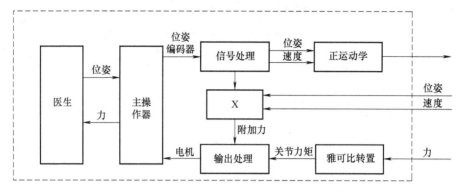

图 2-101 主操作器控制策略

二、神经外科手术机器人及关键零部件技术发展趋势

（一）神经外科手术机器人技术发展趋势

1. 行业发展现状

神经外科手术机器人主要适用于发生在脑和脊髓中枢神经系统中疾病的治疗，是一种可在脑出血、脑肿瘤、帕金森病、癫痫、三叉神经痛等近百种疾病治疗中辅助医生定位的微创手术设备。利用手术机器人可以开展对精度要求极高的脑深部电刺激（Deep Brain Stimulation，DBS）手术（治疗帕金森病、肌张力障碍、梅杰综合征、特发性震颤等）、立体定向脑电图（Stereotactic Electroencephalography，SEEG）癫痫手术（实施脑内血肿排空、脑组织活检、脑脓肿穿刺引流、脑内异物摘除等）及颅骨开放性手术的导航等。

相较于传统神经外科手术，机器人辅助手术具有手术时间短、定位精准、创口小等优势。传统神经外科手术的工作量大、耗时长、人力物力资源投入多、患者恢复慢，通常一台手术需要 2~3h，并且要对病人实施开颅和全身麻醉，同时投入大量耗材及医护人员，术后患者住院时间也较长。此外，总体手术费用高，其中仅麻醉相关费用就达数千元，以脑出血手术为例，单台手术费用约 2 万~4 万元。而使用手术机器人，能够将手术时间缩短到平均 0.5h/台，且仅需进行局部麻醉，同时由于创伤仅为 2mm，在耗材、住院及恢复时间上都有很大优势，同时整体费用能降低 30% 左右。此外，手术机器人还可以实现远程手术，作为输出顶级医疗资源的重要载体，提高诊疗效率。

由国内代表性企业柏惠维康（北京柏惠维康科技有限公司）自主研发的睿米神经外科手术机器人系统，于 2018 年 4 月取得国内首个三类医疗器械注册证，该产品包括"脑、眼、手"三个部分（见图 2-102）。"脑"是计算机手术规划软件，其作用是开发多模态影像融合算法，在计算机上重构颅内组织与病灶的三维图像，为医生确定手术路径提供简便、直观、高效的工具，可进行术前规划和手术模拟；"眼"是光学跟踪定位仪（双目摄像头），开发的机器视觉算法可使双目摄像头准确识别标志物，建立计算机三维模型和现实手术场景空间的对应坐标关系，实现了手术快速自动注册、实时跟踪导航，在定位过程中取消了框架，减轻了患者痛苦；"手"是六自由度机械臂，可自动定位到手术规划的路径和靶点，定位精度达到 0.5mm。睿米神经外科手术机器人将手术规划、导航和操作三者统一，辅助医生微创、精准、高效、安全地完成各类神经外科手术。

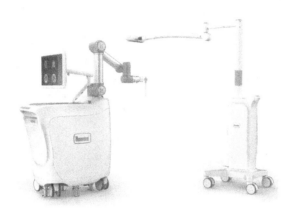

图 2-102　睿米神经外科手术机器人

2. 神经外科手术机器人的工作原理及系统结构

（1）工作原理　以柏惠维康研制的睿米神经外科手术机器人为例，机器人手术导航软件可读取患者术前扫描的 CT/MRI 影像，创建出颅脑三维模型，医生则根据自己的经验和判断在其上设定手术靶点和路径。光学跟踪定位仪自动视觉识别特征标志块，快速完成机器人注册和病人注册，从而建立图像空间与机械臂空间的转换关系。机械臂根据注册转换结果对规划靶点和路径实现精准的自动定位导航，并在到位后锁定关节，装载手术器械以支撑手术操作。其中，机器人注册建立机械臂空间与光学跟踪定位仪空间的转换关系，病人注册建立图像空间与光学跟踪定位仪空间的转换关系。

（2）系统结构　神经外科手术机器人由机械臂、手术导航软件、光学跟踪定位仪、专用仪器车、定位标志点及探针组成，集手术三维规划、光学跟踪注册、自动定位导航和手术操作支撑于一体。

3. 重要指标及范围

系统定位精度≤0.5mm。

机械臂臂展≥800mm。

机械臂移动范围≥300mm×300mm×300mm。

注册时间<2min。

4. 神经外科手术机器人行业发展现状

我国在神经外科手术机器人领域的研究始于 20 世纪 90 年代，2017 年后进入产品上市的集中期。我国是国际上较早开展无框架立体定向手术的国家之一，田增民教授等于 1997 年曾应用国产 CASR-2 型机器人系统进行肿瘤活检等无框架立体定向手术。2007 年，Medtech 公司研发了著名的手术机器人辅助系统 ROSA，专门用于辅助脑部手术。

2014年7月，Medtech在ROSA机器人的基础上研发了脊柱微创手术机器人，并将这两款成熟的产品整合，分别取名"ROSA Brain"和"ROSA Spine"。2014年，ROSA Brain脑部手术机器人在我国获NMPA批准上市。2018—2020年，柏惠维康先后两款神经外科手术机器人产品获批上市。2020年，Medtech的新一代产品"ROSA One"登陆中国市场，该产品可同时进行脑部和脊柱手术。

目前市场呈现出国产、进口两分天下的局面，且国产产品势头更为强劲。我国已获批上市的国产神经外科手术机器人产品共有3款，其中2款为柏惠维康研发生产。从市场成熟度看，相较于以达芬奇手术机器人为代表的腹腔镜手术机器人市场，以及以北京天智航为代表的快速增长的骨科手术机器人市场，神经外科手术机器人仍处于早期发展阶段，并且在国内市场上处于国内企业与外资企业同台竞争的格局。国内代表企业和产品为柏惠维康的睿米神经外科手术机器人，国外代表企业和产品包括Renishaw的Neuro-Mate机器人和Medtech的ROSA机器人。

5. 神经外科手术机器人临床应用现状

睿米神经外科手术机器人自上市以来，已在国内60余家医院推广应用，相继开展了机器人辅助脑组织活检、DBS、SEEG、脑内血肿排空、脑脓肿穿刺引流、Ommaya囊置入、脑瘤内放疗、开颅及显微导航等4千余例临床手术，辅助诊治了帕金森病、肌张力障碍、梅杰综合征、小脑萎缩、特发性震颤、阿尔兹海默症、脑发育不良、癫痫、低级别星形细胞瘤、渐变性星形细胞瘤、神经母细胞瘤、颅咽管瘤、垂体瘤、海绵窦血管瘤、三叉神经痛等疾病。根据临床反馈，机器人辅助神经外科手术具有精度高、用时短、创伤小等多方面的优势，产品的安全性和有效性得到了验证。

6. 神经外科手术机器人主要技术进展及趋势

手术机器人是伴随着微创外科手术的发展而逐步出现并发展起来的高端医疗设备，集临床医学、生物力学、机械学、计算机科学、微电子学等诸多学科为一体，整体运行需要多项技术的协同。主要用于以微创手段来消除手术造成的大面积创伤对患者的不利影响，进而达到减少患者痛苦和加快术后恢复速度等目的，同时还可以降低常规手术中因医生手部震颤等造成的不可控的手术风险。

此外，对于手术精度要求很高的神经外科、口腔科和骨科等外科手术，手术机器人还具有智能规划、精准定位、操作精细、手术效率高等特点，能大幅减少手术中医生所受辐射伤害和感染风险。同时，由于机器人能够实现智能化、标准化和远程操作，有利于高水平的医疗资源下沉。

自1985年Kwoh研究出第一套用于神经外科的手术机器人系统至今，手术机器人已形成了一个相对独立的产业方向，受到国内外广泛重视并引发深入探讨。特别是近二十年来，越来越多的国家政府、企业和研究机构投入大量的人力和财力进行手术机器人系统相关技术的研发。

手术机器人的发展是我国实现工业化4.0战略目标的重要环节，同时我国医疗终端的市场规模将随着老龄化社会的到来而快速扩大，分级诊疗的推进和基层医生的巨大缺口也成为手术机器人研发的强劲动力。大力发展手术机器人产业，掌握关键技术，开展功能好、见效快、经济和社会效益高的手术机器人产品研发，已经成为我国医疗卫生事业发展中不可或缺的重要组成部分。2021年3月，十三届全国人大四次会议表决通过了《中华人民共和国国民经济和社会发展第十四个五年规划和2035年远景目标纲要》（简称"十四五规划"），其中的"专栏4　制造业核心竞争力提升"中提到要突破腔镜手术机器人、体外膜肺氧合机等核心技术，研制高端影像、放射治疗等大型医疗设备及关键零部件。为了解决国内医疗资源紧张，让更多患者能够得到优质的手术资源及最及时有效和高质量的手术救治，需解决手术机器人核心部件——光学跟踪定位仪和机械臂严重依赖进口的现象，实现产品的自主可控，降低产业链上游产品成本。

根据国际著名学术期刊《科学·机器人学》对医疗机器人自动化程度的定义，医疗机器人的自动化等级分为6级，即无自动化（0级）、机器人辅助（1级）、任务自动化（2级）、条件自动化（3级）、高度自动化（4级）、完全自动化（5级）。根据这一定义，目前手术机器人处于1级或2级阶段，自主操作能力较低，所有的操作都是在医生协作的情况下或者完全由医生操作手术器械实施操作，手术机器人自动化和智能化级别的提高是未来发展趋势。2019年中国手术机器人市场总规模约为141亿元人民币，10年期间复合增长率为33%。手术机器人市场规模持续高速增长主要有三大原因：①老龄化人口迅速增加，癌症、心脏病、骨科病症等也随之大幅攀升，引起医疗手术需求的增长，当前医疗效率和医护人员短缺的现状无法满足日益增长的手术医疗需求，手术机器人具有精准度高、安全和高效的特点，提高手术机器人的普及率是解决此难题的有效途径；②手术总量的增加为手术机器人的普及和应用提供了先决条件；③随着全球范围内人类对疾病处理认知度的提高和可支配收入水平的上升，患者对能提供高成功率、创伤更小的机器人手术的需求也随之增长。

我国手术机器人行业虽然起步较晚，但得益于终端需求的不断扩大、技术水平的持续提升及国家相关政策的支持，手术机器人行业于2010年开始进入快速发展阶段，市场规模持续增长。

我国2015年住院病人手术量达到4555万人次，而达芬奇机器人完成手术11445例，手术机器人手术次数占总外科手术比例0.025%，比上一年同比增长120.17%，年均复合增长率58.62%，可见手术机器人在我国的使用率正在高速增加。随着政府手术机器人相关政策的推进，预计在相当长时间内手术机器人的市场规模将延续高速增长的趋势。

7. 存在的问题

1）目前手术机器人的核心部件——光学跟踪定位仪和机械臂都不是专门用于外科手术，而且主要为进口产品，国内没有成熟可替代的产品，同时减速器和伺服系统仍然严重依赖进口，而这些都成为制约我国手术机器人行业向上发展的"卡脖子"环节，提高了产品的自主可控风险和产业链上游产品成本，导致国产产品降价困难，不利于国产品牌的产业化和产品推广。

2）目前手术机器人自主操作能力较低，所有的操作都是在医生协作或者完全有医生操作手术器械的情况下实施，在保证手术安全有效的前提下，手术机器人的自动化和智能化级别有待提高。

（二）神经外科手术机器人关键零部件技术发展趋势

1. 机械臂

（1）行业发展现状　国内外手术机器人产品中使用的机械臂均为国外进口工业机械臂，例如被广泛使用的史陶比尔机器人、UR 机器人。这些工业机械臂可以满足手术场景中基本的定位和轨迹运动的需求，但是一般具有自重负载比过大、体积大的缺点，与手术设备轻巧灵活、方便使用的原则相悖。微创类型手术实施的操作空间是稀缺资源，机械臂自身体积过大会挤压有限的操作空间，影响手术效果；过大的自重导致机械臂的惯性较大，人机协作的操作性和安全性都会下降。因此需要为手术场景设计一款自重负载比小、体积小、安全性更高的协作机械臂。

（2）主要技术进展及优势　随着丹麦 UR 机器人、库卡 iiwa 机器人等产品的落地，协作机械臂技术进入了快速发展期。相比传统的工业机械臂，协作机械臂具有更高的安全性，因此被当前的手术机器人厂家广泛应用，仅有少数厂家采用工业机械臂作为机械臂方案。为了提高安全性，协作臂的自重更轻、体积更小、运动速度更低且每个关节具有力矩检测能力。这些特点的背后，是高功率密度伺服驱动器、力位混合控制技术、高速总线技术、超小型减速器技术等关键技术的快速发展。

（3）技术发展趋势　更轻、更小、更安全将是手术机械臂的发展趋势。轻便小巧，更加类似人类的手臂，将会进一步提升手术的灵活性和手术效果，随着高功率密度关节技术的进步，该目标会逐步实现。目前主流的协作机器人都是通过关节电机电流检测来间接计算扭矩，其精度还不够高，未来随着关节力矩传感器的普及、算法的进步及成熟，机械臂的人机安全性将会更进一步。

（4）存在的问题及建议　近些年国内协作机械臂企业蓬勃发展，但该行业的头部企业仍在欧美，他们占据了高端市场后，国内企业为了生存自动下滑主攻中低端市场，其研发投入、质量管理、产品功能和性能定位全方位落后于同类型欧美企业。而手术机器人作为机器人技术的具体应用，天然的具有高端属性，对系统的软硬件精度、质量、功能都具有较高的要求，这些原因造成了手术机器人系统以进口机械臂为主，国内同类型高端产品进步较慢的局面。

2. 光学跟踪定位仪

（1）行业发展现状　光学跟踪定位仪是医学影像导航定位手术机器人系统中的"眼"，用于识别检测标志物的坐标和姿态，系统根据这些信息对机械臂进行反馈控制。目前国内外手术机器人系统中主要使用的光学跟踪定位仪为 NDI、Claron 等欧美厂家的产品，其基本原理都是双目视觉三角测量法。其中 NDI 的产品是基于红外反光标志物定位，Claron 的产品是基于可见光标志物定位，属于新一代的标志物方案。但现有的产品在实际使用上均存在一定问题，比如红外反光标志物存在体积大的问题，不适用于口腔手术等小空间场景；Claron 的可见光标志物方案更具潜力，但其标志物形式为角点标志物，空间编码效率较低，没有做到更小的体积，且传感器分辨率和帧率较低，影响跟踪精度和速度。另外这三家的标志物都是类平面标志物，只具备单轴抗遮挡能力。

（2）主要技术进展及优势　光学跟踪定位仪按采集图像类型主要分为红外类型和可见光类型。两类设备的原理都是立体视觉技术，但红外跟踪定位仪使用红外反光标志物作为检测点，而可见光跟踪定位仪使用角点、圆形等图案作为检测点。早期的跟踪定位仪是基于红外的，其图像处理算法的复杂度低，对计算平台的性能要求不高，因此得到了更广泛的使用。但前者的缺点是仅能给用户红外图像，没有可用于更高层次处理的双目自然图像。随着计算机硬件、并行计算、传感器技术、深度学习、人工智能等技术的快速发展，基于可见光图像的跟踪定位算法处理速度已经赶超了红外类型。基于图像识别定位的自然特征在诸如口腔种植、植发、神经外科等手术领域占有越来越重要的地位，而可见光跟踪定位仪提供的双目图像信息可以供用户完成上述各处理。

（3）技术发展趋势　两类光学跟踪定位仪的发展方向都是处理速度更快、定位精度更准、标志物体积更小更多样，但发展更为迅速、蓬勃的还是基于可见光原理的定位仪。伴随着计算机视觉技术、人工智能、深度学习等技术的发展，可检测的标志物从最早的棋盘格角点到现在的平面二维码、曲面二维码，再到各类自然特征，越来越丰富；传感器分辨率越来越高，更多的图像信息可以用来做识别和定位，因此可见光跟踪定位仪在未来的发展将会更加蓬勃。

（4）存在的问题　该行业长期被欧美企业所垄断，国产厂家鲜有机会涉足，主要原因是欧美企业发展时间早，通过二三十年的时间建立起了技术和市场的壁垒，而且医疗产品注册时间长、试错成本高，更不利于该行业的后来者。

另外，该领域高技术算法、软件人才的培养也是国内企业遇到的难题。当前，掌握算法、软件技术的人才更多地流向互联网、金融等行业，由于发展的不平衡，不同行业的同类工种待遇差别较大，制造业很难吸引到这类人才，造成人才短缺的局面。

三、单孔腔镜手术机器人技术发展趋势

（一）单孔腔镜手术机器人技术发展趋势

1. 行业发展现状

近年来，腔镜手术机器人产业呈现高速增长的态势，微创手术的普及与市场认可，以及手术机器人技术的发展是推动市场增长的主要动力。目前主流的腔镜手术机器人为多孔腔镜手术机器人，在该类系统中，多支手术工具和一支内窥镜通过多个创口送入病人体腔内，同时多支体外机械臂在远心不动点的约束下协同控制手术工具和内窥镜。为了进一步减少病人体表切口，降低病人术后恢复时间，单孔腔镜手术机器人这一代表了腔镜手术未来的新型机器人，逐渐成为世界范围内科研机构研究的重点以及市场竞争的焦点。

在机器人辅助单孔腔镜手术中，视觉模块（内窥镜）和所有手术工具经一个皮肤

切口进入体内。较多孔腔镜手术机器人，机器人辅助单孔系统极大减少了对病人造成的创伤。但与此同时，器械的布置更加紧凑，因此手术工具要满足充足的工作空间、灵巧度和负载需求所需的技术难度也更高。图 2-103 所示为达芬奇 SP 单孔腔镜手术机器人系统。

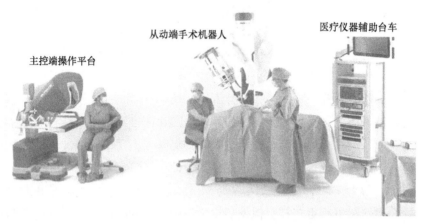

图 2-103　达芬奇 SP 单孔腔镜手术机器人系统

除此之外，单孔腔镜手术机器人继承了多孔腔镜手术机器人的核心优点：配备 3D 高清成像系统、浸入式主控操作台及灵巧的微创手术器械等，大大改善了外科医生操作的功效和精度，提升了手术的效率，拥有传统腔镜手术不可比拟的优越性。首先，在机器人辅助单孔腔镜微创手术中，主刀医生可通过主控端力位交互设备远程操作手术工具和内窥镜，在双目立体视觉的引导下实现直观的手术操作，解决了传统微创手术中手眼不协调的问题。其二，机器人系统中的手术工具相比传统手术器械具有更多自由度、运动更加灵活等特点；相比于操作手动器械，医生操作具有对主从运动进行比例映射功能的单孔腔镜手术机器人可以实现更高的操作精度。其三，单孔腔镜手术机器人主控端具有良好的人体工程学设计，能有效减轻医生长时间操作产生的疲劳；单孔腔镜手术机器人系统通过处理采集到的医生手部运动信号，可主动滤除手部抖动，使得其相比传统微创器械操作稳定性更好。

2. 单孔腔镜手术机器人的工作原理及系统结构

（1）工作原理　一些单孔腔镜手术机器人采用和多孔相似的"体外机械臂+灵巧腕手术工具"的配置。例如 Intuitive Surgical 公司推出的 Single-Site 套件，可以用于达芬奇 Si/Xi 系统，通过一个多腔道的入腹鞘套使视觉模块和所有手术工具交错经过同一个入腹点，实现单孔手术范式。类似的例子还有三星先进科技研究院的单孔系统和韩国科学技术院的 Apollon 单孔系统等。由于该配置手术工具交错布置，在鞘套中移动有持续碰撞的问题。

更多的系统采用"体外静止定位+可展开操作臂"的配置。在这种配置下，视觉模块和手术工具平行地通过单孔鞘套进入体内。手术工具为全维机械臂，可以在体内展开并实现相应运动，而在病人体外则只需要采用一个静止的机械臂进行定位。

（2）系统结构　如图 2-103 所示，一台单孔腔镜手术机器人由主控端操作平台、从动端手术机器人和医疗仪器辅助台车三部分构成，其中主控端操作平台主要集成了视觉显示模块、力反馈主控制器、触摸屏、脚踏板等。在手术过程中，医生坐在主控端操作平台前遥控操作从动端手术机器人，其他医疗辅助仪器则置于辅助台车上。

3. 重要指标及范围

对于单孔腔镜手术机器人系统来说，核心指标是所需的入腹直径，以及在有限直径约束下的手术工具的负载能力。创口直径越小则对病人创伤越小，而机械系统的集成难度就越高。另一方面，直径过小的手术工具往往在负载能力上会受限。一般来说，多支手术工具和内窥镜的整体尺寸需要满足通用的医用鞘管，且单只手术工具至少要在 200g 负载下仍具有良好的定位精度。

4. 单孔腔镜手术机器人的分类

单孔腔镜手术机器人腔内灵巧手术工具按照入腹方式可分为 X 布局和 Y 布局，如图 2-104 所示。在 X 布局中，多支手术工具经一个入腹点交叉深入病人体腔内，通过体外机械臂的摆动，实现手术工具末端的灵巧运动。然而在此方案中，机械臂和手术工具有较高的碰撞风险。在 Y 布局中，多支手术工具通过鞘管伸入体腔后展开，这对手术工具的设计紧凑性有较高的要求，同时侧向伸展也会使得手术工具末端的受力通过较长的力臂作用在驱动端，降低了工具的负载能力。

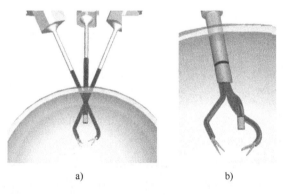

图　2-104
a）单孔手术工具的 X 布局　b）单孔手术工具的 Y 布局

5. 单孔腔镜手术机器人主要技术路线及趋势

单孔腔镜手术机器人的技术路线一般按照手术工具的驱动类型进行分类（见图 2-105），有钢丝驱动型、电机内置型、连杆驱动型和连续体机构型。

钢丝驱动型，代表性系统有 Intuitive Surgical 公司的达芬奇 SP 系统和 Titan Medical 公司的 SPROT 系统。此外，国内哈尔滨工业大学杜志江教授所带领的团队完成的单孔手术系统采取的也是钢丝驱动方案，该系统由两个机械臂组成，机械臂通过柔性关节实现手术操作的展开角度，两臂所需的腔镜直径为 25mm（未包括视觉模块）。

电机内置型，即将其伺服电机内置于手术执行臂中，可实现手术执行臂的模块化布

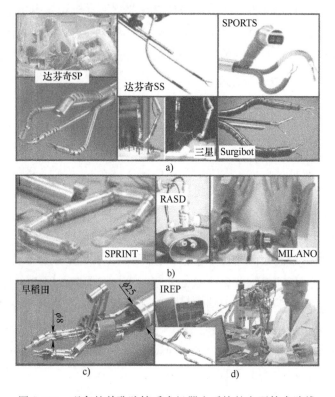

图 2-105 现存的单孔腔镜手术机器人系统的主要技术路线

a）钢丝驱动型 b）电机内置型 c）连杆驱动型 d）连续体机构型

置。这样的系统主要包括意大利 Ekymed SpA 公司的 SPRINT 系统、美国 Virtual Incision 公司的 RASD 系统和以色列 ValueBioTech 公司的 MILANO 系统。

连杆驱动型，主要包括日本早稻田大学的 SPS 单孔机器人系统和韩国 DGIST 的单孔手术执行臂（无视觉模块）。

连续体机构型，主要包括美国哥伦比亚大学的 IREP 单孔手术机器人系统和上海交通大学的 SURS 单孔手术机器人系统，以及由 SURS 系统转化的北京术锐（北京术锐技术有限公司）单孔腔镜手术机器人系统。

6. 单孔腔镜手术机器人行业发展现状

随着新兴技术的发展以及临床范式的探索，未来单孔腔镜手术机器人在应用扩展上仍有很大的潜能。接下来将结合全球主要单孔腔镜手术机器人公司对产业现状进行介绍。

2007 年初，世界首套单孔腔镜手术机器人 IREP 系统在美国哥伦比亚大学立项，由单孔腔镜手术专家 Dennis Fowler 教授竭力倡导，由美国国家卫生署提供两百余万美元资助。该 IREP 单孔手术机器人系统在 2009 年完成基本功能展示，同年申请专利。在专利尚未授权的情况下，加拿大创业板上市公司 Titan Medical 经评估后向哥伦比亚大学申请了专利授权后的独家许可，并开始研发 SPORT 单孔机器人系统。如图 2-106a 所示，

第二章　典型医疗装备产业技术发展趋势

SPORT 采用开放式主控台和单臂病患侧台车，手术工具由两支 8mm 的多关节柔性臂及一个柔性 3D 摄像头模组组成，可以通过 25mm 的皮肤切口实施单孔手术。截至 2017 年初（后续金额未统计），该公司共计实现融资逾 9800 万美元，除了 2009、2010 年发生的两次融资约 1000 万美元用于购买哥伦比亚大学 IREP 系统专利和遣散原有多孔腔镜手术机器人研发团队，绝大部分的融资均投入到了单孔腔镜手术机器人 SPORT 系统的研发，研发直接投入超过 7000 万美元。Titan Medical 公司目前公开了一些 SPORT 系统基于动物和人类尸体的实验进展，但其 SPORT 系统仍在完成 FDA 申请前的可用性验证。

美国 Intuitive Surgical 公司也启动了达芬奇 SP 单孔系统的开发并于 2014 年完成，已获得单孔泌尿手术（2014）和经口腔耳鼻喉手术（2019）的 FDA 批准。由于达芬奇 SP 系统，与其正在销售的多孔腔镜机器人达芬奇 Si/Xi 系统不完全兼容，医院需要重新购置系统，加之单孔系统现覆盖的术式较少，若推出，必然使得医院需同时购买多孔和单孔两套产品，用户负担大。根据该公司 2015 年年报，Intuitive Surgical 公司已放弃达芬奇 SP 系统的进一步研发和推广，转向研发可以兼容其多孔腹腔镜机器人达芬奇 Si/Xi 系统的 Single Sites（SS）组件。如图 2-106b 所示，SS 组件实质上就是根据单孔的术式特点新设计的纯机械手术工具，可安装在现有的达芬奇 Si/Xi 系统上，为用户节省了购置主机的开支，但由于是兼容性改型，运动灵活性和负载能力均不足，只能完成简单的手术。

美国 TransEnterix 公司推出了 Surgibot 单孔辅助操作系统，如图 2-106c 所示。该系统基于较早的 Spider 系统，采用柔性手术工具通过管状鞘套进入体内施展单孔手术。TransEnterix 于 2015 年递交了系统的 FDA 批准申请，但在 2016 年 4 月 FDA 发现该系统不能等同于等价的合法上市器械，拒绝了该系统的上市申请。

北京术锐于世界范围内率先提出单多孔通用型手术机器人，即一套系统同时兼容单孔和多孔手术。该公司创始人上海交通大学徐凯教授，毕业于美国哥伦比亚大学，是世界首套单孔腔镜手术机器人 IREP 系统的几位主要研发人之一。北京术锐基于徐凯教授归国后提出的"对偶连续体机构"这一创新设计，克服了连续体机构原有技术的可靠性和性能障碍，有效解决了 Titan Medical 公司的手术机器人负载能力不足的问题，其设计定型的最新一代单多孔通用型腔镜手术机器人系统的单孔布局如图 2-106d 所示。系统共含 68 个高精度伺服电机，用于术前全自动摆位、术中操作和主从控制，创造性地设计了面向全状态安全监控的双环路独立控制硬件拓扑，全链路主从操作延时小于 50ms，每秒钟实现 1000 次的亚毫米级手术精准控制。其最大特点主要集中在以下两方面：

1) 手术操作灵活性更强。北京术锐机器人采用了具有自主知识产权的连续体蛇形手术执行臂，每只机械臂拥有 7 个自由度；同时，机械臂末端还增添了手腕结构，这使得其手术操作灵活性更强。

2) 模块化搭载系统。相较于达芬奇手术机器人实施多孔、单孔腔镜手术的机器人系统互不相通需要分别购买的情况，北京术锐机器人凭借连续体机构的结构适应性，只需要一套术锐机器人系统就可开展单孔腔镜、多孔腔镜、内窥镜治疗等多种术式，以实现跨科室多适应症的治疗，提供更广泛的临床应用。

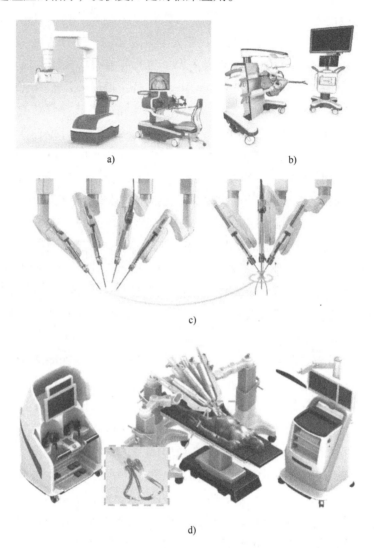

图 2-106　全球主要单孔腔镜手术机器人公司产品
a）加拿大 Titan Medical 公司的 SPORT 单孔腔镜手术机器人
b）达芬奇 SS 组件，可应用于达芬奇 Si/Xi 系统实现单孔术式
c）美国 TransEnterix 公司的 Surgibot 单孔辅助操作系统
d）北京术锐单孔手术机器人

7. 单孔腔镜手术机器人临床应用现状

在国内外单孔腔镜手术机器人公司中，只有美国 Intuitive Surgical 公司和北京术锐的单孔手术机器人开展过临床应用研究。

虽然北京术锐起步稍晚，但其运用完全自主的原创设计和理论体系，突破了系统研发的全链条关键技术。2021 年 3 月 9 日，徐凯教授团队自主研发的基于高刚度可形变蛇形连续体手术器械的术锐单孔腔镜手术机器人系统（见图2-107），在嘉兴市第一医院完成中国首例纯单孔下执行的前列腺癌根治术。只需要在病人肚脐处开一个2.5cm直径的小口，这台机器人便能置入一支3D高清电子内窥镜和三支弯转自如、运动灵活的蛇形手术器械来完成手术，手术创伤小、恢复快，术后不留明显疤痕。该次手术依据机器人提供的3D高清视野对肿瘤边界进行精准判断，利用具有全维运动能力的高刚性连续体蛇形手术器械，精巧完成手术操作，对肿瘤进行了包膜外完整切除，并高效完成了解剖结构重建和创面缝合，术中出血少，手术时间短，病灶切除完整，手术取得了圆满成功。此次中国自主研制的产品，少见地做到了"尚未进口、即已替代"。

a)   b)

图2-107 北京术锐单孔腔镜手术机器人

a) 整体布局   b) 单孔腔镜手术工具

8. 存在的问题及建议

单孔腔镜手术机器人系统集成难度极高，研究涉及医学、机械、机器人学、光学、计算机、自动控制等多个学科的基本理论与关键技术，体现了学科的交叉性与技术的创新性，是医工结合研究成果的典型代表。单孔腔镜手术机器人系统当前设计的核心在于平衡尺寸与负载能力。在未来预计可以融入人工智能开展手术自动化；结合5G技术开展相关远程实时操作进而打破地域限制、实现医疗资源共享；探索医生基于增强现实和多模态成像的手术场景浸入式感知等。此外单孔腔镜手术机器人在产业化方面还需进一步缩减成本、减少手术室中的占有空间，并在此基础上提高操作者的人类功效性，赋予力反馈性能及手术室交互能力等。

除了技术方面，目前发展瓶颈也体现在高精产业人才紧缺、产业配套相对薄弱等方面。因此，结合我国的实际国情，鼓励相关团队加快单孔腔镜手术机器人的国产化步伐，培育更多高精尖产业人才和团队，对加速单孔腔镜手术机器人技术的产业转化、提升我国整体治疗水平、促进我国高端医疗装备发展具有重要意义。

（二）单孔腔镜手术机器人零部件技术发展趋势

单孔腔镜手术机器人关键零部件主要包括腔内灵巧手术工具、高清视觉模块、主控端力位交互设备三大部分，具体探讨如下。

1. 关键零部件类别

（1）腔内灵巧手术工具　腔内灵巧手术工具是单孔腔镜手术机器人最为关键的核心零部件，也是国内外研发的热点。手术工具的核心指标是外径尺寸及末端负载能力，然而同时兼顾小尺寸和高负载将对研发带来更高难度。目前成功实现临床应用的公司包括美国 Intuitive Surgical 公司和北京术锐。此外，诸如美国约翰斯·霍普金斯大学、美国范德堡大学、英国帝国理工大学、日本早稻田大学、上海交通大学、天津大学、中国科学院沈阳自动化研究所、香港理工大学、哈尔滨工业大学等科研机构均有相关研究工作开展。

（2）高清视觉模块　视觉模块主要负责提供手术视野，目前主要有高清双目内窥镜和近红外荧光成像技术等途径。在高清双目内窥镜方面，较为成熟的产品有日本奥林巴斯株式会社的柔性双目内窥镜和德国 B. Braun Melsungen、Schoelly 公司的双目内镜模组等，荧光成像技术也于 2010 年整合进入达芬奇系统中，目前国内产品仍处于迎头追赶阶段。

（3）主控端力位交互设备　力位交互设备集成在主控端操作平台上，可以采集医生手部的位姿信息并下发给从动端手术机器人，同时会向医生输出一定的力与力矩，使其拥有更真实的操作感觉，是单孔腔镜手术机器人的主要人机交互设备。目前较为成熟的产品大多出自 Force Dimension 和 3D Systems 公司，国内也有多家科研机构和公司展开了独立自主研发。

2. 各关键零部件主要技术进展及优势

（1）腔内灵巧手术工具　腔内灵巧手术工具驱动类型有钢丝驱动型、电机内置型、连杆驱动型和连续体机构型。

1）钢丝驱动型。在单孔系统中钢丝传动转向部如果用滑轮，滑轮尺寸将会制约手术执行臂的最小尺寸；如尝试让钢丝绳直接沿着机械结构摩擦，将缩短手术执行臂使用寿命。此外一定张紧力下关节上能产生的力矩也较小，因此手术执行臂负载能力较低。

2）电机内置型。为实现额定负载，电机直径通常在 10mm 以上，加上减速传动机构，造成手术执行臂粗大，系统所需皮肤切口大、小型化困难。由于电机内置进入体腔，手术臂的封装和消毒格外困难，现存各系统所需腔镜尺寸均在 30mm 以上。

3）连杆驱动型。使用刚性连杆机构构成手术执行臂，力学性能较好，但由于空间连杆机构设计的固有难度（包括传动和避免干涉等），手术臂运动的灵活性不足。连杆受销接关节尺寸的限制，进一步小型化困难，所需的切口口径亦难以缩小。现存各系统所需腔镜尺寸均在 25mm 以上。

4）连续体机构型。通过结构内所有超弹性镍钛合金结构骨的协同推拉、整体变形实现手术执行臂的驱动和运动，设计紧凑。上海交通大学徐凯教授在美国期间曾是 IREP 单孔手术机器人的主要研发人员，徐凯教授归国后进一步提出了新颖的对偶连续体机构，在不影响连续体机构形变弯转的运动灵活性条件下，大幅度提高了连续体机构的负载能力和结构可靠性，并于 2014 年研发完成了一款 SURS 单孔腔镜手术机器人。

该机器人系统远端可裹叠为一圆柱形，通过一直径为 12mm 的皮肤切口进入腹腔到达术部，集成了照明的立体视觉模块和两支手术工具依次展开、实施手术。系统在遥控操作下实现了双臂协同，完成了微小物体操作、剥葡萄皮、缝线打结和组织切割等仿真手术试验。SURS 模块化腔镜手术机器人所需的皮肤切口为当时世界最小（直径 12mm），系统整体性能居国际前列，如图 2-108 所示。

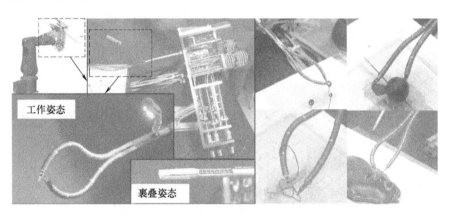

图 2-108　上海交通大学 SURS 单孔腔镜手术机器人

（2）高清视觉模块　目前的高清双目内窥镜前端采用电子模组，通过电信号传输至后端进行图像处理和三维视野输出。在图像处理中也融合了三维重建和手术器械与器官组织的识别与分割，以便于医生的感知。

近红外荧光成像则是通过近红外光照射，根据组织的吸收和散射特性而特制的显影剂，进而获得特定手术部位与周围组织的对比视图来改善手术视野。近红外荧光成像已被应用于肾部分切除术、胆囊切除术、胸腺切除术、淋巴结切除术和肠吻合术等。另外，近红外荧光成像也用于定位标记，例如，在近红外荧光成像标记的指导下对软组织进行有监督的自主缝合。

（3）主控端力位交互设备　根据感知的位姿和输出力旋量的维度不同，当前的力位交互设备可以分为如下几类：第一类为 3 输入 3 输出型，即可以感知医生手部操作的三维位置信息，并可以渲染三自由度力反馈，商业产品主要有 Force Dimension 公司的 delta.3 和 omega.3（见图 2-109a），以及 Novint Technologies 公司的 Novint Falcon 等；第二类为 6 输入 3 输出型，即在 3 输入 3 输出型基础上，额外感知医生手部的三维姿态信息，商业产品主要有 3D Systems 公司的 Touch 和 Touch X（见图 2-109b），以及 Force Dimension 公司的 omega.6 产品；第三类为 6 输入 n 输出型，即可以感知医生手部全维位姿信息并输出多自由度力反馈，商业产品主要有 Force Dimension 公司的 delta.7 和 sigma.7（见图 2-109c），以及 3D Systems 公司的 Phantom Premium 等。由于第三类功能更齐全，因此价格也更加昂贵。

3. 技术发展趋势

（1）腔内灵巧手术工具　在前述四种驱动方案中，以电机内置型和连杆驱动型为

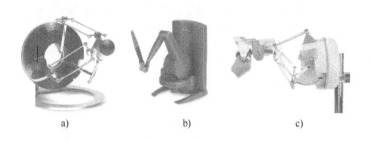

图 2-109 主控端力位交互设备

a）Force Dimension 公司的 omega.3 b）3D Systems 公司的 Touch X c）Force Dimension 公司的 sigma.7

原理的手术工具体积较大，往往不利于微创手术的实施。目前主流方案是钢丝驱动型，但是钢丝绳的绷紧设计、负载能力、磨损等情况也是制约因素。此外基于对偶连续体机构的连续体机构型能较好地平衡负载和尺寸问题，且避开了美国 Intuitive Surgical 公司专利的壁垒，有望为国内手术机器人研发提供理论基础。

（2）高清视觉模块　高清双目内窥镜的发展需兼顾高清信号的采集与后端图形图像处理算法及其计算效率。此外第二代荧光显影技术需要利用长波段的红外光作为照明光源，借助其更强的穿透力，检测皮下更深层次的组织。对应于长波段的红外光，也应该着重研发其合适的显影剂。

（3）主控端力位交互设备　力位交互设备在朝着更全面的位姿感知和力渲染方向发展的同时，也要着力于成本控制。在机构实现上，Force Dimension 公司采用串并混联的结构，即用并联结构实现三维位置到达，并用串联结构实现姿态到达。而 3D System 公司则采用纯串联结构，精度稍差。由于串联结构的工作空间较大、结构紧凑，因此目前手术机器人多采用串联结构，如美国 Intuitive Surgical 和北京术锐等公司的产品。

4. 存在的问题及建议

（1）腔内灵巧手术工具　目前国内外在单孔灵巧手术工具的设计上发展程度基本一致，大多处于研发阶段，且较多孔手术机器人的专利壁垒略低。因此大力开展单孔手术工具的研发是国内在手术机器人领域实现弯道超车的较好机会。

（2）高清视觉模块　虽然国内在双目内窥镜方面逐渐增大投入，但是核心电子元件和技术均受制于国外，亟须加快相关科学技术的突破速度，使镜头模组性能达到国际主要产品水平。此外还需进一步提升手术气液在复杂环境下的三维成像和图像处理算法，增强内窥镜对不同手术场景的适用性。

除荧光显影技术外，需要开展多光谱成像和单、多光子成像技术，借助不同波长获取组织的多个图像，借助组织特异性光学特性，增强手术视野。

（3）主控端力位交互设备　商业化的产品一般较为昂贵，因此目前国内已经有较多机构在自行研制，并已具有较高的技术成熟度。下一阶段应进一步提升位姿输入输出精准度，同时尝试融入触觉反馈，增强遥操作的透明感。

四、骨科手术机器人及关键零部件技术发展趋势

(一) 骨科手术机器人技术发展现状

1. 行业发展现状

伴随着计算机信息技术、机器人技术、外科手术技术的迅猛发展，骨科手术机器人开始在临床医疗实践中扮演越来越重要的角色。目前，根据临床术式，骨科手术机器人主要分为关节置换与脊柱定位两大类。

（1）关节置换类 关节置换手术机器人以其较高的手术精确性和安全性，较好地解决了传统关节置换手术中力线不良、假体不匹配等问题。关节置换手术机器人按使用方法不同可分为三类：主动型机器人、半主动型机器人和被动型机器人。主动型机器人指手术机器人按术前规划自主完成手术操作，医生不参与其中，以美国 THINK Surgical 公司的 TSolution One 系统为代表；半主动型机器人是指机器人通过视、听、触觉等反馈来防止医生过度操作，限制医生在机器人所约束的范围内进行手术操作，半主动型机器人是目前关节外科所采用的主流机器人，以美国 Stryker 公司的 Mako 系统为代表；被动型机器人则是手术机器人本身不参与手术操作，仅提供定位、导向、导航等操作，医生在其辅助下完成手术，以美国 Zimmer 公司最近推出的 ROSA Knee 为代表。目前，国内关节置换手术机器人还处于开发的初级阶段，若干核心技术仍由少数跨国医疗公司掌握。值得庆幸的是，国内医疗界越来越意识到这种不利的局面，并且正在努力加以改变，比较典型的有上海微创医疗器械（集团）有限公司联合了上海交通大学医学院附属第九人民医院和北京大学等 6 家单位承担了 2017 年度国家重点研发计划"数字诊疗装备研发"专项，开展了对于"微创关节置换手术机器人系统"的研发。此外，北京协和医院和和华瑞博（北京和华瑞博科技有限公司）共同研制的膝关节置换手术机器人 HURWA、北京积水潭医院周一新教授团队研制的髋关节置换手术机器人也相继进入公众的视野。

（2）脊柱定位类 脊柱外科作为骨科的一个分支，是一门高风险的学科。它所涉及的外科手术主要有颈椎前路减压固定术、腰椎损伤椎弓根钉固定术、脊柱侧凸前路双棒矫形术、腰椎椎板减压术等。脊柱外科手术的一个主要挑战是实现术中精准定位和导航，避免对脊髓、神经等重要部位的损伤。

近年来，脊柱机器人以其精准、稳定、微创、术后康复周期短等优点受到广泛关注，衍生出来的机器人产品主要有螺钉置入类、椎板切除类、穿刺介入类等。截至目前，获得 FDA、CE、NMPA 认证的脊柱机器人主要有 9 款，全部为定位类机器人，有临床实际应用的分别是以色列 Mazor Robotics 公司的 Renaissance、Mazor X，法国 Medtech 公司的 Rosa Spine，美国 Globus Medical 公司的 ExelsiusGPS 和中国天智航公司的"天玑"。

2003 年，Mazor 公司推出 spine assist 的雏形 MARS，经过改进后，spine assist 的可靠性与安全性已经过多项研究证实。2011 年，Mazor 增强了 spine assist 系统的整体性

能，推出了小型 6 自由度并联机构 Renaissance 系统，Renaissance 是 spine assist 的升级版，主要用于脊柱外科手术中椎弓根螺钉置入手术和经椎板关节突螺钉固定手术。Renaissance 于 2014 年 8 月取得 NMPA 的注册证，进入中国。截至 2015 年 6 月，全球装机量已经超过 80 台，总手术量超过 10000 例，置入超过 4.5 万枚置入物，临床研究报道椎弓根螺钉置入准确率达 98.5%，显著优于传统手术效果，置入每个螺钉的 X 射线暴露平均时间仅为 1.3s，但存在操作较复杂、缺少实时影像监控等缺陷。2016 年 10 月，Mazor 在波士顿北美脊柱学会年度会议上发布了 Mazor X，Mazor X 采用了全新的设计，机器人部分采用了串联机械臂，单边固定于手术整体系统的人机工程也更方便医生操作。2018 年 Medtronic 收购 Mazor 后，结合自身的 stealth station 导航系统，11 月份推出了 Mazor X Stealth Edition，2019 年正式销售，该版本主要在 Mazor X 的基础上添加了术中手术器械的红外导航功能。

2014 年，Medtech 医疗公司推出了 ROSA Spine 产品，2014 年 7 月通过 CE 认证，年底通过 FDA 认证，ROSA Spine 由三部分构成，分别为手术机器人、导航系统、工作站，该机器人系统使用了一个 6 自由度的机械臂，机械臂末端安装有力反馈系统，能够识别术中力学信号的异常，用于实现术前摆位和状态监控，提高手术的安全性。该机器人术中导航基于 3D O-arm 实时引导，通过双目摄像机探测机器人末端和患者脊柱上的红外靶点，实现术中实时呼吸追踪和补偿。工作站是系统的核心部分，可实现手术规划、计算、导航、机器人运动控制及轨迹跟踪，尤其是对整个手术过程的实时状态监控。初期临床研究结果显示其 38 枚螺钉置入准确率为 97.4%。

ExcelsiusGPS 手术机器人基于 2013 年圣约瑟夫医院研发的 Excelsius 系统，由 Globus Medica 在 2016 年 10 月的北美脊柱学会会议上推出，2017 年 1 月获得 CE 认证，2017 年 8 月获 FDA 认证。

北京天智航基于北京积水潭医院和北京航空航天大学的 2-PPTC 结构的骨科双平面定位技术，研制出国内首个骨科手术机器人，2010 年首次取得 NMPA Ⅲ 类器械注册证，2012 年推出第二代骨科机器人并取得国家医疗器械注册证，2015 年研制出第三代骨科机器人"天玑"，并于 2016 年取得国家医疗器械注册证。该机器人是通用性骨科手术机器人，可用于脊柱全长、骨盆骨折、四肢骨折等多种手术，其系统由手术计划和控制软件、机器人、光学跟踪系统组成。手术计划和控制软件具有自动识别 3D 图像中的体表特征标记点功能，并可通过标志点配准原理实现患者空间、机器人空间、图像空间的坐标映射。机器人具有一个 6 自由度串联机械臂，臂长超过 800mm，在术中可实现定位标尺支撑、手术路径定位、导针把持等功能，机器人具有主动定位和人机协同运动功能，可以结合医生拖动的粗定位和机器人主动定位的精准定位，实现安全准确的手术定位。该机器人术中图像失真率为 1.49%，定位精度为 0.8mm。

脊柱骨科定位类手术机器人技术经过 30 余年的发展，成果显著，定位精度已达到 1mm 左右，可明显减少透视辐射剂量，提高内置物置入精准度，成功应用于脊柱手术，椎板切除类机器人尚在实验室研究阶段，无临床应用。目前已应用于临床手术的机器人结构大多庞大，用途较为单一，同时价格昂贵、维护困难、配套设备繁琐等问题极大限制了其在临床的进一步应用。

2. 主要技术进展及优势

本文就截至 2021 年 7 月全球范围内获 FDA 认证的共计 5 款骨科关节机器人、4 款脊柱机器人进行调研，就其系统功能点与性能参数做出总结描述如下。

（1）关节置换类

1）Navio PFS® 系统。Navio PFS®（Precision Freehand Sculptor）System 是原美国 Blue Belt 公司研发的致力于膝关节置换手术的机器人（见图 2-110），2016 年被美国 Smith & Nephew 公司以 2.75 亿美元收购，2018 年全球市场份额占到 1.26 亿美元。Navio® 覆盖术式包括全膝关节置换（Total Knee Arthroplasty，TKA）术及部分膝关节置换（Partial Knee Arthroplasty，PKA）术，是集手术规划、手术导航与术中可视化技术于一体的手术机器人系统。

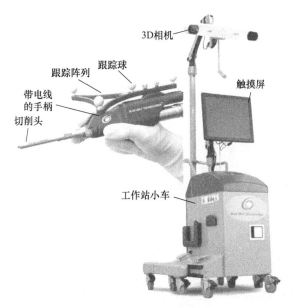

图 2-110　Navio PFS® 系统

2）Mako® RIO 系统。Mako® RIO 系统是原美国 Mako Surgical 公司研发的致力于骨科关节置换手术的机器人（见图 2-111），2013 年 12 月被美国 Stryker 公司以 16.5 亿美元收购，2018 年全球市场份额占到 3.5 亿美元。Navio® 覆盖术式包括全髋关节置换（Total Hip Arthroplasty，THA）、TKA 与 PKA，是目前取得 FDA 认证的唯一一款覆盖关节置换手术三大术式的机器人系统。

3）TSolution® One 系统。早期产品是原美国 Curexo Technology 公司研发的致力于骨科关节置换手术的机器人 ROBODOC®，2014 年公司更名为 TSolution® One，同年 RO-BODOC® 系统升级更名为 TSolution® One（见图 2-112），2018 年全球市场份额占到 0.66 亿美元。TSolution® One 覆盖术式包括 THA 与 TKA，是目前唯一一款取得 FDA 认证的

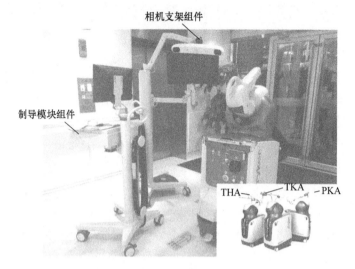

图 2-111　Mako® RIO 系统

主动式关节置换手术机器人系统，主要包括两部分：术前规划工作站 TPLAN 以及用于术中髋关节、膝关节置换手术的精确腔体和表面准备的计算机辅助工具 TCAT。

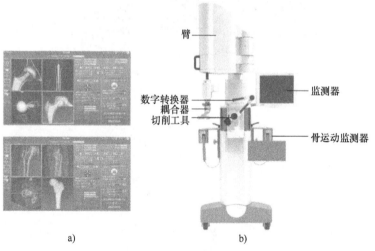

图 2-112　TSolution® One 系统
a) TPLAN 界面　b) TCAT

4) OMNIBotics® 系统。OMNIBotics® 系统是原美国 OMNIlife science 公司研发的致力于膝关节置换手术的机器人，2019 年 3 月被英国 Corin Group 公司收购，2018 年全球市场份额占到 0.97 亿美元。OMNIBotics®（见图 2-113）应用术式为 TKA。

5) Rosa® Knee 系统。Rosa® Knee 系统是原法国 Medtech 公司研发的致力于膝关节置换手术的机器人，2016 年被美国 Zimmer Biomet 公司以 1.32 亿美元收购，Rosa® Knee（见图 2-114）应用术式为 TKA。

关节置换机器人性能参数对比见表 2-19。

第二章 典型医疗装备产业技术发展趋势

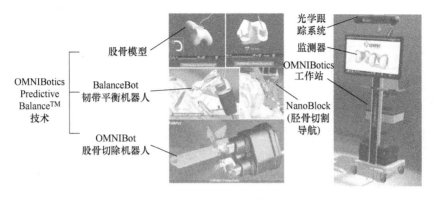

图 2-113 OMNIBotics® 系统

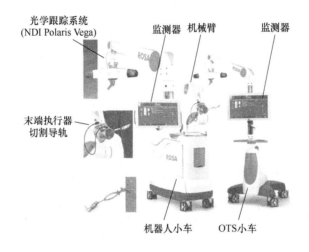

图 2-114 Rosa® Knee 系统

表 2-19 关节置换机器人性能参数对比

机器人参数	关节置换				
	Navio PFS®	Mako® RIO	TSolution® One	OMNIBotics®	Rosa® Knee
公司、国家	Smith & Nephew,美国	Stryker,美国	Think Surgical,美国	Corin Group,英国	Zimmer Biomet,美国
适用术式	PKA+TKA	PKA+TKA+THA	THA+TKA	TKA	TKA
适用假体	自家假体	自家假体	开放式假体	自家假体	自家假体
基本组成	手持电钻（固定光学阵列）+导航推车	交互式机械臂+手术计划工作站推车+导航推车	术前规划工作站（TPLAN）、计算机辅助工具（TCAT）	OMNIBotics 工作站+BalanceBot®+OMNIBot®+导航推车	机械臂推车+导航推车+监测器推车

（续）

机器人	关节置换				
主要功能	1）无须 CT 影像 2）术中可规划 3）手持电钻 4）无机械臂	1）基于 CT 影像 2）6 轴自研机械臂+3 种适配末端和对应软件包=3 种术式	1）基于影像规划 2）主动式 3）非光学导航 4）5 轴机械臂+末端磨机	1）术中膝关节数字模型成形 2）不需 CT/MR 扫描 3）探针滑动取点 4）自动定位切除槽 5）韧带张力测量，软组织力平衡评估	1）基于影像 2）术中软组织力学评估 3）2D、3D 配准 4）术中截骨验证，不需影像扫描
导航工具	NDI	NDI	非光学技术 腿骨与机械臂相对固定，机器人基坐标系为世界坐标系	NDI	NDI Polaris Vega
注册方式	注册探针在股骨、胫骨表面滑动取点（点云面配准）	术前：机械臂-导航系统自动注册（光学追踪阵列） 术中：注册探针在股骨、胫骨、髋臼采解剖特征点（点配准）	第一次过 FDA：置 3 个标记骨钉（2 个位于上髁前侧，1 个位于大转子），点配准 第二次过 FDA：采用面配准注册，术中把腿固定在机器人股骨固定器上，使用数字转换器在股骨近端选取 14 个特征点，在股骨远端选取 3 个特征点；验证误差<1mm 通过	根据光学导航探针取点，3D 面模型成形，与软件中通用模型配准	两种可选： 1）基于 X 射线成像：X-Atlas，2D X-ray->3D 骨模型 2）点云注册
运动控制	1）被动保护（两种模式相互独立） 2）暴露控制模式：系统通过实时监控钻头尖端的位置来平滑调整钻头尖端的暴露量 3）速度控制模式：基于钻头尖端与目标平面的距离值来实时调整钻头的转速，距离值较小时钻头减速或停转	1）髋臼磨锉锥角约束运动 2）截骨平面约束运动 3）安装髋臼杯轴向位置约束 4）自由拖动	1）主动的运动模式：根据术前规划全自动磨骨 2）医生仅按运动使能按钮交互 3）骨运动监测系统（固定在骨上）监测到骨运动时，强行停止系统运动	OMNIBot 切割槽多角度自主定位	未调研到具体模式，从手术视频看： 1）截骨板平面的自主运动定位 2）自由拖动

第二章 典型医疗装备产业技术发展趋势

（续）

机器人	关节置换				
临床精度	角度误差 RMS 1.42°~2.34° 位置误差 RMS 0.92~1.61mm	假体植入角度误差 RMS 3° 假体植入位置误差 RMS 2mm，前倾角外展角 5° 髋臼旋转中心 2mm	磨骨位置误差 1~2mm 磨骨角度误差 1°~2°	位置导航误差 1mm 角度导航误差 1°	未调研到
优势	1）无须 CT 扫描注册，减小辐射及费用 2）术中规划，开放平台 3）器械小巧灵活，机械臂辅助去骨	1）辅助假体尺寸选型和假体定位，术中所见即术后所得（术中预测下肢长度、TKA 力线对准） 2）截骨过程中存在触觉反馈避免过切 3）覆盖 THA、TKA、PKA 三种关节置换术式，病人满意度高	1）全自动髋股骨柄和髋臼杯置换，磨骨精度高于传统手术，术中所见即术后所得 2）辅助假体尺寸选型 3）平台开放（开源库：US & EU），适配不同的假体厂商 4）术中股骨栓塞率降低明显，术后失血少	1）不基于影像，减少扫描辐射和费用 2）术中对假体的尺寸与定位在软件中可视 3）预演手术	1）参考主要功能点 2）两种可选注册方式
劣势	1）无触觉反馈 2）钻头尖端的安全性受限于它的灵敏性及旋转速度，如果速度过快容易出现过切事故 3）适用术式暂不支持髋关节	1）平台封闭 2）机械臂笨重 3）价格高昂（单台>1000 万人民币）	1）手术时间（注册、规划、磨骨时间显著长传统手术） 2）磨骨过程产生大量热量 3）系统出现问题后安全恢复系列流程繁琐 4）术后不能进行活体运动学评估，也不提供最终的假体植入位置信息	1）无触觉反馈 2）仅限于 TKA 术式 3）平台封闭 4）胫骨切割导航是根据软件屏幕提示手动安装固定，非自动	仅支持 TKA

（2）脊柱定位类

1）Mazor X 系统（见图 2-115）。Mazor 脊柱机器人始于 Moshe Shoham 教授和 Eli Zehavi 先生于 2000 年 9 月 12 日在以色列注册成立的以色列理工学院机械工程学院机器人实验室。2017 年 8 月，美敦力扩大与 Mazor Robotics 的合作伙伴关系，成为 Mazor X 系统的全球独家经销商。2018 年 9 月美敦力以 16.4 亿美元收购了 Mazor。

2）天智航天玑系统（见图 2-116）。2005 年成立的北京天智航技术有限公司，2010 年改制为北京天智航医疗科技股份有限公司，2015 年 11 月 9 日在新三板挂牌，2019 年 10 月与强生签署商业合作营销和分销、共同合作研发协议，2020 年 7 月科创板上市，

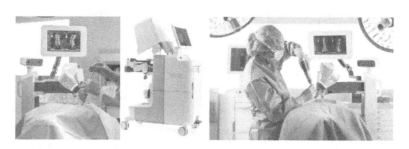

图 2-115 Mazor X 系统

最高市值 360 亿元人民币，目前市值 39.54 亿元人民币。2020 年 9 月，强生、天智航与上海仁济医院签署战略合作协议，建立机器人辅助脊柱手术的临床技术应用中心。

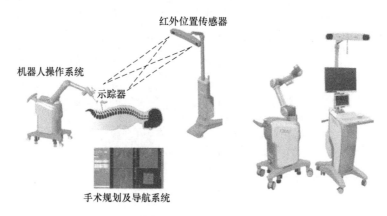

图 2-116 天玑系统

3）ROSA Spine 系统（见图 2-117）。ROSA 脊柱微创手术机器人是法国 Medtech 公司研发的一款辅助脊柱外科手术机器人。ROSA 机器人于 2016 年 1 月通过了美国 FDA 认证。该机器人系统由一个六自由度机械臂和一个配有触摸操作屏的外科工作站构成。其中六自由度机械臂安装了触觉传感器，结合了图像导航系统，具有实时跟踪能力。由于该机器人系统具有导航及机器人运动跟踪能力，在整个手术中，机器人可根据患者身体上和机械臂上的标记点实时跟踪两者的运动。术中机器人对脊柱的运动进行监测，对患者的呼吸等引起的运动具有补偿功能，从而使得手术更加安全准确。截至 2016 年 5 月，ROSA 脊柱手术机器人已经被用于超 100 例的临床手术操作。

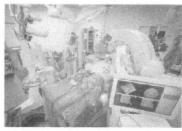

图 2-117 ROSA Spine 系统

4）ExcelsiusGPS 系统（见图 2-118）。ExcelsiusGPS 手术机器人适用于骨科和神经外科的微创和开放手术，旨在将术中数字成像与复杂的机械臂集成在一起，兼容术前、术中 CT 和荧光成像，定位精度可达亚毫米级。目前美国有超过 50 家医院在使用 Globus 机器人系统，截至 2018 年 6 月 26 日，ExcelsiusGPS 成功置入了 3000 多个螺钉。

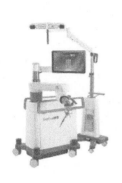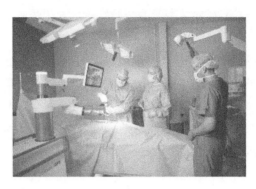

图 2-118 ExcelsiusGPS 系统

脊柱定位机器人性能参数对比见表 2-20。

表 2-20 脊柱定位机器人性能参数对比

机器人	Mazor Renaissance	Mazor X	Mazor X Stealth Edition	天智航	ROSA Spine	ExcelsiusGPS
适应症范围	腰椎	脊柱全节段	脊柱全节段	脊柱全节段	胸腰椎	腰椎
定位精度	1mm	1mm	无报道	0.8mm	1.5mm	亚毫米级
规划模式	3D	3D	3D	2D、3D	3D	3D
术前规划	3D	3D	3D	不支持	不支持	不支持
图像配准	2D、3D	2D、3D	2D、3D	不支持	不支持	不支持
器械导航	不支持	不支持	支持	不支持	支持	支持
注册	2011 年，FDA	2015 年 9 月，FDA 2017 年 9 月，CE	2018 年 11 月，FDA	2016 年，NMPA	2016 年 1 月，FDA 2020 年 1 月，NMPA	2017 年 8 月，FDA
切口暴露	微创、开放	微创、开放	微创、开放	微创、开放	微创、开放	微创、开放
装机量	599、9	247、247	未有报道	0、80	29、0	50、0

3. 存在问题

综上所述，骨科手术机器人目前存在的技术问题及需要重点攻克的难点，主要包括以下几个方面：

（1）关节置换类

1）开放式智能化术前规划。市面上相关骨科机器人多是封闭式规划，或者是硬件上仅支持自家假体接口，或是软件只针对自家假体设计手术规划，这无疑限制了机器人系统的应用场景。因此手术机器人新项目的研发应充分发挥自主创新的优势，针对市面上主流假体，软件、硬件应采用开放兼容式设计。术前基于患者影像智能重建患者骨关节模型，在三维交互界面中模拟关节假体规划手术方案，并通过计算机模拟关节运动情况，术中根据术前规划并基于系统的导航指导年轻医生完成骨组织的去除及假体的精准安装。

2）患者注册。市面上相关骨科机器人多基于术前模型引导医生完成骨关节表面特征点拾取，即系统首先显示一个骨关节的通用统计形状模型，并在模型上显示一系列的点，医生在术中利用探针根据显示信息获取患者骨关节表面对应点的位置后，系统将患者骨关节结构与通用模型进行配准，从而完成患者注册。然而，当患者骨关节形态发育异常时，机器人系统自带的人体骨骼通用模型便很难对患者病灶区完成注册，这样不仅会延长手术时间，增加医患的痛苦，更有甚者还会导致医生误判；此外，该类注册方式也会耗费大量手术时间。

因此，一方面应该考虑基于患者个性化模型的注册方法，另一方面也应考虑基于影像的非接触式配准，提高注册效率和成功率，使医生快速掌握并应用于临床。

3）动态追踪导航。市面上相关骨科机器人多采用光学追踪系统在术中实时捕捉患者骨关节和手术器械位置，并在导航软件里动态显示，按照术前规划指导用户选择正确的手术器械，可视化引导手术器械进入靶区，引导医生精准完成磨骨及假体植入等关键术式环节。该类技术目前多基于NDI公司的光学定位系统对红外反光标记的精确识别，然而该类技术目前在实践中遇到诸以下问题：①追踪精度很容易受反光球的状态、洁净度，甚至环境周围反光物质的干扰影响而下降；②通常需要为反光球设计特定的支撑安装架，且往往需要医生在术中手动安装在患者的骨头上保持紧固，且术中不能遮挡或者碰撞，这也增加了医生的手术负担和不便。因此当代医生更迫切地需求更便捷安全的追踪导航技术。

4）高安全协作性机械臂控制。市面上相关骨科机器人，多采用机械臂夹持手术器械，基于机械臂的柔顺控制，在医生的协作下完成去骨和假体植入操作。为了保证手术的安全，同时改善术中用户与机械臂的交互体验，需要将机械臂控制的柔顺性和精度进行一体化设计，这是机器人控制的难点之一；难点之二在于，当机器人因异常而产生保护性停止时，如何快速并且安全恢复系统的正常运作；另外运动部件的恢复、软件数据的恢复、导航数据的恢复、系统安全的及时响应也是机器人控制的难点所在。

因此，高安全协作性机械臂控制及异常状态下可快速安全恢复的系统是当下手术机器人技术的更高目标。

5）核心部件国产化。市面上相关骨科机器人系统的核心部件，如机械臂及控制器、光学导航系统多直接外购，然后开发控制软件进行系统集成，尽管短期内有利于系统的快速集成及产品成型，但是核心部件严重进口依赖，一定程度上制约了系统的特异性功能开发，提高了产品的成本，带来了不可控的技术、市场、供给等多方面的潜在隐患，因此核心部件必须早日实现自主化、国产化，避免将来被"卡脖子"。

目前，国内关节置换手术机器人还处于开发的初级阶段，若干核心技术仍由少数跨国医疗公司掌握。随着我国人口老龄化的加剧，近年来骨科手术量稳步上升，预计未来五年的年复合增长率将超过15%。面对日益增长的患者数量，缩短医生学习曲线，增加具有骨科手术能力的医生数量将成为刚性需求，手术机器人无疑是一片蓝海。然而国内虽然也有大量高校、研究所及企业投入到相关研发工作中，但多处于原型样机开发阶段，尚无正式产品面市，市面上的相关产品均为进口。国产机器人应乘势而为，打破国外技术垄断，支持医疗卫生领域创新技术的发展，帮助广大临床工作者和患者解决实际问题。

(2) 脊柱定位类

1) 脊柱机器人的推广与普及。脊柱机器人行业本身处于早期，获证产品少，目前获得 CFDA 认证的进口产品只有 Mazor 和 ROSA，国产只有天智航。Mazor 在 2014 年才拿到 CFDA，虽然天智航在国内进行积极的学术推广，但市场教育还需要一个过程，相当一部分医院的外科医生对机器人手术的概念及优势仍不了解。

2) 脊柱机器人成本高昂。脊柱机器人已上市产品普遍价格昂贵，均在 1500 万元人民币左右，国产天智航的天玑手术机器人终端价格也高达 1000 万~1500 万元人民币，且需要配合 C 型臂或 O 臂机使用，医院的配置成本过高，基层医院缺乏相应设备。目前国内导航手术的费用主要是自费，社保和商保只承担少部分，患者经济负担较重。

3) 脊柱机器人功能单一。现有的机器人产品本身功能单一，只有定位功能，不能满足脊柱手术术中减压、椎间融合等多样性的需求。

4) 脊柱机器人影像导航产品依赖进口。现有的脊柱机器人设备公司除天智航外其余均为国外公司，天智航虽为国内公司，在一定程度上突破了国外的封锁，但其产品依赖于 Medtronic、西门子、德国奇目术中三维影像，在技术上依旧被国外技术"卡脖子"，无法实现真正手术治疗过程的国产化。

(二) 骨科手术机器人关键零部件技术发展趋势

1. 光学定位跟踪设备

(1) 行业发展现状　空间定位跟踪是手术导航中的关键技术之一，通过它来实时跟踪手术器械和患者实体的空间位置和姿态。空间定位跟踪的精度直接决定了导航系统的精度及手术的质量。

光学定位跟踪是目前定位精度最高、应用范围最广、发展前景最好的一种定位跟踪方法。它通过摄像头捕捉目标图像，进行空间位置跟踪。根据使用的波段不同，又可分为可见光定位跟踪设备和红外光定位跟踪设备（见图 2-119）。其中红外光定位跟踪设备由于其对外部光照环境抗干扰性能更好，而得到更加广泛的应用。红外光定位跟踪设备，依靠标记点传输的红外光，并基于立体视觉原理对目标对象的空间位置进行重建。

根据目标对象能否主动发射光源信号，光学定位跟踪设备可分为主动式（有源，active）和被动式（无源，passive）两种。主动式光学定位跟踪设备通常在目标对象上集成能够发射光源信号的发光二极管，而被动定位跟踪设备则是利用目标对象上的反光小球来反射红外光信号。可见光的定位跟踪设备，通过跟踪黑白棋盘格的方式，实现物体位置和姿态的获取。

图 2-119　光学跟踪设备实物
a）红外光定位跟踪设备　b）可见光定位跟踪设备

（2）主要技术进展及优势　当前光学定位跟踪设备的主流厂商有基于红外光定位跟踪原理的加拿大 NDI 公司、瑞士 Atracsys 公司、广州艾目易（广州艾目易科技有限公司），以及基于可见光定位跟踪原理的加拿大 ClaroNav 公司。

1）NDI 公司。加拿大 NDI 公司的光学定位跟踪设备当前使用最为广泛，大量应用于手术导航产品中。其当前主流产品有 Polaris Vega® 和 Polaris Vicra® 两款。

Polaris Vega® 光学测量解决方案由两个协同工作的核心组件组成：光学定位跟踪器（有时称为相机）和导航标记器，例如被动标记球、基片、逆反射盘。光学定位跟踪器使用红外光通过标记在 3D 空间中的精确定位和三角化仪器的实时 X-Y-Z 坐标，在预先校准的测量体内执行定位跟踪，并在 Polaris 的全局坐标系内报告定位跟踪信息。

坐标数据计算为变换值，即位置和方向。与车载 GPS 导航的概念类似，定位跟踪数据可用于可视化手术仪器相对于患者图像集的位置，并规划和导航仪器到目标、治疗部位的路径。每个仪器都有一个独特的标记阵列，便于在 OEM 手术导航界面中加以区分。

Polaris Vega 和 Polaris Vicra 具有同样可靠的光学测量性能，它们的不同之处在于尺寸和精度。较大的 Polaris Vega 可在较大的测量体内跟踪较大的 OEM 手术仪器，它的测量速率至少是 Polaris Vicra 的三倍（具体取决于 Polaris Vega 的型号）。Polaris Vega 的体积精度也比 Polaris Vicra 高出两倍。

然而，Polaris Vicra 的小尺寸和小测量体积使其成为适合在狭小区域内跟踪较小工具的强大光学测量解决方案。Polaris Vicra 的紧凑型尺寸也使其适合安装在 OEM 医疗系统或手术套件内的几乎任何位置。NDI 公司产品性能参数对比见表 2-21。

第二章 典型医疗装备产业技术发展趋势

表 2-21 NDI 公司产品性能参数对比

产 品 型 号	Polaris Vega XT 三角锥体（RMS）	Polaris Vicra Vicra 测量体（RMS）
体积精度	0.12mm	0.25mm
95%置信区间	0.20mm	0.50mm
最大帧频	250Hz	20Hz
测量体	三角锥体、扩展型三角锥体（可选）	Vicra
尺寸（长×宽×高）	591mm×103mm×106mm	273mm×69mm×69mm
重量	1.7kg	0.8kg
工具类型	被动式	被动式、主动式无线
最大工具数量	最多装载 25 件工具 （最多 6 个主动式无线工具）	最多装载 15 件工具，同时跟踪 （最多 6 个被动式和 1 个主动式无线工具）
每个工具中标记物的最大数量	6 个单面、20 个多面	6 个单面、20 个多面
产品外观		

2）Atracsys 公司。瑞士 Atracsys 公司的产品包括 spryTrack180、fusionTrack250、fusionTrack500 三款，根据工作场景不同，可以选择使用不同系列的产品，见表 2-22。

表 2-22 Atracsys 公司产品性能参数对比

产品型号	spryTrack180	fusionTrack250	fusionTrack500
尺寸（长×宽×高）	233mm×57mm×47mm	294mm×86mm×99mm	528mm×80mm×85mm
重量	0.67kg	1.28kg	2.16kg
精度	0.13mm RMS～1m 0.24mm RMS～1.4m 0.49mm 95% CI～2m 0.26mm 95% CI～1m	0.09mm RMS～1.4m 0.20mm RMS～2.0m 0.27mm RMS～2.4m 0.16mm 95% CI～1.4m 0.40mm 95% CI～2.0m 0.54mm 95% CI～2.4m	0.09mm RMS～2.0m 0.11mm RMS～2.4m 0.15mm RMS～2.8m 0.17mm 95% CI～2.0m 0.22mm 95% CI～2.4m 0.30mm 95% CI～2.8m
跟踪范围	Starts at 200mm	Starts at 400mm	Starts at 700mm
测量速率	54Hz	120Hz	335Hz
延迟	<25ms	≤4ms	≤4ms

(续)

产品型号	spryTrack180	fusionTrack250	fusionTrack500
测量范围	1610mm / 786mm / 176mm / 0.49mm RMS / 0.24mm RMS / 0.13mm RMS / 0.2m / 1m / 2m / 1897mm / 1371mm / 1019mm / 103mm	1543mm / 1266mm / 900mm / 257mm / 0.27mm RMS / 0.20mm RMS / 0.09mm RMS / 0.4m / 1.4m / 2.4m / 1839mm / 1564mm / 1152mm / 255mm	1366mm / 1171mm / 976mm / 342mm / 0.15mm RMS / 0.11mm RMS / 0.09mm RMS / 0.7m / 2m / 2.4m / 2.8m / 1857mm / 1592mm / 1327mm / 227mm
产品外观	蓝牙		

3) 艾目易公司。广州艾目易是国内生产红外光学导航产品的主要厂商，其当前可用于医疗机器人方向的导航产品有 AimPosition 和 AimPosition Pro 两款。其具体指标见表2-23。

表 2-23 广州艾目易公司产品性能参数对比

产品型号	AimPosition	AimPosition Pro
性能	定位精度：0.12mm RMS 采样频率：60Hz 数据类型：彩色图像、近红外图像、三维坐标、工具位姿 标记点： 类型：主动式、被动式 最多跟踪数：200个标记点	定位精度：0.12mm RMS 采样频率：250Hz 数据类型：彩色图像、近红外图像、三维坐标、工具位姿 标记点： 类型：主动式、被动式 最多跟踪数：200个标记点
测量范围	1550mm / 1160mm / 560mm / 520mm / 850mm / 1320mm / 1000mm / 1500mm / 2400mm	1550mm / 1160mm / 560mm / 520mm / 850mm / 1320mm / 1000mm / 1500mm / 2400mm
产品外观		

4) ClaroNav 公司。加拿大的 ClaroNav 公司是基于可见光的光学定位跟踪设备主要厂商，其产品有 Microtracker 系列，包含 H3-60、SX60、HX40 及 HX60 四个，见表2-24。

表 2-24 ClaroNav 公司产品性能参数对比

产品型号	H3-60	SX60	HX40	HX60
球形截面	240cm×200cm×160cm	115cm×70cm×55cm	120cm×120cm×90cm	200cm×130cm×100cm
测量速率	16Hz	48Hz	20Hz	20Hz
校准精度	0.20mm RMS	0.25mm RMS	0.20mm RMS	0.35mm RMS
偏差（静止目标）	0.007mm RMS	0.007mm RMS	0.015mm RMS	0.015mm RMS
偏差（移动目标）	0.07mm RMS	0.07mm RMS	0.14mm RMS	0.14mm RMS
检测时间	15ms	7ms	10ms	10ms
时滞	60ms	20ms	50ms	50ms
传感器分辨率	1280×960	640×480	1024×768	1024×768
尺寸	283mm×43mm×49mm	164mm×43mm×54mm	164mm×43mm×54mm	164mm×43mm×54mm
预热时间	20min	15min		
光照度	50~100000Lux（HDR 模式下为 20~400000Lux）			
测量范围				

针对典型手术场景中的光学定位跟踪需求，将当前三家（NDI、Atracsys 和 ClaroNav）主流产品的关键指标对比呈现，见表 2-25。

表 2-25　各厂家主流产品性能参数对比

厂家	加拿大 NDI 公司		瑞士 Atracsys 公司			加拿大 ClaroNav 公司			
产品型号	Polaris Vicra	Polaris Vega	fusionTrack500	fusionTrack250	spryTrack180	SX60	HX40	HX60	H3-60
校准精度/mm						0.25	0.20	0.35	0.20
静止测量精度/mm	0.25 (0.56~1.34m)	0.12 (0.95~2.4m), 0.15 (2.4~3m)	0.09~2m, 0.11~2.4m	0.09~1.4m, 0.20~2.0m	0.13~1m, 0.24~1.4m	0.015	0.007	0.007	0.015
运动测量精度/mm			0.15~2.8m	0.27~2.4m	0.49~2m	0.07	0.14	0.14	0.07
视场/m³						1.15× 0.7×0.55	1.2×1.2× 0.9	2×1.3×1	2.4×2× 1.6
应用环境限制	避免近红外发光器件		近红外发光器件			环境光太强或者太弱，类似棋盘格的干扰源			
设备价格	约 20 万元人民币		14950 美元	11907 美元	8655 美元	9000 美元	10000 美元	10000 美元	12000 美元
应用系统	Medtronic、Synaptive Medical、Brainlab、Scopis、Surgical Theater		Smith+Nephew			Remebot，广泛应用于牙科机器人			

（3）技术发展趋势

1) 多功能集成化。传统的光学定位跟踪设备只能实现特定标记点的跟踪，随着光学传感器的智能化和模块化发展。现在光学定位跟踪设备的功能设计也趋向于复杂化。如 NDI 公司最新的 Polaris Vega VT 系列产品中就集成了高清视频摄像头功能，在完成光学定位跟踪的同时可实现视野内高清视频的录制，解决了当前日益发展的远程手术术中视频录制的麻烦，实现了多功能一体化集成。未来随着远程手术的进一步发展，集成音频功能的导航设备也会变成现实。集成化光学定位跟踪设备如图 2-120 所示。

图 2-120　集成化光学定位跟踪设备

2)高帧率低延迟。半导体和大数据技术的发展,使得计算机的计算速率得到极大的提升,对于光学定位跟踪设备的影响是其单幅图像的处理速度可以更快,每秒钟可以处理的图像更多,对于动态物体的跟踪性能得到极大的提升。几年前,60Hz 是主流的图像跟踪帧率,现在主流厂家的最新产品已经逐渐提升到 250Hz。如此大幅度的帧率提升使得光学跟踪设备对高速运动物体的跟踪变成了可能。同时每幅图像的输出延迟也由传统的几十毫秒提升到当前的 4ms 水平,进一步提升了系统的实时性能。

3)小型化。绝大多数光学跟踪设备的原理是基于双目立体视觉,所以两个测量相机之间的距离越远,图像精度就越高。所以早期的光学跟踪设备为了达到临床可用的精度,相机尺寸都非常庞大,经常有超过 1m 以上的大设备放在手术室内,非常笨拙不方便使用。但是随着图像传感器技术的进步,现在出现 4k、8k 甚至更高图像分辨率的芯片,使得相机可以呈现更清晰的场景,从而降低了对双目相机的基线要求。设备尺寸也变得越来越小,对手术室空间的依赖也越来越小,使用起来更加方便。NDI 公司的小型化设计如图 2-121 所示。

a) b)

图 2-121 NDI 公司小型化设计
a) 早期产品 (NDI Polaris Hybrid) b) 当前产品 (NDI Vicra)

(4) 存在问题与建议

1) 环境敏感度。光学导航设备对环境光的变化比较敏感,尤其是基于可见光技术的导航产品,在大流明的无影灯下很容易受到干扰,而在光线不足的情况下又容易出现曝光不足的问题。手术室内由于光线的动态变化范围太大,在一幅图像上可能会出现一部分位置过度曝光而另一部分却曝光不足的问题(见图 2-122),所以这也是限制可见光定位跟踪设备在手术室内普及的重要原因。

红外光跟踪相机比可见光跟踪相机更有优势,因为手术室内红外光影响因素相对少一些,但是一些无影灯设备会发出红外线,而且一些设备表面具有很强的反射红外线的能力,这些因素都会导致设备受到干扰,特别是 800~1100nm 范围的红外光会干扰 Polaris Vega 系统跟踪工具的能力。例如,某些类型的手术室灯发出被检测为背景红外线的红外线。

NDI Polaris Vega 系列产品可以通过调节红外光接收的灵敏度来限制部分杂散红外光的干扰,但是在实际使用过程中,很难判断所处环境的红外光干扰因素等级,因为肉眼无法直接观察到红外光的存在,这些因素综合限制了红外光的使用性能。

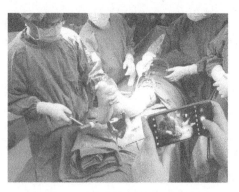

图 2-122　手术环境下曝光不足问题

2）热机时间。热稳定性是影响设备精度的重要一环，由于测量设备对双目传感器基线精度很敏感，微小的尺寸变化都会导致精度下降。另一方面图像传感器本身的影响在不同温度下也有差别，这些因素会综合影响到设备的使用精度。一般情况下只有达到热平衡之后传感器的精度才能保证。在刚开机时，由于存在典型的升温过程，此过程中的精度会出现不稳定，这种不稳定对设备的使用造成了很大麻烦。

从目前测量的一些数据来看，大部分的光学测量设备可能需要开机半小时之后才能达到良好的热稳定性，并保证测量数据满足宣称指标要求，这也是当前光学测量设备的典型问题，亟待解决。常见的一种解决方法是根据温度变化添加一定的补偿系数，但实际操作过程中，温度变化的一致性以及均匀性可能差异很大，要实现精确补偿难度巨大。

3）空间误差分布差异大。光学测量设备在测量空间的分布非常不均匀，一个原因是制造商通常在其营销材料中提供总体积 RMS 距离误差和其他代表性统计度量中的一两个；另一个原因是，正确评估给定系统所需的大部分基础信息都丢失或隐藏了，在理想情况下，位置分量误差没有系统偏差，遵循正态分布，并且在整个测量空间分布均匀，总体积 RMS 距离误差是典型误差幅度的良好指标，但是大多数跟踪系统不能满足这些要求，因为它们通常具有大量的系统误差，这些误差不能很好地拟合正态分布，并且空间分布不均匀。

图 2-123 通过显示其从特征数据中获得的距离误差以四种不同的格式说明了 Polaris 位置传感器的空间分布。图 2-123a 显示了距离误差的空间依赖性（请注意，即使这种表示也有缺失的信息——每个网格点的距离误差本身就是其潜在 3D 误差向量到 1D 的减少，即其幅度）。该图清楚地表明，除了右上角，误差在给定的 XY 平面内大部分是均匀的，并且通常随着与相机的距离（$-Z$）增加而增加。这种类型的信息对于某些应用程序非常有用，例如，用户测量主要为 1D 对象（如长条）的长度时，对象在 XY 平面上的测量结果比他们在 Z 轴上定向的对象获得的结果要好得多。将距离误差绘制为收集它们序列函数的一维图（见图 2-123b）会导致大部分空间信息丢失，但仍显示一般的 Z 依赖性，并且从图的周期性可以推断出较大的误差在体积边缘。在图 2-123c 的曲线中，距离误差分布被绘制为频率直方图。该分布显然不正常，因为它严重偏向于更高的错误。这种类型的分布是预期的，因为被检查的数据是距离误差，根据定义，距离误

差是正的。最后，图 2-123d 显示了一些描述大部分误差分布的代表性统计数据，但即使是这种最少的描述也会进一步受到损害，因为大多数制造商通常只引用这些统计数据中的一两个。

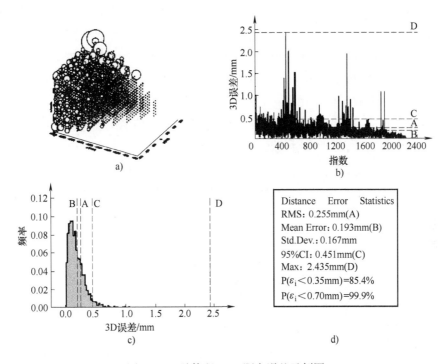

图 2-123 总体积 RMS 距离误差示例图

a）按空间表示的距离误差 b）按序列表示的距离误差 c）用频率直方图表示的距离误差
d）描述大部分误差分布的代表性统计数据

制造商表征他们的空间测量系统时，选择最适合将系统原始信号转换为其相应测量位置所需的模型生成参数的程序。这些程序也可用作校准的体积协议，并且此类校准可以提供对系统准确性的一种评估。此类评估通常在营销材料中表示为系统的一般"准确性"，但此类规范对用户的用途有限，因为最适合表征的程序很少包含用户对其应用程序要求的更一般的系统。此外，通常呈现给用户的少数"代表性"统计数据不包含用户通常需要的许多重要基础信息，以正确评估给定系统对其预期应用的适用性。与竞争对手的系统相比，制造商经常利用这些统计数据来提高他们系统的感知性能，方法是有选择地呈现具有固有较低值的统计数据。考虑购买测量系统的用户在检查来自不同制造商的代表性统计数据时必须非常小心，以确保统计值和它们所基于的校准协议确实具有可比性。

因此，作为设备集成者，在使用过程中要能全面理解当前光学测量设备的使用限制，才能更好地实现产品的设计。

2. 机械臂

（1）行业发展现状 相比于立体定向的手术机械臂，骨科手术系统中的机械臂在导航定位基础上更重要的需求为安全且友好的人机协作性能：①根据医生的意图，柔顺地操纵手术器械开展手术；②灵敏的力检测技术与安全交互策略；③沉浸式触觉交互，提高手术系统的安全度与精准度。

Mako 作为行业内骨科机械臂标杆供应商，所提供的绳驱动类型的关节型手术机械臂，具有较好的人机协作性能。随着机器人技术的快速发展，平台通用的 7 自由度关节型柔性协作臂逐渐成为骨科手术系统有效的解决方案之一，行业内比较有竞争力的供应商为：Kuka iiwa LBR Med、Franka、非夕（上海非夕机器人科技有限公司）与思灵（北京思灵机器人科技有限责任公司）。区别于普通 6 轴协作机械臂，7 自由度关节型柔性协作臂的主要特点为：①关节配置了高精度扭矩传感器，并采用了通过底层关节直接力控制技术，可实现高动态的柔顺控制，具有较高的安全性与人机协作性；②7 自由度构型为仿人手臂构型，冗余关节增加了机械臂的运动性能，如奇异性、避障性与关节限位性等；③冗余关节增加了机械臂关节力分配调整策略，提升了系统的动力学特性。

1）Kuka iiwa LBR Med。基于德国宇航局技术，经过 15 年技术研发，Kuka 公司推出了 Kuka LBR iiwa 7 自由度协作机械臂。其核心技术为：高精度的关节扭矩传感器、全状态反馈的关节直接力控技术、高自重负载比的轻量化设计。上述核心技术的应用使得 iiwa 机械臂具有较好的运动学特性、人机协作安全性与柔顺性。

同时，Kuka Medical Robotics 致力于 Kuka iiwa 机械臂在医疗应用的研发。Kuka 公司于 2017 年推出了面向医疗应用的 7 自由度协作机械臂 LBR Med（7kg 与 14kg），并通过了国际"IECEE-CB"体系认证。它的优势主要体现为：安全等级的硬件与软件、安全等级电路、安全接口与可配置的安全事件等。Kuka iiwa LBR Med 协作机械臂如图 2-124 所示。

图 2-124　Kuka iiwa LBR Med 协作机械臂

目前，基于 Kuka iiwa 医疗协作臂的优势，2020 年以来众多企业已集成骨科手术系统进入临床试验：①北京和华瑞博科技有限公司基于 Kuka iiwa 医疗协作臂开展了膝关节置换手术；②杭州键嘉机器人有限公司基于 Kuka iiwa 协作臂进行了全髋关节置换手术；③元化智能科技（深圳）有限公司基于 Kuka iiwa 协作臂开展了全膝关节置换手术。

2）Franka Emika。Franka Emika 是德国慕尼黑的一家高科技公司，致力于创造全新的机器人平台技术，在提高机器人性能的基础上，改善了机器人应用的便捷性。

继承德国宇航局机器人研究所技术，该公司于 2017 年推出了负载为 3kg 的 7 自由度协作机械臂。类似于 Kuka iiwa 协作机械臂，Franka Emika 通过在各关节部署高精度扭矩传感器，实现了关节底层直接力控技术，具有与 Kuka iiwa 相同的柔顺操作性。相比于 Kuka iiwa 医疗协作机械臂，Franka Emika 协作机械臂的主要差异为：

① 负载只有 3kg，且没有经过医疗体系认证。

② 初期定位于操作的体验（图形化编程与 FE Powertool 技术）与科研服务。

③ 关节构型为非完全拟人手臂，存在一定的偏置（可能由于专利方面的因素）。

随着手术机器人应用的推广，Franka Emika 协作机械臂也逐渐出现在骨科手术机器人的原型样机中（优良的柔顺性能、友好的人机交互编程技术与强竞争力的价格）。同时，Franka Emika 协作机械臂已经开始布局医疗版机械臂的研发。Franka Emika 协作机械臂如图 2-125 所示。

图 2-125　Franka Emika 协作机械臂

3）非夕。非夕成立于 2016，总部位于上海，继承斯坦福大学机器人和人工智能技术，专注于研发与生产柔顺性力控、机器人视觉与 AI 集成的自适应机器人。同时，非夕 7 自由度协作机械臂于 2020 年 11 月在佛山进行量产（4kg 与 10kg），其柔顺控制性能几乎达到了 Franka Emika 与 Kuka iiwa LBR Med 水平，相比于这两者，非夕机械臂的主要特点为：

① 自研关节扭矩传感器，具有较高的准确性、鲁棒性与性价比。

② 融合了先进 AI 算法的自适应机器人（感知、力觉引导与任务规划）。

③ 构型为非仿人手臂，前 3 个关节与最后 3 个关节轴线均存在偏置（可能为专利问题）。

类似于通用 6 轴协作机械臂，非夕协作机械臂早期定位于工业应用场景，如汽车与

3C电子产品等。随着手术机器人应用场景的需求扩大，非夕也逐步开始寻找医疗行业应用场景。非夕协作机械臂如图2-126所示。

4）思灵。思灵创立于2018年，在德国慕尼黑、中国北京设立双总部，以德国宇航局的技术为依托，核心团队拥有丰富的机器人与力传感器设计经验。目前，思灵已经推出第一代7自由度协作机械臂原型样机。通过关节部署高精度的扭矩传感器，其协作臂具有较强的人机协作能力。区别于上述3种协作臂，其构型在前3个关节轴线汇交，最后3个关节轴线存在偏置。

图2-126 非夕协作机械臂

思灵深度研究了"人"与"机器人"之间的差异，从"人"的角度出发，自主开发了机器人"大脑"操作系统，该系统跨实时与非实时平台，可以管理软件（实施控制器、运动规划、视觉及深度学习等算法）、硬件（机器人本体、摄像头及一系列硬件设备）、通信等机器人的重要部分，帮助机器人完成"即插即用""极速部署""智能换线"等高智能化任务。

2021年，思灵完成B轮融资，主要用于协作机械臂的研发与量产，成为全球智能机器人领域的独角兽。同时，《Nature》发布"自然聚焦-中国医疗机器人"特刊也对思灵的核心技术进行了深度分析报道。报道指出，其智能力控通用机械臂具备安全、精准、灵敏的特性，适用于骨科、神经外科、腔镜、肠胃镜及康复理疗等手术机器人，满足手术机器人末端的不同功能需求，同时保障安全性。思灵协作机械臂如图2-127所示。

图2-127 思灵协作机械臂

（2）主要技术进展及优势

综合以上行业内处于第一赛道的协作机械臂状态分析，当前协作机械臂主要技术进

第二章　典型医疗装备产业技术发展趋势

展与优势如下：

1）仿人手臂构型，具有冗余自由度，可提升其运动性能与动力学性能。

2）关节部署高精度扭矩传感器，通过关节底层直接力控技术可实现柔顺控制，具有较高动态柔顺性与安全性。

3）冗余编码器或安全等级的硬件与软件系统，可提升系统的安全性。

4）轻量化结构设计，具有高负载自重比。

5）融合 AI 技术，具有较好的人机交互与应用便捷性。

6）从传统工业应用场景向医疗应用场景部署。

同时，以上四种协作机械臂具体性能对比见表 2-26。

表 2-26　协作机械臂性能对比

厂家	Kuka	Franka Emika	非夕	思灵
技术来源	德国宇航局	德国宇航局	斯坦福大学机器人实验室	德国宇航局
应用场景	医疗应用	工业应用与科研（布局医疗）	工业应用（尝试寻找医疗场景）	工业应用（瞄准医疗）
重复定位精度	±0.1mm（±0.15mm）	±0.1mm	±0.1mm	—（报道：±0.02mm）
负载	7kg（14kg）	3kg	4kg（10kg）	—
自重	25.5kg（32.3kg）	17.8kg	20kg（33kg）	—
工作半径	926mm（946mm）	855mm	780mm（810mm）	—
力分辨率	—	0.05N	0.1N	—（报道：±0.5N）
安全措施	CB 认证 灵敏力检测（各关节） 冗余编码器，安全等级硬件与软件、接口与可配置参数	灵敏力检测（各关节） 安全转矩 STO 安全 OSSD 输入	灵敏力检测（各关节） 冗余编码器	灵敏力检测（各关节）
关键技术	高精度关节扭矩传感器 高动态关节直接力控制与柔顺性 轻量化结构设计	高精度关节扭矩传感器 高动态关节直接力控制与柔顺性 轻量化结构设计 友好人机交互编程 视觉融合	高精度关节扭矩传感器 高动态关节直接力控制与柔顺性 轻量化结构设计 视觉与 AI 融合	报道： 高精度关节扭矩传感器 高动态关节直接力控制与柔顺性 轻量化结构设计 AI 融合

（续）

厂家	Kuka	Franka Emika	非夕	思灵
优势	医疗认证 高柔顺性 安全性 仿人构型	高柔顺性 性价比 图形化编程 底层接口开放	高柔顺性 价格适中 整体解决方案 （硬件自研，较强算法技术）	高柔顺性（测试体验）
劣势	价格昂贵 接口开发性较低 交互性编程性较差	插销式制动方式 负载较低 未经过医疗认证	刚量产，性能待市场验证 未经过医疗认证	未量产，性能待市场验证

（3）技术发展趋势 骨科医疗手术协作机械臂关键技术体现为精准、灵巧、人机协作柔顺性与安全性。目前在高柔顺性、灵巧性与力灵敏检测方面取得了一定进展，未来的发展趋势为：

1) 高负载自重比与灵巧性的轻型协作机械臂本体。协作的本质为精准复现医生的行为，同时在非结构化的环境中与医生、环境进行安全柔顺交互。协作机械臂本体技术的发展呈现高精度、高灵巧性、高负载自重比的趋势。针对协作机器人高灵活性和优良避障性能的要求，其构型优化综合向着冗余拟人的方向发展；高负载自重比在保证负载前提下，可降低系统体积与质量，有利于提高本体的运动能力与人机协作的安全性，高负载自重比为骨科医疗机器人现在和未来发展的趋势；轻量化设计的引入给提高协作机器人的定位精度和动态性能造成了困难，未来协作机械臂将向着高精度的方向发展；高能量密度的驱动元件、轻质高刚度材料的发展和应用为轻质、高负载自重比性能奠定了基础。

2) 开放与智能化协作机械臂控制系统。在医疗手术过程中，协作机械臂对工作任务的智能性和柔性尤为重要，目前协作机器人仍然缺乏对任务的快速适应能力。因此，具有视觉、力觉传感融合医生经验数据，能够自动规划运动轨迹、末端器械姿态以及手术参数的协作机械臂控制系统成为未来的发展方向之一。

受限于当前控制系统底层开放程度，特定场景的控制策略受到一定限制，难以满足高柔顺性、智能工作控制策略的实施。因此，更开放的底层控制系统成为未来的发展方向之一。

3) 本质安全的协作机械臂。现有协作机械臂通过柔顺控制、触觉传感器、视觉传感器等方法保证人机交互的安全，但这种安全并不是绝对的，一旦机器人控制软件系统出现故障，则会对医护人员甚至是机器人自身造成伤害。所以，本质安全的协作机器人是目前人机协作领域中重要的研究方向。同时，合理设计的人机协作保护系统是未来发展的方向。

（4）存在问题与建议 在骨科医疗手术应用场景中，现有协作机械臂主要问题为控制系统的开放性、应用的便捷性与系统本质的安全性。

在控制系统的开放性与应用的便捷性方面，目前协作机械臂开放性不够，难以实现多样化的控制需求。当前协作机械臂柔顺控制主要开放对应应用程序编程接口（Application Programming Interface，API）进行应用，存在柔顺控制器固定，只能根据 API 规则调整控制参数，难以满足骨科临床应用柔顺控制需求的情况。

同时，部分协作机械臂在柔顺控制方面开放了底层关节力控制接口，必要的动力学参数未开放，增加了应用的复杂性，影响底层开发的效率与性能。针对诸如柔顺控制存在的问题，未来控制系统在开放底层的同时，还需要开放必要的机器人系统参数及模块化成熟稳定的控制单元，以提高系统的应用便捷性。

在系统本质的安全性方面，为实现机械臂系统本质的安全，合适的机械硬件、驱动器、软件、传感器以及控制等安全措施均需要综合考虑。

第七节　健康监测及康复装备

康复装备包括康复辅助器具和康复医疗装备。

一、康复辅助器具及关键零部件技术发展趋势

（一）康复辅助器具技术发展趋势

1. 行业发展现状

（1）康复辅助器具的分类　康复辅助器具（简称辅具）是改善、补偿、替代人体功能和实施辅助性治疗及预防残疾的产品。辅具是对身体功能障碍者进行补偿、替代或修复最直接有效的手段之一，其服务对象既包括残疾人、失能需要辅助的老年人，还包括组织和功能暂时受损者。

国际标准 ISO 9999 按照康复辅助器具的功能将其分为 12 个主类、130 个次类和 781 个支类（见表 2-27）。该标准得到国际认同。我国的国家标准 GB/T 16432—2016《康复辅助器具　分类和术语》等同采用了 ISO 9999:2011 标准。

表 2-27　GB/T 16432—2016 主类名称及次类和支类数量

主　类		次类和支类
主类 04	个人医疗辅助器具	18 个次类和 64 个支类
主类 05	技能训练辅助器具	10 个次类和 49 个支类
主类 06	矫形器和假肢	9 个次类和 101 个支类
主类 09	个人生活自理和防护辅助器具	18 个次类和 128 个支类
主类 12	个人移动辅助器具	16 个次类和 103 个支类
主类 15	家务辅助器具	5 个次类和 46 个支类

(续)

主类		次类和支类
主类 18	家庭和其他场所的家具和适配件	12 个次类和 72 个支类
主类 22	沟通和信息辅助器具	13 个次类和 91 个支类
主类 24	操作物品和器具的辅助器具	8 个次类和 38 个支类
主类 27	环境改善与评估辅助器具	2 个次类和 17 个支类
主类 28	就业和职业培训辅助器具	9 个次类和 44 个支类
主类 30	休闲娱乐辅助器具	10 个次类和 28 个支类

在实际应用中，康复辅助器具还有其他多种分类方式。根据使用人群不同，可将其分为肢障者用、视障者用、听障者用、言语障碍者用、智障者用等康复辅助器具；根据使用环境不同，又可将其分为生活用、移动用、通信用、教育用、就业用、文体用、宗教用、公共建筑用、私人建筑用等康复辅助器具。

（2）康复辅助器具产业呈现加快发展良好态势　康复辅助器具产业是包括研发设计、产品制造、配置服务等业态门类的战略性新兴产业。2019 年，康复辅助器具制造已列入国家统计局健康产业统计分类表，康复辅助器具产业以促进人的有尊严生活和发展为目标，以现代智能技术和生命技术为核心，贯穿衣食住行、教育、医疗、文化、生活等方方面面，与康复、养老、大健康、特殊教育、基础建设、信息交流服务等领域交叉发展，产业体系复杂、规模大，社会民生意义突出，是支撑发展健康事业和养老服务业的重要基础。

自 2016 年国务院印发《关于加快发展康复辅助器具产业的若干意见》以来，国务院批准、民政部牵头建立了加快发展康复辅助器具产业部际联席会议制度，把握顶层设计和整体规划的功能定位，为产业发展的部署推动和统筹协调提供了有力支撑。在研发、生产、制造方面，国家发展和改革委员会将智能康复辅助器具列为相关产业政策重点支持方向；科技部从 2018 年开始每年持续组织实施"主动健康和老龄化科技应对"重点专项，将康复辅助器具研发创新和应用示范纳入支持范围；通过自然科学基金项目资助康复辅助器具领域基础研究和前沿探索，国家中医药管理局开展了中医药关键技术装备研究。

形成完整产业链。在供给侧结构性改革深入推进的时代背景下，新时代康复辅助器具产业的产品服务体系总体供给能力加速发展。围绕各大产业服务模式变革，促进各大产业模式转变，智能康复辅助器具都是各行业各领域支持的重点，其涵盖领域包括资讯服务、信息交流、饮食起居、生活照料、出行旅游、康复护理、情感关怀、紧急援助、法律咨询等各种服务，这些产品和服务涉及资讯数据、互联网服务、餐饮服务业、加工制造、教育旅游、大健康产业、金融业、家政服务业等诸多产业，这些产业交叉融合、包容发展，形成了丰富多彩的康复辅助器具产业。

第二章 典型医疗装备产业技术发展趋势

市场经济条件下，产业发展的模式已从产品类别的细分模式转化为以市场需求为导向的融合模式。康复辅助器具产业恰好是高度细分化领域，使得康复辅助器具在不同板块分别嵌入到医疗领域、保健领域、大健康及康养领域、消费电子领域、出行无障碍和生活服务领域。

康复辅助器具的细分领域庞大，比起多数国家，中国康复辅助器具的产业链更加完整。康复辅助器具产业链条长、附加产业多。康复辅助器具产业链主要分为三个部分：上游为零部件制造与基础材料技术，涉及的行业有纺织、机械制造、电子制造、化工、生物化学、软件等；中游为专业设备与产品的研发、制造；下游为康复辅助器具的流通（租赁）、展示和配置服务体系。

在产业的上游，康复辅助器具的上游体系供应商规模大小不等、相对分散，上游行业自身水平和发展较为迅速，上游产业链代表性的企业大部分集中于京津冀、珠三角、长三角地区，并在这三个地区逐渐形成康复辅助器具产业集群。

在产业的中游，以中国为代表的新兴市场是全球最具潜力的康复辅助器具市场，产品普及需求与升级换代需求并存，近年来的增长速度较快。中国市场规模逐渐上升，尤其在多种中低端康复辅助器具产品方面，产量居世界第一，不少产品远销国外，如中低端轮椅。针对老年群体，中国康复辅助器具产业已经形成针对失能群体的养护、日常照料、出行等多种全面的产品体系；针对伤残群体，中国康复辅助器具产业已经形成覆盖视力、听力、智力、言语、精神残障等群体的多样化体系生产线；针对骨伤、心肺、疼痛、水肿、神经损伤等多个临床伤病群体，从解决急需的代偿功能到预防伤病伤残发生发展，中国康复辅助器具产业均能为之提供综合康复辅助器具配置服务所需的产品。

在产业的下游，配置体系包括医院配置机构，工伤社保、残联等行政服务机构，门店营销，医疗服务机构，租赁机构，销售服务机构，康养中心等。社会服务包括各种公益机构、无障碍设施提供机构、民间团体民间非营利组织等，他们为社会提供大众化的公共服务。

中国制造业的优势在于产业门类齐全、产业链完整和产业配套能力强。康复辅助器具因产品品类多、产品体系跨度大，对产业链的稳定和安全依存度高。近些年来随着国家推动产业升级，康复辅助器具产业的系统供应链不断优化升级。支撑康复辅助器具产业技术升级的电子元件、电路板、芯片、电机、软件信息服务技术等电子零部件产业快速发展；支撑康复辅助器具定制化生产的小批量加工技术、中高端零部件定制生产企业的服务能力提升；支撑康复辅助器具领域的关键化工材料突破发展。

市场主体增多。康复辅助器具行业内规模以上的装备制造企业有不少都是医疗器械企业，转产或兼营辅具；国内也涌现了一批专注于智能辅具装备研发生产的企业，产品范围囊括顶尖的外骨骼机器人及创新性的智能辅具设备，涉足智能辅具的企业大多数是机器人、IT、人工智能产业跨界。在企业数量的增长上，以"天眼查"企业数据为例，2020年年底，康复辅助器具各领域企业数量较2016年底均有较大增幅，如轮椅车企业数量增幅为51.3%，假肢企业数量增幅为85.8%，助听器企业数量增幅为142.5%。常州市初步建成康复辅助器具生产制造、展示交易、应用示范、综合创新四大集群中心，集聚生产企业 78 家，具备 4000 多种产品生产能力，年产值已超过百亿元。浙江省指导嘉兴市积极打造康复辅助器具跨境电子商务平台，已入驻商家 100 余家，上线产品数千种。

2. 主要技术进展及优势

（1）康复辅助器具专用计算机辅助设计/制造系统（CAD/CAM 系统） CAD/CAM 技术是一项综合性且技术复杂的系统工程，涉及许多学科领域，如计算机科学和工程、计算数学、几何造型、计算机图形显示、数据结构与数据库、仿真、数控、机器人和人工智能学科与技术，以及与产品设计和制造有关的专业知识等。通过数字化将人体模型由原来的石膏取模改为三维扫描仪采集人体相关数据，将数据远程传输给计算机，在计算机上完成设计与修型，再将模型数据输入数控雕刻机，雕刻出质量较轻的聚氨酯阳型。通常由便携式扫描设备、手机应用程序、云平台数据库、专业设计软件、七轴机器人制造系统组成。

发达国家假肢、矫形器专用 CAD/CAM 系统已于 1990 年进入应用阶段，主要系统有以下几种：美国的 BioSculptor System、Seattle Limb System、Omega System 系统、英国的 TracerCAD System、加拿大的 CANFIT System、法国的 Orten System 和 Rodin4D 系统。

2012 年，国内假肢矫形器企业采用 CAD/CAM 系统开展远程加工后，国内已在 CAM 雕刻机生产制造方面有了突破。北京、广州、杭州、深圳有多家企业已经开始研发、生产、销售相关的假肢矫形器 CAD/CAM 设备，有的企业以研发三维扫描仪为主，有的企业以研发 CAM 系统为主，有的企业以应用 CAD 软件为主。BraceFormer5X 五轴数控铣床开发式平台设计，可兼容所有流行的 CAD 矫形软件，一次成型各类假肢矫形器模型，铣刀垂直于加工表面，可保证处于最大出力状态和加工精度，独特的吸尘设计，利于改善工作环境和环保。福尔康矫形 3D 数字雕刻足垫已供应国内市场。截至 2020 年 6 月，足部 CAD/CAM 设备在全国运行至少有近 200 套，其中进口和国产约各占一半。

（2）智能假肢 近年来，国内外智能假肢的研发和应用取得了进展，包括新型下肢智能膝关节假肢、新型具有触觉反馈的仿生上肢、具有量化调控和动态矫治的智能矫形器系统等功能的新一代创新产品。

德国奥托博克 Myo Plus 多电极智能控制系统通过智能化的动作识别来直观地控制假肢，无须使用动作切换，可以使用户自然地实现多种流畅的动作。

冰岛奥索 2019 年推出的锐欧® XC 智能仿生磁控膝关节采用了独特的磁流变微处理器，锐欧® XC 仿生磁控膝关节能够在不同阻尼之间几乎零延迟地切换，对于方向、速度、地形变化能够迅速和精准地自动做出反应，无须选择特定模式。磁流变会根据用户的运动路径实时变化阻尼，它的计算频率为 1000Hz/s，是人类眨眼睛速度的 250 倍。用户穿戴后行动自如、安全又灵活智能。自带智能芯片，可以实时监测用户数据，帮助用户学习与改善步态。该产品相继获得 2019 德国 IF 设计奖和红点设计奖。

第二章　典型医疗装备产业技术发展趋势

北京工道风行智能技术有限公司的"风行者"智能动力小腿假肢通过采集和处理残肢的步态信号，与健康腿形成闭环系统，协调智能肢体配合健康腿运动，智能假肢利用多传感器数据融合技术，将各类运动信号整合在一起，同时运用于步态控制的两个方面，既用于肢体的基本姿态和运动细节，又负责实时地识别步态的不同模式。最终兼具智能、动力和柔性三个智能假肢的重要因素，很好地弥补了下肢截肢者的行动障碍，使其更好地恢复行走能力。

深圳健行仿生技术有限公司设计了一款模拟人体肌肉的机构，并通过一些电机驱动技术来为人体助力。通过假肢搭载的多种传感器来感知用户的姿势和动作，基于仿生学进行控制，提供相应的动力来辅助用户行走，通过使用人工智能，对传感器获得的步态数据进行机器学习，能更好地感知用户意图和环境变化，并且假肢可以通过自我调节来适应每一个用户的步态特征，帮助用户更轻松自然地行走。在流程、动作上，我们都能实现更加自然、流畅的行走。

哈佛大学创新实验室研发的 BrainRobotics 智能仿生手，是脑机接口技术与人工智能算法高度结合的智能产品。这款智能仿生手可以通过提取佩戴者的手臂神经肌肉信号，识别佩戴者的运动意图，并将运动意图转化成智能仿生手的动作，从而做到灵巧智能、手随心动。

上海科生假肢有限公司，2011 年用独创技术研制了专利产品科生智能仿生手，每个手指可独立或组合活动。经过十年的优化改进和升级换代，现已形成 5~9 自由度仿生上肢假肢系列产品，有 2~8 通道多种肌电控制方式，除能完成国内外现有各种仿生手的全部动作以外，还同时具有肌电控制屈腕和旋腕功能，使双臂截肢者只要一侧是前臂截肢，就能实现生活自理，如厕也不成问题。科生 8 自由智能度仿生手如图 12-128 所示。

图 2-128　科生 8 自由智能度仿生手

中国电子科技集团公司第十四研究所研制的智能双向神经感知假肢 LinkSense-HandV1.0，截肢者无创佩戴后，只需要短时间的训练，就能重新按照自己的意图抓握，实现基本的生活自理（见图 2-129），其核心指标有：对 15 类以上的手部动作识别正确率高达 92% 以上，自由度 ≥20。该研究所还在积极开发多自由度、多功能、模块化、智能感知信息融合于一体的仿人手臂：假手具有 5 根手指，前臂主动自由度>3，大臂主动自由度>2，能够测量触觉、热觉等 2 种以上信息，与世界同类型知名产品，如美国 DARPA 的卢克臂、冰岛奥索的 i-limb 性能相当，在部分关键技术上具有领先性。

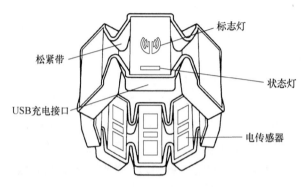

图 2-129　智能双向神经感知假肢 LinkSenseHandV1.0

浙江强脑科技有限公司商用 BrainRobotics 智能仿生手，通过采集、处理人体神经肌肉活动产生的神经肌肉电信号来辨识操控者的运动意图，从而可实现仿生手的直观控制。该仿生手在外观结构、运动感知、直观控制等方面全面仿生，实现了仿人手的静态外观结构、动态运动性能和感知功能，可模拟人手的仿生神经肌肉控制通路，实现了使用者大脑与手指运动间的直接联系。该仿生手于 2019 年 12 月登上美国《时代》杂志封面，被评选为 2019 年度百大最佳发明之一；在 2020 年获得德国红点最佳设计奖。

（3）智能移动辅助器具　个人移动辅助器具 1.0 时代以手动轮椅车为典型代表，技术低端、只能单一满足用户需求；2.0 时代以电动轮椅车为典型代表，技术稍微升级，用电动功能补偿了用户一部分功能；3.0 时代则是智能移动时代，以数字化和智能化的高端技术为主，具备多功能补偿、自主使用和人文关怀等特点。

沈阳新松（沈阳新松机器人自动化股份有限公司）研发的智能助行器、电动站立助行器，在平地或上坡行走时通过电机提供主动助力，可实现助力行走；通过电机维持稳定速度，可有效防止下坡时加速，用户松手，小车自动停止，可保障使用者的安全；进行了防侧滑功能设计，在斜面侧行时也可以保持直线行进；具有防跌倒辅助功能，当使用者被绊倒失去平衡时，可起到减缓跌倒趋势的作用。

上海邦邦机器人有限公司将人性化设计与先进中国智造技术融为一体的创新产品，由移动底盘、座椅和椅背组成，整车具有一键折叠、一键展开功能，小巧轻便，易于携带；采用人体工学设计，拥有流畅的车身、简约的色彩搭配、高颜值，外观酷炫、时尚，年轻科技感十足，赋予了生活化代步辅助器具新概念。

（4）生活护理类辅具装备

1) 四川普慧康泰人工智能科技股份有限公司研发的智能穿戴式集尿器，智能尿管在排尿行为发生后可检测到尿套内有尿液，实时上报信息到主机，主机收集到信息后，实时启动收集尿液，尿液由主机内的真空泵瞬时负压吸出至医用尿袋，实时自动排尿。

临床上多应用于失能、半失能、高龄的老人、伤友及因特殊原因不方便的群体。目前产品已在四川、北京、江苏、山东、江西等多家养老机构投入使用，被纳入包括四川、山东、江苏、甘肃在内的多地残联采购范围。

2）宁波培护宁福祉科技有限公司自主研发的培护宁舒享失禁型智能集尿器，应用了负压吸引和尿液自动感应等技术，通过可穿戴的方式，实现了尿液自动抽吸、气流微循环，可做到排尿全天候自动护理。解决了原来使用一次性纸尿裤造成的护工劳动强度大、使用者易患尿湿疹和压疮、成本高、不环保等弊端。使用后替代率约在70%，护理效率和质量显著提升，是技术创新改变传统护理方式的典型应用。

3）沈阳新松半自动一体化床椅，在合体状态下，该产品相当于一台电动护理床，能够实现抬背和抬腿功能。而当需要移乘出行时，可分离出移动椅，由护理人员推动出行。由护理人员手动对接和分离床椅，操作简单便捷。移动椅采用锂电池供电，电动抬背、电动放腿，可在护理人员推动下行走，操作灵活，可原地转弯。床与椅之间配备二重锁定装置，合体后不会因为晃动、撞击等原因意外分离。

4）常州市康辉医疗器械有限公司基于护理场景的逻辑设计，利用功能模仿、模式识别、精准安全操控等人工智能技术，集自动翻身、纵向倾斜、气动摇背排痰、防压疮、生命体征监测、护理信息数据处理及ICU危重症病患急救等功能于一体，打造了智能护理新模式。2020年11月取得医疗器械产品注册证，目前已被批准正式上市销售。

5）南京孝德智能科技有限公司在传统护理床的基础上，模拟人工移动老人的动作，通过智慧化手段集成多种功能于一张床，可帮助家属轻松完成病患的翻身、清洁、排痰、喂食等日常护理工作。

（5）健康监测

1）烟台汇通佳仁医疗科技有限公司研发的智能床垫，支持Wi-Fi、有线、4G传输模式。

2）沈阳新松非接触式生命体征监测仪"松小白"。

3）浙江慧养科技有限公司DYZ01心冲击图记录仪，以非直接接触的方式，采集人体心跳、呼吸产生的振动信号，描记心冲击图、呼吸图实时图表，心率、呼吸率精准度均达到≤1次/min。24h远程实时监测服务，可对被监护对象的活动状态（离床、离枕、卧床、静卧、在床活动）、生理指标（呼吸频率、心律、呼吸平稳度、呼吸比、心跳平稳度、心率变异度、打鼾等指标）、心冲击图等各种指标进行不间断监测、记录、分析、展示及警示性提示。该设备为医疗机构和专业医生提供了监测和分析平台，其关键部件——极低频微弱振动信号传感器拥有自主知识产权。关键技术有自主开发的物联网网关、心率及呼吸率AI智能算法、大数据分析系统与云端运算监护软件，整体国产化率达到98%以上。

（6）增材制造（3D打印）技术在假肢矫形器中的应用

1）3D打印假肢。美国Additive Manufacturing等3D打印公司、Prosfit等假肢装配公司采用HP的MJF技术大量打印假肢接受腔，为了解决打印接受腔和假肢零配件之间的连接问题，还设计了一种专用的数字连接座形状以配合专用的螺栓、螺母，完美地解决了假肢接受腔和传统假肢零配件之间的连接问题。

英国 Open Bionics 公司通过 3D 打印技术制造了仿生肌电手，该肌电手包括 3D 打印的仿生机械手和肌电信号系统两个主要部分，其原理与传统肌电假肢类似，通过肌肤表面电子信号控制机械手的抓取功能。

德国 3D 打印假肢制造商 Mecuris 研发的 3D 打印假肢 NexStep 已通过了欧盟的 CE 认证，该技术大大缩短了假肢的定制周期。

湖北省康复辅具技术中心引进武汉华科三维科技有限公司的 HKP500 工业级 3D 打印机，利用丰富的 3D 数字化平台和先进的康复辅助器具设计制造工艺，将 3D 打印技术应用到了康复辅助器具行业，研发出了 3D 打印小腿假肢、3D 打印脊柱矫形器、3D 打印弹力仿生脚等系列产品。

2）3D 打印矫形器。美国 UNYQ 开发的一款 3D 打印脊柱侧弯矫形器，打印材料为尼龙，平均重量为 300~600g，厚度仅 3.5mm，透气、轻便，患者佩戴之后可以轻松隐藏在衣服中。UNYQ 还在矫形器上配备了传感器，可以跟踪用户穿戴时间并进行压力点检测，以保证矫形器的舒适性和功能性。所有捕获的信息会传至移动 APP，然后提供给医生以决定是否要调整矫形器。

国内多家假肢矫形器公司近几年开发了 3D 打印脊柱侧弯矫形器和 3D 打印踝足矫形器。

国家从战略层面给予了 3D 打印足够的重视。2018 年，由国家康复辅具研究中心附属康复医院牵头承担的"增材制造与激光制造"国家重点研发计划专项"假肢矫形器的个性化设计与增材制造应用示范"项目（项目编号：2018YFB1107000）启动，该项目的实施将推动假肢矫形器在设计方法、制作工艺及评估方法方面的转型升级，提升我国假肢矫形器的整体水平，促进 3D 打印产业发展。

3）假肢矫形器 3D 打印技术发展趋势。

① 成型精度高：3D 打印假肢的设计、制造流程正在向数字化转变，在取得精确的三维模型后，选用高性能的材料和合适的打印工艺，在 3D 打印设备上打印可得到适合患者的假肢。

② 可变刚度设计：用三维扫描和磁共振成像获得残肢的生物力学数据，通过逆线性数学变换将人体残肢的骨组织深度映射到对应接受腔腔壁的不同刚度上，从而制作出可变刚度的接受腔。这种 3D 打印假肢接受腔的稳定性和连接强度远高于传统制作的假肢。可变刚度界面层几何结构的优化将是未来假肢接受腔发展的重要趋势之一。在矫形鞋垫的设计方面也有类似研究，比如利用功能梯度结构特性来优化足底与鞋垫接触面的应力分布，降低足底接触压力的峰值等。

③ 经济环保：假肢 3D 打印技术减少了假肢传统制造的流程，没有石膏工艺，不用剔除多余材料，不会造成材料过多的浪费。

4）3D 打印在康复辅助器具领域应用所面临的挑战。

第二章　典型医疗装备产业技术发展趋势

① 缺乏专业软件。目前，在3D打印领域，各种工业零部件设计软件相对成熟，但缺乏针对假肢矫形器行业的专业3D设计软件。由于人体结构曲面复杂，相对应的假肢矫形器模型不是标准件，设计难度大，软件研发成本高，导致相关软件研发进展缓慢，制作效率低。

② 生产效率偏低。3D打印康复辅助器具整体所需时间比传统装配时间有所增加，即使是一般的踝足矫形器、脊柱矫形器，3D打印一般也需要十几个小时或者几十个小时才能打印出来，远比现有板材抽真空成型工艺耗时长。

③ 材料性能要求高。目前应用到假肢矫形器领域的打印材料通用性不强，力学性能、精度、加工性能及耐热、耐磨、耐腐蚀性等性能不尽如人意。有的3D打印产品需要外加材料进行增强，材料颜色单调。

④ 性价比较低。3D打印假肢矫形器成本偏高，终端售价高，患者接受度低，因此其性价比有待进一步提高。

⑤ 综合人才缺乏。目前国内培养的假肢矫形器专业人才大部分倾向于假肢矫形器临床装配，计算机设计操作能力缺乏，而专门的计算机人才对假肢矫形器行业又知之甚少，因此很多假肢矫形器企业需要招聘计算机人才与原有的假肢矫形器装配技术人员进行配合，双方磨合时间长、效率低。针对3D打印技术，培养综合型假肢矫形器康复工程人才是亟待解决的问题。

3. 技术发展趋势

在国家产业转型升级的大背景下，面向康复辅助器具市场需求发展细分领域服务、增加产品附加值、提高康复辅助器具质量和科技水平、推动康复辅助器具产业向中高端迈进，是未来发展的必然趋势。

内循环促进康复辅助器具产业升级。经济内循环会推动国内产业体系完善发展，从而促进产业升级和技术能力提升，这些提升或许能够打破康复辅助器具产业的核心技术壁垒。以助听器行业为例，其核心配件扬声器、数据通道处理芯片技术一旦在芯片电子行业的大发展下被突破，不仅会促使国内新助听器自主品牌的诞生，还可以通过扩大内需市场规模大幅降低高端助听器市场价格，激发老年失聪人群的消费能力，释放出消费需求空间。

技术自主能力提升。过去多年康复辅助器具领域产品体系庞大，不少国内产品依附于国外产品体系拓展延伸，随着从点到面的产品体系不断突破，中国康复辅助器具产品体系摆脱依附形成独立的产品体系。随着高新科技的飞速发展，各学科互相渗透并向精、尖方向发展，使得国内高附加值的康复辅助器具产品不断增多。伴随产业体系自主能力提升，康复辅助器具技术、管理、品牌、商业模式将持续创新，对创新人才的黏性和吸附能力不断增强，最终将提升产业体系的整体效益，带动产业资本发展。

康复辅助器具产业代表了国家前沿科技的发展和产业化水平，融合应用了智能信息、先进制造、新材料、人工智能、脑科学与神经科学、生理学、康复医学等多学科理论与技术，是《中国制造2025》的重要内容，是全社会高度关注的新兴业态。随着算法、芯片、传感器、电机等软硬件设备的不断升级，物联网、大数据、3D打印、人工智能、虚拟现实、神经与脑科学、现代传感等高新技术为辅具设计和应用提供了科技支撑，随着智能感知与柔性传感、多模态量化评估、多模态干预、人机共融与柔性交互等方面研究的逐渐加深，各类外骨骼机器人、养老服务机器人、智能穿戴设备、肌电仿生假肢等高新科技辅具产品将加速发展并得到应用。

4. 存在问题及建议

当前，我国康复辅助器具产业核心技术、关键部件和重要材料"卡脖子"问题仍比较突出：①产业链供应链不健全。由于我国康复辅助器具产业基础薄弱、科技创新滞后，目前存在产业链供应链不健全，产业配套尚不完全成熟，产品种类不丰富，先进的工艺技术外溢速度慢，产品质量不高，国产中高端产品的市场占有率较低，关键零部件、控制芯片、核心算法等核心技术方面缺乏自主知识产权，部分中低端辅具产品主要是仿制和国外企业代加工等问题。②国家层面含金量较高的支持政策欠缺。主要体现在产业发展缺少专门的财政支持，在关键领域、重要工作、核心技术上的资金投入比较少，各类市场主体参与产业发展的积极性和主动性还没有充分激发；消费支付保障体系建设比较滞后，现有政策碎片化明显，商业保险基本空白，康复辅助器具配置需求得不到有效保障，"用不起"的现象普遍存在。地方层面推进产业发展工作不平衡，有的省份存在照抄照搬照套的情况，缺少含金量高、操作性强和创新性突出的措施，一些制约产业发展的重要问题还需要进一步破解。③宣传推广工作还不到位。市场主体对各部门推动产业发展的支持政策不了解；社会认知度不高，许多人对康复辅助器具的认识仅停留在传统的假肢、矫形器上，对其预防和延缓功能衰退、改善功能障碍、辅助基本生活等方面的作用不太了解；一些老年人、残疾人服务机构只重视基本生活照料，忽视康复辅助器具的配置，一些机构缺乏相应的知识，导致康复辅助器具的配置和使用率低。

第七次全国人口普查主要数据结果显示，目前我国60岁及以上老龄人口已达2.6亿，其中65岁及以上人口1.9亿，老龄化程度进一步加深。同时，我国还有3600多万持证残疾人，每年上亿人次的伤病人。这些特殊群体相当一部分都有康复辅助器具需求，为康复辅助器具产业的发展开辟了广阔市场和巨大发展空间。从推动国家长远发展与增进人民福祉的战略高度出发，应充分认识老年人、残疾人、伤病人等特殊群体对康复辅助器具的多样化、多层次需求，坚持以人民为中心，切实增强推进康复辅助器具产业发展的紧迫感和针对性，从而不断优化提升康复辅助器具产业的发展水平。

新阶段康复辅助器具产业的发展建议：

一是加强整体性推进。进一步认清所处的历史方位，切实将康复辅助器具产业发展放到新发展阶段的全过程中谋划，对产业发展进行长期布局；解决好康复辅助器具产业发展不平衡、不充分问题；发挥康复辅助器具产业在保民生、稳就业、促改革、扩内需、增消费等方面的重要作用；从康复辅助器具的技术研发、生产制造、投资合作、政策扶持、人才培养、装配使用、服务体系等方面全面谋划部署、协调推进。

二是促进产业优化升级。应优化产业空间布局，提升产业发展整体素质和产品附加值，推动康复辅助器具产业向中高端迈进。再者扩大市场有效供给，推动康复辅助器具产品创新和配置服务深度融合，实现品质化、精细化、便利化发展，在满足人民群众基本需求的基础上，推动消费需求升级，打造"中国制造"品牌。

三是增强自主创新能力。应形成以人才为根本、市场为导向、资本为支撑、科技为核心的全面创新局面，提高康复辅助器具产业关键环节和重要领域的创新能力。不断加强康复辅助器具专业配套体系，迫切需要走自主创新发展之路，推动重点领域创新突破，建立和完善科技创新体系。推动设立国家康复辅助器具专项科技，国家发展和改革委员会等部门推动国家综合创新试点地区成长为研发创新高地，发挥大企业创新引领支撑作用，支持创新型中小微企业成长为创新发源地。科技部、教育部、财政部等部门要继续支持康复辅助器具研发等相关科研工作，加大对康复辅助器具的基础研究、高新技术、产品研发及应用转化研究的支持力度，全力推动康复辅助器具领域的科技创新。

四是要建立健全产业统计制度。目前，我国康复辅助器具行业统计基础比较薄弱，康复辅助器具产业尚未作为单独门类开展国家统计，一些康复辅助器具企业或服务机构成立注册时不好选择归类，进而影响扶持政策享受，迫切需要建立并逐步完善产业统计制度，切实解决家底不清、情况掌握不足等问题。另外还需建立康复辅助器具产业统计监测体系，以及以主要产品数量、生产企业、服务机构等信息为主要内容的统计指标体系。

五是要进一步强化宣传引导。各成员单位要结合本部门职能，围绕康复辅助器具产业开展全方位、深层次、多角度的宣传，充分发挥宣传对于产业发展的助推作用。及时对本部门、本系统、本地区在推动康复辅助器具产业发展上的做法、措施、进展和成效进行宣传，特别是对地方的成功做法和典型经验要大力宣传，鼓励先进，带动全局。通过微信、微博、网站等各种宣传渠道普及康复辅助器具产业相关知识和产品服务情况，鼓励有条件的地方集中展示康复辅助器具的品类和功能，支持举办高层次、高水平、高品质的博览会、展览会、推介会，提高社会认知度。

（二）康复辅助器具关键零部件技术发展趋势

1. CAD/CAM装备

CAD/CAM是计算机辅助设计（Computer Aided Design，CAD）和计算机辅助制造（Computer Aided Manufacturing，CAM）的合称。随着数字化概念的发展深入、计算机技术的普及及国家政策的支持，CAD/CAM技术在康复辅助器具行业得到广泛应用，尤其是在假肢矫形器领域，此趋势愈加显著。CAD/CAM系统使得制作过程更加简洁精确，CAD/CAM系统操作下的假肢、矫形器治疗效果与传统制作手法无异，具有积极的一面。目前国内外一般的辅具CAD/CAM系统装备关键零部件包含三部分：数字扫描仪、计算机辅助设计软件、雕刻机。假肢CAD/CAM系统中硬件和软件的配置要求必须考虑患者肢体在采集数据和修型中的特点，有效地用于假肢矫形器设计与制造的全过程，即包括假肢接受腔和矫形器的设计、修型方案、最终效果、阳型加工等。

(1) 数字扫描仪

1) 行业发展现状。目前数字扫描以三维扫描仪为主,通过扫描获取患者模型数据从而传输给计算机。国内外产品种类繁多,美国 3D System Sturcture Sensor 扫描仪在国内占据主导地位。德国 GP 3D Scanner 足底三维激光扫描仪,在玻璃板下安装有激光扫描及感应摄像系统,能够记录赤足站立时足底的三维结构特点、皮肤受力情况及足病皮肤状态,具有数据传输快、实时彩色图像显示等特点。广州科莱瑞迪(科莱瑞迪康复铺具用具有限公司)采用手持式三维数字化扫描仪对矫治部位进行快速扫描,实时建立 3D 模型。数字化扫描获取精确的模型数据,比手工测量的数据值更具有重复性和再现性,正逐步代替传统测量方法。

2) 主要技术进展及趋势。通过扫描设备对人体相关部位进行扫描,并自动上传扫描模型到互联网云平台,制造中心通过云平台获取相关数据后,使用专业设计软件进行设计与制造。

3D 扫描仪取型技术特点包括：简单的模型数字化,提供实时的数字化的模型显示;无接触操作采用完全符合医疗认证的低等级激光和 LED 光源对患者相应部位进行扫描;能够快速准确将扫描的患者三维肢体数据导入图形处理与修型软件中,三维扫描仪的数据精度为±0.5mm 及以内;便携性,能够提供小尺寸处理电脑和便携箱,方便随时随地在数分钟之内数字化患者肢体形态。

扫描仪数据精准化已成为发展趋势。国产的扫描仪硬件没问题,但是软件的便捷性、灵活性、精准性达不到要求,主要问题还在于软件的开发、设备灵敏度等,国产扫描仪需要专业团队从源代码开始开发自主知识产权的程序、自产系统和软件。

(2) 计算机辅助设计软件

1) 行业发展现状。CAD 系统大大缩短了制作时间、简化了繁琐的过程。相较于传统石膏修型中使用调刀、锉刀对石膏进行填补,CAD 系统的修改通过点击鼠标便可以轻松地撤销或重做。

CAD 软件以开源软件 blender 和工业设计软件 Rhino 为主;西班牙 Picasso 设计软件控制轴的行程及加速度。IPOCAD System 系统提供基于模板和个体测量的两种不同设计方法,是折中了常用 CAD 系统的高成本和传统方法的低效率的方法。法国 Rodin-4D 的 CAD 系统内置了各种类型假肢接受腔模型,可通过修改尺寸、调整接受腔角度对假肢接受腔进行模型修改,使内置模型符合患者的实际残肢形状,从而达到假肢接受腔与实际穿戴匹配。

各种工业零部件 CAD 设计软件相对成熟,但缺乏针对假肢矫形器行业的专业 CAD 设计软件。这是因为人体结构曲面复杂,相对应的假肢矫形器模型不是标准件,设计难度大,软件研发成本高,导致相关软件研发进程缓慢。

2) 主要技术进展及趋势。目前国内尚且没有替代软件,因为数字化主要靠计算机来计算,属于整个工艺的前端。国内没有公司研发这种专业软件,大部分公司仍是代理国外的设计系统。使用国外 CAD 操作系统需要一定外语基础,能够执行软件指令,熟悉软件操作。一旦实现软件国产化，便可不被国外"卡脖子"，大幅度降低价格，推动整个行业的数字化和更新换代。

(3) 雕刻机

1) 行业发展现状。计算机辅助制造一般由计算机数控（Computerized Numerical Control，CNC）系统组成中央加工系统，由机械设备与计算机数控系统组成的用于加工复杂形状工件的高效率自动化数控机床，按照加工轴的数目，分为3轴加工中心、4轴加工中心及7轴加工中心（即雕刻机），7轴机器臂也称为7轴机器人，类似于人手的形状，可以做各种角度的切屑加工。假肢矫形的数控机床均为立式结构，由计算机控制的数控机床将三维数字模型变成三维泡沫模型。现代的泡沫雕刻机更快捷、整洁、精确。

法国Rodin-4D的CAM系统为一台小型3轴数控加工中心，可以加工固定尺寸的圆柱形聚氨酯硬质泡沫毛坯，将毛坯加工成设计好的大腿假肢接受腔模型。广州科莱瑞迪的7轴智能专业机器人3D雕刻机具有较高的制作精度，细节还原度高，但执行命令受限。

雕刻机的关键零部件有减速机、滚珠丝杆、直线导轨等，大部分市场由日本和中国台湾地区占领。

新乡市数字化康复辅具工程技术研究中心开发了假肢矫形器专用CAD/CAM系统；河南众智康医疗科技有限公司生产的4轴雕刻机中的关键零部件——涡轮减速机已国产化，但精度和稳定性还满足不了要求。

2) 主要技术进展及趋势。数控加工中心最初是用于雕刻假肢的形状，通常雕刻的都是直线型模型。常用的是3轴数控加工中心，可以雕刻大多数曲线模型，例如通过倾斜数控加工中心芯轴上的模型，可以雕刻出脊柱矫形器和上肢的模型。4轴数控加工中心能力比3轴多了一个平板加工能力，例如可以雕刻坐姿矫正坐垫、靠垫等康复辅具。7轴机器臂则可以雕刻更复杂的形状，如先进的上肢设计、脊柱矫形器中髂翼的内陷等。

2. 肌电假肢

(1) 肌电信号采集装置

1) 行业发展现状。加拿大Thalmic Labs MYO肌电信号采集装置用于捕捉用户手臂肌肉运动时产生的生物电变化，并通过低功耗蓝牙传输给移动设备。

国产化部件基本可满足使用要求，国产化部件的优势在于价格相对低廉，可降低机电信号采集装置的生产成本，不足在于稳定性略差。

2) 主要技术进展及趋势。目前的肌电信号采集装置能够八通道同步采样，采样频率200Hz，并可同时采集肌电信号、加速度、姿态角数据，使用低功耗蓝牙4.0传输数据。加拿大MYO肌电信号采集的腕带内置了电极，使其能够在用户做出伸缩手势时读出肌肉的生物电活动，与医疗电极不同的是，MYO并不直接与皮肤接触，用户只需将腕带随意套在手臂上即可。

根据肌电腕带采集的数据,可计算出手部的手势动作、空间运动等信息,因此不仅可应用于智能假肢,还可以用于推动 VR、远程医疗、远程工业协助等产业的发展。

(2) 微电机

1) 行业发展现状。国产样机尚处于开发验证阶段,稳定性、精确控制与反馈同国外水平还有差距。目前国产微电机的稳定性达不到要求,需要整体提高微电机水平。

2) 主要技术进展及趋势。人工神经接口是人体神经系统与机器人之间的直接信息交互接口,人体与机器人不仅是控制、协作、共融的关系,机器人部件甚至将融合构成本体-机电部件-人工生物组织器官的新形态,超越自身机能、智能。机器人将更紧密地被人体控制、融合,甚至以机电部件融入人体,从局部特性、整体功能模仿和超越人体性能,该性能将通过安全冗余设计和软件算法优化来改善。

(3) 芯片

1) 行业发展现状。机器控制技术可移植性好、应用范围广的运动控制芯片已国产化,可满足行业发展需求。国家芯片技术提升了,常用芯片就不必进口了。

2) 主要技术进展及趋势。智能神经感知假肢通常由主机、信号采集装置、微电脑控制模块、感应器组成。通过信号采集装置采集肌电信号,经过微电脑芯片处理转化为主机可执行信号。未来发展趋势:①突破人工双向神经接口生物相容硬件系统研制,连通神经系统;②突破高速、高通量神经信息采集解码技术,读懂神经信号,突破力觉、触觉等真实感觉神经编码技术,实现感觉反馈;③串口通信技术方面通过串行通信与上位机进行通信,具备双向通信功能。

3. 智能助行器装备

(1) 电缸

1) 行业发展现状。自动一体化床椅采用丹麦 LINAK 公司的 LA31 电缸,为床板的升降、倾斜提供动能,可实现床板的平稳抬起、放平等功能,同时在不动作时可以锁住当前位置。

国产样机尚处于开发阶段,与进口产品相比,在稳定性、控制精确度方面尚有差距。

2) 主要技术进展。自动一体化床椅更类似于机器人,使用者可以通过语音、遥控器、触摸屏等方便地控制床的运动,实现辅助抬背坐起、屈伸腿、左右翻身、平躺、辅助解便、人体生理参数检测、呼叫报警等功能。直线传动、脉冲宽度调制(Pulse Width Modulation,PWM)、霍尔传感器、机械蜗轮蜗杆等关键技术可辅助轮椅实现多功能多姿态的转换调节。

(2) 传感器

1) 行业发展现状。传感器是智能助行器进行环境感知的主要器件,为了尽可能准确地获取环境信息,智能助行器配备了多种传感器,包括内部或外部编码器、超声波传感器、红外传感器、激光测距仪和碰撞传感器。

德国施耐德 XCJ-128 传感器可将机械动作转换为电气信号,传输到控制系统,成为机械与电气控制之间的接口,目前尚无国产替代品。

2)主要技术进展。主要技术:机械信号转换为电信号技术、信号采集技术、信号处理技术。

(3)主控制芯片

1)行业发展现状。美国 TI 公司 TMS320F28335ZHHA 控制芯片把中央处理器的频率与规格做了适当缩减,并将内存、计数器、USB、AD 转换、UART、PLC、DMA 等周边接口都整合在单一芯片上,形成了芯片级的计算机,可以根据不同的应用场合做不同的组合控制。

美国 TI 公司 TMS320F28069 控制芯片作为整体系统的主控制芯片,负责协调设备整体电路的传感器与电机驱动单元的正常运作,目前尚无国产替代品。

2)主要技术进展。护理床基于护理场景的逻辑设计,利用功能模仿、模式识别、精准安全操控等人工智能技术,集自动翻身、纵向倾斜、气动摇背排痰、防压疮、生命体征监测、护理信息数据处理及 ICU 危重症病患急救等功能于一体,打造了智能护理新模式。

关键技术:高性能静态 CMOS 技术、单精度浮点运算技术、哈佛流水线结构、浮点单元、可编程平行加速技术、维特比算法等。

4. 智能床垫装备

(1)控制器

1)行业发展现状。瑞士的日内瓦意法半导体有限公司 STMicroelectronics STM32F103 控制器作为核心控制器件,对设备的逻辑、专用功能、人机交互进行控制和管理。

国产化控制器对整机的运算性能和稳定性稍有影响,优势在于成本低,性价比高。该半导体芯片技术国产化后,不仅能很大程度地提高国产化民用电器、医疗设备、智能汽车等相关领域技术水平,而且对我国航空航天技术的发展有着深远的影响,并且由此很大程度上会衍生出很多相关的产业链条。

2)主要技术进展。软件系统也在显示心率与呼吸监测、在床与离床监测、体动状态监测、异常报警提醒的基础上,增加了护理等级、翻身提醒、睡眠质量模糊分析、报警时段灵活选择、每日健康报表等功能,同时增加了家属端手机软件。关键技术包括逻辑控制、各功能单元的管理。

(2)传感器

1)行业发展现状。美国 Dallas 半导体公司 DS18B20 温度传感器以 IIC 通信方式达到温度采集的高精准度。

该芯片国产化能提高国内对高精度控温设备的生产与研发,如人工智能加热穿戴设备、高精密控温设备及高精确温度采集设备。

2)主要技术进展。产品所有的传感器可 24h 同时检测管理多个床位,并有异常报警通知,可以将异常信息及时发送给管理机构、护理员及家属,为老人提供多方位的守护。监测数据包括体动、心率、呼吸、着床与离床四个,并实时采集记录;减轻夜巡压力，避免夜间事故；非接触传感器，无位置限制，无束缚感。

（3）线性稳压器

行业发展现状。目前主流产品为美国 TI 公司 TPS79901DDCR 线性稳压器。国产产品的优势在于价格和交期，技术自主不受国外限制，不足是稳定性和安全性相比进口产品有差距。

（4）芯片

行业发展现状。目前主流电源芯片为德国 innosentIPS354 雷达模块，用于测量运动物体的速度和方向。

整体系统的主控制芯片为瑞士意法半导体 STM32F401CDU6 处理器，负责协调设备整体电路的传感器与电机驱动单元的正常运作。

国产芯片的稳定性和安全性相比进口芯片还有一定的差距。

5. 增材制造（3D 打印）设备

上海复志信息技术有限公司研发的 Pro2 辅具专业 3D 打印设备：成型原理为快速熔丝制造（Fast Fuse Fabrication，FFF）技术，可以支持 15 种不同类型材料打印，打印尺寸为 305mm×305mm×300mm。关键零部件有喷头组件和 3D 打印机平台贴纸。

爱希（深圳）健康产业科技有限公司研发的 BY-600 低温三维成型机关键零部件有 X、Y、Z 轴模组和打印喷头。

（1）喷头组件 自主研发的 Pro2 打印喷头，采用电动升降双喷头挤出系统，具有 4 倍扭力，支持打印复杂的机械部件，可同时使用不同耗材；打印喷头温度高达 300℃，能够适用于更多材料；拥有独特的运动控制系统，可实现高精度的零件打印，最小打印层厚 0.01mm，最小喷头直径 0.2mm，X、Y 轴步长精度为 0.78μm。适用于多个口径的材料打印，能够使热熔材料流出。喷头材质为硬合金，出料大小为 0.2mm、0.4mm、0.6mm、0.8mm，喷头可打印 15 种不同类型耗材，方便安装，适用于多种打印设备。

（2）X、Y、Z 轴模组 X 轴模组控制 X 轴方向运动，Y 轴模组控制 Y 轴方向运动，Z 轴模组控制 Z 轴方向运动。方向：正、反向运动，可加速、减速；最大速度 150mm/s；最大加速度 2000m/s^2。

自主品牌可代替，精度和稳定性尚未完全达到要求。

二、康复医疗装备及关键零部件技术发展趋势

（一）康复医疗装备技术发展趋势

1. 行业发展现状

随着社会对康复医疗的重视程度不断提高，中国康复医疗行业的市场规模不断扩大。康复医疗作为医疗服务的重要组成部分，国家层面十分重视其发展。国家不仅关注康复医疗规模方面的扩大、康复医疗机构数量的增长，同时还兼顾康复医疗质量的提高。在全面推动的基础上，更加注重康复医疗事业的协调性和可持续性。

第二章 典型医疗装备产业技术发展趋势

为生命恢复活力的康复医疗作为医疗服务的重要组成部分,一方面,其发展受到国家政策的鼓励和财政的支持;另一方面,随着医疗卫生事业的发展和人民生活水平的提高,康复医疗行业的市场需求也驱动着行业快速发展。2015年以来,我国康复医疗行业的市场规模增速显著。2018年,全国康复医疗机构数量达637家,2019年,我国康复医疗行业的市场规模近600亿元人民币;毕马威预测,2020—2025年期间,我国康复医疗行业市场规模年复合增长率将达20.9%,至2025年,市场规模将突破1200亿元人民币,见图2-130。

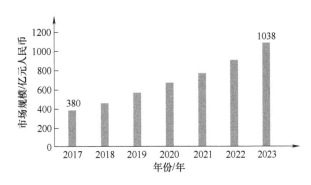

图2-130 康复医疗行业的市场规模及预测

国内康复医疗企业涉及的产品种类很多,具有显著的"小产品,大产业"的行业特征,中国是目前国际上康复医疗产品种类最多,受众群体最为广泛的国家之一。

(1)康复治疗装备 河南翔宇(河南翔宇医疗设备股份有限公司)研制的激光磁场理疗仪XY-JGC-II:采用由稳定脉冲强磁和650nm激光双功能组合的创新理疗技术,强磁场以无创的方式刺激组织,产生一个可控制的、可以迅速增加的磁场,在所经过的人体组织诱发一个电场。生物电流在组织中均衡地传导,可增强神经细胞和相关酶的活性,使神经纤维去极化,产生神经冲动,轻松激活以肌肉为效应器的反射弧,调节外周神经的兴奋性,促进镇痛物质释放,提高机体的痛阈。

江苏森航(江苏森航健康科技有限公司)研制的微高压氧舱是近几年来的一种新型高科技产品。微高压氧疗法是指患者在密闭的压力容器(微高压氧舱)内通过加压吸入高浓度氧气治疗某些疾病的手段。微高压氧疗能够对某些慢性缺血、缺氧性疾病和因缺氧引起的继发性疾病起到独特的预防、康复作用。

(2)康复训练类装备 针对脑卒中、脑瘫儿童等运动功能障碍人群,新型智能康复训练系统可实现近红外、脑电、运动、触力觉等多模态参数综合评价,以及肢体运动、中枢神经调控等多模态训练模式、多频段脑神经自适应反馈功能。

1)沈阳新松研制的上下肢主被动康复训练系统:采用蹬车运动方式,为患者重建正确运动模式,可避免肌肉萎缩、静脉血栓、褥疮等并发症。产品具有被动训练、主动训练、主被动切换三种训练模式,可提供上肢、下肢、上下肢三种训练肢体的选择。患者通过使用运动训练系统，可以增强身体的灵活性、减少痉挛的状态、保持行走的能力。

傅里叶步态与平衡功能训练评估系统可为下肢运动功能障碍者提供一体化的评估与训练，该系统以步态机械腿为核心，与悬吊固定支架共同为用户提供早期安全坐、站及步行训练，在确保训练安全性与稳定性的前提下分担了康复治疗师大量重复性的体力工作，促进了下肢运动功能康复。该系统的附加平衡功能评估与训练功能，可提供足底压力分析、双腿左右对称度、重心分布、整体均衡性等方面的平衡功能评定，为下肢功能训练前后提供量化的评估参考。该系统遵循神经发育规律，涵盖了从坐、站到站位平衡、步行的下肢康复需求，可强化刺激大脑功能重组，从而重塑下肢功能。

2）常州钱璟（常州市钱璟康复股份有限公司）研制的步态训练与评估系统：该公司 Flexbot 系列步态训练与评估系统可以准确模拟正常人的步态，结合虚拟现实情景互动技术，为患者提供量化的、多体位的步态训练，同时提供实时反馈，可以有效地应用于临床康复运动训练。该系统提供了多体位的步态训练，适于患者康复全过程使用。该系统还突破性地提供了卧床步态训练，可以早期介入康复治疗，进行步态模式训练，对患者神经系统的重塑和步态的再学习起着革命性的影响。

3）北京软体机器人科技有限公司研制的手部主被动运动智能康复训练器：该手部主被动运动智能康复训练器采用该公司气动软体技术作为主要的驱动核心，这种技术不仅可以完成常规刚性结构设备的训练模式，还在渐进式抗阻训练方面表现出色。软甲由控制器主机系统及康复手套构成。康复手套不同于行业内普遍采用的波纹管驱动模块，而创新性地搭载了业内唯一一款软体硅胶气动肌肉。软体硅胶气动肌肉具有安全性高、稳定性强、材质亲肤的特点，可以完成传统训练器的被动训练功能，还具有主动抗阻功能，这使得软甲在临床使用中，可以有效提高患者的主动参与度。

4）山东海天（山东海天智能工程有限公司）研制的手功能康复训练系统：基于嵌入式微处理器的控制器可以实现精细化的动作，具有被动训练、脑电信号主动训练两种模式，融入了虚拟现实技术，把想象运动与运动功能恢复训练结合，可以使患者在计算机虚拟环境中进行多方式、全方位的康复训练。

（3）康复机器人 康复机器人是用于康复的机器人，把机器人的意愿和人的意愿结合起来，延展了患者的肢体功能，是推动康复医疗装备发展的重要技术。康复机器人起源于 20 世纪 80 年代，1990 年以后康复机器人的研究进入全面发展时期。2015 年，全球康复机器人销售额（行业规模）为 5.77 亿美元，2016 年达到 7 亿美元。近十年来，我国康复机器人企业迅猛发展，据不完全统计，国内近 140 家康复机器人企业分散在全国 24 个省市，上海、广东和江苏等沿海省市相对较为密集。目前，我国康复机器人行业处于导入期，行业内各企业纷纷进入，康复机器人独角兽企业尚未出现，注册资本多以小于 5000 万元人民币，员工数量小于 100 人的中小型企业为主。据统计，目前我国康复机器人领域的融资额大多都在 1000 万元及以上，其中超过 60% 的融资都发生在 A 轮融资以前。

第二章　典型医疗装备产业技术发展趋势

康复机器人涉及康复医学、人工智能、虚拟现实、自动控制技术、传感技术等多个学科。随着技术的发展，康复机器人将呈现从刚性关节向柔性关节、传统训练向新型浸入式训练、传统控制向人工智能及人机交互方式不断优化的发展趋势。

1）上肢康复机器人。上肢运动功能障碍会直接严重影响日常生活，以脑卒中为例，中风后80%的患者会出现上肢功能障碍，其中只有1/3患者的偏瘫上肢可恢复功能。有研究表明，高重复性的运动训练可以有效地提高脑卒中患者上肢的运动能力。随着科学技术的发展，将上肢康复机器人的辅助系统加入脑卒中患者的康复医疗训练中，可以使患者早期进行高重复性的自主运动，从而促进其运动功能恢复。

以色列的ReoGo上肢康复机器人已获FDA认证，并在全世界300多个康复中心得到广泛使用。集传感技术、生物反馈技术和人机交互技术于一体的ReoGo上肢康复机器人不仅提供了针对上肢运动障碍的早期功能性的被动-助动-主动模式的康复训练，同时，其独有的5级运动模式和感统训练方法对患者的脑中枢神经系统的重塑有着革命性的影响。

根据控制系统的一体化思想，上肢康复训练机器人整体控制策略可以分为3层：上层控制器（意图识别）、中层控制器（解决复杂的人机交互问题）及下层控制器（控制器）。其中上层控制器用于上述人体运动意图识别与状态估计过程；中层控制器用于人体状态估计与控制策略的融合过程，解决患者和上肢康复训练机器人的一些复杂人机交互问题；下层控制器用于该期望运动信号的精确跟踪过程。

常州钱璟的ArmAssist智能上肢康复机器人包含了尖端的传感器、精密机械、电子、自动化控制、多媒体游戏等技术，可为患者提供量化的、多运动模式的、多场景应用、多关节运动等功能训练，同时实时提供数据信息反馈。ArmAssist智能上肢康复机器人从康复早期介入辅助训练，可覆盖上肢康复全周期训练，创建了上肢功能障碍整体解决方案的机器人疗法新模式。

2）下肢外骨骼机器人。美国哈佛大学在2018年推出的Warrior Web外骨骼机器人，通过为传递者提供下肢肌肉平行助力来增强其运动机能。日本Cyberdyne公司推出的康复型外骨骼HAL，FDA已审批其用于医疗健康领域。该产品在探测到皮肤表面非常微弱的信号后，可通过动力装置控制外骨骼的移动，增强穿戴者运动的力量强度和稳定性，帮助下肢残疾的患者更好地行走。

在国内，深圳市迈步机器人科技有限公司研制的下肢外骨骼康复训练机器人BEAR-H1：该机器人，可为脑卒中等神经系统疾病导致的下肢运动功能障碍患者提供康复训练。BEAR-H1首创采用柔性驱动器作为动力输出，力控更精准。拥有主动、被动训练模式，穿戴舒适，康复效果更佳，能够有效降低治疗师工作强度，提高康复训练效率，促进患者神经回路的重建，使患者早日回归正常生活。

山东海天研制的脑机接口下肢外骨骼机器人：该机器人是基于国际领先的脑机接口技术，帮助下肢功能障碍患者进行步态矫正、康复训练的康复机器人装置。它包含了先进的传感器、精密机械、电子、自动化控制、多媒体游戏等技术，可为患者提供助行、康复等训练，同时实时提供数据信息反馈。

上海奕然康复器械有限公司研制的奕行®外骨骼肌腱下肢康复运动器：该设备是一款拥有国际发明专利的新型步态综合训练设备，它利用人体工程学、运动学、仿生学等原理，采用专利外骨骼肌腱 EXOTENDON 技术，能够用于神经系统疾病导致的下肢功能障碍患者的行走和步态训练。

从公开的企业官方信息中可以发现，在上海创办的康复机械人科技企业一共有 5 家，公开的移动穿戴式下肢外骨骼康复机器人见表 2-28。

表 2-28 移动穿戴式下肢外骨骼康复机器人产业化现状

公司	地区	产品
北京大艾机器人科技有限公司	北京	AiLegs 艾动、AiWalker 艾康
深圳市迈步机器人科技有限公司	广东	BEAR-H1、BEAR-A1 下肢外骨骼康复训练机器人，腰部助力外骨骼机器人 PB-1
深圳市丞辉威世智能科技有限公司	广东	ProWalk
创世纪智能机器人（河南）有限公司	河南	下肢康复机器人
迈宝智能科技（苏州）有限公司	江苏	黄蜂系列无源腰部助力外骨骼、飞燕系列有源腰部助力外骨骼、雪猿有源下肢外骨骼
无锡美安雷克斯医疗机器人有限公司	江苏	REX 下肢康复机器人
沈阳新松机器人自动化股份有限公司	辽宁	无源可穿戴式下肢助行器
上海博灵机器人科技有限公司	上海	AS1.0、HS2.0 外骨骼机器人
上海傲鲨智能科技有限公司	上海	HEMS-L 腰部外骨骼机器人、HEMS-GS 下肢外骨骼机器人
上海傅利叶智能科技有限公司	上海	ExoMotus™ 下肢康复机器人
爱布（上海）人工智能科技有限公司	上海	EXOATLET-I（运动版）、EXOATLET-II（医疗版）
上海奕然康复器械有限公司	上海	奕行®外骨骼下肢康复运动器 KS120、KS160
布法罗机器人科技（成都）有限公司	四川	截瘫、偏瘫下肢康复外骨骼机器人
中航创世机器人（西安）有限公司	西安	下肢智能训练机器人、康复医疗智能骨骼机器人、军用机器人
杭州程天科技发展有限公司	浙江	下肢外骨骼步行康复器 UGO210、UGO220
山东海天智能工程有限公司	山东	脑机接口下肢外骨骼机器人 HTR-KF-BLE-I

2. 主要技术进展及优势

（1）脑机接口技术　脑机接口（Brain-Computer Interface，BCI）应用信息科学的研究方法，通过探究大脑多层次神经信息的加工、处理和传输过程，在脑与外部设备之间建立了一种新型的信息交流与控制通道，从而实现了脑与外界的直接交互。简而言之，就是在大脑和外部设备之间建立了一座"信息通信的桥梁"。脑机接口康复训练系统，

第二章 典型医疗装备产业技术发展趋势

可帮助神经损伤、肢体运动障碍患者实现由大脑控制的主动康复训练,有效加速受损神经功能重塑。山东海天是国内最早从事脑机接口技术研究,第一个实现产业化的企业。由山东海天研发生产的脑机接口技术康复机器人系列产品,运用其脑机接口关键技术脑电解码正确识别率达到92.3%,在此基础上研制了脑机接口康复训练系统。脑机接口型手功能康复训练系统是一种创新性设计的、能帮助手功能障碍患者恢复肢体功能的康复医疗器械。该器械需要佩戴在患者的手上,结合脑电信号,可准确获取患者有意向运动的信号,通过控制器可实现四指、拇指、手腕三大模块部分或整体的康复训练。山东海天的脑机接口康复训练系统,是自世界各国推出"脑计划"以来,第一个通过CFDA认证,并获得医疗产品注册证的脑机交互机器人产品,填补了国内空白,该产品经国家工业和信息化部认定为首台(套)核心技术装备。目前,脑机接口系列产品已使在北京、上海、山东等二十余省、市、自治区的200多家医院的2万多名患者通过治疗取得了良好的康复效果。

(2)多模态传感人机交互技术 上海傅利叶智能科技有限公司研发的上肢康复机器人 ArmMotus™ M2Pro:该机器人采用一体化设计,通过力反馈算法和高性能电机,可提供视听触反馈,结合柔顺力技术,可为用户带来更优的力学环境体验。

上海卓道(上海卓道医疗科技有限公司)研制的 ArmGuider 上肢康复训练系统:该系统采用反向驱动力机构,悬浮式五连杆并联机械臂设计应用了灵活的机械臂,在二维平面内能够实现任意轨迹训练,能准确感知患者的运动意图,力学交互更柔顺。同时提供轨迹个性化定制功能和任务导向型训练,可实时监测患者训练的力学反馈,增强患肢本体感觉,改善关节活动度。

广州一康医疗设备实业有限公司研制的三维上肢康复机器人 A6-2:该系统根据计算机技术,结合康复医学理论,实时模拟人体上肢运动规律,可以在多个维度实现上肢的被动运动与主动运动,且在结合情景互动、训练反馈信息和评估系统后,患者可以在完全零肌力下进行康复训练,提早了患者康复训练的进程。

河南翔宇研制的上肢反馈康复训练系统采用计算机技术实时模拟人体上肢运动规律,可使上肢在负重或者减重的状态下进行训练,并提供高质量的反馈信息,跟踪患者训练后的康复程度,帮助患者恢复上肢运动功能。

(3)柔性关节技术 上海理工大学设计的可穿戴式柔性上肢机器人将驱动装置、控制器及电源等以紧凑的结构设计集成在驱动盒内,通过10个柔性直线驱动器实现对双侧上肢肩关节前屈、后伸、侧展及肘关节屈曲、伸展五个动作的控制。这种柔性结构既避免了刚性关节安装后对肢体的压迫,又不会限制关节的角度活动范围。

西安交通大学探索主动变形和被动变形相结合的"形"和主动变刚度的"态"对软体机器人固有动力学特性的影响规律。引入自学习进化算法,进化计算不同环境下软体机器人的最优形态,提出基于光滑粒子的软体机器人显式拓扑优化方法,以几何特征进行显式描述,有效解决了传统拓扑优化算法在复杂软体结构设计中计算量大、复杂度高、计算稳定性差的问题。

重庆大学研制了刚-柔-软耦合的机器人原型样机,是基于仿生原理、变刚度结构设计与优化、操作与感知一体的仿生灵巧机构设计,提升了柔性关节结构的承力。

华东理工大学针对下肢外骨骼对驱动能效及结构轻量化的需求,提出"一源多驱"式外骨骼刚柔执行器联动控制模型。其特点在于髋、膝关节的变刚性执行器与踝关节的柔性执行器刚柔耦合协同工作,改善了因踝关节欠驱动带来的多自由度刚体失稳问题。同时提出了压力伺服的关节阻抗主动控制方法,通过变刚度实现了在负载下的柔顺性和鲁棒控制。

(4) 人机耦合及控制技术　人机耦合及控制技术是康复机器人控制系统中的关键技术之一,就像人体中枢神经一样对人体的运动信息进行及时响应,可以帮助实现控制系统对人的运动有较快响应速度,尽可能减少人机的干涉。

上海卓道首次将人机耦合及控制技术应用于Nimbot全自由度外骨骼上肢机器人中,肩部复合体五自由度的机械动力外骨骼结构设计,结合独有的跟随控制算法,可实现肩关节的屈、伸、内旋、外旋、收、展,以及肩胛部的上提、下降、前伸、后缩、上回旋、下回旋的训练动作,使得机器人的运动与人体上肢的运动更加贴合、流畅,更好地模拟了人体肩部生物力学,解决了现有康复机器人人机关节不拟合导致患者易受伤或训练效果不佳的问题。

东南大学开展了共融机器人共性的基础理论与关键技术研究,提出了基于柔性阵列式肌电电极获取高密度、高冗余肌电信号的信号检测技术,基于高密度肌电信号发展精细动作识别的特征提取算法,以及基于深度学习构造脑电与离散运动图模式之间的映射模型,实现了运动意图的识别。

可以这么说,智能化康复医疗对资本具备较强的吸引力,也是未来投资的重要风向!

3. 技术发展趋势

康复医疗器械将是康复医疗行业最主要的需求。康复医疗是一种全方位、个性化的治疗,不同的群体有不同的解决方案。在康复医疗领域引入现代高科技,如采用生物反馈技术、全新数字摄影技术、生物芯片技术、生物传感技术、微电子脉冲技术、虚拟现实技术、人工智能技术及分子设计和模拟技术等,将让康复医疗产业形成系统化、智能化管理,同时能让患者恢复得更快。

康复医疗智能化。伴随着人工智能、大数据、物联网等高科技在康复医疗中的应用,康复医疗进入了智能化、信息化时代。特别是康复机器人能够对控制肢体运动的神经系统刺激并重建,对患者形成正确感觉和运动回路有很大帮助。作为机器人与医工技术结合的产物,康复机器人的目标是实现替代或者辅助治疗师,简化传统"一对一"的繁重治疗过程,同时帮助病患康复损伤引起的行动障碍,重塑中枢神经系统。未来,康复机器人还将朝着促进"原居安老"以及延缓老年痴呆等方向发展。

康复医疗融入脑机接口技术,可以使被动康复变主动康复,可加快神经修复与重塑;可融合体征监测系统,根据被监测患者体征数据进行评估,精准调整步态训练的模式；可通过虚拟现实步行情景及智能实时生物反馈，以提高训练的积极性；个性化动态适应的机器学习、智能交互、自主导航等技术将更多地应用到康复医疗领域，新型仿生学设计、刚柔耦合机器人及多自由度冗余复杂系统智能控制技术也将获得突破，这将大幅度提高康复机器人的智能化与仿人化水平，使康复机器人能完全模拟或近似模拟人类治疗师运动治疗的复杂手法。

随着人工智能、云计算、大数据及物联网康复等技术的发展，一个"康复机器人医师"将掌握现在世界最先进的康复理念，并不断在人类的指导下升级临床康复医疗知识库，可以实现极具针对性的个性化智能评估。基于大数据的医生专家知识库可以对测量结果进行智能判断，自动给出评估结果，评估的准确性将可能超越人类康复医师。

远程康复医疗将使更多患者从医院转向家庭治疗，并且可以实现一名康复医师或治疗师同时诊疗多名患者的拓扑关系网络，优化康复医疗资源配置。"网联康复"是一种基于物联网的康复诊疗手段，这一新的技术将大大拓展远程康复概念。随着5G、6G等新兴超高速、大宽带通信技术的进步，超大规模用户同步实现居家康复机器人物联网的数据实时传送与实时控制将成为可能，医生或治疗师可以"远程指挥"居家患者周围的康复医疗评估、治疗及功能辅助等各种机器人工作，也可以实时掌握这些机器人上传的患者评估、治疗、辅助等相关数据，同时各种康复机器人还可以实时协同工作。

4. 存在问题

康复医疗产品在中国的发展仍处于起步阶段，随着政策的扶持和大众对康复医疗的重视，康复医疗产品的发展潜力很大。

首先，康复医疗市场聚集度还非常低。康复医疗器械行业经过多年发展，在各个细分领域出现了一批龙头企业，但市场聚集度还非常低。从竞争格局来看，康复医疗器械行业品种众多，生产企业仍以仿制为主，缺乏有自主知识产权的高端康复医疗器械。另外，国内企业的产品应用推广不足，缺少企业整体形象塑造。整个康复医疗器械行业呈现出"大市场小企业"的竞争格局。

其次，上市公司数量较少。虽然鱼跃医疗、信隆实业、中路股份、河南翔宇等多家上市公司也涉及康复医疗器械业务，但信隆实业、中路股份大部分营业收入来自于自行车销售，而鱼跃医疗的康复医疗护理产品收入则仅占到公司总体收入的三成左右。

第三，康复医疗产品研发投入不足。行业发展呈现出资金投入较少、供给不足、配套设备落后的现状。目前国内康复医疗器械的研发、制造仍以低端产品为主，原因在于国内企业未掌握核心技术，也与行内企业的投入情况有一定的关系。相关数据显示，国内康复医疗器械企业2017年、2018年、2019年的研发费用占同期营业收入的比例分别为8.59%、8.92%和9.03%，而翔宇医疗则是6.02%、8.03%和9.71%，均不足百分之十。国内康复医疗产品同质化严重且缺乏创新性。除了近年来很火爆的康复机器人以外，大多数康复医疗器械厂商的主营产品仍然是传统的声疗、光疗、电疗、磁疗、物理治疗、作业治疗及康复评定等，产品在智能化、科技化方面的研发不足。

第四，康复医疗产品销售模式落后。国内的康复医疗器械厂商的商业模式大都依赖代理销售和经销商模式。这两种模式导致的直接问题是在科室需求和厂商供给间往往存在割裂现象,科室要的厂商没有做,厂商卖的科室却用不了。在与国际康复医疗产品和机构竞争时,国内康复医疗产品缺乏创新、行业结构分散,在技术研发、资金投入上无疑处于劣势。

康复医疗服务的个性化特点很强,特别是一项优质的康复医疗,由于康复人群在年龄、功能障碍程度等方面呈现出多方面的差异,对康复医疗器械呈现出各种不同的需求。

目前,我国康复机器人行业尚处于发展初期,康复机器人很多还在研发阶段,现有机构的康复机器人普及率也不高,成熟的、市场普遍认可的产品不多。在政策与市场的驱动下,康复机器人市场将会迅速发展,大量资本开始进军康复机器人市场,康复机器人未来的发展趋势会有很多主线。

(二)康复医疗装备关键零部件技术发展趋势

机电一体化技术和智能控制技术的快速发展,极大地推动了康复医疗装备产业的进步和升级,以沈阳新松、河南翔宇、上海璟和等为代表的国内厂商研发设计出了多款康复机器人和康复训练系统,产品范围覆盖上肢康复、下肢康复、手部康复及步态康复与评估,结合这些厂商的主要产品对康复医疗装备的关节零部件进行分析研究,主要分为电机、控制器(控制芯片)、传感器和其他关键零部件四部分。

1. 电机

(1)行业发展状况 电机用于产生驱动转矩,作为各种机械的动力源,将电能转换为机械能。在电机方面,由于康复医疗装备需要满足较高的安全性和可靠性,对电机的精度和可靠性要求较高,在这方面国产电机与国外相比还有一定的差距,还难以满足需求,所以各大康复医疗装备厂商还是以应用国外电机为主,主要有日本安川、瑞士Maxon和德国德恩科等,主要应用情况见表2-29。

表2-29 康复医疗装备电机应用情况

类　型	应用产品与厂商	型　号	制　造　商
升降电机	步态训练与评估系统 常州市钱璟康复股份有限公司	SGMJV-04A3E6E	日本 安川
髋关节电机		SGMJV-04A3E6S	
踝-膝关节电机		SGMJV-01A3E6S	
髋关节电机	下肢外骨骼康复机器人 深圳市迈步机器人科技有限公司	RE40(148867X)	瑞士 Maxon
踝-膝关节电机			
驱动电机	脑机接口下肢外骨骼机器人 山东海天智能工程有限公司	DCX35L GB KL	瑞士 Maxon
直线推杆电机	手功能康复训练系统 山东海天智能工程有限公司	MaxonEC90	加拿大 AMD
关节电机	上下肢主被动康复训练系统 沈阳新松机器人自动化股份有限公司	L12-30	德国 德恩科
		BG6elinex30	

第二章　典型医疗装备产业技术发展趋势

（2）主要技术进展及优势　电机技术涉及工业领域的多种基础性技术，主要包括伺服技术、绝对值编码技术、电压、转矩、电流、相间电阻、相间电感、热参数、机械参数等。由于我国电机的发展相对滞后，因此欧美和日本企业占据了主要市场份额。自2013年以来，得益于产业升级带来的积极影响，国内电机自主支撑能力已经形成，规模较大的内地电机制造商主要有微光股份、江特电机、宁波韵升等企业。目前，在康复医疗装备领域，国产电机凭借价格和交期的优势，对进口电机替代条件已基本成熟，电机的国产化速度也正稳步提升。例如对技术要求较高的盘式电机领域，国产样机已处于样机验证阶段。盘式电机的国产化可带动上游精密机械加工行业的发展，以及软材质PCB的研发生产，也可带动下游机器人产业的发展，尤其是精密工业控制机器人和康复机器人的发展，比如工业三轴机器人、五轴机器人、下肢康复机器人等。如果能实现国产化且性能相近的话，产能将达到年产10万台、市场份额能占50%左右，将极大提高产品的产能，大幅降低产品价格，可以服务更多的生产企业和康复医疗机构。

（3）技术发展趋势　电机经过多年的发展，性能逐渐成熟，主要向着高可靠性和轻型化的方向发展。可靠性一直是选择电机的重要考虑因素。电机的寿命更长，结构更加紧凑是高可靠性的体现。电机寿命长短多与温升有非常大的关系，提高电机效率，降低温升，可有效延长电机的使用寿命。直接驱动系统的电机结构更加紧凑，可实现最高的动态性能、精度及成本效益。电机的轻量化、小型化能够有效节约材料，节约空间，越来越受到用户青睐。许多产品对电机的体积和重量也提出了很高的要求，这在康复医疗设备领域体现较为明显。为了达到轻型化、小型化的目标，在设计过程中，采用先进技术和优质材料，并坚持优化设计原则，在有效材料不变的条件下，单位功率的重量不断降低，是未来的发展趋势。

（4）存在的问题与建议　稳定性和精度是下游企业选择电机的首要考量因素。国产电机在稳定性、精确控制与反馈还有提升空间，伺服电机的精度受制于电机、反馈和控制等多个方面，国内伺服电机和国外伺服电机的精度差异也同样源于电机特性、反馈精度和控制精度等各个方面。国内的电机企业要想赢得自动化设备的伺服电机市场，提高稳定性和伺服精度是首要的任务，技术上建议通过安全冗余设计和软件算法优化来改善。

2. 控制器（控制芯片）

（1）行业发展状况　控制器（控制芯片）是发布命令的"决策机构"，用于协调和指挥整个系统的操作，负责协调设备整体电路的传感器与电机驱动单元的正常运作。目前运动控制器主要分为三大类：基于PC的运动控制器、嵌入式运动控制器和全软件型运动控制器。康复医疗装备多采用基于PC的运动控制器和嵌入式运动控制器，基于PC的运动控制器国产化率达到了70.9%，主要厂商有深圳固高科技股份有限公司和上海傅利叶智能科技有限公司；嵌入式运动控制器技术难度相对较高，以进口为主，厂商主要包括美国TI和瑞士意法半导体等。表2-30为康复医疗设备控制器（控制芯片）应用情况。

表 2-30 康复医疗设备控制器（控制芯片）应用情况

类 型	应用产品与厂商	型 号	制 造 商
运动控制器	步态与平衡功能训练评估系统 安徽埃力智能科技有限公司	MMU CTS	中国上海傅利叶
控制芯片	智能上肢康复机器人 常州市钱璟康复股份有限公司	R7S721000VCFP	日本 Renesas
	多功能艾灸仪 齐齐哈尔市祥和中医器械有限责任公司	STM32F103	瑞士 意法半导体
	上下肢主被动康复训练系统 沈阳新松机器人自动化股份有限公司	TMS320F28335	美国 TI
	智能助行器 沈阳新松机器人自动化股份有限公司	TMS320F28069	美国 TI
处理器	非接触式生命体征监测仪"松小白" 沈阳新松机器人自动化股份有限公司	STM32F401CDU6	瑞士 意法半导体

（2）主要技术进展与优势　控制器（控制芯片）的设计研发主要包括硬件电路设计、嵌入式软件设计、嵌入式操作系统编程、电气安规、电磁兼容性等，以安徽埃力智能科技有限公司研发的步态与平衡功能训练评估系统为例，其控制器基于核心的力反馈技术，该控制单元还可应用于下肢外骨骼康复机器人。控制单元可通过传感器反馈的数据判断外部力学环境，通过控制电机的转动来动态调整步态轨迹，并针对使用者的情况提供助力，从而使偏瘫、截瘫患者通过训练重获行走能力。由此可以看出，国产控制器（控制芯片）具备对进口控制器（控制芯片）的替代条件，同时国产控制器（控制芯片）还具备成本低、国内市场巨大的优势。

（3）技术发展趋势　随着电子技术、计算机技术和自动化控制技术等的快速发展，运动控制器的发展与之相适应，其向着网络化、智能化和开放式方向发展。运动控制器的网络化体现在两个方面，一是运动控制器通过以太网技术与工控机或其他设备进行网络连接，实现网络互连；另外，运动控制器通过网络通信技术与驱动器或现场设备进行交互数据和通信，网络通信技术有以太网、现场总线协议等。智能化运动控制器具备自适应控制功能，例如可实现根据载荷变化自适应调整控制参数、自动选择控制模型、自整定、设备故障自动检测、自动诊断、自动修复等智能化功能。开放式运动控制器是新一代工业控制器，开放式运动控制器可以应用于更加广泛的应用领域，可根据行业特点进行上位机的开发，实现上位机与控制器之间的互连，同时，可以把不同厂家的部件集成在同一个平台上实现无缝集成，从而降低开发成本。

（4）存在的问题和建议　国内的控制器（控制芯片）现状呈现如下几点不足：缺

第二章 典型医疗装备产业技术发展趋势

少系统集成、系统融合的开放式研究，多是单个系统的技术实现研究；缺乏官方的高效组织，研究方向分散、片面，很少能成体系；功能模块化不够。目前，国内大多运动控制器产品以动态连接库和部分源码实例的形式向用户提供运动控制器函数，实现某一功能需要多个函数组合才能完成，不便于用户二次开发使用，在功能及性能指标上还需进一步提高。

建议让控制器（控制芯片）行业中的龙头企业大力发展新技术，加大国家在其关键技术攻关的支持力度，聚焦行业资源，为控制器（控制芯片）行业提供多方面的技术支持。

3. 传感器

（1）行业发展现状　传感器作为一种检测装置，能感受到被测量的信息，并能将感受到的信息，按一定规律变换成为电信号或其他所需形式的信息输出，以满足信息的传输、处理、存储、显示、记录和控制等要求。具体到康复医疗装备上，主要有脑电波传感器，可通过患者佩戴脑电采集器，采集其脑电波，通过信号线、蓝牙等方式反馈到控制器进行分析解码，使控制器实时掌握患者的康复状况，调整康复过程，同时保证患者的安全；还有应用于多功能艾灸仪的温度传感器，用于运动康复训练系统的光电传感器，以及用于生命体征检测的雷达模块等。用于康复医疗领域的传感器对灵敏度、准确度和可靠性的要求都极高，国内的材料和制造工艺都很难满足生产要求，目前以脑电采集器为主的高精度传感器依赖进口。表 2-31 为康复医疗设备部分传感器应用情况。

表 2-31　康复医疗设备部分传感器应用情况

类型	应用产品与厂商	型号	制造商
脑电采集器	脑机接口康复训练系统 山东海天智能工程有限公司	epoc+	美国 Emotiv
温度传感器	多功能艾灸仪 齐齐哈尔市祥和中医器械有限责任公司	DS18B20	美国 Dallas 半导体公司
光电传感器	上下肢主被动康复训练系统 沈阳新松机器人自动化股份有限公司	PM-L25	日本松下
雷达模块	非接触式生命体征监测仪"松小白" 沈阳新松机器人自动化股份有限公司	IPS354	德国 Innosent

（2）主要技术进展及趋势　国外技术较先进的传感器厂家有美国 Emotiv、日本松下、德国 Innosent 等。这些国外厂家均具有专业的检测及可靠性检测机构，其产品的高可靠性、高精度是其优于国内同类产品的重要原因和特征。

随着康复医疗设备技术的发展，对传感器性能的要求也逐步提高，传感器技术将向微型化、数字化、智能化、多功能化、系统化、网络化方向发展，在这一过程中各生产商将应用一系列的新材料和新工艺。

（3）存在的问题和建议　国内传感器产业基础与应用两头依附，技术与投资两个密集，产品与产业两大分散的特点，导致我国传感器产业整体素质参差不齐，"散、小、低、弱、缺芯"的状况十分突出，缺乏核心技术，与国际差距明显。

建议坚持市场导向，促进产业发展。坚持市场化配置资源和政府引导相结合，研究智能传感器的发展规划，通过"产、学、研、用、政"一体化协同创新机制，促进"传感芯片-集成应用-系统方案及信息服务"厂商的高效协同，建立健全产业生态链，缩短技术到产品的研发周期，快速提升技术产品研发能力，实现产业突破，促进产业发展。

4. 其他关键零部件

（1）一体化关节模组　一体化关节模组即电机-减速器一体化关节模组，采用了高能量密度电机，可减少结构冗余，尺寸更小，重量更轻，可靠性更好；支持多种控制模式；同时支持以太网和无线传输，可满足设备物联网需求，安徽埃力智能科技有限公司研发设计的步态与平衡功能训练评估系统关节采用了一体化关节模组（制造商：谙布尔（北京）科学技术有限公司、型号：AIOS-Pro-MO60-90-120），该模组使康复系统体积缩小、整体性提高，同时一体化关节模组规避了电机-减速器二次装配过程中的误差，使系统整体的精度有所提高。关节一体化模组应用于康复机器人领域，成本较低，可促进机器人成本降低，促进多种康复机器人产品的研发。此模组是国产产品，内部电机、减速机、编码器、驱动器均由同一供应商自主研发生产，性能可靠，且具备质量可控、供货周期短等优势。

（2）新材料组件　新材料组件方面，主要是美国KYDEX护板组件，该组件由热塑丙烯酸和聚氯乙烯组成，质量轻、强度大、有一定弹性，适用于飞机等的内饰，医疗器械、机器人、户外设备、刀鞘、拉杆箱等设备的外壳。采用新材料KYDEX板，对推动特种高分子工程塑料在医疗器械上的应用有一定促进作用。目前国内有少数厂家仿制，但是在产品的稳定性上还有待提高。

第八节　体外循环及血液处理装备

一、体外膜肺氧合装备及关键零部件技术发展趋势

（一）体外膜肺氧合技术发展趋势

1. ECMO装备简介

体外膜肺氧合（Extracorporeal Membrane Oxygenation，ECMO）技术最初起源于体外循环技术。ECMO设备包括血液驱动装置（血泵）、气体交换装置（氧合器）、动静脉管路及插管、空气氧气混合调节器、变温器、各种血液参数监测仪、各种安全监测仪及各种应急装置等，临床上主要用于重症呼吸功能不全和心脏功能不全的支持。ECMO技术能有效地进行血液气体交换和组织灌注，可通过保护性肺通气，减少呼吸机对肺的损

伤；通过降低前后负荷和正性肌力药及血管活性药，心脏和肺脏能得到充分休息，可为心肺功能的恢复或脏器移植赢得时间。

由于 ECMO 技术能迅速清除患者体内的 CO_2，显著提高血氧分压，因此，从广义角度上来说也属于一种血液净化技术。近年来，在对 SARS、H1N1、H7N9 等重大公共突发疾病的协同救治过程中，ECMO 技术已凸显了其在危重心肺衰竭患者中的治疗价值。而在移植领域，由于其强大的支持作用，已越来越广泛地应用于器官移植前后的心肺功能支持。

2. ECMO 设备工作原理及系统结构：

（1）工作原理　ECMO 设备的工作原理是将血液在 ECMO 有源设备驱动下从患者静脉引至体外，经氧合器（又称人工膜肺）进行氧合和将 CO_2 排除后再将血液灌流入体内，以到达气体交换和（或）部分血液循环的功能（见图 2-131）。其中，氧合器的工作原理是简单的弥散，就像自然肺的功能（见图 2-132）。在氧合器中，气体在空心纤维（见图 2-133）内腔流动，而血液则透过纤维外部纤维束之间的空间流动。O_2 沿其浓度梯度穿过纤维壁弥散到血液中，而 CO_2 则沿其浓度梯度从血液中分离，弥散到穿过纤维流动的扫气中。有些氧合器会带有集成式热交换器，水可作为加热或冷却血液的介质，用于加热或冷却患者的血液。

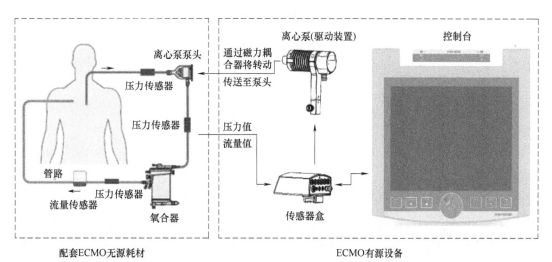

图 2-131　ECMO 设备作用原理图

（2）系统结构　完整的 ECMO 套包通常包括血液管路（含压力监测）、氧合器、泵头、预充套件等，如图 2-134 所示。

ECMO 设备通常包含离心泵、控制台以及监测装置等，如图 2-135 所示。目前市场上的 ECMO 产品均配备有流量与气泡监测功能，根据定位不同，中高端产品还集成了压力监测、温度监测、血气监测等功能。

此外，ECMO 治疗还需要插管、空氧混合器及变温水箱。

（3）重要指标及范围

1）气泡与流量监测。ECMO 治疗过程中需要持续监测系统及患者的生理参数。通

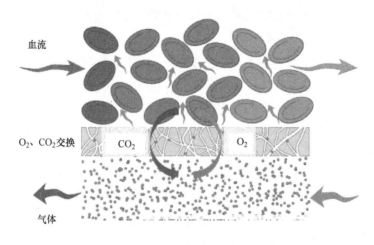

图 2-132　氧合器工作原理

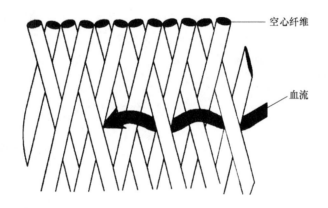

图 2-133　氧合器空心纤维

常 ECMO 系统都配备有监测流量及气泡的装置。ECMO 流量的多少是反应心脏做功和机械辅助占全身血供比例的重要指标，流量监测是必不可少的。通常最大流量达到 6~8L/min 即可满足治疗需求。由于 ECMO 是一个相对封闭的辅助系统，系统运转时如所有接头的连接均紧密牢固，则基本不会在血路中出现气泡，因此 ECMO 系统不配备动脉微栓过滤器，并且目前 ECMO 氧合器多带有气泡捕获和排气功能。但是这都无法完全保证系统中不会出现气泡，因此 ECMO 系统都会带有气泡检测功能。出现在管路内的单个直径超过 5mm 的气泡应可被检出并触发设备相应反馈。流量监测允许偏差应在 ±8% 以内或 ±0.1L/min 内。

2）压力监测。ECMO 系统管路中各个不同位置的压力是不同的，离心泵泵头前压力属于引流压力，为负压，泵头后压力为正压。通常 -400~400mmHg 的测量范围可以满足 ECMO 治疗需要。为保证安全，至少应监测血液通路中三个点的压力值：泵前压力、泵后压力、患者血液回流压力。压力监测允许偏差应在 ±8% 以内。

3）离心泵转速的准确度与稳定性。离心泵与离心泵泵头是 ECMO 治疗中驱动血液

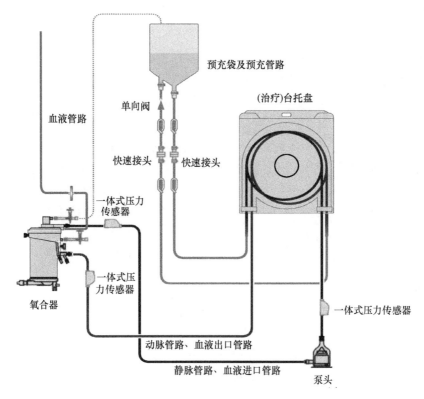

图 2-134 ECMO 套包

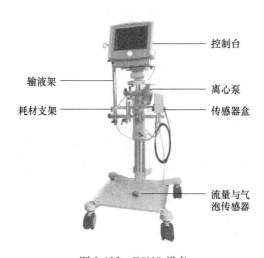

图 2-135 ECMO 设备

流动的装置。离心泵转速的准确度与稳定性是保证 ECMO 治疗时血液流量保持准确和稳定的前提条件。转速示值允许偏差应在 ±20r/min 或者指示值的 ±2% 之内，并且在制造商声称的使用时长之内应保证不下降。

4）氧合器气体交换率。在最大血流量时，血红蛋白含量（120±10）g/L、血氧饱和度 65%±5% 的血液进入膜式氧合器后，O_2 的结合量应不低于 45mL/L。在最大血流量时，血液内 CO_2 分压小于 45mmHg 条件下，血液经过氧合器后 CO_2 的排出量应不低于 38mL/L。

5）系统血细胞破坏。血细胞破坏是评价 ECMO 系统安全性的关键指标之一。ECMO 系统血细胞破坏宜达到如下要求：游离血红蛋白增加量不大于每 100mL 血液 20mg/h，白细胞及血小板每小时下降率不超过 20%。

3. ECMO 装备的分类

根据泵驱动器不同，ECMO 装备可分为滚压泵和离心泵两大类。

在离心泵问世之前，ECMO 装备通常使用滚压泵（见图 2-136）。滚压泵主要由两部分组成，一部分为滚轮压轴，另一部分为泵槽，滚压泵通过压迫管道驱动管内的血液流动。当滚压泵推动血液向前时，其后方产生的负压将血液从储存罐吸入管道，在灌注过程中滚轮压轴速度可调，血液流量与滚轮压轴速度及管道内径成正比。

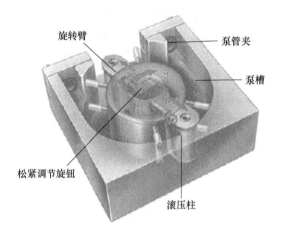

图 2-136 滚压泵示意图

（摘自《ECMO 体外膜肺氧合》第 2 版，龙村、侯晓彤、赵举主编）

目前临床应用在 ECMO 治疗中的血泵以离心泵为主（见图 2-137）。离心泵设计原理为在密闭圆形容器（泵头）的圆心和圆周部位各开一个孔，当其内圆锥部分高速转动时，圆心中央部位为负压，可将血液吸入，而圆周部位为正压，可将血液甩出。

图 2-137 离心泵（DP3，费森尤斯）

（1）驱动部分　驱动部分由电机和泵头组成。电机具有体积小、重量轻、噪声小、磨损小等优点。早期的泵头为涡流剪切方式，分层塔状锥体形设计，利用液体剪切应力使其产生流动。为了增加液体运动，减弱转速，减少产热，中期的离心泵头内设计有转子叶片，泵效率高。目前新型离心泵头平滑，预充体积小，为了减少长期使用会产生血栓的缺点，甚至设计为没有中轴的磁悬浮结构。离心泵的转子与电机用导线连接，增加了活动性，可进行远距离操作。泵头内采用了涂层技术，生物兼容性好，可不用或少用肝素，更增加了离心泵的安全性。

（2）控制部分　离心泵要求操作简单、调节精确、观察全面，所有的离心泵均采用计算机控制技术以达到上述要求，可对自身状态进行检测，一旦出现问题，可及时报警并出现提示信息以利调整。为了预防意外断电，离心泵还备有内部电池，在断电时能在5.0L/min流量下工作近30min。为了使灌注更接近生理，靠微处理器控制电机高速和低速交替运转而使血流形成脉冲进行搏动灌注。离心泵通常配有一个流量传感器，分为电磁传感和超声多普勒两种类型。电磁流量传感器精确度高，干扰因素小，但需要特制的一次性无菌探头；超声多普勒传感器不需要探头，可反复使用。

虽然离心泵安全性较高，但由于离心泵非阻闭的特点，体循环阻力或血压上升、动脉插管扭折、患者翻转时压迫胸腔都会导致泵输出量明显降低；同时，容量血管扩张、全身循环阻力降低、低血容量、静脉回流管路扭折也会因引流量减少而导致泵输出量降低。此外，有报道称在低流量（0.3L/min）时，使用离心泵比滚压泵溶血指标显著升高，这是由离心泵的高转速和产生的热量造成的。

现在的离心泵，比如费森尤斯Xenios平台（见图2-138），控制系统体积小、重量轻、移动性强、集成度高，能实时进行流量、压力、温度、气泡、外接监测。目前ECMO驱动泵以离心泵为主，比如费森尤斯的Xenios离心泵，其特殊设计增加了血液驱动力的同时，减轻了热能和血栓的产生，流量控制比较精准，可以做到真正意义上的全流量治疗，不仅适合成人，也适合婴幼儿。

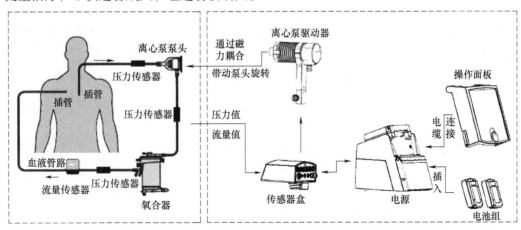

图2-138　离心泵系统（以费森尤斯产品为例）

4. ECMO 行业发展现状

（1）国外技术发展历史　1953 年 5 月，Gibbon 使用人工心肺机为心脏手术实施的体外循环具有划时代的意义，开创了心脏外科的新纪元。这不但使心脏外科迅猛发展，同时也为急救专科谱写了新的篇章。在心脏手术期间，体外循环可以短期完全替代心肺，而可以实施心内直视手术。同时，在心脏手术室快速建立体外循环后的抢救成功率非常高。学者们立即有了将此技术转化为一门支持抢救技术的想法。从那年开始，使体外循环技术走出心脏手术室，来到患者床边，实现人工心肺支持技术的大跨越，一直是临床医务工作者孜孜不倦追求的目标。他们不断完善设备，改进技术，努力使之付诸现实。

1975 年，ECMO 技术被成功用于治疗新生儿严重呼吸衰竭。1980 年，美国密歇根医学中心 Bartlett 医师领导并建立了第一个 ECMO 中心，1989 年，美国建立了体外生命支持组织（Extracorporeal Life Support Organization，ELSO），对世界范围内使用 ECMO 设备的病例进行注册登记，便于统计分析总结 ECMO 治疗病例，进行技术培训及推广。近 10 年来，随着新的医疗方法的出现，ECMO 技术有了很大的改进，应用范围较以前扩大。

（2）国内技术发展历史　ECMO 技术起源于 20 世纪 50 年代，伴随着体外循环技术的诞生和发展而衍生，并随着体外循环和危重症医学理论、技术和设备的发展而发展。在国际上，该技术已普遍应用于大型危重症和心肺疾病临床医疗中心。20 世纪 90 年代，中国也开始了 ECMO 治疗方法的应用。1993 年，中国医学科学院心血管病研究所、阜外医院的龙村等 8 名医生，在《中国循环杂志》1993 年第 8 卷第 8 期发表论文《体外循环膜肺支持疗法（附一例临床报告）》，介绍了他们一例病例在临床中使用 ECMO 的过程和经验教训。这篇稿件的收稿时间是 1991 年 7 月，这是中国最早有记录的使用 ECMO 技术的病例。虽然论文说是 ECMO，但它仍属于 CPB 范畴，所采用的设备包括循环机、膜肺、血氧饱和度仪、温度检测仪、心电监护仪等，都是来自各海外品牌的现场组合。这次治疗虽以失败告终，但是 ECMO 延长了患者生命，尤其使其肺部病变得到明显改善。直到 2002 年，中山市人民医院才首次使用 ECMO 技术救治了一名急性暴发性心肌炎患者，成为中国内地最早一例真正意义上的 ECMO 支持病例。但此后，这一设备并没有得到大范围推广，每年新增的 ECMO 中心在 10 家左右，2015 年才终于突破 104 家。2017 年中国的 ESLO 成立，从这一年开始，ECMO 技术在中国开始了快速的发展。ECMO 技术的临床使用对医生提出了严格的要求，一般要求半年以上的培训。国内病例数开展最多的是广东省，2017 年达到 590 例。到了 2018 年，中国 ECMO 中心数量增至 260 家、辅助病例数 3923 例，这一年在国际 ELSO 注册的全球 ECMO 病例数为 10423 例，中国约占其中的 37.6%，比 2017 年的占比提高近 10 个百分点。2018 年中国人口约占全球的 18%，中国 ECMO 应用情况领先全球平均水平。2018 年 3 月，我国第一部《成人体外膜肺氧合循环辅助专家共识》的新鲜出炉，更加规范了 ECMO 技术在循环衰竭患者中的应用。2020 年 1 月

28日，湖北省首例运用ECMO技术成功救治的新冠肺炎患者出院，ECMO被称为新冠病毒肺炎患者最后的救治方法。但是事实上我国ECMO设备仍然较少，中国体外生命支持协会数据显示，截至2018年12月31日，全国ECMO设备数量仅有400余台。

ECMO设备数量较少的主要原因在于其生产门槛较高，依靠全球产业链。ECMO设备是由一整套设备体系组成，其运行逻辑是通过血泵代替心脏，膜肺代替肺，将血液持续运输到人体，维持各个器官运转来维持生命。所以其最核心的部分为膜肺和血泵，其中重要原材料PMP供应紧张，全球仅美国3M公司旗下Membrana公司供应。

ECMO设备中国市场主要被国际品牌占领：费森尤斯公司的Xenios品牌，迈柯唯（属于Getinge Group集团），美敦力和索林。对于ECMO这类高端医疗器械，国内研发能力相对薄弱，新冠肺炎疫情使得国内对医疗器械研发的重视加强，随着国家政府部门的支持及金融市场资本的进入，更多的企业将投入研发ECMO设备这类高端医疗器械当中去。

5. ECMO临床应用现状

近5年，ECMO技术在国内有着突飞猛进的发展，表明国内越来越多的危重症心肺衰竭患者获益于ECMO技术。2021年7月，第五届中国医师协会体外生命支持年会发布了《2020中国体外生命支持发展现状》，其中显示了2020年全国ECMO治疗病例数已达6937例，较2019年（6526例）增加6.3%（见图2-139）。截至2020年年底，国内开展ECMO的中心总数为500家，但约1/5的中心不能持续开展；其中开展5例以下的中心占48.6%，5~9例的中心占18.2%，10~19例的中心占13.6%，20~29例的中心占6.6%，30~49例的中心占6.0%，50例以上的中心占7%。

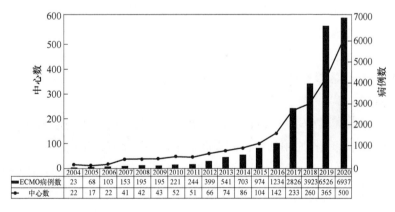

图2-139 中国2004—2020年ECMO病例数及开展ECMO中心数

在患者人群与适应症方面，成人患者占绝大多数，但非儿科专科机构开展的儿科ECMO治疗病例数在逐渐增多。

2020年因为新冠肺炎疫情，ECMO治疗病例数增长放缓，但是其在新冠肺炎疫情中显现了重要作用，越来越多的医务工作者认识并开始应用这一高级体外生命支持技术为许多病患的救治争取到了宝贵的时间。同时，为加强ECMO技术管理，规范ECMO技术临床应用,保障医疗质量和医疗安全,国家卫生健康委员会于 2020 年 9 月制定并发布了《体外膜肺氧合(ECMO)技术临床应用管理规范》,进一步促进了 ECMO 治疗的规范和推广。

6. ECMO 主要技术进展及趋势

(1) 膜肺　ECMO 设备的膜肺要求具有长时间的气体交换能力,硅胶膜肺在这方面虽有优势,但其交换能力有限,预充量大,阻力高,无抗凝涂层。传统中空纤维膜肺抗血浆渗透能力弱,限制了其在 ECMO 设备中的应用,现在的一些中空纤维经过涂层处理后,不仅可保持长时间良好的气体交换能力,还具有抗凝、抗血浆渗透的功能,从根本上克服了硅胶膜肺的一些缺陷,其应用越来越广。

由于应用人群不同,膜肺发展出了不同规格。婴幼儿和儿童膜肺一直走在追求"小型化"的道路上,以成人膜肺的小型化为基础,重新配置缩短体外循环回路管道长度,并使用尽可能小巧的组件,可以减少预充量,并减少暴露在外与血液接触的人工材料的面积,减少炎症反应。

动静脉压差可驱动无泵 ECMO 膜肺进行血气交换,目前已在国外上市的有 iLa 膜肺,可应用于体外 CO_2 清除。密歇根大学研发了两款无泵 ECMO 设备:M-lung 和人工肺,M-lung 可驱动高达 2L/min 血流量,后者放置在肺动脉和左心房之间,经动物试验证实可实现高于 7L/min 的血流量,如能验证可长期应用,可用于支持等待肺移植的患者。

(2) 离心泵头　老式离心泵头驱动力小,血液损伤大,易发热,在基底易产生血栓。新型离心泵头克服了上述问题,泵头的涡轮设计,可增加血液驱动力,对血液摩擦力小,减轻了热量和血栓的产生,其流量控制较为精确。通过流量监测反馈系统,离心泵头可保持一定转速,防止血液倒流。Skorckert Ⅲ 型离心泵为 ECMO 设计有温度监测、压力监测功能。Jostra 离心泵设计轻巧,整个 ECMO 系统可设计成手提式,利于野外急诊抢救。Medos 离心泵头体积小,预充量小,且可进行非同步或同步搏动灌注。

(3) 可穿戴式集成 ECMO 设备　新型的 ECMO 设备进一步向小型化发展,将膜肺与离心泵集成一体,儿科使用的便携式泵肺甚至可轻至 280g。匹兹堡大学研发了一种体外非卧床辅助肺(见图 2-140),将膜肺与离心泵集成至可穿戴规格,体内外研究证实能维持高达 3.5L/min 的血流量。小型化的集成 ECMO 设备可大大减小血液接触表面积和预充量。

(4) 新型涂层　ECMO 体外管路涂层分为肝素涂层和非肝素涂层。目前应用最广泛的 ECMO 体外管路涂层为肝素涂层,但是患者依然需要应用肝素抗凝,凝血现象和炎症反应仍然存在。

ECMO 体外管路表面将来的发展方向可能是类似血管表面的具有抗血栓形成特性的涂层材料。内皮细胞可以产生前列环素和 NO,抑制血栓形成,已经在兔模型中成功应用了带有可释放 NO 的聚合物涂层的体外循环管路。动物试验另外发现,管路局部释放

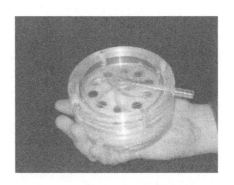

图 2-140　体外非卧床辅助肺模型

凝血酶抑制物可以进行局部抗凝,但不会影响全身凝血状态。

其他新型涂层还包括类似荷叶的防流体微纹理全疏水表面材料和管路内皮化。内皮化的管路表面是理想的管路表面类型,可以加强内皮祖细胞功能,抑制血栓形成,并可以长期使用。

可以预见,ECMO 设备的驱动系统将更加智能化、小型便携化、可自动反馈,并集合各种监测设备(见图 2-141),甚至可以通过无线通信技术,将患者的各种信息上传至管理中心和特定的网站,以利会诊,并制定最佳的治疗方案。目前的科技与创新将促进膜肺未来向生物化和小型便捷化发展。新型 ECMO 的膜肺阻力更小,具有很强的抗凝能力和抗血浆渗透能力,以利更长时间的气体交换。随着生物分子技术的发展,膜肺和管路涂层的生物相容性将更加接近人类,ECMO 设备运行中的凝血现象、炎性介质反应将降至最低水平。ECMO 体外管路也可包括肝脏和血液透析功能。ECMO 技术作为生命支持手段将可用于多脏器衰竭的长期支持。

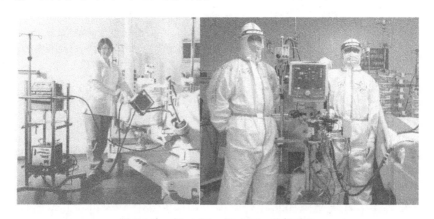

图 2-141　新(右)老(左)设备对比

(5)行业发展趋势

1)应用人群和转流方式　全球范围内,ECMO 设备呼吸支持比例逐渐降低。1992年 ELSO 统计的新生儿 ECMO 呼吸支持为 1281 例,但到 2011 年则下降至 680 例,主要是因为其他呼吸治疗技术取得了长足的进步。ELSO 的资料表明,体外循环支持 ECMO

的比重越来越高，因导管技术可使循环衰竭得以及时治疗，ECMO 在急诊室、导管室的建立越来越多见。

以往单纯的呼吸支持 ECMO 主要采用的静脉-动脉（VA）转流。临床中发现，静脉-静脉（VV）转流患者血流动力学更平稳，易于管理，目前呼吸支持 ECMO 的 VV 转流比例逐渐增大。近年来流行性重症病毒性肺炎频发，成人为易感人群，成人 ECMO 呼吸支持日益增多。随着临床经验的增多、器械的完善，成人 ECMO 呼吸支持的临床疗效将明显提高。

此外，其他支持转流方式，如体外二氧化碳清除和连续性血液净化机器联合使用的呼吸透析也越来越多应用在临床上，评估这些支持方式的患者获益也是目前研究的热点。

2）通路建立技术　迅速建立 ECMO 体外循环对抢救危重患者有积极意义。ECMO 治疗大部分需要外科技术协助插管。近来随着导管技术的不断完善，很多情况可以通过经皮穿刺插管（见图 2-142），使 ECMO 体外循环建立速度明显加快。双腔 VV-ECMO 方式的应用使得插管更加简便，对小儿可避免结扎颈内动脉，减少 ECMO 治疗后脑并发症的发生，成人也可以采用此项技术。近来在导管室中采用导管房间隔穿透术（即通过周围静脉进入右心房，再通过穿透的房间隔至左心房），可不开胸建立左心辅助。在离心泵的负压吸引下，血流可有效地引至体外，再通过周围动脉注入体内。估计今后应用前景广泛。

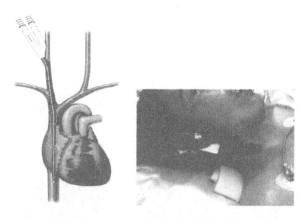

图 2-142　成人经皮双腔静脉插管

3）ECMO 治疗的意义　大多数学者认为 ECMO 技术只是一种支持方法，而不是治疗方法。阜外医院在大量临床实践中发现，利用 ECMO 技术可对心室肌进行力量训练，一般为 5~7 天。具体的适应证有：心脏移植供体不能耐受受体的肺动脉高压；移植供体心脏太小，不能满足供体血流需要等。上述实践证明，ECMO 技术对于一些患者有治疗作用。

4）辅助器官移植　近年来有报道，ECMO 技术在移植受体的获得中发挥了积极作用。一些供体患者特别是交通事故患者内环境紊乱，血流动力学不稳定，靠大量的血管

第二章　典型医疗装备产业技术发展趋势

活性药物维持，这会对供体脏器产生严重的损伤。此时采用 ECMO 技术可满足移植供体的血流，减少血管活性药物的应用，对内环境可进行有效的纠正，使供体器官活力较强，在完成移植后，可在短时间内恢复相应功能。

5）ECMO 技术临床管理　如果以 2008 年为历史分界，可以清晰地看到 ECMO 技术在临床管理上有了很大的变化。2008 年以前，大部分接受 ECMO 治疗的患者采用麻醉肌松、气管插管、辅助呼吸机；现在很多患者在 ECMO 治疗期间可保持清醒状态（见图 2-143），维持自主呼吸，或气管切开，辅以面罩给氧，使得 ECMO 系统可以更长时间运行，桥接移植，可实施非卧床 ECMO 治疗，而且这种状态利于护理，可减少呼吸机带来的感染，减少了压疮的发生，利于肠道营养和肠道菌群正常平衡。2008 年以后，涂层技术的发展使得并发症减少，不需要专家实时看管；现在很多医院可常规开展此项技术，一般情况下只需一名护士按照常规看护即可。无泵 ECMO 技术利用患者动静脉压力差驱动血液经过低阻力膜肺进行氧合和 CO_2 清除，形成简便呼吸支持，使得管理更趋于简便。正是上述变化使得 ECMO 治疗的并发症越来越少，成功率越来越高。Barlett 在他的 10 年展望中认为，随着 ECMO 技术对慢性心功能和肺功能衰竭患者的支持，2025 年家庭 ECMO 治疗有望成为可能。

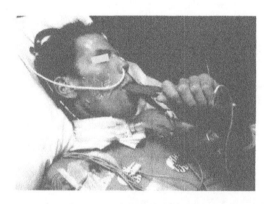

图 2-143　清醒状态的 ECMO

6）适应证和禁忌证变化　表 2-32 反映出了 ECMO 技术适应证和禁忌证的变迁。随着技术和 ECMO 器材的改进，原来的禁区被不断突破。现在可用 ECMO 技术救治胎龄在 32 周的早产儿（原来胎龄应大于 34 周），其生存率可达 40%。以往将颅脑出血列为 ECMO 技术的绝对禁忌证，现在认为此类患者通过 ECMO 救治，尚有一线存活的希望。现在认为 ECMO 治疗前机械呼吸时间时限可放宽至 10~14 天，原来认为心脏停搏不适宜应用 ECMO 技术，现在可通过 ECMO 技术的有效支持等待心脏收缩功能的恢复。原来认为，ECMO 技术效果不佳，现在通过 ECMO 技术可对感染引起的休克或呼吸衰竭进行有效救治。

一般认为，ECMO 循环建立的前提是心肺功能的恢复，对于慢性晚期的呼吸衰竭、心脏衰竭为禁忌证。在实践中认识到，如果患者的经济条件许可，患者家属的态度积极，ECMO 技术不失为挽救生命、延长寿命的有效方法。因此，目前比较公认的 ECMO 适应证已经扩展为：无论何种原因导致发生威胁患者生命的呼吸和（或）心脏功能不全时，为紧急支持患者生命均可实施 ECMO 辅助治疗，从而为进一步诊治赢得宝贵时间。

表 2-32 ECMO 技术适应证和禁忌证的变迁

状况	1990 年	2000 年	2010 年
脑出血	×	×	×
高龄	×	×	×
多脏器衰竭	×	×	×
严重出血	×	×	×
慢性脑功能损伤	×	?	?
使用呼吸机时间过长	×	×	?
免疫抑制状态	×	×	?
癌症患者	×	?	?
长途转运	×	?	○
一般性出血	×	○	○
感染性休克	×	○	○

注：×表示禁忌证；○表示适应证；?表示不确定

世界在进步，技术在发展，ECMO 技术亦是如此。预计今后的 ECMO 技术将向小型化、接近生理，以及多种技术联合的方向发展。未来，ECMO 技术的发展趋势是操作简单、并发症较少，技术的进步也带来生存率的提高，将给更多生命垂危的患者带来生的希望。

（6）存在的问题及建议

1）生存率。生存率是考量 ECMO 治疗有效性最重要的指标。2020 年，ELSO 注册报告中，成人呼吸支持、心脏支持和 ECPR 的生存率为 60%、44% 和 20%。由于 ECMO 治疗的患者一般都处于极其危重状态，接近一半水平的生存率似乎可以接受。然而，与传统治疗相比，ECMO 技术的使用对生存率的提升程度有多少，缺乏有力的循证医学证据。由于 ECMO 治疗的特殊性，大多数临床证据以病例报告、病例系列、登记报告为主，高等级的临床证据较罕见。2011—2018 年，一项由法国卫生部支持的研究再次评估了 ECMO 的使用对 ARDS 患者治疗的有效性。这是一项国际多中心的随机对照研究，共 64 个中心，249 名患者参与，对照组为传统机械通气，治疗组为传统机械通气+ECMO 治疗。本研究计划纳入 331 名患者，但实际在入组 75% 的阶段，启动了提前终止程序，实际入组 249 人。研究结果，对照组生存率 54%（68/125）；ECMO 组生存率为

65%（81/124），虽然ECMO组的生存率高于对照组，但两组的生存率并没有统计学差异。该研究出于伦理考虑，部分对照组交叉到试验组对研究结果产生干扰，由于交叉因素存在，导致生存率的差异难以分析。但试验组与对照组生存率未能显示出统计学差异这点，对ECMO的有效性产生了一定的质疑，提高ECMO的生存率，是当下ECMO治疗亟待解决的问题。

2）并发症。在以生存为主要治疗目的前提下，相对于风险收益比来说，似乎一定程度的可逆的并发症都是可以接受的。然而，ECMO的并发症为生存率提高增加了不确定风险。ECMO并发症可分为机体并发症和技术并发症两大部分。患者机体常见的并发症有手术创面和插管部位出血、血栓、溶血、肾功能不全、感染等，患者机体并发症是患者基础疾病与ECMO治疗综合作用的结果，难以预判，可通过加强ECMO管理，减少感染、溶血、血栓事件的发生；技术并发症往往与ECMO系统的异常相关，并可导致ECMO回路更换等情况，回路更换分为紧急（急性）更换和选择性（主动）更换。需要紧急更换系统的技术并发症包括机械（技术）故障（Machine Failure，MF）和氧合器内急性氧合器血栓或急性泵头血栓形成。MF被定义为泵头、控制模块或传感器系统的故障，以及氧合器的空气、血液或水泄漏；急性氧合器血栓会引起跨膜压降的增加和在相同泵速下的血流量减少；泵头突然发生声变，会引起溶血和血小板减少提示即泵头血栓。选择性（主动）系统更换，主要原因是氧合器的气体交换性能降低、患者出现凝血功能障碍和弥漫性出血事件。氧合器气体交换功能受限伴随着气体流速的增加与气体交换能力的恶化。技术并发症除了加强ECMO管理外，也可以通过改进ECMO器械（技术进步）等得到改善。

3）培训与学习曲线。ECMO辅助治疗需要一个有经验、有良好组织的团队来完成，这个团队需要有一定的病例积累。廉波等在2018年的研究报道了37例VA-ECMO的学习曲线，来评价VA-ECMO技术的掌握情况。结果显示，随着手术例数的不断增加，ECMO准备时间明显缩短，手术操作时间比较稳定，总时长随手术例数的增加有减少的趋势，出血量随手术例数的增加有减少趋势，可能与术者的手术经验和出凝血管理经验有关。研究得出第16例出现学习曲线的拐点，提示术者在16例后基本掌握VA-ECMO辅助的动静脉插管技术。

也就是说，熟练掌握ECMO技术，要求医务人员有一定的ECMO操作经验，ECMO的操作存在明显的学习曲线。然而2018年，在中国的ECMO中心中，操作案例超过20例医务人员的不到四分之一，案例数不到5例的占四成，全国平均数仅为6例。ECMO经验不足，是ECMO发展亟待解决的问题。

ECMO中心的规模对患者生存率有一定影响，临床培训和经验对ECMO发展有重要意义。ELSO组织也推荐应用仿真教具培训ECMO临床技术人员。联合人体模型和用于培训的可远程更改的编程ECMO系统有助于促进临床ECMO故障排除和患者临床管理。

4）ECMO费用大部分省份还未纳入医保。ECMO的临床使用费用除了机器的一次性投入之外，主要是一次性耗材的支出，单个耗材包价格在数万元人民币不等，且治疗期间通常需要更换；使用中产生的用药、检测、设备更换等费用，通常每天也需要花费数万元人民币。

ECMO是一项技术难度很高、风险很大的救治技术，对治疗和护理团队的要求较高，往往需要重症医学科、心血管科、呼吸科的临床经验丰富的医生和护士一起精密合作。也就是说，实施ECMO不但需要多学科团队通力合作，而且对团队的临床经验和医疗水平也有较高的要求。这大大提升了医护人员的学习操作成本，也提高了ECMO的推广难度。我国应尽早使ECMO纳入医疗保险，为患者减轻负担。

5）关键技术的突破。ECMO设备背后涉及很多技术领域。虽然国内很多企事业单位已经做了相关研究工作，但基本上停留于实验室阶段，仍然亟待研究。

① 泵头。泵头在过去40余年历史中已经迅速从第一代发展到了第三代，最早的第一代泵头是仿照心脏研制的搏动泵（即容积式泵头）。磁力驱动离心泵头属于第二代泵头，它分为有叶片式和无叶片式两种，至今国内人工心肺机用泵头大多仍是滚压泵头，只有少部分应用了离心泵头，且基本全部依赖进口。

第三代泵头，应用磁悬浮技术。目前国内第三代离心泵头大多处于研发阶段，对于设计和制造离心泵头的技术还不完善。虽然国内第三代泵头发展较迅速，但较国外还有很大的差距。

② 氧合器 在技术方面，在气体交换能力方面仍然不足；无泵和生物相容的膜肺依然保持在实验室阶段，但随着临床和经济因素的进一步驱动，这些膜肺必将得到优化和发展。

③ 泵驱动器 和离心泵泵头类似，离心泵驱动器目前国内仍处于研发阶段，对于设计和制造离心泵驱动器的技术还不完善，与国外成熟产品相比还有很大的差距。

④ 变温水箱。变温水箱是ECMO应用中一个重要的部件。因为血液在管路中流动时接触的表面积很大，很多热量在体外循环过程中丢失，所以ECMO系统中需要有一个热交换水箱，对血液进行加温或者降温处理。

目前在国内，没有任何一家企业生产专门用于ECMO的热交换水箱，而能够用于体外循环的热交换水箱被认为是可以临时替代的方式。但美国疾病控制与预防中心已经警告医院和病人，心脏直视（开胸）手术中使用的某些冷热设备有潜在的非结核分枝杆菌感染的风险。所以将其用于ECMO使用，一样存在类似的风险。所以变温水箱开发设计之初应考虑消毒灭菌。

因为ECMO产品的保有量有限，与之配套的热交换水箱也相应受限。从经济利益来讲，国内厂商鲜有产品。而国外厂商有一些不同的产品，但是均未在国内进行注册销售。所以国内企事业单位也应从这方面有所突破。

⑤ 监测系统。监测系统分为持续性血气和氧饱和度监测、流量气泡监测、血凝监测、压力监测和温度监测等。

气泡流量监测传感器、压力监测传感器、温度传感器均被认为是应用部件,在设计之初应考虑防除颤要求。

另外关于气泡传感器的选择,应结合临床需要考虑何种指标作为设计输入。

而对于持续性血气和氧饱和度监测及血凝监测,已有国外公司将其集成于ECMO产品中,这也将是今后产品开发的方向。

(二)体外膜肺氧合技术关键零部件技术发展趋势

实施ECMO疗法时,需要相关设备和耗材配合,其中比较关键的设备是离心泵及其专用泵头,以及氧合器。离心泵及泵头的作用是给血液驱动力,氧合器的作用是进行血液中的气体交换:CO_2清除和血液氧合。

1. 氧合器

(1) 行业发展现状　体外氧合技术主要依靠的是体外氧合器,也可以叫作人工肺或膜肺,其工作原理是代替人肺,排出血液中的CO_2,摄取O_2与血液结合,是一种进行气体交换的人工器官。

目前,应用于临床研究的"人工肺"主要有膜式气泡型和平面接触型两种类型。ECMO技术多采用膜式氧合器,由高分子渗透膜制成,血液和气体通过这种半透膜进行气体交换。这样的好处是血、气不直接接触,血液中的血细胞等有形成分不易被破坏,可减少血细胞的损耗,有利于术后恢复。其缺点是CO_2的排出较差,因此渗透膜制造所用的高分子材料仍需进一步研究改进。

我国不少单位也于20世纪80年代展开了中空纤维膜式氧合器的研制,比较有代表性的有上海复旦大学、西安西京医疗用品有限公司、广东省医疗器械研究所等。部分产品经临床试验证明已达到国外同类产品水平,并已在临床应用,填补了国内空白。中空纤维膜式氧合器的膜材料主要采用进口聚丙烯中空纤维,分单丝状和双交织帘状,经特殊工艺绕制而成,并采用管外走血、管内走气形式,并用医用聚氨酯胶对氧合腔进行封端。

(2) 主要技术进展及优势　现今氧合器的主要技术点在于中空纤维,中空纤维在医学上主要应用于人工肺、人工肾、人工肝、生物培养等方面,这是因为中空纤维具有如下优点:①中空纤维集束制成的膜管可分成内、外两腔,两腔间可通过膜进行物质交换,模拟微血管的某些功能;②膜材料不同,截留相对分子子量也不同,可根据设计的截留分子子量选取所需材料;③中空纤维集束在单位体积内具有较大的有效膜面积;④生物相容人工器官中的中空纤维可起到免疫屏障作用。用于制造中空纤维的材料主要为一些成纤性能良好的高分子材料,对膜材料的要求是具有良好的成膜性、热稳定性、化学稳定性、耐酸碱性、微生物侵蚀性和抗氧化性,目前常用的中空纤维膜材料有聚砜、聚醚砜、聚丙烯腈、聚偏氟乙烯、醋酸纤维素、聚氯乙烯、聚乙烯醇、聚酰胺等。

另外,传统中空纤维膜肺抗血浆渗透能力弱,限制了其在ECMO中的应用,尤其是长效(>6h)应用领域。现在的一些中空纤维经过涂层处理后,不仅可保持长时间良好的气体交换能力,还具有抗凝、抗血浆渗透的功能。

Aiping Zhu 等首次报道了一种新的涂层：磷酸胆碱-O-苯甲酰壳聚糖分子聚合物。把磷酸胆碱-O-苯甲酰壳聚糖分子聚合物涂覆到聚氨酯表面后的血液相磷酸胆碱-O-苯甲酰分析结果表明：有涂层与无涂层相比，表面无吸附的细胞物质、凝血时间和血小板吸附分析肯定了此涂层的良好抗凝性。由日本国家脑心血管中心（National Cerebral and Cardiovascular Center，NCVC）设计出一种水温敏感性抗血栓形成的新型涂层材料，可以减少血液与体外循环各种人工材料接触所形成的血栓。进一步实验和开发正在进行中。

（3）技术发展趋势　人工膜肺及其组件的不断发展创新表现在表面涂层、血液滤过和小型化三个概念。

ECMO 管路抗凝涂层的出现是为了增加人工膜肺的抗凝性，人工膜肺和循环管路被多种涂层处理过，其中应用肝素涂层被认为是最有效的方法。

ECMO 联合 CRRT 可以完成心、肺、肾多脏器联合治疗，是治疗和抢救多脏器衰竭患者的重要手段。而氧合器不仅仅起到血气交换的作用，同时可将病人部分血液引流到 CRRT，从而能持续缓慢地清除机体内的炎性因子、水分及代谢废物。

小型化也是当下 ECMO 系统发展的趋势。主要为病人院内及院外转运创造更好的转运环境。那么氧合器也应相应在体积上缩小而效率上提高。

另外，由于应用人群的不同，膜肺发展出不同规格。婴幼儿和儿童膜肺一直走在追求小型化的道路上，以成人膜肺的小型化为基础，重新配置缩短体外循环回路管路长度，并使用尽可能小巧的组件，可以减少预充量，并减少暴露在外与血液接触的人工材料面积，减少炎症反应。

还有一种新的设计已在国外运用，那就是利用动静脉压差可驱动无泵 ECMO 膜肺进行血气交换，目前已在国外上市的有 iLa 膜肺，应用于 $ECCO_2R$。密歇根大学研发了两款无泵 ECMO 设备：M-lung 和人工肺，M-lung 可驱动高达 2L/min 的血流量，后者放置在肺动脉和左心房之间，经动物试验证实可实现高于 7L/min 的血流量，如能验证可长期应用，可用于等待肺移植的患者支持。

（4）存在的问题及建议　技术方面。当前，受表面积的限制，作为肺功能恢复和移植的过渡，在气体交换方面性能仍然不足；无泵和生物相容的膜肺依然保持在实验室的阶段，但随着临床和经济因素的进一步驱动，这些膜肺必将得到优化和发展。研究建议：①气体交换。需求的气体交换量是变化的，用作自然肺部分功能的补充时需要一半的基本流速；②血液相容性。包括接触活化、血小板激活以及因此而产生的凝血、血纤维蛋白酶原系统的激活、补体和白细胞的激活等。

市场方面。3M 旗下的中空纤维膜占据了全球市场很大的份额，国内亟须在长效膜肺这块有技术上的突破，并完成产业化。

2. 泵头

图 2-144 所示是第一代容积式泵头的原理图，其主要作为心脏的辅助循环装置。此类泵头采用气动或电动挤压泵腔，通过泵腔容积的变化改变搏出血液，但其体积大、易感染、寿命短、易产生溶血与血栓。这些缺点严重制约了它的广泛应用，为减少甚至克

服这些缺陷,人们开始研究有机械轴承的旋转泵,即第二代泵头。

第二代泵头为磁力驱动离心泵头,它分为有叶片式和无叶片式两种。有叶片式泵头是将叶片装在轴上,当轴高速旋转时,叶片将引导血液并将其抛至外沿,叶片对血液的动力作用将形成动脉压,显然,压力的大小取决于叶轮的转速,一般情况下,转速越高所形成的动脉压也越高。无叶片式离心泵头是将叶片退化为一系列旋转锥体,最里面的一个锥体与泵控制仪磁性连接,当其高速旋转时,产生的离心力带动外面两个锥体旋转,当圆锥部分高速旋转时,圆心部分为负压,可将血液吸入,而圆周部分为正压,可将血液泵出。由于叶片的退化大大减小了叶片对血细胞的剪切作用,因此与有叶片式离心泵头相比在血栓和溶血方面有更好的表现,溶血指数小、血液相容性更好,但对速度要求更高。当流量要满足 0~8000mL/min 时,转速需达到 0~10000r/min。

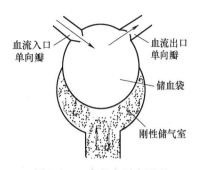

图 2-144 容积式泵头原理

基于磁力耦合驱动方式的离心泵头无过载现象,压力、流量稳定,且对血液破坏程度小、驱动效率高、使用方便,在结构上用静密封传动代替动密封,有效减少了漏血的发生,因此可延长体外循环的辅助时间,扩大临床应用范围。但它的主要缺陷是有与血液接触的机械轴承,因此易对血液造成污染,且轴承磨损易导致泵的耐久性降低。

针对前两代泵头的缺点,研究者们研发了第三代泵头——磁悬浮泵头。第三代泵头多数设计为离心式。近年来,磁悬浮泵头得到了飞速的发展,越来越多的证据表明第三代泵头在性能上要优于前两代产品。第三代泵头的体积小,由于应用磁悬浮技术,叶轮悬浮于泵头体内,没有摩擦和挤压,溶血明显减少,血栓的发生率显著降低。泵头应用悬浮技术,无轴承磨损问题,提高了泵头使用的耐久性,更适合于长期的循环辅助。由于避免了机械摩擦导致的能耗和温度升高,第三代泵头的能效比更高,更有利于长期辅助。

(1) 主要技术进展及优势

1) 流体动力学和材料学的技术发展现状。经过最近十几年的发展,第三代泵头已经广泛应用于全世界临床领域。随着临床大量数据的反馈支持,已经有越来越多的研究机构开始开展对第三代泵头的研制开发工作。由于第三代泵头已经属于当下较为领先的技术,且人们对其认知也逐步提高,所以大家越来越关心如何来评定第三代泵头的性能和功能及对血液的破坏影响。

在影响泵头性能的因素和作用机制的研究方面,目前动力学效果研究相对比较完善,难点和重点则是如何改善泵头的血液相容性,包括血栓形成和血液中红细胞破坏的影响因素和作用机制。血液相容性能的优劣是衡量一个泵头能否进行临床应用的基本条件。经研究,血栓的发生机制比较明确,泵内血栓的形成因素有:①泵内涡流区、负压区、相对静止区的存在，即血栓部位通常在泵头内的紊流区及很少受血流冲刷的滞止区或缓流区；②血液接触面材料的影响，泵头应使用质量轻、血液相容性较好的材料。溶血的发生因素有很多，就泵头本身而言主要是泵头对流过它的血细胞的剪切力的大小和作用时间的长短。剪切力越大，作用时间越长，则发生溶血越多。

近年来，随着有限元分析技术和流体力学等相关学科的进一步成熟，泵头的溶血性能可通过计算流体动力学（Computational Fluid Dynamic，CFD）方法在泵头的设计阶段加以评估，然后通过优化泵的结构，防止滞留和高剪切力的出现，确定合适的接触面积，改良与血液接触的表面材料，以解决血栓和溶血的问题，从而大大缩短了泵头的设计周期，同时降低了研发费用。

2）驱动方式的技术发展现状。磁力驱动离心泵头，即第二代泵头，采用圆盘形磁力耦合器驱动方式。图 2-145 所示为圆盘形磁力耦合结构原理图。

根据磁体磁极间同性相斥、异性相吸的原理且磁场力可以跨越一定空间距离发生作用的特性，当主动转子旋转时，其中的 S 极就会给被动转子磁盘中的 N 极一个吸力，且给被动转子磁盘中的 S 极一个斥力；主动转子磁盘中的 N 极就会给被动转子磁盘中的 S 极一个吸力，相应地给被动转子磁盘中的 N 极一个斥力；这 4 个力在方向上具有叠加作用，保证了主被动转子转矩的传递；这就是圆盘形磁力耦合器的

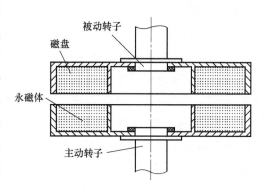

图 2-145 圆盘形磁力耦合器结构原理

组合推拉磁路工作原理。磁场中的这 4 个力随工作气隙的相对位移增大而减小；当外磁体的 N 极（S 极）刚好位于内磁体的 S 极和 N 极之间时，产生的推拉力达到最大，从而带动内磁体旋转。在传动过程中，隔离罩将外磁体和内磁体隔开，磁力线穿过隔离罩将外磁体的动力和运动传给内磁体，从而实现了无接触的密封传动。另外，主动转子与被动转子中的永磁体的布置方式采用组合推拉式结构，如图 2-146 所示。组合推拉磁路较之间隙分散式磁路具有体积小、磁能利用好、漏磁少、工作磁场强度高、功率损耗小、结构紧凑、不易滑脱等许多优点，是现今圆筒形磁力驱动装置采用的一种最佳磁路结构。

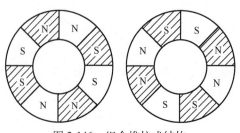

图 2-146 组合推拉式结构

第二章 典型医疗装备产业技术发展趋势

图 2-147 所示为费森尤斯磁力驱动离心泵头磁极分布图，离心泵头的磁性后室与带有磁性装置的驱动电机通过磁性耦合连接，当驱动电机高速旋转时，带动泵头内圆锥部分高速旋转，产生涡流和离心力，推动血液向前。

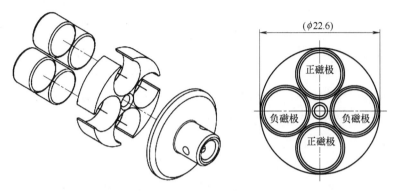

图 2-147 磁力驱动离心泵头磁极分布图

（2）技术发展趋势

1）改进泵头溶血和血栓性能的研究。现如今绝大多数离心泵头均是非搏动式，然而随着医疗技术的提升和临床应用的扩大，搏动式泵头也是现在重点研究的一个方向。由于搏动泵头的 CFD 仿真比较复杂，包括推板的运动、血囊的变形以及瓣膜的运动等，所以计算资源消耗较大，在血液破坏性的预测中当前的研究者主要关注搏动泵头的血栓性能。

在对搏动泵头的血液破坏性研究中，可通过同时改进溶血和血栓性能来降低搏动泵头的血液破坏性。一是以泵头的溶血值和血栓值为优化指标来改变泵头血室的几何参数，使得在某种参数组合下泵头的溶血值和血栓值同时达到一个较低的水平；二是通过研究泵头的工作参数，如搏动率、推板运动曲线和辅助模式等对溶血值和血栓值的影响，进而确定一组合适的工作参数，使得泵头在该参数下运行时的血液破坏性降低。仿真研究的结果显示，搏动泵头的进出口位置和直径对血液破坏性有明显的影响。另外，搏动率、每搏输出量的增加会显著增加溶血，但也会减少血小板在血室内壁上的沉积。相对于同搏辅助方式，搏动泵头工作在反搏模式下的血液破坏性更低。但是，相关工作只是仿真研究，尚需要进一步动物模型试验验证。

2）驱动方式的技术发展趋势。磁悬浮离心泵头，即第三代泵头是在第二代泵头的基础上增加了悬浮系统。它以磁悬浮轴承代替原来的机械轴承，使叶轮悬浮起来。磁悬浮方式又有电磁悬浮与永磁悬浮两种。国外研发的基本上都是电磁悬浮方式，其又可分为三个阶段：第一个阶段是悬浮系统与驱动系统分离的外电机间接驱动叶轮阶段；第二个阶段是悬浮系统与驱动系统分离的内电机间接驱动叶轮阶段；第三个阶段是悬浮系统与驱动系统融合阶段，其代表泵头为 VentrAssist，它将悬浮与驱动系统融合起来，泵头设计将悬浮与驱动系统的电磁线圈融合组成定子，用一个定子来兼作驱动与悬浮叶轮的功能（即动力悬浮轴承），因此泵头的设计更加简洁、体积进一步缩小，性能得到进一步改善，为临床应用带来方便。目前费森尤斯公司的 ECMO 产品就利用了此项技术，达到了很好的效果。

(3) 存在的问题及建议　第三代泵头应用磁悬浮技术，优势很明显：溶血减少，血栓发生率降低，机械磨损消失，能效比增高。但第三代泵头的发展历史较短，很多技术未得以完善，稳定性能的临床试验测试不多。第三代泵头产品主要集中在经济、科技发达的西方国家及日本等国，目前约有20余种，其中大多数仍处于研发阶段，仅有少部分产品已通过动物及临床试验，开始小范围临床应用。国内对第三代泵头的研究很少，除了江苏大学在离心泵领域研究较多以外，其他鲜有报道。目前国内第三代离心泵头大多处于研发阶段，对于设计和制造离心泵头的技术还不完善。虽然国内第三代泵头发展较迅速，但较国外还有很大的差距。

至今，国内人工心肺机用泵头大多仍是滚压泵头，只有少部分应用了离心血泵，但大都局限于第二代泵头，即磁耦合驱动离心泵头的使用，且全部依赖进口。此类离心泵头在国外的发展相当成熟，由于国内关于圆盘形磁力耦合驱动方式还没有形成系统成熟的设计理论和方法，对于磁场强度、转数、空气间隙等参数与传递力矩的变化关系，迄今未有详细研究，这样使得第二代泵头在国内无法实现产品化。虽然第二代泵头血液相容性等不如第三代，但其在国外已经发展得相当成熟，在临床使用上已相当普遍，因此，对第二代泵头及其驱动方式的进一步研究和全面的试验测试，使其实现国产化以降低使用成本具有十分重要的意义。

另外，由于长期运用离心泵等连续性泵作为体外循环用泵头是今后的发展方向。又有实验表明，血管长期不发生搏动会导致主动脉管壁结构的改变以及血管收缩功能的下降，对患者有负面效应，会影响患者的康复和长久的健康，因此根据人体不同情况对泵头的流量进行精确控制也是未来发展的一个重要目标。

3. 泵驱动器

(1) 行业发展现状　泵驱动器也称为血泵，它是ECMO系统的核心部件。血泵从静脉储血罐或直接从患者体内引出血液，然后将血液泵入氧合器并最终输回患者体内。最早的ECMO技术由体外循环发展而来，沿用的是体外循环使用的滚压泵，但随着技术的逐渐发展，滚压泵无法满足危重病人长时间支持辅助的更高需求，离心泵应运而生。

1) 滚压泵。滚压泵通过在泵槽内挤压管道而推动血液。当滚压泵推动血液向前时，其后方产生的负压将血液从储血罐吸入管道。其驱动原理是通过一台直流电机直接或通过传动带驱动滚压泵泵轴。传动带需要调节松紧或更换，而直接驱动装置进水很容易造成损坏，如泵槽。与离心泵相同，滚压泵如果出现断电，可人工转动。滚压泵的输出量取决于泵槽内泵管口径、泵滚轴的阻断压力、泵的转速和供血量。使用滚压泵必须选择合适的泵管口径，以提供足够的输出量。使用直径较大的泵管口径能降低转速、减少管道磨损。为此，新生儿、儿童和成人患者要使用不同直径的泵管。对新生儿和体重小于14kg的儿童，使用内径1/4 in的泵管，这种泵管能传输约9.7mL/r（使用6in泵头）。体重14~30kg的患者，使用内径3/8in的泵管，传输约22mL/r。体重大于30kg的患者，使用内径1/2in的泵管，传输约39mL/r。

滚压泵直接并反复挤压泵管,用于体格较大的患者时,旋转频率会超过120r/min,时间可能会超过300h。因此,泵管必须耐折叠、耐磨损。"Super Tygon"泵管(Saint Gobain Performance Plastic Corporation,Valley Forge,宾夕法尼亚)材料的分子链长于标准普通泵管,因此更加耐用。泵的松紧必须调节适当以保证泵头每次旋转推出血液容量能满足要求,而松紧调节的方法各不相同。

滚压泵的主要优点:能提供稳定的流量,并且能降低新生儿中使用低流量时产生的溶血。滚压泵的缺点:无论引流量是否足够、泵管内压力高低如何,滚压泵都会继续运转。使用随动调节装置调节血泵流量可以克服泵管内容量或压力超过安全范围的缺点。

2)离心泵 离心泵是由聚碳酸酯材料制成的一个圆锥体,该圆锥体又由几个更小尺寸的小圆锥环绕而成,这些圆锥体固定在一个磁铁底盘上,当连接到离心泵控制器上后,可以按照设定转速旋转。当这个底盘旋转时,可产生一个驱动涡流,在离心泵头内形成负压。这样可以驱动血液进入离心泵头,并推动血液从涡流顶端射出。该原理类似于龙卷风将经过之处的碎片吸入,而从其顶端吹出的自然现象。由于离心泵将能量传递给流入离心泵头的血液,离心泵产生的流量取决于泵前负荷(可以从患者引出的血容量)、泵后负荷(阻碍血流进入患者的力量)、泵头的尺寸和泵的转速。因此,在设定的转速下流量会发生变化。所以用电磁或多普勒流量探头测定实际流量很重要。

离心泵的优点是:与滚压泵相比,离心泵的优点是驱动一定量的血液所需的能量较少,在高流量时,与滚压泵相比需要的能量较少。另外,通常不会产生过大的负压而造成血液空泡形成,也不会产生过大的正压。然而在高转速时,如果流入量突然减少会造成红细胞破坏。此外,离心泵能俘获少量气体,使其停留在泵头中。离心泵的缺点是:虽然离心泵不会产生过大的负压或正压,增强了它的安全性,但如希望稳定维持设定的流量,这些限制就成为缺点。任何血液流出阻力增加的情况都会减少泵出至患者的血流量。患者体循环阻力(Systemic Vascular Resistance,SVR)或血压上升、动脉插管扭折、患者翻身时压迫胸腔都会导致泵输出量明显降低。同样,血压或SVR降低、低血容量、静脉回流管路扭折也会导致泵输出量降低。此外,有报道在低流量时,相比滚压泵,使用离心泵时溶血指标显著升高。这是由于离心泵的高转速和产生的热量造成的。

(2)技术发展趋势 机械灌注(Machine Perfusion,MP)技术早在20世纪30年代就被提出,近十年来又逐渐引起人们重视,并已在肾脏及其他脏器保存领域得到广泛应用。机械灌注是指在器官离体后通过带有转动泵、控温装置、控压装置、氧合装置及计算机控制装置的设备用离体保存液或灌注液进行体外循环灌注的一项器官保存技术。目前应用于临床肝移植的机械灌注技术尚未成熟,国外虽已有众多肝脏机械灌注方案,但都仍处于临床试验阶段,尚未大规模应用。已有可靠的研究证实应用机械灌注对离体肝脏进行保存可以有效扩大供体池,降低术后并发症的发生率。

现如今随着临床应用的推广和技术的提升,人们发现搏动式泵头驱动及血泵泵头能够完成机械灌注部分功能。

对于搏动式泵头而言,其优点在于可以降低血清中缩血管物质的浓度,抑制肾脏血管过度收缩。同时，其驱动形式在很大程度上决定了整个系统的设计，常见的驱动有电机驱动、气动驱动、液压驱动等。由于气、液类驱动需外置气源装置，造成装置的便携性差，故较少使用。对于电机类驱动，实现搏动流输出的主要方式是借助机械转换机构，也因此降低了驱动装置的效率。此外，由于全程输出刚性驱动力，在驱动血泵过程中容易使血液产生挤压，造成溶血，以及组织损伤。因此，为了达到理想的血泵搏动驱动，要求驱动装置能够具有满足每搏输出量需求的行程及外形大小；产生满足灌注压力需求的驱动力；产生与自然心率相近的往复运动频率。但是此机械结构相对复杂，且造价较高。

德国费森尤斯 Xenios 离心泵也可在特殊设置下进行搏动功能操作而无需在硬件上进行特殊设计。收缩和舒张波形如图 2-148 所示，可通过改变电机的转速来模拟心脏的收缩和舒张，并产生稳定占空比的搏动血流，从而实现机械灌注。这为临床创造了一个非常好的搏动灌注条件。

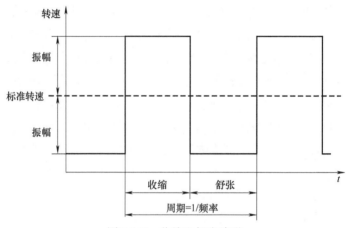

图 2-148 收缩和舒张波形

现如今国内部分科研院所也进行了相关可行性研究，上海理工大学及杨浦区市东医院联合基于电磁力学原理设计了一种新型搏动式泵头驱动装置，该装置能够输出往复直线运动，避免了复杂的机械转换。该装置在驱动过程中存在的"柔性驱动"能够避免因过载造成的血液破坏。此外，通过驱动电流的调节能够输出不同的灌注压力，满足实际的临床需求。

（3）存在的问题及建议

1）关键零部件。和离心泵泵头类似，离心泵驱动器目前国内仍处于研发阶段，对于设计和制造离心泵驱动器的技术还不完善，与国外成熟产品相比还有很大的差距。

对于国内公司而言，应更多关注某些重要的离心泵驱动器子部件。首先，电机的选取至关重要。日本、德国、瑞典等国家都有先进的无刷电机，可以非常好地满足 ECMO 治疗需要，同时其发热也控制得非常出色，从而也进一步提升了电机的可靠性。国内需要从电机上有所突破才能带动离心泵驱动器的进一步发展。

另外，由于 ECMO 是生命支持类设备且兼顾有院内院外转运功能，所以系统设计之初就需要考虑在不同应用场景下的电磁兼容问题。在电磁辐射方面，需要兼顾用于救护车或飞机上的要求,这些都有相应标准,且要求非常高,这就要求对电机和整个系统电路及结构设计也相应提高要求。

由于离心泵驱动器前端和泵头有磁耦合,所以对永磁体的选择也至关重要。应该在耐腐蚀、耐高温、对外部磁场抗干扰、剧烈振动或冲击上进行有效的评估,确保磁体之间能够有稳定且持续的磁耦合。

2)搏动功能。如上所述,从技术上来说,上海理工大学及杨浦区市东医院联合设计出的新型搏动式泵头驱动装置,能够输出搏动流。所运用的堆叠螺线管驱动线圈结构系首次提出,通过实验和理论分析得出,该结构驱动线圈在设计过程中所依据的理论基础及数学模型是正确的,且设计过程科学合理。该结构在满足驱动的同时能够避免因系统过载对血液造成的机械压迫。此外,该驱动装置能够根据设定的压力值选择驱动电流特性,很好地满足了实际临床中的需求。通过理论分析与实验研究,验证了该装置作为搏动式泵头驱动的可行性,但就其作为一整套驱动系统而言尚缺乏对实时数据的采集与反馈,且该驱动装置的驱动效率仍有待改进,在后续的研究中会逐一进行完善。

另外,搏动式泵头所产生的脉动式血流尚需在临床上获得更多支持。其推广更需要兼顾临床需求。

4. 监测系统

(1)行业发展现状

1)气泡与流量监测。现在气泡与流量一体式的产品已有很多。图2-149所示是费森尤斯所用的一款气泡流量一体式传感器。

2)压力监测。在为医院诊断设备选择传感器时,高分辨率、高精度和高稳定性都是要着重考虑的关键因素。因此,诊断设备一般都具有较高的分辨率要求,通常是16位或更高。传感器的精度和稳定性对于获取精确的数据是很重要的,而精确的数据对于实验室检测结果至关重要,并会直接关系到病人的生命安危。

图2-149 气泡流量一体式传感器

ECMO系统管路中各个不同位置的压力是不同的,离心泵泵头前压力属于引流压力,为负压,泵头后压力为正压。为保证安全,有些产品会监测血液通路中三个点的压力值:泵前压力、泵后压力、患者血液回流压力。图2-150所示为费森尤斯产品中的三个压力监测点。

泵前压力也称引流压力或吸引压力,是患者和离心泵间的压力,可用于监测引流侧的吸引压力,以防止溶血发生。吸引压力过高(负压过高),尤其是长时间过高时,患者很有可能出现溶血。负压过高也可提示患者的静脉充盈不足或插管位置不当。

泵后压力监测氧合器入口前压力,熟悉ECMO治疗的医护人员可以基于氧合器入口前压力判定氧合器的状态是否发生改变,通过计算泵后压力与回流压力差值(跨膜压差)可以判断氧合器的状态(氧合器气体交换膜上是否有纤维蛋白形成,造成氧合器中有血液凝固)。

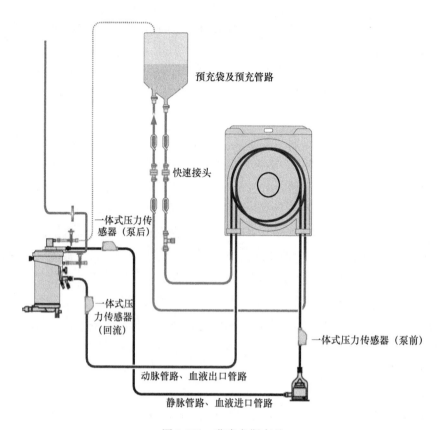

图 2-150　费森尤斯产品

回流压力也称灌注压力,是氧合器后压力,可用于监测将血液回输到患者体内的压力。此压力也可以监测管路是否发生脱落扭结等现象。

（2）主要技术进展及优势

1）气泡与流量监测。目前为止,市面上所有 ECMO 设备均配备有气泡与流量监测功能,其均是第三方公司提供或特殊定制化而来。ECMO 厂商自身出于技术和成本的一系列原因,不会单独为此功能开发新的功能部件,但是其会与气泡流量传感器供应商合作开发适用于自身产品的定制化传感器。

医用气泡检测传感器主要分为三类:红外气泡检测传感器、电容式气泡检测传感器和超声气泡检测传感器。

红外气泡检测传感器具有响应快、精度高、非接触测量等特点,广泛用于自动化检测与控制技术中。其理论基础是光电器件的光电效应,常用的光电器件有光敏三极管、光敏二极管等。根据其伏安特性可以方便地得到输出电压与光照强度的关系,当在液体输送管路中有气泡时由于光的反射和不同介质对光的吸收不同而使光敏器件接收光强度发生变化,从而引起输出电压的变化,利用这一原理可以区别管路中的不同介质,从而探测出空气气泡。

电容式气泡检测传感器根据电容器的原理,在输液管路两侧各放一个电容极板测量两极板间的电容变化情况,根据这一变化,可推测管路内介质的变化情况,从而达到探测的目的。

超声波与一般声波的主要区别在于：振动频率高（$f>20kHz$，测量中常用频率在 $0.25\sim20MHz$ 范围）、波长短，因而具有束射特性，方向性强，可以定向传播，其能量远大于振幅相同的一般声波，有很强的穿透能。超声波在均匀介质中按直线方向传播，但到达界面或遇到不同介质时也会像光波一样产生反射和折射，并服从与几何光学类似的反射、折射定律，在检测技术中利用超声波检测的方法有多种，常用的有透射法、反射法、频率法等。超声气泡检测传感器是选用透射法，根据超声波在气体、液体、固体中的吸收和衰减不同，利用透射法来探测超声波发射和接收换能器之间是否有气体存在，从而制成气泡探测器，如图 2-151 所示。

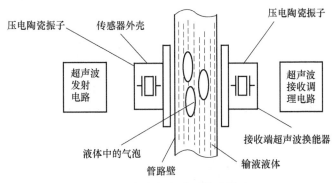

图 2-151 超声气泡检测传感器原理

经过表 2-33 对比可以得出，红外气泡检测传感器只对介质的颜色敏感，虽然具有响应快、精度高、非接触测量、电路简单、性能稳定等特点，但是由于采用红外技术会对液体产生红外的照射作用，存在潜在的污染药液的风险，并且容易受环境光源和管路是否避光等因素的影响。对液体和气泡的区别不明显的电容式气泡检测传感器虽然具有结构简单、灵敏度高、便于实现非接触测量等优点，但它性能不稳定，极易受电路干扰，且很难由电路消除这种干扰。超声气泡检测传感器在液柱和固体中衰减很小、穿透能力强，具有明显的界面反射和折射现象，加之超声波的高频特性，便于对时基脉冲和超声波脉冲计数，以判断气泡大小和连续液柱的长度，因而它灵敏度高、可靠性好，还能测出小间隙的连续小气泡，因此在 ECMO 设备中拟采用超声气泡检测传感器。

表 2-33 三种气泡检测传感器对比

项目	红外气泡检测传感器	电容式气泡检测传感器	超声气泡检测传感器
外界光源干扰	受影响	不受影响	不受影响
对液体的影响	有影响	无影响	无影响
对管路的要求	避光管路不适用	无要求	无要求
与单片机接口信号	电平	电平	脉冲
使用范围	小	小	广泛

2）压力监测。对于压力监测分为介入式和非介入式两种。介入式也称为侵入式，主要以直接放入血管进行血压测量为主；非介入式更多以压敏传感器为基础，通过血液在隔膜上形成的压力传导至压敏传感器。

现如今对于 ECMO 产品来说，压力监测更倾向于非介入式。临床上可以避免空气的进入、凝血的发生，且无须特殊灌注，尤其对儿科患者无血液稀释。

从技术上，精度，特别是对线性和滞后误差而言，是很重要的。因为整个系统的灵敏度和所使用的传感器的灵敏度有关，所以应该尽量减小滞后作用。0.25%的精度误差是最佳的（非线性和迟滞误差），而 0.5% 通常是允许存在的最大值。

费森尤斯的非介入式传感器，如图 2-152 所示，能够满足上述所有要求，同时在成本上有着很大的优势。

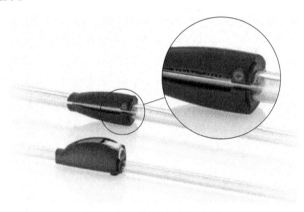

图 2-152 非介入式传感器

（3）技术发展趋势

1）气泡与流量监测。由于分离式的气泡流量传感器需要有与之匹配的电路设计，而且需要和第三方公司进行合作，无疑会延迟项目开发周期。现在已有相关公司将气泡和流量监测功能集成于 ECMO 设备中。这样不仅可以减少研发投入及时间，更能在临床上降低灌注师操作的复杂程度。

2）压力监测。对于压力监测部分，技术发展集中在小型化、高分辨率、高稳定性、易操作几个方面去发展。

ECMO 设备的应用场景有院外院内转运，"小型化"显得尤为重要。

高分辨率是至关重要的，一些传感器制造商通过高分辨率的 AD 转换器来提供带放大的产品。注意，高分辨率 AD 转换器并不是传感器的分辨率，需要考虑传感器本身的分辨率。如果传感器的分辨率较低，那么 AD 转换器所具有的额外位数将只能提供额外的无用数据。

稳定性是非常重要的，因为漂移可能会意外地影响传感器的读数。如果传感器在设备制成之后发生漂移（校准在设备发运之前完成），结果就会出现偏差。传感器在制造和安装启用过程中，必须考虑如何防范热应力和机械应力的影响，因为这会影响到设备性能的稳定。在医院诊断应用中，对于与漂移和不稳定性有关的误差而言，0.5% 是可接受的最大值。

临床操作的简便易操作也是现今急需改进的方向。对于非介入式传感器,势必会有零点校准,那么校准的易操作性能够让灌注师快速地完成灌注工作。

(4) 存在的问题及建议　由于 ECMO 是生命支持类设备且兼顾院内院外转运功能,所以系统首先应设计成需考虑防除颤隔离要求。根据 GB 9706.1 的定义,气泡流量监测传感器、压力监测传感器、温度传感器均被认为是应用部件,设计之初应考虑防除颤要求。所以不能将这三个传感器仅仅作为单个器件考虑,也应从系统上对其进行有效隔离。

另外关于气泡传感器的选择,应结合临床需要考虑何种指标作为设计输入。例如是检测单个气泡还是连续性气泡,气泡的大小、形状等。因为这些对于超声气泡检测传感器来说至关重要。

二、自动腹膜透析装备及关键零部件技术发展趋势

(一) 自动腹膜透析装备技术发展趋势

1. 自动腹膜透析机简介

腹膜透析是终末期肾脏病(尿毒症)的主要治疗方法之一,它主要利用腹膜作为生物透析膜,依赖弥散、对流和超滤作用,清除体内潴留的代谢产物、纠正电解质和酸碱失衡、清除过多水分。腹膜透析分为持续不卧床腹膜透析(Continuous Ambulatory Peritoneal Dialysis,CAPD)和自动腹膜透析(Automated Peritoneal Dialysis,APD)。APD 是采用自动腹膜透析机代替病人手工操作进行透析液换液操作。与 CAPD 相比,APD 具有操作方便、连接次数少、感染风险低、透析处方更灵活、夜间治疗可显著提高患者生活质量等优点。

因此,自动腹膜透析机的主要功能是根据医生的治疗方案,自动持续地完成腹膜透析的注入、留置、引流等操作,并精确控制透析液的流量、温度以及管路状态,保障患者治疗的安全性和舒适度。

2. 自动腹膜透析机的工作原理及系统结构

(1) 工作原理　自动腹膜透析机的工作原理是利用动力(气压或蠕动泵驱动)或重力实现透析液的流动控制,利用理想气体状态方程或高精度秤实现透析液的流量控制,同时,机器的加热板将透析液加热到适宜的温度。

工作流程如下:安装一次性管路并完成设备自检,连接所有腹膜透析液袋并完成管路排气及预冲洗,最后连接患者的外接短管,形成液体通路。首先开始零周期引流将腹腔内液体排出后,按照设定的处方开始注入、留置、引流等操作。注入过程中,腹透液从加热袋流向自动腹膜透析机,再注入患者腹腔;留置过程中,腹透液从补充带留向自动腹膜透析机,再补充入加热袋;引流过程中,腹透液从患者腹腔流向自动腹膜透析机,再流入废液桶、袋。

(2) 系统结构　自动腹膜透析机的外部结构一般由主机、液体控制模块、计量模块、温控模块、操作显示模块、电源、报警模块等组成,具有远程医疗功能的自动腹膜

透析机还应有 Wi-Fi、GPRS 等上网模块以及配合建立数据收集、分析、辅助决策的支持系统。另外，部分自动腹膜透析机还具有射频识别（Radio Frequency Identification，RFID）刷卡、语音提示等智能化交互模块。

3. 重要指标及范围

考虑到不同原理透析机的性能指标有差异，因此自动腹膜透析机的重要指标包括：

（1）透析液温度控制　控温范围应包含 35~41℃，且不大于 41℃，控温精度应不大于 ±3℃。

（2）透析液流量控制　单周期最大注入量不小于 3500mL，引流量最大测量值不小于 20L，流量控制精度 ±10%（重力驱动）或 ±3%（动力驱动）。

（3）连续工作能力　腹膜透析机连续工作时间不低于 48h，最大循环次数不小于 5 次，最大留腹时间不小于 5h。

4. 自动腹膜透析机的分类

根据工作原理，自动腹膜透析机分为动力型和重力型两种（见图 2-153）。

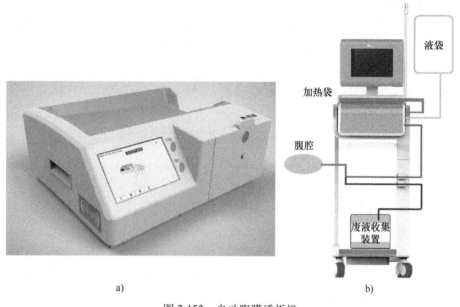

图 2-153　自动腹膜透析机
a）动力型　b）重力型

（1）动力型自动腹膜透析机　指利用动力方法，将腹膜透析液输送到腹膜透析机，经过腹膜透析机加热输送到患者腹腔，经留腹透析交换后引流到废液装置内的方式。动力型自动腹膜透析机的优点是大部分采用国际先进的气压驱动，流量控制精度高（±3%）、安全性高，且透析液袋可平放，对于高度无要求，缺点是成本偏高。

（2）重力型自动腹膜透析机　指利用液体由高向低流动的特性，实现腹膜透析液从高点流向腹膜透析机，经过腹膜透析机加热灌入患者腹腔，经留腹透析后引流到废液收集装置内的方式。重力型自动腹膜透析机的优点是原理简单、成本低，缺点是流量控制精度低（±10%）、安全性偏低，且要求透析液袋高于腹膜透析机的加热装置。

5. 自动腹膜透析机的行业发展现状

1996年，美国百特将其重力型自动腹膜透析机（PAC-X-Cycler）引入中国，随后其第一代动力型自动腹膜透析机（HomeChoice）在中国上市，并在中国实现技术和市场垄断十余年。国内企业于2010年研发了第一台重力型自动腹膜透析机，但是由于原理较落后，不能与美国百特的性能对标；直到2014年国内第一台动力型自动腹膜透析机上市，才打破了进口垄断，并将设备和耗材的价格降低50%以上。

目前，国内常用的动力型自动腹膜透析机有Claria（美国百特）、JARI-APD-1A（江苏杰瑞科技集团有限责任公司）、EZ Pure1000（昆山韦睿医疗科技有限公司）；重力型自动腹膜透析机有PD-GO（福州东泽医疗器械有限公司）、FM-Ⅱ（吉林省迈达医疗器械股份有限公司）等。其中，百特Claria和杰瑞科技JARI-APD-1A使用最为广泛。

6. 自动腹膜透析机临床应用现状

自20世纪90年代自动腹膜透析机问世后不断改良升级，其使用方便、容易调整透析剂量，不影响患者日常活动等优点正在被越来越多患者接受，APD治疗的适用范围也一直在拓展。根据2000年国际腹膜透析协会、2005年腹膜透析欧洲最佳实践指南推荐，APD的优势还在于，适用于高转运状态超滤衰竭的腹膜透析（Peritoneal Dialysis，PD）患者，并能有效降低其死亡及技术风险；清除小分子溶质能力强，透析效能提高；人工换液频率减少，感染风险降低；透析剂量易调整，人工成本减少等。

据了解，目前全球范围内APD的使用仍以发达国家居多，在欧美国家APD的应用已非常广泛，美国、加拿大、澳大利亚、英国等国家APD使用率超过50%，而我国由于APD使用起步较晚，且发展不均衡，根据2019年数据报告显示，APD使用率仅为1.9%。

7. 自动腹膜透析机主要技术进展及趋势

自动腹膜透析机的主要技术进展和趋势体现在以下两个方面：

（1）小型化、便携化　自动腹膜透析最大的优势是居家治疗，因此，对于设备的小型化和便携化提出了更高的要求。部分进口产品的最新设备已经将其尺寸减少30%以上，重量减轻15%以上，国内的部分企业也在研发新一代小型化产品，这将极大地提高患者外出携带的便利性，为自动腹膜透析的推广提供良好的基础。

（2）远程信息化、智能化　目前，部分自动腹膜透析机（如江苏杰瑞科技等）具备远程信息化功能，可通过Wi-Fi、4G等方式实现治疗前处方修改、治疗中实时在线监测、治疗后结果自动上传等功能。同时，与之配套的云管理平台由云服务器、医护APP端、患者APP端等组成，集成了信息管理、数据传输、统计分析、智能处方推荐、预测预警等功能，能够满足患者居家治疗时医护远程全周期管理的要求，使居家腹膜透析治疗更加安全、精准、智能。自动腹膜透析云管理平台示意图如图2-154所示。

8. 存在的问题及建议

自动腹膜透析治疗作为一种先进的治疗方式，特别适合儿童、有上班上学需求的年

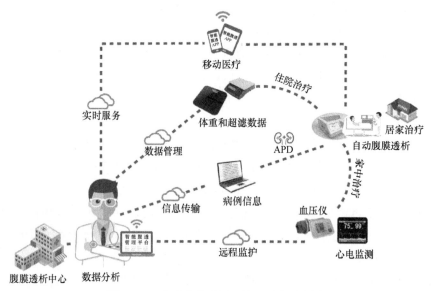

图 2-154　自动腹膜透析云管理平台示意图

轻患者及需要照护的老年患者,以及用于夜间治疗,有助于病人、家属重返社会、校园,为社会、家庭创造价值,因此,在发达国家和地区的应用率超过 50%。但是,在国内应用比例非常低,主要存在以下问题:

1)自动腹膜透析一次性耗材医保不报销,以及居家患者远程管理服务限制了患者及医护人员的积极性。

血液透析采用打包收费的模式,涉及的机器使用费、耗材、透析液及操作费等均纳入医保报销范围,但是自动腹膜透析相关的管路没有纳入医保报销,患者每个月需承担 1500 元左右,导致患者的负担重;患者居家治疗、医护远程管理、1~3 个月定期随访的模式,导致医护人员的工作量增加却没有收费,极大地限制了医护人员对于 APD 患者远程管理的积极性,不利于 APD 的推广及应用。

建议政府出台政策,一方面,将自动腹膜透析机管路、远程管理服务费等纳入医保报销范围,减轻患者经济负担、提高医护人员积极性,使更多的患者享受到自动腹膜透析治疗;另一方面,借鉴血液透析"打包收费"模式,逐步探索自动腹膜透析"打包收费"模式,在医保及患者支付费用均低于血液治疗费用的前提下,将自动腹膜透析机使用费、患者管理及治疗费用、透析管路及透析液费用等整体打包收费,统一纳入医保。从而推动自动腹膜透析这一先进治疗模式,在全国范围的推广应用,实现多方共赢:缓解社会医疗资源紧张现状,提升患者治疗效果和工作生活质量,降低透析治疗医保支出。

2)部分核心零部件依赖进口导致设备成本偏高。自动腹膜透析机上的微型电磁阀、微型真空泵等核心零部件基本依赖进口,价格较高,且周期较长,因此设备成本偏高,进而导致患者购买设备的经济负担重。

建议政府加大对国产核心零部件的支持力度,促进零部件和整机厂商的合作;同时,从政策层面鼓励医院对纳入"优秀国产医疗设备遴选品目录"产品的采购及应用。

（二）腹膜透析装备关键零部件技术发展趋势

1. 微型电磁阀

目前动力型自动腹膜透析机因其控制精度高、安全性好等优势，成为市场主流产品，而动力型自动腹膜透析机大部分采用气压驱动的原理，通过数十个微型电磁阀实现透析液的流向控制及流量计量。因此，微型电磁阀是自动腹膜透析机的关键部件之一。

（1）行业发展现状　微型电磁阀是流体传动与控制中主要的执行元件之一，具有广阔的市场应用，广泛应用在医疗器械、环保仪器、实验室、汽车、工业自动化、石油化工、制药等领域，在被国外"卡脖子"的航空航天、半导体、基因分析、高端实验室和医疗设备领域，亦有重要的应用，国内总体市场容量为百亿元人民币级。

微型电磁阀在医疗领域主要应用于体外诊断、生物制药及透析等产品。与国外产品相比，国产微型电磁阀在使用寿命、尺寸及性能稳定性等方面差距较大，仅价格占据一定的优势，主要定位于中低端市场，高端市场几乎被国外品牌的产品垄断。

在微型电磁阀领域，中高端产品长期被欧、美、日品牌垄断，比如 LEE、Parker、SMC、Burkert、ASCO、Festo 等品牌，中国本土品牌只有深圳垦拓流体控制有限公司等极少厂家能够在中高端崭露头角。进口品牌厂家产品开发起步早，技术积累比较成熟，耐压能力、响应时间、寿命、可靠性等产品性能均能达到较高标准，长期占领中高端医疗设备市场。以透析机用电磁阀为例，进口产品寿命标称 1 亿次以上，而国产电磁阀却不足 1 千万次；耐压性能方面，进口品牌在整个寿命期内基本一致，而国产品牌在使用中会逐步下降，甚至出现漏气问题；在耐温参数方面，进口品牌的工作范围可达 $0\sim70℃$，存储可到 $-40℃$，工作响应时间小于 30ms，而国产品牌在低温环境下，膜片材质机械性能变化会导致漏气问题，高温情况下流量性能又会变化，甚至偶发性失效。因此，进口品牌长期垄断着高端医疗设备市场，价格居高不下。

（2）技术发展趋势

1）有效流量、小型化和低功耗之间的平衡。由于设备的微型化及便携化对微型电磁阀的小型化和低功耗提出了更高的要求，而微型电磁阀的小型化发展不能以牺牲流量为代价，这就为电磁阀研究提出了更进一步的课题。

2）稳定性和可靠性的延长。作为核心部件，微型电磁阀稳定性、可靠性和寿命的延长是整机厂家从来没有停止过的需求。近年来，新材料和制造工艺的不断引入，为微型电磁阀的稳定性、可靠性和寿命的大幅提高提供了可能，可以最大程度地改善阀芯和阀套之间的摩擦。

3）响应时间短。在对时间和频率有严苛要求的应用场合，对微型电磁阀的响应速度要求非常高，经常在几十毫秒甚至几毫秒级别，这就对电磁阀的结构、材料等设计提出了更高的要求。

（3）存在的问题及建议　存在的问题：在中高端应用或对电磁阀性能要求较高的场合，微型电磁阀大部分依赖进口，导致成本高、采购周期长等问题，特别是中美贸易战以及新冠肺炎疫情等影响导致美国的相关产品价格上涨、周期变长。

建议：当今新冠肺炎疫情和世界政治形势下，英国 Norgren 和美国 Parker 断供呼吸机微型阀、芯片制造关键部件等案例给整个微型精密流体控制行业敲响了警钟，国内亟待孵育一批国产品牌，打破进口垄断，为中国未来高精尖特制造领域奠定精密执行元件的基础，健壮国产高端仪器设备的产业链布局。

2. 真空泵

（1）行业发展现状　在真空泵领域，国内真空泵生产企业仍然以生产传统产品为主，产品在传统应用领域占据90%以上的市场份额。在高科技领域，国内产品在技术水平和质量上不能满足要求，90%以上市场份额由国外产品占据。国内真空获得产品与高新技术的发展严重脱节，产品结构不合理。多数企业期望靠已有的传统产品，不断增加产量而逐年增加利润，这种可能性在市场竞争日益激烈的今天会越来越小。

（2）主要技术进展及趋势　真空泵技术发展的原动力在于市场的需求。由于真空技术领域的扩展和高新技术的迅速发展，国内真空泵市场对真空泵的技术水平提出了更高的要求。真空泵的生产企业必须通过技术创新和产品结构调整两个途径来保住原有市场，进而继续扩大市场占有率。过去的若干年，生产厂家注重真空泵的主要性能指标，比如极限压力、抽速等，而忽视真空泵的综合性能。而现在，产品的可靠性、稳定性，以及对环境是否造成污染逐渐成为用户购买产品时考虑的主要因素。

在真空泵领域，目前主要技术发展趋势包括以下几方面：提高真空泵的可靠性，降低噪声，注重真空泵的综合水平，全力开发适应市场需求的产品；真空泵向个性化、多样化发展，全行业形成高、中、低端产品的合理布局，并随着市场的变化，不断调整，始终保持比较合理的产品结构状态。

3. 气压传感器

（1）行业发展现状　在气压传感器方面，随着近年来传感器技术的不断进步，国内的传感器技术在迅速发展，但与国外相比还是有一定的差距，主要原因为企业规模小、研发投入不足、生产效率不高等。

（2）主要技术进展及趋势　目前，国内的传感器技术水平从行业整体来讲，较之国外水平，还存在一定的差距。以压力传感器而言，国内业界理论水准与国外水平并无多大差距，但基础技术，包括材料技术、设备制造技术、测试技术和可靠性研究等，与国外水平还有一定差距。在技术水平方面，压力传感器整体性能水平不足主要体现在：产品性能落后，功能比较单一；影响压力传感器性能的关键技术未能掌握，产品稳定性、可靠性低；缺少对行业的研究，没有针对某些行业需要的压力传感器产品提供特殊、专门的解决方案；产品更新周期长，新技术的储备能力不够。

在气压传感器方面，主要发展趋势如下：①产品开始由传统型向新型发展，逐步形成从产品研究开发到生产的一条龙产业化发展模式，自主创新和国际合作相结合的跨越式发展道路已初现端倪；②气压传感器产品结构向全面、协调、持续性方向发展，市场需求的转变迫使气压传感器产业加强新型产品的开发，同时要保障传统压力传感器的质量升级和产量增长，另外，压力传感器产品品种向投资类倾斜；③产业内生产格局向专业化发展，气压传感器生产企业涉及的行业门类较为单一，行业内企业在产品生产上较具针对性，以求用某一特殊系列产品获得较高的市场占有率，各气压传感器生产企业间专业化合作生产有所提高；④气压传感器生产技术向自动化方向发展。由于气压传感器品种繁多，所用的敏感材料各异，该产品制造技术具有多样性和复杂性。就目前我国气压传感器产业现状来看，企业生产技术水平不一，但距离生产全自动化尚存在诸多困难，其中封装工艺和测试标定是压力传感器自动化生产的关键技术。

（3）存在的问题与建议

存在的问题如下：

1）部分核心零部件完全或大部分依赖进口，导致产品成本高、采购周期长等问题，特别是特殊时期，美国进口的零部件价格上涨、周期变长。

2）国内厂家技术与国外厂家存在较大的差距：医疗产品对于零部件的可靠性要求较高，国内厂家在产品的质量上与进口产品有较大的差距，或者仅局限于生产低端产品。

3）基础零部件企业技术积累周期长，容易陷入"质量低，用户少；用户少，质量无法提升"的恶性循环。

4）国外厂家进行技术和市场垄断，对国内厂家进行打压。国外厂家往往在国内厂家推出类似产品后就采取降价措施进行打压，国内厂家生产率较低。

建议有针对性、分阶段地实施核心零部件厂家扶持，针对医疗领域国产化程度低的零部件，由政府从政策、资金等方面重点扶持；引导零部件企业与整机企业加强研发合作，实现"在使用中改进，在改进中提高"，在部分领域逐步改变核心零部件依赖进口的现象。

三、血液透析装备及关键零部件技术发展趋势

（一）血液透析设备技术发展趋势

1. 血液透析设备简介

肾脏功能部分或者全部丧失的一种病理状态，一般可分为两种：急性和慢性。急性肾脏缺血及肾中毒、各种肾毒性物质，如药物、重金属毒物等，均可造成急性肾功能衰竭。而常见的肾脏疾病，主要为慢性肾脏疾病。慢性肾脏疾病（Chronic Kidney Disease，CKD）指的是由一系列因素所引起的慢性肾脏结构病变或者肾脏功能性障碍。近些年来，随着自然环境的恶化、药物的滥用、人口老龄化的增加以及其他因素等，CKD 的发病率逐年攀升，成为我国乃至全世界所面临的重要疾病之一。

随着缓慢持续性肾功能的损害及衰退，慢性肾脏疾病至晚期往往会发展为慢性肾功能衰竭（Chronic Renal Failure，CRF），CRF 会导致患者泌尿功能障碍、内环境紊乱等。同时还会对各个器官和系统造成不可逆的损伤。

终末期肾病（End-Stage Renal Disease，ESRD）指的是各种慢性肾脏疾病的终末期阶段，俗称"尿毒症"。终末期肾病患者的肾脏已无法完成人体正常的代谢，且无法自行排出人体内多余的水分和代谢废物，因此，接受肾脏替代治疗，或者通过人工血液净化疗法来延长生命是 ESRD 患者主要的治疗方式。但是这些治疗方式，不仅会增加患者

的经济负担，而且治疗后预后差，并且随着治疗时间的延长，其血液净化相关性不良反应及各种并发症也会随之增加，这严重影响了患者的治疗效果和生活质量，同时还会造成患者的心理负担和身体上的痛苦。

血液透析机是急慢性肾衰竭患者用于肾脏替代治疗的必用医疗设备。它将患者体内血液通过体外循环管路引入透析器内进行溶质交换，在浓度差的作用下，使患者由于肾功能衰竭积累的尿素、肌酐等废物交换至透析液中，而透析液中的碳酸氢盐、葡萄糖等机体所需物质被补充到血液中，再使血液返回至患者体内。透析这种肾脏替代疗法在人体外进行，代替了肾脏的部分功能，可达到清除患者体内新陈代谢废物，纠正水、电解质紊乱和调节酸碱失衡的治疗目的。

2. 血液透析的工作原理及系统结构

（1）工作原理 血液透析机是一种较为复杂的医疗设备，它主要由体外循环通路、透析液通路以及基于微电脑控制监测系统组成。简单来说，由血路、水路及电路三部分构成。在血液透析过程中，血液透析机接受操作人员指令，负责控制及监测透析液通路和血液通路的各种参数，以保证整个透析过程可以持续、安全地进行。

1）体外血液循环回路。体外血液循环回路的目的是使患者的血液可以安全地引出体外，进入透析器，并返回患者体内，如图2-155所示。

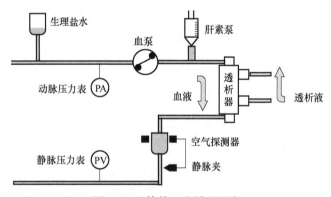

图2-155 体外血液循环回路

2）透析液通路。在透析液通路内可得到适当温度、浓度、压力及流速的透析液进入透析器，与透析器膜对侧患者血液发生弥散、对流、超滤等透析基本过程，并以适当的速度移除患者体内多余的水分。不同于体外循环回路，各个厂家对透析液通路设计差异较大，图2-156给出的是透析液通路一般流程框图。

3）微电脑控制监测系统。微电脑控制监测系统是血透机的"大脑"，它负责接受操作人员通过操作面板输入的指令，处理来自水路及血路上所有传感器的信号，按照预先编制的程序，进入开环（无传感器）或闭环（有传感器）控制，由执行器件，如泵、电磁阀等控制透析参数，如图2-157所示。

（2）系统结构

血液透析（Hemodialysis，HD）指的是运用膜平衡的工作原理，将病人的血液引出

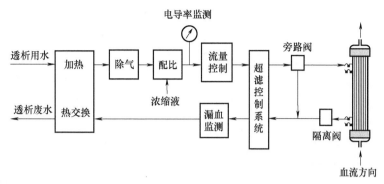

图 2-156 透析液通路一般流程

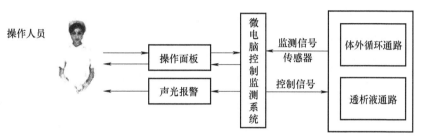

图 2-157 微电脑控制监测系统

体外，在透析器中和含有化学成分的透析液分布在透析膜的两侧，运用弥散、对流的方式进行物质交换，小分子可透过透析膜做跨膜运动，使病人体内积累的毒素、有害的致病因子等物质得到清除。由于血液透析中透析器所使用的透析膜平均孔径只有 3nm 左右，因此，该透析膜只可使相对分子质量小于 15 kDa 的水溶性物质（小分子或部分中分子毒素）通过，而大分子毒素（包括蛋白结合毒素等）则不可通过透析膜达到清除。血液透析一般适用于急性、慢性肾功能衰竭，急性药物中毒，肝脏疾病等的治疗，同时还可用于调节肝病患者的电解质紊乱及酸碱失调。血液透析示意图如图 2-158 所示。血液透析指标见表 2-34。

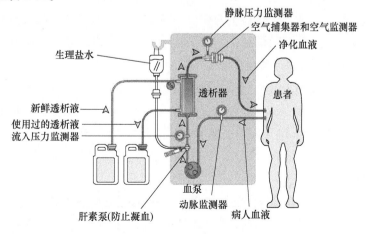

图 2-158 血液透析示意图

表 2-34 血液透析指标

序号	重要指标	单泵血液透析设备范围和精度	双泵血液透析设备范围和精度
1	透析液流量设定范围	0~300mL/min 和 0~500mL/min，透析液流量的负误差不宜低于-10%	100~1000mL/min，透析液流量的负误差不宜低于-10%
2	血泵流量设定范围	30~500mL/min，血液流量的负误差不宜低于-10%	30~600mL/min，血液流量的负误差不宜低于-10%
3	脱水速度设定范围（超滤率）	0~2.0L/h，脱水允许误差为±5%或±100mL/h，两者取绝对值大者	0~4.0L/h，脱水允许误差为±5%或±100mL/h，两者取绝对值大者
4	肝素泵注入设定范围	0.5~10mL/h	0.5~10mL/h
5	透析液和置换液的温度设定范围	35~39℃，对透析液的加热：在35~38℃范围内，控温精度为±0.5℃	34~39℃，对透析液的加热：在35~38℃范围内，控温精度为±0.5℃
6	静脉压的指示范围	-60~520mmHg	-100~500mmHg
7	动脉压的指示范围	-300~280mmHg	-300~300mmHg
8	跨膜压的指示范围	-60~520mmHg	-100~400mmHg
9	置换液流量设定范围	—	25~600mL/min
10	透析液浓度（电导率）标尺显示范围	12.8~15.7mS/cm	12.8~15.7mS/cm

3. 血液透析设备的分类

自 1913 年约翰斯·霍普金斯大学医学部药理学科的 Abel 及其同事制造出第一台活体弥散（Vividiffusion）装置，至今已有百余年的历史。而透析器也经历了由蟠管型、平板型，到中空纤维型的发展。同时，随着高通透性膜的发展，20世纪80年代中期出现了高通量透析技术，要求透析器膜的孔径和面积较大、膜较薄、对水和溶质的通透性高、超滤系数大，不仅能有效清除中小分子毒素，而且能通过对流、吸附方式清除部分低分子量蛋白，改善透析患者的生存率。

目前，关于如何提高小分子溶质清除率的研究，集中在改善透析液在空心纤维中的流动特性，选择合适的空心纤维分布密度及曲线设计。通过这些设计可使小分子溶质的清除率提高10%左右。但 HEMO 研究结果显示，增加小分子溶质的清除率，即使单室模型尿素从 1.25KT/V 增加到 1.65KT/V 也不能改善患者预后，因此再进一步增加小分子溶质的清除似乎临床意义不大。

为降低心血管并发症的发生率及死亡率，从而降低透析患者的远期并发症，HEMO 研究建议应增加大分子溶质的清除，如 β2-微球蛋白。而增加大分子溶质的清除，目前有两种途径：①更换透析模式，如血液透析滤过（Hemodiafiltration，HDF），采用高通透性的透析器并加强对流的方式清除；②在现有血液透析的基础上，研究如何加强超滤，以增加对流清除。

简而言之，当前市面上血液透析设备以其清除毒素的种类多少及原理的不同，通常分为两类：①血液透析机，俗称单泵机，主要以弥散的方式清除小分子毒素；②血液透析滤过机，俗称双泵机，以弥散和对流的方式清除小分子及中分子毒素。

4. 血液透析行业的发展现状

经过上百年的创新和研发，目前市场上的血液透析机集计算机、电子、机械、流体力学、生物化学、光学、声学技术于一体，技术先进，质量可靠，操作方便，使用安全。血液透析机可以显示所有的治疗参数，报警原因、报警部位、处理方式，并能记录整个治疗过程中的所有数据，实现了真正的人机对话。

每个年代临床未满足的需求都在驱动着透析技术的发展；科技的进步推动了透析治疗技术的不断更新和迭代，以更好地满足临床需求，提高了治疗可及性；随着时代演进，新需求又涌现，周而复始，透析技术不断创新发展。血液透析技术与功能发展历史如图 2-159 所示。

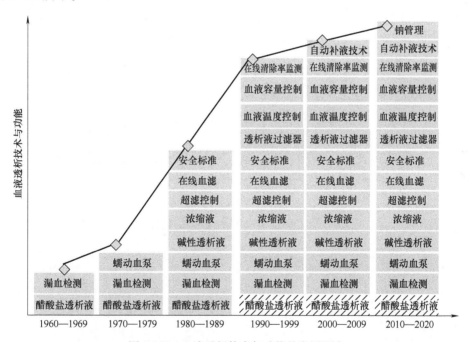

图 2-159 血液透析技术与功能的发展历史

血液透析产业主要涉及两部分：一是以透析机为主的医疗设备；二是以透析器、灌流器、透析粉液、体外循环管路为主的耗材。

设备方面，国内企业已具备一定的自主研发能力，实现了透析机国产化，但是技术性能方面与国外企业相比还有较大差距。由于部分进口血液透析设备价格也较低，国产产品在价格方面并不占太多优势，再加上进口血液透析设备技术更为成熟稳定，当前进口血透机的一些提高疗效或保障透析安全的功能，在国内血透机上还未实现，尤其是对于血液透析滤过机（HDF 双泵机）。例如先进的自动补液技术，一些进口设备可以通过评估透析器中空纤维血流波动压力信号及跨膜压，自动实时调整置换液速率，在提高置换液量的同时，降低凝血风险，从而安全地实现了更多毒素的清除。这些提高疗效及安全保障的功能使得许多对价格不敏感的大中型医院仍倾向于使用进口产品。

因此，未来国产透析机主要的市场机会或在大量的新增市场，尤其在基层医疗机构。

5. 血液透析临床应用现状

近年来，我国终末期肾病发病率逐年增长并增幅加快，增长速度远远高于人口增速，每年约有 2% 的患者进入终末期。进入终末期的患者需要进行肾脏替代治疗（Renal Replacement Therapy，RRT），主要有三种方式：肾移植（Renal Transplantation，RT）、血液透析、腹膜透析（Peritoneal Dialysis，PD）。据中国肾脏病数据网络（CK-NET）报告，我国接受 RRT 的 ESRD 发病率为 122.19/百万人口，患病率已达 442.13/百万人口。据全国血液净化病例信息登记系统（www.cnrds.net）的数据显示，对于透析患者，血液透析是主要的治疗方式，超过 80%。截至 2019 年，中国大陆有 6362 家血液透析中心，共约 632653 名血液透析患者，如图 2-160 所示。我国血液净化登记病例如图 2-161 所示。

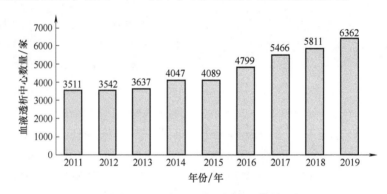

图 2-160　我国血液透析中心数量

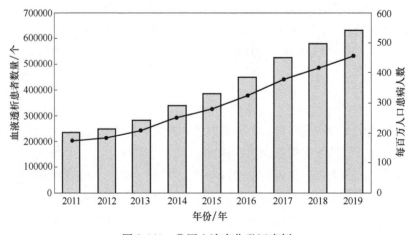

图 2-161　我国血液净化登记病例

第二章 典型医疗装备产业技术发展趋势

随着技术的发展和对中大分子尿毒症毒素的认识，以对流清除毒素为主的治疗模式血液滤过（Hemofiltration，HF）得以发展。后来出现了联合对流与弥散的治疗模式血液透析滤过（Hemodiafiltration，HDF）。HDF 是通过高通量膜的透析器将体内过高的代谢产物清除的联合对流与弥散的治疗模式，通过超滤清除水分，要求置换液无菌、无热源，在线 HDF 治疗需要血液透析滤过设备支持。在线生成的置换液是通过细菌和内毒素过滤器对透析液进行过滤产生，要求机器和过滤器生产商提供清晰准确的过滤器消毒、检测及更换的流程。目前中国大陆地区 HDF 治疗占比约为 10%。

6. 血液透析主要技术进展及趋势

血液温度监测器（Blood Temperature Monitor，BTM）用以调整透析过程中的热量平衡，大量研究证实，对于循环不稳定的患者，提供可控的热能负平衡将对透析期间血管的稳定性起到积极的作用。运用温度控制功能，可以避免治疗期间一些非生理性的、对血管负反应的，乃至至今尚未被注意到的由体温变化引起的危害。为了确保透析治疗的有效性，患者的血管通路需要正常工作，这可以通过 BTM 测量再循环进行监测。费森尤斯的 BTM 利用热稀释方法来进行再循环测量。

血容量监测器（Blood Volume Monitor，BVM）选项用于测量相对血容量、测定红细胞压积和血红蛋白，以及自动控制超滤率。症状性低血压时，血压常不可预料地突然下降，往往伴有抽搐、恶心、头晕和呕吐，极少数患者意识丧失，这是当前约 20% 血液透析患者常发生的几种严重的并发症。尽管导致症状性低血压的机制是复杂和多因素的，但是超滤导致血容量下降是血压不稳定的重要因素。为防止体液过量清除，连续相对血容量测量允许超滤控制，在预定的目标范围内具有灵活的超滤目标。低血压时间更多发生于透析后半部分，尤其接近结束。当患者达到他们的干体重时，发生症状性低血压的一个重要机制是因快速超滤并不能为当时的患者毛细血管再充盈率所代偿，即循环血量中的液体的清除多于从周围组织的再补充，有效血容量迅速下跌。利用 BVM 测量血容量可以监测患者体内是否还有过多的体液，这些体液是否用于再灌注血管，是否有足够的再充盈率，生理调节机制是否足以进行补偿。

在线清除率监控（Online Clearance Monitoring，OCM）可在治疗过程中对尿素平均有效清除率、透析剂量进行测定。若想提高患者的生活质量，重要的一点是透析的充分性，现在评价透析充分性使用的指标是尿素清除率（KT/V），通常是通过检测透析前、后的尿素氮值计算而得。

个体化透析是患者和临床医师追求的目标，可以极大方便患者和可以实现透析治疗个体化。个体化透析的参数很多，主要有个体化的透析液处方、个体化透析器的选择、抗凝方法、钠曲线、超滤曲线等。费森尤斯钠管理功能是体现个体化透析的一个功能。其用于测定和调节透析液与患者之间的钠转移。钠控制有利于血浆钠的维持（等渗透析）或有针对性地改变。要做到这一点，操作员必须指定血浆钠所需的变化。钠控制调节透析液中的钠浓度，以便在治疗结束时达到指定的预期变化。为了确定提供给患者或从患者体内移除的钠容量，该装置连续测量进出透析液的电导度，并用动力学模型确定钠平衡。电导度电池在治疗期间自动校准数次，以达到尽可能高的钠平衡精度。当钠控制打开时，透析液中的钠被调节，使患者的血浆钠达到操作员规定的治疗结束时的血浆钠变化目标。

7. 存在的问题及建议

血液透析机的发展日益成熟，人性化设计也很普及，作为治疗型设备，治疗的个性化、安全性能及模块化设计是每个生产厂家需要考虑的问题。根据每个病人的实际情况，能够提供不同的透析治疗方法是血液透析机发展的一个重要方向；为了提高血液透析的安全性，在工程方面，血液透析机的设计趋向于模块化设计，这就提高了机器的维护性能。再就是机器的网络化，每个厂家开放国际标准端口，使所有的机器联网，通过透析工作站能对所有的机器进行管理，监控每台机器的运行状态、诊断每台机器的故障，记录每个病人的数据，建立病人的治疗数据库，针对每个病人的情况进行个体化治疗。今后血液透析机的发展一定是向网络化、智能化和模块化发展。

目前，透析机处在迅速发展的时期，它的程序日益丰富，并逐步向模块化、网络化和智能化发展，主要体现在以下三个方面。

（1）在线生物反馈功能 针对实时在线生物反馈系统，各个厂家纷纷开发了相关技术。如费森尤斯的体温监测、容量监测、血压监测、尿素清除率系统，百特的尿素监测、血压监测系统等；Ultrasonic 和 Criteline 的超滤监测设备。这些技术主要可以更全面地确定透析清除率，避免无效再循环对透析清除率的影响，通过测量相对血容量的变化、血压变化、血氧饱和度等，可帮助患者平稳地达到干体重。但由于操作人员对新技术的掌握程度，以及医疗费用等方面的限制，目前此类技术还未得到广泛应用。但可以设想，随着技术的进步，实现在线生物反馈实则必然。

（2）个体化透析设计 由于个体之间存在差异，血液透析治疗也各不相同，如透析时间、透析模式、干体重、超滤率、钠离子浓度等。若要通过在线监测功能发现患者个体存在的差异性，那就需要透析处方的个体化。目前自动化的个体化设计主要通过患者处方卡实施，如百特公司的 Meridian、贝朗公司的 Dialog 等。新的透析机软件已出现，它可根据在线监测数据实时调整透析参数，但安全性尚待验证。个性化的高容量 HDF 疗法：费森尤斯的 AutoSub Plus 自动补液技术，可以通过评估透析器中空纤维血流波动压力信号及跨膜压，自动实时调整置换液速率，在提高置换液量的同时，降低凝血风险，实现患者在透析治疗中该个体该次治疗中所能达到的高容量，从而安全地实现了更多毒素的清除。

（3）更安全的功能设计 更安全的功能设计可帮助护士省力快捷地处理透析中的各种异常和紧急情况，保障患者安全。费森尤斯血液透析滤过机（HDF 双泵机）上的静脉通路监测可提高早期发现静脉针移位的概率，降低患者体外失血风险；紧急按钮能一键式智能自动终止超滤、自动进行血压测量、自动追加补液、自动降低有效血流量，帮助护士省力快捷地处理紧急情况，为患者的安全治疗保驾护航。

（4）家庭透析的兴起 家庭血液透析（Home Hemodialysis，HHD）是指在家中进行安全、高质量的血液透析治疗，这种治疗不仅可以减少交叉感染、有效节约时间和费用、改善临床指标及提高存活率，还可以使患者和家人生活在一起，提高生活质量和满意度，是一种未来的发展趋势。

（二）连续性血液净化机技术发展趋势

1. 连续性血液净化机简介

连续性肾脏替代治疗（Continuous Renal Replacement Therapy，CRRT）是指一组体外血液净化的治疗技术，是所有连续、缓慢清除水分和溶质治疗方式的总称。CRRT治疗的目的不仅仅局限于替代功能受损的肾脏，近来更扩展到常见危重疾病的急救，成为各种危重病救治中最重要的支持治疗措施之一。CRRT与普通血液透析和血液滤过一样，均运用弥散、对流的原理，主要是针对急性肾损伤（Acute Kidney Injury，AKI）等危重疾病进行救治，与间歇性血液透析或血液滤过相比，CRRT的血液循环更稳定，更加有利于肾功能的恢复，并可降低危重患者的病死率。

因此，连续性血液净化机的主要功能是根据医生的治疗方案，完成从基本的血液吸附、连续血液净化治疗，到相对复杂的血浆吸附、双重血浆置换等集成治疗模式，实现治疗目的。

2. 连续性血液净化机的工作原理及系统结构

（1）工作原理　连续性血液净化机的工作原理是利用动力（气压、蠕动泵驱动）实现血液、透析液、置换液、废液的流动控制，利用弥散、对流、超滤及吸附来清除血液中的溶质，实现血液净化的目的。

工作流程如下：开机并完成设备自检，安装一次性体外循环管路，连接滤器、透析液、置换液桶（或袋）、生理盐水袋（如果需要）、废液袋并完成管路排气及预冲洗，形成液体通路，进入循环模式，待患者准备好后，立即将动脉和静脉管路接入患者的外接导管，形成血液通路，治疗开始。血液从患者体内流出，进入动脉端，流经滤器，经过净化后从静脉端返回患者体内，透析液、置换液从透析液袋、置换液袋流出，流经滤器后经过废液口再流入废液桶（或袋）。

（2）系统结构　连续性血液净化机的外部结构一般由主机、体外血液循环模块、液体平衡系统、监控系统、温控模块、操作显示模块、电源、报警模块及扩展模块等组成。具有远程医疗功能的连续血液净化机还应有Wi-Fi/GPRS等上网模块，以及配合建立数据保护、收集、分析、辅助决策的支持系统。

3. 重要指标及范围

连续性血液净化机的重要指标包括：

1）稀释模式。主要稀释模式应当包含单独前稀释、单独后稀释、同时前后稀释。

2）透析液、置换液温度控制。控温范围为35~39℃，且不大于39℃，控温精度应不大于±3℃。

3）血泵控制。血流量范围30~450mL/min，可调幅度10mL/min，血泵精度±10%。

4）透析液、置换液流量控制。透析液、置换液流量范围1000~4000mL/h，可调幅度 10mL/min，透析液泵、置换液泵精度±10%。

5）体外循环管路凝血控制。由于连续工作时间长，因此连续血液净化机需要有防止凝血模块。

4. 连续性血液净化机的分类

按照血液净化原理和形式的不同，设备可分为血液透析滤过技术类、吸附技术类及血浆分离技术及血浆成分分离技术类。

血液透析滤过技术包含血液滤过技术及血液透析技术，血液滤过技术主要利用对流原理清除溶质，即依靠膜两侧的压力差，使溶质从压力高的一侧向压力低的一侧流动。血液滤过清除的溶质大小取决于所采用的血滤器或透析器的膜孔径大小，主要清除小于其标称的截留相对分子质量的溶质。血液滤过器的截留相对分子质量一般在 30kDa 左右，以血液滤过为主要工作方式的治疗技术有连续性静静脉血液滤过（Continuous Veno-Venous Hemofiltration，CVVH），也称作连续血液滤过（Continuous Hemofiltration，CHF）和缓慢连续性超滤（Slow Continuous Ultrafiltration，SCUF）等。血液透析技术主要利用弥散原理清除溶质，即依靠膜两侧的浓度差，使溶质从浓度高的一侧向浓度低的一侧流动。血液透析所能清除的溶质大小也取决于所采用的血滤器、透析器的截留相对分子质量。以血液透析为主要工作方式的治疗技术有间歇性血液透析（Intermittent Hemodialysis，IHD）、延长低效透析（Sustained Low Efficiency Dialysis，SLED）、连续性静静脉血液透析（Continuous Veno-Venous Hemodialysis，CVVHD），也称连续血液透析等。连续性静静脉血液透析滤过（Continuous Veno-Venous Hemodiafiltration，CVVHDF），也称连续血液透析滤过，同时利用了这两种技术。

吸附技术主要利用吸附原理来清除溶质。非特异性吸附技术所能清除的溶质范围比较广，包括大、中、小分子，其中以中分子溶质为主，对于黏附性较强的大分子或带有苯环的小分子溶质（如百草枯）也有比较强的吸附作用。免疫吸附是利用抗原抗体反应或特殊的理化性质将某种特定溶质吸附到吸附柱载体上的高选择性特异吸附。以吸附为主要工作方式的血液净化技术包括血液吸附（Hemadsorption，HA）、血浆吸附（Plasma Adsorption，PA）和免疫吸附（Immunoadsorption，IA）等。

血浆分离技术是指用血浆分离器将血浆从血液中分离出来的技术；而血浆成分分离技术是用血浆成分分离器进一步将血浆中的大分子蛋白与小分子蛋白分离开来的技术。从本质上来讲，血浆分离技术和血浆成分分离技术均利用了对流的清除原理，只不过后者清除和分离的溶质为相对分子质量较大的血浆蛋白。

5. 连续性血液净化机的行业发展现状

1990 年，首台全自动专业 CRRT 设备是法国 Hospal 公司研发的 Prisma，此后随着 CRRT 技术的发展，国外品牌，包括费森尤斯 multiFiltrate 及 multiFiltratePRO、百特 Prismaflex、日机装 Aquarius、贝朗 Diapact、旭化成 PlasautoΣ 等，国内生产厂家，包括重庆山外山血液净化技术股份有限公司 SWS-5000、健帆生物科技集团股份有限公司 DX-10、北京伟力新世纪科技发展股份有限公司 WLXGX-8888 等，除了传统的 CRRT 治疗模式外，普遍还可开展血浆置换等治疗模式。

目前 CRRT 设备以进口为主，其中又以费森尤斯 multiFiltrate、multiFiltrate PRO 及百特 Prismaflex 占主导地位，占据了一半以上的市场；国产 CRRT 设备处于刚起步阶段，由于产品技术及设备稳定性等因素，以及耗材供应品种规格不齐全等原因受限，主要定位于中低端市场，占整体市场份额不足 10%，高端市场以进口设备为主。

6. 连续性血液净化机的临床应用现状

CRRT 是一种采用对流和弥散相结合的血液净化方式清除毒素和纠正电解质失衡，主要用于治疗急性肾损伤的技术。与间歇性血液透析不同，即患者按照规律的时间间隔接受规定时间内的治疗，CRRT 的最大特点是连续（超过 24h）、缓慢和等渗性清除液体与溶质，可更好地维持治疗过程中的血流动力学稳定。CRRT 是危重病患者的重要生命支持体系。最近一项来自 97 个重症监护室 1800 多例患者的多国研究报告显示，57% 的患者在入院后一周内发生了急性肾损伤，39% 的患者发生了重度（2 期或 3 期）急性肾损伤，13.5% 的患者需要肾脏替代治疗，基于患者不同的临床需求，可采用 SCUF、CVVH、CVVHD 和 CVVHDF 等不同的 CRRT 模式进行治疗（见表 2-35）。但在治疗过程中，往往会因滤器凝血、机器故障等原因导致治疗中断（也即 CRRT 连续性的优势被削弱），使得 CRRT 的最终达成或交付剂量小于处方剂量，患者无法获得理想的治疗效果，因而充分抗凝和保障 CRRT 机器的性能至关重要。

表 2-35 不同 CRRT 治疗模式间的比较

治疗模式	SCUF	CVVH	CVVHD	CVVHDF
主要机制	超滤	对流	弥散	弥散和对流
治疗时间	连续	连续	连续	连续
血流速	100mL/min	50~300mL/min	50~300mL/min	50~300mL/min
透析液	无	无	500~4000mL/h	500~4000mL/h
置换液	无	500~4000mL/h	无	500~4000mL/h
抗凝	肝素、枸橼酸、无	肝素、枸橼酸、无	肝素、枸橼酸、无	肝素、枸橼酸、无

尽管 CRRT 通常与 AKI 的治疗相关，但其也具有许多非肾脏治疗的适应证（见表 2-36），与标准 IHD 相比，CRRT 具有清除中、高相对分子质量物质（≤50kDa）的潜在能力（取决于使用的透析器）。CRRT 的这一特性使其应用范围超出了传统的尿毒症毒素清除，扩展至可能需要清除非尿毒症物质的情况，如横纹肌溶解症中的肌红蛋白（经血浆置换清除）或脓毒症中的细胞因子（经血浆吸附清除）。近 10 年来，无 CRRT 用于非肾脏适应症成人治疗率的研究报告。一项纳入 2000—2005 年 344 例 CRRT 患儿的登记研究中，非肾脏适应证（如尿素循环障碍的先天性代谢缺陷、误食毒物清除和肿瘤溶解综合征）占所有 CRRT 治疗数量的 14.5%。

表 2-36 CRRT 的肾脏和非肾脏治疗适应证

肾　　脏	非　肾　脏
利尿剂治疗无效的液体超负荷	可透析的药物、毒物过量
难治性高钾血症	肝衰竭（氨升高）
尿素水平快速升高（>30mmol/L）	需要大量血液制品治疗但有发生肺水肿或急性呼吸窘迫综合征风险的患者
酸中毒（pH 7.1）	心力衰竭伴重度容量超负荷或肺水肿
少尿（<200mL/12h）或无尿（<50mL/12h）	体温过高和过低
尿毒症并发症，如出血、心包炎、脑病	

7. 连续血液净化装备主要技术进展及趋势

1945 年，荷兰学者 Willem Johan Kolff 利用自己设计的转鼓式人工肾脏成功治疗了 1 例急性胆囊炎伴急性肾功能衰竭患者，这是第一例由人工肾脏成功救活的急性肾功能衰竭患者。

1960 年，美国学者 Scrihner 等首先提出了连续性血液净化概念，即缓慢、连续地清除水和溶质的治疗方法。

到 1983 年末，CRRT 经过约 20 年探索之后，已经由初期以心脏作为动力泵、以动静脉压力差作为驱动力的模式，发展为单一血泵、辅助体外循环的模式，并研制出将血泵、置换液泵、超滤泵及透析液泵整合为一体，专为进行 CRRT 而设计的床旁机。

1995 年，首届国际 CRRT 会议在美国圣地亚哥正式举行，会上确认了 CRRT 的定义，即采用每天 24h 或接近 24h 的一种长时间、连续的体外血液净化疗法以替代受损肾功能。

2004 年，第九届美国圣地亚哥 CRRT 会议上，Ronco 教授把 CRRT 的治疗扩展为多器官支持疗法。随着连续性血液净化技术的问世与发展，CRRT 在急危重症等肾脏疾病及非肾脏疾病领域有了突飞猛进的发展。

发展趋势：

（1）精准医疗、大数据与 CRRT　精准医疗是基于基因差异、环境和生活方式的创新方法。精准 CRRT 则是要通过使用患者特别的信息达到 CRRT 的应用和 CRRT 处方的个体化。这些信息将包括炎症反应、氧化应激、基因构成、血流动力学、合并症和患者接受的治疗等诸多方面。同时，CRRT 设备本身对于治疗剂量的有效达成及治疗的稳定性有着越来越高的要求，更少的治疗中断，如大称重量、关爱模式、下次干预事项提醒等，能有效减少治疗中断时间及频率，达成更高的治疗剂量。

大数据不同于大样本，所获的信息将更加丰富。大数据的研究方法对今后的精准医疗将会提供一定帮助。

（2）有关 CRRT 的其他研究方向　今后的研究方向可能还包括体内微流体学、设备小型化、生物人工设备、新型吸附技术、纳米技术和改进及推广可穿戴、可移动设备等。未来将要求能在一台界面友好、参数和处方可调的设备上实现多个器官功能的支持，从而通过使用不同的一次性套装耗材实现不同的治疗需求。新一代的 CRRT 设备应该能在不同的医院和条件中被不同操作者使用。

8. 存在的问题及建议

1) 收付费问题。连续血液净化按小时收费，全国各地收费差异巨大，从 20 元/h ~ 281 元/h，全国中位数为 100 元/h；并且主要耗材管路和滤器还有 40% 的省份无法报销；置换液属于药品，但没有纳入国家医保目录，每天连续透析用量极大，但临床上无法进行报销。

建议收费过低的地区能够测算当地 CRRT 运行成本价格，适当提高收费，并对主要耗材滤器和管路按比例进行报销，降低患者负担。

2) 监测与控制。在目前的连续性血液净化设备上，在病人进行连续性血液净化治疗的过程中，缺乏对病人血容量、血气相关的病人生理指标的监测和监控，使得在使用 CRRT 治疗过程中完全凭借医生经验进行治疗，很难减少或者避免治疗过程中病人症状的发生。虽然目前有一些厂家给出了在连续性血液净化设备使用过程中通过辅助设备进行病人血容量等相关生理参数监测的解决方案，但由于需要额外的操作，并且需要付出额外的成本。所以一体式的能够通过连续血液净化设备本身去监测并反馈在治疗过程中的病人的相关生理参数的变化，并通过参数变化自动调整治疗方案的技术应是今后连续血液净化设备的发展趋势，并且在技术上也不是很难实现。

（三）血液透析装备关键零部件技术发展趋势

1. 血液透析机零部件

血液透析机的零部件主要有电导率传感器和漏血传感器。

（1）电导率传感器

1) 行业发展现状。电导率是包括溶液、金属或气体等所有材料通过电流的能力。电导率测量是一种非常广泛和有用的方法，特别是用于质量控制目的。水纯度监测、饮用水和工艺水质量的控制、溶液中离子总数的估计或工艺溶液中组分的直接测量都可以使用电导率测量来执行。

血液透析设备是救治急慢性肾功能衰竭的设备，在治疗尿毒症、急性心衰竭及中毒抢救方面发挥着重要作用，其是否正常运行直接关系到病人的治疗效果甚至生命安全。由于受环境、水质、机械性能等因素的影响，最终配制出的透析液往往不尽如人意。为了病人的安全和更好的治疗效果，必须定期对透析液电导率进行校正。电导率实际上是测量导体能力的一个参数，应用在血液透析设备上时将透析液作为导体，通过电导率传感器间接地反应透析液离子浓度。电导率测量的准确性对病人的健康有非常重要的意义。

电导率传感器的高可靠性、灵敏度和相对较低的成本，使电导率成为任何良好监测程序的潜在主要参数。有些应用是以电阻率（电导率的倒数）为单位来测量的。还有一些应用需要测量总溶解固体（Total Dissolved Solids，TDS），TDS 与电导率有关，取决于离子的水平和类型。电导率测量范围很广,从小于 $1×10^{-7}$ S/cm 的纯水到大于 1 S/cm 的浓缩溶液。

一般来说,测量电导率是一种快速而廉价的测定溶液离子浓度的方法。然而,这是一种非特异性技术,无法区分不同类型的离子,而是给出一个与所有存在离子的综合效应成比例的读数。

2)主要技术进展及优势。电导率的测量可以通过将交流电 i 加到浸在溶液中的两个电极上并测量产生的电压 U 来实现。在这个过程中,阳离子迁移到负极,阴离子迁移到正极(见图 2-162),溶液就充当了电导体。

电导率通常是在电解质的水溶液中测量。电解质是含有离子的物质,即离子盐或在溶液中电离的化合物的溶液。电解质包括酸、碱和盐,可强可弱。大多数测量的导电溶液是水溶液,因为水具有稳定离子的能力,形成的过程称为溶剂化。

典型的电导率测试仪是将最佳频率的交流电 I 施加到两个有源电极上,测量电势 U。电流和电压都用来计算电导(I/U)。电导率测试仪然后使用电导和电极常数来显示电导率。电导率测试仪简图如图 2-163 所示。

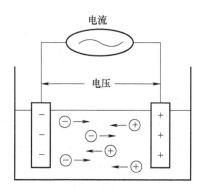

图 2-162 离子在溶液中的迁移

电导率=电极常数×电导

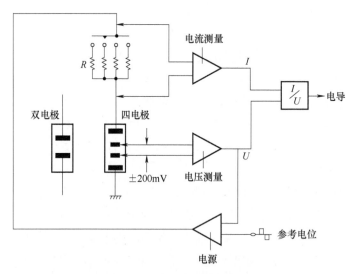

图 2-163 电导率测试仪简图

电导电极一般分为二电极式和多电极式。

在传统的二电极式电导电极中,在两极之间施加交流电并测量产生的电压。目的只是测量溶液电阻 R_{sol}。然而,由于电极极化和场效应引起的电阻 R_{el} 干扰了测量,因此需

要对 R_{sol} 和 R_{el} 进行测量。使用二电极式电导电极的优势在于：容易维护，与换样器配合使用（无携带），经济性较好，适用于黏性介质或带有悬浮物的样品。二电极式电导电极简图如图 2-164 所示。

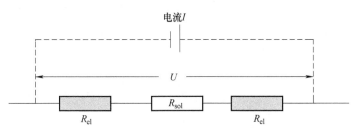

图 2-164　二电极式电导电极简图

三电极式电导电极现在不像四电极式那样受欢迎了。三电极式的优点是第三个电极与第一电极允许磁力线以最优的方式引导和限制，可限制测量中的色散，尽量减少对测量的影响。当确定电极常数时，它保证了更好的再现性，因此有更多的再现结果。

在四电极式电导电极中，外圈（1 和 4）上施加电流，使内圈（2 和 3）之间保持恒定的电压差（见图 2-165）。由于测量电压的电流可以忽略不计，这两个电极不极化（$R_2=R_3=0$），电导率将与施加的电流成正比。带有外管的四极电极的几何形状使烧杯场效应最小化，因为测量体积在管内被很好地定义。因此，电导率电极在测量容器中的位置或样品体积对测量没有影响。

使用四电极式电导电极的优势在于：在很大的范围内电导率是线性的，便于不同量程的校准和测量；流式或浸入式电极，适用于高电导率的测量，如果电极电容补偿，可用于低电导率测量。

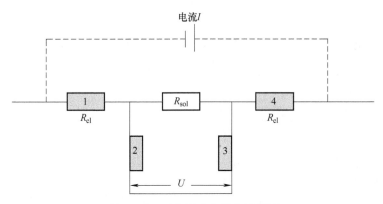

图 2-165　四电极式电导电极简图

在电极（板或环）上覆盖一层铂黑是另一种减少极化效应和避免测量误差的方法。这种方法使电极表面增大，电流密度减小，极化效应减小。因此，铂黑一定不能被损坏或划伤。然而，镀铂电极的一个小缺点是，电极常数往往比非镀铂电极常数漂移得更快，建议只在非黏性样品中使用镀铂电极。

导流型电导电极设计用于流量测量和小样品体积的测量。这些测量可以在不受空气影响的封闭液体系统中进行。如果要在纯水中进行测量,就必须使用流池。必须避免与空气接触,原因是空气中的二氧化碳会在水中形成碳酸氢离子,导致电导率的变化。

3)技术发展趋势。电极的数目和是否镀铂都会影响测量结果。随着极数的增加,电极保持线性的测量范围会变宽;铂极还有助于增加测量跨度。随着技术的发展和应用,以下因素在电导率测量时都会对结果产生影响。

① 电极极化。对溶液中的电极施加电流可能会导致电极表面附近离子物的聚集和表面上的化学反应。因此,电极表面会出现极化电阻,这可能会导致错误的结果。

可以通过以下方式减少或防止极化效应:

- 施加交流电:测量电流将流过电极的双层电容,而不是由于溶液电阻(R_{sol})在电极表面形成电压降,R_{el} 比 R_{sol} 小得多。
- 调整测量频率:频率必须与样品的电导率相适应。低频应用于低电导率,其中极化与溶液电阻(R_{sol})相比可以忽略不计。高频应用于高电导率,其中溶液电阻(R_{sol})是低的,以最小化极化电阻(R_{el})。
- 优化电极面积:增加电极的活性表面积与覆盖一层铂黑降低电流密度,从而减小极化效应。
- 使用四极电导电极:极化电阻对测量没有影响。

② 电极表面污染。二极式电导电极表面的沉积物与极化误差有类似的影响,即电导率读数比正常值低。这些影响也可以用四极式电导电极来防止。

③ 几何相关的误差——场效应。误差也可由场效应引起,即测量场的一部分落在二极电极的几何空间之外,如果有什么东西干扰了这些磁力线,例如烧杯壁,这些磁力线就会影响测量。三和四极式电导电极的设计可以将这种影响降到最低。如果整个测量场包含在电极体中,那么场误差就不能由烧杯壁引起。

④ 电缆阻抗。电缆有一定的长度,因此一定有电阻。电缆电阻会对结果产生影响,必须加以考虑。

补偿电缆电阻方法:

- 低溶液电阻(低于50Ω),即高电导率测量。
- 使用二或三极式电导电极进行测量。

电极的电缆电阻通常由制造商指定。对于四极电极,电缆电阻没有影响。

⑤ 电缆电容。屏蔽电缆的长度一定,电容也一定。当测量的电导较低(低于4μS)时,电缆电容不可忽略,必须加以考虑。

补偿电缆电容方法:

- 使用四极式电导电极。
- 低电导率测量。
- 电导池的电缆电容大于350pF,电缆电容通常由制造商指定。

4)存在的问题及建议

在使用电极式电导率传感器时，不可避免地存在一些问题。

为了降低电极极化带来的测量偏差，通常采取提高供电电源的频率、电极极板涂铂黑、加大电极板面积等方法。

为了消除电容效应，提高测量灵敏度，通常采取两种方法：一是加大液体电阻，这种方法不容易实现；二是提高频率，降低电容容抗，但频率的提高会受到一定的限制，一般是高阻时采用低频，低阻时采用高频。

多电极电导池要求对电极保护严格对称，并相对其他电极的距离固定，这对电极基座的加工提出了很高的要求。电极基座多采用高性能陶瓷材料制作，电极材料多采用高性能金属材料，二者膨胀性能存在较大差异，造成电极的烧结、封装困难。通常采用中间温度系数的过渡材料进行烧结，封装，但效果不是十分理想。

多电极与微电极成为电极型电导率传感器发展的方向之一。二电极式电导率传感器由于存在电极极化，其测量范围、测量精度受到极大的限制，多电极式电导率传感器在测量范围、测量精度方面均取得了突破。经过多年的研究开发，目前，四电极式的电导率传感器已经研制成功，并成功商业化。国家海洋技术中心已经开展了七电极式电导率传感器的研究与开发，并已经在电极结构设计、烧结、封装等方面取得了一定的成就。

电导率传感器与单片机技术、微机电系统技术结合，可实现电导率测量的自动化，使电导率测量的适应性和测量精度均获得提高。

优化激励信号的形式可使测量数据精度更高，采集速度更快。

在电极数目增加受到限制的情况下，可优化激励顺序，针对同一个电导率分布尽可能得到最多的独立测量数据。

由于电导率传感器电极具有一定的特殊性，因此对于制作电极材料有一定的要求：①良好的导电性能；②由于电极与被测介质之间发生化学或电化学反应会腐蚀电极表面，要求电极有稳定的化学特性。常用的电极材料有铂、不锈钢、铜、银等。铂是一种极好的电极材料，但价格较高。在实际应用中，一般采用不锈钢和金属铜作为电极材料。随着材料科学的发展和进步，一些新型的材料被用来加工电导率传感器电极，如导电陶瓷、钛合金等，取得了较好的效果。

（2）漏血传感器

1）行业发展现状。在连续性血液净化治疗过程中，常见的静脉端发生堵塞，会导致静脉压急剧升高，引起跨膜压升高，发生透析器破膜；或是透析器质量不合格或运输、贮存不当等都有可能导致治疗过程中出现破膜漏血，一旦发生漏血，严重时将威胁病人的生命安全。所以在CRRT治疗过程中实时监测体外循环的漏血情况是非常有必要的，漏血传感器成为连续血液净化设备的重要组成部件。

当透析液中有气泡、透析器破膜有血液溢出时，漏血传感器会及时报警，以保证治疗过程中患者的安全。在治疗开始前的自检过程中，当漏血传感器存在故障时，不能通过自检并无法开始治疗。当监测值在预定范围内，血液透析设备正常工作，漏血监测系统仍不断周期性地监测透析管路中是否存在血液，从而判断透析器是否破膜。

早年间，漏血传感器采用光电传感器，通过漏血造成废液中光线透过率的变化进行监测，易受管壁沉淀物影响而发生误报警。随后采用单色光源及颜色传感器来检测红光分量和白光分量，然后将传感器芯片的检测值传输给信号采集板，与参考值进行对比，以此来判断是否漏血。现代连续血液净化设备的漏血传感器主要采用发射红、绿双色光，用颜色传感器芯片采集数据的方式判断是否漏血，但由于很多原理的实现需要基于模拟电路的设计，复杂且灵敏度不高，影响了漏血检测的可靠性。

在规定方面，近些年对于连续性血液净化设备漏血监测的要求逐渐趋于严格。最新版的YY 0645—2018中的5.9节"漏血防护系统"规定：设备应有漏血防护系统，最大报警限值应小于或等于0.35mL/min（血液的HCT为32%）。

2）主要技术进展及优势。漏血传感器由发光侧和受光侧组合而成，基本原理是光学监测（见图2-166）。当漏血发生时，由于红细胞悬浮在透析液中，产生了遮光效果，受光侧接收到的光强度下降，继而电压下降，当电压下降一定幅度时就会发生漏血报警。最初的漏血传感器采用的是白光，但由于少量漏血对光的阻断效果很差，因此不是很灵敏。绿色是红色的补色，当绿色光被红色液体阻挡时，光强度下降最明显。所以当单一绿光被红色液体阻挡时，光强度下降最明显。所以用单一绿光作为检测光源，相对白光而言，电信号变化幅度更大，监测更加敏感。但是，透析液配置不合适，或者消毒不足时，蛋白附着、碳酸钙结晶的形成，仍然会导致受光侧输出的电信号强度下降。

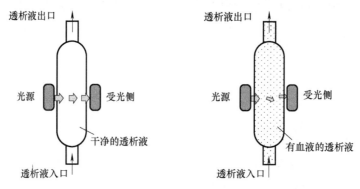

图2-166　漏血传感器原理示意图

为了避免误报警干扰治疗，早期透析机的漏血传感器在机器外表面相对容易操作的位置留有一个手孔，以便于操作者在假漏血报警时进入人为干预，进而拆开漏血传感器，擦拭内表面，解除假报警。现常用的透析机多采用双光源漏血传感器，也被一些销售人员夸张为抗污染的漏血传感器。实际上，并不是硬件本身有抗污染能力，而是检测的软件技术可避免污染导致的误报警。因为红光经过红色液体时，强度几乎不受干扰，所以，用红色光作为参考色。红光强度不变，绿光强度下降，判断为漏血；红光、绿光强度都下降，判断为漏血传感器污染。漏血传感器污染不会发生漏血报警，直至污染很严重，以至于会影响到漏血传感器监测性能时，才会提示漏血传感器脏污。即便这样，也不是漏血报警，不会要求操作者结束治疗。换言之，新型漏血传感器已经不需要拆开机器进行擦拭了。从设计角度来看，这种结构尽可能地避免了误报警。当漏血传感器脏污时，做一个完整的酸洗消毒即可。

随着漏血传感器技术的发展，模拟电路设计的漏血检测系统已经不能满足实际使用需求，数字化漏血传感器应运而生。数字化漏血传感器基于颜色传感器芯片设计红、绿双光检测漏血传感器，采用一个红、绿双色发光二极管作为检测光源，通过微处理器协同控制光源的颜色和颜色传感器接收到光的颜色，实现红、绿双色光检测的目的。

3) 技术发展趋势。漏血传感器位于透析溶液回路中透析器的下游，用于识别从透析器流出的透析溶液中的血液进入情况。在使用这种传感器时，会因气泡引起错误触发，因为不仅血液进入而且空气进入也会因为散射、折射、反射等引起信号衰减。有一种设计理念提出使用与传统漏血传感器不同的测量方法，检测与传统漏血传感器不同的测量参数。这种设计理念需要设置另外的传感器，这些另外的传感器的测量值受空气存在的影响，但是不受血液存在的影响或者最多轻微地受血液存在的影响，并在时间上以与漏血传感器信号相关联的信号，作为用于开始查错程序的抑制标准。数字化漏血传感器设计理念示意图如图2-167所示。

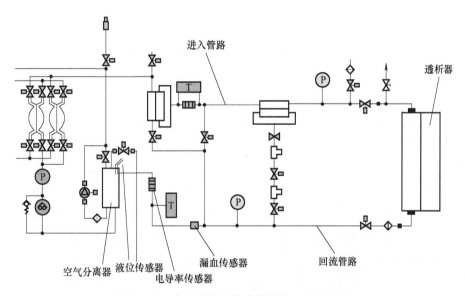

图2-167 数字化漏血传感器设计理念示意图

以上设计理念中的传感器，包含了电导率传感器。电导率传感器在透析液回路中的透析液下游，可用于在线尿素清除率监测（Online Clearance Monitoring，OCM）。由于处于透析液中的半透膜对于尿素的可穿透性与其对于电解质的可穿透性成固定比例，电导率传感器的信号充其量轻微地受血液进入的影响，这是因为血液有类似的电解质组成。相反，在空气进入的情况下则会引起电导率的暂时下降。

以上设计理念的一个实施方式是，在透析器下游设置空气分离器，并在空气分离器处设置空气探测器或液位传感器。空气分离器在透析液回路中的透析器下游一般都有配置。液位传感器的信号完全不受血液进入的影响,而是受空气进入的影响。

如果在电导率传感器和液位传感器处识别到时间关联性中的异常性,就能够推断出空气进入,至少可暂时抑制查错程序并且延长等待期,可以有效地避免错误触发;而在真实的有血液进入的情况下还可有效地触发查错程序,从而能以不变的程序确保治疗的可靠性。

4)存在的问题及建议。漏血误报警是临床上比较常见的问题,一般是由于管壁太脏,附着了一些沉淀物。解决办法是进行酸洗去除沉淀物质。另一个常见原因是漏血传感器本身的信号漂移,这时可在维修模式下,对漏血传感器进行校正。例如费森尤斯的4008系列设备,进入漏血传感器校准模式,将 Blood leakage voltage 和 Dimness voltage 调整到5V,将这两电压作为参考值的基准值。另外,环境光也会对受光侧的信号接收产生干扰,所以漏血传感器需要在装置结构方面做进一步的调整与改进,使其更加密封,减少环境光对接收信号的影响。另外,还需要解决由于气泡原因产生的漏血误报警问题。

目前市面上传统的CRRT设备均采用了血液透析、血液滤过、血液灌流等技术进行连续性肾脏替代治疗,这些技术在现有的漏血传感器设计及规定要求下使用没有任何问题。但随着临床需要,清除大分子物质,例如免疫球蛋白(主要是自身抗体)和促炎因子(冷冻球蛋白、脂蛋白、免疫复合物、免疫球蛋白轻链)等需求也日益增多。这些物质对于多种疾病的发病机制至关重要。此外,清除过量药物、毒物,减轻机体损伤等在临床上也存在需求,这就意味着现有的CRRT设备已无法满足治疗性血浆置换技术的需要。现阶段已有部分厂家在CRRT设备上使用了治疗性血浆置换技术来满足临床需求,这就带来了一个问题,对于一些胆红素过高的患者,过滤出来的废液会持续偏(红)黄色,现有的漏血传感器会在治疗性血浆置换技术下就会一直发生漏血传感器限值报警,在临床使用时,增加了医护人员的负担,同时还有可能造成医护人员忽视其他的报警。在这种治疗模式下,漏血传感器或者说漏血传感器报警可用性就不是那么强,相应的标准要求不是很适用。符合临床上进行治疗性血浆置换模式要求的漏血传感器或是漏血传感器报警处理技术有待面世。

目前临床仍然有很多漏血传感器的误报警,这些报警更多的是与操作者相关。发生漏血报警时,可先用肉眼观察透析器的透析液出口,如果观察到雾状、网状喷出(不一定能观察到红色),则为真实漏血,需更换透析器。现有的漏血传感器在误报警和漏报警处理上虽然已经有了很大的技术进步,但依旧可能会出现误报警和漏报警,还需要在现有的技术基础上进行更新升级。

2. 连续性血液净化机零部件

主要有 Ci-Ca 泵/肝素泵。

(1)行业发展现状 目前可用的抗凝方法大致有以下几种:普通肝素抗凝、枸橼酸盐局部抗凝、低分子肝素、局部肝素-鱼精蛋白、血小板抑制剂、凝血酶拮抗剂,生理盐水冲洗(无肝素)等。在CRRT中应用最多的抗凝手段仍旧是肝素抗凝,肝素抗凝

第二章 典型医疗装备产业技术发展趋势

有给药方便、有效、价廉、获得方便等优点，同时也存在代谢过程复杂，个体差异较大，肝素相关性血小板减少，出血风险增大等缺点。现阶段 CRRT 设备使用肝素泵进行推注肝素，肝素泵包含机架、步进电机，以及和转子相连的注射器推进结构等，步进电机作为注射器推进机构实现肝素泵注射的动力源。现阶段如何能够既保证有效的抗凝，又能使患者额外风险降至最低是这个行业需要着重考量的事。肝素抗凝示意图如图 2-168 所示。

（2）主要技术进展及优势　最近的一系列前瞻性试验表明，与肝素相比，局部枸橼酸盐抗凝可显著降低接受 CRRT 治疗患者的出血风险。枸橼酸盐可以满足血液净化抗凝需求，同时又对血液凝固系统影响较小，还具有生物相容性好，无肝素相关的血小板降低、白细胞减少等优点。枸橼酸盐能与血液中的钙离子结合生成螯合物，起到抗凝作用。大部分的枸橼酸钙可通过滤膜排至废液袋中，回流的枸橼酸钙在肝、肾、肌肉中进行代谢分解，重新释放至血液中，该种抗凝活动可逆，只要在血液中再加入足量的游离钙离子，凝血功能可即刻恢复。因此，未来肝素在 CRRT 抗凝中的使用将显著减少。此外，目前市面已研发出半自动输送枸橼酸的机器，使枸橼酸盐输注速率可以由设备软件调节，使用蠕动泵来进行枸橼酸盐滴和钙滴的注入，以枸橼酸滴计数器和钙滴计数器来控制枸橼酸盐和钙的输入量，以达到在 CRRT 治疗体外循环管路中进行抗凝，如图 2-169 所示。

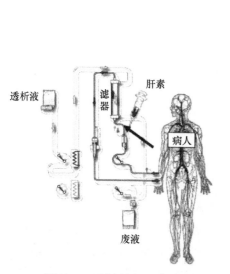

图 2-168　肝素抗凝示意图

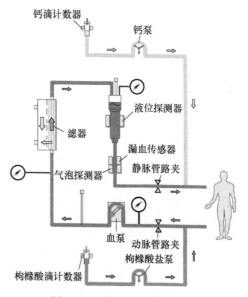

图 2-169　枸橼酸抗凝示意图

（3）技术发展趋势　局部枸橼酸抗凝的标准化方案及预充配方会是 CRRT 抗凝技术发展的新方向。在未来，CRRT 机器将提供更全自动的枸橼酸输注，同时抗凝膜也会被逐步开发，以减少或消除 CRRT 期间的抗凝需求。目前有消息称表面修饰版本的 AN69 膜已开发，但临床数据显示，可接受的 CRRT 期间执行无抗凝剂的可用透析回路仍然缺乏。最后,另一个与 CRRT 期间血栓形成有关的问题是导管。导管血栓形成是一种非常常见的治疗并发症,导致治疗量减少,并增加治疗成本。最近的数据表明,使用表面修饰过的导管（与标准的未经修饰的聚氨酯导管相比）可以延长导管的使用寿命,减少功能障碍（以血流量衡量）。未来,表面修饰导管将取得进一步的进展,从而减少导管相关的功能障碍。

目前,行业依旧是以减小在治疗过程中凝血的风险保证病人生命安全为首要需求,但任何一种抗凝的措施做不到完全防范凝血并且都存在其他的风险。寻找出一种既能在治疗过程中有效抗凝,又能不引入其他额外风险,类似于大出血或代谢性酸中毒等并发症的抗凝技术势在必行,新材料以及依托人工智能大数据对病人进行个体化定制的抗凝管理技术会是比较好的技术突破口。

(4) 存在问题及建议　在上述提到的所有抗凝技术中,没有任何一种抗凝技术是完全无副作用和并发症的,只要存在副作用或者并发症就都会对病人的生命安全产生威胁。目前在临床上虽然都在使用抗凝剂,但大多数都没有进行凝血状态评估,各类肾病患者间抗凝剂用量也没有明显差异,但就理论而言,不同的病患抗凝剂的应用需要精细调整和个体化实施,并且需要进行凝血指标检测和评估。在 CRRT 治疗中应不断完善和加强抗凝治疗和知识普及,亟待建立标准化和规范化的抗凝治疗方案,提高治疗质量和安全性。制造连续性血液净化设备的厂商应在现有基础上结合临床需求和未来可能的技术（包括大数据、人工智能和新材料等）加持,研发出能够针对不同的病人一键生成定制化治疗方案的设备,医生只需要输入病人相应的初始数据,在整个治疗过程中,设备会精准地根据当前病人的生理状态和生化指标,随时进行治疗方案的调整。

第九节　植介入医疗器械

一、心室辅助装置及关键零部件技术发展趋势

(一) 心室辅助装置技术发展趋势

有源植入医疗器械是附加值和风险等级非常高的高端医疗产品,兴起于美国,全球供应链在美国较为集中。高精度陶瓷部件、医用植入级电池和多股螺旋线及绞线是其中的关键零部件,我国长期以来严重依赖国外进口。有源植入医疗设备市场规模有限,多年来除了医疗设备的整机生产企业投入研发之外,很少有外部企业关注这一类需求,人力、物力投入严重不足,关键零部件技术一直没能取得突破。这一现状在一定程度上影响了高端医疗设备行业的发展与应用推广,高端医疗设备包括脑起搏器、迷走神经刺激器、骶神经刺激器、脊髓刺激器、心脏起搏器、心室辅助装置、人工耳蜗、视网膜假体等。

(二) 心室辅助装置零部件技术发展趋势

心室辅助装置 (Ventricular Assist Device, VAD) 也称人工心脏,用于弥补或代替

心脏的泵血功能，实现对心力衰竭患者的医治。VAD 的核心部件是一个以血液作为介质的机械泵（血泵），以旁路方式与心室、主动脉连接，将血液从心室输送到主动脉，使得患者的血液循环恢复到正常水平，即实现健康心脏的总体功能。

1. 行业发展现状

图 2-170、图 2-171 所示为苏州同心医疗科技股份有限公司研发的植入式左心室辅助装置 CH-VAD 的结构示意，包括血泵及整机组成。血泵中集成了泵、电机、轴承等部件，血泵通过一条经皮电缆与置于患者体外的控制器、可充电电池相连，这些体外部件可实现对血泵工作状态的显示和对血泵的持续供电。此外，整机系统包括用于操作体外控制器的监控器、对电池进行充电的充电器、用于携带体外部件的穿戴包等多个部件。目前，全球范围 VAD 年销售量还不足 1 万套，各 VAD 整机品牌的所有关键部件都由相应厂家独自设计开发，尚未形成明显的上、下游产业格局。

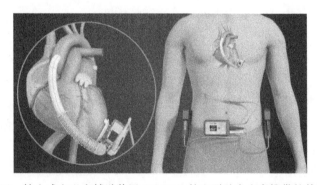

图 2-170 植入式左心室辅助装置 CH-VAD 的血泵及由患者携带的其他部件

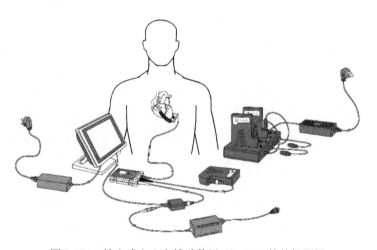

图 2-171 植入式左心室辅助装置 CH-VAD 的整机配置

VAD 新产品开发难度很大，虽然世界上有许多企业从事 VAD 产品研发，但是目前尚在临床应用阶段，且用量累计超过 1000 套的 VAD 产品仅有表 2-37 所列的 4 种，均由美国企业生产。

表 2-37 用量累计超过 1000 套的 VAD 产品

技术类别	机械接触轴承式	液力悬浮式		全磁悬浮式
公司	Abbott	Jarvik Heart	Medtronic	Abbott
产品	HeartMateⅡ	Jarvik 2000	HVAD	HeartMate3
累计使用量	>26600	>1072	>17000	>3500

由表 2-37 可知，市场上现有 VAD 产品按照血泵转子的支承方式分成机械接触轴承式、液力悬浮式和全磁悬浮式三类。目前，全球 VAD 市场基本上由 Abbott、Medtronic 垄断，且 Abbott 占据领先地位。Abbott 的老一代产品 HeartMateⅡ 于 2010 年获得美国 FDA 的市场销售许可，新一代产品 HeartMate3 于 2018 年获得 FDA 同类许可。随着 HeartMate3 的推出，HeartMateⅡ 将很快退出市场。Medtronic 的产品 HVAD 于 2017 年获得 FDA 许可。Jarvik Heart 的产品尚未完成美国的临床试验。

2. 主要技术进展及优势

全磁悬浮 VAD 具有显著提升血泵血液相容性的潜力，是目前技术研发的主流方向，但是其系统复杂，在小型化方面仍面临严峻挑战。近 40 年来，国际上针对全磁悬浮 VAD 的大量研发项目基本上都以失败告终，唯有 HeartMate3 和 CH-VAD 取得突破，将血泵尺寸缩小到了可以植入人体胸腔的程度。CH-VAD 更是通过独创的磁悬浮专利结构，使得血泵尺寸相比 HeartMate3 进一步显著缩小，成为目前世界上最小的全磁悬浮 VAD。CH-VAD 的血泵直径 50mm，厚度 26mm，而 HeartMate3 的血泵直径 55mm，厚度 33mm。同时，CH-VAD 具备比 HeartMate3 明显更强的磁悬浮承载能力，使得携带者从事剧烈运动时转子悬浮间隙仍然保持稳定，为实现优越的血液相容性奠定了基础。

CH-VAD 还有一个特点是结合特有的磁悬浮结构，设计了独特的血泵内的流道，既能保证泵内各处均实现充分流动冲刷，与 HeartMate3 相比，又显著降低了泵内的流场剪应力水平，改善了流场品质（避免滞流、湍流等），有望较为理想地实现提升血液相容性的预期效果。虽然血液相容性最终需要通过大规模临床试验加以评价，但是已有流体力学分析、体外测试、动物试验以及初步临床试验都显示，CH-VAD 不仅具备比全磁悬浮以外的其他类型 VAD 更好的血液相容性，而且有可能在血液相容性上超越同类的 HeartMate3。

此外，CH-VAD 通过电子电路设计创新，实现了对血泵直流供电，将经皮电缆中的导线数量由行业内普遍采用的 6 根减为 4 根。这一专利技术使得 CH-VAD 成为所有植入式 VAD 中包含导线最少、最细、最柔软的经皮电缆，这将有助于显著降低经皮电缆引起的感染，并提高系统的可靠性。

3. 技术发展趋势

植入式心室辅助装置将向着提升以下关键性能的方向发展：血液相容性、植入侵犯性、电力供应、可靠性等。目前，面临的血液相容性问题主要包括泵内血栓形成、脑中风、异常出血（凝血机制受损）等，这些问题都源于血液在流经血泵过程中受到的刺激和机械损伤；植入侵犯性取决于血泵的大小和形状；血泵的功耗很高，必须借助置于体外的可充电电池供电，难免造成患者行动不便，同时带来安全性问题（包括感染等生物学安全性问题）；VAD 系统的可靠性和耐久性因产品设计而异，通常需达到无故障连续工作 10 年以上。

VAD 的血液相容性主要取决于血泵中血液流动的流场品质（滞留区、高剪应力区等），而流场品质取决于血泵中叶轮转子的支承方式。采用机械接触轴承的血泵，轴承部位的血栓发生率较高。采用液力悬浮的血泵，患者的中风发生率较高，其原因可能是液力悬浮的悬浮间隙很小、其中的流场剪应力很高造成较大的血液损伤。全磁悬浮的血泵完全消除了转子与泵壳间的物理接触，为设计出泵内处处通畅的流动冲刷创造了条件，同时其悬浮间隙相比液力悬浮大大增加，可以避免悬浮间隙中剪应力过高的问题。因此，全磁悬浮技术开辟了将血液相容性提升到一个新台阶的发展空间。但是，全磁悬浮需要复杂的系统构成，导致设计优化的难度加大，在微小型化、可靠性等方面面临更大挑战。历史上全磁悬浮式 VAD 的发展曾历经挫折，直至 Thoratec（目前的 Abbott）公司的超小型全磁悬浮式血泵取得成功，终于使得全磁悬浮式 VAD 得到临床认可，继而显示出比其他类型 VAD 更强的市场竞争力。超小型全磁悬浮式 VAD 已成为当前业界十分看好的技术方向。

行业内普遍采用贯穿皮肤的经皮电缆实现血泵的电力供应。电缆穿出皮肤部位的感染是临床上一项主要不良事件，而电缆经长期使用后的损坏，又成为制约系统耐久性的关键因素，未来技术将致力于降低电缆粗度和硬度、提高耐久性。替代电缆供电的另一种供电方式是采用无线电力传输，这是一条非常具有吸引力的技术途径，但是目前还面临一系列安全性和便携性难题，有待突破。

由于血泵的植入手术仍具有较大侵犯性，加上现有 VAD 有关血液相容性等的严重不良事件发生率仍然偏高，目前 VAD 还只能被严重的终末期心力衰竭患者接受。但是随着技术的进步，VAD 的应用范围将会扩大到更早期的心力衰竭患者人群。顺应这一需求，研究开发更小的血泵及侵犯性更低的植入方式，是行业关注的重要发展目标。

此外，随着 VAD 的使用期限越来越长，通过对包括冗余设计在内的多方面内容进行改进，提升系统的可靠性、耐久性，也是未来技术发展的一个主要方向。

4. 存在的问题与建议

植入式 VAD 新产品开发难度极大，并面临严峻竞争，国际上因开发周期冗长、资金难以为继而宣告失败者不胜枚举。药监部门的审评周期和临床试验周期占据产品开发周期的重要部分，因此加快审评进程、采纳科学合理的临床试验风险管理，对于保障 VAD 创新成功具有极其重要的意义。

VAD 的使用对象是没有其他治疗手段可以挽救生命的心力衰竭患者，因此不同于心脏起搏器等已经大规模应用的医疗器械，VAD 对公众可能造成的风险相对是很低的。现阶段药监部门对于 VAD 的安全性、有效性的要求，只要保证其临床应用的收益大于风险即可，不必拔高。另外，在美国，VAD 的临床试验由保险机构支付所有费用，厂家通过临床试验可以获得可观的收入，因此各方都易于接受较大规模的临床试验。但在我国，目前还难以实施相同的制度，大规模的临床试验，在周期和资金投入方面都是企业很难承受的。建议我国学术界和药监部门通力合作，根据国情、临床需求、患者的风险承受能力、国内产业现状等具体情况，设定合理的临床试验规模，助力行业健康发展，促进我国的人工心脏事业发展，以跻身国际先进行列。

二、神经电刺激植入体及关键零部件技术发展趋势

1. 行业发展现状

神经电刺激植入体被广泛应用于恢复人体的各种功能。

（1）人工耳蜗　人工耳蜗是一种典型的植入式神经电刺激器。人工耳蜗能够帮助重度耳聋患者重新获得听力。人工耳蜗主要用于感音性耳聋的患者，其市场平均售价大约在 15 万元人民币/台。

（2）人工视觉　人工视觉是另一种神经电刺激器。人工视觉是在视网膜色素变性致盲病人的视网膜上植入电极，对视网膜上的神经节细胞进行电刺激，以在大脑的视皮层上产生视觉。

人工视觉目前还没有在中国上市，但是从 2015 年开始，此类产品已经获得美国 FDA 和欧盟批准上市，目前市场售价是 15 万美元/台。

2. 主要技术进展及优势

神经电刺激植入体中一个关键零部件是密封馈通。植入体中的神经电刺激特定芯片要在人体内长期有效安全工作，需要金属壳体来保护。壳体内不能有任何水气泄漏。芯片与壳体外的电极和线圈连接需要通过密封馈通来完成。密封馈通能够可靠地连接电极和线圈，传输神经电刺激信号，隔绝水气进入植入体，防止造成芯片腐蚀。要保证植入体在人体内长期工作几十年，密封馈通的泄漏率要小于 1×10^{-10} Pa·m^3/s。要达到如此低的泄漏率，从固体材料的气体渗透性可以看出，密封馈通的最佳材料是陶瓷和金属。陶瓷可以用于密封馈通中的绝缘材料，金属可用于密封馈通中的导电材料。

对于植入人体的陶瓷、金属密封馈通，金属材料一般采用钛合金、铂铱合金和黄金等贵金，以确保其长期稳定性和生物兼容可靠性。

陶瓷、金属密封馈通是由黄金焊料在约 1000℃ 高温下烧结而成。由于陶瓷、金属密封馈通制造工艺复杂艰难，此零部件成为神经电刺激植入体的一个瓶颈。目前只有美国两家生产厂家可以提供可靠的能长期植入人体的陶瓷、金属密封馈通零部件。该零部件价格昂贵，材料成本约占整个植入体的 1/3。

掌握黄金焊料烧结技术，开发可植入的国产陶瓷、金属密封馈通零部件对产业整体发展具有重大意义。

参 考 文 献

[1] 毓星，崔崤峣，轩辕凯，等. 掌上超声设备在医学健康领域的应用与发展 [J]. 中

国医学装备, 2017 (7): 144-147.

[2] 朱天刚. 掌上超声设备的发展与临床应用 [J]. 中国医疗设备, 2013, 28 (9): 67-68, 38.

[3] MARHOFER P, GREHER M, KAPRAL S. Ultrasound guidance in regional anaesthesia [J]. British journal of anaesthesia, 2005, 94 (1): 7-17.

[4] 汤月华. 医学超声穿刺导航的实时定位及软组织建模研究 [D]. 杭州: 浙江大学, 2012.

[5] 金霄雷. 半自动静脉穿刺器: 01261213.8 [P]. 2002-08-07.

[6] 于琳, 唐磊, 蔡明, 等. 静脉可视仪: 201230309642.1 [P]. 2012-10-31.

[7] 经食管超声心动图临床应用中国专家共识专家组. 经食管超声心动图临床应用中国专家共识 [J]. 中国循环杂志, 2018, 33 (1): 11-23.

[8] 唐浒, 彭珏, 陈思平. 医学超声单晶探头的进展及新技术 [J]. 中国医疗器械信息, 2014 (4): 16-21, 42.

[9] 孙士越. 用于实时三维超声成像的面阵探头设计与研究 [D]. 武汉: 华中科技大学, 2015.

[10] 熊世杰. 彩色多普勒超声数字波束形成技术及实现 [D]. 成都: 电子科技大学, 2011.

[11] 刘建刚, 张积仁. 氩氦冷冻治疗肿瘤进展 [J]. 中华实用诊断与治疗杂志, 2011, 25 (8): 733-734.

[12] 刘静. 低温生物医学工程学原理 [M]. 北京: 科学出版社, 2007.

[13] 吴彪, 李桐. 海杰亚: 专注原研医疗技术产业化 [J]. 中国科学人, 2021 (17): 38-41.

[14] 梁召云. 膜式氧合器的发展历程及其应用 [J]. 医疗保健器具: 医疗器械版, 2004 (8): 36-37.

[15] 许少波, 王建华. 中空纤维膜式氧合器的研究进展 [J]. 医疗保健器具, 2006 (10): 4-7.

[16] 任冯刚, 朱皓阳, 严小鹏, 等. 机械灌注技术在临床肝移植的应用 [J]. 中国医疗器械杂志, 2015 (6): 427-431.

[17] 张磊, 葛斌, 方旭晨, 等. 搏动式血泵的电磁驱动装置设计及可行性研究 [J]. 生物医学工程研究, 2018, 37 (4): 470-475.

[18] 龙村, 侯晓彤, 赵举. ECMO 体外膜肺氧合 [M]. 2版. 北京: 人民卫生出版社, 2016.

[19] VAN DER MEER AL, JAMES NL, EDWARDS GA, et al. Initial in vivo experience of the Ventr Assist implantable rotary blood pump in sheep [J]. Artificial organs, 2003, 27 (1): 21-26.

[20] 路力军, 胡兆燕, 陈正龙, 等. 体外循环用血泵研究进展 [J]. 北京生物医学工

程,2012,31(4):433-439.
[21] 郭龙辉,张杰明,刘晓程.第三代血泵的研究进展[J].中国胸心血管外科临床杂志,2010,17(4):321-325.
[22] 张岩,胡盛寿.计算流体力学在心脏血泵溶血设计中的应用[J].国际移植与血液净化杂志,2008,6(3):30-33.
[23] 李莹,段婉茹,罗先武,等.人工心脏发展中的关键技术[J].北京生物医学工程,2008,27(1):100-104.
[24] 云忠,向闯,石芬.高速螺旋流场中人体血液流动性能及红细胞力学行为分析[J].北京生物医学工程,2010,29(6):551-555.
[25] 周宇,刘青松.轴向磁力驱动机构控制系统设计[J].机械制造与自动化,2009(6):124-125,132.
[26] TOPPER SR, NAVITSKY MA, MEDVITZ RB, et al. The use of fluid mechanics to predict regions of microscopic thrombus formation in pulsatile VADs [J]. Cardiovascular engineering and technology, 2014, 5 (1): 54-69.
[27] SORENSEN EN, BURGREEN GW, WAGNER WR, et al. Computational simulation of platelet deposition and activation: I. model development and properties [J]. Annals of biomedical engineering, 1999 (27): 436-448.
[28] 王俊发,王志成,郑丽丽.医用气泡传感器的设计与实现[J].电子技术与软件工程,2015(15):245-249.
[29] 全国医用电器标准化技术委员会放射治疗、核医学和放射剂量学设备分技术委员会.YY 0831.1—2011 γ射束立体定向放射治疗系统 第1部分:头部多源γ射束立体定向放射治疗系统[S].北京:中国标准出版社,2013.
[30] 全国医用电器标准化技术委员会放射治疗、核医学和放射剂量学设备分技术委员会.YY 0831.2—2015 γ射束立体定向放射治疗系统 第2部分:体部多源γ射束立体定向放射治疗系统[S].北京:中国标准出版社.2017.
[31] 黄建辉.高频电刀的结构原理与使用安全[J].医疗装备,2016,29(1):39-40.
[32] 黄晶,刘春香,游必凯.高频电刀工作原理及安全问题[J].设备管理与维修,2018(23):143-144.

第三章 新技术在医疗装备领域应用及技术发展趋势

一、人工智能技术

近年来,人工智能成为推动社会经济发展的新动力之一,在提高社会生产力、实现社会发展和经济转型等方面发挥了重要作用。作为主导新一代产业变革的核心力量,人工智能在医疗方面展现出了新的应用方式,在深度融合中又催生出新业态。人工智能医疗的迅速发展和普及,提高了医疗质量,降低了医疗成本,能够帮助医疗行业解决资源短缺、分配不均等众多民生问题。

全球的人工智能医疗相对于制造业、通信传媒、零售、教育等人工智能应用领域来说,还处于早期阶段,商业化程度相对偏低,行业渗透率较低。人工智能医疗具有广泛的市场需求和多元的业务趋向,拥有广阔的发展空间。目前,市场规模快速增长,大量初创公司不断涌现。预计到 2025 年,人工智能应用市场总值将达到 1270 亿美元。其中,医疗行业将占市场规模的五分之一。

(一)人工智能医疗现状分析

1. 人工智能医疗装备产业链分析

AI+核心医疗产业链可以分为基础层、技术层和应用层,如图 3-1 所示。

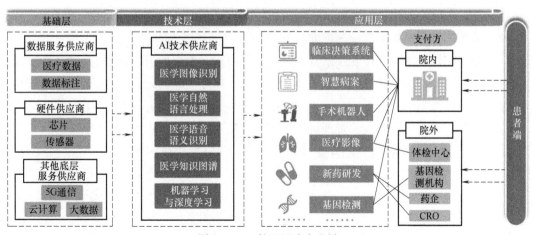

图 3-1 AI+核心医疗产业链

基础层主要为人工智能医疗的发展提供基础设备，实现对顶层的算力支持，即海量的数据处理和储存设备，企业类型主要为设备供应商和数据平台服务商。腾讯、百度、阿里等互联网巨头多在基础层发挥其技术研发优势，通过自主研发产品和并购等方式参与人工智能医疗的发展。

技术层主要为人工智能医疗提供认知、感知、机器学习等方面的技术服务，即对语音、图像等信息进行识别和处理，通过计算机对数据进行分析和预测，企业类型主要为专门的语音或图像人工智能技术服务商和人工智能技术公司，如科大讯飞、依图科技等企业利用人工智能技术优势，深入医疗细分场景，辅助医生诊断和健康管理。

应用层是人工智能在医疗领域的具体应用，如药物研发、智能诊疗、医疗机器人等，应用层企业的服务领域更加细致，针对具体化的场景提供解决方案。

基础层和技术层的技术壁垒较高，前期技术研发资金需求量大，且需要具备一定的技术基础，因此该领域一般被研发能力和资金实力较强的大公司占据；应用层的技术壁垒相对较低，且创收能力强，因此应用层面的企业数量最多，且中小型企业或创业公司通常聚焦在应用层面。

2. 人工智能医疗技术现状分析

人工智能医疗技术的发展水平与人工智能技术的发展程度息息相关，而人工智能技术的发展分为计算智能、感知智能、认知智能，需要依托算力、算法、通信等多方面的支持。

计算智能技术的核心在于计算能力，而计算能力的进步离不开基础设施和硬件设备的支持。人工智能在计算海量医疗数据资源时，需要依托强大的数据处理系统和数据储存设备。目前我国医疗大数据的发展速度较快，尤其受到新冠肺炎疫情的影响，医疗领域的数字化进程提速，医疗大数据产业在政府引导下通过市场运作的方式为医疗发展提供动能。作为新基建的重要组成部分，我国大力推动大数据产业的发展，目前已规划建设多座国家数据中心助力大数据产业。在医疗数据领域，我国已于2019年将福建、江苏、山东、安徽、贵州、宁夏的国家健康医疗大数据中心与产业园建设为国家试点，为医疗大数据的发展提供基础设施保障。

感知智能的技术发展体现在语音识别、影像识别、语言处理等方面。目前我国人工智能医疗在医学影像领域发展较快，究其根本在于医疗资源缺乏，现有的医生数量无法满足患者的医学影像诊断需求。而人工智能技术对影像识别能力较强，能够帮助医生提高诊疗效率，市场需求量大，发展场景广阔。在肺结核领域，我国已有依图科技、推想科技等多家企业能够提供智能CT影像筛查服务，并自动生成病例报告，可帮助医生快速检测，提高诊疗效率。

认知智能技术的关键在于机器的学习能力。以深度学习为代表的机器学习依赖数据驱动，由于医疗数据集存在有限性，且诊断和治疗疾病又是一个综合复杂的动态决策过程。因此，人工智能技术被较多应用于疾病筛查，在相对简单的应用场景下，可以帮助医生进行初步诊断，我国人工智能医疗在认知智能方面仍存在较大的探索空间。

以美国为代表的欧美发达国家的人工智能医疗技术发展得相对成熟，尤其在底层技术方面相对领先。美国、英国等国家掌握人工智能芯片研发领域的核心技术，人工智能芯片市场份额被英特尔（Intel）、AMD、ARM等公司占据。在应用方面，英、美等国的人工智能医疗应用场景也相对丰富，人工智能技术与医疗领域的融合度更高，在健康管理、药物研发、疾病诊断、辅助治疗、医疗机器人等多个领域均有应用。

（二）人工智能医疗装备应用领域

1. 人工智能+医学影像

（1）应用概述　医学影像是人工智能在医疗领域应用最为广泛的场景，率先落地、率先应用、率先实现商业化。AI医学影像领域市场竞争激烈，经多轮洗牌，已有头部领跑企业出现。在当前阶段，可持续的商业变现能力成为AI医学影像领域的关键竞争要素。

"人工智能+医学影像"，即将人工智能技术应用于医学影像诊断中，目前这一场景在人工智能医疗领域中应用最为广泛。AI医学影像得以率先爆发与落地应用，是因为影像数据的相对易获取性和易处理性。相比于病历等跨越三五年甚至更长时间的数据积累，影像数据仅需单次拍摄，几秒钟即可获取，一张影像片子即可反映病人的大部分病情状况，成为医生确定治疗方案的直接依据。医学影像数据庞大且具有相对标准的数据格式，以及智能图像识别等算法的不断进步，为人工智能医疗在该领域的落地应用提供了坚实的基础。

具体而言，医学影像诊断主要依托图像识别和深度学习这两项技术。依据临床诊断路径，首先将图像识别技术应用于感知环节，将非结构化的影像数据进行分析与处理，提取有用信息；其次，利用深度学习技术，将大量临床影像数据和诊断经验输入人工智能模型，使神经元网络进行深度学习训练；最后，基于不断验证与打磨的算法模型，进行影像诊断的智能推理，输出个性化的诊疗判断结果。

目前，利用图像识别和深度学习技术，主要可以解决以下三种影像诊断需求：①病灶识别与标注。对X线、CT、MRI等影像进行图像分割、特征提取、定量分析和对比分析，对数据进行识别与标注，帮助医生发现肉眼难以识别的病灶，降低假阴性诊断的发生率，同时提高读片效率；②靶区自动勾画与自适应放疗。主要针对肿瘤放疗环节进行自动勾画等影像处理，在患者放疗过程中不断识别病灶的位置变化，以实现自适应放疗，减少对健康组织的辐射；③影像三维重建。基于灰度统计量的配准算法和基于特征点的配准算法以解决断层图像配准问题，节约配准时间，在病灶定位、病灶范围、良恶性鉴别、手术方案设计等方面发挥作用。

从落地方向来看，目前中国AI医学影像产品布局方向主要集中在胸部、头部、盆腔、四肢关节等几大部位，以肿瘤和慢性病领域的疾病筛查为主。在AI医学影像发展的应用初期，肺结节和眼底筛查为热门领域，近两年随着技术不断成熟迭代，各大AI医学影像公司也在不断扩大自己的业务半径，乳腺癌、脑卒中和围绕骨关节进行的骨龄检测也成为市场参与者的重点布局领域。

在本次新冠肺炎防疫中，AI医学影像被应用于新冠肺炎病灶定量分析与疗效评价中，成为提升诊断效率和诊断质量的关键力量。随着疫情的迅速蔓延，各重点防疫单位胸部CT量暴涨，超过平时数倍，一线医生多处于高压和疲劳状态，加之许多轻症患者的肺部影像并不典型，与肺部基础疾病等相似病症叠加，进一步加大了诊断难度。如何提升阅片效率，同时保证对这种全新疾病诊断的准确性，成为一大防疫痛点。为此，多家人工智能医疗公司推出了新冠肺炎人工智能辅助诊断系统，或在原有的肺部AI影像产品基础上新增了新冠肺炎检出功能，为放射科医生的CT影像诊断提供了智能化分析与预后方案。目前，依图科技、商汤科技、东软医疗、深睿医疗、阿里巴巴达摩院、柏视医疗、华为云、汇医慧影等二十余家公司均已将AI医疗影像系统应用到防疫一线。

（2）核心应用价值　AI技术基于高性能的图像识别和计算能力，持续进化的自我学习能力及稳定的机器性能优势，对临床影像诊断实践具有重要的意义。

基于数据连接属性和技术赋能能力，人工智能主要为影像诊断提供以下三方面的应用价值：

1）承担分类检出工作。AI医学影像能够以稳定的高敏感性对较大的数据样本量进行阳性病例筛查与分类检出，如在体检中的肺结节筛查环节，在对数据进行基础判断与处理后，再交由放射科医师进一步诊断，省去了大量阴性病例对人力资源的占用和浪费。

2）替代医师工作。在判断标准相对明确，知识构成相对简单的情况下，人工智能可代替医师部分工作，如骨龄读片等影像判断。

3）提供具有附加值的工作。包括辅助疾病诊断、基因分析、预后判断、定量放射学诊断等。例如在对肿瘤的诊断中，对肿瘤边界进行分割重建，精准测量病变位置与体积，进行肺部疾病综合诊断等。

从临床需求来看，我国医疗影像数据以每年30%的速度增长，而影像医生的年增速仅为4%，专业医师缺口大，工作烦琐、重复，服务模式亟待创新，市场对AI医疗影像的需求与日俱增。对于三甲医院来说，AI医学影像的引入可以从根本上改变传统高度依赖劳动力的读片模式，一定程度上缓解医学影像诊断的压力的同时亦可满足三甲医院的科研需求。目前，上海已有20多家三甲医院引入AI医学影像筛查产品，是落地较早的城市之一。对于基层县域医院来说，与一二线城市的三甲医院相比，其医疗水平相对落后，对复杂影像的处理能力较弱，误诊漏诊率更高，人工智能通过把影像诊断结果量化和标准化，可以有效提高医师的诊断质量，促进分级诊疗模式建立及落地。

2. 人工智能+医疗机器人

随着人口老龄化加剧，医疗机器人的应用需求逐渐增加，多种不同功能的医疗机器人均已得到应用。从整体来看，目前康复机器人的应用范围最为广泛，手术机器人的市场增长前景更为广阔。

（1）应用概述　医疗机器人是机器人应用的细分领域之一，特指用于医院、诊所、

第三章 新技术在医疗装备领域应用及技术发展趋势

康复中心等医疗场景的医疗或辅助医疗的机器人。根据国际机器人联合会（IFR）分类，医疗机器人又分为手术机器人、康复机器人、辅助机器人、医疗服务机器人四大应用领域，如图3-2所示。根据CCID数据，在2019年我国医疗机器人的市场中，康复机器人、手术机器人、辅助机器人和医疗服务机器人分别占比47%、23%、17%、13%。

1）康复机器人。康复机器人是一种辅助人体完成肢体动作，实现助残行走、康复治疗、负重行走、减轻劳动强度等功能的医用机器人。随着社会人口老龄化加剧，患有脊髓脊柱损伤、脑卒中损伤、脑外伤等疾病的残障人口数量随之增加，由此带来的康复器具需求也在不断增长。然而我国目前康复医疗资源紧缺，基础设施配置不足，传统人工康复治疗方法存在康复周

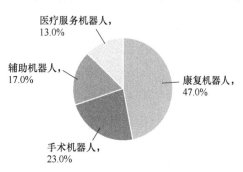

图3-2 医疗机器人应用领域

期长、效果不可控、触达不便利等痛点。相比之下，配置人工智能技术的康复机器人则具有诸多优势，成为解决传统康复痛点的重要抓手。

智能康复机器人可以稳定持续输出简单重复的训练任务，保证康复训练的强度、效果与精度，保持良好的运动一致性与渐进性；智能康复机器人具备智能控制和可编程能力，针对患者损伤程度和康复程度，可以自适应提供不同强度和模式的个性化训练，更具针对性；智能康复机器人集成多种传感器，具有强大的视觉识别系统、人机交互系统、数据处理能力和认知推理能力，可以有效监测和记录在康复训练过程中产生的身体机能变化数据，对患者的康复状况给予实时反馈，为医生改进康复治疗方案提供可量化的数据基础和评价依据。

目前，我国中低端康复机器人领域企业数量最多，企业活跃度较高，但因所涉机器人种类较多，产业集中度较低。但是就高端医用外骨骼机器人市场而言，我国仍以进口产品为主，产品价格偏高，单台平均售价约在60~100万元人民币，且未纳入医保报销范围，因支付能力有限，患者一般只通过租赁方式进行使用，市场仍未大规模打开。而同比国际市场来看，"可穿戴康复+辅助行走"的医用外骨骼机器人已经在美国、日本等发达国家实现产业化应用。随着国内康复医学的快速发展及国民康复意识的增强，相关企业不断入局，争夺这一蓝海市场，国产替代有望助力该领域迎来爆发。

2）手术机器人。手术机器人全称为"内窥镜手术器械控制系统"，是当前最具前景的医疗机器人细分领域之一。相比于传统外科手术，手术机器人通过高分辨率3D立体视觉以及器械多自由度，在狭小的手术空间内提供超高清视觉系统，拥有定位导航、灵活移动与精准操作的能力，能够拓展腹腔镜手术适应证，增强手术效果。目前，在我国应用上市的手术机器人主要分为两类：其一是辅助医生进行终端手术操作的机器人，如达芬奇手术系统；其二是定位和导航手术机器人，主要应用在骨科和神经外科，如天智航骨科机器人、Medtronic的Mazor骨科机器人、捷迈邦美（Zimmer Biomet）的ROSA

机器人等。不同类型手术机器人比较见表 3-1。

表 3-1 不同类型手术机器人比较

	操作手术机器人	定位和导航手术机器人
功能	主要协助医生完成腹腔镜手术的操作	协助医生进行术前规划、术中定位与导航、自主完成部分手术操作等
应用范围	应用于针对软组织的微创手术	应用于骨科、神经外科手术等
核心技术	操作手机械结构设计、三维图像建模技术、遥操作网络传输技术、计算机虚拟现实技术等	多模影像的配准融合技术、基于光学和电磁学等物理原理的导航技术、路径自动补偿技术等
产品组成	控制台、操作臂、成像系统	机械臂、导航追踪仪、主控台车
代表产品	达芬奇手术机器人	天智航骨科机器人

从市场竞争格局来看，美国直觉外科公司（ISRG）的达芬奇手术机器人在行业内处于全球垄断地位，然而近年来越来越多的企业进入手术机器人赛道，试图打破这一垄断局面。在众多市场参与者中，既有通过资本并购等方式进入该赛道并不断强化自身竞争地位的国际医疗器械巨头，如 Medtronic 于 2018 年收购 Mazor Robotics 公司、Johnson & Johnson 于 2019 年收购 Auris Health 公司、Siemens 于 2019 年收购 Corindus Vascular Robotics 公司、史赛克（Stryker）于 2019 年收购 Mobius Imaging 公司等；也有聚焦在差异化创新技术和专业化细分市场，已获得多轮融资支持的明星初创公司。随着资本与研发的密集投入，手术机器人的应用价值被进一步挖掘，所覆盖的医疗场景也从腹腔逐渐扩大到了胸外科、泌尿外科、头颈外科、心脏手术等。

尽管手术机器人拥有高精度操作和稳定持续作业等诸多优势，然而由于政策限制、价格昂贵、公众接受度不高等多方面原因，手术机器人在我国渗透率仍然较低。因技术壁垒较高，研发难度大，当前在我国手术机器人市场中，仍然以国外进口为主导，许多国产手术机器人产品由于起步较晚，仍处于研发和临床试验阶段，尚未实现规模化应用。目前，国产操作类手术机器人以研究单孔、具有柔性机械臂的腹腔镜手术系统为主；部分定位类手术机器人处于实现产业化的发展进程中，以天智航、华志微创、柏惠维康、华科精准为代表。与进口手术机器人相比，国产手术机器人在关键零部件采购、整机成本和手术成本等方面具有优势，有利于降低医疗成本，扩大规模，惠及民众。随着我国对于高端医疗器械核心技术的研发突破，国产手术机器人在操作模式、辅助手术灵活性、工作空间、操作力、定位精度等方面也在逐渐接近世界先进水平，发展潜力巨大。

3）辅助机器人。辅助机器人主要用于辅助或扩展一般人类的运动及认知能力，包括胶囊机器人、制药机器人、诊断机器人和远程医疗机器人等不同类别。除部分诊断机器人，多数产品的技术壁垒相对较低，主要用于辅助诊疗，一些流量较大的三甲医院对此种机器人的需求较大。

第三章　新技术在医疗装备领域应用及技术发展趋势

近年来，胶囊机器人领域受到资本市场关注，增速较快，市场规模持续扩大。胶囊机器人是一种进入人体胃肠道进行医学探查和治疗的智能化微型医疗器械产品，在内窥镜检查及微创治疗方面应用广泛，主要包括胶囊胃镜和胶囊肠镜两大类。目前国内有七家企业的胶囊内镜产品获批上市，其中 Given 是最早进入中国的胶囊内镜公司，奥林巴斯（Olympus）和 IntroMedic 分别为日本和韩国企业。在国产企业中，金山科技的胶囊内镜产品率先在国内上市，具有一定的先发优势和价格优势，在胶囊肠镜领域占据较大的市场份额。在胶囊胃镜领域，安翰科技一枝独秀，拥有先进的胶囊主动控制技术，在国际市场中亦位居前列。

4）医疗服务机器人。医疗服务机器人主要用于分担人类在医疗服务场景的繁重工作，落地方向包括看护、医药物流、消毒杀菌、病人看护等。与其他类型的医疗机器人相比，医疗服务机器人在国内发展较晚，加之其覆盖场景较多，所以市场集中度并不高，产品同质化竞争程度较小，主要技术壁垒为面对复杂环境的自主定位、路径规划、避障和运动能力。目前医疗服务机器人主要应用于医院和养老院，在本次疫情中，消毒机器人已在部分医院感染科隔离区投入使用，这种智能机器人可以在指定地点自动喷洒雾状消毒剂，当浓度达标后，即根据预定规划路线前往下一个停留点，有效节约人力资源。随着未来技术的进步，医疗服务机器人有望进入家庭医疗服务场景，打开更多增量空间。

总体而言，我国医疗机器人目前仍处于发展初级阶段，在政策利好、老龄化加剧、消费者认知升级和产业化发展提速等多种因素的综合影响下，未来医疗机器人的规模化使用将成为一大趋势。

（2）应用价值　医疗机器人种类多样，应用场景广泛，且各细分领域的发展阶段与发展特征各有不同，应用价值也各有侧重。

从整体来看，医疗机器人的应用价值主要集中在以下两个方面：

1）小型化。随着微电子技术不断发展，医疗器械小型化成为一大发展趋势。胶囊机器人、手术机器人等小型医疗机器人可以为医疗服务提供更为安全便捷的操作体验，辅助或部分替代人类输出或完成医疗活动，为人类肢体动作、视觉、触觉、知觉等带来更为广阔的操作体验范围，实现更为精准的操作触达与反馈，同时亦可为患者带来更少的创伤和痛苦。

2）智能化。智能化的人机交互功能、远程操作与精准控制能力，可以基于个体状况实现个性化柔性操作，具备环境变化的独立判断与适应能力，随着科技进一步发展，医疗机器人将会更加智能化和精准化，进而改变传统医疗模式，提升病人的生活质量。

从具体落地应用场景来看，手术机器人历经了三个技术发展阶段，其产品功能与操作性能已有大幅提升，是当前医疗机器人领域最具发展前景和应用价值的赛道之一，或将成为新一代外科手术方式。

手术机器人的临床应用价值主要体现在如下两个方面：

1）操作手术机器人。可以在微创手术环境中提供比传统开放手术更为高清的视野；

机械臂操作灵活流畅，能够有效解决人手在手术过程中的自然抖动和移动误差问题；外科医生在主控台上以坐姿即可进行手术操作，可以缓解医生在手术过程中的疲劳感觉，减少术中辐射对医生造成的身体伤害。

2）定位和导航手术机器人。可以在术前对患者多模态图像数据进行三维重建和可视化处理，基于三维模型定制科学合理的手术方案，进行术前模拟；在术中将手术过程标准化与可视化，把三维模型与患者病灶的实际体位及手术器械的实时位置进行统一坐标系下的融合处理，实时采集并显示手术器械在空间中的位置移动，医生通过观察三维模型中手术器械与病变部位的相对位置关系，开展导航手术治疗。如此一来，可以大幅减少手术时间，提高手术精度及安全性，尤其适用于手术视野受限的微创手术。

（三）人工智能医疗装备产业发展机遇及趋势

1. 中国人工智能医疗装备产业发展机遇

人工智能是新一轮科技革命和产业变革的重要驱动力量，与美国、英国、德国、法国、韩国、日本等发达国家相比，中国的人工智能技术虽然起步较晚，但在政府与社会各界的投入与支持下，充分利用资源优势，紧紧把握住发展机遇，发展迅速。

（1）机遇一：顶层设计战略支持，产业发展政策环境持续优化　十四五期间，国家将重点发展方向从卫生健康信息化建设转向数字化运行、智能化应用，通过加快新型基础设施建设，推动多行业、跨领域共同发展，促进5G、云计算、大数据、人工智能与医疗装备的融合发展。地方政府响应号召，通过资金扶持推动人工智能医疗产品落地应用，鼓励产品商业化发展，改善人工智能医疗服务体系。国家将以智慧医疗作为重点发展方向，"鼓励试点、总结经验、制定规则"，打造区域标杆、产业地标，引领医学人工智能产业健康发展。到2023年，国家将布局20个左右新一代人工智能创新发展试验区。

（2）机遇二：市场需求日益旺盛，慢性病管理等领域颇具增长空间　根据国家统计局数据显示，我国老年人口占比连年上升，截至2019年末，全国65岁及以上老年人口占比已达到12.6%，中国已经步入老龄化社会。随着老龄化情况加剧以及生活节奏加快，我国慢性病发病率逐年增加。我国现拥有超过3亿的慢性病患者群体，慢性病致死人数已占我国因病死亡人数的80%，慢性病管理产生的费用已占全国疾病总费用的70%，这已成为影响国家经济社会发展的严重问题。慢性病需要长期的护理和治疗方案，但是确诊后的健康管理对医院环境的依赖较少，大多数慢性病病人可以在家中完成疾病管理。而人工智能将在慢性病管理领域发挥极大作用，帮助人们更好地进行自身健康管理。

（3）机遇三：防控新冠肺炎疫情的迫切需求为相关产业的发展打开了新局面　人工智能医疗是公共卫生体系发展的重要驱动力，在新冠肺炎疫情下，人工智能在公共卫生领域应用加速落地。人工智能医疗在疫情监测分析、防控救治、资源调配等方面都能发挥良好的支撑作用，同时，潜在传染病大数据分析预警系统和疫情排查系统的建立也需要人工智能医疗的参与。后疫情时代，在公共卫生领域，人工智能技术仍大有可为。

（4）机遇四：5G、量子计算等新技术的增长为产业发展提供了新动能 5G技术的实时高带宽和低延迟访问特性，可以扩展医疗应用程序功能、医疗设备、机器人和移动设备功能所需的性能。量子计算机的计算能力为人工智能医疗的发展提供革命性的工具，其并行计算力尤其适合对海量的医疗数据进行分解，适合用于解决复杂的模拟和规划问题，能够指数加速深度学习的能力和速度。

2. 中国人工智能医疗装备产业发展趋势

随着人工智能医疗装备在各场景逐步落地应用，市场对人工智能医疗的认知越发清晰，对人工智能医疗装备提出了更明确的要求。人工智能医疗企业越发了解市场需求，人工智能医疗装备更切合实际医疗需求，助力中国医疗服务水平升级革新。

（1）趋势一："以患者为核心、切实满足医生临床工作需求"的核心理念正在逐渐成为行业共识 对患者而言，医疗人工智能装备需以满足患者就诊需求为基础，结合患者基因组成、病史、生活方式等因素，做出更快更精准的诊断，能够有针对性地制定个性化治疗方案，从诊前、诊中、诊后全环节对患者健康进行追踪和支持。人工智能医疗装备将围绕患者需求，关注实时监测、早期诊断、疾病预防、慢性病管理等方向，向人工智能的个性化医疗发展。

对医生来说，人工智能医疗装备要能够标准化管理患者信息、高效精准地诊断病情、提供科学合理的治疗建议、智能地完成部分治疗工作以及自动管理患者康复情况，更要发现医生难以发现的细节问题，优化操作流程，尽可能减少医生在就诊以外的工作中耗费的精力。就影像医生而言，影像科医生最需要的是AI医疗影像辅助诊断系统能够识别肉眼无法识别的影像结构、纹理等隐藏的图像信息，需要系统提供完整的诊断方案，更需要系统优化操作流程、加速现有流程。未来，AI医疗装备要更加全面地满足患者享受高质量医疗服务的需求，尽可能减轻医护人员的工作压力，进一步贴合临床医疗的工作需求，大幅提升医疗效率、准确性和标准化。

（2）趋势二：产品将横向覆盖多病种、纵向深入场景 以人工智能影像领域为例，目前市场上大部分医学影像辅助诊断系统只覆盖了单一病种的检测环节，对诊断单一病种有较高的使用价值，但远不能满足临床需求。因此，部分影像类企业正在开发模块化产品，如深睿医疗和安德医智等企业将脑卒中、头颈等模块融合，打造出一套完整的神经系统AI解决方案；有的企业尝试打造覆盖多个科室需求的全病种产品，如推想科技的AI肺癌科研病种库和依图医疗的肺部疾病智能解决方案；还有部分放疗企业尝试针对单一场景打造全流程解决方案，如连心医疗就打造具备器官自动勾画、靶区勾画、自动放疗计划、放疗质控等功能的一体化肿瘤放射治疗方案。随着医疗信息数据化程度的加深、AI医疗技术的进一步推广，"横向覆盖多病种、纵向覆盖多诊疗环节"是AI医疗装备未来的发展趋势。

（3）趋势三：精准医疗、健康管理和医疗机器人等将成为未来人工智能的重点发展领域 精准医疗将是人工智能医疗的重点发展方向之一，特别是癌症精准医疗。近年，从药理研究、药物研发到癌症的临床诊断和治疗，再到患者的康复监管环节，研究人员不断探索如何利用人工智能和大数据技术更加精准地分析越发复杂的癌症病情，如何制定个性化治疗方案，研究成果将逐步投入癌症临床治疗中进行完善和使用。

健康管理成为新的增长点，创新产品大量涌现。具备"实时检测记录人的身体特征、精准评估健康状态、提供个性的专业健康管理方案"功能的新一代移动医疗健康设备将受到热捧。目前，华为、高通等芯片厂商已推出物联网芯片供移动医疗设备使用，华为、苹果（Apple）、Libayolo等厂商已推出多个价位的健康监测手环，能否科学地定制个人健康管理方案并根据佩戴者身体状况的变化及时调整方案将成为下一个产品竞争点。精神健康管理是健康管理领域中具有较大潜力的细分场景，2019年7月国家出台《健康中国行动（2019—2030年）》，明确提出到2022年和2030年我国居民心理健康水平将提升到20%和30%。新冠肺炎疫情期间，人工智能心理服务机器人在武汉投入使用，帮助40多万人解决心理困扰。上海、杭州等地也纷纷使用人工智能心理健康管理产品为医护人员缓解心理压力。未来AI在精神心理健康领域的渗透程度会更深。

人工智能在医疗机器人领域将持续发力，其中外科手术机器人和康复机器人将进一步推广应用。以达芬奇手术机器人为代表的体外手术机器人已在多种疾病手术中使用，在中国已累计上万件手术案例；以四肢康复机器人为代表的体外康复机器人也已投入临床应用。以后，更多种类的智能医疗机器人将进一步研发并逐步投入临床应用，外科手术机器人、体外康复机器人等已应用于许多病例的智能机器人将被更多科室了解、接纳和使用。与此同时，越来越多的医院已开始培训医护人员如何操作智能医疗机器人，这类技能培训或许在将来会成为医护人员的必修课程。

二、5G技术

5G医疗健康是5G技术在医疗行业的一个重要应用领域。随着5G正式商用的到来以及与大数据、互联网+、人工智能、区块链等前沿技术的充分整合和运用，5G医疗越来越呈现出强大的影响力和生命力，对推进深化医药卫生体制改革、加快"健康中国"建设和推动医疗健康产业发展，起到了重要的支撑作用。

当前，我国5G医疗的发展尚处于起步阶段，在顶层架构、系统设计和落地模式上还需要不断完善，但是5G医疗前期探索已取得良好的应用示范作用，实现了5G在医疗健康领域包括远程会诊、远程超声、远程手术、应急救援、远程示教、远程监护、智慧导诊、移动医护、智慧院区管理、AI辅助诊断等众多场景的广泛应用。

（一）5G医疗行业产业概述

1. 5G医疗相关概念

5G医疗是指以第五代移动通信技术为依托，充分利用有限的医疗人力和设备资源，同时发挥大医院的医疗技术优势，在疾病诊断、监护和治疗等方面提供信息化、移动化和远程化医疗服务，创新智慧医疗业务的应用，节省了医院运营成本，促进了医疗资源共享下沉，提升了医疗效率和诊断水平，缓解了患者看病难的问题，协助推进偏远地区的精准扶贫。5G 医疗技术框架如图 3-3 所示。

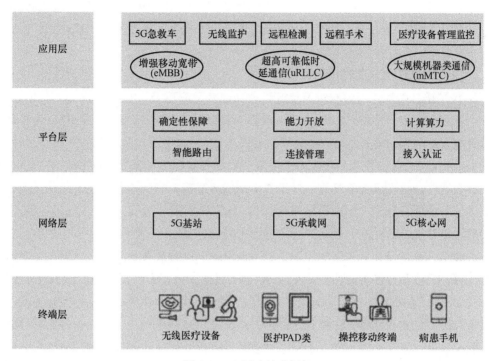

图 3-3　5G 医疗技术框架

国内一些大型医疗机构的移动医疗服务平台初具规模，针对 5G 远程医疗、互联网医疗、应急救援、医疗监管、健康管理、VR 病房探视等方面展开 5G 医疗探索与应用的创新研究，一方面提升了医疗供给，实现患者和医疗的信息连接，最大程度地提高医疗资源效率，便利就医流程；另一方面医疗数据的价值被进一步挖掘，产生新的移动医疗应用服务。

2. 技术架构

5G 医疗整体架构可分为终端层、网络层、平台层和应用层 4 部分：

（1）终端层　实现持续、全面、快速的信息获取。终端层主要是信息的发出端和接收端，它们既是信息采集的工具，也是信息应用所依附的载体，主要通过传感设备、可穿戴设备、感应设备等智能终端来实现信息的采集和展示，包括机器人、智能手机、医疗器械、工业硬件等设备。

（2）网络层　实现实时、可靠、安全的信息传输。网络层是信息的传输媒介，是充分体现 5G 优越性的环节。通过分配于不同应用场景的独立网络或共享网络，实时高速、高可靠、超低时延地实现通信主体间的信息传输。

（3）平台层　实现智能、准确、高效的信息处理。平台层主要是实现信息的存储、运算和分析，起着承上启下的过渡作用，以移动边缘计算（Mobile Edge Computing，MEC）、人工智能、云存储等新技术，将散乱无序的信息进行分析处理，为前端的应用输出有价值的信息。

（4）应用层　实现成熟、多样化、人性化的信息应用。应用层是 5G 价值的集中体现，根据三大显著特征可以支撑不同的应用场景，如无线医疗监测与护理应用、医疗诊断与指导应用、远程操控应用等。

（二）5G 医疗技术发展趋势

1. 终端层：智能化医疗器械及终端设备加速普及应用

对于医疗中查房手持终端 PAD，远程会诊视频会议终端、视频采集终端、可穿戴设备等智能终端等可以通过集成 5G 通用模组的方式，使医疗终端具备连接 5G 网络的能力。借助 5G 移动通信技术，将院内的检验、检查设备以及移动医护工作站进行一体化集成，实现移动化无线检验检查，对患者生命体征进行实时、连续和长时间的监测，并将获取的生命体征数据和危急报警信息以 5G 通信的方式传送给医护人员，使医护人员实时获悉患者当前的状态，做出及时的病情判断和处理。

传统医疗设备设计复杂精密，如大型医疗器械、医疗机器人等设备。对于此类医疗终端设备，难以通过设备改造直接集成 5G 通用模组，可通过网口连接医疗 DTU 或者通过 USB Dongle 连接 5G 网络。基于 5G 网络切片技术，为传输流量承压的医疗检测和护理设备开设专网支撑，保障传输稳定顺畅，由此可以远程使用大量的医疗传感器终端和视频相关设备，做到实时感知、测量、捕获和传递患者信息，实现全方位感知病人，并且智能医疗终端打破了时间、空间的限制，实现对病情信息的连续和准确监测，为远程监护的广泛推广打破了技术瓶颈。

2. 网络层：5G 三大应用场景适配无线医疗健康场景需求

5G 具备高速率、低时延、大连接三大特性，分别对应三大应用场景：eMBB、uRLLC 和 mMTC 三大场景。

eMBB 即增强移动宽带，具备超大带宽和超高速率，用于连续广域覆盖和热点高容量场景。广覆盖场景下实现用户体验速率 100Mbit/s、移动性 500km/h；热点高容量场景下用户体验速率 1Gbit/s、小区峰值速率 20Gbit/s、流量密度 10Tbit/s/km^2，可面向云游戏、4K/8K 超高清视频、AR/VR 等应用业务。eMBB 是 5G 发展初期的核心应用场景。

uRLLC 即高可靠低时延，支持单向空口时延最低 1ms 级别、高速移动场景下可靠性 99.999% 的连接。主要面向车联网、工业控制、智能电网等应用场景，更安全、更可靠。

mMTC 即低功耗大连接，支持连接数密度 106 万/km^2，终端具备更低功耗、更低成本，真正实现万物互联。

现有无线医疗业务较为全面地覆盖了 5G 的三大应用场景。其中如 eMBB 场景应用主要有 5G 急救车，给急救车提供广域连续覆盖，实现患者"上车即入院"的愿景，通过 5G 网络高清视频回传现场的情况，同时将病患体征和病情等大量生命信息实时回传到后台指挥中心；还可以完成病患以及老人的可穿戴设备数据收集，实现对用户的体征数据做 7×24 小时的实时检测。

uRLLC 场景主要应用在院内的无线监护、远程检测应用、远程手术等低时延应用场景。其中无线监护通过统一收集大量病患者的生命体征信息，并在后台进行统一的监控管理，大大提升了现有的 ICU 病房医护人员的效率。远程 B 超、远程手术等对于检测技术有较高要求，需要实时反馈，以消除现有远程检测的医生和患者之间的物理距离，实现千里之外的实时检测及手术。

mMTC 场景主要集中在院内，现有的医院有上千种医疗器械设备，对于医疗设备的管理监控有迫切的需求，未来通过 5G 统一的接入方式，可实现现有医疗器械的统一管理，同时实现所有的设备数据联网。

虽然 5G 带宽速率时延能满足现有医疗行业应用场景的需求，但是医疗行业需要的是一张 5G 医疗专网，对 5G 的要求不仅限于带宽、速率和时延，在实际的应用部署中，仍需要考虑如下的几点：①运营商公网频谱局域专用，可提供虚拟专网和物理专网两种方案，虚拟专网其实就是医疗行业和公众用户共享现有运营商的频谱资源，物理专网则是提供专用的频点给医院建设 5G 网络；②等级化隔离，现有的医院对于医疗数据安全性有迫切的需求，因此完成 5G 网络建设要充分考虑医疗行业的数据安全隔离性诉求，现阶段医院对于医疗数据出医院较为敏感，因此希望数据直接保留在本地院内；③定制化服务，现阶段医院内部的业务存在大量的上行大带宽业务，如远程超声、远程 B 超，以及大量 IoT 设备上传病患者生命体征数据信息，基于现有运营商的网络无法满足现有的上行大带宽，因此需要定制化的灵活帧结构，差异化无线服务满足垂直行业的需求，同时开发丰富的基站站型来满足医院内的各种场景部署；④网络要具备智慧化运营能力，满足现有医院内的设备可管理、业务可控制、业务可视化、故障易排查等能力。

3. 平台层：云计算、MEC、大数据、人工智能、区块链等技术推动医疗信息化及远程医疗平台改造升级

未来智慧医疗受益于 5G 高速率、低时延的特性及大数据分析的平台能力等，让每个人都能够享受及时便利的智慧医疗服务，提升现有医疗手段性能。并充分利用 5G 的 MEC 能力，满足人们对未来医疗的新需求，如实时计算低时延的医疗边缘云服务、移动急救车、AI 辅助诊疗、虚拟现实教学、影像设备赋能等高价值应用场景。同时，鉴于移动医疗发展的迫切性和重要性，在业务应用方面，5G 与各类新技术、新能力相结合，大幅推动了各应用场景的升级与拓展。例如，基于移动终端和可穿戴等设备，能够满足居民日常健康管理和慢性病康复治疗的需要，支撑居民开展自我健康管理；支持基于 AI 的智能分诊，诊断辅助和电子病历书写等功能；支持基于传感网络的物联网应用架构；支持各类医疗终端设备的数据采集和利用；支持 MapReduce、Spark、Tez 等大数据分布式计算框架，其中区块链技术作为底层数据，可以对底层数据进行加密，实现了医疗病患隐私数据的安全可靠传输。云计算具备多种算法库，具备大数据存储访问及分布式计算任务调度等功能，因此大量的业务在临床医学中开始探索和实践，为患者提供以数字化为特征的、智能化与个性化相结合的诊疗服务,涉及预防、诊断、治疗和护理整个健康管理的全过程,其应用能力在5G技术加持下,得到了优化升级。

4. 应用层：5G医疗应用潜力无限,智能化和个性化是两大发展方向

2008年年底,IBM首次提出"智慧医院"的概念,涉及医疗信息互联、共享协作、临床创新、诊断科学等领域。通过移动通信、互联网、物联网、云计算、大数据、人工智能等先进的信息通信技术,建立以电子病历为核心的医疗信息化平台,将患者、医护人员、医疗设备和医疗机构等连接起来,实现在诊断、治疗、康复、支付、卫生管理等环节的高度信息化、个性化和智能化,为人们提供高质量的移动医疗服务。移动医疗在国家政策、社会经济、行业需求多个层面的推动下呈现快速发展的趋势。

移动医疗发展可以解决居民看病难、医疗资源分配不均的问题。城镇化的快速持续推进加剧了城乡医疗水平的不均衡,国务院在2009年开始先后发布了《关于推进分级诊疗制度建设的指导意见》《关于推进医疗联合体建设和发展的指导意见》《关于促进"互联网+医疗健康"发展的意见》等医疗改革政策,要求实现医院间、区域间的信息互联互通,电子健康档案统一数据标准,真正实现按照疾病的轻重缓急进行分级、分层诊疗,移动医疗、互联网+智慧医疗将成为医疗服务发展的新契机。

社会现状对医疗卫生服务提出新需求。"百姓看病难"牵动着医疗服务的神经,与此同时,医院面临就诊压力大,加上老龄化社会加剧和慢性病健康管理等问题,使得当下医院迫切寻找转变运营方式。根据《"健康中国2030"规划纲要》,中国2030年实现每千常住人口执业(助理)医师数3人,每千常住人口注册护士数4.7人,相比2015年有较大提升,但从规划指标数值看,仍低于当前经济合作与发展组织成员国家的平均数。因此,医疗机构也在不断探索,移动医疗等新技术手段将服务延伸,从治疗者向健康管理者转变。

技术进步实现医院智慧化建设。物联网、大数据、云计算、人工智能、传感技术的发展使计算机处理数据能力呈现数量级增长,使众多辅助决策、辅助医疗手段成为可能。而移动通信技术促进医院联合医疗保险、社会服务等部门,在诊前、诊中、诊后各个环节,对患者就医及医院服务流程进行简化,也使得医疗信息在患者、医疗设备、医院信息系统和医护人员间流动共享,让医护人员可以随时随地获取医疗信息,实现医疗业务移动办公,极大地提高了医疗工作效率。

经济拉动民众对更便捷和更高效的医疗服务有所需求。随着人均可支配收入的提高,人们越来越关注健康,对高质量医疗服务的需求持续上升。据国家统计局数据,我国人均可支配收入在2021年达到35128元人民币,较2020年实际增长8.1%。其中,医疗保健占总支出比例达8.8%,较2019年增长5.4%,人们对于健康的需求从过去"以治疗为主"逐渐转化为"以预防为主"。

（三）5G远程医疗应用场景

1. 远程会诊

我国地域辽阔,医疗资源分布不均,农村或偏远地区的居民难以获得及时、高质量的医疗服务。传统的远程会诊采用有线连接的方式进行视频通信，建设和维护成本高、移动性差。5G 网络高速率的特性，能够支持 4K/8K 的远程高清会诊和医学影像数据的高速传输与共享，并让专家能随时随地开展会诊，提升诊断准确率和指导效率，促进优质医疗资源下沉。

2. 远程超声

与 CT、磁共振等技术相比，超声的检查方式很大程度上依赖于医生的扫描手法，探头就类似于医生做超声检查时的眼睛，不同医生根据自身的手法习惯来调整探头的扫描方位，选取扫描切面诊断病人，最终检查结果也会有相应的偏差。由于基层医院往往缺乏优秀的超声医生，故需要建立能够实现高清无延迟的远程超声系统，充分发挥优质医院专家的优质诊断能力，实现跨区域、跨医院的业务指导、质量管控，保障下级医院进行超声工作时手法的规范性和合理性。

远程超声由远端专家操控机械臂对基层医院的患者开展超声检查，可应用于医联体上下级医院，及偏远地区对口援助帮扶，提升基层医疗服务能力。5G 的毫秒级时延特性，将能够支持上级医生操控机械臂实时开展远程超声检查。相较于传统的专线和 WiFi，5G 网络能够解决基层医院和海岛等偏远地区专线建设难度大、成本高，及院内 WiFi 数据传输不安全、远程操控时延高的问题。

3. 远程手术

利用医工机器人和高清音视频交互系统，远端专家可以对基层医疗机构的患者进行及时的远程手术救治。5G 网络能够简化手术室内复杂的有线和 WiFi 网络环境，降低网络的接入难度和建设成本。利用 5G 网络切片技术，可快速建立上下级医院间的专属通信通道，有效保障远程手术的稳定性、实时性和安全性，让专家随时随地掌控手术进程和病人情况，实现跨地域远程精准手术操控和指导，对降低患者就医成本、助力优质医疗资源下沉具有重要意义。不仅如此，在战区、疫区的特殊环境下，利用 5G 网络能够快速搭建远程手术所需的通信环境，提升医护人员的应急服务能力。

4. 应急救援

急救医学是一门处理和研究各种急性病变和急性创伤的一门多专业的综合学科，需要在短时间内对威胁人类生命安全的意外灾伤和疾病采取紧急救护措施，并且急救医学还要研究和设计现场抢救、运输、通信等方面的问题，急救设备是急救医学的重要组成部分。

当前，急救医学在我国的发展还处于初级阶段且农村与城市地区发展极不平衡，诸多地方有待改善，急救医务人员结构不合理、设备配置不足等情况仍较严重，在现场没有专科医生或全科医生的情况下，通过无线网络能够将患者的生命体征和危急报警信息传输至远端专家侧，并获得专家远程指导，对挽救患者生命至关重要，并且远程监护也能够使医院在第一时间掌握患者病情，提前制定急救方案并进行资源准备，实现院前急救与院内救治的无缝对接。通过 5G 网络实时传输医疗设备监测信息、车辆实时定位信息、车内外视频画面，便于实施远程会诊和远程指导，对院前急救信息进行采集、处理、存储、传输、共享可充分提升管理救治效率，提高服务质量，优化服务流程和服务模式。大数据技术可充分挖掘和利用医疗信息数据的价值，并进行应用、评价、辅助决策，服务于急救管理与决策。5G 边缘医疗云可提供安全可靠的医疗数据传输，实现信息资源共享、系统互联互通，为院前急救、智慧医疗提供了强大的技术支撑。

5G 智能急救信息系统包括智慧急救云平台、车载急救管理系统、远程急救会诊指导系统、急救辅助系统等几个部分。智慧急救云平台主要包括急救智能智慧调度系统、一体化急救平台系统、结构化院前急救电子病历系统，主要实现的功能有急救调度、后台运维管理、急救质控管理等。车载急救管理系统包括车辆管理系统、医疗设备信息采集传输系统、AI 智能影像决策系统、结构化院前急救电子病历系统等。远程急救会诊指导系统包括基于高清视频和 AR/MR 的指导系统，实现实时传输高清音视频、超媒体病历、急救地图和大屏公告等功能。急救辅助系统包括智慧医疗背包、急救记录仪、车内移动工作站、医院移动工作站等。

（四）5G 医疗发展政策措施与建议

1. 政策措施

作为新一代信息基础设施的核心，世界各国都对 5G 建设和发展赋予了战略价值，积极抢跑 5G 建设。中国作为全球最大的移动通信市场，近年来，政府积极布局、陆续出台 5G 技术重大专项和 5G 垂直行业应用等多项利好政策，加快推动 5G 建设，为行业应用和产业发展创造了巨大机遇。2013 年，工业和信息化部、国家发展和改革委员会和科学技术部共同建立了 IMT-2020（5G）推进组，推进 5G 标准的制定和商用的落地。2014 年 8 月，国家卫生计生委印发《关于推进医疗机构远程医疗服务的意见》指出，加强统筹协调，积极推动远程医疗服务发展；明确远程医疗服务内容，确保远程医疗服务质量安全；完善服务流程，保障远程医疗服务优质高效；加强监督管理，保证医患双方合法权益。

2015 年 7 月，国务院印发《关于积极推进"互联网+"行动的指导意见》指出，到 2025 年，网络化、智能化、服务化、协同化的"互联网+"产业生态体系基本完善，"互联网+"新经济形态初步形成，"互联网+"成为经济社会创新发展的重要驱动力量。在"互联网+"人工智能方面，依托互联网平台提供人工智能公共创新服务，加快人工智能核心技术突破，促进人工智能在智能家居、智能终端、智能汽车、机器人等领域的推广应用，培育若干引领全球人工智能发展的骨干企业和创新团队，形成创新活跃、开放合作、协同发展的产业生态。

2016 年 7 月，中共中央办公厅、国务院办公厅印发《国家信息化发展战略纲要》指出，到 2020 年，固定宽带家庭普及率达到中等发达国家水平，第三代移动通信（3G）、第四代移动通信（4G）网络覆盖城乡，第五代移动通信（5G）技术研发和标准取得突破性进展。信息消费总额达到 6 万亿元，电子商务交易规模达到 38 万亿元。到

2025年，新一代信息通信技术得到及时应用，建成国际领先的移动通信网络，实现宽带网络无缝覆盖。2016年12月，国务院印发《"十三五"国家信息化规划》指出，推动5G进入全球领先梯队，十六次提到了"5G"技术。

2017年2月，工业和信息化部举行的新闻发布会上，宣布我国与国际同步启动5G研发。2017年，政府工作报告指出，"全面实施战略性新兴产业发展规划，加快新材料、人工智能、集成电路、生物制药、第五代移动通信等技术研发和转化，做大做强产业集群。"报告首次提出"第五代移动通信技术（5G）"，这表明，我国对5G技术发展的支持已经上升到国家层面。

2017年11月，工业和信息化部正式发布5G系统频率使用规划。2017年11月28日，国家发展和改革委员会网站发布《关于组织实施2018年新一代信息基础设施建设工程的通知》，组织实施2018年的新一代信息基础设施建设工程。2017年12月，国家发展和改革委员会发布《关于组织实施2018年新一代信息基础设施建设工程的通知》，要求2018年将在不少于5个城市开展5G规模组网试点，每个城市5G基站数量不少50个、全网5G终端不少于500个。相关政策的出台，有力推动了5G技术的发展和应用。

2018年4月，国务院办公厅印发的《关于促进"互联网+医疗健康"发展的意见》（国办发〔2018〕26号）指出，发展"互联网+"医疗服务、公共卫生服务、家庭医生签约服务、药品供应保障服务、医疗保障结算服务、医学教育和科普服务、人工智能应用服务等，加快实现医疗健康信息互通共享，健全"互联网+医疗健康"标准体系，提升医疗机构基础设施保障能力。

按照党的"十九大"精神扎实推进信息通信领域科技工作，加快建设创新型国家。工业和信息化部首提要起草5G指导性文件，部分地方省市陆续出台相关政策。

2. 5G医疗应用面临问题和挑战

5G医疗健康是5G技术在医疗健康行业的一个重要应用领域。随着人口结构高龄化与慢性病发病率的增加，5G与大数据、互联网+、人工智能、区块链等前沿技术在医疗健康领域得到了充分的整合和应用，对推进深化医药卫生体制改革、加快"健康中国"建设和推动医疗健康产业发展，起到了重要的支撑作用。当前5G技术体系、商业模式、产业生态仍在不断演变和探索中，在顶层架构、系统设计和落地模式上还需不断完善，但是5G医疗健康前期探索已取得良好的应用示范作用，实现了5G在医疗健康领域包括远程手术、应急救援、中台操控、医用机器人操控、移动查房、远程监护、远程培训、手术示教、室内定位等众多场景的广泛应用。但是我们仍要看到5G在医疗健康领域的发展尚未形成成熟模式，普及应用还存在不少问题，主要体现在以下四个方面：

（1）5G医疗总体规划不够完善，跨部门协调的问题突出，须提高产业整体协调效益　目前，5G医疗应用顶层设计不够完善，缺乏相关文件引导。由于5G技术和医疗领域的结合涉及跨行业应用，亟须在国家统筹指导下，汇聚政府部门、研究机构、高校、重点企业和行业组织等多方参与、建立资源共享、协同推进的工作格局，形成长期有效的跨部门合作机制，做好部门、区域之间的协调，破解5G与医疗健康行业深度融合的体制机制障碍，推动跨部门的5G医疗健康数据资源开放、共享和协同。加强统一规划与监管保障，引导5G医疗行业创新应用健康良性发展。

（2）5G医疗应用仍处于初始探索阶段，技术验证、可行性研究不足　目前5G医疗应用以初期试点探索为主，多为应用场景初期的先导性尝试，技术验证、方案推广可行性研究仍较少，需要以企业为主体，加快构建政产学研用结合的创新体系。统筹衔接医疗健康5G技术研发、成果转化、产品制造、应用部署等环节工作，充分调动各类创新资源，打造一批面向行业的创新中心、重点实验室等融合创新载体，加强研发布局和协同创新。

（3）缺乏统一的标准与评价体系　目前，5G技术与医疗健康领域深度融合应用仍存在体制机制障碍，5G医疗在创新型医疗器械、终端设备接入方式、数据格式统一和应用数据传输等方面还存在许多规范问题，5G医疗应用场景众多，不同应用场景对于网络的需求差别较大，尚无具体标准规范定义5G医疗的网络指标要求，亟须结合医疗健康行业的应用特点，面向医疗行业的5G标准体系的制定、实施和应用，规范针对医疗行业的5G技术结构和内容，满足产业需要。不断完善和优化标准化技术体系，统筹推进技术创新、产品研发、标准制定、试验验证、知识产权处置和推广应用等工作。

（4）应用创新落地仍面临诸多挑战，存在稳定性和安全性隐患　当前，我国各级医疗机构信息化程度参差不齐，存在稳定性和安全性隐患。国内各医院医疗服务无线化程度较低，对移动网络利用不充分，如在急救车载救护场景下，我国多数急救车尚不具备远程诊疗能力（我国急救车总数约20万辆，具备无线联网能力的急救车比例较小），导致脑卒中、心脏病等患者在"黄金抢救时间"内难以得到有效救治，严重降低了患者治愈概率。因此，应推进5G医疗健康的创新应用，加速医疗健康与信息化融合。

3. 5G医疗应用发展建议

为促进5G医疗健康应用创新及产业发展，建议从以下五点附能5G医疗健康产业的发展：

（1）统筹5G医疗健康顶层设计，完善产业发展宏观蓝图　加强统一规划与监管保障，引导5G医疗行业创新应用健康良性发展。汇聚政府部门、研究机构、高校、重点企业和行业组织等多方参与、建立资源共享、协同推进的工作格局，破解5G与医疗健康行业深度融合的体制机制障碍，推动跨部门的5G医疗健康数据资源开放、共享和协同。强化对技术研发、标准制定、产业发展、应用推广、安全保障、服务支撑等各环节的统筹协调。合理规划和分配频率、标识、码号等资源，促进5G医疗健康基础设施建设。引导医疗健康服务网络建设，推动医疗信息标准和医疗机构信息系统的有效集成，在全国建设一体化公共卫生和国民健康信息管理体系，优化各个地区包括社区与村镇医

第三章 新技术在医疗装备领域应用及技术发展趋势

疗服务的医疗保健网络在内的医疗健康服务网络建设,克服各医疗服务机构之间的信息交流瓶颈问题。鼓励各大医院加强合作,统一医疗卫生系统,促进医疗资源的融合,实现优质医疗资源的共享。

(2) 加强5G医疗健康技术研发,推动技术自主创新突破 聚焦5G关键技术在医疗卫生领域的应用需求,研究5G医疗健康产业的整体系统架构和技术思路,确定5G医疗健康相关产品、业务和应用服务的技术组成,增强安全保障能力,加快协同创新体系建设,推进医疗健康与信息化融合发展。以企业为主体,加快构建政产学研用结合的创新体系。统筹衔接5G医疗健康技术研发、成果转化、产品制造、应用部署等环节的工作,充分调动各类创新资源,打造一批面向行业的创新中心、重点实验室等融合创新载体,加强研发布局和协同创新,推进产需对接,有效整合产业链上、下游协同创新。支持企业建设一批应用于医疗健康领域的5G研发机构和实验室,提升创新能力和水平。鼓励企业与高校、科技机构对接合作,畅通科研成果转化渠道。

(3) 加快5G医疗健康标准研制,实现行业规范快速发展 完善5G医疗健康系列标准的顶层规划和体系设计。依靠5G大环境下的技术标准制定,结合医疗健康行业应用特点,做好顶层规划,建设标准验证、测试和仿真等标准服务平台,加快面向医疗行业的5G标准体系的制定、实施和应用,规范针对医疗行业的5G技术结构和内容,满足产业需要。不断完善和优化标准化技术体系,统筹推进技术创新、产品研发、标准制定、试验验证、知识产权处置和推广应用等工作。加强医疗应用与5G技术融合的研究,实现医疗系统内行业标准与5G的技术标准融合,确保两大产业之间业务的合作开展。充分发挥联盟、协会等机构的作用,推动5G医疗健康标准宣贯与实施。构建5G医疗健康物联网评测体系,支持面向标准符合性、软硬件协同、互联互通、用户体验、安全可靠等检测服务。

(4) 推进医疗健康物联网应用示范,促进行业规模深度应用 鼓励5G技术创新、业务创新和模式创新,积极培育新模式新业态,促进医院管理和医疗服务、个人健康管理、社区医疗服务、远程医疗和健康养老等医疗健康场景应用快速增长。推动以患者为中心的医疗数据网络的形成,实现个人健康实时监测与评估、疾病预警、慢性病筛查、主动干预,积极推动医疗真正进入智慧医疗时代。稳步推进优秀示范工程,全面提升应用深度、广度和质量。全力支持市场需求旺盛,应用模式清晰的重点领域,结合重大应用示范工程,复制推广成熟模式,推进5G技术在医疗健康行业的集成创新和规模化应用。持续加大信息基础设施建设力度,支持已实施和拟实施的重大医疗健康5G应用示范项目和相关典型案例及创新案例向各相关领域推广,积极推动管理模式和商业模式创新,努力实现区域内5G医疗健康应用全面协同和医疗健康数据资源全面共享。

(5) 提升医疗健康物联网安全保障,健全产业安全体系建设 推进5G医疗健康领域的关键重点安全技术研发。引导信息安全企业与5G技术研发应用企业、科研机构、高校、医疗机构合作，加强 5G 架构安全、异构网络安全、数据安全、个人信息安全等关键技术和产品的研发，形成安全可靠的技术体系，增强安全技术支撑能力，防止医疗健康信息丢失或窜改以及非法访问，有效保护个人隐私和信息安全。强化安全标准的研制、验证和实施，满足医疗卫生领域对 5G 技术和产品服务保障的要求。建立健全安全保障体系，增强安全监测、评估、验证和应急处理能力。

第四章 医疗装备政策及解读

医疗装备是健康中国的重要建设内容，也是制造强国的重点发展领域。医疗装备产业的发展对国家具有高度的战略性和带动性。2020年9月11日，习近平总书记在科学家座谈会上对科技发展提出了"四个面向"的要求，其中"面向人民生命健康"即包含了对医疗装备产业高质量发展的殷切期望。随着我国居民生活水平的持续提高，对卫生健康服务的需求也在持续提升。尤其是伴随着老龄化社会的到来，我国社会正面临着对医疗装备从规模到品质的双重需求。发展医疗装备产业，对优化医疗服务供给、引领医疗技术进步和推动医疗模式创新均具有重要的推动作用。同时，医疗装备作为先进机械电子技术、软件技术和现代先进医疗技术的复合体，集当前先进科技于一身，对我国制造业发展也具有重要的产业引领作用。所以，大力发展医疗装备产业，是一项"调结构、惠民生"的重大工程。

我国医疗装备产业虽已获得长足发展，但也面临着迫切需要解决的系列问题。截至2019年年底，我国医学装备行业生产企业达到1.8万家，市场规模达到8000亿元人民币，较2018年增长11.11%。从2010年至2019年，我国医学装备市场规模年均增长率15%，远高于国际5%的增长率（数据引自中国医学装备协会《中国医学装备发展状况与趋势（2020）》绿皮书）。我国已成长起一批研发能力强、技术含量高的代表企业，形成了"环渤海""长三角""粤港澳大湾区"三大产业聚集区，但我国医疗装备行业仍存在着企业规模小、研发投入少、自主创新能力弱、企业竞争力不足、市场占有率偏低、关键核心技术、零部件尚待突破等问题。因此，我国医疗装备产品质量亟待提升，中高端产品亟待国产化，产业生态环境亟待优化，行业转型升级仍需持续深入推进。

产业政策是国家指导医疗装备产业发展的重要措施和手段，是国家意志的重要体现，也是引领行业和市场发展的重要指挥棒，在特定时期内对产业发展具有重要甚至决定性的影响。系统研究我国医疗装备行业的产业政策，对了解我国医疗装备产业发展历史和现状，分析行业典型问题，为行业、企业提供更加理性的决策，具有重要的支撑作用。本章对近十年来中共中央、国务院和国家发展和改革委员会、工业和信息化部、国家卫生健康委员会、科学技术部、原国家食品药品监督管理总局等部委发布的医疗装备相关产业政策进行了择要梳理，对政策内容进行了简要总结，按时间先后顺序依次列出，以期为有关研究人员和感兴趣的读者提供有益参考。

一、《医疗器械科技产业"十二五"专项规划》

为加快推进医疗器械产业发展，更好地满足广大人民群众健康需求，支撑我国医疗卫生服务体系建设，促进医疗卫生体制改革的顺利实施，按照《国家中长期科学和技术发展规划纲要（2006—2020年）》《中华人民共和国国民经济和社会发展第十二个五年规划纲要》《国务院关于加快培育和发展战略性新兴产业的决定》与《中共中央、国务院关于深化医药卫生体制改革的意见》等相关要求，2012年1月，科学技术部发布了《医疗器械科技产业"十二五"专项规划》（国科发计〔2011〕705号）。

1. 总体目标

到2015年，初步建立医疗器械研发创新链，医疗器械产业技术创新能力显著提升；突破一批共性关键技术和核心部件，重点开发一批具有自主知识产权的、高性能、高品质、低成本和主要依赖进口的基本医疗器械产品，满足我国基层医疗卫生体系建设需要和临床常规诊疗需求；进一步完善科技创新和产业发展的政策环境，培育一批创新品牌，大幅提高产业竞争力，医疗器械科技产业发展实现快速跨越。总体目标细分为技术、产品、产业、能力四项具体目标。

2. 政策要点

重点研究力、光、声、电、磁等物理作用的生物学效应和加强新理论、新方法、新材料、新技术应用于医疗器械的基础研究。满足医学诊疗、健康服务和产业发展需要，围绕医疗器械数字化、智能化、自动化、精准化、无/微创、低负荷、个性化、网络化、协同化等发展趋势，重点从原理方法类、设计制造类、应用服务类几大方向，就重大前沿技术和共性关键技术展开研发。

围绕重大疾病防治和临床诊疗需求，重点开发一批适宜基层的先进实用产品和主要依赖进口的中高端产品，积极发展适应医学模式转变的创新产品，显著提升医疗器械产业的市场竞争力。

在"十二五"期间，力求技术突破、产品创新、能力建设和应用普及，重点实施基础装备升级、高端产品突破、前沿方向创新、创新能力提升以及应用示范工程五项任务。

二、制造强国建设国家规划

制造业是国民经济的主体，是立国之本、兴国之器、强国之基。2015年5月，国务院发布关于印发《中国制造2025》的通知（国发〔2015〕28号）。《中国制造2025》是我国实施制造强国战略第一个十年的行动纲领。当前，新一轮科技革命和产业变革与我国加快转变经济发展方式形成历史性交汇，国际产业分工格局正在重塑。我国必须紧紧抓住这一重大历史机遇，按照"四个全面"战略布局要求，实施制造强国战略，加强统筹规划和前瞻部署，力争通过三个十年的努力，到新中国成立一百年时，把我国建设成为引领世界制造业发展的制造强国，为实现中华民族伟大复兴的中国梦打下坚实基础。

第四章 医疗装备政策及解读

1. 战略目标

立足国情，立足现实，力争通过"三步走"实现制造强国的战略目标。

第一步：力争用十年时间，迈入制造强国行列。

到 2020 年，基本实现工业化，制造业大国地位进一步巩固，制造业信息化水平大幅提升。掌握一批重点领域关键核心技术，优势领域竞争力进一步增强，产品质量有较大提高。制造业数字化、网络化、智能化取得明显进展。重点行业单位工业增加值能耗、物耗及污染物排放明显下降。

到 2025 年，制造业整体素质大幅提升，创新能力显著增强，全员劳动生产率明显提高，两化（工业化和信息化）融合迈上新台阶。重点行业单位工业增加值能耗、物耗及污染物排放达到世界先进水平。形成一批具有较强国际竞争力的跨国公司和产业集群，在全球产业分工和价值链中的地位明显提升。

第二步：到 2035 年，我国制造业整体达到世界制造强国阵营中等水平。创新能力大幅提升，重点领域发展取得重大突破，整体竞争力明显增强，优势行业形成全球创新引领能力，全面实现工业化。

第三步：新中国成立一百年时，制造业大国地位更加巩固，综合实力进入世界制造强国前列。制造业主要领域具有创新引领能力和明显竞争优势，建成全球领先的技术体系和产业体系。

大力推动十大重点领域突破发展：①新一代信息技术产业；②高档数控机床和机器人；③航空航天装备；④海洋工程装备及高技术船舶；⑤先进轨道交通装备；⑥节能与新能源汽车；⑦电力装备；⑧农机装备；⑨新材料；⑩生物医药及高性能医疗器械。

发展针对重大疾病的化学药、中药、生物技术药物新产品，重点包括新机制和新靶点化学药、抗体药物、抗体偶联药物、全新结构蛋白及多肽药物、新型疫苗、临床优势突出的创新中药及个性化治疗药物。提高医疗器械的创新能力和产业化水平，重点发展影像设备、医用机器人等高性能诊疗设备，全降解血管支架等高值医用耗材，可穿戴、远程诊疗等移动医疗产品。实现生物 3D 打印、诱导多能干细胞等新技术的突破和应用。

2. 政策要点

制造强国战略重点内容可以用"一、二、三、四、五、十"等几个方面来进行总结。

一个目标：从制造业大国向制造业强国转变，最终实现制造业强国的目标。

两化融合：通过两化融合发展来实现前述目标。

三步走实施：通过"三步走"战略实现从制造业大国向制造业强国转变的目标。

四项基本原则：市场主导，政府引导；立足当前，着眼长远；整体推进、重点突破；自主发展，开放合作。

五大工程：全面实施制造业创新中心（工业技术研究基地）建设工程、智能制造工程、工业强基工程、绿色制造工程、高端装备创新工程。

十大领域：包括新一代信息技术产业、高档数控机床和机器人、航空航天装备、海洋工程装备及高技术船舶、先进轨道交通装备、节能与新能源汽车、电力装备、农机装备、新材料、生物医药及高性能医疗器械十个重点领域。

三、《关于促进医药产业健康发展的指导意见》

医药产业是支撑发展医疗卫生事业和健康服务业的重要基础，2016年3月，国务院办公厅印发了《关于促进医药产业健康发展的指导意见》（国办发〔2016〕11号）（简称《指导意见》），指出改革开放以来，我国医药产业取得了长足发展，但仍面临自主创新能力不强、产业结构不合理、市场秩序不规范等问题，强调要大力发展医药产业，推动提升我国医药产业的核心竞争力，促进医药产业持续健康发展。

1. 主要目标

到2020年，医药产业创新能力明显提高，供应保障能力显著增强，90%以上重大专利到期药物实现仿制上市，临床短缺用药供应紧张状况有效缓解；产业绿色发展、安全高效，质量管理水平明显提升；产业组织结构进一步优化，体制机制逐步完善，市场环境显著改善；医药产业规模进一步壮大，主营业务收入年均增速高于10%，工业增加值增速持续位居各工业行业前列。

加快医疗器械转型升级。重点开发数字化探测器、超导磁体、高热容量X射线管等关键部件，手术精准定位与导航、数据采集处理和分析、生物三维（3D）打印等技术。研制核医学影像设备PET-CT及PET-MRI、超导磁共振成像（MRI）系统、多排螺旋CT、彩色超声诊断、图像引导放射治疗、质子/重离子肿瘤治疗、医用机器人、健康监测、远程医疗等高性能诊疗设备。推动全自动生化分析仪、化学发光免疫分析仪、高通量基因测序仪、五分类血细胞分析仪等体外诊断设备和配套试剂产业化。发展心脏瓣膜、心脏起搏器、全降解血管支架、人工关节和脊柱、人工耳蜗等高端植介入产品，以及康复辅助器具中高端产品。积极探索基于中医学理论的医疗器械研发。

2. 政策要点

《指导意见》强调了医药产业是支撑发展医疗卫生事业和健康服务业的重要基础，在惠民生、稳增长方面发挥了积极作用。

《指导意见》在生物药、高端化学药等原研药，以及中药等医药门类的提升提出了发展纲要，在研发、生产、检测、国际临床研究和注册方面提出了指导性意见，尤其对医疗器械的创新研发和转型升级明确了具体的突破方面和要求：加强创新能力建设、促进科研成果转化、提高智能发展水平等。加强培育龙头企业和优势产品，对医疗器械骨干企业的兼并重组、上下游整合提出了要求。推动医药产业规模化、集约化、园区化发展，形成产业集群发展的良好态势。在研发基础设施建设方面，提出优化科技资源配置，打造布局合理、科学高效的科技创新基地，以强化我国医药及医疗器械研发、生产能力。

四、《"健康中国2030"规划纲要》

为推进健康中国建设，提高人民健康水平，根据党的十八届五中全会战略部署，

2016年10月,中共中央、国务院印发了《"健康中国2030"规划纲要》(以下简称"纲要")。"纲要"是今后15年推进健康中国建设的行动纲领。

1. 战略目标

到2030年,促进全民健康的制度体系更加完善,健康领域发展更加协调,健康生活方式得到普及,健康服务质量和健康保障水平不断提高,健康产业繁荣发展,基本实现健康公平,主要健康指标进入高收入国家行列。

到2030年具体实现以下目标:

——人民健康水平持续提升。

——主要健康危险因素得到有效控制。

——健康服务能力大幅提升。

——健康产业规模显著扩大。

——促进健康的制度体系更加完善。

完善政产学研用协同创新体系,推动医药创新和转型升级。加强专利药、中药新药、新型制剂、高端医疗器械等创新能力建设,推动治疗重大疾病的专利到期药物实现仿制上市。大力发展生物药、化学药新品种、优质中药、高性能医疗器械、新型辅料包材和制药设备,推动重大药物产业化,加快医疗器械转型升级,提高具有自主知识产权的医学诊疗设备、医用材料的国际竞争力。加快发展康复辅助器具产业,增强自主创新能力。健全质量标准体系,提升质量控制技术,实施绿色和智能改造升级,到2030年,药品、医疗器械质量标准全面与国际接轨。

发展专业医药园区,支持组建产业联盟或联合体,构建创新驱动、绿色低碳、智能高效的先进制造体系,提高产业集中度,增强中高端产品供给能力。大力发展医疗健康服务贸易,推动医药企业走出去和国际产业合作,提高国际竞争力。到2030年,具有自主知识产权新药和诊疗装备国际市场份额大幅提高,高端医疗设备市场国产化率大幅提高,实现医药工业中高速发展和向中高端迈进,跨入世界制药强国行列。推进医药流通行业转型升级,减少流通环节,提高流通市场集中度,形成一批跨国大型药品流通企业。

2. 政策要点

"纲要"树立了把人民健康放在优先发展的战略地位的理念,坚持以健康优先,用防范意识维持健康,坚持以体制机制改革创新为动力,完善各类基础设施建设,坚持从普及健康生活、优化健康服务入手,完善各类保障,坚持发展健康产业,满足多层次、多样化卫生服务需求,加大健康投入,保障"健康中国2030"战略目标的实现。

五、《全民健康保障工程建设规划》

针对医疗卫生服务供给与深化医药卫生体制改革相关要求和人民群众日益增长的医疗卫生服务需求仍存在较大差距,总量不足、分布不均衡等供给侧结构性问题,为进一步完善医疗卫生服务体系,实现人人享有基本医疗卫生服务,推进健康中国建设,根据《中华人民共和国国民经济和社会发展第十三个五年规划纲要》、《中共中央、国务院关于深化医药卫生体制改革的意见》(中发〔2009〕6号)、《全国医疗卫生服务体系规划纲要(2015—2020年)》(国办发〔2015〕14号)和《中医药发展战略规划纲要(2016—2030年)》(国发〔2016〕15号),在总结"十二五"医疗卫生服务体系建设和发展经验的基础上,2016年11月,国家发展和改革委员会制定了《全民健康保障工程建设规划》(发改社会〔2016〕2439号)。

1. 发展目标

到2020年,在中央和地方的共同努力下,全面改善医疗卫生薄弱环节基础设施条件,明显提升医疗卫生服务能力,同步推进机制改革和管理创新,优化医疗卫生资源配置,构建与国民经济和社会发展水平相适应、与居民健康需求相匹配、体系完整、分工明确、功能互补、反应及时、密切协作的医疗卫生服务体系,为实现人人享有基本医疗卫生服务和全面建成小康社会提供坚实保障。

2. 政策要点

实施全民健康保障工程,主要包括健康扶贫、妇幼健康保障、公共卫生服务能力、疑难病症诊治能力、中医药传承和创新、人口健康信息化等工程建设。

以集中连片特殊困难地区和国家扶贫开发工作重点县为重点,全面加强县级医院业务用房建设,确保每个县(市、区)建好1~2所县级公立医院(含中医院),提升县域综合服务能力,为实现县域内就诊率达到90%任务目标提供设施保障。

全面改善妇幼健康服务机构的基础设施条件,强化危重孕产妇救治与新生儿救治能力,提升妇幼保健服务水平。到2020年,力争实现省、市、县三级都有1所政府举办设施齐全的妇幼健康服务机构,保障全面二孩政策顺利实施。

加强疾病预防控制机构基础设施建设,力争到2020年,省级疾病预防控制机构都有达到生物安全三级水平的实验室。严重威胁群众健康的职业病、传染病、地方病、结核病等得到有效防控,进一步完善血站服务体系,确保与经济社会发展和医疗卫生事业发展相适应,综合监督执法网络进一步完善,紧急医学救援能力得到加强。

针对严重危害人民群众健康的重点病种,完善区域内学科建制,在全国范围内遴选约100所辐射带动能力较强的省部级医院支持建设,显著提升省域内相关专科综合诊治能力和技术水平。

重点支持约90所重点中医医院(含少数中西医结合医院、民族医医院,下同)和10所左右省级中医药科研机构(含民族医药科研机构)开展传承创新能力建设,推动中医药服务资源和临床科研有机结合,促进中医药全面振兴发展。

以省级为主体,按照区域人口健康信息平台应用功能指引,充分整合现有信息系统和数据资源,利用新兴信息技术,实现公共卫生、计划生育、医疗服务、医疗保障、药品管理、综合管理等六大业务应用系统的数据汇聚和业务协同。

六、《"十三五"国家战略性新兴产业发展规划》

战略性新兴产业代表新一轮科技革命和产业变革的方向,是培育发展新动能、获取

第四章 医疗装备政策及解读

未来竞争新优势的关键领域。"十三五"时期，要把战略性新兴产业摆在经济社会发展更加突出的位置，大力构建现代产业新体系，推动经济社会持续健康发展。根据"十三五"规划纲要有关部署，2016年12月，国务院印发了《"十三五"国家战略性新兴产业发展规划》（国发〔2016〕67号），规划期为2016—2020年。

1. 发展目标

到2020年，战略性新兴产业发展要实现以下目标：

产业规模持续壮大，成为经济社会发展的新动力。战略性新兴产业增加值占国内生产总值比重达到15%，形成新一代信息技术、高端制造、生物、绿色低碳、数字创意等5个产值规模10万亿元级的新支柱，并在更广领域形成大批跨界融合的新增长点，平均每年带动新增就业100万人以上。

创新能力和竞争力明显提高，形成全球产业发展新高地。攻克一批关键核心技术，发明专利拥有量年均增速达到15%以上，建成一批重大产业技术创新平台，产业创新能力跻身世界前列，在若干重要领域形成先发优势，产品质量明显提升。节能环保、新能源、生物等领域新产品和新服务的可及性大幅提升。知识产权保护更加严格，激励创新的政策法规更加健全。

产业结构进一步优化，形成产业新体系。发展一批原创能力强、具有国际影响力和品牌美誉度的行业排头兵企业，活力强劲、勇于开拓的中小企业持续涌现。中高端制造业、知识密集型服务业比重大幅提升，支撑产业迈向中高端水平。形成若干具有全球影响力的战略性新兴产业发展策源地和技术创新中心，打造百余个特色鲜明、创新能力强的新兴产业集群。

到2030年，战略性新兴产业发展成为推动我国经济持续健康发展的主导力量，我国成为世界战略性新兴产业重要的制造中心和创新中心，形成一批具有全球影响力和主导地位的创新型领军企业。

2. 医疗器械相关政策要点

提升生物医学工程发展水平。深化生物医学工程技术与信息技术融合发展，加快行业规制改革，积极开发新型医疗器械，构建移动医疗、远程医疗等诊疗新模式，促进智慧医疗产业发展，推广应用高性能医疗器械，推进适应生命科学新技术发展的新仪器和试剂研发，提升我国生物医学工程产业整体竞争力。

发展智能化移动化新型医疗设备。开发智能医疗设备及其软件和配套试剂、全方位远程医疗服务平台和终端设备，发展移动医疗服务，制定相关数据标准，促进互联互通，初步建立信息技术与生物技术深度融合的现代智能医疗服务体系。

开发高性能医疗设备与核心部件。发展高品质医学影像设备、先进放射治疗设备、高通量低成本基因测序仪、基因编辑设备、康复类医疗器械等医学装备，大幅提升医疗设备稳定性、可靠性。利用增材制造等新技术，加快组织器官修复和替代材料及植介入医疗器械产品创新和产业化。加速发展体外诊断仪器、设备、试剂等新产品，推动高特异性分子诊断、生物芯片等新技术发展，支撑肿瘤、遗传疾病及罕见病等体外快速准确诊断筛查。

开发智能化和高性能医疗设备，支持企业、医疗机构、研究机构等联合建设第三方影像中心，开展协同诊疗和培训，试点建立居民健康影像档案。

七、《工业强基工程实施指南（2016—2020年）》

工业基础是支撑和推动制造业发展的重要支撑条件，是我国制造业赖以生存和发展的基石，是制造业核心竞争力的根本体现，是我国制造强国建设的决胜制高点。

工业基础主要包括核心基础零部件（元器件）、关键基础材料、先进基础工艺和产业技术基础（简称"四基"），直接决定着产品的性能和质量，是工业整体素质和核心竞争力的根本体现，是制造强国建设的重要基础和支撑条件。经过多年发展，我国工业总体实力迈上新台阶，已经成为具有重要影响力的工业大国，形成了门类较为齐全、能够满足整机和系统一般需求的工业基础体系。但是，核心基础零部件（元器件）、关键基础材料严重依赖进口，产品质量和可靠性难以满足需要；先进基础工艺应用程度不高，共性技术缺失；产业技术基础体系不完善，试验验证、计量检测、信息服务等能力薄弱。工业基础能力不强，严重影响主机、成套设备和整机产品的性能质量和品牌信誉，制约我国工业创新发展和转型升级，已成为制造强国建设的瓶颈。未来5~10年，提升工业基础能力，夯实工业发展基础迫在眉睫。

2016年8月，工业和信息化部、国家发展和改革委员会、科学技术部、财政部联合印发《工业强基工程实施指南（2016—2020年）》，围绕《中国制造2025》十大重点领域，开展重点领域"一揽子"突破行动，实施重点产品"一条龙"应用计划，建设一批产业技术基础平台，培育一批专精特新"小巨人"企业，推动"四基"领域军民融合发展。

1. 主要目标

经过5~10年的努力，部分核心基础零部件（元器件）、关键基础材料达到国际领先，产业技术基础体系较为完备，"四基"发展基本满足整机和系统的需求，形成整机牵引与基础支撑协调发展的产业格局，夯实制造强国建设基础。到2020年，工业基础能力明显提升，初步建立与工业发展相协调、技术起点高的工业基础体系。40%的核心基础零部件（元器件）、关键基础材料实现自主保障，先进基础工艺推广应用率达到50%，产业技术基础体系初步建立，基本满足高端装备制造和国家重大工程的需要。具体目标是：

——质量水平显著提高。基础零部件（元器件）、基础材料的可靠性、一致性和稳定性显著提升，产品使用寿命整体水平明显提高。

——关键环节实现突破。推动80种左右标志性核心基础零部件（元器件）、70种左右标志性关键基础材料、20项左右标志性先进基础工艺实现工程化、产业化突破。先进轨道交通装备、信息通信设备、高档数控机床和机器人、电力装备领域的"四基"问题率先解决。

——支撑能力明显增强。建设40个左右高水平的试验检测类服务平台，20个左右信息服务类服务平台，服务重点行业创新发展。

——产业结构优化升级。培育100家左右年销售收入超过10亿元、具有国际竞争力的"小巨人"企业，形成10个左右具有国际竞争力、年销售收入超过300亿的基础产业集聚区。

2. 工业"四基"发展目录

为营造从国家到企业全社会重视工业基础的氛围，引导企业从事工业基础领域，鼓励社会资本参与工业基础领域发展，发挥金融体系支持工业基础能力的作用，国家制造强国建设战略咨询委员会组织编制了《工业"四基"发展目录》。

围绕《中国制造2025》十大重点领域高端发展以及传统产业转型升级，突出重点，创新管理，梳理装备和系统需求。分析产业现状。遴选170种左右标志性核心基础零部件（元器件）、关键基础材料和先进基础工艺组织开展工程化、产业化突破。

在生物医药及高性能医疗器械领域，力争突破8MHU以上大热容量X射线管、新型X射线光子探测器、超声诊断单晶探头、2000阵元以上面阵探头、微型高频超声探头（血管或内窥镜检测）、MRI用64通道以上多通道谱仪、CT探测器、PET探测器（基于硅光电倍增管）、超精密级医疗机械轴承等核心基础零部件。开发可降解血管支架材料、透析材料、医用级高分子材料、植入电极、3T以上高场强超导磁体、临床检验质控用标准物质等关键基础材料。突破抗体药物大规模工业化生产技术，开发重组蛋白药物新型治疗性疫苗和细胞免疫治疗嵌合体抗原受体CAR-T细胞技术等制剂，推广具有生物活性的3D打印人工血管工艺。

3. 生物医药及高性能医疗器械"四基"目录

生物医药及高性能医疗器械领域核心基础零部件（元器件）、关键基础材料、先进基础工艺、产业技术基础目录具体见表4-1。

表4-1 生物医药及高性能医疗器械"四基"目录

类　　别	序号	"四基"目录
一、核心基础零部件（元器件）	1	大热容量X射线管组件
	2	新型X射线光子探测器
	3	超声单晶探头、面阵探头、弹性成像探头等新型探头
	4	内窥镜及血管内微型超声探头
	5	CT探测器
	6	PET探测器
	7	超精密级医疗机械轴承
	8	CT滑环及运动控制系统
	9	高像素CCD/CMOS图像传感器
	10	磁共振射频线圈
	11	无创连续血压传感器等新型电生理传感器
	12	IVD微量精密加样组件
	13	高灵敏度生物细胞无线检测芯片

(续)

类　　别	序号	"四基"目录
二、关键基础材料	1	可降解血管支架材料
	2	透析材料
	3	医用级高分子材料
	4	生物3D打印材料
	5	探测器新型晶体材料
	6	导光率、大数值孔径内镜光纤
	7	超弹性镍钛合金
	8	假肢体制备碳纤维材料
	9	高强度可降解骨科植入材料
	10	人工关节用交联超高分子量聚乙烯
	11	中性硼硅玻璃
	12	药用卤化丁基橡胶
	13	高端湿性医用敷料材料
	14	可吸收医用材料
	15	植入用钛及钛合金材料
	16	造影药剂
	17	植牙材料
	18	诊断和药物释放一体化靶向纳米材料
	19	医用镁合金材料
三、先进基础工艺	1	药物新靶点发现和针对新靶点的药物设计技术
	2	口服速释、缓控释、多颗粒系统等口服调释给药技术
	3	脂质体、脂微球、纳米制剂等新型注射给药技术
	4	口服仿制药与原研药质量疗效一致性制造技术
	5	大宗原料药清洁生产、发酵菌渣无害化处理和资源化利用技术
	6	中药药理及药效学评价技术
	7	濒危稀缺药材人工繁育技术
	8	中药注射剂安全性评价关键技术
	9	人源化抗体构建及优化技术、双功能抗体技术及抗体化药偶联技术
	10	基因工程疫苗技术
	11	动物细胞大规模高效培养和蛋白质纯化关键技术
	12	生物药长效、缓释、控释等制剂技术
四、产业技术基础	1	医药研发公共资源平台
	2	工业制剂技术研发平台
	3	医药制剂国际化发展技术平台
	4	医药绿色制造技术研究平台
	5	生物医药及高性能医疗器械关键材料和零部件计量测试创新服务平台

八、《"十三五"医疗器械科技创新专项规划》

为加速推进医疗器械科技产业发展,更好地满足广大人民群众健康需求,服务我国医疗卫生与健康服务体系建设,促进医疗卫生体制改革的顺利实施,按照《国家创新驱动发展战略纲要》《国家中长期科学和技术发展规划纲要(2006—2020年)》《"十三五"国家科技创新规划》《"健康中国2030"规划纲要》《中国制造2025》以及《关于促进医药产业健康发展的指导意见》等相关要求,2017年6月,科学技术部特制定《"十三五"医疗器械科技创新专项规划》(国科办社〔2017〕44号)。

1. 总体目标

加速医疗器械产业整体向创新驱动发展的转型,完善医疗器械研发创新链条;突破一批前沿、共性关键技术和核心部件,开发一批进口依赖度高、临床需求迫切的高端、主流医疗器械和适宜基层的智能化、移动化、网络化产品,推出一批基于国产创新医疗器械产品的应用解决方案;培育若干年产值超百亿元的领军企业和一批具备较强创新活力的创新型企业,大幅提高产业竞争力,扩大国产创新医疗器械产品的市场占有率,引领医学模式变革,推进我国医疗器械产业的跨越发展。

突破1~3项原始创新技术,10~20项前沿关键技术,形成核心专利300项以上。主流高端产品全面实现国产化,自主原创产品取得重要突破,研发10~20项前沿创新产品,引领新型医疗产品与健康服务技术发展。重点培育8~10家具备较强竞争力的大型医疗器械企业集团,建立8~10个医疗器械科技产业集聚区,80~100家具有自主核心知识产权且具备一定规模的创新型高技术企业,建立完善的国家医疗器械标准、测试和评价体系,部分重点产品市场占有率达到30%~40%。

2. 政策要点

发展前沿关键技术,引领医疗器械创新。加强医疗器械的基础前沿研究,发展医疗器械"新理论、新方法、新材料、新工具、新技术",引领医疗器械领域的重大原创性突破。推进重大产品研发,突破核心部件瓶颈。重点推进医学影像、体外诊断、先进治疗、生物医用材料、健康器械五大类重大产品开发,引领科技创新重点向高端产品转移,形成具有市场竞争力的自主品牌。注重应用需求导向,强化示范普及推广。继续推动实施创新医疗器械产品应用示范工程("十百千万工程"),重点通过解决方案集成、示范推广应用,形成"技术创新-产品开发-临床评价-示范应用-辐射推广"的良性循环。优化平台基地布局,促进创新能力提升。统筹加强平台基地建设,深化体制、机制和管理创新,围绕技术创新中心、共性技术平台、临床评价中心布局一批重大研究平台,系统完善国家医疗器械创新体系。集聚创新创业要素,助力产业集群发展。加强医疗器械创新集聚区和产业化基地建设,重点推进8~10个国家级医疗器械科技产业基地建设。

九、《关于深化审评审批制度改革鼓励药品医疗器械创新的意见》

当前,我国药品医疗器械产业快速发展,创新创业方兴未艾,审评审批制度改革持续推进。但我国对药品医疗器械科技创新的支持仍显不足，上市产品质量与国际先进水平存在差距。为促进药品医疗器械产业结构调整和技术创新，提高产业竞争力，满足公众临床需要，2017年10月初，中共中央办公厅、国务院办公厅特印发《关于深化审评审批制度改革鼓励药品医疗器械创新的意见》。要点如下：

1. 改革临床试验管理

临床试验机构资格认定实行备案管理。具备临床试验条件的机构在食品药品监管部门指定网站登记备案后，可接受药品医疗器械注册申请人委托开展临床试验。支持临床试验机构和人员开展临床试验，将临床试验条件和能力评价纳入医疗机构等级评审。完善伦理委员会机制，提高伦理审查效率。在我国境内开展多中心临床试验的，经临床试验组长单位伦理审查后，其他成员单位应认可组长单位的审查结论，不再重复审查。优化临床试验审批程序，建立完善注册申请人与审评机构的沟通交流机制。接受境外临床试验数据，在境外多中心取得的临床试验数据，符合中国药品医疗器械注册相关要求的，可用于在中国申报注册申请。支持拓展性临床试验，严肃查处数据造假行为。

2. 加快上市审评审批

加快临床急需药品医疗器械审评审批。对治疗严重危及生命且尚无有效治疗手段疾病以及公共卫生方面等急需的药品医疗器械，临床试验早期、中期指标显示疗效并可预测其临床价值的，可附带条件批准上市，企业应制定风险管控计划，按要求开展研究。支持罕见病治疗药品医疗器械研发，罕见病治疗药品医疗器械注册申请人可提出减免临床试验的申请。严格药品注射剂审评审批，实行药品与药用原辅料和包装材料关联审批。支持中药传承和创新，建立完善符合中药特点的注册管理制度和技术评价体系，处理好保持中药传统优势与现代药品研发要求的关系。建立专利强制许可药品优先审评审批制度。

3. 促进药品创新和仿制药发展

建立上市药品目录集，为保护专利权人合法权益，降低仿制药专利侵权风险，鼓励仿制药发展，探索建立药品审评审批与药品专利链接制度。开展药品专利期限补偿制度试点，对因临床试验和审评审批延误上市的时间，给予适当专利期限补偿。完善和落实药品试验数据保护制度，对创新药、罕见病治疗药品、儿童专用药、创新治疗用生物制品以及挑战专利成功药品注册申请人提交的自行取得且未披露的试验数据和其他数据，给予一定的数据保护期。促进药品仿制生产，加快推进仿制药质量和疗效一致性评价。发挥企业的创新主体作用，允许科研机构和科研人员在承担相关法律责任的前提下申报临床试验。

4. 加强药品医疗器械全生命周期管理

推动上市许可持有人制度全面实施，允许医疗器械研发机构和科研人员申请医疗器械上市许可。落实上市许可持有人法律责任。建立上市许可持有人直接报告不良反应和不良事件制度。上市许可持有人承担不良反应和不良事件报告的主体责任，隐瞒不报或逾期报告的，依法从严惩处。开展药品注射剂再评价。完善医疗器械再评价制度，上许可持有人须根据科学进步情况和不良事件评估结果，主动对已上市医疗器械开展再评价。规范药品学术推广行为。

5. 提升技术支撑能力

完善技术审评制度。建立审评为主导、检查检验为支撑的技术审评体系，完善审评项目管理人制度、审评机构与注册申请人会议沟通制度、专家咨询委员会制度，加强内部管理，规范审评流程。组建由临床医学、临床诊断、机械、电子、材料、生物医学工程等专业人员组成的医疗器械审评团队，负责创新医疗器械审评。落实相关工作人员保密责任。加强审评检查能力建设，将药品医疗器械审评纳入政府购买服务范围，提供规范高效审评服务。落实全过程检查责任，建设职业化检查员队伍。加强国际合作，推动逐步实现审评、检查、检验标准和结果国际共享。

十、《增强制造业核心竞争力三年行动计划（2018—2020 年)》

为全面贯彻落实党的十九大精神，加快发展先进制造业，推动互联网、大数据、人工智能和实体经济深度融合，突破制造业重点领域关键技术实现产业化，2017 年 11 月，国家发展和改革委员会印发了《增强制造业核心竞争力三年行动计划（2018—2020 年)》（发改产业〔2017〕2000 号)。

1. 总体目标

到"十三五"末，轨道交通装备等制造业重点领域突破一批重大关键技术实现产业化，形成一批具有国际影响力的领军企业，打造一批中国制造的知名品牌，创建一批国际公认的中国标准，制造业创新能力明显提升、产品质量大幅提高、综合素质显著增强。

2. 重点领域

在轨道交通装备、高端船舶和海洋工程装备、智能机器人、智能汽车、现代农业机械、高端医疗器械和药品、新材料、制造业智能化、重大技术装备等重点领域，组织实施关键技术产业化专项。

3. 高端医疗器械和药品关键技术产业化

（1）加快高端医疗器械产业化及应用　重点支持 PET/MRI、超声内窥镜、手术机器人、全实验室自动化检验分析流水线（TLA）等创新医疗器械产业化。支持具备一定基础的 PET/CT、CT、MRI 等高性能影像设备，高能直线加速器及影像引导放射治疗装置等治疗设备，高通量基因测序仪、化学发光免疫分析仪、新型分子诊断仪器等体外诊断产品，全降解冠脉支架、神经刺激器、组织器官诱导再生和修复材料等新型植入介入产品，高端智能康复辅助器具、高精度即时检验系统（POCT）等产品升级换代和质量性能提升。

（2）推动高端药品产业化及应用　针对肿瘤、心脑血管、糖尿病、免疫系统、病毒及耐药菌感染等重大疾病治疗领域，推动靶向性、高选择性、新作用机理的创新药物开发及产业化。支持市场潜力大、临床价值高的专利到期首家化学仿制药和生物类似药的开发及产业化，支持通过仿制药质量和疗效一致性评价的产品产业升级。支持2015年以来已获新药证书或已申报新药生产的化学药1~2类新药（新化合物和改良型新药）、中药1~6类新药（含民族药）及新经典名方产品、国内首家上市的生物药产业化。

（3）加强专业化技术服务平台建设 支持医疗器械、药品专业化咨询、研发、生产、应用示范服务平台建设，为行业提供关键技术开发、标准制订、质量检测和评价、临床研究、应用示范等公共服务，推动行业全面转型升级，促进产品质量性能提升，提高医药产业分工协作和生产集约化水平。

十一、《增材制造产业发展行动计划（2017—2020年）》

当前，全球范围内新一轮科技革命与产业革命正在萌发，世界各国纷纷将增材制造作为未来产业发展新增长点，推动增材制造技术与信息网络技术、新材料技术、新设计理念的加速融合。

我国高度重视增材制造产业，将其作为《中国制造2025》的发展重点。2017年12月，工业和信息化部联合国家发展和改革委员会、财政部等十二个部门联合发布了《增材制造产业发展行动计划（2017—2020年）》（工信数联装〔2017〕311号），积极推进我国增材制造产业快速健康发展。

1. 行动目标

到2020年，增材制造产业年销售收入超过200亿元，年均增速在30%以上。关键核心技术达到国际同步发展水平，工艺装备基本满足行业应用需求，生态体系建设显著完善，在部分领域实现规模化应用，国际发展能力明显提升。

技术水平明显提高。突破100种以上重点行业应用急需的工艺装备、核心器件及专用材料，大幅提升增材制造产品质量及供给能力。专用材料、工艺装备等产业链重要环节关键核心技术与国际同步发展，部分领域达到国际先进水平。

行业应用显著深化。开展100个以上应用范围较广、实施效果显著的试点示范项目，培育一批创新能力突出、特色鲜明的示范企业和园区，推动增材制造在航空、航天、船舶、汽车、医疗、文化、教育等领域实现规模化应用。

生态体系基本完善。培育形成从材料、工艺、软件、核心器件到装备的完整增材制造产业链，涵盖计量、标准、检测、认证等在内的增材制造生态体系。建成一批公共服务平台，形成若干产业集聚区。

全球布局初步实现。统筹利用国际国内两种资源，形成从技术研发、生产制造、资本运作、市场营销到品牌塑造等多元化、深层次的合作模式，培育2~3家以上具有较强国际竞争力的龙头企业，打造2~3个具有国际影响力的知名品牌，推动一批技术、装备、产品、标准成功走向国际市场。

2. "3D打印+医疗"示范应用

推动增材制造在重点制造、医疗、文化创意、创新教育等领域规模化应用。针对医疗领域个性化医疗器械（含医用非医疗器械）、康复器械、植入物、软组织修复、新药开发等需求，推动完善个性化医用增材制造产品在分类、临床检验、注册、市场准入等方面的政策法规。研究确定医用增材制造产品及服务的医疗服务项目收费标准和医保支持标准。

3. 政策要点

一是提高创新能力。完善增材制造创新中心运行机制，推进前瞻性、共性技术研究和先进科技成果转化；突破一批关键共性技术，提早布局新一代增材制造技术研究。

二是提升供给质量。开展增材制造专用材料、关键材料制备技术及装备的研发，提升材料的品质和性能稳定性；重点突破增材制造装备、核心器件及专用软件的质量、性能和稳定性问题；提升行业整体服务质量和用户对增材制造技术的认可程度。

三是推进示范应用。以直接制造为主要战略取向，兼顾原型设计和模具开发应用，推动增材制造在重点制造、医疗、文化创意、创新教育等领域规模化应用，线上线下打通增材制造在社会、企业、家庭中的应用路径。

四是培育龙头企业。鼓励骨干企业积极整合国内外技术、人才和市场等资源，加强品牌培育；促进全产业链协同发展，鼓励特色优势地区加快培育世界级先进增材制造产业集群，助推龙头企业的发展壮大。

五是完善支撑体系。完善增材制造产业计量测试服务体系，健全增材制造标准体系，加快检测与认证机构培育，加强人才培养，建立和完善人才激励机制。

十二、《高端医疗器械和药品关键技术产业化实施方案（2018—2020年）》

2017年12月，国家发展和改革委员会印发了《增强制造业核心竞争力三年行动计划（2018—2020年）》（发改办产业〔2017〕2063号），按照《行动计划》要求，国家发展和改革委员会会同地方发展和改革委员会、行业协会、骨干企业等单位，在深入调研、广泛征求意见的基础上，制定了《高端医疗器械和药品关键技术产业化实施方案（2018—2020年）》，将"全降解冠脉支架、心脏起搏器、组织器官诱导再生和修复材料、运动医学软组织固定系统等"等再生医学相关产品列为支持方向。

1. 主要任务和预期目标——高端医疗器械

围绕健康中国建设要求和医疗器械技术发展方向，聚焦使用量大、应用面广、技术含量高的高端医疗器械，鼓励掌握核心技术的创新产品产业化，推动科技成果转化，填补国内空白，推动一批重点医疗器械升级换代和质量性能提升，提高产品稳定性和可靠性，发挥大型企业的引领带动作用，培育国产知名品牌。

（1）影像设备　鼓励国内空白的PET/MRI、超声内窥镜等创新设备产业化。推动具备一定基础的PET/CT、CT、MRI、彩色超声诊断设备、电子内窥镜、数字减影血管造影X线机（DSA）等设备升级换代和质量性能提升。加快大热容量X射线球管、超导磁体、新型超声探头等核心部件及图像处理软件等核心技术的开发。

（2）治疗设备　鼓励国内空白的腹腔镜手术机器人、神经外科手术机器人等创新设备产业化。推动具备一定基础的高能直线加速器及影像引导放射治疗装置、血液透析设备（含耗材）、治疗用呼吸机、骨科手术机器人、智能康复辅助器具等产品的升级换代和质量性能提升。

（3）体外诊断产品　鼓励国内空白的全实验室自动化检验分析流水线（TLA）等创新设备产业化。推动具备一定基础的高通量基因测序仪、化学发光免疫分析仪、新型分子诊断仪器、即时检验系统（POCT）等体外诊断产品及试剂升级换代和质量性能提升。

（4）植入介入产品　推动全降解冠脉支架、心室辅助装置、心脏瓣膜、心脏起搏器、人工耳蜗、神经刺激器、肾动脉射频消融导管、组织器官诱导再生和修复材料、运动医学软组织固定系统等创新植入介入产品的产业化。

（5）专业化技术服务平台　建设医疗器械专业化咨询、研发、生产、应用示范服务平台，为医疗器械行业提供信息咨询、核心技术研究及产业化、已上市产品质量跟踪评价和应用示范等公共服务，推动行业全面转型升级，促进产品质量性能提升。

通过方案的实施，10 个以上创新医疗器械填补国内空白；10 个以上国产高端医疗器械品牌实现升级换代，质量性能显著提升，销量进入同类产品市场份额前三位；培育医疗器械龙头企业，销售收入超 20 亿元的医疗器械企业达到 10 家以上。

2. 主要任务和预期目标——高端药品

落实健康中国建设的战略任务，围绕人民群众健康需求，鼓励创新药开发和产业化，加快临床需求大、价格高的专利到期药品仿制，推动药品拓展国际高端市场，提升重点产品质量水平，提高药品供应保障和重大疾病防治能力。

（1）创新药　针对肿瘤、心脑血管、糖尿病、免疫系统、病毒及耐药菌感染等重大疾病治疗领域，推动靶向性、高选择性、新作用机理的创新药物开发及产业化。推动 2015 年以来已获新药证书或已申报新药生产的化学药 1~2 类新药（新化合物和改良型新药）、中药 1~6 类新药（含民族药）及新经典名方产品、国内首家上市的生物药产业化。

（2）重大仿制药物　鼓励市场潜力大、临床价值高的专利到期首家化学仿制药和生物类似药的开发及产业化，推动通过仿制药质量和疗效一致性评价的产品产业升级，提高生产过程智能、绿色制造水平，提升生产效率和产品质量，降低医药费用支出。

（3）国际化　根据欧美市场药品注册和生产要求，建设新药、重大仿制药国际标准生产基地。开拓"一带一路"国家市场，鼓励疫苗企业根据 WHO 质量预认证要求，建设国际化生产基地。

（4）专业化技术服务平台　建设药品专业化咨询、研发、生产、应用示范服务平台，为药品企业提供信息咨询、药学研究和临床研究 CRO、专业化合同生产 CMO、药品质量再评价等服务，促进产品质量性能提升，提高医药产业分工协作和生产集约化水平。

通过方案的实施，实现 10 个以上创新药产业化；通过国产首仿药或生物类似药上市，降低药品消费支出 50 亿元/年以上；在欧美市场制剂销售额达到 10 亿美元以上，新药注册实现零的突破。

十三、《接受医疗器械境外临床试验数据技术指导原则》

为了更好满足公众对医疗器械的临床需要，促进医疗器械技术创新，进一步为申请人通过医疗器械境外临床试验数据申报注册以及监管部门对该类临床试验数据的审评提供技术指导，避免或减少重复性临床试验，加快医疗器械在我国上市进程。2018年1月，原国家食品药品监督管理总局根据中共中央办公厅、国务院办公厅《关于深化审评审批制度改革鼓励药品医疗器械创新的意见》（厅字〔2017〕42号）及我国医疗器械注册管理相关要求，组织制定了《接受医疗器械境外临床试验数据技术指导原则》。

1. 接受境外临床试验数据的基本原则

一是伦理原则，境外临床试验应当遵循《世界医学大会赫尔辛基宣言》确定的伦理准则。申请人同时需说明采用的临床试验开展所在国家（地区）的伦理、法律、法规所制定的规范和标准，或国际规范和标准。二是依法原则，境外临床试验应当在有临床试验质量管理的国家（地区）开展，并且符合我国医疗器械（含体外诊断试剂）临床试验监管要求。三是科学原则，境外临床试验数据应真实、科学、可靠、可追溯，申请人应提供完整的试验数据，不得筛选。

2. 境外临床试验数据的提交情况及接受要求

申请人提交的境外临床试验资料应至少包括临床试验方案、伦理意见、临床试验报告。临床试验报告应包含对完整临床试验数据的分析及结论。境外试验数据需符合我国注册相关要求，数据科学、完整、充分，予以接受。申请人若采用我国境内及境外同期开展的多中心临床试验数据作为注册申报资料，还应阐明境内承担的病例数的分配依据。

3. 接受境外临床试验资料时的考虑因素及技术要求

首先需要考虑技术审评要求的差异。境外进行的临床试验可能符合试验开展所在国家（地区）的技术审评要求，但不一定完全符合我国相关审评要求。例如，在我国申报注册时，可能要求该器械性能达到多个观察终点才可确认其有效性，且医疗器械的安全性有适当的证据支持。其次需要考虑受试人群差异。申请人应确认所研究的人群数据可外推至我国使用人群。受试人群的差异对临床试验数据可能产生影响的因素包括基于人类遗传学特征或人口学特征的内在因素和基于社会环境、自然环境、文化的外在因素。最后需要考虑临床试验条件差异，即境外临床试验与我国试验条件的差异，包括医疗环境、医疗设施、研究者能力（学习曲线）、诊疗理念或准则的差异等，对试验数据及我国预期使用人群相关性产生的影响。

十四、《关于开展首台（套）重大技术装备保险补偿机制试点工作的通知》和《关于促进首台（套）重大技术装备示范应用的意见》

重大技术装备是国之重器，事关综合国力和国家安全。首台（套）重大技术装备（简称：首台（套））是指国内实现重大技术突破、拥有知识产权、尚未取得市场业绩的装备产品，包括前三台（套）或批（次）成套设备、整机设备及核心部件、控制系统、基础材料、软件系统等。

1. 首台（套）重大技术装备保险补偿机制

重大技术装备是关系国家安全和国民经济命脉的战略产品，建立首台（套）重大技术装备保险补偿机制试点是发挥市场机制决定性作用，加快重大技术装备发展的重要举措。2015年3月，工业和信息化部、财政部、中国保监会三部委联合印发了《关于开展首台（套）重大技术装备保险补偿机制试点工作的通知》，截至2017年，保险业为全国700余个首台（套）重大技术装备项目提供风险保障1359亿元，涉及保费33.2亿元，财政补贴26亿元，有力推动了首台（套）重大技术装备的市场化应用。

自2015年试点以来，医疗装备作为其14大重点领域之一，已经由最初的MR、CT、PET/CT等八类产品扩充至2018年的32类产品，涵盖MR、PET/MR、PET/CT等医用成像设备，全自动生化分析系统、全自动化学发光监测仪等临床检验仪器，以及聚焦超声肿瘤治疗系统，医用高能射线设备，医用高频仪器设备，冷冻手术设备，手术导航与控制系统，骨科用有源器械等。

2. 首台（套）重大技术装备示范应用

2018年4月，发展和改革委员会、科学技术部、工业和信息化部等八部门联合印发了《关于促进首台（套）重大技术装备示范应用的意见》（发改产业〔2018〕558号），力争以首台（套）示范应用为突破口，推动重大技术装备水平整体提升，解决产业基础薄弱、创新能力不强、首台（套）示范应用不畅等制约装备制造业创新发展的瓶颈问题。

（1）主要目标 到2020年，重大技术装备研发创新体系、首台（套）检测评定体系、示范应用体系、政策支撑体系全面形成，保障机制基本建立。到2025年，重大技术装备综合实力基本达到国际先进水平，有效满足经济发展和国家安全的需要。

（2）具体任务 完善重大技术装备研发创新体系。根据国家战略需要和应用需求，编制重大技术装备创新目录，确定研发重点和时序；建设重大技术装备研发创新平台，聚集相关领域优势资源，增强研发创新能力；组建由科研院所、制造企业、行业协会等参加的重大技术装备研发创新联盟，加强重大技术装备研发创新合作；健全重大技术装备众创引导机制。

健全首台（套）检测评定体系。制定首台（套）评定办法，规范首台（套）评定管理；依托重大技术装备创新研究院、行业协会和检验检测机构等，建立首台（套）评定机构；根据首台（套）检测评定需求，加强国家重点实验室、工程研究中心、技术创新中心、制造业创新中心、质量检验中心、产业计量测试中心等建设，提升检验检测能力。

构建首台（套）示范应用体系。依托重大工程建设和有条件的行业骨干企业等，建立首台套示范应用基地，作为长期承担相关行业首台（套）示范应用任务的平台；依托行业协会、龙头企业，组建由用户、工程设计、设备成套、研发、制造、检测等单位参加的首台（套）示范应用联盟，搭建供需对接平台；组织首台（套）评定机构等单位，做好首台（套）示范效果评价。

推动军民两用技术和装备融合发展。加快先进适用军用技术转为民用；拓宽民口企业参与军品研制渠道；建立军民两用首台（套）研发及示范应用会商机制和合作平台，组织实施首台套示范应用项目和工程等。

加强首台（套）知识产权运用和保护。对首台（套）产品的核心关键专利申请，依法给予优先审查支持，提高审查质量和效率，增强授权及时性和专利权稳定性，优化知识产权布局；促进知识产权成果分享；加强知识产权保护。

加大资金支持力度。通过中央财政科技计划（专项、基金等），统筹支持符合条件的重大技术装备及相关共性技术研发；重点支持公共平台建设运行；利用产业投资基金等渠道，支持首台套示范应用基地和示范应用项目建设。

强化税收政策导向。对从事重点技术装备研发制造的企业，按现行税收政策规定享受企业所得税税前加计扣除优惠，经认定为高新技术企业的，按减15%税率征收企业所得税；根据产业发展情况，调整《产业结构调整指导目录》，调整相关进口税收政策。

优化金融支持和服务。发展融资租赁业务；加强银行信贷支持；拓宽直接融资渠道。

增强保险"稳定器"作用。总结首台套保险补偿试点工作经验，继续实施首台套保险补偿政策；优化保险公司共保体的运行模式和机制，完善能进能出的动态调整机制；鼓励有条件的地方结合产业基础、行业特点自主研究制定保险补偿政策，并做好与国家首台套保险补偿政策的区分和衔接。

十五、《关于加强中医医疗器械科技创新的指导意见》

为加强中医医疗器械科技创新，提升中医医疗器械产业创新能力，更好地满足中医医疗服务需要与人民群众健康需求，依据《中医药发展战略规划纲要（2016—2030年）》《"健康中国2030"规划纲要》《关于促进医药产业健康发展的指导意见》《"十三五"中医药科技创新专项规划》和《"十三五"医疗器械科技创新专项规划》有关文件要求，2019年1月，国家中医药管理局、科学和技术部等四个部门印发了《关于加强中医医疗器械科技创新的指导意见》（国中医药科技发〔2018〕11号）。

1. 发展目标

到2030年，中医医疗器械共性关键技术和核心部件的研发取得突破，研发并转化应用一批适应临床需要与市场需求的精细化、集成化、数字化、智能化产品；加强与微电子技术、信息科技、材料技术、新一代制造技术、传感技术和生物技术等现代科技相融合，中医医疗器械性能、质量与科技含量显著提升；进一步加强中医医疗器械科技创新平台体系建设，中医医疗器械标准体系基本完善，培养一批既懂中医又掌握现代科学技术的多学科交叉的研发人才与创新团队；中医医疗器械生产企业的创新作用和能力显著增强，提高产业竞争力与产业化水平。

2. 政策要点

加强中医医疗器械产品创新发展，加强中医医疗器械产品研发。集成应用微电子、高可靠性元器件技术、传感技术、云计算、大数据、物联网、移动医疗和人工智能技术等新兴技术,研发中医预防、检测、诊断、治疗、康复与监护系列设备。应用人工智能技术,挖掘、利用中医药大数据,促进中医医疗器械与互联网、移动终端融合发展,研发可移动、可穿戴、智能化的"互联网+"中医医疗器械与辅助系统。加快中医医疗器械升级改造。利用现代多学科技术成果,加强对临床应用广泛、市场需求较大的中医医疗器械进行产品优化与升级迭代,推动"增品种、提品质、创品牌",引导中医医疗器械向精细化、数字化和智能化方向发展。

健全中医医疗器械标准体系,推进中医医疗器械基础标准、技术标准和管理标准研究。通过对中医医疗器械名词术语、技术要求、诊疗信息等基础标准及中医医疗器械分类标准的研究,为规范中医医疗器械管理提供支撑。开展符合中医理论与临床应用特点的中医医疗器械临床评价方法学研究,重点针对中医检测、诊断设备采集的医疗健康数据进行标准化研究,提高中医医疗器械应用的规范化水平。研究中医医疗器械的质量安全、注册、审批、监管和操作技术等内容相关管理标准,健全中医医疗器械标准体系。

推进中医医疗器械创新平台建设与国际化发展。加快学科交叉的产学研用平台建设。结合中医医疗器械市场需求,鼓励产学研用单位共建联合实验室,开展符合中医理论的诊断、治疗和康复等功能的中医医疗器械研发。加强中医医疗器械的应用示范和推广,在全国不同区域范围内建立中医医疗器械的临床应用示范中心,系统开展中医医疗器械创新产品的临床评价和示范应用研究。推进产业链融合发展,促进医疗器械产业转型升级,逐步推进"产业、科技、金融"跨界融合,"创新链、产业链、服务链"优化组合,使中医医疗器械领域呈现"融合式、多主体、一体化"发展态势。推进中医医疗器械国际化发展,加强中医医疗器械的国际科技合作研究,积极探索国际化合作新模式,以科技创新驱动中医医疗器械产品在"一带一路"国家的推广应用。

十六、《医疗器械唯一标识系统试点工作方案》

为贯彻落实中共中央办公厅、国务院办公厅《关于深化审评审批制度改革鼓励药品医疗器械创新的意见》和国务院办公厅《深化医药卫生体制改革 2019 年重点任务》,国家药品监督管理局会同国家卫生健康委员会开展医疗器械唯一标识系统试点工作,2019 年 7 月,国家药品监督管理局和国家卫生健康委员会办公厅印发了《医疗器械唯一标识系统试点工作方案》(药监综械注〔2019〕56 号)。

1. 工作目标

建立医疗器械唯一标识系统框架。实现医疗器械唯一标识的创建、赋予以及数据上传下载和共享功能,形成试点品种的医疗器械唯一标识数据库,建立唯一标识数据平台。

开展唯一标识在医疗器械生产、经营、流通和使用等各环节的试点应用,形成示范应用标准和规范。

探索利用唯一标识实现医疗器械不良事件报告、产品召回及追踪追溯等实施应用。

探索医疗器械唯一标识在卫生、医保等领域的衔接应用,实现注册审批、临床应用、医保结算等信息平台的数据共享。

2. 政策要点

参与单位：国家药品监督管理局、国家卫生健康委员会，部分省级药品监督管理部门、省级卫生健康管理部门，遴选的境内外医疗器械注册人、经营企业、流通企业、使用单位、学会协会以及发码机构等。

试点品种：以心脏、颅脑植入物、假体类等高风险植（介）入类医疗器械为重点品种，同时覆盖不同种类的典型产品。

医疗器械注册人、经营流通企业、使用单位、发码机构、行业协会、国家卫生健康委员会相关单位、省级卫生健康管理部门、国家药品监督管理局相关单位、省级药品监督管理部门等相关主体和部门，按照标识码产生、流通、使用、标准制定、汇总、共享管理等要求，各司其职、通力协作，共同推动医疗器械唯一标识系统试点工作。

十七、《医疗装备产业发展规划（2021—2025年）》

为加快推进医疗装备产业高质量发展，不断提升应对突发公共卫生事件医疗装备的供给保障能力，更好满足人民日益增长的医疗卫生健康需求，推动制造强国和健康中国建设，工业和信息化部特制定《医疗装备产业发展规划（2021—2025年）》。

1. 发展愿景

到2025年，关键零部件及材料取得重大突破，高端医疗装备安全可靠，产品性能和质量达到国际水平，医疗装备产业体系基本完善，初步形成公共卫生全面支撑能力，有效保障人民群众生命安全和身体健康。

全产业链优化升级。突破诊断检验装备、治疗装备、监护与生命支持装备等高端医疗装备亟须关键材料和零部件，破解基础技术瓶颈制约，有效保障产业链、供应链安全。

产品体系丰富健全。高端医疗装备在诊疗、养老、妇幼健康、康复、慢性病防治、公共卫生应急等领域实现规模化应用，规上企业营业收入年均复合增长率15%以上。

中国品牌发展能力显著提升。中国品牌医疗装备品牌认可度、产品美誉度及国际影响力快速增强，在全球产业分工和价值链中的地位明显提升，在医疗装备领域形成全球创新引领能力。到2025年，6~8家企业进入全球医疗器械行业50强。

新型产业生态快速发展。医学+工业、医院+工厂、医生+工程师多维度医工协同创新模式初步建立，健康医学服务快速发展，远程医疗、移动医疗、智慧医疗、精准医疗、中医药特色医疗等新业态全面创新发展。

到2030年，成为世界高端医疗装备研发、制造、应用高地，为我国医疗服务质量和健康保障水平进入高收入国家行列提供有力支撑。

2. 政策要点

重点发展七大领域医疗装备，包括诊断检验装备、治疗装备、监护与生命支持装备、中医诊疗装备、妇幼健康装备、保健康复装备和植介入器械。加强创新能力建设，对诊断检验装备，重点突破双能 X 射线 CT（电子计算机断层扫描）、光子计数能谱 CT、医用内窥镜等影像诊断设备，生化免疫分析流水线等；对治疗装备，重点提升质子治疗系统、重离子治疗系统等放射治疗设备，腔镜手术机器人等装备性能品质；对监护与生命支持装备，重点攻关体外膜肺氧合机（ECMO）、人工器官，支持有创呼吸机、高频呼吸机等产品迭代创新；对中医药装备，重点推进中医健康状态辨识、中医诊断治疗、远程医疗等装备发展，不断提升中医药健康服务能力。

推动跨界融合创新。支持医疗装备与电子信息、通信网络、互联网等跨领域合作，推进传统医疗装备与新技术融合嵌入升级。充分发挥大工业优势，鼓励航空航天、电子信息、核工业、船舶、通用机械、新材料等行业与医疗装备跨领域合作，加强材料、部件、整机等上、下游产业链协同攻关。发挥医疗装备领域国家制造业创新中心及相关国家工程研究中心、国家工程技术研究中心、国家工程实验室、国家级企业技术中心等创新平台作用，聚焦基础理论、关键共性技术、专用材料、关键零部件以及高端医疗装备，加强研发攻关，提升行业关键技术和高端产品供给能力。

推动医工协同发展。支持医疗机构、科研机构牵头，生产企业参与建立协同创新团队，开展颠覆性、原创性技术攻关，开发一批带动医学模式变革、支撑健康医学发展的新型医疗装备，推动医疗装备技术创新从"跟跑"向"并跑""领跑"发展。营造医工协同创新应用环境，建立健全临床转化环节医疗机构、科研院所等获取合理合法创新收益的新机制，激发医务人员、科研人员创新活力。构建医工协同创新生态，积极构建医疗装备从技术开发、产品生产、注册审批、示范验证到应用推广的创新体系，营造包括政策、金融、监管、学科交叉、医疗示范一体的激励产业创新发展的生态环境，打造国际一流、链条完善、政策衔接、特色鲜明的医疗装备产业集群，创建高端医疗装备应用示范基地。

推动产业生态优化。加大知识产权保护力度，加强高端医疗装备知识产权预警研究，鼓励社会资本支持医疗装备企业创新发展。支持建设面向高端医疗装备领域的产业技术基础公共服务平台，面向医疗装备与互联网、大数据和人工智能等跨领域协同服务平台，加快提升医疗装备行业技术咨询、检测验证等第三方服务能力，推进创新链、产业链和服务链融合发展，促进创新成果产业化转化落地。鼓励骨干企业瞄准产业链关键环节和核心技术，开展兼并重组、合资合作、跨界融合，整合国内外创新资源，强化品牌培育，不断提升核心竞争力。推进智能制造技术在医疗装备开发设计、生产制造、检验检测、服务等环节的应用。支持装备企业应用数字化、智能化制造装备，提高生产线、车间、工厂的自动化、数字化水平。

培育新型医疗健康服务。发展居住社区家庭一体化服务装备，拓展医疗健康装备服务链，推进居住社区家庭级通信装备、家居装备、健身装备、康复辅具等新型医疗装备的设计、研发、制造和后服务协同发展。发展基础医疗设施装备，探索在健康建筑内嵌入基础医疗设施装备，实现医疗器械级的健康信息自动感知、存储、智能计算、传输与预警，促进开源外接设备、医疗健康软件与健康建筑基础医疗设施装备的同步发展，为开展社区、家庭医疗健康一体化服务奠定基础。发展应急医疗装备，开展传染病快速检测成套装备、大规模疫病防控应急装备及解决方案研究，提升传染源识别、传染途径切断等水平，提高突发传染病的应急反应能力。推进公共卫生检验检测装备精准化、智能化、快速化、集成化、模块化、轻量化发展。推动高等级生物安全实验室、实验动物设施等特殊实验室关键防护装备研发。

十八、《加快培育新型消费实施方案》

为贯彻落实党的十九届五中全会精神和《政府工作报告》部署，顺应消费升级趋势，进一步培育新型消费，鼓励消费新模式新业态发展，促进线上线下消费融合发展，根据《国务院办公厅关于以新业态新模式引领新型消费加快发展的意见》要求，2021年3月，国家发展和改革委员会等二十八部委联合制定了《加快培育新型消费实施方案》（发改就业〔2021〕396号）（以下简称"方案"）。"方案"中医疗装备相关内容主要包括：

积极发展"互联网+医疗健康"，出台互联网诊疗服务和监管的规范性文件，推动互联网诊疗和互联网医院规范发展。出台电子处方流转指导性文件，完善技术路线设计，强化线上线下一体化监管。打通互联网医院和实体医疗机构的数据接口，逐步推动医药保数据互联互通，促进健全省级互联网医疗服务监管平台。推动智慧医疗、智慧服务、智慧管理三位一体的智慧医院建设，形成便民惠民的一体化医疗服务模式。优先推广针对急诊死亡率高的心血管疾病的智慧监测和医疗服务。

加快以新技术促进新装备新设备应用。加强5G数字流动医院（巡诊车）、5G急救设施、智能诊疗包、智能健康检测设备、医疗机器人、数字传感器等智能化医疗装备研发设计和生产，推广智能诊疗互联互通和一体化服务。

十九、《"十四五"优质高效医疗卫生服务体系建设实施方案》

为落实《中华人民共和国国民经济和社会发展第十四个五年规划和2035年远景目标纲要》《"健康中国2030"规划纲要》《中共中央、国务院关于促进中医药传承创新发展的意见》《国务院办公厅印发关于加快中医药特色发展若干政策措施的通知》等政策的要求，加快构建强大公共卫生体系，推动优质医疗资源扩容和区域均衡布局，提高全方位全周期健康服务与保障能力，促进中医药传承创新，2021年7月，国家发展和改革委员会、国家卫生健康委员会等四部委联合制定了《"十四五"优质高效医疗卫生服务体系建设实施方案》（发改社会〔2021〕893号）。

1. 建设目标

到2025年，在中央和地方共同努力下，基本建成体系完整、布局合理、分工明确、功能互补、密切协作、运行高效、富有韧性的优质高效整合型医疗卫生服务体系，重大疫情防控救治和突发公共卫生事件应对水平显著提升，国家医学中心、区域医疗中心等重大基地建设取得明显进展，全方位全周期健康服务与保障能力显著增强，中医药服务体系更加健全，努力让广大人民群众就近享有公平可及、系统连续的高质量医疗卫生服务。

2. 政策要点

启动公共卫生防控救治能力提升工程。建设现代化疾病预防控制体系，加快推进疾病预防控制机构基础设施达标建设，与区域内各级各类医疗机构互联互通，满足新形势下突发公共卫生事件应对和重大疾病防控需要。加强疾病预防控制中心建设，依托高水平省级疾控中心建设若干国家区域公共卫生中心，配备移动生物安全三级实验室，建设针对已消除或即将消除疾病的国家级防控技术储备中心。按照填平补齐原则，补齐各级疾病预防控制机构基础设施和实验室设备配置缺口。建设国家重大传染病防治基地。针对呼吸系统等重大传染病，在超大城市、国家中心城市等重点地区，布局建设国家重大传染病防治基地。建设国家紧急医学救援基地。针对自然灾害、事故灾害等重大突发事件，在全国范围内以省为单位开展国家紧急医学救援基地建设。强化创伤病房、重症监护病房、创伤复苏单元等设施建设，以及接受伤员通道、二次检伤分类区等院内场所改造提升。针对海（水）上、陆地、航空、雪域等场景需求，加强救援物资储备配送能力和专业设施设备建设，结合实际配置信息联通和指挥设备、移动手术室、移动CT、直升机停机坪等。

启动公立医院高质量发展工程。重点支持国家医学中心、区域医疗中心建设，推动省域优质医疗资源扩容下沉，支持脱贫地区、三区三州、中央苏区、易地扶贫搬迁安置地区县级医院提标扩能。将中医医院统筹纳入国家医学中心、区域医疗中心等重大建设项目。建设若干国家医学中心，形成一批医学研究高峰、成果转化高地、人才培养基地、数据汇集平台。建设区域医疗中心，在优质医疗资源薄弱地区，坚持"按重点病种选医院、按需求选地区，院地合作、省部共建"的思路，通过建设高水平医院分中心、分支机构、"一院多区"等方式，定向放大国家顶级优质医疗资源。推动省域优质医疗资源扩容下沉，以省为单位统筹规划，聚焦重点病种和专科，按照"省市共建、网格布局、均衡配置"的工作思路，通过引导省会城市和超（特）大城市中心城区医院向资源薄弱地区疏解。

启动重点人群健康服务补短板工程。重点支持改善妇女儿童健康服务基础设施条件，提高出生缺陷防治、心理健康和精神卫生服务能力，增加康复、护理资源。提升妇女儿童健康服务能力，增加妇产、儿科优质医疗资源供给，改善优生优育全程服务，加强孕前孕产期健康服务能力，提升产科住院环境，增强出生缺陷综合防治能力。提升心理健康和精神卫生服务能力，支持每省建好1所省级精神专科医院或综合医院精神病区，重点改善老年和儿童精神疾病、睡眠障碍、抑郁焦虑、精神疾病康复等相关设施条件，优化患者诊疗就医流程。实施康复医疗"城医联动"项目，以地级市为单位，通过中央预算内投资引导，带动地方、社会力量投入，将部分有一定规模、床位利用率不高的二级医院转型改建为康复医疗机构和护理院、护理中心。

启动促进中医药传承创新工程。重点支持国家中医医学中心、区域中医医疗中心、国家中医药传承创新中心、国家中医疫病防治基地、中西医协同"旗舰"医院、

第四章 医疗装备政策及解读

中医特色重点医院和名医堂建设。建设 30 个左右国家中医药传承创新中心，重点提升中医药基础研究、优势病种诊疗、高层次人才培养、中医药装备和中药新药研发、科技成果转化等能力，打造"医产学研用"紧密结合的中医药传承创新高地。根据"平急结合、高效准备，专兼结合、合理布局，协调联动、快速反应"的原则，建设 35 个左右、覆盖所有省份的国家中医疫病防治基地。建设 50 个左右中西医协同"旗舰"医院，大力推广"有机制、有团队、有措施、有成效"的中西医结合医疗模式。遴选 130 个左右中医特色突出、临床疗效显著、示范带动作用明显的地市级重点中医医院。

二十、2000 年以来我国重点产业政策目录

2000 年以来我国重点产业政策汇总目录见表 4-2。

表 4-2 2000 年以来我国重点产业政策汇总

施 行 时 间	政策法规名称
2000 年 4 月 1 日	医疗器械监督管理条例（国务院令第 276 号）
2000 年 4 月 10 日	医疗器械注册管理办法（国家药品监督管理局令第 16 号）
2000 年 10 月 13 日	一次性使用无菌医疗器械监督管理办法（暂行）（国家药品监督管理局令第 24 号）
2002 年 1 月 22 日	境内第三类和进口医疗器械注册文件受理标准（国药监械〔2002〕18 号）
2002 年 5 月 1 日	医疗器械标准管理办法（试行）（国家药品监督管理局令第 31 号）
2004 年 4 月 1 日	医疗器械临床试验规定（国家食品药品监督管理局令第 5 号）
2004 年 7 月 20 日	医疗器械生产监督管理办法（国家食品药品监督管理局令第 12 号）
2004 年 8 月 9 日	医疗器械经营企业许可证管理办法（国家食品药品监督管理局令第 15 号）
2009 年 3 月 17 日	中共中央 国务院关于深化医药卫生体制改革的意见
2009 年 4 月 7 日	医药卫生体制改革近期重点实施方案（2009—2011 年）（国发〔2009〕12 号）
2009 年 5 月 20 日	医疗器械广告审查办法（中华人民共和国卫生部、国家工商行政管理总局、国家食品药品监督管理局令第 65 号）
2010 年 10 月 18 日	国务院关于加快培育和发展战略性新兴产业的决定（国发〔2010〕32 号）
2011 年 3 月 7 日	2011 年公立医院改革试点工作安排（国办发〔2011〕10 号）
2011 年 7 月 1 日	医疗器械召回管理办法（试行）（中华人民共和国卫生部令第 82 号）
—	国产创新医疗器械产品示范应用工程（"十百千万工程"）
2012 年 1 月 18 日	医疗器械科技产业"十二五"专项规划（国科发计〔2011〕705 号）
2012 年 6 月 18 日	医疗器械生产企业飞行检查工作程序（试行）（国食药监械〔2012〕153 号）

（续）

施行时间	政策法规名称
2012年12月10日	国家食品药品监督管理局关于超声肿瘤治疗系统等17个产品分类界定的通知（国食药监械〔2012〕361号）
2012年12月17日	高值医用耗材集中采购工作规范（试行）（卫规财发〔2012〕86号）
2013年12月9日	关于医疗器械重新注册有关事项的通告（国家食品药品监督管理总局通告2013年第9号）
2014年2月7日	创新医疗器械特别审批程序（试行）（食药监械管〔2014〕13号）
2014年4月4日	食品药品监管总局办公厅关于加强高风险医疗器械经营使用关键环节监督检查的通知（食药监办械监〔2014〕59号）
2014年4月30日	关于2014年深化经济体制改革重点任务的意见（国发〔2014〕18号）
2014年5月26日	食品药品监管总局关于印发体外诊断试剂分类子目录的通知（食药监械管〔2013〕242号）
2014年10月1日	医疗器械注册管理办法（国家食品药品监督管理总局令第4号）
2014年10月1日	医疗器械经营监督管理办法（国家食品药品监督管理总局令第8号）
2014年10月1日	医疗器械生产监督管理办法（国家食品药品监督管理总局令第7号）
2014年10月1日	国家食品药品监督管理总局关于公布医疗器械注册申报资料要求和批准证明文件格式的公告（2014年第43号）
2014年10月1日	关于发布免于进行临床试验的第二、三类医疗器械目录的通告（2014年第12、13号）
2014年12月12日	国家食品药品监督管理总局关于施行医疗器械经营质量管理规范的公告（2014年第58号）
2015年3月3日	关于开展首台（套）重大技术装备保险补偿机制试点工作的通知（财建〔2015〕19号）
2015年5月19日	关于印发《中国制造2025》的通知（国发〔2015〕28号）
2015年9月9日	关于体外诊断试剂临床试验机构盖章有关事宜的公告（第154号）
2015年10月22日	食品药品监管总局办公厅关于经营体外诊断试剂相关问题的复函（食药监办械监函〔2015〕646号）
2015年11月4日	食品药品监管总局关于执行医疗器械和体外诊断试剂注册管理办法有关问题的通知（食药监械管〔2015〕247号）
2015年11月4日	食品药品监管总局关于印发医疗器械检验机构资质认定条件的通知（食药监科〔2015〕249号）
2015年11月9日	食品药品监管总局关于规范含银盐医疗器械注册管理有关事宜的公告（2015年第225号）

第四章　医疗装备政策及解读

（续）

施行时间	政策法规名称
2015年12月31日	关于开展医疗器械注册指定检验工作的公告（第164号）
2016年1月1日	医疗器械分类规则（国家食品药品监督管理总局令第15号）
2016年1月12日	质子/碳离子治疗系统技术审查指导原则 离心式血液成分分离设备技术审查指导原则 影像型超声诊断设备（第三类）技术审查指导原则（2015年修订版）
2016年2月1日	医疗器械使用质量监督管理办法（国家食品药品监督管理总局令第18号）
2016年2月18日	高频手术设备注册技术审查指导原则 医用X射线诊断设备（第三类）注册技术审查指导原则（2016年修订版） 植入式心脏起搏器注册技术审查指导原则（2016年修订版） 脉搏血氧仪设备临床评价技术指导原则 治疗呼吸机注册技术审查指导原则 强脉冲光治疗仪注册技术审查指导原则
2016年3月11日	国务院办公厅关于促进医药产业健康发展的指导意见（国办发〔2016〕11号）
2016年3月23日	总局关于发布《医疗器械临床试验伦理审查申请与审批表范本》等六个文件的通告（2016年第58号）
2016年4月1日	医疗器械通用名称命名规则（国家食品药品监督管理总局令第19号）
2016年6月1日	医疗器械临床试验质量管理规范（食品药品监管总局令第25号）
2016年8月19日	工业强基工程实施指南（2016—2020年）
2016年10月25日	"健康中国2030"规划纲要
2016年11月18日	全民健康保障工程建设规划（发改社会〔2016〕2439号）
2016年12月19日	"十三五"国家战略性新兴产业发展规划（国发〔2016〕67号）
2017年1月4日	医疗器械生产企业质量控制与成品放行指南
2017年2月4日	战略性新兴产业重点产品和服务指导目录（2016版）
2017年3月29日	网络医疗器械经营违法行为查处办法（征求意见稿）（食药监械监便函〔2017〕30号）
2017年6月12日	"十三五"医疗器械科技创新专项规划（国科办社〔2017〕44号）
2017年10月8日	关于深化审评审批制度改革鼓励药品医疗器械创新的意见
2017年11月27日	增强制造业核心竞争力三年行动计划（2018—2020年）（发改产业〔2017〕2000号）
2017年12月1日	医疗器械检验检测中心（院、所）建设标准（建标〔2017〕223号）
2017年12月13日	增材制造产业发展行动计划（2017—2020年）（工信部联装〔2017〕311号）
2017年12月26日	高端医疗器械和药品关键技术产业化实施方案（2018—2020年）（发改办产业〔2017〕2063号）

(续)

施行时间	政策法规名称
2017年12月14日	促进新一代人工智能产业发展三年行动计划（2018—2020年）（工信部科〔2017〕315号）
2018年1月11日	接受医疗器械境外临床试验数据技术指导原则
2018年1月29日	医疗器械标准规划（2018—2020年）（食药监科〔2018〕9号）
2018年3月1日	医疗器械网络销售监督管理办法（国家食品药品监督管理总局令第38号）
2018年3月20日	关于巩固破除以药补医成果持续深化公立医院综合改革的通知（国卫体改发〔2018〕4号）
2018年4月17日	关于促进首台（套）重大技术装备示范应用的意见（发改产业〔2018〕558号）
2018年4月28日	关于促进"互联网+医疗健康"发展的意见（国办发〔2018〕26号）
2018年8月1日	医疗器械分类目录
2018年8月2日	关于加强医疗器械生产经营许可（备案）信息管理有关工作的通知
2018年11月9日	关于贯彻落实国务院"证照分离"改革要求做好医疗器械上市后监管审批相关工作的通知（药监综械管〔2018〕39号）
2018年11月28日	关于印发医疗器械临床试验检查要点及判定原则的通知（药监综械注〔2018〕45号）
2018年12月1日	创新医疗器械特别审查程序
2019年1月1日	医疗卫生领域中央与地方财政事权和支出责任划分改革方案（国办发〔2018〕67号）
2019年1月15日	关于加强中医医疗器械科技创新的指导意见（国中医药科技发〔2018〕11号）
2019年6月4日	深化医药卫生体制改革2019年重点工作任务（国办发〔2019〕28号）
2019年7月3日	医疗器械唯一标识系统试点工作方案（药监综械注〔2019〕56号）
2019年8月1日	国家药监局关于扩大医疗器械注册人制度试点工作的通知（国药监械注〔2019〕33号）
2019年8月30日	国家药监局关于印发医疗器械检验检测机构能力建设指导原则的通知（国药监科外〔2019〕36号）
2019年9月5日	国家药监局关于印发医疗器械检验工作规范的通知（国药监科外〔2019〕41号）
2019年10月1日	医疗器械唯一标识系统规则
2019年11月5日	区域医疗中心建设试点工作方案（发改社会〔2019〕1670号）
2019年12月1日	中华人民共和国疫苗管理法
2019年12月20日	国家药监局关于发布医疗器械附条件批准上市指导原则的通告（2019年第93号）
2020年1月1日	产业结构调整指导目录（2019年本）（中华人民共和国国家发展和改革委员会令第29号）
2020年2月20日	医疗器械技术审评中心外聘专家管理办法

第四章 医疗装备政策及解读

(续)

施行时间	政策法规名称
2020年3月13日	医疗器械质量抽查检验管理办法（国药监械管〔2020〕9号）
2020年3月20日	医疗器械拓展性临床试验管理规定（试行）
2020年4月1日	关于有序开展医疗物资出口的公告（2020年第5号）
2020年4月10日	医疗器械注册人开展不良事件监测工作指南
2020年4月13日	关于推进国家技术创新中心建设的总体方案（暂行）（国科发区〔2020〕93号）
2020年4月14日	国家药监局综合司关于加强无菌和植入性医疗器械监督检查的通知（药监综械管〔2020〕34号）
2020年5月13日	国家药监局综合司关于2020年国家医疗器械抽检产品检验方案的通知（药监综械管〔2020〕46号）
2020年6月4日	国家药监局综合司关于印发医疗器械生产质量管理规范独立软件现场检查指导原则的通知（药监综械管〔2020〕57号）
2020年7月31日	国家卫生健康委关于调整2018—2020年大型医用设备配置规划的通知（国卫财务函〔2020〕315号）
2020年9月1日	关于进一步完善"互联网+医疗健康"支撑体系 开展院前医疗急救呼救定位试点工作的通知
2020年9月25日	国家药监局关于进口医疗器械产品在中国境内企业生产有关事项的公告（2020年第104号）
2020年9月30日	国家药监局关于发布医药代表备案管理办法（试行）的公告（2020年第105号）
2020年11月2日	关于进一步加强远程医疗网络能力建设的通知（工信厅联通信函〔2020〕251号）
2020年12月8日	国家药监局综合司关于明确《医疗器械检验工作规范》标注资质认定标志有关事项的通知（药监综科外函〔2020〕746号）
2020年12月9日	国家药监局关于发布家用体外诊断医疗器械注册技术审查指导原则等7项注册技术审查指导原则的通告（2020年第80号）
2020年12月28日	国家基本医疗保险、工伤保险和生育保险药品目录（2020年）（医保发〔2020〕53号）
2020年12月31日	国家药监局关于调整《医疗器械分类目录》部分内容的公告（2020年第147号）
2021年2月1日	医疗机构医疗保障定点管理暂行办法（国家医疗保障局令第2号）
—	医疗装备产业发展规划（2021—2025年）
2021年3月25日	关于印发《加快培育新型消费实施方案》的通知（发改就业〔2021〕396号）
2021年4月13日	国务院办公厅关于建立健全职工基本医疗保险门诊共济保障机制的指导意见（国办发〔2021〕14号）
2021年6月4日	关于开展国家组织高值医用耗材集中带量采购和使用的指导意见（医保发〔2021〕31号）

（续）

施 行 时 间	政策法规名称
—	卫生健康统计工作管理办法（征求意见稿）
—	医疗保障法（征求意见稿）
2021年6月25日	关于印发《全国深化医药卫生体制改革经验推广基地管理办法（试行）》的通知（国医改秘函〔2021〕36号）
2021年7月1日	关于印发《"十四五"优质高效医疗卫生服务体系建设实施方案》的通知（发改社会〔2021〕893号）

第五章 医疗装备典型产品目录

医疗装备典型产品目录见表 5-1。

表 5-1 医疗装备典型产品目录

细分领域	产品名称	制造商	产品型号
磁共振成像设备	磁共振成像系统	上海联影医疗科技股份有限公司	uMR 560、uMR 570、uMR 660、uMR 580、uMR 588、uMR 670、uMR 680、uMR 770、uMR 780、uMR 790、uMR 890、uMR 870、uMR 880、uMR Omega
	永磁型磁共振成像系统	鑫高益医疗设备股份有限公司	oper0.5
	超导型磁共振成像系统	鑫高益医疗设备股份有限公司	Broadscan-1.5T
	超导型磁共振成像系统	深圳安科高技术股份有限公司	SuperMark 1.5T、SuperMark 0.5T
	医学磁共振成像系统	东软医疗系统股份有限公司	NeuMR 1.5T、NMS-15P
	医学磁共振成像系统	奥泰医疗系统有限责任公司	Centauri 1.5T、Echostar 1.5T、Echostar Comfort 1.5T、ASTA 1.5T、SMAC 1.5T、ASTA VENUS 1.5T
	磁共振成像系统	苏州朗润医疗系统有限公司	Harmo 1.5T、SuperVan 1.5T
	磁共振成像系统	康达洲际医疗器械有限公司	Apsaras 1.5T
	磁共振成像系统	明峰医疗系统股份有限公司	ScintCare 1.5T MR
	超导型磁共振成像系统	北京万东医疗科技股份有限公司	i_Space 1.5T
	磁共振成像系统	深圳市贝斯达医疗股份有限公司	Bstar-150

（续）

细分领域	产品名称	制造商	产品型号
磁共振成像设备	医用磁共振成像系统	飞利浦医疗（苏州）有限公司	Prodiva 1.5T CX、Prodiva 1.5T CS、Multiva 1.5T
	磁共振成像系统	通用电气医疗系统（天津）有限公司	SIGNA Pioneer、SIGNA Voyager、SIGNA MR355、SIGNA MR360、SIGNA Creator、SIGNA Explorer
	磁共振成像系统	西门子（深圳）磁共振有限公司	MAGNETOM Amira、MAGNETOM Sempra、MAGNETOM Aera、MAGNETOM ESSENZA、MAGNETOM Spectra
	超导型磁共振成像系统	东芝医疗系统株式会社	Vantage Titan MRT-1510
	超导型磁共振成像系统	Siemens Healthcare GmbH	MAGNETOM Amira、MAGNETOM Prisma、MAGNETOM Skyra
	医用磁共振成像系统	Philips Medical Systems Nederland B.V.	Ingenia 3.0T CX、Ingenia 1.5T CX
	磁共振成像系统	GE Healthcare Japan Corporation	SIGNA Pioneer
	磁共振成像系统	GE Medical systems，LLC	SIGNA Explorer Quantum
X射线计算机体层摄影设备	X射线计算机体层摄影设备	东软医疗系统股份有限公司	NeuViz Prime、NeuViz 128、NeuViz 64In、NeuViz 16 Essence、NeuViz ACE/SP、NeuViz 16 Platinum、NeuViz16 Classic、NeuViz Glory、NeuViz Epoch、Mobile CT Unit 车载
	X射线计算机体层摄影设备	上海联影医疗科技股份有限公司	uCT 510、uCT 530、uCT 528、uCT 520、uCT 760、uCT 780、uCT 550、uCT 530+、uCT 550+、uCT 860、uCT 960+
	X射线计算机体层摄影设备	联影（常州）医疗科技有限公司	uCT 550、uCT 512
	X射线计算机体层摄影系统	深圳安科高技术股份有限公司	ANATOM 16 HD、ANATOM 32Fit、ANATOM 64 Clairty、ANATOM 64 Precision、ANATOM 64Fit、ANATOM 128、ANATOM Precision、ANATOM Clairty、ANATOM S400、ANATOM S800
	X射线计算机体层摄影设备	明峰医疗系统股份有限公司	ScintCare CT 16、ScintCare CT 16P、ScintCare CT 16E、ScintCare CT 64、ScintCare CT 128

第五章 医疗装备典型产品目录

（续）

细分领域	产品名称	制造商	产品型号
X射线计算机体层摄影设备	X射线计算机体层摄影设备	康达洲际医疗器械有限公司	Apsaras 16
	X射线计算机体层摄影设备	赛诺威盛科技（北京）股份有限公司	Insitum 16、Insitum 64
	X射线计算机体层摄影设备	山东新华医疗器械股份有限公司	XHCT-16
	X射线计算机体层摄影设备	上海西门子医疗器械有限公司	SOMATOM Spirit、SOMATOM Emotion 16-slice configuration、SOMATOM go. Up、SOMATOM go. Now、SOMATOM Perspective、SOMATOM go. All、SOMATOM go. Top、SOMATOM Scope
	X射线计算机体层摄影设备	航卫通用电气医疗系统有限公司	Optima CT 54、Optima CT 680 Professional、Optima CT680 Quantum、Optima CT680 Expert、BRIVO CT325、Discovery RT、Optima CT670、Revolution Frontier、Revolution Frontier ES
	X射线计算机体层摄影设备	飞利浦医疗（苏州）有限公司	MX 16-slice、Ingenuity Flex、Ingenuity Core、ngenuity Core 128、Incisive CT
	X射线计算机体层摄影设备	Philips Medical Systems（Cleveland），Inc.	Ingenuity CT、IQon Spectral CT、Brilliance iCT SP
	X射线计算机体层摄影设备	GE Medical Systems，LLC	Discovery CT590 RT、Revolution CT ES、Revolution Frontier
	X射线计算机体层摄影设备	Siemens Healthcare GmbH	SOMATOM Definition AS、SOMATOM Definition Edge、SOMATOM Definition Flash、SOMATOM Drive、SOMATOM Confidence、SOMATOM Force
	X射线计算机体层摄影设备	NeuroLogica Corporation	NL3000、NL4000
	X射线计算机体层摄影设备	株式会社日立制作所	SCENARIA、Aquilion TSX-101A、Aquilion PRIME TSX-303A
	X射线计算机体层摄影设备	佳能医疗系统株式会社	Aquilion Lightning TSX-035A
X射线设备组件	医用诊断X射线管	珠海瑞能真空电子有限公司	RX406、RX352、RH406、RH406L、RH406H、RH526、RH526A、RH526B

（续）

细分领域	产品名称	制造商	产品型号
X射线设备组件	X射线平板探测器	上海奕瑞光电子科技股份有限公司	Mars1717X、Luna 1012X、Jupi 1216X、Mercu 1717DE
	X射线管组件	万睿视影像设备（中国）有限公司	RAD-14/Leo、RAD-14/Diamond、GS-3576S/MX165NP、GS-3576S/B-306H、GS-2276/MX135-CT-H1、PG-292/ROT350、PG-292/ROT360、GS-5076/B-590H、G-292/B-130H、A-192/B-130H、A-192/B-135H、MCS-8064/B-680H、RAD-60/B-130H、RAD-60/Sapphire、RAD-60/RX85、RAD-60/B-147
	医用X射线高频高压发生器	苏州博思得电气有限公司	PSG-HR50、PSG-HR65、
	医用X射线高频高压发生器	深圳市深图医学影像设备有限公司	SONTU50-HFG
	诊断用旋转阳极X射线管组件	杭州凯龙医疗器械有限公司	H1074X、H1074Y、H1074Z、H1075X、H1075Y、H1075Z、H1076X、H1076Y、H1076Z、H1077X、H1077Y、H1077Z、H1080X、H1080Y、H1080Z、H1083X、H1083Y、H1083Z、H1086X、H1086Y、H1086Z、H2090X、H2090Y、H2090Z、H2092X、H2092Y、H2092Z、H2100X、H2100Y、H2100Z、H2103X、H2103Y、H2103Z、H2106X、H2106Y、H2106Z、H2107X、H2107Y、H2107Z、H2108X、H2108Y、H2108Z、H5077M、H5077T
	医用X射线计算机体层摄影设备X射线管组件	西门子爱克斯射线真空技术（无锡）有限公司	DURA 688-MV、DURA 202-MV、DURA 302-MV、DURA 352-MV、DURA 422-MV
	医用诊断旋转阳极X射线管组件	西门子爱克斯射线真空技术（无锡）有限公司	RAY-14_3、RAY-14_1、RAY-14S_3、RAY-14S_3F、RAY-14S_1、RAY-12_3、RAY-12_1、RAY-12S_3、RAY-12S_3F、RAY-12S_1、RAY-8S_1、RAY-6_1、OPTITOP 150/40/80HC-100、OPTI 150/30/50HC-100、SV 150/40/80C-100、SV 150/40/80C-100_1
	X射线管组件	瓦里安医疗设备（中国）有限公司	PG-292、ROT350、PG-292、ROT360、A-196、B-135H、G-1582BI、B-180H、RAD-14/Leo、MCS-6074、B-580H、MCS-6074B-580H、G-292/B-130H

第五章 医疗装备典型产品目录

（续）

细分领域	产品名称	制造商	产品型号
X射线设备组件	X射线限束器	上海西门子医疗器械有限公司	Collimator ML03
	医用诊断旋转阳极X射线管组件	飞利浦医疗（苏州）有限公司	Reevo 240G
医用血管造影X射线机	医用血管造影X射线机	东软医疗系统股份有限公司	NeuAngio 30C、NeuAngio 30F
	医用血管造影X射线机	乐普（北京）医疗装备有限公司	Vicor-CV100、Vicor-CV400、Vicor-CV RobinC、Vicor-CV RobinF、Vicor-CV SWIFT
	医用血管造影X射线机	北京唯迈医疗设备有限公司	Pilot3000
	医用血管造影X射线机	北京通用电气华伦医疗设备有限公司	Optima CL323i、Optima IGS 320、Optima IGS 330
	数字化医用X射线摄影系统	北京通用电气华伦医疗设备有限公司	Optima XR646 HD、Definium 6000、Optima XR642、Optima XR648
	医用血管造影X射线机	GE Medical Systems SCS	Innova IGS 620、Discovery IGS 730、Innova IGS 630、Innova IGS 530、Innova IGS 530 ASSIST、Innova IGS 540、Innova IGS 520、Discovery IGS 7 OR
	医用血管造影X射线机	Siemens Healthcare GmbH	Artis zee III floor、Artis zee III biplane、Artis zee III ceiling、Artis zeego III、Artis Q biplane、ARTIS pheno、Artis Q ceiling、Artis Q. zen floor、Artis Q floor、Artis Q. zen ceiling、Artis Q. zen biplane
	医用血管造影X射线机	Philips Medical Systems Nederland B. V.	UNIQ Clarity FD20/15、UNIQ FD20/15
	医用血管造影X射线机	佳能医疗系统株式会社	INFX-9000C、INFX-9000F、NFX-9000V
X射线摄影设备	数字化医用X射线摄影系统	上海联影医疗科技股份有限公司	uDR 780i pro、uDR 760i
	X射线成像系统	上海联影医疗科技股份有限公司	uDR 590h、uDR 560i、uDR 596i、uMC560i、uDR 380i、uMammo590i、uMammo890i
	X射线成像系统	东软医疗系统股份有限公司	NeuVision 450/460/470/480、NeuVision 650/680、NeuVision 550M Plus（移动）、NeuCare Mammo DR HD
	X射线成像系统	深圳安科高技术股份有限公司	ASR-6850P、ASR-6850S、ASR-6650、ASR-4000B、ASR-4000E

(续)

细分领域	产品名称	制造商	产品型号
X射线摄影设备	摄影X射线机	山东新华医疗器械股份有限公司	DM3000、DR2100
正电子发射及X射线计算机断层成像扫描系统	正电子发射及X射线计算机断层成像扫描系统	上海联影医疗科技股份有限公司	uMI510、uMI550、uMI Vista、uMI780、uEXPLORER
	正电子发射及X射线计算机断层成像扫描系统	东软医疗系统股份有限公司	NeuSight PET/CT 64
	正电子发射及X射线计算机断层成像装置	明峰医疗系统股份有限公司	ScintCare PET/CT
	正电子发射及X射线计算机断层成像装置	北京锐视康科技发展有限公司	RAY-SCAN 64
	正电子发射及X射线计算机断层成像扫描系统	江苏赛诺格兰医疗科技有限公司	PoleStar m660、PoleStar m680
	正电子发射及X射线计算机断层成像扫描系统	Siemens Medical Solutions USA, Inc.	Biograph Horizon、Biograph mCT Flow 40、Biograph mCT Flow Edge、Biograph mCT Flow 64、Biograph mCT S（20）、Biograph mCT S（40）、Biograph mCT Flow 20、Symbia Intevo 2、Biograph mCT·S、Biograph mCT·X
	正电子发射及X射线计算机断层成像扫描系统	Philips Medical Systems (Cleveland), Inc	Ingenuity TF、Vereos PET/CT
	正电子发射及X射线计算机断层成像扫描系统	GE Medical Systems, LLC	Discovery PET/CT、710、Discovery MI、Discovery MI Columbia
正电子发射断层扫描及磁共振成像系统	正电子发射断层扫描及磁共振成像系统	上海联影医疗科技股份有限公司	uPMR 790
	正电子发射磁共振成像系统	Siemens AG	Biograph mMR
	正电子发射磁共振成像系统	GE Medical Systems, LLC	SIGNA PET/MR
超声诊断设备	彩色多普勒超声系统	深圳迈瑞生物医疗电子股份有限公司	昆仑 Resona I9、Resona 7、DC系列
	便携式彩色多普勒诊断系统	深圳迈瑞生物医疗电子股份有限公司	Z6、Z5、M9、TE7
	全数字彩色多普勒超声诊断系统	汕头市超声仪器研究所股份有限公司	aigo 6000
	数字化彩色超声诊断仪	飞依诺科技（苏州）有限公司	VINNO G86系列、G55系列、E35系列、VINNO 8系列、VINNO Q系列

第五章 医疗装备典型产品目录

(续)

细分领域	产品名称	制造商	产品型号
超声诊断设备	便携式数字化彩色超声诊断仪	飞依诺科技（苏州）有限公司	VINNO G86 系列、G55 系列、E35 系列、VINNO 8 系列、VINNO Q 系列
	彩色多普勒超声系统	东软医疗系统股份有限公司	N7、N9、N700、N900、N1100、N1500、NeuEcho 10、NeuEcho 15
	超声彩色多普勒诊断仪	深圳开立生物医疗科技股份有限公司	S11 Exp、S11 Pro、S11、S11N、M11；S20 Exp、S20 Pro、S20、S15、M15；S22 Exp、S22 Pro、S22、S20 Plus、M22；S30 Exp、S30 Pro、S30、S25、M30；SSI-5000、SSI-4000、SSI-3000、SSI-2000、SSI-1500
	掌式便携超声成像系统	武汉启佑生物医疗电子有限公司	D8
	内镜超声系统	深圳英美达医疗技术有限公司	IM-02M-01
	血管内光学相干-超声双模成像系统	深圳英美达医疗技术有限公司	IM-04M-01
医用高能射线治疗设备	医用电子直线加速器	上海联影医疗科技股份有限公司	uRT-linac 506c、uRT-linac 306
	医用高能射线治疗设备	山东新华医疗器械股份有限公司	XHIGS
	医用电子加速器	山东新华医疗器械股份有限公司	XHA1400、XHA600E、XHA2200
	医用电子直线加速器	江苏海明医疗器械有限公司	HM-J-16-1
	医用电子直线加速器	广东中能加速器科技有限公司	SPACO OMX6i、SPACO CMX6
	医用电子直线加速器	东软医疗系统股份有限公司	NMSR600
	医用直线加速器	成都利尼科医学技术发展有限公司	AccStar
	医用直线加速器	医科达（北京）医疗器械有限公司	Elekta Synergy、Elekta Compact
	医用直线加速器	瓦里安医疗设备（中国）有限公司	Halcyon
	医用直线加速器	Elekta Limited	Elekta Synergy Platform、Versa HD、Precise Digital Accelerator、Elekta Axesse、Elekta Synergy、rueBeam、TrueBeam STx、Edge

（续）

细分领域	产品名称	制造商	产品型号
医用高能射线治疗设备	医用直线加速器	Varian Medical Systems, Inc.	UNIQUE、VitalBeam
	医用直线加速器	BrainLab AG	Novalis
手术导航系统	神经外科手术导航定位系统	北京柏惠维康科技有限公司	RM-100
	神经外科手术导航定位系统	华科精准（北京）医疗科技有限公司	SR1
	神经外科手术导航定位系统	深圳安科高技术股份有限公司	ASA-610V
	骨科手术导航定位系统	深圳安科高技术股份有限公司	ASA-630V
	骨科手术导航定位系统	北京天智航医疗科技股份有限公司	TiRobot
	骨科手术导航系统	上海微创医疗机器人（集团）股份有限公司	MT-2000
	内窥镜手术器械控制系统	上海微创医疗机器人（集团）股份有限公司	MT-1000
超声刀	超声切割止血刀	厚凯（天津）医疗科技有限公司	USG10
	超声切割止血刀刀头	厚凯（天津）医疗科技有限公司	USE36、USE36W、USE36B、USE36G、USE36P、USE36O、USE23、USE23W、USE23B、USE23G、USE23P、USE23O、USE14、USE14W、USE14B、USE14G、USE14P、USE14O、MIC36、MIC36W、MIC36B、MIC36G、MIC36P、MIC36O、MIC23、MIC23W、MIC23B、MIC23G、MIC23P、MIC23O、MIC14、MIC14W、MIC14B、MIC14G
	超声手术刀系统	北京安和加利尔科技有限公司	AH-600
	高频手术设备	武汉半边天微创医疗技术有限公司	BBT-RFS-C280
	超声刀具	武汉半边天医疗技术发展有限公司	BBT-US-A23、BBT-US-A5、BBT-US-B2、BBT-US-B55、BBT-US-C23、BBT-US-C55、BBT-US-D23、BBT-US-D55、BBT-US-E23、BBT-US-E55、BBT-US-F23、BBT-US-F55、BBT-US-G23、BBT-US-G55
	超声刀系统	Johnson & Johnson	GEN11

第五章 医疗装备典型产品目录

(续)

细分领域	产品名称	制造商	产品型号
聚焦超声肿瘤治疗系统	聚焦超声治疗系统	无锡海鹰电子医疗系统有限公司	HY2900
	聚焦超声肿瘤消融机	上海爱申科技发展股份有限公司	HIFUNIT9000
	聚焦超声肿瘤治疗系统	重庆海扶医疗科技股份有限公司	JC200D1
	超声聚焦治疗系统	深圳市普罗医学股份有限公司	—
	磁共振引导聚焦超声治疗系统	通用电气医疗系统贸易发展（上海）有限公司	—
	磁共振引导高强度聚焦超声治疗系统	飞利浦（中国）投资有限公司	SONALLEVE MR-HIFU V2 IFGENIF 1.5T、SONALLEVE MR-HFFUV2 IFGENIF 3T、SONALLEVE MR-HFFUV2 ACHFEVA 1.5T、SONALLEVE MR-HFFUV2 ACHFEVA 3T
电磁刀	高频手术系统	安进医疗科技（北京）有限公司	AJ-200
激光手术设备	掺铥光纤激光治疗机	上海瑞柯恩激光技术有限公司	SRM-T125、SRM-T120F、SRM-T1MUA、SRM-T1MUB
	Ho：YAG激光治疗机	上海瑞柯恩激光技术有限公司	SRM-H1A、SRM-H2A、SRM-H1B、SRM-H2B、SRM-H3B、SRM-H1C、SRM-H2C
	钬激光治疗机	广州市普东医疗设备股份有限公司	HZ-B、HZ-D、HZ-E
	钬激光治疗机	爱科凯能科技（北京）股份有限公司	ACU-H2A、ACU-H2B、ACU-H2B+、ACU-H2C、ACU-H2C+
	医用钬激光（Ho：YAG）治疗机	无锡市大华激光设备有限公司	DHL-1-A、DHL-1-B、DHL-1-C、DHL-1-D、DHL-1-E、DHL-1-F
低温冷冻手术系统	低温冷冻手术系统	海杰亚（北京）医疗器械有限公司	HYG KB-II
	低温冷冻手术系统	上海导向医疗系统有限公司	AT-2008-fl
	深低温冷冻治疗机	湖南爱芷生医疗科技有限公司	AZS-09

(续)

细分领域	产品名称	制造商	产品型号
电动液压手术床	电动液压手术床	山东新华医疗器械股份有限公司	STable-H8500
	电动液压手术床	迈柯唯医疗设备（苏州）有限公司	ALPHACLASSIC PRO 1118.06B0、ALPHAC LASSIC PRO 1118.06K0
	液压综合手术床	江苏赛康医疗设备股份有限公司	SKT-A、SKT-B、SKT-C
植入式心室辅助装置	植入式左心室辅助系统	苏州同心医疗科技股份有限公司	CH-VAD
	植入式左心室辅助系统	航天泰心科技有限公司	HeartCon
自动腹膜透析机	自动腹膜透析机	江苏杰瑞科技集团有限责任公司	JARI-APD-1A
	腹膜透析机	长春市巨信医疗器械有限公司	FM-1、FM-II
	腹膜透析机	福州东泽医疗器械有限公司	PD-GO
血液透析机	血液透析器	山东新华医疗器械股份有限公司	EXCLEAR 系列
	血液透析设备	威高日机装（威海）透析机器有限公司	DBB-27C
	血液透析机	重庆澳凯龙医疗科技股份有限公司	SDL-2000H 型
	血液透析机	重庆山外山血液净化技术股份有限公司	SWS-6000、SWS-6000A、SWS-4000、SWS-4000A
电子内窥镜	腹腔内窥镜	沈阳沈大内窥镜有限公司	BFJ-1
	腹腔内窥镜	桐庐优视医疗器械有限公司	FQJ-I 型
	腹腔内窥镜	杭州桐庐医疗光学仪器有限公司	FQJ 型
	结肠电子内窥镜	上海澳华内镜股份有限公司	VCC-P30S、VCC-Q30JI、VCC-IT30L
	电子胃内窥镜	上海成运医疗器械股份有限公司	GVE-2100X、GVE-2100P、GVE-2100
	电子结肠内窥镜	上海嘉望内窥镜技术有限公司	CE-1201、CE-120L、CE-1301、CE-130L

（续）

细分领域	产品名称	制造商	产品型号
电子内窥镜	电子上消化道内窥镜	深圳开立生物医疗科技股份有限公司	EG-500、EG-500L
	电子下消化道内窥镜	深圳开立生物医疗科技股份有限公司	EC-500、EC-500T、EC-500L、EC-500L/T
	电子腹腔内窥镜	杭州好克光电仪器有限公司	DPL-1
	三维电子腹腔镜	上海微创医疗机器人（集团）股份有限公司	EL-1080-00、EL-1080-30
心电测量、分析设备	数字心电图机	深圳迈瑞生物医疗电子股份有限公司	BeneHeart R12、R12A、R3、R3A
	数字式十二道心电图机	深圳市理邦精密仪器股份有限公司	SE-1202、SE-12、SE-12 Express、SE-1200、SE-1200 Express、SE-1201
	数字式十八道心电图机	深圳市理邦精密仪器股份有限公司	SE-18、iSE
	数字式十五道心电图机	深圳市理邦精密仪器股份有限公司	SE-1515、ECG-1260、ECG-1560
	数字式十五道心电图机	深圳邦健生物医疗设备股份有限公司	
呼吸机	呼吸机	深圳迈瑞生物医疗电子股份有限公司	SV800、SV600、SV300、NB350
	呼吸机	深圳晨伟电子有限公司	CWH-3010、CWH-3010A、CWH-3010B、CWH-3020B、CWH-3020、CWH-3020A
	呼吸机	北京谊安医疗系统股份有限公司	Shangrila590P、Shangrila590、Shangrila580
	呼吸机	北京航天长峰股份有限公司	ACM812A
	无创呼吸机	沈阳新松医疗科技股份有限公司	CPAP20、CPAP20 Plus.DPAP20、DPAP20 Plus、DPAP20 Pro、DPAP20 Elite、DPAP25、DPAP25 Plus、DPAP25 Pro、DPAP25 Elite、DPAP30 Pro、DPAP30 Elite
	正压呼吸机	苏州鱼跃医疗科技有限公司	YH-350、YH-360、YH-370、YH-380、YH-450、YH-460、YH-470、YH-480、YH-550、YH-560、YH-570、YH-580、YH-650、YH-660、YH-670 和 YH-680
	呼吸机	上海医疗器械股份有限公司	SC-300

(续)

细分领域	产品名称	制造商	产品型号
支架	冠状动脉血管支架	上海微创医疗器械（集团）有限公司	—
	颅内动脉支架系统	上海微创医疗器械（集团）有限公司	—
	冠状动脉支架	乐普（北京）医疗器械股份有限公司	LPCS（9A/B、12A/B、14A/B、16A/B、18A/B、20A/B、22A/B、24A/B）
	生物可吸收冠状动脉雷帕霉素洗脱支架系统	乐普（北京）医疗器械股份有限公司	LPS2712、LPS2715、LPS2718、LPS2721、LPS2724、LPS3012、LPS3015、LPS3018、LPS3021、LPS3024、LPS3512、LPS3515、LPS3518、LPS3521、LPS3524
	冠状动脉支架	先健科技（深圳）有限公司	XJZG 系列
	大动脉覆膜支架系统	先健科技（深圳）有限公司	—
	药物洗脱冠状动脉支架系统	苏州桓晨医疗科技有限公司	—
口腔科器械	口内扫描仪（口腔光学扫描仪）	先临三维科技股份有限公司	iScan-I、iScan-H
	数字化口内扫描仪	爱齐（四川）医疗设备有限公司	iTeroElement
	数字化口内扫描仪	锐珂（上海）医疗器材有限公司	CS 3600
化学发光免疫分析仪器	全自动化学发光免疫分析仪	深圳迈瑞生物医疗电子股份有限公司	CL-6000i、CL-2000i、CL-1000i
	全自动化学发光免疫分析仪	迪瑞医疗科技股份有限公司	CM-180
	全自动化学发光免疫分析仪	安图实验仪器（郑州）有限公司	AutoLumo A1000、AutoLumo A1000 B
	全自动化学发光免疫分析仪	迈克医疗电子有限公司	i 3000、i 3000L、i 30008、i 2000、i 2000L、i 20008
	全自动化学发光免疫分析仪	重庆科斯迈生物科技有限公司	SMART 5008
	全自动化学发光免疫分析仪	深圳市亚辉龙生物科技股份有限公司	—
	全自动化学发光免疫分析仪	北京利德曼生化股份有限公司	CI 1000

第五章　医疗装备典型产品目录

（续）

细分领域	产品名称	制造商	产品型号
生化分析仪	全自动生化分析仪	迪瑞医疗科技股份有限公司	CS-T240、CS-T300、CS-300B、CS-600B、CS-6400、CS-1200、CS-1300A、CS-1300B、CS-T300B、CS-400、CS-380、CS-1400、CS-1600、CS-4000、CS-480、CS-680、CS-T180、CS-450、CS-490、CS-650、CS-690、CS-T240PLUS、CS-2000、CS-2000i、CS-400B
血型分析仪器	全自动血型分析仪	山东新华医疗器械股份有限公司	Aretha-B
血型分析仪器	全自动血型分析仪	苏州长光华医生物医学工程有限公司	SA-120、SA-80、SA-60
血型分析仪器	全自动血型分析仪	深圳市爱康生物科技股份有限公司	Aigtl 100、Aigtl 300、Aigel 400、Aigel 800
血型分析仪器	全自动血型分析仪	中山生物工程有限公司	MG12
3D打印医疗器械	3D打印模型	湖南华曙高科技股份有限公司	FS403P
3D打印医疗器械	3D打印手术导板	湖南华曙高科技股份有限公司	FS403P
3D打印医疗器械	3D打印骨科植入物	湖南华曙高科技股份有限公司	FS273M、FS121M
3D打印医疗器械	3D打印医疗康复辅具	湖南华曙高科技股份有限公司	FS403P
3D打印医疗器械	可吸收硬脑（脊）膜补片	广州迈普再生医学科技股份有限公司	RDS-1、RDS-2、RDS-3、RDS-4、RDS-5、RDS-6、RDS-7、RDS-8、RDS-9、RDS-10
3D打印医疗器械	个体化下颌骨重建假体	西安科谷智能机器有限公司	XHG-T-GXHZH
3D打印医疗器械	髋关节假体、髋臼部件	北京爱康宜诚医疗器材有限公司	TC4钛合金粉末
3D打印医疗器械	椎体假体	北京爱康宜诚医疗器材有限公司	ZGY-a、ZGT-a、ZJT-b、ZJT-d、ZJT-b
3D打印医疗器械	椎间融合器	北京爱康宜诚医疗器材有限公司	JH-b、JX-b、XH-b、XX-b

（续）

细分领域	产品名称	制造商	产品型号
消感灭菌设备	MAST脉动真空灭菌器	山东新华医疗器械股份有限公司	MAST-V
	台式灭菌器	山东新华医疗器械股份有限公司	MOST-T
	卡式灭菌器	山东新华医疗器械股份有限公司	Dmax-N
	过氧化氢低温等离子体灭菌器	山东新华医疗器械股份有限公司	PS-40X、PS-100X、PS-100XP、PS-100GXP、PS-150X、PS-200X、PS-300X
	超声波清洗机	山东新华医疗器械股份有限公司	QX2000-D
	快速式全自动清洗消毒器	山东新华医疗器械股份有限公司	Rapid系列
	大型多功能快速清洗消毒器	山东新华医疗器械股份有限公司	DXQ1500、DXQ5000、DXQ6000
	脉动真空清洗消毒器	山东新华医疗器械股份有限公司	PC系列

第六章 医疗装备关键零部件目录

按照医疗装备典型产品整机目录,梳理整机产品涉及的关键零部件及其品牌和型号,不包括整机的所有部件。医疗装备关键零部件目录见表6-1。

表6-1 医疗装备关键零部件目录

产品名称	部件名称	品牌	部件型号
磁共振成像设备	谱仪	MRS	MR6000
	谱仪	奥泰医疗	Spectrometer II、Spectrometer III Asy,24/32-channel
	谱仪	苏州朗润	LMRCC
	谱仪	上海联影	Spec1501
	谱仪	深圳安科	MRC-1S
	谱仪	鑫高益	XGY-SP-A
	永磁磁体	鑫高益	MA000001/PM05A
	超导磁体	奥泰医疗	MA000009
	超导磁体	宁波健信	JXSM1500/01
	超导磁体	上海联影	M3
	射频线圈	鑫高益	XGY-1.5HE8-A
	射频线圈	深圳安科	A40-XTP001
	射频发射线圈	苏州朗润	RFC-60
	射频发射线圈	奥泰医疗	Body Coil CA000035
	射频接收线圈	众志医疗	RC 系列
	射频接收线圈	奥泰医疗	CA 系列
	梯度线圈	宁波健信	GC850-650/01
	梯度线圈	Tesla	GC
	梯度功率放大器	Copley Controls	C781-S6A
	梯度功率放大器	鑫高益	QDCM1400Af
	梯度功率放大器	PCI	QDCM800
	梯度功率放大器	Analogic	C781
	梯度功率放大器	上海联影	uGD2390

（续）

产品名称	部件名称	品牌	部件型号
磁共振成像设备	射频功率放大器	Analogic	AN8120-01、AN8120、AN8111、AN8119H
	射频功率放大器	MKS	MKS3564
	射频功率放大器	上海联影	uXD2181
	超导线	Bruker	Oxford WIC type 81
	超导线	Bruker-OST	2.94mm×1.59mm
	低温制冷系统	Sumitomo	—
X射线计算机体层摄影设备	球管	Dunlee、珠海瑞能	CTR1740、CTR2150、CTR2250、CTR2280、RH406、RH526
	球管	Varex	MSC 8064
	球管	GE	MX 240
	球管	Philips	IMRC
	球管	Siemens、珠海瑞能	Drua202、RX352
	球管	珠海瑞能	RX352、RX406、RH406、RH526
	高压发生器	Spellman	X5084
	高压发生器	Analogic	10-78936-02
	主轴承	Franke	94021A
	主轴承	KAYDON	—
	滑环	Schleifring	—
	滑环	Moog GAT	定制
	高转速电机	Parker	—
	CT探测器	Analogic	10-78285-01
	CT探测器	明峰医疗	自主
	CT探测器用芯片	TI	DDC264CKZAW
	CT探测器用芯片	AMS	专用
	CT探测器用闪烁晶体	Hitachi	专用
	CT探测器用多层陶瓷基板	Kyocera	专用
	CT探测器用防散射栅格	Dunlee	专用
医用诊断X射线管	靶盘	GE	RX406
	靶盘	Plansee	专用
	靶盘	安泰	专用
	轴承	BARDEN	专用
	轴承	Myonic	专用
	弥散无氧铜	德国、美国品牌	—

第六章　医疗装备关键零部件目录

(续)

产品名称	部件名称	品　牌	部件型号
X射线平板探测器	TFT图像传感器	天马微电子	TFT_1717SGSR_139μm
医用血管造影X射线机	高压发生器	CPI	VZW2930FJ2-40、VZW2558FJ812-05
	球管	Toshiba	E79039X
	X射线管组件	Varex	G-1592
	平板探测器	Varex	PaxScan 3030X
	平板探测器	奕瑞科技	Jupi 1216X
X射线摄影设备	X射线管	Varex	RAD14-1
	X射线管	Toshiba	—
	X射线管	苏州明威	7360A
	平板探测器	Canon	Pixum4343R
	平板探测器	Varex	—
	平板探测器	奕瑞科技	Mars 1717X、Luna 1012X
	平板探测器	Dalsa	—
	平板探测器	康众医疗、奕瑞科技	—
	高压发生器	CPI	CMP200DR
正电子发射及X射线计算机断层成像扫描系统	PET/CT探测器	明峰医疗	自主
	闪烁晶体	上海硅酸盐研究所	—
	闪烁晶体	翌波	
	闪烁晶体	CPI	
	SiPM	SensL	—
	PMT	滨松	
	球管	Dunlee	CTR2150
	球管	Varex	—
	高压发生器	Spellman	
	PET探测器专用ASIC定制芯片	滨松	—
	PET探测器专用ASIC定制芯片	PETsys Electronics	TOFPET2 ASIC4
正电子发射及磁共振成像系统	超导磁体	上海联影	M3
	梯度功率放大器	上海联影	uGD2390
	射频功率放大器	上海联影	uXD2181
	磁共振兼容PET探测器	上海联影	78001460

407

(续)

产品名称	部件名称	品牌	部件型号
彩色多普勒超声系统	单晶4D探头	NDK	—
	单晶4D探头	Vermon	—
	大凸探头	武汉启佑	C5-2Ks
	线阵探头	武汉启佑	L11-4Ks
	小线阵探头	武汉启佑	L11-4Gs
	腔内探头	武汉启佑	E10-4Ks
	超声换能器	Vermon	—
	模拟前端芯片	TI	AFE5809ZCF、AFE5818
	前端发射芯片	Hitachi	HDL6M05584
	前端接收芯片	ADI	AD927x
	发射接收芯片	Maxim	MAX4936ACTO+
	脉冲发射芯片	Hitachi	HDL5585
	FPGA芯片	Xilinx	Arria
	DDR3芯片	Micron	MT41K64M16TW-107 XIT：J
医用高能射线治疗设备	球管	Varex	G-242
	平板探测器	Varex	XRD 1642AP3
	平板探测器	奕瑞科技	Mercu 1717DE
	高压发生器	CPI	VZW2558FB812
	固态调制器	Scandinova	M100
	磁控管	E2V	MG5193、7095、M5028
	四端环形器	Ferrite	SC3-153-01
	闸流管	E2V	CX1151
	加速管	合肥中科	HM-XB-1
	多叶准直器	苏州雷泰	TiGRT MLC-CC-HS
	放射治疗计划系统	苏州雷泰	TiGRT TPS
	电子射野成像系统	江苏海明	HM-EP-1
	治疗床	江苏海明	HM-ZLC-1
	四点接触球轴承	KAYDON	KG140XP0
	滚珠丝杠	THK	BNT1404-3.6ZZ+172LT
手术导航系统	机械臂	优傲	UR5
	机械臂	Teradyne	—
	隔离变压器	核原科电	AC2413-01

第六章 医疗装备关键零部件目录

(续)

产品名称	部件名称	品牌	部件型号
手术导航系统	光学跟踪系统	NDI	—
	光学导航设备	NDI	Polaris Vega
	移动式C型臂	Siemens	RCADIS OrbicC
	手术截骨工具	微创医疗	TKA工具
	谐波减速器	绿的谐波	LHD-17-100-C-I
	触觉反馈控制臂	微创医疗	—
超声刀	超声功放板	厚凯	USK100W
	压电陶瓷	永欣电子	—
	钛合金	RTI	—
聚焦超声肿瘤治疗系统	压电陶瓷片	海鹰	YD-HF-103
	超声功率源	海曙和润	—
	治疗头	上海爱申	9020
	龙门架	上海爱申	9030
	水处理系统	上海爱申	9240
电磁刀	单极电极	琅玥光电	AJ-11009XX~AJ-11014XX
	内镜电极头	琅玥光电	AJ-11016XX
	云母电容	CDE	CMR05
掺铥光纤激光治疗机	掺铥光纤激光器	IPG	TLR-120-WC
	光纤	莱尼	200μm、272μm、365μm、550μm、800μm、1000μm
Ho：YAG激光治疗机	钬晶体	New Source、Mega Watt	NST2030、C892-OR、NST2015、C842-OR
	氙灯	New Source、Mega Watt	NST1879A、M136、NST2021A、M192
	聚光腔体	New Source、Mega Watt	NST1878、C883-OR、NST1877、C889-A
	光纤	莱尼	200μm、272μm、365μm、550μm、800μm、1000μm
二氧化碳激光治疗机	激光管	永利	800-C
	激光管	上海凯溯	950
	激光管	微深科技	800
低温冷冻手术系统	电磁阀	JAKSA	D22C
	冷罐	泰来华顿	LN24
	热罐	泰来华顿	AL6

（续）

产品名称	部件名称	品牌	部件型号
电动液压手术床	液压泵	Choarger	CGL-120HP
	电磁阀	Choarger	HSV63-DC24-L
	刹车传感器	Omron	D2HW
植入式左心室辅助系统	血泵	苏州同心	401000
	血泵	航天泰心	HeartCon
	人造血管	Vascutek	736010
	连接器	Fischer	S102A053-150+、KE102A053-130+
	连接器	Lemo	CSB.M10.GLL.C72GZ、CNB.M10.GLL.G、CFB.M10.GLA.C72GZ
自动腹膜透析机	电磁阀	Parker、ASCO、LEE	11-15-1-BV-12-P00 等
血液透析机	透析膜	3M	低通、高通
	医用开关电源	SLPE	MINT1500A2414E01
	齿轮泵	DPP	00422-PM-0-RA
	电磁阀	DPP	SV0016-N REV.0
内镜超声系统	高频超声换能器	Olympus	20MHz
	图像处理模块	Olympus	EU-ME2
	高频超声发射接收模块	Olympus	5073PR
	高速数据采集模块	ATS	Alazar
电子内窥镜	高清视频流处理单元	Olympus	—
	高清视频流传输系统	Olympus	—
	内窥镜冷光源	Olympus	—
	胃肠镜高清镜头	Olympus	—
	CMOS	OmniVision	OV02740-H34A
	3D影像采集系统	微创医疗	EL-1080
	3D影像处理系统	微创医疗	MVS-1080
	FPGA 芯片	Altera	EP4C5115
数字心电图机	80mm 热敏记录仪	美国品牌	—
	主控 MCU	TI	—
	216mm 热敏记录仪	美国品牌	—
	高精度 ADC	TI、ADI	—
呼吸机	气体流量传感器	Sensirion	—
	气体流量传感器	TSI	—
	电磁比例阀	FAS	—
	电磁比例阀	Parker	—
	涡轮	Micronel	—
	音圈电机	Geeplus	—

第六章 医疗装备关键零部件目录

(续)

产品名称	部件名称	品　牌	部　件　型　号
支架	输送导丝芯丝	美国品牌	—
	铂镍弹簧	美国品牌	—
	不锈钢弹簧	美国品牌	—
口内扫描仪	扫描头	先临三维	—
全自动化学发光免疫分析仪	抗原、抗体	HyTest	—
	抗原、抗体	BiosPacific	—
	抗原、抗体	Roche	—
	酶	BBI	—
	酶	Roche	—
	磁珠	Thermo	—
	动物血清制品	Bioref	—
	动物血清制品	Scantibodies	—
MAST脉动真空灭菌器	气动阀	Gemu	550
	压力变送器	Wika	A-10
台式灭菌器	电磁泵	CEME	EP5
	电磁阀	SMC	4mm
	压力变送器	Wika	0~4bar abs
	铂热电阻	Wika	WZPM-004
卡式灭菌器	真空泵	KMC	K20PSN
	注水泵	ULKA	EP5
	压力变送器	Danfoss	MBS1900
	电磁阀	SMC	VX2
过氧化氢低温等离子体灭菌器	压力变送器	Setra	730
	温度保护器	Microtherm	R25
	抽真空阀	SMC	XLS-25
超声波清洗机	进水阀	宝德	135229W
	排水泵	汉宁	BE22B3-725
	换能器	KKS	60W
	超声电源	KKS	1200W
快速式全自动清洗消毒器	循环泵	Perfecta	P65C SS-H/Dφ112SS
	蠕动泵	Williamson	811-282-024-187-2
	角座式气动阀	Gemu	55015D137510G1
	过滤减压阀	SMC	AW30-02BE3-W-B
	温控器	Rainbow	TS-150S R-C、TS-200
	气缸	SMC	CDQ2A63

（续）

产品名称	部件名称	品牌	部件型号
大型多功能快速清洗消毒器	循环泵	Grundfos	CRN20-3、CRN32-2
	风机	Elektror	HRD14/4T
	蠕动泵	Williamson	811-282-024-187-2
	气缸	Festo	DSBC-32-100-PA-N3、DSNU-25-25-P-A、DSM-32-270-P-A-B
	气动阀	Gemu	514系列
脉动真空清洗消毒器	压力变送器	Wika	A-10
	压力表	Wika	WK100
	蠕动泵	Williamson	811-282-024-187-2
	电磁阀	SMC	VXZ246FZ1B
	汽水分离器	SMC	AF30-02-A
	蒸汽减压阀	宫胁	RE1A/DN25

第七章 医疗装备关键零部件技术现状

医疗装备关键零部件技术性能参数见表 7-1~表 7-8。

表 7-1 医学影像设备关键零部件技术性能参数

零部件名称	品牌商	型号	主要技术指标	区域
医学磁共振成像系统					
谱仪	MRS	MR6000	工作频率范围：0.15~150MHz 发射通道数：2 接收通道数：16	美国
谱仪	MR Solutions Ltd.	EVO	中心频率：63.68MHz 有效带宽：400kHz 采样率：80MHz 时间分辨率：100ns 频率分辨率：0.1Hz 接收信噪比：≥90dB	英国
谱仪	奥泰医疗	SpectrometerII	射频发射频率范围：63~65MHz 峰值输出功率：1dBm 射频接收频率范围：63~65MHz 接收通道数：16 无杂散动态范围：96dB	中国
谱仪	苏州朗润	LMRCC	发射通道数：1 接收通道数：16 射频频率范围：0~130MHz 稳定性：≤0.1ppm/h 频率精度：1μHz	中国
谱仪	上海联影	Spec1501	接收通道：48 接收带宽：1MHz 采样率：100MHz 动态范围（1Hz 带宽）：160dB 幅值精度：32 bit	中国

(续)

零部件名称	品牌商	型号	主要技术指标	区域
医学磁共振成像系统				
谱仪	奥泰医疗	Spectrometer Ⅲ Asy, 24/32-channel	发射通道数：2 接收通道数：24，最大32 射频频率范围：63.75MHz±500kHz AD采样率（最大，接收板）AD：70MHz	中国
谱仪	鑫高益	XGY-SP-A	工作频率范围：0.15~150MHz 发射通道数：2 接收通道数：16	中国
永磁磁体	鑫高益	MA000001/PM05A	单轴最大梯度强度：≥33mT/m 最大切换率：BroadScan 1.5T 129mT/(m/s)	中国
超导磁体	上海联影	M3	磁场强度：3.0T 尺寸（长×宽×高）：170cm×212cm×221cm 重量：5900kg（含液氦） 磁体均匀度：@50cm DSV 1.142ppm	中国
超导磁体	奥泰医疗	MA000009	磁场强度：1.5±0.025T 孔径尺寸：850±1mm，磁体尺寸（长×宽×高）：1500mm×1900mm×2250mm 重量（包含100%的液氦）：≤4200kg	中国
超导磁体	宁波健信	JXSM1500/01	磁场强度：(1.5±0.015) T 磁体腔开口直径（患者空间）：(605±5) mm 逸散磁场：≤2.6m（X、Y径向，0.5mT线），≤4m（Z轴向，0.5mT线） 磁场均匀性：≤0.45ppm（450mm球体内），磁场稳定性：≤0.1ppm/h	中国
梯度/射频功放	鑫高益	QDCM1400Af	射频脉冲功率：≤20kW 工作频率范围：63.87MHz 最大接收带宽：1MHz	中国
射频线圈	鑫高益	XGY-1.5HE8-A	相控阵头线圈、相控阵头颈联合线圈、相控阵体线圈、相控阵乳腺线圈、相控阵膝关节线圈、相控阵踝关节线圈、相控阵肩关节线圈等	中国

第七章 医疗装备关键零部件技术现状

(续)

零部件名称	品牌商	型号	主要技术指标	区域
医学磁共振成像系统				
射频线圈	深圳安科	A40-XTP001	调谐方法：被动 去耦方法：主动 质量因素：>150 输入驻波比：2.0 RFPA Input 发射带宽：>200kHz 均匀性横向：>50%，纵向：>75%	中国
射频接收线圈	奥泰医疗	CA系列	线圈类型：相控阵线圈 试用部位：头颈、脊柱、乳腺、膝关节、脚踝、肩关节、腕关节、腹部、盆腔等	中国
射频发射线圈	苏州朗润	RFC-60	线圈类型：正交线圈 设计描述：鸟笼式正交线圈 内径：600mm 去耦方法：主动失谐	中国
射频接收线圈	众志医疗	RC系列	线圈类型：相控阵接收线圈 共振核：^1H 适用部位：头部、颈部、胸腹部、盆腔、脊柱、四肢关节 通道数：8/16 去耦方法：主动失谐	中国
射频发射线圈	奥泰医疗	Body Coil CA000035	线圈类型：正交线圈 内径：600mm 去耦方法：主动失谐	中国
梯度线圈	宁波健信	GC850-650/01	最大场强：X、Y、Z轴38.5（1±5%）mT/m 每安培场强：X、Y、Z≥54μT/m/A 空间失真度（45cm球）：X、Y为8%，Z为7% 爬升时间：X为207（1±5%）μs、Y为213（1±5%）μs、Z为200（1±5%）μs 切换率：X、Y为180（1±5%）T/m/s，Z为190（1±5%）T/m/s	中国
梯度线圈	Tesla	GC	内径：670mm 外径：840mm 梯度强度：40mT/m 切换率：133mT/m/ms 梯度线性度：<1.5% 50cm×50cm×40cm 屏蔽方式和冷却方式：主动屏蔽、循环水冷	美国

(续)

零部件名称	品牌商	型号	主要技术指标	区域
医学磁共振成像系统					
梯度功率放大器	Copley Controls	C781-S6A	最大输出电流：±850A 突发脉冲频率范围：100~800Hz 输出到线圈的电压：±625V 100μH，±650V 200μH，±675V 800μH 或 1300μH 增益：电流模式调节范围 70~95A/V 高压 DC 输出：±400V，高功率模式时 40kW，低功率时 4kW	美国
梯度功率放大器	PCI	QDCM800	脉宽调制、交错级联、增大等效开关频率、前馈控制，以及 PI 电流双环控制自动均流控制技术	美国
梯度功率放大器	Analogic	C781	最大峰值电流：600A 最大峰值电压：800V 最大梯度强度：40mT/m 最大梯度切换率：160mT/m/ms	美国
梯度功率放大器	上海联影	uGD2390	峰值电压：≥2250V 峰值电流：≥900A 峰值功率：≥2MW 控制方式：全数字控制	中国
射频功率放大器	Analogic	AN8120-01	RF 输入频率范围：63.87±0.650MHz 最大 RF 输入电平：最大+20dB RF 输入匹配：VSWR<1.5:1 总增益：73.0±1dB	美国
射频功率放大器	MKS	MKS3564	线性化补偿校正技术 反射功率过大保护技术 模块化设计技术 大功率合成技术	美国
射频功率放大器	Analogic	AN8119H	0dBm 标称、20kW RF 输出 63.86MHz±275kHz	美国
射频功率放大器	上海联影	uXD2181	射频发射通道数：2 发射频率：128.23MHz 发射带宽：600kHz 单通道峰值功率：≥18kW 射频功率放大器类型：水冷、数字接口	中国
超导线	Bruker-OST	2.94mm×1.59mm	—	美国

第七章 医疗装备关键零部件技术现状

（续）

零部件名称	品牌商	型号	主要技术指标	区域
X射线计算机体层摄影系统				
球管	Dunlee	CTR1740	热容量：4.0MHU 焦点：大：0.6mm×1.3mm；小：0.4mm×0.7mm 功率：大：42kW；小：28kW 阳极转速：高速120Hz 支持最大转速：77r/min	荷兰
球管	Dunlee	CTR2250	热容量：5.0MHU 焦点：大：1.1mm×1.2mm；小：0.6mm×1.2mm 功率：大：50kW；小：36kW 阳极转速：高速105Hz 支持最大转速：120r/min	荷兰
球管	Dunlee	CTR2280	热容量：8.0MHU 焦点：大：1.1mm×1.2mm；小：0.6mm×1.2mm 功率：大：80kW；小：45kW 阳极转速：高速105Hz 支持最大转速：154r/min	荷兰
球管	Varex	GS-5179	热容量：5.3MHU 焦点：大：1.0mm×1.0mm；小：0.5mm×1.0mm 功率：大：50kW；小：36kW 阳极转速：高速105Hz 支持最大转速：120r/min	美国
球管	Philips	XS-100	热容量：Unlimited MHU 焦点：大：1.1mm×1.2mm；小：0.6mm×0.7mm；超小：0.4mm×0.7mm 功率：大：100kW；小：68kW；超小：50kW 阳极转速：高速为180Hz 支持最大转速：224r/min	荷兰

417

(续)

零部件名称	品牌商	型号	主要技术指标	区域
X射线计算机体层摄影系统				
球管	Dunlee	CTR2150	最大功率：5.3MW 最高标称旋转速度：120r/min 最大运转重力加速度：11m/s 标称管电压：140kV 焦点：大1.0mm×1.0mm，小0.5mm×1.0mm 动态焦斑：X方向有，Z方向无	荷兰
球管	Varian	RAD14-1	功率：33~76kW 管电压：150kV 阳极转速：9700r/min 阳极热容量：300kHU 焦点：1.2mm、0.6mm	美国
球管	珠海瑞能	RX406	X射线管最大连续输入功率：48kW 标称管电压：140kV 阳极热容量：4.0MHU 焦点：0.4mm×0.7mm、0.6mm×1.3mm 玻璃球管技术	中国
球管	珠海瑞能	RH406、RH406H、RH406L	管组件最大连续输入功率：48kW 标称管电压：140kV 阳极热容量：4.0MHU 焦点：0.4mm×0.7mm、0.6mm×1.3mm	中国
球管	珠海瑞能	RX352	X射线管最大连续输入功率：48kW 标称管电压：140kV 阳极热容量：3.5MHU 焦点：0.4mm×0.7mm、0.6mm×1.3mm 金属陶瓷管技术	中国
球管	珠海瑞能	RH526、RH526A	管组件最大连续输入功率：60kW 标称管电压：140kV 旋转速度：120r/min 阳极热容量：5.2MHU 焦点：0.5mm×1.0mm、1.0mm×1.0mm X-DFS栅控技术 金属陶瓷管技术	中国

第七章 医疗装备关键零部件技术现状

（续）

零部件名称	品牌商	型号	主要技术指标	区域
X射线计算机体层摄影系统					
高压发生器	Spellman	X5084	输出电压稳定性 输出管电流稳定性 管电压及电流设定的速度 管电压及电流设定的精度 栅格电压控制的精度和稳定性	美国
主轴承	Franke	94021A	转速：170~240r/min 稳定性：0.02mm跳动 运行噪声：60dBA	德国
主轴承	Franke	—	最大转速：180r/min 最大负载：10000N 最大噪音：65dB 20℃最大转矩：25N·m 寿命：最大转速5000万r 内圈旋转	德国
主轴承	KAYDON	—	最大转速：180r/min 最大负载：7000N 最大噪声：70dB 最大负载启动转矩：40N·m 寿命：最大转速5000万r 内圈旋转	美国
滑环	Moog GAT	定制	数据传输速度：5Gbit/s 信号传输稳定性：BER 1×10^{-9} 数据传输的稳定性：BER 1×10^{-12}	德国
CT探测器	明峰医疗	自主	探测器闪烁体材料：GOS晶体 像素矩阵：912×24 探测器数目：57 覆盖范围（投影至旋转中心）：500mm 像素尺寸（投影至旋转中心）：1.2mm×0.6mm，0.6mm×0.6mm 扫描角度：0°~90° 扫描视野：500mm 轴向扫描层厚：0.6mm、1.2mm、2.4mm、4.8mm、9.6mm	中国

（续）

零部件名称	品牌商	型号	主要技术指标	区域
X 射线计算机体层摄影系统				
CT 探测器用芯片	TI	DDC264CKZAW	通道数：64 转换精度：20 位 采样率：7k 噪声：6.3ppm of FSR	美国
CT 探测器用芯片	AMS	专用	功耗：≥200mW/片 漏电流：≤10pA 电荷分辨精度：≤0.1fC/LSB 电子学噪声：≤0.4fC RMS 积分时间：支持 100~900μs	奥地利
CT 用探测器用闪烁晶体	Hitachi	专用	能量转换效率（以光产额计）：≥1.10 闪烁体探测最小单元尺寸：≤1mm 探测单元响应均一性：探测器单元的响应均一性差异不超过 15% 探测器响应余晖：<300ppm（X 射线关闭后 3ms） 探测器辐射损伤：探测器响应减弱程度＜30% on 1 Mrad（1mrad=0.0573°）	日本
CT 探测器用多层陶瓷基板	Kyocera	专用	外观尺寸精度：<0.05mm 焊盘位置精度：<0.04mm 基板侧面、表面垂直度：<0.05mm 基板两面平行度：<0.04mm 热膨胀系数：<7ppm	日本
CT 探测器用防散射栅格	Dunlee	专用	几何效率：≥70% SPR（散射/原始射线比例）：≤30% 栅格大小均一性：每个栅格下方对应探测器单元的响应均一性差异不超过 15% 温度形变敏感性：27℃和 35℃条件下栅格结构的形变应保证栅格下方对应探测器单元的响应变化不超过 1‰ X 射线管焦点变化敏感性：对于临床场景可能发生的 X 射线管焦点最大变化，应保证栅格下方对应探测器单元的响应变化不超过 5‰	荷兰

第七章 医疗装备关键零部件技术现状

（续）

零部件名称	品牌商	型号	主要技术指标	区域
医用诊断 X 射线管				
靶盘	GE	RX406	医疗器械 X 射线行业专用	美国
轴承	BARDEN	专用	医疗器械 X 射线行业专用	美国
弥散无氧铜	—	—	医疗器械 X 射线行业专用	德国、美国
X 射线平板探测器				
TFT 图像传感器	天马微电子	TFT_1717SGSR_139μm	有效成像：427mm×427mm 像素尺寸：139μm 外形尺寸：447mm×447mm×0.7mm 像素矩阵：3072×3072 数据读出：Gate/COG、Read/FOG 光电二极管量子效率：>65%（530~550nm） TFT 漏电流：<50fA/像素 光电二极管漏电流：<50fA/像素	中国
医用血管造影 X 射线机				
高压发生器	CPI	VZW2558FB812	尺寸：41cm×41cm 像素尺寸：400μm 像素及帧率：最高 1024×1024 15fp，512×512 30fp	加拿大
高压发生器	CPI	VZW2558FJ812-05	最大电压：125kV 最大管电流：800mA	加拿大
高压发生器	CPI	VZW2930FJ2-40	最大速率：≥30Hz 电压：40~150（1±10%）kV 电流：10~1000（1±20%）mA	加拿大
球管	Toshiba	E79039X	旋转阳极；阳极热容量 2.1MHU	日本
X 射线管组件	Varex	管芯型号：G-1592 管套型号：B-180H	靶面材料：铼钨合金-石墨钼 焦点标称值：0.6mm、1.2mm 功率：47kW（小焦点）、112kW（大焦点） 阳极类型：旋转阳极 阳极热容量：1.5MHU	美国
平板探测器	Varex	PaxScan 3030X	非晶硅平板探测器 探测面积：298mm×298mm 平板分辨率：2.5lp/mm	美国

(续)

零部件名称	品牌商	型号	主要技术指标	区域
医用血管造影X射线机				
平板探测器	奕瑞科技	Jupi 1216X	有效成像面积：304mm×406mm 像素尺寸：150μm 成像帧速率最高达：150f/s	中国
X射线摄影设备				
X射线管	Varex、Toshiba	—	标称管电压：150kV 焦点：0.3mm、1.0mm 靶角：12° 阳极热容量：100kJ（140kHU） 管组件热容量：900kJ（1250 kHU）	美国、日本
探测器	Canon、Varex、Dalsa	—	硫氧化钆、非晶硅、无线 成像区域：350mm×426mm 像素间距：125μm 尺寸：384mm×460mm×15mm	日本、美国、加拿大
平板探测器	奕瑞科技	Mars 1717X	非晶硅平板探测器 有效成像面积：432mm×432mm 像素尺寸：100μm	中国
平板探测器	奕瑞科技	Luna 1012X	柔性平板探测器 有效成像面积：254mm×305mm 像素尺寸：100μm IP67防护等级	中国
X射线管	苏州明威	7360A	标称管电压：150kV 焦点：0.6mm、1.2mm 靶角：12° 阳极热容量：210kJ（300kHU） 管组件热容量：900kJ（1250kHU）	中国
正电子发射及X射线计算机断层成像扫描系统				
PET探测器	明峰医疗	自主	单个PET探测器部件的主要技术指标如下： 能量分辨率：<20% 符合时间分辨率：<1.9ns 最大单事件计数率：≤5MCPS 计数一致性偏差：<10% 能量一致性偏差：<10%	中国
闪烁晶体	上海硅酸盐研究所、翌波光电	—	光输出（相对于NaI）：22% 密度：7.1 g/cm^3 衰减时间：300ns 辐射中心波长：480nm 折射率：2.15 衰减长度：1.12cm^{-1}	中国

第七章 医疗装备关键零部件技术现状

(续)

零部件名称	品牌商	型号	主要技术指标	区域
正电子发射及X射线计算机断层成像扫描系统					
SiPM	SensL	—	击穿电压：24.2~24.7V 电压范围：1.0~5.0V PDE（光子探测效率）：31%（V_{bo}+2.5V） 增益：3×106（V_{br}+2.5V） 暗计数率：300~860kHz（V_{br}+2.5V） 填充因子：64%（V_{br}+2.5V）	美国、日本
球管	Dunlee	CTR2150	最大功率：5.3MW 最高标称旋转速度：120r/min 最大运转重力加速度：11m/s 标称管电压：140kV 焦斑：大：1.0×1.0，小：0.5×1.0 动态焦斑：X方向有，Z方向无	荷兰
高压发生器	Spellman	—	输入电压： 　三相，400VAC，+10%/-20%，50~60Hz； 　单相，230VAC，+11%/-20%，50~60Hz 管电压输出： 　范围：60~140kV（双极：30~70kV）；精度：±0.5% of setting 管电流输出： 　范围：10~420mA，最大50kW；精度：2%或1mA，以最大为准 最大曝光时间： 　小于或等于36kW：102s；大于36kW小于或等于42kW：80s；大于42kW小于或等于50kW：60s 电源占空比： 　小于或等于36kW：14%；大于36kW小于或等于42kW：11.32%；大于42kW小于或等于50kW：8.74%	美国
PET探测器专用ASIC定制芯片	PETsys Electronics	TOFPET2 ASIC4	单芯片处理通道数≥64 单通道功耗<10mW 单通道死时间<1μs 单通道时间jitter<25ps 芯片输出带宽≥3Gbit/s	葡萄牙

(续)

零部件名称	品牌商	型号	主要技术指标	区域
正电子发射及磁共振成像系统					
超导磁体	上海联影	M3	磁体类型：超导磁体 磁场强度：3.0T 尺寸（长×宽×高）：170cm×212cm×221cm 重量：5900kg（含液氦）磁体均匀度：50cm DSV 1.142ppm	中国
梯度功率放大器	上海联影	uGD2390	峰值电压：≥2250V 峰值电流：≥900A 峰值功率：≥2MW 控制方式：全数字控制	中国
射频功率放大器	上海联影	uXD2181	射频发射通道：2 发射频率：128.23MHz 发射带宽：600kHz 单通道峰值功率：≥18kW 射频功率 放大器类型：水冷、数字接口	中国
磁共振兼容PET探测器	上海联影	78001460	空间分辨率：2.8mm 轴向视野：32cm 晶体类型：LYSO 感光器件：SiPM 飞行时间分辨率：450ps 磁共振兼容性：3T	中国
彩色多普勒超声系统				
大凸探头	武汉启佑	C5-2Ks	侧向分辨率：≤2mm（深度≤80mm） 轴向分辨率：≤2mm（深度≤80mm） 最大探测深度：≥170mm 曲率半径：60mm 中心频率：3.5MHz	中国
线阵探头	武汉启佑	L11-4Ks	侧向分辨率：≤2mm（深度≤30mm） 轴向分辨率：≤1mm（深度≤50mm） 最大探测深度：≥60mm 透镜长度：40mm 中心频率：7.5MHz	中国

第七章 医疗装备关键零部件技术现状

(续)

零部件名称	品牌商	型号	主要技术指标	区域
彩色多普勒超声系统				
小线阵探头	武汉启佑	L11-4Gs	侧向分辨率：≤2mm（深度≤30mm） 轴向分辨率：≤1mm（深度≤50mm） 最大探测深度：≥60mm 透镜长度：24mm 中心频率：7.5MHz	中国
腔内探头	武汉启佑	E10-4Ks	侧向分辨率：≤2mm（深度≤30mm） 轴向分辨率：≤1mm（深度≤40mm） 最大探测深度：≥60mm 曲率半径：10mm 中心频率：6.5MHz	中国
超声换能器	Vermon	—	带宽：>80% 灵敏度：>-50dB 轴向响应：<150ns 中心频率：>10MHz 串扰：<-30dB	法国
模拟前端芯片	TI	AFE5809ZCF	分辨率：12bit、14bit 通道数量：8 封装/箱体：nFBGA-135 电压电源，数字：1.7~1.9V 电压电源，模拟：1.7~1.9V、3.15~3.6V、5V	美国
前端发射芯片	Hitachi	HDL6M05584	八通道，3级RTZ；高压，高速超声脉冲发生器；具有逻辑接口，电平转换器；具有浮动稳压器的MOSFET栅极驱动缓冲器 具有高压，高电流MOSFET和有源T/R开关	日本
前端接收芯片	ADI	AD927x	包含8个低噪声前置放大器通道 带有可变增益放大器 抗混叠滤波器 带有一个12位，10~50MSPS模数转换器 具有更灵活的功率控制功能，允许用户权衡功耗以获得性能，并利用低功耗，快速唤醒"小睡"模式，以在系统处于非成像模式时节省功耗	美国

(续)

零部件名称	品牌商	型号	主要技术指标	区域
彩色多普勒超声系统					
模拟前端芯片	TI	AFE5818	通道数量：16 LNA 噪声：<0.75nV$\sqrt{Hz}$ ADC：12 位 80MHz 功耗：140mW/通道	美国
脉冲发射芯片	Hitachi	HDL5585	通道数量：8，±90V 脉冲，2A 电流	日本
发射接收芯片	Maxim	MAX4936ACTO+	工作温度 0~70℃，低噪声、低功耗 ［<0.5nV/$\sqrt{Hz}$（典型值），1.5mA 偏置电流］ 低导通电阻（6Ω，典型值），偏置电流仅为 1.5mA 两组 4 通道开关具有独立的使能控制	美国
FPGA 芯片	Xilinx	Arria	LE：160K M20K：64K DSP Block：300 SERDES：1GHz	美国
DDR3 芯片	Micron	MT41K64M16TW-107 XIT：J	类型：SDRAM-DDR3L 数据总线宽度：16 bit 组织：64 M×16 存储容量：1 Gbit 最大时钟频率：933 MHz	美国

表 7-2　放疗设备关键零部件技术性能参数

零部件名称	品牌商	型号	主要技术指标	区域
医用高能射线治疗设备					
球管	Varex	G-242	防护罩：B-130H，焦斑：0.4~0.8mm，靶角度：15°、45°，靶面倾角：14°，热容量：600kHU	美国
平板探测器	Varex	XRD 1642AP3	功率 50kW，输入电压三相 400~480VAC，电压范围 40~150kV，电流最大 630mA 双灯丝管，自动亮度控制，连续透视，脉冲透视 10~99mA Genweb 发生器内置软件	美国

第七章 医疗装备关键零部件技术现状

(续)

零部件名称	品牌商	型号	主要技术指标	区域
医用高能射线治疗设备				
平板探测器	奕瑞科技	Mercu 1717DE	非晶硅双能动态平板探测器 有效成像面积：432mm×432mm 像素尺寸：100μm，读取速度高达120f/s，40keV～150MeV 耐辐射能量范围，低能成像范围60～80kV	中国
高压发生器	CPI	VZW2558FB812	尺寸：41cm×41cm 像素尺寸：400μm，像素及帧率：最高 1024×1024 15fp，512×512 30fp	加拿大
固态调制器	Scandinova	M100	IGBT 开关技术，设备工作稳定可靠，干扰小	瑞典
磁控管	E2V	M5028	频率范围：2856～2859MHz 峰值功率：≥5.5MW 阳极电压：≤51kV 阳极电流：≤265A 工作比：≤0.001 脉冲宽度：≥3μs 平均功率：≥3kW	英国
磁控管	E2V	7095	—	英国
磁控管	E2V	MG5193	频率范围：2993～3002MHz 峰值输出功率：2.6MW 灯丝加热电压：8.5VDC 灯丝加热电流：9.0A 启动灯丝加热峰值电流：≤20A	英国
四端环形器	Ferrite	SC3-153-01	—	美国
闸流管	E2V	CX1151	正向阳极电压峰值：≤25kV 阳极电流峰值：≤1.0kA 平均阳极电流：≤1.25A 输出功率峰值：≤16.5MW	英国
闸流管	南京卡尔	CX1551	峰值正向阳极电压：33kV 峰值反向阳极电压：25kV 峰值阳极电流：1000A 平均阳极电流：1.25A 阳极电流上升速率：5000A/μs 热丝电压：6.3（1±5%）VAC 热丝电流：（22±1）A	中国

(续)

零部件名称	品牌商	型号	主要技术指标	区域
医用高能射线治疗设备				
闸流管	—	VE4141	峰值正向阳极电压：35kV 峰值反向阳极电压：25kV 峰值阳极电流：2000A 平均阳极电流：2A 热丝电压：6.3（1±5%）VAC 热丝电流：（16±1）A	中国
加速管	合肥中科	HM-XB-1	中心工作频率：2856MHz 带宽：±5MHz 中心频率 2856MHz 处，驻波：≤1.05 中心频率（2856±1）MHz 处，驻波：≤1.10 中心频率（2856±2.5）MHz 处，驻波：≤1.20 总衰减：≤3dB 整腔 Q 值：≥12000	中国
加速管	山东新华	S14	6MV、10MV 两档 X 线 6~12MeV 多档电子线 6X 剂量率>400MU/min	中国
加速管	山东新华	S6-D	6MV 边耦合驻波加速管 单光子 6MV 剂量率>600MU/min	中国
加速管	山东新华	S6-C	6MV 轴耦合驻波加速管 单光子 6MV 剂量率>400MU/min	中国
加速管	山东新华	S20	20MV 能量开关高能加速管 6MV、10MV、15MV 三档 X 线 6~22MeV 多档电子线 6MV 最大剂量率>400MU/min 10MV、15MV 最大剂量率>600MU/min	中国
多叶准直器	苏州雷泰	TiGRT MLC-CC-HS	叶片对数：51 对 最大照射野：30mm×30mm 最小叶片物理厚度：1.85mm 等中心处最小叶片厚度：≤4mm 叶片定位精度：±0.25mm 过等中心最大距离：50mm 半影：<6mm 片间漏射率：<2%（6MV 照射野）	中国

第七章　医疗装备关键零部件技术现状

（续）

零部件名称	品牌商	型号	主要技术指标	区域
医用高能射线治疗设备				
多叶准直器	山东新华	MLC80	叶片对数：40 对 最大照射野：36mm×40mm 等中心处最小叶片厚度：10mm 过等中心最大距离：18mm 片间漏射率：<2%（6MV 照射野）	中国
多叶准直器	山东新华	MLC120	叶片对数：60 对 最大照射野：36mm×40mm 三种叶片尺寸，等中心处最小叶片厚度 5mm，中间 7.5mm，边缘 10mm 过等中心最大距离：15mm 片间漏射率：<2%（6MV 照射野）	中国
放射治疗计划系统	苏州雷泰	TiGRT TPS	多种数据融合、靶区自动勾画、三维正向适形、计划评估、三维剂量计算、逆向调强计划、数据验证	中国
放射治疗计划系统	山东新华	CQL/3D-RTPS/D	多种数据融合、靶区自动勾画、三维正向适形、计划评估、三维剂量计算、逆向调强计划、数据验证	中国
电子射野成像系统	江苏海明	HM-EP-1	等中心精度：≤1mm 图像对比误差：≤1mm 执行机构承重：不小于 50kg	中国
电子射野成像系统	山东新华	XHIVS	探测器面积：41cm×41cm 探测器材质：非晶硅 空间分辨率：不小于 0.6lp/cm	中国
治疗床	江苏海明	HM-ZLC-1	横向移动范围：-150~150mm 纵向运动范围：0~650mm 升降运动范围：50~450mm 自转运动范围：0°~180° 公转运动范围：-90°~90° 等中心精度：≤±1mm	中国
四点接触球轴承	KAYDON	KG140XP0	—	美国
滚珠丝杠	THK	BNT1404-3.6ZZ+172LT	—	日本

表 7-3 手术机器人关键零部件技术性能参数

零部件名称	品牌商	型号	主要技术指标	区域
手术导航系统				
机械臂	优傲	UR5	重复定位精度小于 0.1mm	丹麦
机械臂	Teradyne	集成	6 轴以上并具有 6 自由度，5kg 以上负载，支持末端力检测，精度好于 5N，支持受到外力安全停机的功能	美国
隔离变压器	核原科电	AC2413-01	空载输出：220（1±10%）V 输出功率：800W 介电强度（50Hz 正弦交流电施加 1min）：初级-次级 ≥ 4000V；初级-铁心 ≥ 4000V；次级-铁心 ≥ 4000V	中国
导向器	—	GD-60A GD-66A	针架与针架盖开合顺畅，锁紧稳固 针架与标记点安装平整牢固 针架两侧销钉无凸起，GD66A 针架销钉与 GD66A 针架盖开口处过盈配合，针架盖装配后无外力不脱	中国
光学跟踪系统	NDI	集成	跟踪频率大于 60Hz，跟踪定位误差小于 0.3mm（RMS），有效距离大于 1.5m，可以同时定位 6 个以上的跟踪靶标（兼容主动发光靶标和被动反光靶标）	加拿大
光学导航设备	NDI	Polaris Vega	0.12mm 测量误差 刷新频率：60Hz 电压：100~240V 使用温度：10~35℃ 工作范围：1~3m.	加拿大
移动式 C 型臂	Siemens	RCADIS OrbicC	具有 CT 扫描功能的移动 C 型臂	德国
手术截骨工具	微创医疗	TKA 工具	导向槽缝宽：1.38mm 导向槽长度：65mm 导向孔直径：6mm 总长度：200mm 质量：1kg	中国

第七章 医疗装备关键零部件技术现状

（续）

零部件名称	品牌商	型号	主要技术指标	区域
手术导航系统				
谐波减速器	绿的谐波	LHD-17-100-C-I	减速比：100∶1 平均负载转矩的容许最大值：26N·m 背隙：<20arcsec 设计寿命：10000h 瞬间容许最大转矩：67N·m	中国
触觉反馈控制臂	微创医疗	—	操作力：≤1N 关节回差：≤0.2° 力反馈范围：8±0.5N	中国

表 7-4 手术治疗设备关键零部件技术性能参数

零部件名称	品牌商	型号	主要技术指标	区域
超声刀				
超声功放板	厚凯	USK100W	—	中国
压电陶瓷	永欣电子	—	—	中国
钛合金	RTI	—	强度高，热强度高，耐蚀性好，低温性能高，化学活性大，导热系数小	美国
聚焦超声肿瘤治疗系统				
压电陶瓷片	海鹰	YD-HF-103	工作频率：1.5MHz 电容：3000pF 压电系数：500 结构尺寸误差：<0.5mm	中国
超声功率源	海鹰	HY2900	工作频率：1.5MHz 频率精度：0.3‰ 频率分辨率：100Hz 输出电压调节范围：15dB 输出电压不稳定性：≤6%/4h	中国
治疗头	上海爱申	9020	治疗头摆动角度：绕 X 轴（30±2）°、绕 Y 轴（20±2）° 换能器基阵扫描范围：X、Y 向不小于100mm、Z 向不小于130mm 换能器基阵位移控制精度：X、Y、Z 三维六向均不大于3% 内置 B 超探头：旋转角度：(180±2)°、升降范围：(50±5) mm、接触压力不大于40N 超声聚焦焦域的轴向中心与治疗头下端口的平面距离：不小于140mm	中国

(续)

零部件名称	品牌商	型号	主要技术指标	区域
聚焦超声肿瘤治疗系统				
龙门架	上海爱申	9030	HIFUNIT9000 子系统通过电源模块（即隔离变压器位于龙门）。隔离变压器最大输出功率5kW PLC 与控制台通信：控制台通过接收指令、处理和执行指令，并将指令转换为物理系统操作（如开始超声、结束超声、移动换能器、执行安全停机） 具有信号采集、处理功能 具有控制电机运动的功能 具有控制功率发射的功能	中国
水处理系统	上海爱申	9240	水温控制指标：(20~30)℃±5℃ 脱气水氧含量：不大于4mg/L 具有进水、注水、排水、脱气等功能 具有故障报警功能 具有工作过程指示功能	中国
电磁刀				
单极电极	琅玥光电	AJ-11009XX~ AJ-11014XX	材料：304 不锈钢 绝缘层：PFA 绝缘层厚：0.2~0.3mm 高频耐压：650V（峰值） 工频耐压：2000V	中国
内镜电极头	琅玥光电	AJ-11016XX	材料：304 不锈钢 镀层：金 直径：1~1.6mm 长度：8mm 表面粗糙度：不大于1.6μm	中国
云母电容	CDE	CMR05	耐压：500V 电容值：1~2000pF 容值精度：1% 温度范围：-55~125℃ 高可靠性，满足美国军用标准MIL-PRF-39001	美国
掺铥光纤激光治疗机				
掺铥光纤激光器	IPG	TLR-120-WC	最大输出功率：≥125W 操作模式：连续 发射激光波长：(1940±100) nm； 输出激光不稳定度：≤±5% 工作温度：(21±1)℃	美国

第七章 医疗装备关键零部件技术现状

(续)

零部件名称	品牌商	型号	主要技术指标	区域
掺铒光纤激光治疗机					
光纤	莱尼	200μm、272μm、365μm、550μm、800μm、1000μm	芯径：200（1±10%）μm、272（1±10%）μm、365（1±10%）μm、550（1±10%）μm、800（1±10%）μm、1000（1±10%）μm 长度：（3.0±0.2）m 接头：SMA905 纤芯材料：低OH石英 包层材料：石英、乙烯-四氟乙烯共聚物 符合YY/T 0758标准	德国
Ho：YAG激光治疗机					
钬晶体	New Source、Mega Watt	NST2030、C892-OR、NST2015、C842-OR	激光波长：2.1±0.1μm 尺寸规格：5mm×127mm或4mm×127mm LD泵浦带：781nm；掺杂浓度：Ho 0.85%（原子百分数），Tm 5.9%（原子百分数），Cr 0.36%（原子百分数）；端面增透：反射率≤0.25%（2100nm）	美国
氙灯	New Source、Mega Watt	NST1879A、M136、NST2021A、M192	总长：172~190mm；弧长（极间距）：115±2mm	美国
聚光腔体	New Source、Mega Watt	NST1878、C883-OR、NST1877、C889-A	总长L：165~185mm 水嘴间距：150~160mm 晶体安装高度：22~24mm	美国
光纤	莱尼	200μm、272μm、365μm、550μm、800μm、1000μm	芯径：200（1±10%）μm、272（1±10%）μm、365（1±10%）μm、550（1±10%）μm、800（1±10%）μm、1000（1±10%）μm 长度：3.0±0.2m 接头：SMA905 纤芯材料：低OH石英 包层材料：石英、乙烯-四氟乙烯共聚物 符合YY/T 0758标准	德国
低温冷冻手术系统					
电磁阀	JAKSA	D22C	内部零件材料：不锈钢 密封件：聚四氟乙烯 流体温度：-196~90℃ 环境温度：最大50℃ 响应时间：8~40ms 电压：24VDC 泄漏率：0.15mL/s	斯洛文尼亚

(续)

零部件名称	品牌商	型号	主要技术指标	区域
低温冷冻手术系统				
冷罐	泰来华顿	LN24	有效容积：24L 工作压力：0.5 MPa 最高耐压：>1MPa 安全阀动作压力：0.55MPa 最低工作温度：-196℃	中国
热罐	泰来华顿	AL6	有效容积：6L 工作压力：0.2 MPa 最高承压：>0.4MPa 安全阀动作压力：0.22MPa 最高工作温度：150℃	中国
自动腹膜透析机				
电磁阀	Parker、ASCO、LEE	11-15-1-BV-12-P00 等	流量系数 C_v 值不小于 0.024 工作工称压力不小于 150kPa 功率不大于 1W 使用寿命大于 1 亿次	美国
内镜超声系统				
高频超声换能器	Olympus	20MHz	中心频率：>20MHz 带宽：>60% 灵敏度（插入损耗）：<15dB 轴向分辨率（-20dB）：<0.2mm 横向分辨率：<2mm	日本
图像处理模块	Olympus	EU-ME2	每秒处理图像帧率：≥200 帧 并行处理图像帧率：≥10 帧 外接存储数据：≥48Gbit 数据上传带宽：≥64Gbit/s 特征点检测响应：<1ms	日本
高频超声发射接收模块	Olympus	5073PR	上升下降边沿：<4ns 激励电压：≥-180V 最大重复频率：≥50kHz 最大增益：≥40dB 带宽：≥70MHz	日本
高速数据采集模块	ATS	Alazar	采样速率：采样速率与需要采样的信号频率有关，采样速率越高，后端才能无失真地还原 分辨率：超声回波信号都很微弱，经过放大后，信号幅度仍然很小，需要有高分辨率的模数转换器才能保证微弱信号被采集到	加拿大

第七章 医疗装备关键零部件技术现状

(续)

零部件名称	品牌商	型号	主要技术指标	区域
数字心电图机					
心电图机	—	80mm 热敏记录仪	分辨率（纵向）：8 点/mm 打印速度：最大 60mm/s 热敏点大小：0.125mm×0.11mm 走纸精度：在后向拉力不超过 0.49N 时，固定速度走纸精度不超过±5% 有效打印宽度：80mm	亚太
主控 MCU	—	主控 MCU	ARM 内核，最大主频 456MHz BGA 封装，pitch 不小于 0.65mm 温度范围：工业级 有 LCDC 芯片提供 USB、网络、存储器（SDRAM、NOR、NAND），串口（UART、I2C、SPI 接口）	北美
216mm 热敏记录仪	—	—	分辨率（纵向）：8 点/mm 打印速度：最大 80mm/s 热敏点大小：0.125mm×0.11mm 走纸精度：在后向拉力不超过 0.49N 时，固定速度走纸精度不超过±5% 有效打印宽度：不小于 210mm	亚太
呼吸机				
气体流量传感器	—	—	测量范围：0~300 L/min 精度：2%读数或者 0.05 L/min，取大者 测量气体类型：氧气、空气 响应时间：<2.5ms 爆破压力：100psi（1psi=6.895kPa）	北美
电磁比例阀	—	—	响应时间：<100ms 最大流速：>180L/min 2bar 分辨率：>90mA 2~100L/min 寿命：2500 万转	北美
涡轮	—	—	最大转速：>33000r/min 18VDC 最大输出流量：≥250L/min 最大工作压力：≥80cmH$_2$O（1cm H$_2$O=0.098kPa） 寿命：MTTF20000h 25℃	北美

(续)

零部件名称	品牌商	型号	主要技术指标	区域
呼吸机				
音圈电机	—	—	KI值：(4.8±0.5) N/A 峰值力：>5.5N 磁滞力（0.300mA）：<30mN 摩擦力和磁滞力（0.300mA）：<50mN 寿命：7000万转	欧盟

表7-5 植入式医疗器械关键零部件技术性能参数

零部件名称	品牌商	型号	主要技术指标	区域
支架				
输送导丝芯丝	—	—	丝材尺寸符合图纸要求 抗拉强度不小于1200MPa 表面状态无划痕 表面为光亮态	美国
铂镍弹簧	—	—	弹簧丝材外径符合图纸要求 弹簧内外径符合图纸要求 弹簧应均匀绕制不存在跳圈 抗拉强度大于900MPa 显影效果良好	美国
不锈钢弹簧	—	—	弹簧丝材外径符合图纸要求 弹簧内外径符合图纸要求 弹簧应均匀绕制不存在跳圈 弹簧丝材断后延伸率大于4% 表面无划痕	美国
植入式左心室辅助系统				
血泵	苏州同心	401000	血泵转速1000~4200r/min 血泵最大可提供10L/min的流量 功耗8.6W 5L/min，100mmHg（1mmHg=0.133kPa）	中国
人造血管	Vascutek	736010	独特的可水解明胶浸渍、稳定的斜纹织物基布、改善处理、优异的缝合保持力、在胸部和腹部应用	英国
连接器	Fischer	S102A053-150+、KE102A053-130+	接触涂层：镍、易燃性等级：UL 94V0、触点材料：金、触点电镀：磷青铜；保护指数：IP 68（80m水深）	瑞士

第七章 医疗装备关键零部件技术现状

（续）

零部件名称	品牌商	型号	主要技术指标	区域
植入式左心室辅助系统					
连接器	Lemo	CSB.M10.GLL.C72GZ、CNB.M10.GLLG、CFB.M10.GLA.C72GZ	等级66、额定电流8A、接触测试电压1.45kV、空气间隙最小值或爬电距离75mm	瑞士

表7-6 医用内窥镜关键零部件技术性能参数

零部件名称	品牌商	型号	主要技术指标	区域
电子内窥镜				
高清视频流处理单元	Olympus	—	实时图像延迟不大于10ms 图像解析度200万像素 视频流处理带宽不小于3.2Gbit/s 应用部分电路绝缘隔离强度不小于4kVAC 应用部分工作漏电流小于100μA	日本
高清视频流传输系统	Olympus	—	传输带宽不小于3Gbit/s 传输距离大于5m 功耗小于20mW 工作温度0~60℃ 收发模块体积小于5mm×5mm×3mm	日本
内窥镜冷光源	Olympus	—	色温：6200K 显色指数：96 光通量：400lm 血红蛋白强调光谱	日本
胃肠镜高清镜头	Olympus	—	物方分辨率：≥25lp/mm 视场角：≥140° 图像解析度：≥200万像素 全视场光学畸变：≤60% 最大外径：≤3.9mm 长度：≤9mm	日本
CMOS	OmniVision	OV02740-H34A	分辨率高达200万像素 CMOS的尺寸为1/6in（1in=2.54cm） 支持60帧视频数据传输 支持10bit RAW RGB输出格式 像素点为1.4μm×1.4μm	美国

(续)

零部件名称	品牌商	型号	主要技术指标	区域
电子内窥镜				
3D影像采集系统	微创医疗	EL-1080	3D双光路图像采集 拥有180lp/mm分辨力以上光学成像系统 支持长达5mm的信号传输 IP78级防水 重量小于300g	中国
3D影像处理系统	微创医疗	MVS-1080	150ms以下显示延时 30ms以下左右眼显示时差 实时曝光算法 实时图像增强、降噪、颜色校准算法 3D校准图像算法	中国
FPGA芯片	Altera	EP4C5115	4个锁相环 MIPI IP 72个块随机存储器	美国

表7-7 免疫化学分析设备关键零部件技术性能参数

零部件名称	品牌商	型号	主要技术指标	区域
全自动化学发光免疫分析仪				
抗原/抗体	—	—	单克隆抗体的研发及生产工艺	北美
酶	—	—	酶的提取及纯化技术	北美
磁珠	—	—	超顺磁性磁珠的研发及生产技术	北美
动物血清制品	—	—	动物血清的提取、纯化及生产控制	北美
抗原/抗体	—	—	单克隆抗体的研发及生产工艺	北美

表7-8 消毒灭菌设备关键零部件技术性能参数

零部件名称	品牌商	型号	主要技术指标	区域
消毒灭菌设备				
真空泵	KMC	K20PSN	正压：3.5kgf/cm^2（1kgf/cm^2 = 0.098MPa） 负压：-650mmHg（1mmHg = 133.322Pa） 功率：40W	韩国

第七章 医疗装备关键零部件技术现状

(续)

零部件名称	品牌商	型号	主要技术指标	区域
消毒灭菌设备				
注水泵	ULKA	EP5	电源：220V/48W 压力：15bar（1bar=10^5Pa） 流量：0.65m³/h	意大利
压力变送器	Wika	A-10	范围：0~400kPa 精确度：0.1kPa	德国
电磁阀	SMC	VX2	使用流体：水蒸气、空气 最高作用压力：0.3MPa 背压：0.1MPa	日本
超声波清洗机				
进水阀	宝德	135229W	耐高温，大口径，220V 供电	德国
排水泵	汉宁	BE22B3-725	0.175m，31L/min	德国
换能器	KKS	60W	40/100kHz	瑞士
超声电源	KKS	1200W	40/100kHz，自动追频	瑞士
快速全自动清洗消毒器				
循环泵	Perfecta	P65C SS-H/Dφ112SS	流量大于 1100L/min	瑞典
蠕动泵	Williamson	811-282-024-187-2	流量大于 1100L/min	英国
角座式气动阀	Gemu	55015D137510G1	流量：50mL/min	德国
过滤减压阀	SMC	AW30-02BE3-W-B	流量：40mL/min	日本
温控器	Rainbow	TS-150S R-C	0~300℃	韩国
气缸	SMC	CDQ2A63	行程：40mm	日本
大型多功能快速清洗消毒器				
循环泵	Grundfos	CRN20-3、CRN32-2	流量：>30m³/h	丹麦
风机	Elektror	HRD14/4T	流量：>150m³/h	德国
蠕动泵	Williamson	811-282-024-187-2	流量：10mL/s	英国
气缸	Festo	DSBC-32-100-PA-N3、DSNU-25-25-P-A、DSM-32-270-P-A-B	流量：50mL/min	德国
气动阀	Gemu	514 系列	流量：45mL/min	德国
脉动真空清洗消毒器				
压力变送器	Wika	A-10	供电电压：24V 显示精度：0.1% 测量范围：0~400kPa 接口形式：G1/4	德国

(续)

零部件名称	品牌商	型号	主要技术指标	区域
脉动真空清洗消毒器				
压力表	Wika	WK100	压力范围：-0.1~0.5MPa 口径：1/2' 仪表盘油封	德国
蠕动泵	Williamson	811-282-024-187-2	供电电压：24V 供给速度：600mL/min 精度：≤5% 接口形式：φ5	英国
电磁阀	SMC	VXZ246FZ1B	供电电压：220V 口径：1/2' 介质：空气 阀体材质：铜 耐受温度：80℃	日本
汽水分离器	SMC	AF30-02-A	通径：1/4' 连接方式：内螺纹 产品材质：塑料 最大耐受压力：1.0MPa	日本
蒸汽减压阀	宫胁	RE1A/DN25	通径：DN25 连接方式：内螺纹 产品材质：铜	日本

鸣谢!

本报告共七章,涉及的范围、技术、产品、关联交叉内容较多,在编写过程中得到了编委会领导、专家的指导和支持,也得到了下列人员(按姓氏笔画排序)及其所在公司的大力支持。在此深表感谢!

王　理　王月辰　王瑞蕊　方志强　田辰柱　田佳甲　史晓婷　白珏睿
宁　浩　刘仁庆　李　想　李左峰　吴召平　张　楠　陆利学　陈大兵
金利波　赵　东　胡凌志　徐天艺　高　上　高　乐　郭　强　彭　峰

时空探测器

16cm 宽体探测器

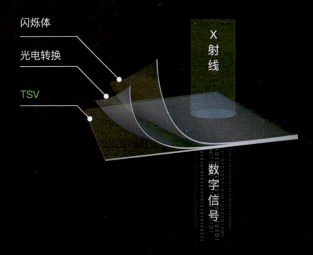

微米量级传输路径
采用TSV技术,从厘米到微米

闪烁体
光电转换
TSV
X射线
数字信号

低损耗时空架构
有效缩短传输路径

低噪声高保真设计
亚光子级电子噪声

高清探测器物理单元
3.6亿体素探测器物理单元

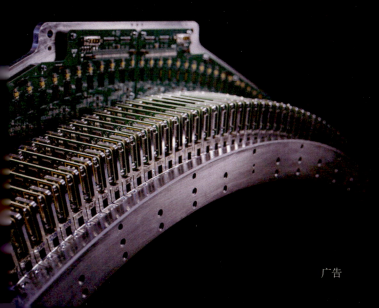

广告

Remebot 睿米手术机器人

注册证编号:国械注准20223010067

睿米® RM-50
神经外科手术导航定位系统

睿米
Remebot Neurosurgical Robot

北京柏惠维康科技有限公司　 4008-959-969　www.remebot.com.cn

广告

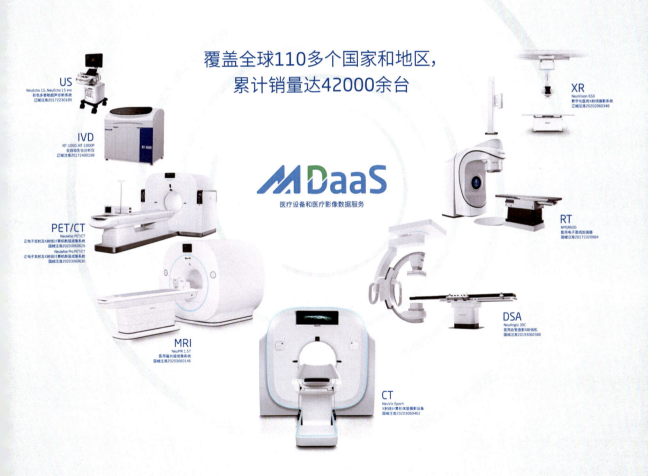

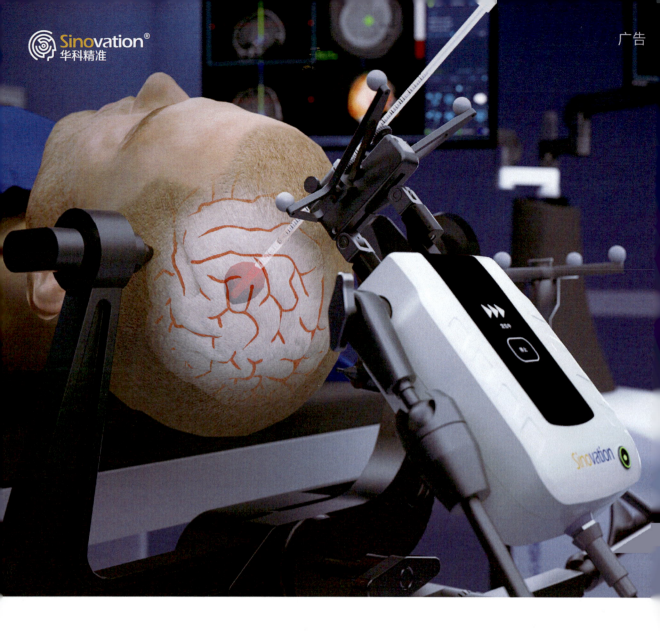

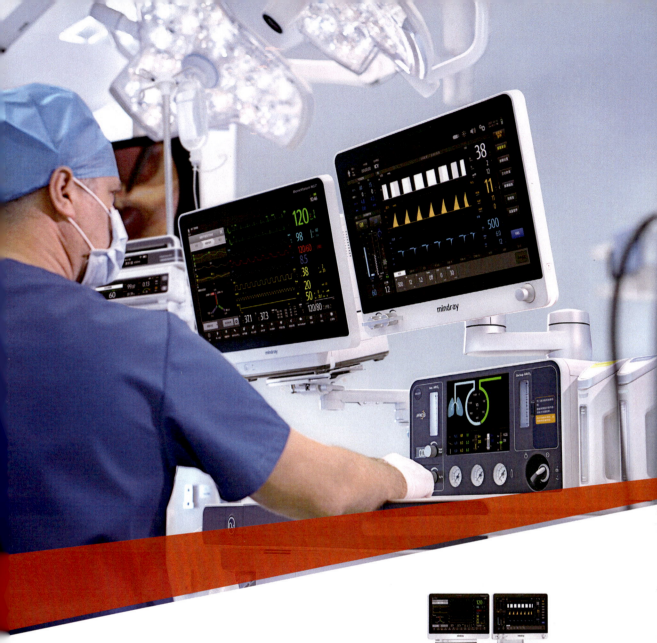

A9
目标麻醉 精益求精

A9
国械注准 20213080421

迈瑞医疗官方微信　客服中心官方微信

深圳迈瑞生物医疗电子股份有限公司
粤械广审（文）第 240603-12435 号
禁忌内容或者注意事项详见说明书。

适用范围：
本产品在医疗机构中使用，对成人、儿童和新生儿患者进行吸入麻醉和呼吸管理。
本产品应由培训合格、获得授权的麻醉医务人员进行操作。

广告

mindray 迈瑞
生命科技如此亲近

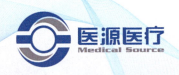

医 者仁心 饮水思 源

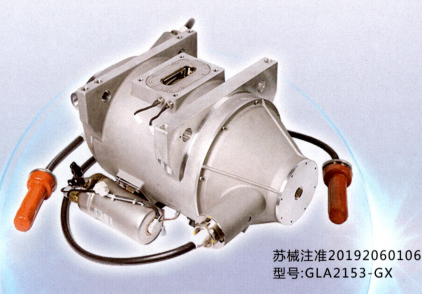

苏械注准20192060106
型号:GLA2153-GX

中国智造

业务电话：86（512）36872158

广告

CETC 中国电科

责任 / 创新 / 卓越 / 共享
Responsibility / Innovation / Excellence / Shared

广告

CT球管
【中国制造】

产品名称：CT用医用诊断X射线管
注册证号：京械注准20212060260

产品名称：医用诊断X射线管
注册证号：京械注准20202060148

产品名称：CT用医用诊断X射线管
注册证号：京械注准20212060259

产品名称：CT用医用诊断X射线管
注册证号：京械注准20222060013

产品名称：医用CT用X射线管组件
注册证号：京械注准20222060010

电科睿视技术（北京）有限公司
CETC RVision Technology (Beijing) Co., Ltd.

单位地址：北京市朝阳区酒仙桥路13号
联系方式：010-8435 2677　010-8435 2678
邮　　箱：dkrs@cetc.com.cn

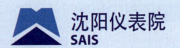 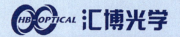

生物医学光学滤光片

生物化学分析滤光片
和光学薄膜行业国家标准的制定者

- 生化分析
- 免疫分析
- 分子诊断
- POCT

央企品质 | 专业定制

电话：024-88722463　　网址：www.hb-optical.com

广告

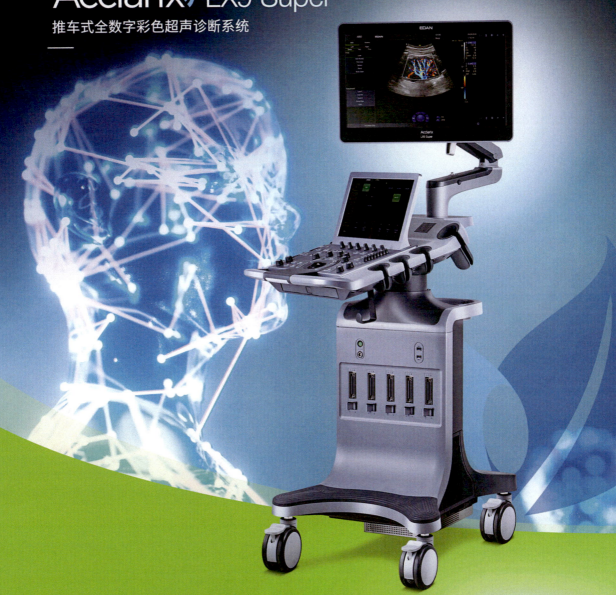

AOE AIR DISINFECTOR
高效杀毒 守护健康

春风有信 花开有期

AOE空气消毒机伴你一路前行

主动高效
Y-SP1201/Y-SB9101

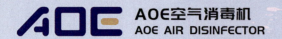
AOE空气消毒机
AOE AIR DISINFECTOR

400-865-2877　北京市石景山区金府路30号院2号楼A座

广告

微信公众号　官方网站

"大"无创 真"顺畅"
VG55 新一代治疗型无创呼吸机

从高流量氧疗到无创通气，解决轻中度呼吸衰竭患者通气需求
增加患者触发方式选择，人机配合更协调
搭载漏气核心算法，配备精良部件，让患者每一口呼吸都轻松自如

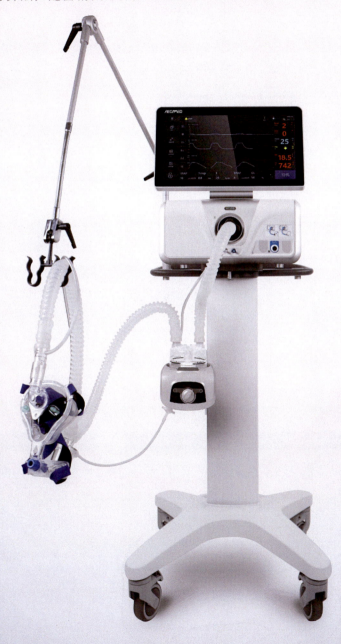

北京谊安医疗系统股份有限公司　国械注准20193080965
谊安国内客户服务专线电话 400 610 8333/800 810 8333　冀械广审（文）第2020040551号
禁忌内容或者注意事项详见说明书

AEONMED 谊安
产品可靠　服务贴心

广告

为人类健康创造一流分子诊断产品
Bring Technology to Life !

人运动神经元存活基因1（SMN1）检测试剂盒
（PCR-熔解曲线法）

脊髓性肌萎缩症(Spinal Muscular Atrophy, SMA)是一种罕见的常染色体隐性遗传病，此病的发病年龄从婴儿到成年皆有可能，其发病率为1/10000～1/6000，人群携带率为1/60～1/40。

SMN1——SMA的致病基因

SMN1为SMA的主要致病基因，SMN2则属于调节基因。据统计，约95%的SMA患者表现为SMN1基因第7和(或)第8外显子的纯合缺失，其余5%左右的患者为SMN1外显子7杂合缺失和SMN1基因的点突变复合杂合子。

天隆科技SMN1基因检测试剂

本试剂盒基于实时荧光定量PCR，结合了竞争性PCR、饱和荧光染料、熔解曲线分析技术及归一化软件处理技术，用于DNA样本中SMN1基因7号外显子和8号外显子的拷贝数检测，既能检测杂合缺失，也能检测纯合缺失。

检测流程

样本采集 (2-5mL静脉血) → 核酸提取 → 荧光PCR检测 → 报告出具

预期用途

用于SMA的辅助诊断。

生产商：苏州天隆生物科技有限公司
地址：苏州工业园区金鸡湖大道99号纳米城西北区7栋5层
电话：+86-512-62527726　传真：+86-512-62956337

经销商：西安天隆科技有限公司
地址：西安国家经济技术开发区朱宏路389号
电话：+86-29-82218051　传真：+86-29-82216680

广告审查批准号：苏械广审(文)第230911-07748号
禁忌内容或者注意事项详见说明书，请仔细阅读产品说明书或者在医务人员的指导下购买和使用。

广告

DiNovA 德诺医疗

德诺医疗是一家专业的创新生命科技产业投资及运营管理企业集团，通过发现、投资并整合拥有颠覆性创新技术的医疗项目，致力于为严重威胁人类健康但仍缺乏有效治疗手段的重大疾病寻求解决方案。

德诺生态圈

德诺医疗模块化的生态体系区别于以往传统的企业模式，旗下拥有不同的高端智造技术，高效的专项技术整合能力配以实时创新，从科研转化、创新中心的建立、产业扶持，一直到商业化颠覆式的创新产品，已落地十多家处于不同发展阶段的高新技术企业，如启明医疗（02500.HK）、堃博医疗（02216.HK）、唯强医疗、德晋医疗、德诺电生理、诺驰生命等，构筑了立足浙江省的高端医疗器械产业集群。

启明医疗深耕结构性心脏病创新医疗器械的研发和商业化，为患者提供"四瓣一体"创新诊疗解决方案，用于治疗重度主动脉瓣狭窄的经导管人工主动脉瓣膜置换系统VenusA-Valve®（国械注准20173130680）于2017年4月获批上市。

堃博医疗致力于在全球范围内为患者提供肺部疾病创新解决方案，2022年3月获批的用于治疗慢阻肺的热蒸汽治疗系统InterVapor®（国械注进20223090144、国械注进20223090145），为中国的重度慢阻肺患者带来了新的解决方案。

   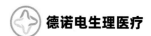

国家高性能医疗器械创新中心

国家高性能医疗器械创新中心（以下简称"国创中心"）于2020年4月获相关部委批复组建，作为国家在深圳建设的重大科技产业创新平台，采取"公司+联盟"的方式，以市场化模式运行，致力突破高端医疗器械行业发展的共性核心关键技术，打造贯穿创新链、产业链和资金链的高性能医疗器械产业创新生态系统。国创中心现有股东11家，涵盖医疗器械细分领域龙头企业，建设运营技术创新战略联盟，吸纳聚集了行业细分领域骨干企业、医疗机构、行业协会、投资机构等100家成员单位。

围绕医学影像、体外诊断、医用材料与植介入器械、先进治疗、康复与健康信息等布局方向，国创中心已在深圳市龙华区搭建2万平方米场地、建成设备价值2亿元的共性技术研发平台，形成较强行业公共技术服务能力；形成140余人的科研与管理团队，其中科研人才108人，拥有博士研究生学历人才51人，留学博士占比75%，获建深圳市博士后工作站分站，逐步形成医疗器械创新人才基地；调研梳理行业共性关键技术，形成卡脖子技术全景图，汇集产业链上下游优势力量，联合开展基础原材料、关键零部件和重大创新产品攻关，累计获批竞争性政府科研项目30余项，企业委托项目7项，企业委托金额超过2000万元；已申请113项知识产权，其中授权专利51项，开展高价值专利培育布局；引入优质的检验检测服务，与国家注册审批机构合作建立绿色通道机制；联合富士康在龙华银星产业园启动医疗器械智能制造（CMO）平台；与全国范围内十余家综合性三甲医院建立临床转化基地；组织举办2021届"国创杯"医疗器械创新创业大赛，吸引全国超300个项目报名参赛，为孕育医疗器械未来"独角兽"提供金种子。

国创中心的建立和发展，将加快补齐我国高端医疗装备短板，实现高端医疗装备自主可控，有效缓解我国高端医疗设备国产化低的困境，为我国生命安全和生物安全领域打造医疗器械国之重器，为公共卫生应急体系和疫病防控国家战略体系提供技术保障，为实现"健康中国2030"宏伟目标提供坚实的物质与技术保障。

国创中心官方微信公众号

国创中心招聘微信公众号

ANATOM 64 Fit	ANATOM Precision	ANATOM S400	SuperMark 1.5T	SuperMark 0.5T	OPENMARK 5000	OPENMARK III
国械注准20193060423	国械注准20203060546	国械注准20203060907	国食药监械（准）字2014第3280395号	国械注准20193060559	国械注准20163281462	国械注准20153061175

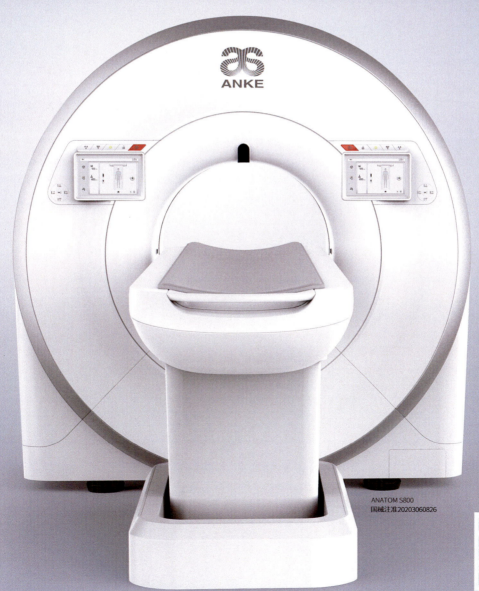

ANATOM S800
国械注准20203060826